JN428337

쉽게 배우는
소프트웨어 공학

3판

한빛아카데미
Hanbit Academy, Inc.

지은이 **김치수** cskim@kongju.ac.kr

1992년부터 공주대학교 소프트웨어학과 교수로 재직 중입니다. 1984년 중앙대학교 전자계산학과를 졸업하고 동 대학원에서 소프트웨어 공학 전공으로 석사와 박사 학위를 취득하였습니다. 관심 연구 분야는 IT 거버넌스이고, 대학에서는 소프트웨어 공학과 시스템 분석 · 설계 등을 주로 강의하고 있습니다.

쉽게 배우는 소프트웨어 공학 3판

초판발행 2025년 11월 17일

지은이 김치수 / **펴낸이** 전태호

펴낸곳 한빛아카데미(주) / **주소** 서울시 서대문구 연희로2길 62 한빛아카데미(주) 2층

전화 02-336-7112 / **팩스** 02-336-7199

등록 2013년 1월 14일 제 2017-000063호 / **ISBN** 979-11-7340-037-7 93000

총괄 박현진 / **기획 · 편집** 정지윤

디자인 표지 윤혜원 내지 이아란 / **전산편집** 김미경 / **제작** 박성우, 김정우

영업 김호철, 김태진, 김성삼, 이정훈, 임현기, 이성훈, 김주성, 심지연

이 책에 대한 의견이나 오탈자 및 잘못된 내용은 출판사 홈페이지나 아래 이메일로 알려주십시오.
파본은 구매처에서 교환하실 수 있습니다. 책값은 뒤표지에 표시되어 있습니다.

홈페이지 www.hanbit.co.kr / 이메일 question@hanbit.co.kr

Published by HANBIT Academy, Inc. Printed in Korea

쉽게 배우는 소프트웨어 공학 3판

친절한 설명과 풍부한 삽화

김치수 지음

SOFTWARE ENGINEERING

한빛아카데미 Hanbit Academy, Inc.

머리말

≪쉽게 배우는 소프트웨어 공학≫ 초판을 발행한 지 어느덧 10년이 지났습니다. 그동안 IT 분야는 눈부신 변화를 겪었습니다. 특히 최근에는 ChatGPT의 등장으로 누구나 인공지능(AI)을 일상 속에서 자연스럽게 접할 수 있게 되었습니다. 이러한 변화의 중심에는 언제나 소프트웨어가 있습니다.

이 책은 소프트웨어 개발의 중심이 되는 기본 원리와 핵심 개념을 쉽고 체계적으로 이해할 수 있도록 구성되었습니다. 3판에서는 '쉽게 배우는'이라는 본래의 취지를 유지하면서, 2판의 내용을 한층 보강했습니다.

첫째, 응집도와 결합도의 자바 코드 예시 추가(5장 설계)

강의 중 학생들이 응집도와 결합도의 개념을 이론적으로는 이해하지만, 실제 코드로 확인하지 못해 쉽게 와닿지 않는다는 점을 느꼈습니다. 이에 3판에서는 12가지 응집도와 결합도를 모두 자바 코드로 구현하여 학습자의 이해 폭을 넓혔습니다.

둘째, 클래스 간 관계 설명 보강(6장 아키텍처 설계와 클래스 설계)

2판에서는 클래스 간 관계 설명이 다소 약했습니다. 이를 보완하기 위해 관계 체계를 새롭게 정리하고, 여섯 가지 클래스 관계 각각에 대한 자바 코드 예시를 추가하여 보다 명확하게 이해할 수 있도록 개선했습니다.

셋째, 자바 코딩 규칙으로 변경(8장 구현)

2판에서는 코딩 규칙을 C 언어 기준으로 설명했지만, 3판에서는 학생들이 가장 많이 사용하는 자바 언어를 기준으로 변경했습니다. 또한 올바른 코드 스타일을 직관적으로 익힐 수 있도록 나쁜 예와 좋은 예를 비교해 제시하였습니다.

넷째, 최신 표준인 ISO/IEC 25010 기반으로 전면 개정(10장 품질)

2판에서 다루었던 ISO/IEC 9126과 14598이 ISO/IEC 25000 시리즈로 통합되면서 품질 평가 모델의 체계가 바뀌었습니다. 이에 따라 3판에서는 ISO/IEC 25000을 기반으로 품질 특성, 요구사항, 평가 절차를 체계적으로 다루고, 최신 표준인 ISO/IEC 25010의 내용을 반영했습니다.

다섯째, 최신 PMBOK 8판 반영(11장 프로젝트 관리)

2판에서는 PMBOK의 5개 프로세스 그룹과 9개 지식 영역을 중심으로 설명했지만, 3판에서는 프로젝트 관리 원칙과 성과 영역 중심으로 내용을 재구성했습니다. 또한 PMBOK 1판부터 8판까지의 발전 과정을 도표로 정리해 버전별 변화 흐름을 한눈에 파악할 수 있도록 구성했습니다.

여섯째, 최신 출제 경향에 맞춘 문제 교체

정보처리기사, 국가직 공무원, 경찰 간부 후보, 군무원, 서울시 공무원 등 다양한 시험의 최신 기출문제를 반영하여 학습자들이 실무와 자격시험 모두에 대비할 수 있도록 구성했습니다.

이 책이 소프트웨어 공학을 처음 배우는 학생들에게는 든든한 길잡이가 되고, 교수자들에게는 강의에 힘이 되는 교재로 활용되기를 바랍니다. 끝으로 이 책이 완성되기까지 세심하게 내용을 검토해 주신 정지윤 선임 에디터님께 무한한 감사의 말씀을 드립니다

저자 **김치수**

이 책의 사용 설명서

| 강의 보조 자료 | 한빛아카데미 홈페이지에서 '교수회원'으로 가입하신 분은 인증 후 교수용 강의 보조 자료를 제공받을 수 있습니다. 한빛아카데미 홈페이지 상단의 〈교수전용공간〉 메뉴를 클릭하세요.
http://www.hanbit.co.kr/academy

| 학습 보조 자료 | 학습에 필요한 자료는 아래 주소에서 내려받을 수 있습니다.
http://www.hanbit.co.kr/src/41037

| 연습문제 해답 | 본 도서는 대학 강의용 교재로 개발되었으므로 연습문제 해답은 제공하지 않습니다.

| 본문 구성 |

❶ **소프트웨어 개발 프로세스와 UML (1~2장)** 소프트웨어 공학의 뜻을 이해하고, 소프트웨어 개발의 전반적인 흐름을 살펴봅니다. 선형 순차적 모델, 진화적 프로세스 모델, 단계적 개발 모델, 통합 프로세스 모델, 애자일 프로세스 모델 등 다양한 개발 프로세스 모델을 비교하며 학습합니다. 또한 대표적인 모델링 도구인 UML의 기본 다이어그램을 익혀 시스템을 시각적으로 표현하는 방법을 배웁니다.

❷ **계획과 요구분석 (3~4장)** 계획 단계에서는 문제를 정의하고, 타당성을 분석하며, 개발 비용 산정과 프로젝트 일정 수립, 위험 분석 방법을 학습합니다. 요구분석 단계에서는 요구분석 절차와 요구사항의 종류 및 표현 방법을 익히고, 유스케이스 다이어그램 작성 과정을 단계적으로 살펴봅니다.

❸ **설계 (5~7장)** 설계의 개념과 원리, 모듈의 평가 기준을 이해하고 사용자 인터페이스 설계 지침을 학습합니다. 아키텍처 설계에서는 품질 속성과 주요 아키텍처 스타일을, 클래스 설계에서는 클래스 간의 관계와 설계 원칙을 배웁니다. 마지막으로 디자인 패턴의 필요성을 이해하고, 생성 · 구조 · 행위 패턴의 대표적인 사례를 통해 설계 기법을 익힙니다.

❹ **구현과 테스트 (8~9장)** 구현 단계에서는 자바 코드 작성 규칙의 필요성을 이해하고, 나쁜 예와 좋은 예를 비교하며 바람직한 코드 작성 기준을 학습합니다. 테스트 단계에서는 테스트의 목적과 중요성을 살펴보고, 정적 테스트와 동적 테스트의 개념과 차이를 배웁니다.

❺ **품질과 프로젝트 관리 (10~11장)** 품질 관리에서는 다양한 품질 모델을 학습하되, 특히 ISO/IEC 25000 시리즈를 중심으로 이해합니다. 그중에서도 최신 표준인 ISO/IEC 25010의 핵심 개념을 집중적으로 학습합니다. 프로젝트 관리에서는 프로젝트 관리 지식체계(PMBOK)의 발전 과정을 살펴보고, 최신 버전인 PMBOK 6~8판의 주요 변화와 특징을 익힙니다.

| 구성 요소 |

1 프로세스 개념

흔히 일을 처리하는 과정 또는 순서를 일컬어 프로세스라고 한다. 공장에서 자동차나 세탁기 등이 조립되어 완제품이 되는 과정도 프로세스이다. 그리고 요리 프로그램에서 요리사가 맛있는 요리를 만드는 과정도 프로세스라 할 수 있다. 이처럼 프로세스는 '주어진 일을 해결하기 위한 목적으로 그 순서가 정해져 수행되는 일련의 절차'라고 정의할 수 있다.

그림 1-7 요리 프로세스

개념 소개

주요 개념을 실생활에서 쉽게 접할 수 있는 사례를 통해 설명합니다.

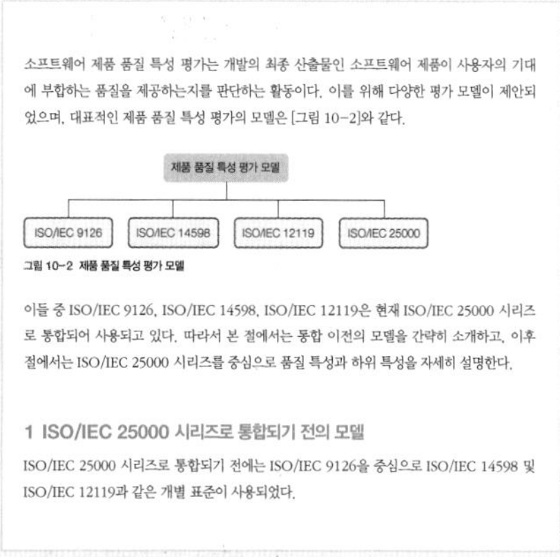
소프트웨어 제품 품질 특성 평가는 개발의 최종 산출물인 소프트웨어 제품이 사용자의 기대에 부합하는 품질을 제공하는지를 판단하는 활동이다. 이를 위해 다양한 평가 모델이 제안되었으며, 대표적인 제품 품질 특성 평가의 모델은 [그림 10-2]와 같다.

그림 10-2 제품 품질 특성 평가 모델

이들 중 ISO/IEC 9126, ISO/IEC 14598, ISO/IEC 12119은 현재 ISO/IEC 25000 시리즈로 통합되어 사용되고 있다. 따라서 본 절에서는 통합 이전의 모델을 간략히 소개하고, 이후 절에서는 ISO/IEC 25000 시리즈를 중심으로 품질 특성과 하위 특성을 자세히 설명한다.

1 ISO/IEC 25000 시리즈로 통합되기 전의 모델

ISO/IEC 25000 시리즈로 통합되기 전에는 ISO/IEC 9126을 중심으로 ISO/IEC 14598 및 ISO/IEC 12119과 같은 개별 표준이 사용되었다.

그림과 표

개념 간의 관계를 그림으로 명확히 보여주고, 핵심 내용을 표로 일목요연하게 정리했습니다.

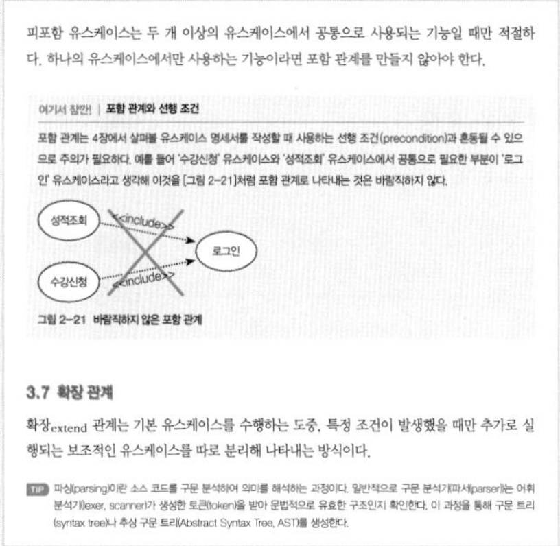
피포함 유스케이스는 두 개 이상의 유스케이스에서 공통으로 사용되는 기능일 때만 적절하다. 하나의 유스케이스에서만 사용하는 기능이라면 포함 관계를 만들지 않아야 한다.

여기서 잠깐! | 포함 관계와 선행 조건

포함 관계는 4장에서 살펴볼 유스케이스 명세서를 작성할 때 사용하는 선행 조건(precondition)과 혼동될 수 있으므로 주의가 필요하다. 예를 들어 '수강신청' 유스케이스와 '성적조회' 유스케이스에서 공통으로 필요한 부분이 '로그인' 유스케이스라고 생각해 이것을 [그림 2-21]처럼 포함 관계로 나타내는 것은 바람직하지 않다.

그림 2-21 바람직하지 않은 포함 관계

3.7 확장 관계

확장extend 관계는 기본 유스케이스를 수행하는 도중, 특정 조건이 발생했을 때만 추가로 실행되는 보조적인 유스케이스를 따로 분리해 나타내는 방식이다.

TIP 파싱(parsing)이란 소스 코드를 구문 분석하여 의미를 해석하는 과정이다. 일반적으로 구문 분석기(파서parser)는 어휘 분석기(lexer, scanner)가 생성한 토큰(token)을 받아 문법적으로 유효한 구조인지 확인한다. 이 과정을 통해 구문 트리(syntax tree)나 추상 구문 트리(Abstract Syntax Tree, AST)를 생성한다.

여기서 잠깐, TIP

본문과 관련된 개념이나 용어, 보충 내용을 함께 제시하여 내용을 더 깊이 이해할 수 있도록 했습니다.

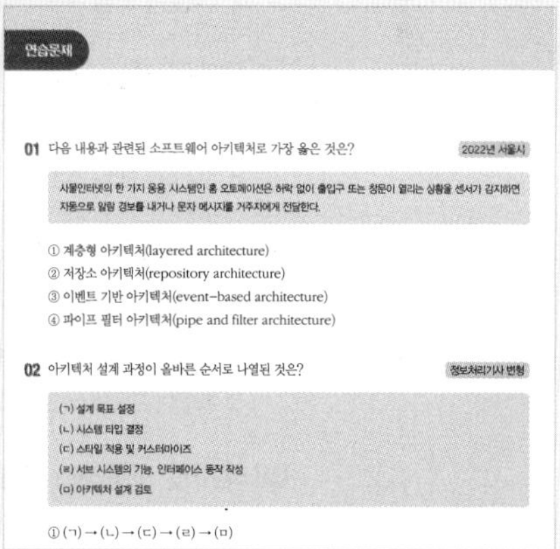
연습문제

01 다음 내용과 관련된 소프트웨어 아키텍처로 가장 옳은 것은? 2022년 서울시

사물인터넷의 한 가지 응용 시스템인 홈 오토메이션은 허락 없이 출입구 또는 창문이 열리는 상황을 센서가 감지하면 자동으로 알람 경보를 내거나 문자 메시지를 거주자에게 전달한다.

① 계층형 아키텍처(layered architecture)
② 저장소 아키텍처(repository architecture)
③ 이벤트 기반 아키텍처(event-based architecture)
④ 파이프 필터 아키텍처(pipe and filter architecture)

02 아키텍처 설계 과정이 올바른 순서로 나열된 것은? 정보처리기사 변형

(ㄱ) 설계 목표 설정
(ㄴ) 시스템 타입 결정
(ㄷ) 스타일 적용 및 커스터마이즈
(ㄹ) 서브 시스템의 기능, 인터페이스 동작 작성
(ㅁ) 아키텍처 설계 검토

① (ㄱ) → (ㄴ) → (ㄷ) → (ㄹ) → (ㅁ)

연습문제

본문에서 학습한 내용을 문제 형식으로 정리했습니다. 객관식은 정보처리기사와 공무원 시험의 최신 기출 문제를 반영해 구성하였으며, 주관식은 학습한 내용을 응용해 실제로 프로그램을 작성하며 실무 감각을 기를 수 있도록 했습니다.

차례

Chapter 01 소프트웨어 공학과 개발 프로세스

Chapter 02 UML

Chapter 03 계획

Chapter 05 설계

차례

Chapter 06 아키텍처 설계와 클래스 설계

Chapter 07 디자인 패턴

Chapter 10 품질

차례

Chapter

01

소프트웨어 공학과 개발 프로세스

학습목표

- 소프트웨어의 개념과 특징을 이해하고, 소프트웨어 공학의 필요성을 설명할 수 있다.
- 소프트웨어 개발 과정과 프로세스의 개념을 이해한다.
- 주요 소프트웨어 개발 프로세스 모델의 특징과 차이점을 설명할 수 있다.

01 소프트웨어의 이해

1 소프트웨어의 정의

'소프트웨어' 하면 무엇이 먼저 연상되는가? 아마도 스마트폰의 애플리케이션이 떠오를 것이다. 우리는 하루의 시작부터 잠들기 전까지 스마트폰을 활용하며, 일정 관리, 메시지 전송, 동영상 시청 등 다양한 작업을 수행한다. 이러한 기능을 가능하게 하는 것이 바로 소프트웨어다.

최근에는 인공지능 기반 소프트웨어도 널리 활용되고 있다. 예를 들어 ChatGPT는 질문에 대한 답변을 제공하고, 보고서를 작성하며, 그림을 생성하는 등의 다양한 기능을 수행한다. 또한, 자율주행차의 발전으로 자동차 운행에서도 소프트웨어가 핵심적인 역할을 하게 되었다. 이처럼 소프트웨어는 스마트폰뿐만 아니라 자동차, 의료, 금융 등 다양한 산업에서 중요한 역할을 맡고 있다.

소프트웨어가 점점 더 다양한 분야에 활용되면서, 그 오류가 미치는 영향도 커지고 있다. 단순한 버그로 인해 불편이 발생할 수도 있지만, 심각한 경우 금전적 손실이나 인명 피해로 이어질 수도 있다.

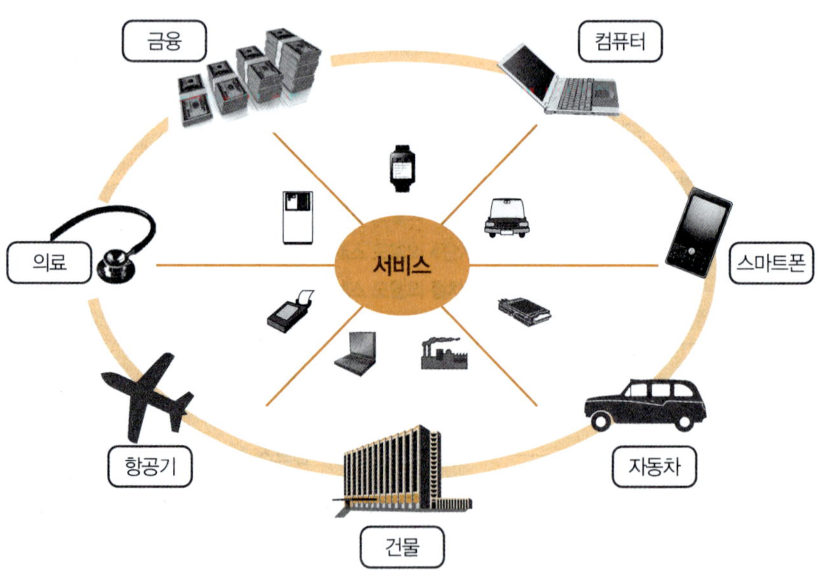

그림 1-1 소프트웨어가 사용되는 곳

그렇다면 이렇게 다양하게 사용되는 소프트웨어를 한마디로 어떻게 정의할 수 있을까? 소프트웨어는 단순히 프로그램(코드)만을 의미하는 것이 아니다. 개발 과정에서 생성되는 자료 구조, 데이터베이스 구조, 테스트 결과뿐만 아니라, 각 단계에서 만들어지는 문서와 사용자 매뉴얼까지 포함하는 개념이다.

여기서 잠깐! | 프로그램과 소프트웨어의 차이점

프로그램은 프로그래밍된 원시 코드source code를 의미하며, 특정 기능을 수행하는 실행 가능한 코드이다. 반면, 소프트웨어는 프로그램뿐만 아니라 개발 과정에서 생성되는 다양한 산출물과 문서까지 포함하는 보다 넓은 개념이다.

2 소프트웨어 개발의 어려움

소프트웨어는 어떻게 개발될까? 간단한 프로그램은 한 사람이 혼자 작성할 수도 있지만, 오늘날의 소프트웨어는 규모가 커지고 점점 복잡해지고 있다. 예를 들어, 스마트폰 애플리케이션과 기업의 전산 시스템을 비교해보면 요구사항과 개발 과정의 차이가 크다. 그렇다면 소프트웨어 개발이 왜 어려운지, 건축 과정과 비교해 살펴보자.

■ 개집 짓기: 작은 규모의 소프트웨어

작은 개집을 짓는 것은 간단하다. 나무와 연장만 있으면 빠르게 만들 수 있고, 설계도 없이도 머릿속으로 구상한 대로 제작이 가능하다. 마찬가지로 개인이 간단한 프로그램을 개발할 때는 요구사항 분석이나 복잡한 설계 과정 없이 곧바로 코딩하는 경우가 많다.

그림 1-2 개집 짓기

■ **단독주택 짓기: 중간 규모의 소프트웨어**

단독주택을 짓기 위해서는 기본적인 설계도와 공정 계획이 필요하다. 여러 사람이 참여하며, 건축 도구도 더 다양해진다. 소프트웨어도 마찬가지로, 규모가 커지면 분석, 설계, 구현, 테스트 단계가 필요하며, 여러 개발자가 협업하게 된다.

그림 1-3 단독주택 짓기

■ **대형 빌딩 짓기: 대규모 소프트웨어**

대형 빌딩을 건설할 때는 지반 조사부터 내진 설계, 하중 계산까지 고려해야 하며, 수많은 전문가가 참여해 협력해야 한다. 이처럼 대규모 소프트웨어 개발은 복잡한 아키텍처 설계, 품질 보증, 프로젝트 관리가 필수적이며, 개발 일정도 길어진다.

그림 1-4 대형 빌딩 짓기

[그림 1-5]는 대규모 소프트웨어 개발에서 발생하는 주요 어려움을 정리한 것이다.

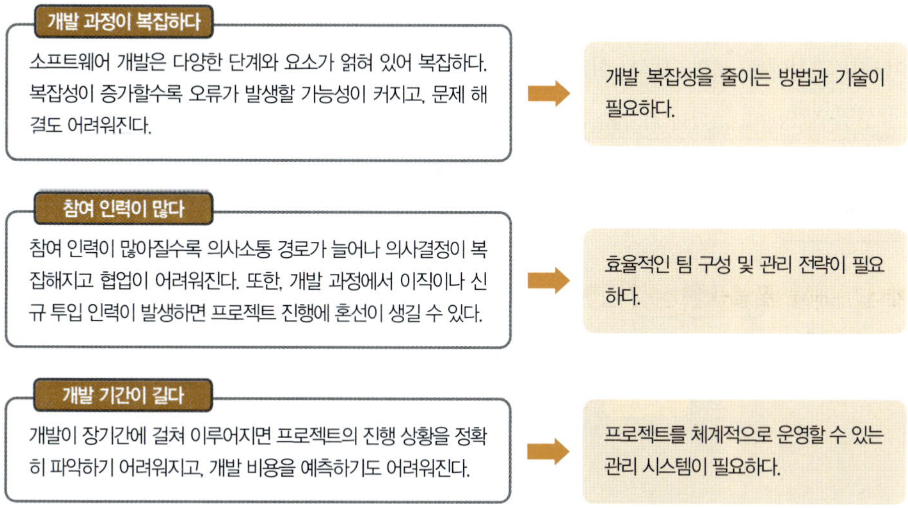

그림 1-5 대규모 소프트웨어 개발의 어려움

3 소프트웨어 공학

앞서 소프트웨어 공학의 대상이 되는 소프트웨어에 대해 알아보았으니 이제 공학의 의미와 이 둘을 합친 소프트웨어 공학의 의미를 간단히 살펴보자.

공학이라는 단어는 어디에서 사용되고 있을까? 대학교에서는 전기공학과, 건축공학과, 토목공학과 등 공과대학의 학과 명칭에 사용된다. 이를 보면 공학이 어떻게 쓰이는지 짐작할 수 있을 것이다.

'공학'이란 문제를 해결할 때 무제한의 시간과 비용을 쓰는 것이 아니라, 정해진 기간과 주어진 비용 안에서 해결해야 한다는 제약이 따른다. 즉, 공학은 과학적 지식을 활용하되 일정한 시간과 비용의 한계를 고려하는 활동이다. 이 과정에서 공학적 원리와 기술이 축적되고, 실무 적용을 통해 문제 해결 절차가 만들어진다. 또 반복적인 개선을 거쳐 표준이 마련되면, 초보자도 그 지침을 따라 문제를 해결할 수 있다. 마치 요리에 서툰 사람도 레시피(표준)를 따르면 맛있는 요리를 완성할 수 있는 것과 같다.

소프트웨어 공학Software Engineering은 지금까지 설명한 '소프트웨어'에 '공학'이 붙은 것이다. 즉 소프트웨어를 개발하는 과정에 공학적인 원리를 적용해보자는 의미이다. 왜냐하면 소프트웨어 개발은 복잡하고 어려우므로, 공학적 접근을 통해 개발의 복잡성을 줄이고 생산성을 높여야 결과적으로 사용자가 만족할 수 있는 고품질 소프트웨어를 만들 수 있기 때문이다.

소프트웨어 개발은 단순히 코드를 작성하는 일만을 뜻하지 않는다. 하나의 제품인 소프트웨어를 만들기 위해 계획 단계에서 유지보수 단계에 이르기까지 여러 과정이 필요하다.

이러한 과정에는 계획, 분석, 설계, 구현, 테스트, 유지보수가 포함되며, 이를 '소프트웨어 개발 생명주기Software Development Life Cycle, SDLC'라고 한다.

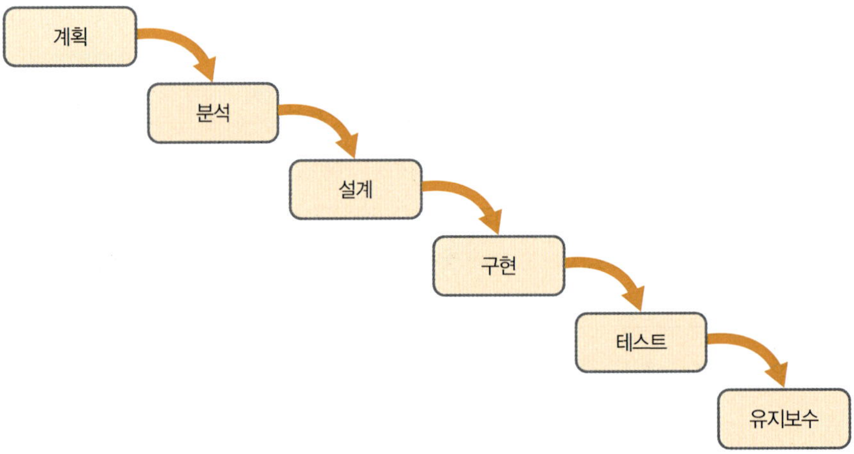

그림 1-6 소프트웨어 개발 생명주기

소프트웨어 공학의 의미를 학문적으로 정의하면 다음과 같다.

> *소프트웨어 공학은 품질 좋은 소프트웨어를 경제적으로 개발·운영·유지·관리하기 위해 공학·과학·수학적 방법을 적용할 때, 필요한 이론, 기술, 도구를 연구하는 학문*

결국, 소프트웨어 공학은 체계적인 개발 방법을 적용하여 생산성과 품질을 높이고, 사용자가 만족하는 소프트웨어를 개발하는 것을 목표로 한다.

02 소프트웨어 개발 프로세스

1 프로세스 개념

흔히 일을 처리하는 과정 또는 순서를 일컬어 프로세스라고 한다. 공장에서 자동차나 세탁기 등이 조립되어 완제품이 되는 과정도 프로세스이다. 그리고 요리 프로그램에서 요리사가 맛있는 요리를 만드는 과정도 프로세스라 할 수 있다. 이처럼 프로세스는 '주어진 일을 해결하기 위한 목적으로 그 순서가 정해져 수행되는 일련의 절차'라고 정의할 수 있다.

그림 1-7 요리 프로세스

어떤 일을 해결하고자 할 때는 해당 프로세스만 잘 따르면 목적을 달성할 수 있다. 요리 레시피를 참고하면 요리에 익숙하지 않아도 일정한 맛을 낼 수 있고, 세탁기 사용 설명서를 따르면 누구나 빨래를 할 수 있는 것과 같다. 소프트웨어 개발에서도 일정한 프로세스를 따르면 보다 체계적이고 효율적인 개발이 가능하다. 이를 '소프트웨어 개발 프로세스'라고 한다.

2 소프트웨어 개발 프로세스

소프트웨어를 개발할 때 일을 수행하는 하나의 작은 단위를 작업task이라 하며, 여러 작업이 모여 하나의 소프트웨어 개발 프로세스를 구성한다. 프로세스는 단순한 작업 순서뿐만 아니라 일정, 예산, 자원과 같은 제약 조건constraint을 포함하는 일련의 활동activity이다.

좁은 의미에서 소프트웨어 개발 프로세스는 소프트웨어를 개발하는 절차와 과정을 의미하며, 사용자의 요구사항을 소프트웨어 시스템으로 구현하기 위한 일련의 활동이라고 볼 수 있다. 반면, 넓은 의미에서는 [그림 1-8]처럼 단순한 절차뿐만 아니라 개발 방법, 도구, 그리고 작업을 수행하는 참여자까지 포함한다. 즉 소프트웨어 개발을 효과적으로 수행하기 위한 통합적 수단이라 할 수 있다.

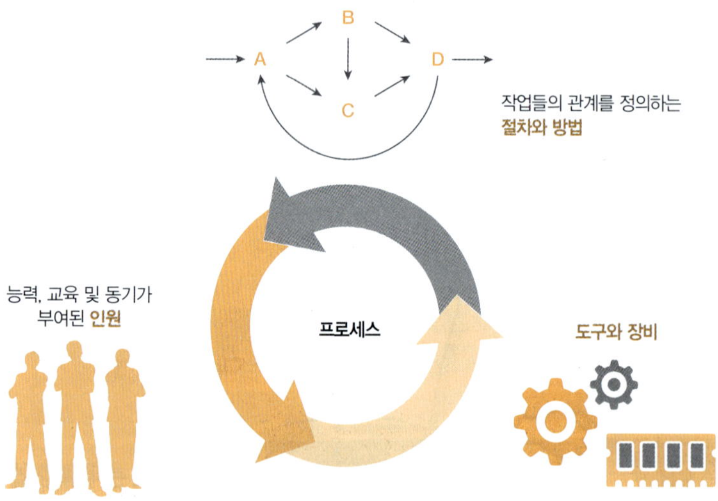

그림 1-8 프로세스의 3요소

소프트웨어 개발 프로세스는 수많은 반복과 시행착오를 통해 얻은 절차나 방법 등에 관한 지식을 같은 작업을 수행하는 다른 사람들에게 전달함으로써 시행착오를 줄이고 빠르게 적응해 일을 할 수 있도록 가이드한다.

3 소프트웨어 개발 프로세스 모델

소프트웨어 개발 프로세스 모델을 살펴보기 전에, 앞서 소프트웨어 개발 과정을 건축에 비유했던 것을 떠올려 보자. 작은 개집은 혼자서 빠르게 만들 수 있고, 설계 도면 없이도 가능하다. 반면 큰 빌딩을 짓기 위해서는 많은 사람이 참여하고, 기간도 오래 걸리며 구조적 안전성, 내진 설계 등 여러 요소를 고려해야 한다.

이러한 차이는 소프트웨어 개발에서도 마찬가지다. 규모가 작은 소프트웨어는 분석이나 설계 없이 바로 코딩을 한 후 필요할 때 수정할 수도 있다. 그러나 운영체제Operating System나 데이터베이스 관리 시스템DataBase Management System, DBMS과 같은 대규모 소프트웨어는 개발 인력, 기간, 예산이 많이 필요하며, 체계적인 개발 절차가 요구된다. 따라서 프로젝트에 가장 적합한 소프트웨어 개발 프로세스 모델을 프로젝트의 표준으로 정하고, 모든 참여자가 표준 절차에 따라 개발해야 한다.

각 모델의 특징을 알아보기 전에, 먼저 소프트웨어 개발 프로세스 모델의 정의, 목적, 역할을 살펴보자.

■ **소프트웨어 개발 프로세스 모델의 정의**

소프트웨어를 어떻게 개발할 것인가에 대한 전체 흐름을 체계화한 개념으로, 개발 계획 수립부터 최종 폐기까지의 전 과정을 순차적으로 다룬다.

■ **소프트웨어 개발 프로세스 모델의 목적**

공장에서 제품을 생산하듯이 소프트웨어를 개발하는 전 과정을 하나의 프로세스로 정의한다. 제한된 예산과 자원 안에서 소프트웨어를 효율적으로 개발하고 관리할 수 있도록 각 단계에서 수행할 작업과 순서, 필요한 자원, 관리 방법, 품질 관리 기준 등을 명확히 한다. 이렇게 체계적인 접근을 통해 고품질 소프트웨어를 생산하는 것이 목표다.

■ **소프트웨어 개발 프로세스 모델의 역할**

체계적인 개발이 가능하도록 프로젝트의 기본 틀을 제공한다. 이를 통해 일정 계획을 수립할 수 있고, 개발 비용 산정뿐만 아니라 자원 투입도 계획적으로 조정할 수 있다. 또 참여자 간에 의사소통의 기준을 정할 수 있고 용어의 표준화를 가능하게 하며, 개발 진행 상황을 파악하고 관리하는 데에도 도움이 된다. 또한 각 단계에서 생성되는 문서를 포함한 산출물을 통해 프로젝트의 품질을 점검하고 통제할 수 있다.

[그림 1-9]는 소프트웨어 개발 방식이 발전해 온 과정을 보여준다.

그림 1-9 소프트웨어 개발 방식의 발전

03 주먹구구식 모델

'주먹구구'라는 표현은 원래 구구단을 잘 외우지 못하는 사람들이 주먹을 이용해 계산하던 방식에서 유래되었다고 한다. 정확한 계획 없이 일을 대충 처리하는 것을 의미하며, 소프트웨어 개발에서도 이러한 방식이 존재한다.

그림 1-10 주먹구구식 상황

소프트웨어 개발에서 주먹구구식build-and-fix 모델은 공식적인 가이드라인이나 프로세스 없이 즉흥적으로 개발하는 방식이다. 요구분석이나 설계 과정 없이 간단한 기능만 정리해 개발하는 형태를 말한다. 이를 코딩과 수정code-and-fix 모델이라고도 한다.

이 모델에서는 일단 첫 번째 버전의 코드를 빠르게 작성한 후, 문제가 발생하면 수정하는 방식으로 개발이 진행된다. [그림 1-11]과 같이 첫 번째 버전의 코드 작성 후 오류를 수정하는 과정이 반복되며, 문제가 없으면 그대로 사용한다.

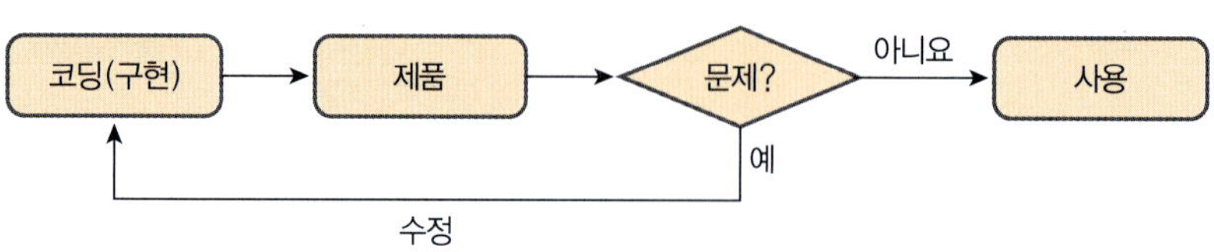

그림 1-11 주먹구구식 모델

주먹구구식 모델은 개집을 짓는 것처럼 한 명의 개발자가 단기간에 간단한 프로그램을 만들 때는 유용할 수 있다. 이 모델은 대학 수업의 한 학기용 프로젝트 정도에 사용하는 것으로, 실제 소프트웨어 개발 환경에서는 다음과 같은 여러 가지 문제가 발생한다.

- 요구사항과 설계가 문서화되지 않아 코드 수정이 반복될수록 프로그램 구조가 복잡해지고, 유지보수가 어려워진다.
- 개발 순서가 명확하지 않기 때문에 여러 개발자가 함께 작업하기 어렵고, 진행 상황을 파악하기도 힘들다.
- 체계적인 설계 없이 개발이 진행되므로 좋은 소프트웨어 아키텍처를 구축하기 어렵다.
- 테스트와 검토 과정이 체계적으로 이루어지지 않아 최종 소프트웨어의 품질이 낮아질 가능성이 크다.

이러한 이유로 주먹구구식 모델은 실제 소프트웨어 개발 프로젝트에서는 거의 사용되지 않는다.

04 선형 순차적 모델

1 폭포수 모델

선형 순차적linear sequential 모델은 폭포수 모델로 더 많이 알려져 있다. [그림 1-12]와 같이 폭포에서 물이 떨어지듯이 순차적으로 진행되기 때문에 이러한 이름이 붙었으며, 고전적 생명주기classic life cycle라고도 한다. 이 책에서는 일반적으로 더 많이 알려진 폭포수 모델이라는 용어를 사용한다.

폭포수waterfall 모델은 초기에 개발된 전통적인 소프트웨어 개발 프로세스 모델로, 공장에서 제품을 생산하는 과정과 유사하다. 즉 소프트웨어 개발을 순차적인 단계로 나누고, 각 단계를 마친 후 다음 단계로 진행하는 방식이다.

그림 1-12 폭포수 모델

1.1 폭포수 모델의 개발 절차

폭포수 모델에서는 폭포의 물이 위에서 아래로 떨어지듯이 계획, 분석, 설계, 구현, 테스트, 유지보수의 각 단계가 하향식top-down으로 진행된다. 각 단계가 끝날 때마다 확실히 매듭을 짓고 그 결과를 확인한 후에 다음 단계로 나아가며, 단계가 병행되거나 거슬러 반복되지 않는다. 예를 들어, 요구사항 분석이 완료되면 '요구분석명세서'라는 문서를 작성한다. 이 명세서를 기준으로 사용자 검토 후 설계 단계로 넘어간다. 이렇게 각 단계에서 생성되는 산출물에 대해 확인 절차를 거침으로써 서로 책임 소재를 분명히 할 수 있다.

1.2 폭포수 모델의 장점과 단점

폭포수 모델은 각 단계마다 요구분석명세서, 설계서, 코드 문서, 데이터베이스 매뉴얼, 사용자 매뉴얼, 운영 매뉴얼 등의 상세한 문서가 생성되는 문서 중심의 모델이라 할 수 있다. 또 각 단계가 명확히 구분되어 있다. 각 단계에서 산출물이 만들어지고 이 산출물은 다음 단계의 입력 자료로 사용된다. 따라서 해당 단계의 오류를 수정하지 않고 다음 단계로 넘어가면 그 오류가 끝까지 남을 수 있으므로 초기 단계에서 오류를 해결하는 것이 매우 중요하다.

소프트웨어 개발에서 폭포수 모델을 사용했을 때의 장점과 단점은 다음과 같다.

■ 장점

- **절차가 명확하여 관리가 용이하다.**
  절차가 단순하고 이해하기 쉬우며, 순차적으로 진행되기 때문에 단계별 진척 상황을 관리하기 쉽다. 따라서 유사한 분야의 소프트웨어 개발 경험이 많으면 효율과 품질 측면에서 우수한 결과를 얻을 수 있다.

- **체계적으로 문서화할 수 있다.**
  각 단계별로 정형화된 접근 방법을 사용하므로 산출물을 일관성 있게 문서화할 수 있다. 또한 단계별 산출물을 검토함으로써 프로젝트의 진행 상황을 명확히 파악할 수 있다.

- **요구사항의 변화가 적은 프로젝트에 적합하다.**
  초기에 어느 정도 요구사항이 확정되어 비교적 변화가 적은 형태의 프로젝트를 개발할 때 적합하다.

■ 단점

- **각 단계가 순차적으로 진행되므로 유연성이 부족하다.**
  설계 단계는 요구사항 분석이 완료되어야 시작할 수 있고, 구현 단계는 설계가 끝나야 진행된다. 즉, 앞 단계가 완료되지 않으면 후속 단계를 시작할 수 없다. 이 때문에 개발 중에는 사용자의 새로운 요구사항을 반영하기 어렵고, 실제로 동작하는 결과물을 보기 전까지는 사용자가 원하는 것을 정확히 알기 힘들다.

- **초기 단계의 오류가 후속 단계에 영향을 미친다.**
  이론적으로는 각 단계의 산출물을 충분히 검토해 오류가 없도록 해야 하지만, 실제 개발 현장에서는 그렇지 못한 경우가 많다. 산출물을 꼼꼼히 점검했더라도 발견되지 않은 오류가 있을 수 있다. 만약 초기 단계의 오류가 구현 단계에서 발견되거나 개발이 완료되어 사용 중에 발견된다면 수정하는 데 비용과 시간이 많이 든다. 또 개발이 진행된 이후에 새로운 요구사항이 추가되면 프로젝트 전체 일정에 큰 부담이 된다.
- **사용자가 중간 결과를 확인하기 어렵다.**
  사용자가 실제로 소프트웨어의 작동 모습을 확인할 수 있는 시점은 구현이 모두 끝난 뒤다. 긴 시간을 기다려 실행 결과가 만족스럽다면 다행이지만, 기대와 다르다면 수정 요구가 발생하고 이를 보완하는 데 많은 시간과 비용이 든다.

그림 1-13 폭포수 모델의 단점

요즘은 소프트웨어 개발 중에도 사용자의 요구사항이 끊임없이 변경된다. 이런 상황에서는 폭포수 모델 개발 방식이 적합하지 않지만, 요구사항이 어느 정도 고정되어 있고 작업이 선형linear으로 진행된다면 폭포수 모델이 유용하다.

2 V 모델

V verification 모델은 폭포수 모델의 변형으로, 테스트 단계를 확장하여 분석 및 설계 단계와의 연관성을 명확히 보여준다. 폭포수 모델이 산출물 중심이라면 V 모델은 각 개발 단계를 검증하는 데 초점을 두므로 오류를 줄일 수 있다.

[그림 1-14]를 보면 V 모델에서 분석·설계 단계는 왼쪽에 나타내고, 테스트는 오른쪽에 나타낸다. 구현은 V 모양의 꼭짓점에 위치한다. V 모델의 테스트에 대해서는 9장에서 자세히 설명한다.

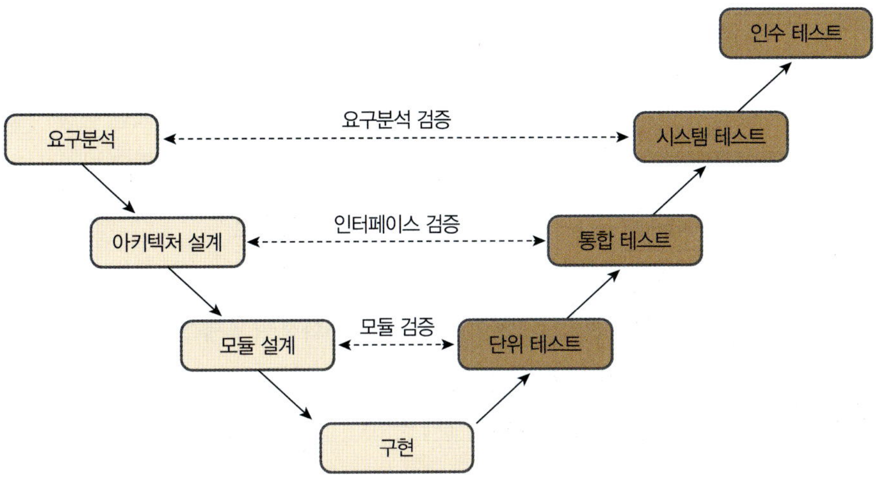

그림 1-14 V 모델

05 진화적 프로세스 모델

폭포수 모델의 가장 큰 단점은 한번 진행된 단계를 되돌려 수정하기 어렵다는 점이다. 하지만 현실에서는 새로운 요구사항이 지속적으로 발생하며, 이에 민첩하게 대응할 수 있는 방법이 필요하다. 그래서 나온 것이 바로 진화적 프로세스evolutionary process 모델이다.

진화적 프로세스 모델은 초기 사용자 요구를 반영한 프로토타입prototype을 먼저 제작한다. 사용자는 화면을 직접 확인하며 실행 후 나타나는 가상의 결과를 살펴보고, 필요한 변경 사항을 요청한다. 이후 개발자는 새로운 요구사항을 반영해 2차 프로토타입을 개발하고 다시 사용자에게 보여준다. 이러한 과정을 반복하면서 점진적으로 기능을 보완하며, 요구사항이 충분히 반영된 후에 본격적인 설계 단계에 들어간다.

선형 순차적 모델의 대표적인 방법이 폭포수 모델이라면, 진화적 프로세스 모델의 대표적인 방법은 프로토타입 모델이다. 또한 프로토타입 모델의 개발 절차 중 위험 분석 단계가 추가된 나선형 모델도 진화적 프로세스 모델의 변형 형태에 속한다.

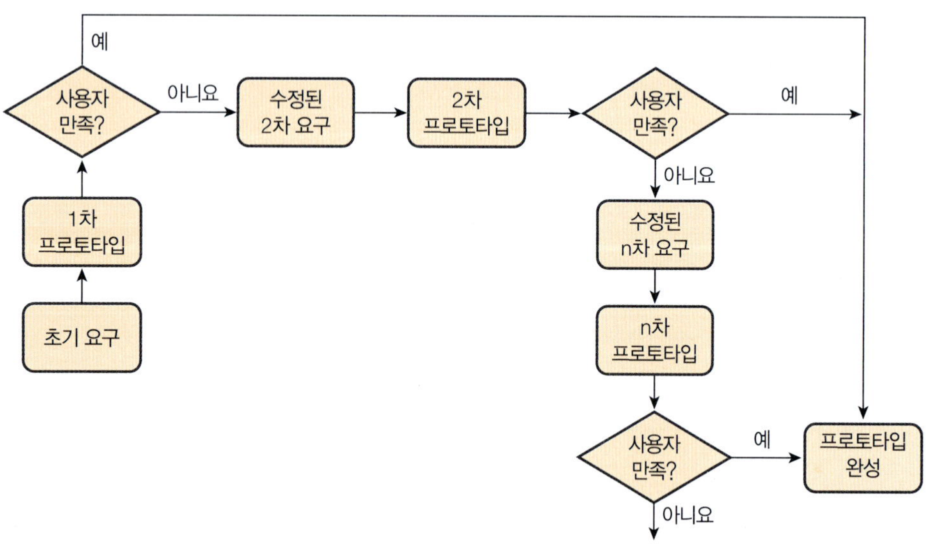

그림 1-15 진화적 프로세스 모델

프로토타입이 만들어지면 사용자는 이를 직접 확인하며 기대하는 기능과 실제 구현된 기능을 비교할 수 있다. 이를 통해 새로운 요구사항을 추가하거나 기존 요구를 수정할 수도 있다. 이 과정이 반복될수록 최종 제품의 완성도가 높아진다.

프로토타입을 활용하면 요구사항 변경이 발생할 때마다 즉시 반영할 수 있어 개발 막바지에 대규모 수정을 해야 하는 대형 사고를 막을 수 있다. 또한 사용자는 개발 과정에서 지속적으로 의견을 제시하며 참여할 수 있어, 최종 제품에 자신의 요구를 충분히 반영할 수 있다.

1 프로토타입 모델

프로토타입은 대량 생산에 앞서 미리 제작해보는 원형 또는 시제품을 의미한다. 소프트웨어 개발에서도 정식 절차에 따라 완전한 소프트웨어를 만들기 전에, 사용자의 요구를 반영한 모형(입출력 화면 중심)을 먼저 제작하여 사용자와의 의사소통 도구로 활용한다.

프로토타입의 대표적인 예로 아파트 모델하우스를 들 수 있다. 모델하우스를 방문하면 내부 구조와 인테리어, 마감재 등을 직접 확인하며 정보를 얻을 수 있다. 아파트를 건축하는 데 약 2년 정도 걸린다고 할 때, 모델하우스도 보지 않고 계약했다가 입주할 무렵 완성된 내부가 계약자가 생각한 것과 많이 다르다면 문제가 심각할 것이다. 대규모 소프트웨어 개발도 마찬가지다. 오랜 시간을 들여 개발했는데 최종 제품이 사용자의 기대와 다르면 심각한 문제가 발생할 수 있다. 이때 프로토타입 모델을 활용하면, 입출력 화면 중심의 프로토타입을 통해 최종 소프트웨어의 작동 방식을 미리 예상할 수 있다.

그림 1-16 프로토타입의 예(아파트 모델하우스)

모델을 만드는 것을 모델링modeling이라고 하듯, 프로토타입을 만드는 과정을 프로토타이핑prototyping이라 한다. 개발자는 사용자의 초기 요구사항을 반영해 1차 프로토타입(입출력 화면)을 만들고, 이를 사용자에게 보여준다. 사용자는 1차 프로토타입을 확인한 후 추가 요구나 수정 사항을 제시하고, 개발자는 이를 반영해 2차 프로토타입을 만든다. 이러한 과정이 반복되면서 최종 요구사항이 반영된 완성품이 만들어진다.

프로토타입 모델은 폭포수 모델을 기반으로 하면서도, 사용자의 요구를 보다 유연하게 반영하기 위해 [그림 1-17]처럼 프로토타이핑을 추가한 모델이다. 사용자의 요구가 불투명하고 요구사항 변화가 잦은 경우에 적합하며, 대규모 시스템이나 새로운 혁신 기술을 사용할 경우에도 개발 전에 프로토타이핑을 통해 실현 가능성을 검토할 수 있다.

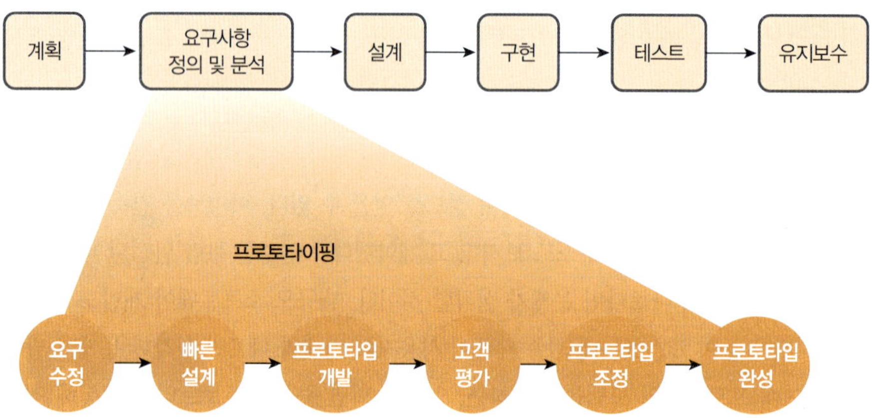

그림 1-17 프로토타입 모델의 개발 생명주기

1.1 프로토타입 모델의 개발 절차

프로토타입 모델의 개발 절차는 다음과 같이 진행된다.

❶ 요구사항 정의 및 분석

사용자의 요구를 파악하고 정리해 요구사항을 정의한 후 분석하는 단계로 폭포수 모델의 요구분석 단계와 유사하다. 다만 폭포수 모델에서는 요구사항 정의를 완전하게 명세한 후 다음 단계로 넘어가지만, 프로토타입 모델에서는 1차로 개략적인 요구사항을 정의한 후 여러 차례 반복을 통해 점진적으로 보완한다.

❷ 프로토타입 설계

폭포수 모델에서는 요구사항 정의와 분석이 끝난 후 설계에 들어간다. 그러나 프로토타입 모델에서는 완성된 요구분석 결과를 바탕으로 사용자와 대화할 수 있을 정도의 수준에서 설계한다. 즉, 최종 코드를 위한 설계가 아니라 입력·출력 화면 중심으로 사용자 인터페이스를 설계해 사용자가 시스템의 동작 방식을 미리 이해할 수 있도록 한다.

❸ 프로토타입 개발

설계와 마찬가지로, 완전히 동작하는 완제품을 개발하는 것이 아니다. 내부적으로는 실제로 수행되는 것이 아니고, 입력 화면을 통해 사용자가 요구하는 항목이 빠지지 않고 입력되었는지 확인하고, 실행 결과가 사용자가 원하는 것인지 보여주는 데 목적이 있다. 따라서 프로토타입 개발은 프로토타입 모델의 취지에 맞게 가상 수행을 전제로 한 실행을 보여주는 것이 우선이다.

❹ 사용자에 의한 프로토타입 평가

사용자에 의한 프로토타입 평가는 프로토타입 모델에서 매우 중요한 단계이다. 사용자는 개발된 프로토타입을 직접 확인하고 피드백을 제공한다. 이후 개발자는 사용자 의견을 반영해 프로토타입을 수정하고, 이를 반복적으로 개선한다. 이 같은 과정을 여러 번 반복해 사용자의 추가 요구사항이 더 이상 없을 때 최종 프로토타입이 만들어진다.

1.2 프로토타입 모델의 장점과 단점

프로토타입 모델의 장점과 단점은 다음과 같다.

■ 장점

- 가시적인 결과물인 프로토타입을 통해 개발자와 사용자가 구체적이고 원활하게 의사소통할 수 있다.
- 요구사항을 한 번에 정의하지 않고 여러 차례 반복함으로써, 사용자의 요구가 충분히 반영된 요구분석 명세서를 작성할 수 있다.
- 사용자가 초기 프로토타입을 직접 사용해보며 새로운 요구사항을 발견할 수 있다.
- 개발 중인 소프트웨어의 모습을 미리 확인할 수 있어 사용자의 만족도와 참여 의지를 높인다.
- 사용자의 요구가 충분히 반영된 최종 제품이 나오므로, 유지보수에 필요한 노력과 시간을 줄일 수 있다.

■ 단점

- 반복적인 개발 단계로 인해 투입 인력과 비용을 정확히 산정하기 어렵다.
- 프로토타입이 완전한 제품이 아님에도 불구하고, 사용자가 최종 결과물로 오해할 수 있다.
- 프로토타이핑 과정은 관리·통제가 어렵고, 폭포수 모델처럼 명확한 이정표나 산출물을 만들기 어렵다. 그 결과 개발 범위와 종료 시점이 불명확해지고, 프로토타입 제작에 따른 추가 비용이 발생할 수 있다.

2 나선형 모델

나선형spiral은 소라 껍데기처럼 빙빙 비틀려 돌아가는 모양을 말한다. 그렇다면 소프트웨어 개발 프로세스가 어떤 방식으로 개발되기에 나선형 모델이라는 이름이 붙었을까? 나선형 모델은 [그림 1-18]처럼 반복적인 개발을 통해 점진적으로 완성도를 높여가는 방식이다. 원래 보엠B. Boehm이 제안한 나선형 모델은 더욱 상세한 과정으로 이루어져 있지만, 여기서는 간단한 형태로 나타내었다.

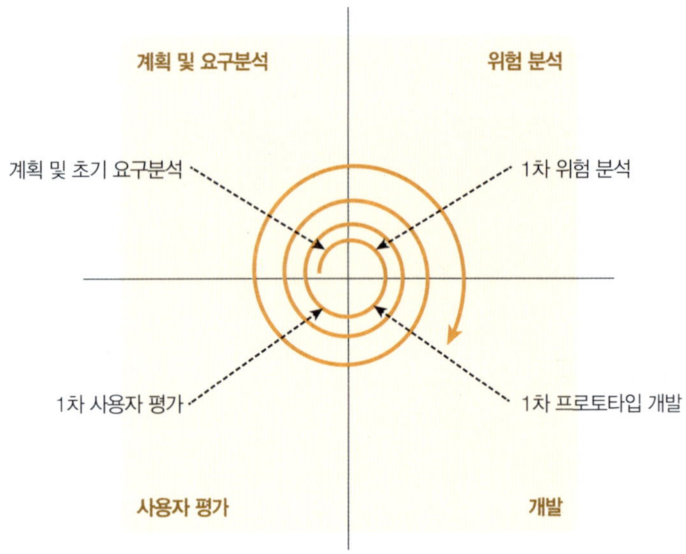

그림 1-18 나선형 모델

나선형 모델은 초기 요구분석 후 프로토타입을 개발하기 이전에 위험 분석 단계를 거친다. 이렇게 만들어진 프로토타입을 사용자가 평가하고, 개발자는 추가 요구사항을 반영하여 다시 위험 분석을 거쳐 2차 프로토타입을 만든다. 이 과정을 여러 차례 반복하면서 사용자의 요구사항이 충분히 반영된 최종 제품을 완성해 나간다.

나선형 모델의 위험 분석 단계에서 위험 요소는 소프트웨어 개발 과정이 순조롭게 진행되는 데 방해되는 모든 것을 말한다. 예를 들어 빈번하게 변경되는 요구사항, 팀원들의 경험 부족, 협업의 어려움, 프로젝트 관리 부실 등이 개발을 어렵게 만드는 주요 위험 요소로 작용할 수 있다.

2.1 나선형 모델의 개발 절차

나선형 모델의 개발 절차와 각각의 단계에서 수행하는 일은 다음과 같다.

❶ 계획 및 요구분석

계획 및 요구분석planning and requirement analysis 단계에서는 사용자의 개발 의도를 파악해 해당 프로젝트의 목표를 명확히 하고, 여러 제약 조건의 대안을 고려한 계획을 수립한다. 또 사용자의 요구를 통해 파악한 기능 요구사항과 성능 같은 비기능 요구사항을 정의하고 분석한다.

❷ 위험 분석

위험 분석risk analysis 단계에서는 프로젝트 수행에 방해되는 위험 요소를 찾고 이에 대한 예방 대책을 논의한다. 또한 위험 요소를 평가하여 프로젝트 진행에 미치는 영향을 분석하고, 심각한 위험이 있는 경우 프로젝트를 계속 진행할지를 결정한다. 대표적인 위험 요소는 다음과 같다.

- 프로젝트 수행 중 개발자의 이직
- 요구사항 확정 이후에도 계속되는 변경 요구
- 프로젝트 수행 중 발주사의 경제적 문제
- 예상보다 많은 인력 및 개발 기간 필요
- 초기 예상한 개발 비용 초과

❸ 개발

개발engineering 단계에서는 프로토타입을 만드는데, 이는 다른 소프트웨어 개발 프로세스에서의 설계와 구현에 해당한다.

❹ 사용자 평가

사용자 평가users evaluation 단계에서는 처음 개발된 프로토타입을 사용자가 확인하고 추가 요구사항이나 수정 요청을 전달한다. 개발자는 이를 반영하여 다음 프로토타입을 개발하며, 이러한 과정이 반복된다. 사용자의 요구사항이 충분히 반영될 때까지 여러 차례 반복하여 최종 제품을 완성한다. 사용자 평가 단계는 진화적 프로세스 모델에서 매우 핵심적이고 중요하다.

2.2 나선형 모델의 장점과 단점

나선형 모델은 초기부터 위험을 분석하고 고려하면서 개발을 진행하는 방식이다. 따라서 개발 후반부에서 갑작스럽게 발생하는 위험으로 인해 프로젝트가 중단되는 위험을 줄일 수 있다. 또한 사용자의 피드백을 지속적으로 반영하는 반복적 개발 방식을 적용하므로 사용자 요구가 충분히 반영된 최종 제품을 만들 수 있으며, 결과적으로 만족도가 높은 소프트웨어를 개발할 가능성이 크다. 이러한 장점 덕분에 나선형 모델은 개발 과정에서 일어나는 변경에 대해 유연하게 대응할 수 있고 사용자 요구도 충분히 반영되는, 매우 유용한 소프트웨어 개발 프로세스 모델로 평가된다.

그러나 나선형 모델은 요구분석, 위험 분석, 개발, 사용자 평가가 반복적으로 계속 진행되기 때문에 프로젝트 기간이 길어질 수 있고, 반복 횟수가 많아질수록 프로젝트 관리가 복잡해질 수 있다. 또한 위험 관리가 중요한 만큼 이를 수행할 위험 관리 전문가가 필요하다는 점에서 추가적인 부담이 발생할 수 있다.

06 단계적 개발 모델

단계적 개발phased development 모델은 소프트웨어를 한 번에 완성하는 대신, 여러 개의 릴리스release로 나누어 순차적으로 개발하고 사용하는 방식이다. [그림 1-19]처럼 개발자가 먼저 릴리스 1을 개발하여 사용자에게 제공하고, 사용자는 이를 사용하는 동안 개발자는 릴리스 2를 준비한다. 이러한 방식으로 릴리스 개발과 사용을 번갈아 반복하면서 전체 시스템을 완성해 나간다.

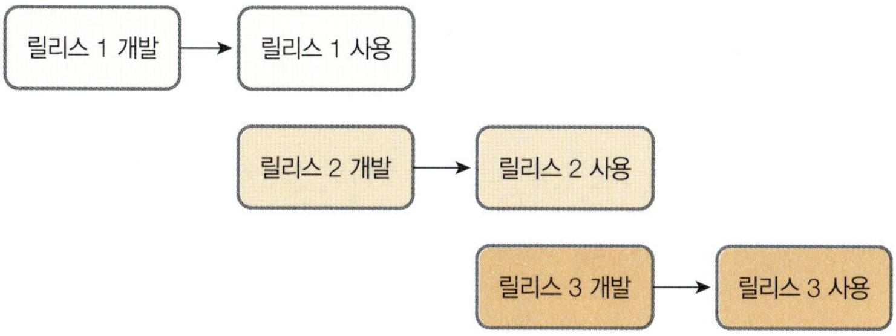

그림 1-19 단계적 개발 모델

단계적 개발 모델의 예로, 총 10장으로 구성된 소프트웨어 공학 교재를 집필한다고 가정해 보자. 저자가 원고를 어떤 방식으로 출판사에 넘겨주는지에 따라 다음과 같은 개발 방식으로 나눌 수 있다.

■ 점증적 개발 방법

저자는 1장(릴리스 1)을 완전히 집필하여 출판사에 넘긴다. 출판사가 이를 편집하는 동안, 저자는 2장(릴리스 2)을 집필하여 다시 넘긴다. 이 과정을 반복하여 10장까지 순차적으로 완성해 나간다. 또는 1장부터 집필하지 않고 저자가 생각하기에 가장 중요하거나 준비가 된 장부터 집필하여 릴리스하는 방식도 가능하다. 핵심은 각 릴리스가 독립적인 완성본이라는 점이다. 이는 완결된 장(기능)을 하나씩 차례로 릴리스하면서 점차 책 전체(시스템)를 완성해 가는 방식으로, 점증적 개발incremental development에 해당한다.

■ 반복적 개발 방법

이번에는 1장부터 10장까지 전체 목차만 쓰고 그 목차를 출판사에 넘겨준다(릴리스 1). 출판사는 전체 목차를 검토한다. 그동안 저자는 세부 목차를 쓰고 결과를 출판사에 넘겨준다

(릴리스 2). 출판사가 이를 검토하는 동안 저자는 세부 목차를 기반으로 주요 항목이나 소주제 제목을 보완한다(릴리스 3). 마지막으로 원고 전체를 집필한 후 출판사에 넘긴다(릴리스 4). 이는 같은 책(시스템)을 대상으로 계속해서 수정하고 보완하며 완성도를 높여가는 방식으로, 반복적 개발iterative development에 해당한다.

이처럼 릴리스 1이 될 수 있는 것은 '책의 1장'일 수도 있고, '전체 목차'일 수도 있다. 릴리스를 어떤 단위로 구성하고, 어떤 방식으로 다듬어가느냐에 따라 점증적 개발이 될 수도 있고 반복적 개발이 될 수도 있다. 릴리스를 구성하는 방법을 좀 더 자세히 알아보자.

1 릴리스 개발 방법 1: 점증적 개발(개발 범위의 증가)

릴리스를 구성할 때 점증적 개발 방법은 일부분씩 개발하여 사용자에게 제공한다. 예를 들어 대학에서 사용하는 종합정보시스템을 개발할 경우, 가장 중요한 학사관리시스템(릴리스 1)을 먼저 개발한 후 사용자에게 제공한다. 이후 교무관리시스템(릴리스 2)을 개발하여 사용자에게 제공하고, 마지막으로 회계관리시스템(릴리스 3)을 개발해 사용자에게 제공한다. 사용자는 처음에는 학사관리시스템만 사용하다가 교무관리시스템을 추가로 사용하며, 마지막에는 회계관리시스템까지 사용하게 된다. 즉, 사용자가 사용할 수 있는 기능이 점차 많아진다.

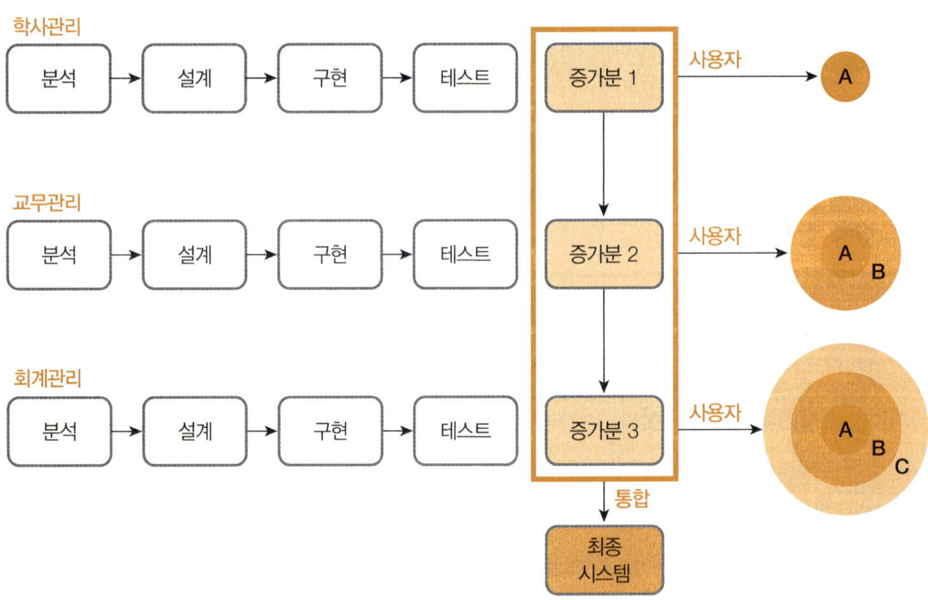

그림 1-20 점증적 개발 방법 예(대학 종합정보시스템 개발)

이제 소프트웨어 개발에서 점증적 개발 방법을 어떻게 적용하는지 구체적으로 알아보자. 점증적 개발 방법은 요구분석명세서에 명시된 시스템 전체를 기능에 따라 독립성이 높은 서브 시스템으로 나누고, 각 서브 시스템을 단계적으로 하나씩 릴리스해 완성하는 방법이다.

즉 5개의 서브 시스템으로 구성되어 있다면 먼저 첫 번째 서브 시스템을 개발한다. 이어서 두 번째 서브 시스템을 개발하는데 이때는 첫 번째 서브 시스템과의 인터페이스를 유지하면서 개발한다. 같은 방법으로 세 번째, 네 번째, 이후 서브 시스템을 차례로 개발해 나가면 전체 시스템이 완성된다. 개발 순서는 보통 가장 핵심적이고 중요한 서브 시스템부터 진행한다.

이 방식의 장점은 한꺼번에 큰 비용을 들이지 않아도 된다는 점이다. 또한, 완전히 새로운 시스템 전체를 한 번에 도입할 때 조직이 받는 충격을 완화할 수 있다. 소프트웨어를 단계적으로 도입하면 조직이 자연스럽게 변화에 적응할 수 있다. 개발 측면에서도 이미 사용하고 있는 서브 시스템이 있어 어떤 유형으로 개발해야 하는지 참고할 수 있으므로 사용자 요구를 충족시키는 결과물을 제공하기 쉽다.

그러나 단점도 있다. 서브 시스템들이 서로 관련되어 있기 때문에 처음 설계할 때부터 이후에 개발할 다른 서브 시스템과의 연관성을 충분히 고려해야 한다. 이를 간과하면 후속 서브 시스템을 기존 것과 통합하는 과정에서 큰 어려움을 겪을 수 있다.

2 릴리스 개발 방법 2: 반복적 개발(품질의 향상)

릴리스를 구성할 때 반복적 개발 방법은 초기에 시스템 전체를 일차적으로 개발해 인도한 후, 각 서브 시스템의 기능과 성능을 변경 및 보강해 완성도를 높인다. 이렇게 업그레이드된 릴리스 버전을 다시 내놓는다. 이 방식은 초기의 요구사항이 불분명한 경우에 적합하다.

앞에서 예로 든 대학 종합정보시스템(학사관리, 교무관리, 회계관리)을 기준으로 설명해 보자. 점증적 방법에서는 학사관리 시스템을 먼저 완성하여 인도한다(1차 릴리스). 그다음 교무관리 시스템을 개발해 인도하고(2차 릴리스), 마지막으로 회계관리 시스템을 개발해 인도한다(3차 릴리스).

반면 반복적 개발 방법은 조금 다르다. 먼저 학사·교무·회계 기능을 모두 포함한 초기 버전을 만들어 사용자에게 배포한다(릴리스 1). 사용자는 초기 버전을 사용하면서 기능 보강이나 수정이 필요한 부분을 피드백한다. 개발자는 이를 반영해 중간 버전을 만들어 배포한다(릴리스 2). 이후 다시 기능을 보강하고 수정하여 최종 버전을 사용자에게 제공한다(릴리스 3).

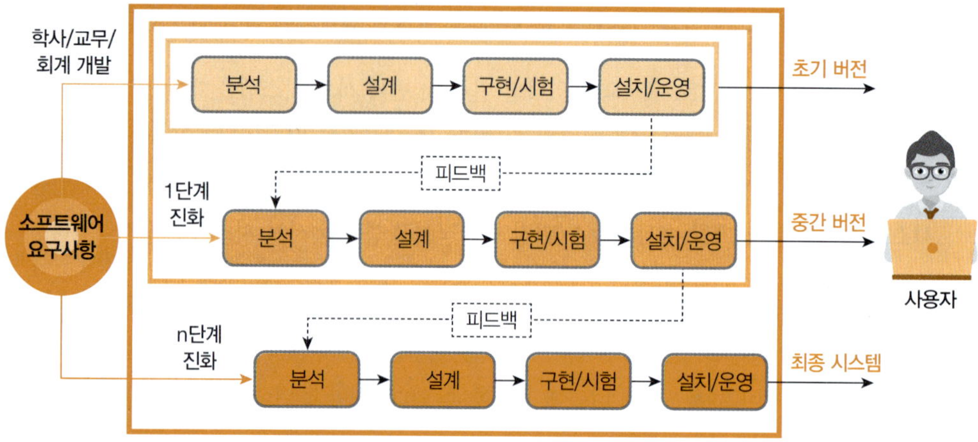

그림 1-21 반복적 개발 방법 예(대학 종합정보시스템 개발)

두 가지 개발 방식은 각각 장단점이 다르므로, 실제 개발 현장에서는 점증적 개발 방법으로 기능을 확장하면서 반복적 개발 방법으로 품질을 향상시키는 방식을 함께 사용하는 경우가 많다.

07 통합 프로세스 모델

통합 프로세스 모델을 설명하기 전에 지금까지 살펴본 개발 프로세스 모델을 산출물 중심으로 다시 한번 정리해보자.

■ **선형 순차적 모델**

'계획–분석–설계–코딩–테스트' 개발 과정을 따른다. 결과물은 개발이 모두 끝난 후 사용자에게 인도되고, 산출물은 최종 결과인 종합정보시스템(인사/교무/회계)이 된다.

■ **진화적 프로세스 모델**

충분한 사용자 요구를 받기 위해 입출력 화면을 만들고 이를 통해 사용자와 반복해서 대화한 후 더 이상의 요구사항이 없다고 판단할 때 설계와 코딩이 수행된다. 이 모델도 사용자에게 인도되는 산출물은 종합정보시스템(인사/교무/회계)이 된다.

■ **단계적 개발 모델**

일부분씩 개발하여 사용자에게 제공한다. 이 모델은 사용자에게 무엇을 줄 것인가에 따라 점증적 개발 방법과 반복적 개발 방법으로 나뉜다.

- **점증적 개발**: 1차(학사관리시스템), 2차(교무관리시스템), 3차(회계관리시스템)처럼 서브시스템 단위로 개발하여 순차적으로 제공한다.
- **반복적 개발**: 1차(종합정보시스템의 초기 버전), 2차(중간 버전), 3차(최종 버전)처럼 전체 시스템을 초안부터 시작해 반복적으로 보강·수정하여 완성한다.

1 통합 프로세스 모델의 특징

통합 프로세스Unified Process, UP 모델은 UML과 함께 IBM Rational사에서 주도적으로 개발한 프로세스 모델로서, 반복적이고 점증적인 방법이다. 통합 프로세스 모델의 특징은 다음과 같다.

- **반복적 개발**iterative : 하나의 거대한 개발 사이클이 아닌, 여러 개의 반복을 통해 점차 시스템을 완성해 간다.
- **점증적 개발**incremental : 반복iteration마다 시스템 기능을 추가한다.
- **위험 기반**risk-driven : 프로젝트 초기에 주요 위험을 식별하고 이를 해소하는 데 중점을 둔다.
- **아키텍처 중심**architecture-centered : 초기에 아키텍처를 정의하고 이를 기반으로 설계와 구현을 진행한다.
- **유스케이스 기반**use case-driven : 사용자 요구사항을 유스케이스로 표현하고 이를 중심으로 개발한다.

2 통합 프로세스 모델의 4단계

통합 프로세스의 개발은 [그림 1-22]처럼 4단계로 나누어 진행한다.

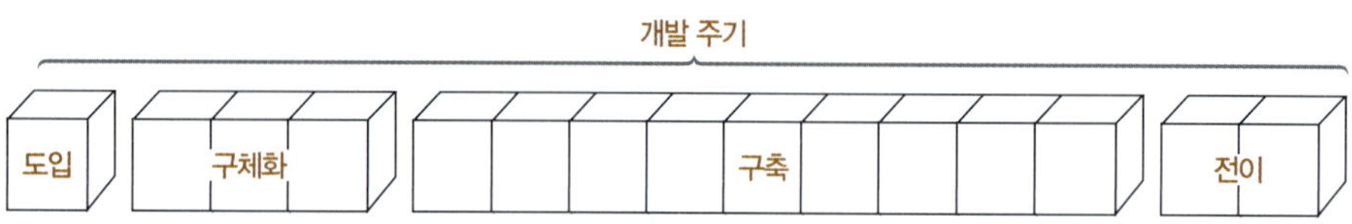

그림 1-22 통합 프로세스 모델의 4단계

[표 1-1]은 통합 프로세스의 각 단계별 목적과 주요 산출물을 간략히 정리한 것이다.

표 1-1 통합 프로세스의 4단계 요약

단계	목적	산출물
도입inception	프로젝트 범위, 핵심 요구사항, 주요 위험 식별	비즈니스 케이스, 초기 유스케이스 모델
구체화elaboration	아키텍처 수립, 위험 감소, 상세 요구사항 정의	아키텍처 설명서, 분석 모델, 실행 가능한 프로토타입
구축construction	실제 제품 구현, 기능 개발	실행 가능한 소프트웨어, 테스트 결과
전이transition	최종 사용자에게 시스템 전달, 유지보수 준비	사용자 매뉴얼, 최종 릴리스, 피드백 보고서

3 통합 프로세스 모델의 절차

폭포수 모델의 특징은 분석할 때 분석만 하고, 설계할 때 설계만 하는 식으로 단계별 작업이 명확하다는 것이다. 반면, 통합 프로세스 모델의 개발 과정은 크게 도입 → 구체화 → 구축 → 전이의 4단계로 나뉘고 각 단계도 여러 개의 작은 단위(반복iteration)로 나뉘어 각 반복 구간을 하나씩 정복해 간다. 이때 반복 주기를 시작하기 전에 기준선(베이스라인) 계획을 세운다. 그리고 반복 주기가 끝나면 실행 가능한 산출물이 도출되며, 이것을 위험 요소의 제거 여부를 판단하는 데 사용한다.

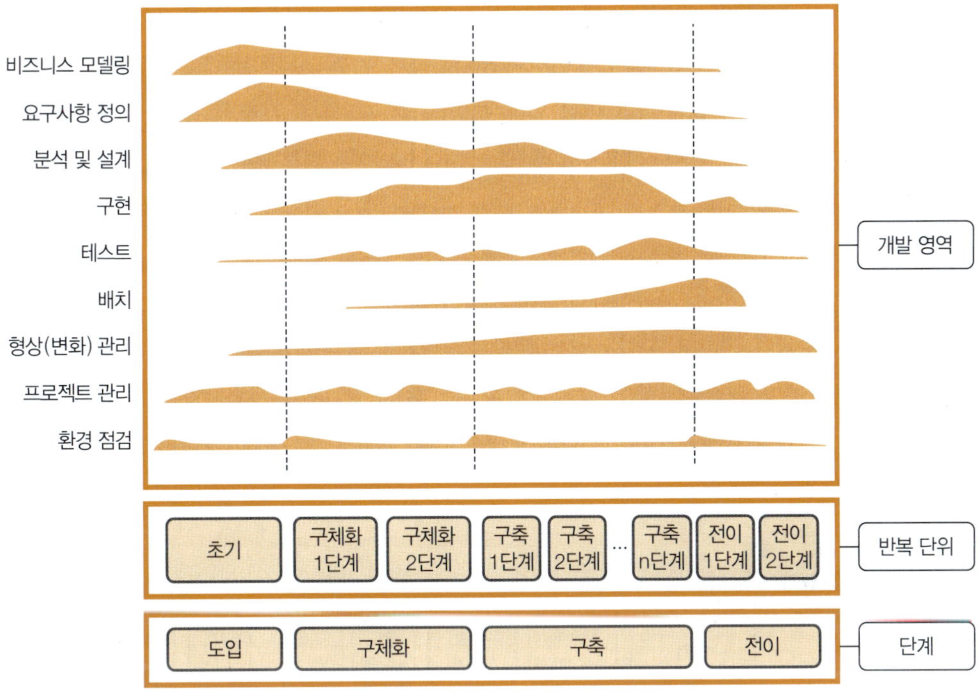

그림 1-23 통합 프로세스 모델(UP 모델)

[그림 1-23]을 보면 초기, 구체화 1단계, 구체화 2단계와 같은 반복 구간 하나를 수행할 때 9개의 개발 영역disciplines이 동시에 행해진다는 것을 알 수 있다. 물론 어떤 반복 구간에서는 요구사항 정의 영역이 많이 수행되고 구현 영역은 조금 수행되거나 없을 수도 있지만, 반복 구간 하나가 수행될 때 전체 9개의 개발 영역이 대부분 수행된다. 통합 프로세스 모델의 개발 순서는 다음과 같다.

① 관리 가능한 소규모 단위phase로 나눈다.

② 그 안에서 수행될 작은 단위iteration의 계획을 세운다. 이때 9개 개발 영역disciplines도 작은 단위 내에서 이루어진다.

③ 각 반복 단위iteration에서는 시스템의 일부를 통합하고, 테스트하며, 실행 가능한 결과물을 만든다.

4단계로 구성된 통합 프로세스 모델의 각 단계마다 수행되는 작업을 알아보자.

❶ 도입 단계

도입 단계inception phase는 준비 단계, 인지 단계, 시작 단계, 발견 단계, 개념 정립 단계와 같이 다양한 이름으로 불린다. 도입 단계는 [그림 1-24]와 같이 이제 막 시작하는 단계로 구현, 테스트, 배치 작업은 거의 없다. 대신 '비즈니스 모델링'과 '요구사항 정의' 관련 작업이 가장 많이 이루어진다.

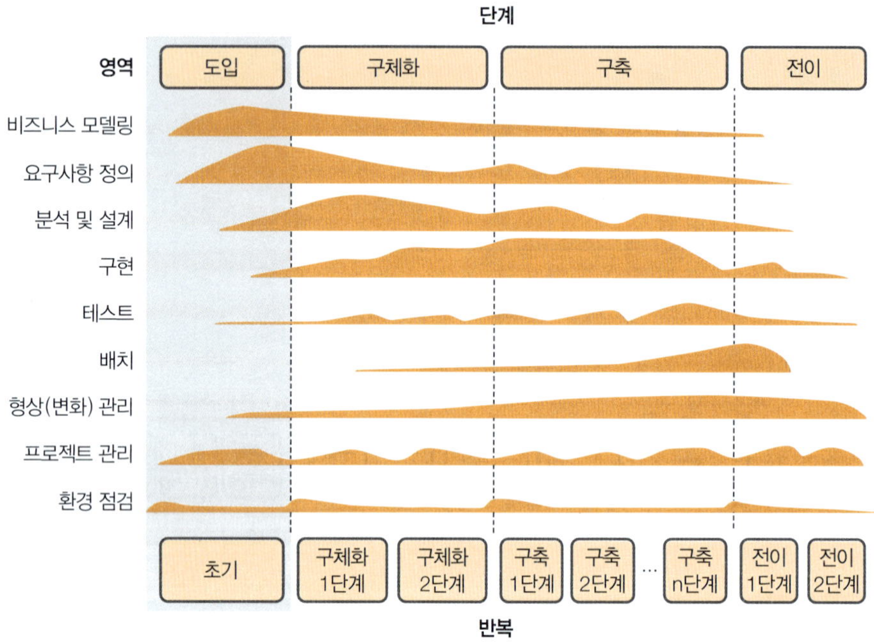

그림 1-24 통합 프로세스 모델의 도입 단계

도입 단계에서는 다음과 같은 활동을 한다.

- 개발의 기초가 되는 아이디어 도출
- 투자 비용 대비 효과 분석
- 사업의 타당성 및 프로젝트의 실현 가능성 확인
- 소프트웨어 개발 목표 수립
- 프로젝트 개발 범위 파악
- 비용과 기간 산정

- 프로젝트 계획
- 프로젝트의 위험 요소 발굴
- 사용자의 전체 요구사항 이해 및 정의
- 사용자와 의사 교환할 수 있는 프로토타입 개발
- 몇 가지 요구사항의 명확화
- 액터actor와 유스케이스use case 도출
- 유스케이스의 일부만 상세하게 기술
- 아키텍처 후보군 발굴
- 반복에 대한 계획과 평가 수행

❷ 구체화 단계

구체화 단계elaboration phase는 상세 단계, 정련 단계로도 불리고 보통 2~4개의 반복 단위로 구성된다. [그림 1-25]와 같이 비즈니스 모델링과 요구사항 정의 작업은 점차 줄고, 대신 분석 및 설계 작업이 가장 왕성하게 이루어진다. 또 설계 결과에 따른 구현(코딩) 작업이 이루어지기 시작하고 구현에 대한 단위 테스트도 조금씩 시작한다.

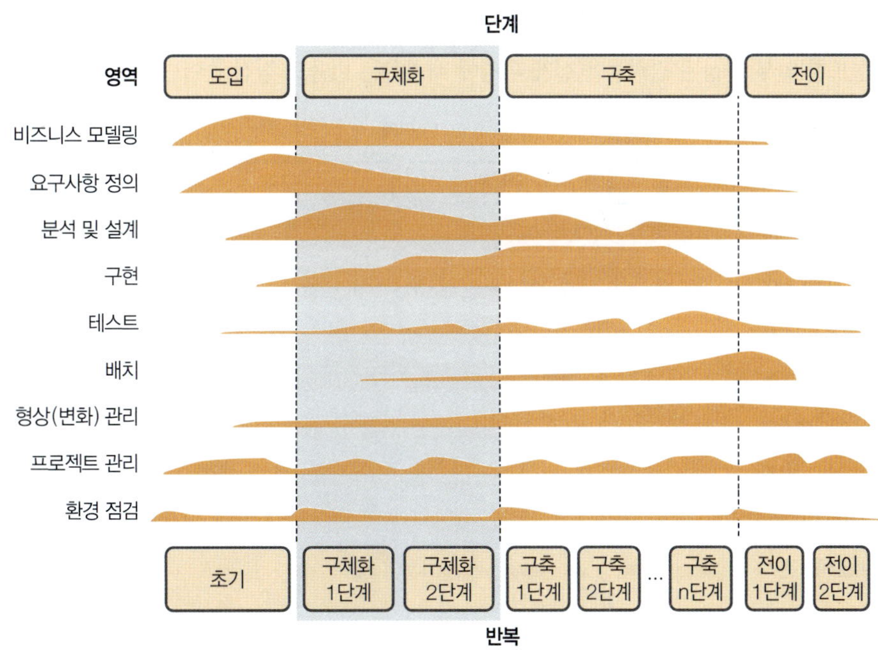

그림 1-25 통합 프로세스 모델의 구체화 단계

구체화 단계에서는 다음과 같은 활동을 한다.

- 상세한 프로젝트 계획

- 요구사항의 기능 요소에 대한 문서화
- 도입 단계에서 파악한 요구사항을 상세하게 분석
- 명확한 유스케이스 파악
- 아키텍처 계획 수립
- 핵심 아키텍처 설계
- 아키텍처 설명서 작성
- 첫 번째 반복을 통한 산출물로 아키텍처 프로토타입 생성
- 생성된 첫 번째 프로토타입을 다음 단계의 아키텍처 기준선으로 활용
- 프로젝트 수행을 방해하는 중대한 위험 요소들을 찾아 위험 축소 및 제거
- 반복에 대한 계획과 평가 수행
- 이 단계가 끝나면 유스케이스 모델은 대략 80% 정도 완료

❸ 구축 단계

구축 단계construction phase에서는 구현 작업이 가장 많이 이루어진다. [그림 1-26]과 같이 비즈니스 모델링과 요구사항 정의 작업은 많이 줄고, 분석 및 설계 작업도 구체화 단계보다 줄어든다. 대신 구현이 핵심 활동이 되며, 이에 따라 테스트 작업의 비중도 점차 커진다. 또한 일부 완성된 결과물을 실제 환경에 배치하는 비율도 점점 늘어난다.

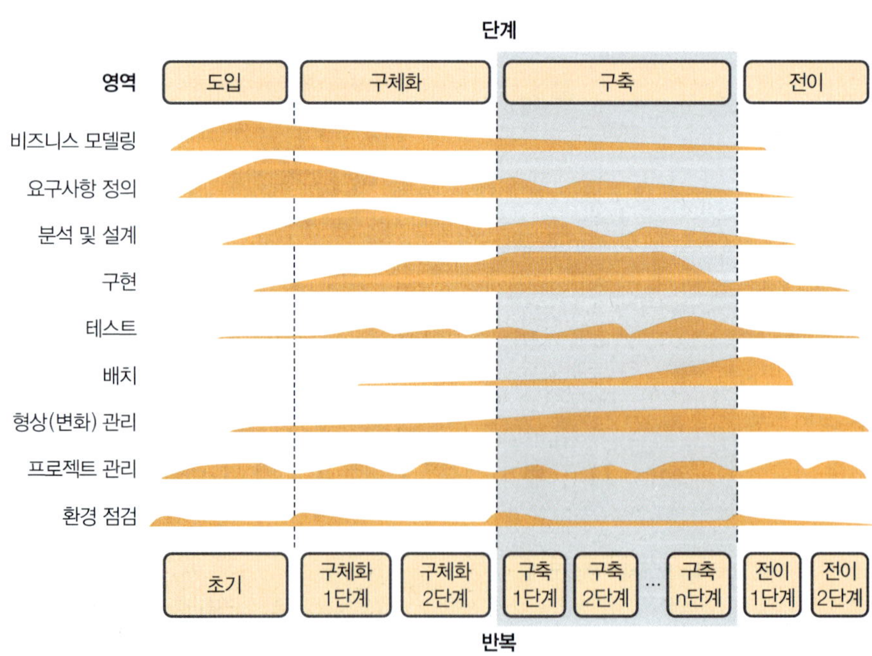

그림 1-26 통합 프로세스 모델의 구축 단계

구축 단계에서는 다음과 같은 활동을 한다.

- 만들어진 프로토타입을 기반으로 인도 가능한 최초 실행 버전의 소프트웨어 개발
- 모든 개발 요소 구현
- 작성된 평가 기준을 사용한 단위 테스트 및 통합 테스트 수행
- 사용자 설명서 및 현재 버전의 설명서 작성

❹ 전이 단계

전이 단계transition phase는 이행 단계라고도 하며 사용자를 위한 제품을 완성하는 단계이다. 이 단계에서는 완성된 제품을 사용자에게 넘겨주는 과정에서 수행해야 할 일을 한다. 따라서 [그림 1-27]과 같이 대부분의 작업이 거의 끝나가므로 배치 작업이 주를 이룬다.

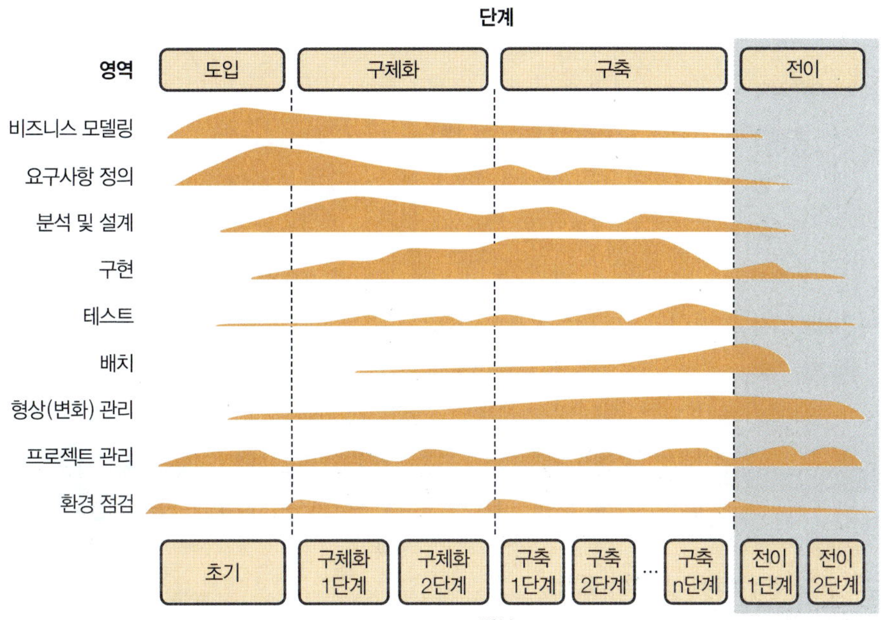

그림 1-27 통합 프로세스 모델의 전이 단계

전이 단계에서는 다음과 같은 활동을 한다.

- 개발된 모듈(컴포넌트)에 대해 베타beta 테스트 실시
- 사용자에게 배포 가능한 단위로 묶는 작업 수행
- 개발된 소프트웨어를 사용자 환경에서 사용자가 직접 테스트(인수 테스트)
- 소프트웨어 제품과 사용자 설명서 등 단계별로 생성된 최종 산출물을 사용자에게 인도
- 제품 사용자 및 유지보수 담당자 교육

❺ 도입·구체화·구축·전이 단계의 공통 작업

앞서 통합 프로세스 모델의 각 단계에서 수행되는 주요 작업을 살펴보았다. 이와 함께 모든 단계에서 공통적으로 이루어지는 작업도 있다. 4단계의 공통 작업은 다음과 같다.

- 분석, 설계, 구현, 테스트 작업을 공통으로 수행하되, 각 단계별로 수행하는 정도에는 차이가 있다.
- 각 작업을 반복 수행한다. 이는 통합 프로세스 모델의 가장 큰 특징으로 구체화와 전이 단계는 2회씩, 구축 단계는 3회 반복한다.
- 형상 및 변화 관리, 프로젝트 관리, 환경 점검 등은 지속적으로 수행한다.

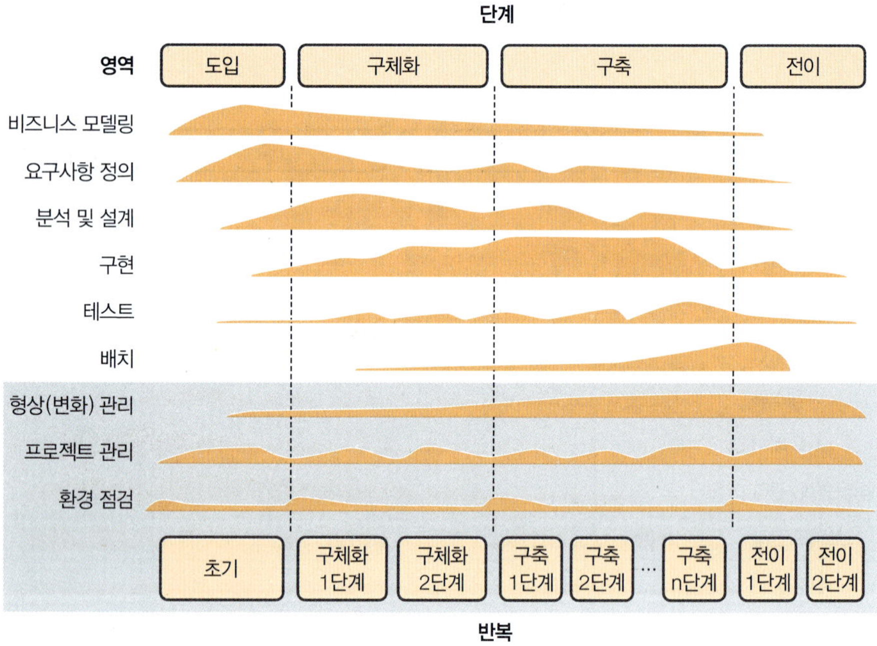

그림 1-28 통합 프로세스 모델의 공통 작업

08 애자일 프로세스 모델

1 애자일 프로세스 모델의 이해

애자일agile은 '날렵한', '민첩한'을 뜻하며, 애자일 프로세스agile process 모델은 고객의 요구에 민첩하게 대응하고 그때그때 주어지는 문제를 풀어나가는 방법을 말한다.

폭포수 모델처럼 계획을 기반으로 하는 프로세스 중심의 전통적인 모델은 산출물 위주의 거대하고 무거운 방법론에 해당해 요구사항의 변화에 유연하게 대처하기 어렵다. 이러한 한계를 보완하기 위해 가볍고 변화 수용이 쉬운 방법론이 등장했으며, 대표적으로 익스트림 프로그래밍eXtreme Programming, XP, 스크럼scrum, 크리스털crystal 등이 있다.

2001년 1월, 여러 방법론의 전문가들이 모여 애자일 연합Agile Alliance 그룹을 결성하고, 서로의 공통점을 찾아 '애자일 선언문'을 발표했다. 이를 계기로 애자일 프로세스가 주목받기 시작했고, 다양한 기업에서 채택하게 되었다.

애자일 선언문은 다음과 같은 가치를 추구한다.

- 프로세스와 도구 중심이 아닌 개개인과의 상호 소통을 중시한다.
- 문서 중심이 아닌 실행 가능한 소프트웨어를 중시한다.
- 계약과 협상 중심이 아닌 고객과의 협력을 중시한다.
- 계획 중심이 아닌 변화에 대한 민첩한 대응을 중시한다.

폭포수 모델이 계획, 프로세스, 프로젝트 관리, 문서(산출물) 같은 것에 중점을 둔다면, 애자일은 고객과의 협업, 빠른 시간 안에 고객이 작동해볼 수 있는 소프트웨어, 환경과 고객의 변화에 능동적으로 대처하는 것을 강조하고 있다.

2 스크럼 방식의 이해

스크럼scrum은 애자일 프로세스 모델을 실현하는 대표적인 개발 방법 중 하나로, 짧은 개발 주기(스프린트)를 반복하며 점진적으로 제품을 개발하는 방식이다.

2.1 제품 기능 목록

제품 기능 목록product backlog은 소프트웨어 개발에서 사용자가 요구하는 기능들을 정리한 목록이다. 이는 일반적인 개발 방법에서 요구사항 목록과 유사하지만, 각 기능에 대해 우선순위가 정해져 있다는 점이 특징이다. 이 우선순위는 제품 책임자product owner와 고객 측 대표가 함께 결정하며, 개발 과정에서 가장 중요한 기능부터 구현할 수 있도록 한다.

제품 기능 목록은 개발 중에도 수정이 가능하지만, 일반적으로 한 개의 개발 주기가 끝날 때까지는 변경하지 않는 것이 원칙이다. 목록의 각 항목은 사용자 스토리user story 형식으로 표현되며, 이를 통해 개발자가 기능을 보다 명확하게 이해하고 구현할 수 있도록 한다.

그러나 제품 기능 목록을 단순히 나열하는 것만으로는 개발 진행이 어렵고, 실제 개발 단위로 활용하기에 부족한 면이 있다. 따라서 제품 기능 목록은 사용자 스토리 단위로 변환되며, 이후 각 사용자 스토리에 대해 상대적인 난이도를 평가하는 스토리 포인트story point가 부여된다.

■ **제품 기능 목록의 변환 과정**

제품 기능 목록은 사용자의 요구사항을 정리한 문서이지만, 이를 효과적으로 개발하려면 단계적으로 변환하는 과정이 필요하다. 제품 기능 목록이 사용자 스토리로 변환되고, 이후 개발 난이도에 따라 스토리 포인트를 부여하는 과정은 [그림 1-29]와 같다.

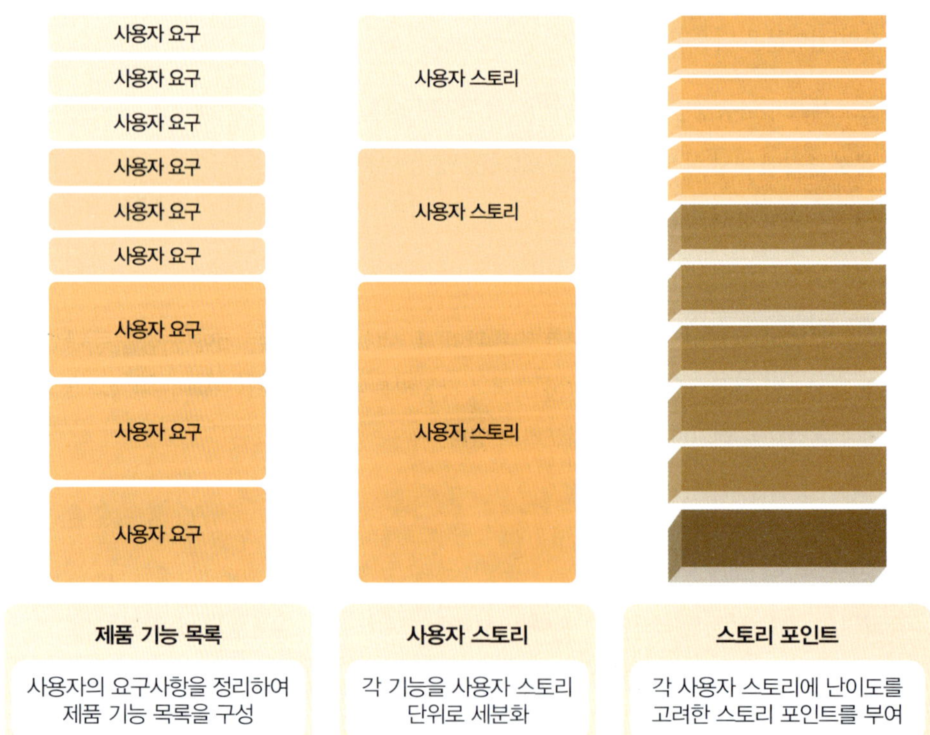

그림 1-29 제품 기능 목록 → 사용자 스토리 → 스토리 포인트 변환 과정

[표 1-2]는 학사관리시스템에서 사용되는 제품 기능 목록의 예시이다.

표 1-2 제품 기능 목록의 예(학사관리시스템)

순위	기능	사용자 스토리	스토리 포인트	중요도
4	교과목등록	직원은 교과목등록 기간을 설정한다.	4	중
		교수는 교과목을 등록, 수정, 삭제한다.	7	
		사용자(교수/학생/직원/조교)는 등록된 교과목을 조회한다.	5	
3	개설과목등록	직원은 개설과목 기간을 설정한다.	4	중
		교수는 개설과목을 등록, 수정, 삭제한다.	7	
		사용자는 등록된 개설과목을 조회한다.	5	
1	수강신청	직원은 수강신청 기간을 설정한다.	4	상
		직원은 수강신청 변경 기간을 설정한다.	4	
		학생은 수강신청 과목을 등록, 수정, 삭제한다.	7	
		사용자는 학생의 수강신청 내역을 조회한다.	5	
2	성적등록	직원은 성적등록 기간을 설정한다.	4	중
		교수는 성적을 입력, 수정, 삭제한다.	7	
		사용자는 성적을 조회한다.	5	

2.2 사용자 스토리와 스토리보드

사용자 스토리user story는 이름 그대로 사용자의 관점에서 기술된 간단한 이야기로, 특정 기능이 어떻게 동작해야 하는지를 설명하는 역할을 한다. 따라서 사용자 스토리는 개발자의 관점이 아니라, 실제 시스템을 사용하는 사용자의 입장에서 서술해야 한다.

사용자 스토리는 제품 기능 목록의 기본 단위이며, 기능을 간단한 문장으로 설명하여 개발자와 이해관계자 간의 원활한 의사소통을 가능하게 한다. 사용자 스토리는 [그림 1-30]처럼 한 장의 인덱스 카드(포스트잇)로 작성하며, 개발팀이 이를 참고해 기능을 구현하도록 한다.

스토리보드story board는 작업 진행 상황을 시각적으로 관리하기 위한 도구이다. 팀이 짧은 개발 주기 동안 수행해야 할 작업을 한눈에 볼 수 있도록 구성되며, 일반적으로 [표 1-3]과 같이 구성된다.

표 1-3 스토리보드의 구성

항목	설명
제품 기능 목록	사용자 요구사항 목록이며, 사용자 스토리 단위로 나뉘어 수행
스프린트 구현 목록	현재 스프린트에서 수행할 작업 목록
할 일	스프린트 동안 수행해야 하는 개별 작업을 사용자 스토리 또는 작업 형태로 표현
진행 중	현재 팀원들이 작업하고 있는 항목으로 개발, 디자인, 테스트 등의 단계를 포함
완료	완료된 작업으로, 완료 기준definition of done, DoD을 충족해야만 이 항목으로 이동 가능

[그림 1-30]은 사용자 스토리를 포스트잇으로 표현하고, 이를 모아 전체 기능의 흐름과 릴리스 계획까지 시각화한 스토리보드의 예를 보여준다.

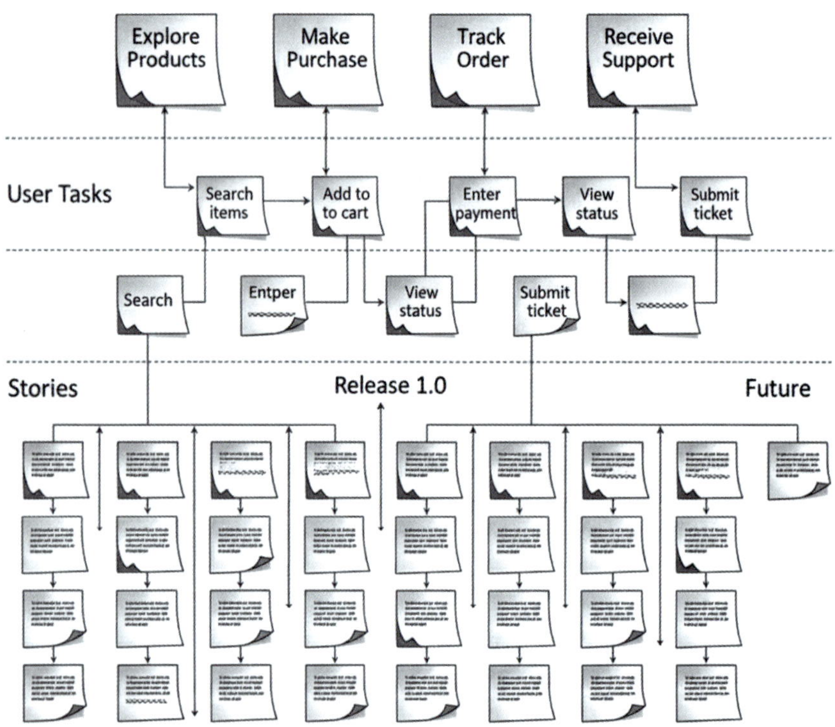

그림 1-30 사용자 스토리와 스토리보드

2.3 스토리 포인트

스토리 포인트story point는 사용자 스토리의 상대적인 난이도를 평가하는 단위이다. 일반적인 소프트웨어 개발에서는 기능 구현에 걸리는 시간을 일/주/월 등으로 직접 예측하지만, 실제 개발에서는 요구사항의 복잡성, 예상 리스크, 개발자의 경험 등에 따라 소요 시간이 달라질 수 있다.

스크럼 방법에서는 이러한 변수를 고려하여 기능별로 절대적인 시간이 아닌 상대적인 난이도로 작업량을 측정한다. 예를 들어, 옷의 크기를 측정할 때 S, M, L과 같은 표기만으로도 상대적인 크기를 알 수 있는 것처럼, 스토리 포인트도 개발 작업 간 상대적인 규모를 비교하는 방식으로 활용된다. 즉 가장 간단한 작업을 1포인트로 설정하고, 이보다 두 배 어려운 작업은 2포인트, 다섯 배 정도 복잡한 작업은 5포인트로 평가하는 식이다.

2.4 스프린트 계획 수립

스프린트sprint의 사전적 의미는 '전력 질주'이며, 소프트웨어 개발에서는 짧은 개발 주기를 반복하며 제품을 점진적으로 개발하는 방식을 의미한다. 장기간의 개발 계획을 한 번에 세우는 것이 아니라, 짧고 집중적인 개발 단위를 설정하여 기능을 점진적으로 완성해 나가는 것이다.

스크럼에서는 보통 1~4주를 하나의 스프린트 주기로 설정한다. 이 기간은 스프린트 계획 회의를 통해 결정하는데, 요구사항의 안정성, 개발팀의 경험, 작업량을 고려하여 조정할 수 있다. 요구사항이 명확하고 개발팀의 경험이 풍부하면 1~2주로 설정할 수 있고, 요구사항이 자주 변경되거나 개발팀의 역량이 낮다면 3~4주로 설정할 수 있다.

[그림 1-31]을 보면 스프린트 1은 3개의 사용자 스토리로 구성되고, 스프린트 2는 2개의 사용자 스토리로 구성된다. 하나의 스프린트에서 몇 개의 사용자 스토리를 포함할지는 스프린트 계획 회의에서 결정한다.

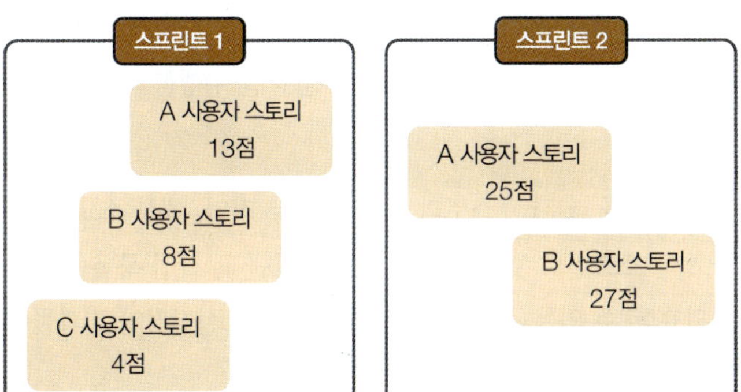

그림 1-31 스프린트 내 사용자 스토리 구성

스프린트가 시작되면 개발팀은 배정된 작업을 완료하기 위해 계획된 일정에 맞춰 집중적으로 개발을 진행해야 한다. 그러려면 결정된 스프린트의 목표와 내용이 개발 도중에 바뀌지 않아야 하고 그 누구도 팀원의 동의 없이 바꿀 수 없다는 원칙을 지켜야 한다. 이때 외부의 개발 방해 요소를 차단하는 역할은 스크럼 마스터scrum master가 수행한다.

스프린트가 종료되면 개발된 기능을 사용자에게 시연하고 피드백을 받는다. 그런데 계획된 일정 안에 개발을 마치지 못할 수도 있다. 그렇다 해도 하나의 스프린트는 개발 완료 여부와 관계없이 정해진 일정이 지나면 끝난다.

■ 스프린트 계획 회의

스프린트 계획 회의는 전체적인 계획과 세부적인 계획의 두 가지 단계로 진행된다.

① 전체적인 스프린트 계획 회의

스프린트 계획 회의 시작 단계에서는 사용자의 대변인 격인 제품 책임자product owner를 통해 사용자가 원하는 것이 무엇인지를 파악하는 데 중점을 둔다. 이를 위해 스크럼 마스터는 제품 기능 목록을 검토하면서 어떤 항목을 가장 높은 순위로 놓았는지 확인하고 그 배경과 목표에 대해 팀원들과 토의하며 제품 책임자의 의도를 파악해야 한다.

② 세부적인 스프린트 계획 회의

전체적인 스프린트 목표가 정해지면, 세부적인 계획 회의에서는 우선순위가 높은 항목을 어떻게 구현할 것인지 구체적인 작업 계획을 세운다. 먼저 우선순위가 매겨진 사용자 요구사항 목록인 제품 기능 목록에서 개발 항목을 결정하고 스프린트 구현 목록을 작성한다. 여기에 팀원들은 정해진 작업을 수행하는 데 소요되는 시간을 추정한다.

■ 스프린트 구현 목록 작성

제품 기능 목록이 사용자 스토리를 통해 사용자가 원하는 기능을 작성한 것이라면, 스프린트 구현 목록sprint backlog은 제품 기능 목록에서 스프린트 기간 동안 수행할 작업을 구체적으로 정리한 것이다.

스프린트 구현 목록에는 완료할 사용자 스토리, 스토리 포인트, 세부 작업, 예상 소요 시간, 담당자 등이 포함된다. [표 1-4]는 스프린트 구현 목록의 예를 나타낸다. 작업 목록을 작성할 때는 스프린트 기간 내에 완료할 수 있는 작업량을 선정해야 하며, 실질적인 결과물이 나올 수 있는 수준에서 결정된다.

표 1-4 스프린트 구현 목록의 예

스프린트	사용자 스토리	SP	세부 작업	MD	개발자
수강신청	학생은 수강신청 과목을 등록/수정/삭제/조회할 수 있다.	20	UI 설계	1	김희석
			웹페이지 설계	2	
			장바구니 구현	2	
			DB 테이블 설계	3	
			단위 테스트	1	
			코드 검토	1	
성적등록	교수는 성적을 등록/수정/삭제/조회할 수 있다.	16	UI 설계	1	서응식
			웹페이지 설계	2	
			DB 테이블 설계	2	
			단위 테스트	1	
			코드 검토	1	
교과목, 개설과목등록	교수는 교과목을 등록/수정/삭제/조회할 수 있다.	9	UI 설계	1	박양구
			웹페이지 설계	2	
			DB 테이블 설계	2	
			단위 테스트	3	
			코드 검토	1	
	교수는 개설과목을 등록/수정/삭제/조회할 수 있다.	9	UI 설계	1	이칠현
			웹페이지 설계	2	
			DB 테이블 설계	2	
			단위 테스트	3	
			코드 검토	1	

※ SP Story Point: 스토리 포인트, MD Man Day: 연 작업시간

2.5 스프린트 수행

스프린트가 시작되면 개발팀은 계획된 작업을 진행하며, 작업 진척도를 지속적으로 점검해야 한다. 개발 과정에서 팀원들은 각자의 작업을 효율적으로 수행해야 하며, 이를 위해 소멸 차트, 일일 스크럼 회의, 스프린트 현황판 등을 활용한다.

■ 소멸 차트

소멸 차트burndown chart는 스프린트가 진행됨에 따라 남아 있는 작업량을 시각적으로 나타내는 그래프이다. 보통 시간이 지남에 따라 남은 작업량이 줄어드는 형태를 띠므로, 계획 대비 실제 진행 상황을 비교하는 데 유용하다.

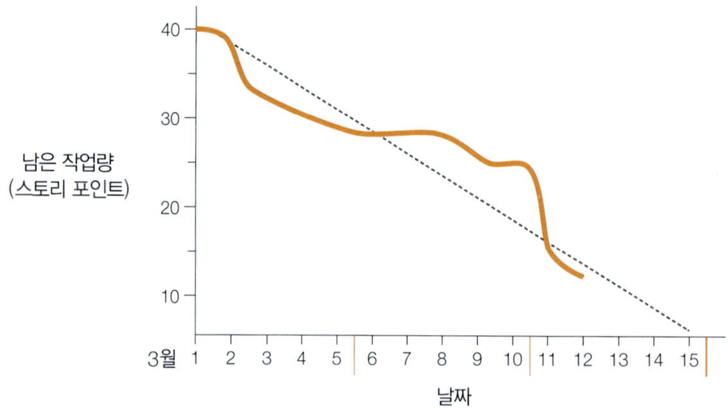

그림 1-32 소멸 차트

[그림 1-32]와 같이, 소멸 차트는 다음과 같은 요소로 구성된다.

- **가로축**: 스프린트 기간(일 단위)
- **세로축**: 남아 있는 작업량(스토리 포인트로 표시)
- **계획 그래프**: 초기에 계획한 남은 작업량(점선)
- **실제 그래프**: 실제로 남아 있는 작업량(실선)

소멸 차트를 통해 개발팀은 예상 작업량과 실제 작업량 간의 차이를 분석할 수 있으며, 일정 지연 또는 조정이 필요한 경우를 조기에 파악할 수 있다.

■ 일일 스크럼 회의

일일 스크럼 회의daily scrum meeting는 개발팀이 매일 짧은 시간동안 모여 프로젝트 진행 상황을 점검하는 회의로 다음과 같은 특징이 있다.

- 매일 같은 시간에 진행하며, 약 15분 이내로 짧게 진행한다.
- 서서 회의를 진행하며 불필요한 논의를 줄인다.
- 모든 팀원이 참여해 어제 수행한 작업, 오늘 수행할 작업, 그리고 현재 겪고 있는 문제나 어려움을 함께 공유한다.
- 회의 후에는 스프린트 현황판을 업데이트하고, 소멸 차트에 남은 작업량을 반영한다.

일일 스크럼 회의에서 스크럼 마스터의 역할은 다음과 같다.

- 팀원들의 개발 작업에 방해되는 요소를 찾아 문제를 해결한다.
- 개발자 개개인이 수행하고 있는 일의 진행 상황을 확인한다.
- 회의 후 소멸 차트에 남은 작업량을 업데이트하여 프로젝트 진행도를 관리한다.

■ 스프린트 현황판

스프린트 현황판task board은 프로젝트의 진행 상태를 한눈에 파악할 수 있도록 정리한 보드이다. 이를 통해 팀원들은 현재 진행 중인 작업, 완료된 작업, 남은 작업을 쉽게 확인할 수 있다.

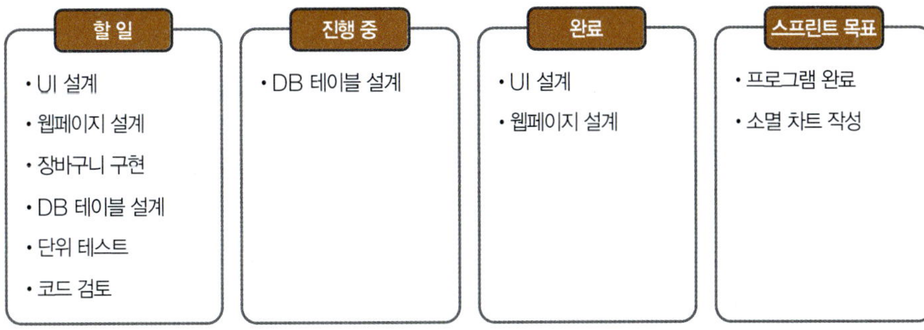

그림 1-33 스프린트 현황판의 예

■ 스프린트 진척 관리

스프린트의 각 작업task에 대한 날짜별 작업 시간과 남은 시간 등을 기록해 진척 관리를 할 수 있다. [표 1-5]는 '수강신청' 기능 개발을 위한 스프린트 진척 관리 예시이다. 여기서는 간단하게 나타냈지만 실제 개발에서는 여러 개발자가 작업을 병행하므로 표가 좀 더 복잡할 수 있다.

표 1-5 수강신청 스프린트의 진척 관리표

스프런트	세부 작업	1일	2일	3일	4일	5일	6일	7일	8일	9일	10일
수강신청	UI 설계	1									
	웹페이지 설계		1	1							
	장바구니 구현				1	1					
	DB 테이블 설계						1	1	1		
	단위 테스트									1	
	코드 검토										1
총 남은 시간		9	8	7	6	5	4	3	2	1	0

2.6 스프린트 개발 완료

스프린트가 종료되면 해당 주기에 계획된 개발 작업이 완료되고, 그 결과물이 산출된다.

■ **최종 제품**

모든 스프린트 주기가 끝나면 제품 기능 목록에서 개발하려고 했던 최종 제품finished work 이 완성된다.

그림 1-34 스프린트 개발 완료

2.7 스프린트 개발 완료 후

스프린트 개발을 마치고 최종 제품이 생산되면 다음 과정을 통해 스프린트를 되돌아봐야 한다.

■ **스프린트 검토 회의**

스프린트 검토 회의sprint review는 하나의 스프린트 반복 주기(2~4주)가 끝났을 때 생성되는 실행 가능한 제품을 검토하는 회의이다. 이 회의에서는 스프린트 목표가 달성되었는지, 작업이 계획대로 수행되었는지를 확인하고 전체 흐름을 점검하여 비즈니스 가치가 실현되었는지를 평가하는 데 중점을 둔다.

스크럼 팀은 스프린트 동안 작업한 결과를 고객을 포함한 이해관계자에게 시연하고, 요구사항을 얼마나 충족했는지 검토한다. 그리고 제품에 대한 피드백을 받는다. 이때, 스크럼 마스터는 스프린트 수행 과정에서 잘된 점, 아쉬운 점, 개선이 필요한 점 등을 정리해 다음 스프린트를 위한 회고의 기초로 활용할 수 있다. 검토는 가능한 한 4시간 안에 마친다.

■ **스프린트 회고**

스프린트 회고sprint retrospective는 스프린트 기간 동안 수행한 활동과 결과물을 되돌아보며 개발 과정에서의 개선점을 찾기 위한 회의이다. 이 회의에서는 팀이 정한 규칙이나 표준을 잘 준수했는지 검토하고 더 나은 작업 방식을 모색한다.

이때 팀의 단점보다는 강점을 찾아 이를 강화하는 데 집중하며, 발견된 문제점은 근본적인 해결보다는 우선 관찰하고 기록하는 데 의미를 둔다. 또한 계획 단계에서 추정한 작업 속도와 실제 작업 속도를 비교하여 차이가 발생한 이유를 분석한다. 다만 이 회의에서는 프로세스 품질은 측정하지 않는다.

2.8 배포 목록 작성

배포release란 사용자에게 시스템의 일부 기능을 제공하는 것이다. 이때 사용하는 배포 목록release backlog은 제품 기능 목록 중에서 이번 배포본에 포함될 항목들을 정리한 것이다. 배포 목록이 작성되면 이번 배포본의 개발 범위와 일정이 확정되며, 사용자에게 전달되는 기능과 제공 시기, 그리고 각 기능이 포함된 스프린트 주기를 구체적으로 계획할 수 있다.

[표 1-6]은 학사관리시스템을 예로 들어, 실제 배포 목록이 어떻게 구성되는지를 보여준다. 이 예시는 개발자가 구현한 기능 중 일부를 사용자(예 전산원 직원)에게 제공하는 형태로 축소해 표현한 것이다.

표 1-6 배포 목록 예

기능	내용	MD	스프린트 주기
수강신청	학생이 수강신청을 할 수 있게 한다.	10	스프린트 1
성적등록	교수가 성적을 입력할 수 있게 한다.	7	스프린트 2
교과목, 개설과목등록	교수가 교과목과 개설과목을 등록할 수 있게 한다.	18	스프린트 3
총 MD		35	
총 배포 스프린트		3개	
배포 날짜		2026. 10. 31	

3 스크럼 개발 관련자의 역할

스크럼 방식에서는 제품 책임자, 스크럼 마스터, 스크럼 팀이 각각 명확한 역할과 책임을 가진다. 이들은 서로 협력하여 제품을 점진적으로 개발해 나간다. 각 담당자의 주요 역할은 [표 1-7]과 같다.

표 1-7 제품 책임자, 스크럼 마스터, 스크럼 팀의 역할

담당자	역할
제품 책임자	• 제품 기능 목록을 작성한다. • 비즈니스 관점에서 기능의 우선순위와 중요도를 판단하고, 필요 시 새로운 기능을 추가한다. • 스프린트가 시작되기 전까지 스프린트 계획 수립에 참여하지만, 이후 개발 과정에는 직접 관여하지 않는다.
스크럼 마스터	• 제품 책임자를 지원하며, 팀이 자율적으로 일할 수 있도록 돕는다. • 개발 업무를 강요하지 않고, 팀원 간의 원활한 협력을 유도한다. • 스크럼 팀이 스크럼의 원칙과 가치를 준수하도록 지원하며, 개발을 방해하는 요소를 찾아 해결한다.
스크럼 팀	• 일반적으로 5~9명으로 구성되며, 사용자 요구사항을 사용자 스토리로 정의하고 이를 구현한다. • 기능을 작업 단위로 나누고, 각 작업에 대한 소요 시간과 속도를 추정해 제품 책임자에게 전달한다. • 스프린트 동안 개발된 결과물을 제품 책임자에게 시연하며, 매일 일일 스크럼 회의에 참여해 진척 상황을 공유한다.

4 스크럼 방식의 장점과 단점

스크럼 방식의 장점은 다음과 같다.

- 반복 주기마다 생산되는 실행 가능한 제품을 통해 사용자와 충분히 의견을 나눌 수 있다.
- 일일 회의를 함으로써 팀원들 간에 신속한 협조와 조율이 가능하다.
- 일일 회의 시 직접 자신의 일정을 발표함으로써 업무에 집중할 수 있는 환경이 조성된다.
- 다른 개발 방법론에 비해 단순하고 실천 지향적이다.
- 스크럼 마스터는 개발 팀원들이 목표 달성에 집중할 수 있도록 팀의 문제를 해결한다.
- 프로젝트의 진행 현황을 볼 수 있어 신속하게 목표와 결과 추정이 가능하다.
- 프로젝트의 진행 현황을 볼 수 있어 목표에 맞게 변화를 시도할 수 있다.

스크럼 방식의 단점은 다음과 같다.

- 반복 주기가 끝날 때마다 실행 가능하거나 테스트할 수 있는 제품을 만들어야 한다. 이 작업이 많아지면 그만큼의 작업 시간이 더 필요하다.
- 스크럼 방식에서는 일일 스크럼 회의를 15분 정도로 정해 놓았다. 그러나 정확히 15분의 약속이 지켜질까? 일일 스크럼 회의의 특성은 꼭 필요한 사항만 매우 짧은 시간에 간략히 이야기하

는 것이다. 그러나 때로는 회의가 길어져 작업 시작 시간이 늦어지고 그로 인해 작업하는 데 상당히 방해를 받을 수 있다.

- 투입 공수를 측정하지 않기 때문에 작업이 얼마나 효율적으로 수행되었는지는 알기 어렵다.
- 스크럼은 프로젝트 관리에 무게 중심을 많이 둔 방법이다. 따라서 스프린트 수행 후 검토 회의를 하지만 프로세스 품질을 평가하지 않기 때문에 품질 관련 활동이 미약하고 따라서 품질의 정도를 알 수 없다.

01 (가)~(라) 중 소프트웨어 공학이 등장하게 된 배경으로 올바른 것을 모두 고른 것은?

2025 경찰간부후보

(가) 소프트웨어 개발 인력 공급 과잉
(나) 소프트웨어 개발 기간의 지연 및 개발 비용의 증가
(다) 하드웨어 컴퓨터의 발전 속도 저하
(라) 소프트웨어 유지보수의 어려움

① (가), (나)
② (가), (다)
③ (나), (다)
④ (나), (라)

02 소프트웨어공학의 기본 원칙이라고 보기 어려운 것은? 정보처리기사 변형

① 지속적인 검증 시행
② 최대한 많은 인력 투입
③ 결과에 대한 명확한 기록 유지
④ 품질 높은 소프트웨어 상품 개발

03 (가)~(라) 중 소프트웨어 개발 프로세스와 방법론의 차이점으로 올바르지 않은 것을 모두 고른 것은?

2025 경찰간부후보

(가) 프로세스는 소프트웨어 각 작업을 어떻게 수행하느냐를 정의한 것이다.
(나) 방법론은 소프트웨어개발 조직이 자유로이 선택할 수 있으며 프로세스의 구현이라고 생각할 수 있다.
(다) 방법론은 개발 패러다임에 의해 좌우되지 않는다.
(라) 소프트웨어 프로세스는 방법론에 따라 결정된다.

① (가), (나)
② (가), (다)
③ (가), (다), (라)
④ (나), (다), (라)

04 소프트웨어 개발 생명주기 모델 중 V 모델에 대한 설명으로 옳지 않은 것은? `정보처리기사 변형`

① 요구분석과 설계 단계를 거치지 않고, 통합 테스트 중심으로만 V 형태를 이룬다.

② 개발 단계와 검증 단계를 짝지어 대응 관계를 명확히 표현한 폭포수 모델의 변형이다.

③ 폭포수 모델이 산출물 중심이라면, V 모델은 각 단계 결과의 검증 활동에 더 초점을 둔다.

④ Perry가 제안했으며, 세부적인 테스트 과정을 포함하여 신뢰성 높은 시스템 개발에 효과적이다.

05 프로토타이핑 모형에 대한 설명으로 옳지 않은 것은? `정보처리기사 변형`

① 의뢰자나 개발자 모두에게 공동의 참조 모델을 제공한다.

② 단기간 제작 목적으로 인하여 비효율적인 언어나 알고리즘을 사용할 수 있다.

③ 프로토타이핑이 진행되는 과정에서 새로운 요구사항이 도출되지 않아야 한다.

④ 실제 개발될 소프트웨어에 대한 프로토타입(Prototype)을 만들어 최종 결과물을 예측하는 모형이다.

06 소프트웨어 생명주기 모델 중 나선형 모델에 대한 설명으로 옳지 않은 것은? `정보처리기사 변형`

① 위험 관리 관점에서 제안된 소프트웨어 개발 모델이다.

② 여러 번의 개발 주기를 반복하며 점진적으로 시스템을 완성한다.

③ 각 단계를 마무리할 때마다 검토와 승인을 거쳐 다음 단계로 진행한다.

④ 요구사항이나 핵심 아키텍처가 불확실하거나 기술적 위험이 있는 경우 적합하지 않다.

07 소프트웨어 개발 프로세스 모델에 대한 용어와 설명을 바르게 연결한 것은? `2024 국가직`

(가) V 모델 테스트
(나) 나선형 모델 위험
(다) 통합 프로세스 모델 개발

A. 위험 분석 단계가 존재해 처음부터 위험에 대해 고려하면서 개발을 진행한다.
B. 테스트 단계가 분석 및 설계와 어떻게 관련되어 있는지 나타내고, 각 개발 단계를 검증하는 데 초점을 둔다.
C. 개발 과정은 크게 4단계(도입, 정련, 구축, 전이)로 나뉘고 각 단계도 여러 개의 작은 단위로 나뉘며, 한 번 반복이 끝나면 실행 가능한 산출물이 도출된다.

	(가)	(나)	(다)
①	A	C	B
②	B	A	C
③	C	B	A
④	C	A	B

08 소프트웨어 개발 모델 중 다음과 같은 과정으로 활동을 수행하는 모델은? 정보처리기사 변형

> 계획 수립 → 위험 분석 → 개발 및 검증 → 고객 평가

① Agile Model
② Spiral Model
③ Waterfall Model
④ Prototype Model

09 소프트웨어 개발 방법 중 UP(Unified Process) 개발 단계에 관련된 것으로 가장 올바르지 않은 것은? 2025 경찰간부후보

① 도입 단계는 고객과의 커뮤니케이션을 통해 소프트웨어에 대한 비즈니스적 요구사항을 확인하고 개략적인 시스템 구조를 제안, 기초를 수립한다.
② 정련 단계는 도입 단계에서 도출된 예비 유스케이스를 구체화하며 구조 표현을 모델에 따라 확장한다.
③ 구축 단계는 유스케이스에 따르는 소프트웨어 컴포넌트를 개발하고 각 컴포넌트의 단위 테스트를 설계 및 수행한다.
④ 전이 단계는 사용자에게 전달하기 전 내부 테스트의 마지막 단계로써 통합 소프트웨어의 기능 검증 및 다음 단계에서의 사용자 피드백을 실시하기 위한 준비를 수행한다.

10 (가)~(다)에서 설명하는 UP의 단계를 옳게 짝지은 것은? 2022 서울시

> (가) 소프트웨어 시스템을 개발 환경에서 사용자 환경으로 옮긴다.
> (나) 핵심 아키텍처를 구축하고 대부분의 요구사항을 명확히 정의한다.
> (다) 주요 요구사항들을 나열하고 전체적으로 10% 정도의 유스케이스를 상세히 작성한다.

	(가)	(나)	(다)
①	전이(transition)	정련(elaboration)	도입(inception)
②	도입(inception)	구축(construction)	정련(elaboration)
③	전이(transition)	구축(construction)	정련(elaboration)
④	구축(construction)	전이(transition)	도입(inception)

11 애자일 프로세스 모델에 대한 설명으로 옳지 않은 것은? 정보처리기사 변형

① 협상과 계약의 준수보다는 고객과의 지속적인 협력을 강조한다.

② 문서 중심이 아니라, 실행 가능한 소프트웨어를 더 중요하게 여긴다.

③ 변화에 대한 적극적인 대응보다는 미리 세운 상세 계획을 따르는 데 중점을 둔다.

④ 프로세스와 도구의 활용보다는 개인 간의 직접적인 상호작용을 통해 의견을 교환한다.

12 다음 중 스크럼에 대한 설명으로 옳지 않은 것은? 정보처리기사 변형

① 스프린트 회고에서는 개선할 점을 확인하고 기록한다.

② 스크럼의 역할은 제품 책임자, 스크럼 마스터, 개발팀으로 구성된다.

③ 스프린트는 실제 개발 작업을 수행하는 주기로, 보통 1~4주 동안 진행된다.

④ 스프린트 이벤트에는 계획 회의, 검토 회의, 회고가 있으며, '월별 스크럼 회의'는 존재하지 않는다.

13 XP에 대한 설명으로 옳지 않은 것은? 정보처리기사 변형

① XP는 빠른 개발을 위해 단순함을 포기한다.

② 짝 프로그래밍은 독립적으로 코딩할 때보다 더 나은 품질을 낸다.

③ XP는 변화에 대응하기보다는 변화에 반응하는 데 더 가치를 둔다.

④ 스파이크 솔루션은 기술적 문제가 발생했을 때 이를 해결하기 위해 사용된다.

참고 |

XP(eXtreme Programming)는 변화에 신속하게 대응하고 고객 중심의 개발을 지향하는 대표적인 애자일 방법론이다. 이 방법론은 12가지 실천 기법을 통해 지속적인 피드백을 가능하게 하고, 코드 품질을 높이며, 협업 중심의 개발 문화를 형성한다.

주요 실천 기법에는 짝 프로그래밍(Pair Programming), 테스트 우선 개발(Test-First Development), 지속적 통합(Continuous Integration), 리팩토링(Refactoring), 작은 단위의 릴리즈(Small Releases), 전체 팀 참여(Whole Team), 공유 코드베이스(Collective Code Ownership), 코딩 표준(Coding Standards), 지속 가능한 개발 속도(Sustainable Pace) 등이 있다.

14 CASE에 대한 설명으로 옳지 않은 것은? 정보처리기사 변형

① 소프트웨어 개발 속도를 높이는 데 기여한다.

② 소프트웨어 구성 요소의 재사용을 가능하게 한다.

③ 생명주기의 전 과정을 지원하고 자동화하는 통합 도구를 제공한다.

④ 프로그램 구현과 유지보수 단계에만 집중하여 생산성 문제를 해결한다.

> **참고 |**
>
> CASE(Computer Aided Software Engineering)는 소프트웨어 개발 전 과정을 지원하기 위한 도구와 기법들의 집합을 의미한다. 이는 소프트웨어를 보다 효율적이고 체계적으로 개발할 수 있도록 돕는 자동화 도구들의 통합 환경이라고 할 수 있다.

15 스크럼 방식에서 사용하는 소멸 차트로 가장 적절한 것은? 2026 경찰간부후보

①
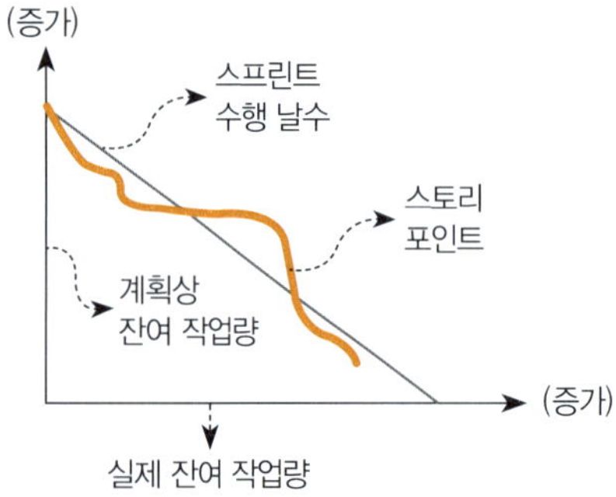

②
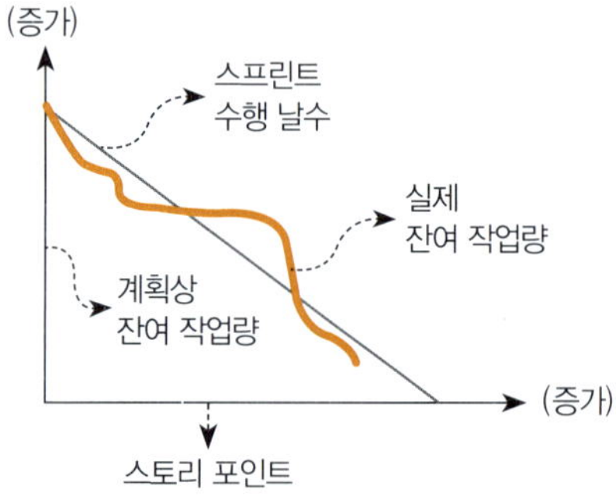

③
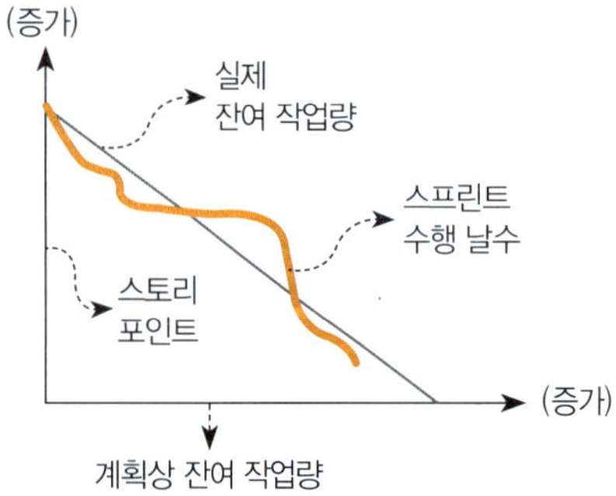

④
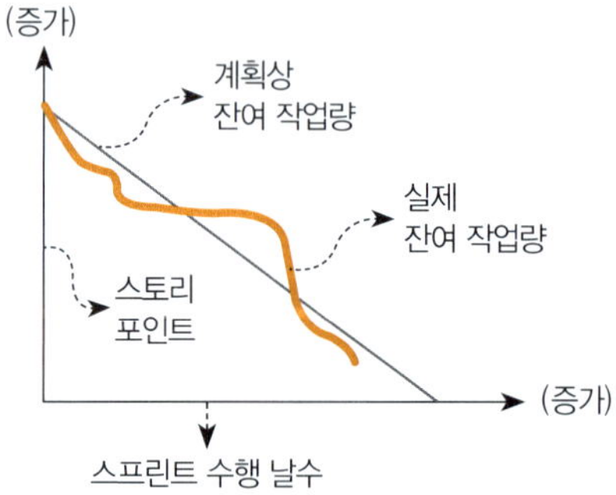

16 다음 사례를 읽고, 프로젝트 리더의 입장에서 다음 질문에 답하시오.

> 당신은 대기업 금융 IT 프로젝트의 프로젝트 매니저이다. 약 18개월 일정의 대규모 인터넷 뱅킹 시스템 구축을 총괄하고 있으며, 여러 외부 시스템과의 연동이 필요하고, 보안, 성능, 확장성이 매우 중요한 이슈다. 프로젝트는 RUP (Rational Unified Process)를 기반으로 한 프로세스를 따르고 있으며, 현재 Elaboration 단계의 중반에 있다. 최근 열린 아키텍처 검토 회의에서 일부 개발자와 이해관계자들은 "주요 유스케이스를 정의했고 기본적인 아키텍처도 초안이 잡혔으니, 곧바로 Construction 단계로 넘어가 개발을 시작하자"고 제안하였다.

(1) 이 프로젝트의 특성과 현재 상황을 고려할 때, Elaboration 단계를 충분히 수행하지 않고 Construction 단계로 넘어갈 경우 발생할 수 있는 구체적인 리스크를 3가지 이상 제시하고 설명하시오.

(2) 이러한 리스크를 방지하기 위해 Elaboration 단계에서 반드시 확보하거나 검증해야 할 핵심 산출물 또는 활동을 2가지 이상 제시하고, 각 항목이 어떤 리스크를 줄이는 데 기여하는지 논하시오.

17 다음 사례는 애자일의 몇 가지 핵심 원칙을 위배하고 있어 프로젝트의 민첩성과 반응성이 떨어지고 있다. 이 사례에서 위반되고 있는 애자일 선언의 핵심 원칙 3가지를 구체적으로 지적하고, 각 원칙이 어떤 방식으로 무시되었는지 설명하시오.

> 중견 SI 기업에서 진행 중인 공공기관 웹 시스템 구축 프로젝트에 애자일 방법론을 도입하였다. 그러나 다음과 같은 다음과 같은 문제가 지속적으로 발생하고 있다.
>
> - 고객사는 요구사항 변경을 요청할 때마다 "기존 계획과 일정에 맞춰야 한다"며 거부당한다.
> - 개발팀은 릴리즈보다는 문서 정리에 많은 시간을 쏟고 있다.
> - 팀원 간 대면 커뮤니케이션보다 이메일로 커뮤니케이션하는 것이 일반화되어 있다.

18 다음 사례에서 스크럼의 원칙에 어긋나는 점을 서술하고, 이러한 문제를 예방하기 위한 적절한 대응 방안을 스크럼의 핵심 원칙과 역할 정의에 근거하여 구체적으로 설명하시오.

> A사는 최근 애자일 방식을 도입하면서 스크럼 프레임워크를 적용하기 시작했다. 제품 책임자(Product Owner)는 고객의 요구사항을 바탕으로 백로그(Product Backlog)를 작성하였고, 개발팀은 이를 기반으로 2주 단위의 스프린트를 계획하였다. 그러나 스프린트 도중 한 주요 고객이 제품 기능 변경을 요청하자, 제품 책임자는 해당 요청을 반영하기 위해 개발 중이던 작업을 중단시키고 새로운 작업을 지시하였다. 이에 대해 개발팀은 혼란을 겪었고, 일부 기능은 마감 기한 내에 완성되지 못했다.

19 다음 사례를 읽고, 스크럼 마스터의 입장에서 다음 질문에 답하시오.

> 한 스타트업에서 모바일 헬스케어 앱을 개발 중이다. 팀은 2주 스프린트를 기준으로 스크럼을 적용해 개발을 진행하고 있으며, 현재 네 번째 스프린트를 진행 중이다. 최근 다음과 같은 문제가 발생하였다.
>
> • 제품 책임자(Product Owner)가 백로그 우선순위를 자주 바꾸지만, 그 내용을 개발 팀과 충분히 공유하지 않는다.
> • 일부 팀원은 데일리 스크럼에 형식적으로만 참여하며, 작업 상황이나 이슈를 거의 공유하지 않는다.
> • 스프린트 종료 시마다 완료된 기능의 품질이 기대에 미치지 못하는 경우가 반복된다.

(1) 위 문제 상황 각각이 스크럼의 어떤 원칙 또는 역할 정의를 위반하고 있는지 설명하시오.

(2) 스크럼 마스터로서 이러한 문제를 해결하기 위해 취할 수 있는 조치를 각각 제시하시오.

Chapter

02

UML

학습목표

- UML의 개념과 필요성을 이해한다.
- UML 다이어그램의 종류와 각 다이어그램의 역할을 설명할 수 있다.
- 유스케이스 다이어그램의 구성 요소와 작성 방법을 익힌다.

01 UML의 이해

UMLUnified Modeling Language은 소프트웨어 시스템을 시각적으로 모델링하기 위해 사용되는 표준화된 언어이다. 객체, 기능, 동작, 배포 구조 등 시스템의 다양한 측면을 여러 종류의 다이어그램으로 표현함으로써, 개발자 간의 의사소통과 시스템의 명확한 이해를 돕는다.

'장님 코끼리 만지는 격'이라는 속담이 있다. 일부만을 알면서 마치 전체를 아는 것처럼 여기는 어리석음을 이르는 말이다. 건물의 경우 공중에서 본 모습(조감도)과 앞에서 본 모습(정면도), 옆에서 본 모습(측면도)이 다 다르다. 따라서 한쪽 면만을 보고 전체를 얘기하면 잘못된 판단을 하게 될 수 있다.

이 개념을 소프트웨어에 적용해보자. 개발될 소프트웨어는 어떤 모습일까? 한쪽 모습만 보고 전체를 판단할 수 없다. 그래서 UML은 전체를 판단할 수 있도록 14개의 다이어그램을 제시하고 있다. 14개 다이어그램을 작성해보면 완성될 소프트웨어의 전체 윤곽을 알 수 있다. 물론 실제 프로젝트에서는 모든 다이어그램을 다 그리지는 않는다. 일반적으로는 프로젝트의 성격에 맞게 3~5개 정도의 다이어그램만을 선택하여 사용한다.

UML의 이러한 개념과 구조는 단번에 등장한 것이 아니라, 다양한 객체지향 설계 방법론을 표준화하려는 노력 속에서 발전해 왔다. UML이 어떻게 탄생하고 발전해 왔는지 그 역사적 배경부터 살펴보자.

1 UML 이전: 객체지향 모델링의 발전(1980년대 후반~1990년대 초반)

객체지향 설계 기법은 1980년대 후반부터 1990년대 초반까지 본격적으로 발전하면서 다양한 모델링 방법론이 등장하였다. 그러나 방법론마다 표기법과 설계 기준이 달라 개발자들 간 협업에는 어려움이 있었다. [표 2-1]은 UML이 탄생하기 이전의 대표적인 객체지향 모델링 방법론과 그 특징을 정리한 것이다.

표 2-1 UML 등장 이전의 주요 객체지향 모델링 방법론

연도	방법론	설명
1980년대 후반	Booch 방법론(Grady Booch)	객체지향 설계를 위해 다양한 다이어그램을 도입했으며, 특히 클래스 다이어그램과 상호작용 다이어그램을 강조했다.
1991년	OMT Object Modeling Technique (James Rumbaugh)	객체 모델object model, 동적 모델dynamic model, 기능 모델functional model로 구성된 모델링 방법을 제안했다.
1992년	OOSE Object-Oriented Software Engineering (Ivar Jacobson)	유스케이스 개념을 도입하여 시스템의 기능적 요구사항을 정의하는 방법을 제시했다.

2 UML의 탄생(1994~1997년)

1994년, 그래디 부치Grady Booch, 제임스 럼보James Rumbaugh, 이바르 제이콥슨Ivar Jacobson은 기존 객체지향 모델링 기법을 통합하려는 노력을 시작했다. 이들은 각 방법론에서 장점을 추려 하나의 통합된 모델링 언어를 개발했고, 이를 UMLUnified Modeling Language이라고 이름 붙였다. UML은 이후 객체지향 모델링의 표준 언어로 자리잡게 된다.

표 2-2 UML의 초기 버전

연도	UML 버전
1995년	UML 0.8 발표
1996년	UML 0.9, 0.91 발표
1997년	UML 1.0 발표 및 OMG에서 표준화

TIP OMG(Object Management Group)는 UML을 비롯한 여러 소프트웨어 모델링 표준을 제정한 국제 표준화 기구로, 객체지향 기술의 상호 운용성과 확장성을 높이기 위한 다양한 표준을 제시해 왔다.

3 UML의 발전(1997~현재)

1997년, OMGObject Management Group는 UML 1.1을 공식 표준으로 채택했고, 이후 UML은 여러 차례 개정을 거치며 발전해 왔다.

표 2-3 UML 표준 버전의 발전 과정

시기	UML 버전	주요 특징
1997~2003년	UML 1.x	• UML 1.1, 1.3, 1.4, 1.5 등이 발표되며 점진적으로 기능이 확장되었다. • 모델링 요소가 정리되고, 다이어그램 유형이 명확해졌다.
2003년~현재	UML 2.x	• 2003년 UML 2.0이 발표되며 모델의 표현력이 대폭 강화되었다. • 복합 구조 다이어그램, 상호작용 개요 다이어그램 등 새로운 다이어그램 유형이 추가되었다. • 2025년 기준 최신 버전은 UML 2.5이다(2015년 발표).

2017년 발표	UML 2.5.1	• 다이어그램을 구조 다이어그램, 행위 다이어그램, 상호작용 다이어그램으로 재분류하여 정비하였다. • 전체 표현 요소의 구조를 간소화하고 명확하게 정리하였다.

4 UML 다이어그램의 분류

이처럼 발전해 온 UML은 복잡한 시스템을 시각적으로 표현하고, 다양한 관점에서 구조와 동작을 설계할 수 있도록 여러 종류의 다이어그램을 제공한다. UML 다이어그램은 크게 다음 세 가지 분류로 나뉜다.

- **구조 다이어그램**: 시스템의 정적인 구조를 표현한다.
- **행위 다이어그램**: 시스템의 동적인 동작을 표현한다.
- **상호작용 다이어그램**: 객체 간 메시지 흐름을 표현하며, 행위 다이어그램의 하위 유형이다.

4.1 구조 다이어그램

구조 다이어그램structure diagrams은 시스템의 정적인 구조를 표현하는 다이어그램이다.

표 2-4 구조 다이어그램의 종류

다이어그램	설명
클래스 다이어그램class diagram	클래스와 클래스 간의 관계를 표현
객체 다이어그램object diagram	특정 시점에 존재하는 객체와 객체 간의 관계를 표현
컴포넌트 다이어그램component diagram	시스템을 구성하는 컴포넌트와 그 의존 관계를 표현
배치 다이어그램deployment diagram	하드웨어 노드와 소프트웨어 배치 상태를 표현
패키지 다이어그램package diagram	여러 클래스나 컴포넌트를 패키지 단위로 묶어 구조화
복합 구조 다이어그램composite structure diagram	클래스 내부 구조와 구성 요소 간의 관계를 표현
프로파일 다이어그램profile diagram	UML 확장을 위한 스테레오타입 및 메타 클래스를 정의

4.2 행위 다이어그램

행위 다이어그램behavior diagrams은 시스템이 시간에 따라 어떻게 동작하는지를 표현하며, 기능 흐름이나 상태 변화 등을 중심으로 다룬다.

표 2-5 행위 다이어그램의 종류

다이어그램	설명
유스케이스 다이어그램use case diagram	사용자와 시스템 간 상호작용을 기능 중심으로 표현
활동 다이어그램activity diagram	프로세스의 흐름이나 워크플로우를 표현
상태 기계 다이어그램state machine diagram	객체의 상태 변화와 전이를 표현

4.3 상호작용 다이어그램

상호작용 다이어그램interaction diagrams은 행위 다이어그램의 하위 유형으로, 객체 간 메시지 교환 과정을 중심으로 시스템의 상호작용을 표현한다.

표 2-6 상호작용 다이어그램의 종류

다이어그램	설명
순차 다이어그램sequence diagram	시간 흐름에 따른 객체 간 메시지 교환을 표현
통신 다이어그램communication diagram	객체 간의 상호작용을 네트워크 형태로 표현
타이밍 다이어그램timing diagram	시간에 따른 객체의 상태 변화를 표현
상호작용 개요 다이어그램interaction overview diagram	여러 상호작용을 흐름도 형태로 표현

02 유스케이스 다이어그램

소프트웨어 개발 과정에서 요구분석이 끝나면, 그 결과를 정리한 문서(산출물)가 만들어진다. 그런데 같은 요구사항이라도 이를 어떻게 정리할지는 사용하는 개발 방법론에 따라 달라진다. 예를 들어 구조적 분석 방법에서는 요구사항을 DFD Data Flow Diagram 라는 흐름도로 표현하고, 정보공학 방법에서는 ERD Entity Relationship Diagram 를 사용한다. 반면, 객체지향 방법에서는 사용자가 시스템에서 원하는 작업(기능)을 중심으로 정리하며, 이때 사용하는 것이 UML의 유스케이스 다이어그램 use case diagram 이다. 즉, 같은 요구사항도 개발 방식에 따라 표현 방식이 달라질 수 있으며, 이 장에서는 객체지향 개발에서 사용하는 유스케이스 다이어그램을 중점적으로 설명한다.

유스케이스 다이어그램은 시스템이 제공하는 기능(유스케이스)과 이를 사용하는 사용자(액터) 사이의 관계를 시각적으로 표현한 것이다. 이제 유스케이스 다이어그램의 핵심 구성 요소인 액터부터 살펴보자.

1 액터

유스케이스 다이어그램의 핵심 구성 요소 중 하나는 액터 actor 이다. 액터는 시스템 외부에서 시스템과 상호작용하는 주체로, 시스템을 사용하는 사람 또는 외부 시스템을 의미한다. 다양한 액터의 종류와 그 역할을 살펴보자.

1.1 액터의 종류

■ **사용자 액터**

사용자 액터 user actor 는 시스템을 실제로 사용하는 사람(또는 그 역할)을 의미한다. 예를 들어 성적관리 유스케이스에서는 성적과 관련 있는 기능을 사용하는 교수, 학생, 조교, 학사담당직원이 사용자 액터가 된다. 유스케이스 다이어그램을 작성해보면 대부분의 액터가 사용자 액터임을 알 수 있다.

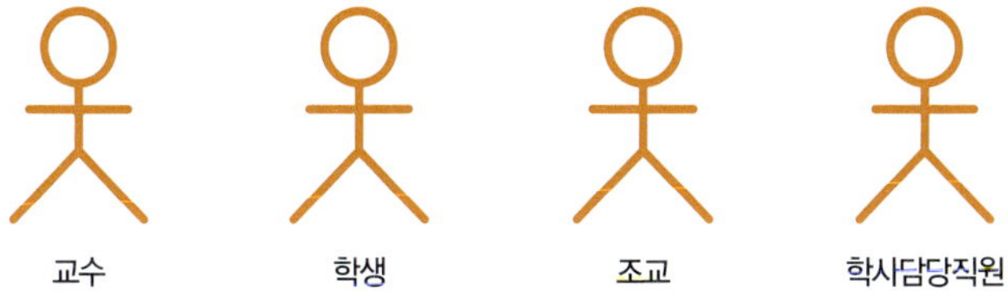

그림 2-1 액터의 표기

액터와 유스케이스의 관계는 실선 화살표로 표현하며, 화살표 방향은 액터에서 유스케이스로 향한다. 예를 들어 '교수' 액터가 '성적등록' 유스케이스를 사용하는 유스케이스 다이어그램은 [그림 2-2]와 같다.

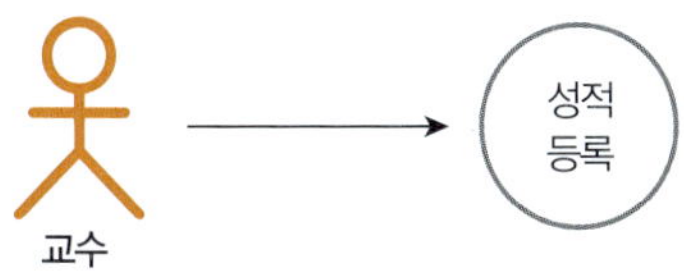

그림 2-2 사용자 액터와 유스케이스의 관계

■ 시스템 액터

시스템 액터system actor는 해당 프로젝트의 개발 범위에는 포함되지 않지만, 외부에서 데이터를 주고받으며 연동되는 다른 시스템을 의미한다. 예를 들어 학사관리시스템에 휴학신청 유스케이스가 있다면 이것을 도서관리시스템과 연동할 필요가 있다. 휴학을 승인하려면 학기 중 빌린 도서를 모두 반납했는지 확인을 해야 하기 때문이다. 이때 연동하는 도서관리시스템이 시스템 액터가 된다. 이 경우 유스케이스에서 시스템 액터로 향하는 화살표로 표현한다.

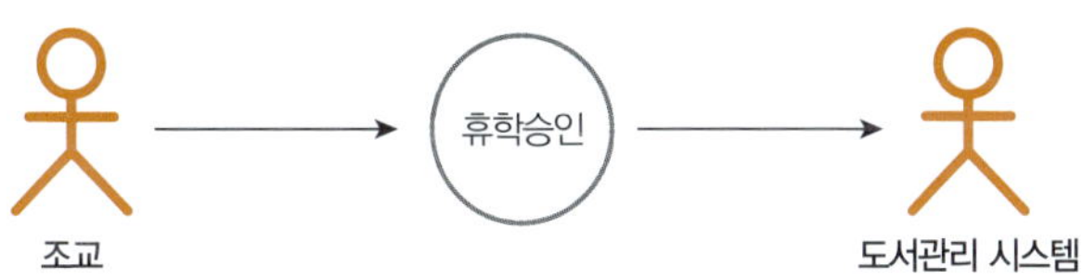

그림 2-3 유스케이스와 시스템 액터의 관계

■ 주요 액터

시스템에 작업을 요청하는 능동적인 입장의 액터로, 대부분의 액터가 여기에 해당한다. 학사관리시스템에서 주요 액터primary actor는 시스템이 제공하는 기능을 사용하는 교수, 학생, 조교, 학사담당직원이라 할 수 있다.

■ **보조 액터**

시스템과 직접 상호작용하지 않지만, 시스템이 정상적으로 동작하도록 보조하는 역할을 한다. 학사관리시스템에서 보조 액터secondary actor는 시스템을 유지·관리하는 유지보수담당자가 될 수 있다. 온라인 쇼핑몰의 경우, 상품을 검색하고 구매하는 사용자인 고객이 주요 액터라면, 결제 시스템이나 배송 시스템은 보조 액터에 해당한다. 이처럼 보조 액터는 시스템을 직접 사용하는 사용자가 아니라, 시스템을 지원하거나 보조하는 또 다른 외부 시스템일 수도 있다.

■ **프록시 액터**

프록시 액터proxy actor는 액터와 시스템의 중간 위치에서 무언가를 대신해주는 액터를 말한다. 학사관리시스템에서 교과목을 추가로 등록하는 일을 조교가 대행한다면 조교가 바로 프록시 액터가 된다. 교수 ID로 교수를 대신하는 게 아니라 조교 본인의 ID로 시스템에 등록할 수 있도록 접근 권한이 부여된 경우에만 프록시 액터가 된다.

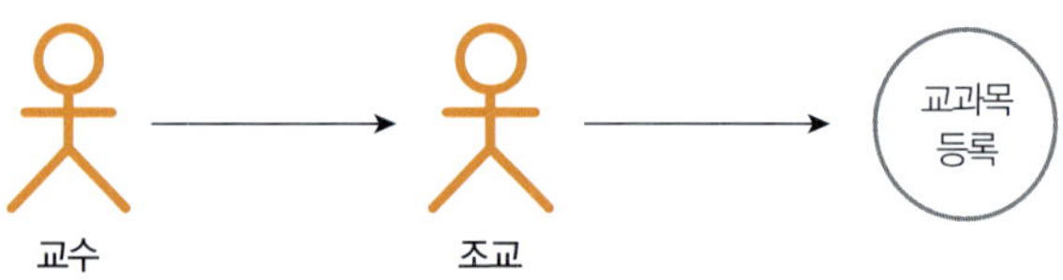

그림 2-4 프록시 액터의 예

1.2 액터 식별

유스케이스 다이어그램을 작성하려면 시스템에 어떤 액터가 필요한지를 식별해야 한다. 앞에서 설명한 액터의 종류를 기준으로 다음과 같이 액터를 찾아볼 수 있다.

- **시스템을 사용하는 사람을 찾는다.**
  학사관리시스템을 사용하는 사람은 교수, 학생, 조교, 학사담당직원 등이다.
- **시스템에 자료를 등록/수정/삭제/조회하는 사람을 찾는다.**
  예를 들어 교수는 성적을 등록, 수정, 삭제, 조회할 수 있고, 학생은 성적을 조회만 할 수 있다.
- **시스템에 연동된 또 다른 시스템을 찾는다.**
  학사관리시스템의 휴학신청 기능은 도서관리시스템과 연동되어야 하므로, 도서관리시스템은 시스템 액터가 된다.
- **시스템을 유지·관리하는 사람을 찾는다.**
  시스템을 직접 사용하지는 않지만 안정적으로 운영되도록 관리하는 유지보수 담당자는 보조 액터에 해당한다.

- **유스케이스 기능에 권한은 없지만, 역할을 대신하는 사람을 찾는다.**
  이를 프록시 액터라 설명했고, 학사관리시스템에서는 조교가 해당된다.

1.3 액터 이름

액터 이름은 다음 규칙에 따라 정한다.

- **역할이 드러나는 이름을 사용한다.**
  예를 들어 단순히 '직원'보다는 '학사담당직원'처럼 구체적인 역할을 표현한다.
- **실명이나 직책보다 역할 중심으로 정한다.**
  '홍길동', '과장'이 아니라 '교수', '조교'와 같이 시스템 내에서의 역할로 명명한다.
- **시스템 액터의 경우 시스템 이름을 그대로 사용한다.**
  '인사관리시스템', '회계관리시스템'처럼 해당 시스템의 이름을 그대로 사용하는 것이 좋다.

1.4 액터 목록

각 액터가 시스템에서 수행하는 역할을 정리한 목록을 작성하면, 유스케이스 다이어그램을 이해하는 데 도움이 된다. [표 2-7]은 액터가 담당하는 주요 기능을 중심으로 정리한 액터 목록이다.

표 2-7 액터 목록

이름	설명
교수	교과목과 개설과목을 결정하고, 성적을 등록한다.
학생	수강신청을 하고, 성적을 조회하며, 휴학을 신청한다.
조교	교과목과 개설과목 등록을 대행하고, 휴학 신청을 승인하며, 성적장학생 명단을 등록한다.
학사담당직원	교과목, 개설과목, 수강신청의 등록 기간을 설정한다.

2 유스케이스

유스케이스는 사용자가 시스템을 통해 수행하고자 하는 작업이나 기능을 의미한다. 예를 들어 학사관리시스템에서 교수는 성적을 입력(등록), 정정(수정), 삭제, 조회하는 기능을 사용하고 싶어 하고 학생은 성적을 확인(조회)하고 싶어 한다. 이처럼 사용자 입장에서 필요로 하는 기능 하나하나가 유스케이스이다.

유스케이스는 실제로 프로그래밍할 수 있을 정도로 작고 구체적인 단위의 기능이다. 이러한 유스케이스가 모이면 하나의 서브 시스템이 되고, 서브 시스템이 모이면 전체 개발 시스템이 된다. 따라서 유스케이스로 도출되지 않은 기능은 시스템에 포함할 수 없으며, 도출한 유스케이스는 반드시 시스템에 구현되어야 한다. 결국 전체 시스템은 유스케이스의 집합이라고 할 수 있다.

유스케이스는 [그림 2-5]와 같이 원 안에 해당 기능의 이름을 적어 표현한다.

그림 2-5 유스케이스 예

2.1 유스케이스 식별

유스케이스 다이어그램을 작성하려면, 먼저 시스템에 필요한 기능(유스케이스)들을 찾아야 한다. 이 기능들은 처음에는 후보 유스케이스로 도출되고, 이후 검토 과정을 거쳐 최종 유스케이스로 확정된다. 후보 유스케이스는 다음과 같은 방법으로 찾을 수 있다.

- **사용자 액터의 요구 기능에서 도출**
  사용자 액터가 시스템에 요구하는 기능을 후보 유스케이스로 선정할 수 있다. 예를 들어 학사관리시스템의 경우, 교수(액터) 입장에서는 교과목/개설과목 등록, 성적등록, 출석부조회 등이 유스케이스가 될 수 있고 학생(액터) 입장에서는 성적조회, 수강신청, 휴학신청 등이 유스케이스가 될 수 있다.
- **사용자의 업무에서 도출**
  기존에 사용자가 수작업이나 엑셀과 같은 도구로 처리하던 업무를 후보 유스케이스로 선정할 수 있다.
- **데이터 처리 기능에서 도출**
  데이터베이스에서 데이터를 등록/수정/삭제/조회하는 기능을 하나의 유스케이스로 볼 수 있다. 예를 들어 학사관리시스템에서 교수는 성적을 등록, 수정, 삭제, 조회할 수 있다. 각각을 별도의 유스케이스로 두기도 하지만, 보통은 묶어서 '성적관리'와 같은 하나의 유스케이스로 도출해 단순화할 수 있다.

이와 같은 방법으로 찾은 후보 유스케이스는 여러 번의 정련 과정을 통해 최적화된 유스케이스로 결정된다. 유스케이스를 찾는 작업은 개발자가 하지만 사용자 관점에서 유스케이스를 정의해야 한다.

유스케이스를 정의할 때는 설계나 구현 환경을 염두에 둘 필요 없이 사용자 요구사항만으로 독립적으로 정의하는 것이 바람직하다. 또 도출된 후보 유스케이스가 어떠한 액터와도 상호 작용을 하지 않는다면 유스케이스로 적합한지 다시 한 번 생각해봐야 한다.

[그림 2–6]은 학사관리시스템에서 1차로 도출한 후보 유스케이스 목록이다. 처음에는 가능한 모든 기능을 후보로 설정한 뒤, 이를 검토하면서 불필요한 기능은 제거하고, 필요한 경우 합치거나 분리하여 최종 유스케이스를 선정한다.

그림 2–6 학사관리시스템에서 도출된 1차 후보 유스케이스

2.2 유스케이스 검증

다음은 유스케이스 검증 방법이다.

- **시스템 기능인지 확인**
  수작업으로만 이루어지는 활동은 유스케이스에 포함하지 않는다. 예를 들어 성적 우수 장학생 명단은 시스템이 아니라 학과 사무실을 방문해야만 알 수 있으므로, '장학생 조회'는 유스케이스로 정의할 수 없다.

그림 2-7 수작업으로 이루어지는 것은 유스케이스 불가

- **액터의 최종 목적만 표현**

  유스케이스는 액터가 얻고자 하는 최종 목적을 중심으로 정의해야 한다. 예를 들어 '학점 계산'은 시스템 내부의 처리 과정일 뿐, 사용자가 직접 수행하거나 사용하는 기능이 아니므로 유스케이스로 적절하지 않다. 검증 방법은 간단하다. 그 기능을 실제로 사용하는 액터가 존재하는지 확인하는 것이다. 만약 없다면 유스케이스로 만들 수 없다.

- **액터 수행 여부 확인**

  해당 유스케이스가 실제로 액터가 수행하는 것인지 검토해야 한다. 액터가 직접 수행하지 않는다면 다시 정의해야 한다.

- **유스케이스 내의 이벤트 흐름**event flow **전체를 액터가 사용하는지 확인**

  이 검증은 유스케이스를 도출하는 단계보다는 정련 단계에서 수행하는 것이 적절하다. 유스케이스는 내부적으로 여러 단계의 이벤트 흐름으로 구성되며 이 흐름 전체를 액터가 사용할 수 있어야 한다.

  예를 들어 수강신청 등록/수정/삭제/조회를 포함하는 '수강관리' 유스케이스가 도출되었다고 가정하자. [그림 2-8]의 (a)와 같은 경우 '수강관리'는 유스케이스로 적절할까? 결론은 '아니다'이다. 그 이유는 '수강관리' 유스케이스의 이벤트 흐름 중 교수, 조교, 학사담당직원은 '수강신청 조회'만 필요로 하고, '수강신청 등록'과 같은 기능은 사용할 수 없기 때문이다. 즉, 모든 이벤트 흐름을 공통으로 사용하는 액터가 없으므로 '수강관리' 전체를 하나의 유스케이스로 정의하는 것은 부적절하다.

  따라서 이 경우에는 [그림 2-8]의 (b)처럼 학생만 사용하는 '수강신청' 유스케이스와 여러 사용자가 공통으로 사용하는 '수강신청 조회' 유스케이스로 나누어야 한다.

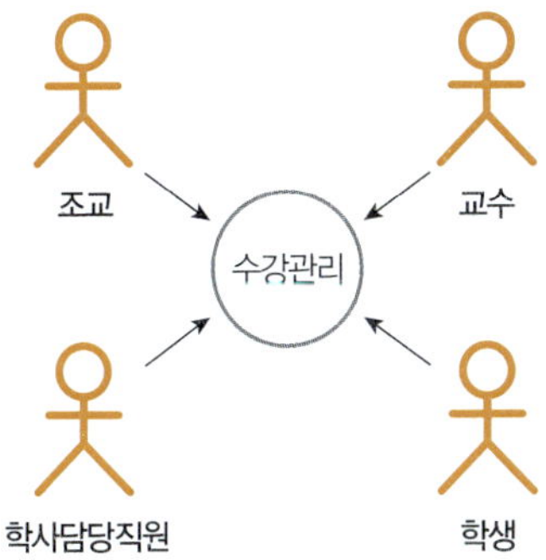

(a) 부적절한 유스케이스

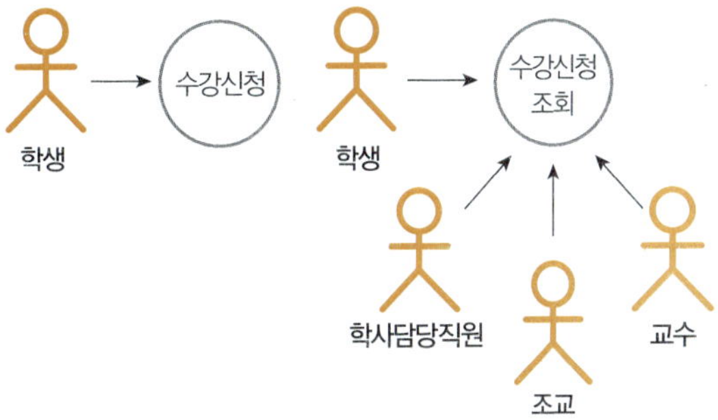

(b) 적절한 유스케이스

그림 2-8 유스케이스 검증

2.3 유스케이스 이름

유스케이스를 찾는 데 주력했다면 이제 각각의 유스케이스에 이름을 붙이는 규칙을 알아보자.

- **사용자 관점에서 이해할 수 있는 이름을 사용한다.**
  '성적등록', '성적조회', '성적수정'과 같이 실제로 시스템을 사용하는 액터의 입장에서 의미가 명확한 이름을 붙여야 한다. 유스케이스 이름만 봐도 누가, 어떤 기능을 사용하는지 유추할 수 있어야 한다.

그림 2-9 사용자 관점의 유스케이스 이름

- **유스케이스 이름은 단순 명사보다는 기능을 드러내는 동사형 명사를 사용한다.**
  예를 들어 '성적'처럼 단순 명사로는 무엇을 하는지 알 수 없으므로, '성적등록', '성적조회'처럼 기능을 분명히 나타내는 동사형 명사를 사용하는 것이 좋다. 동사로 표현할 수도 있지만 '성적을 등록한다'처럼 문장이 길어지므로, 짧고 기능 중심적인 표현이 더 적절하다.

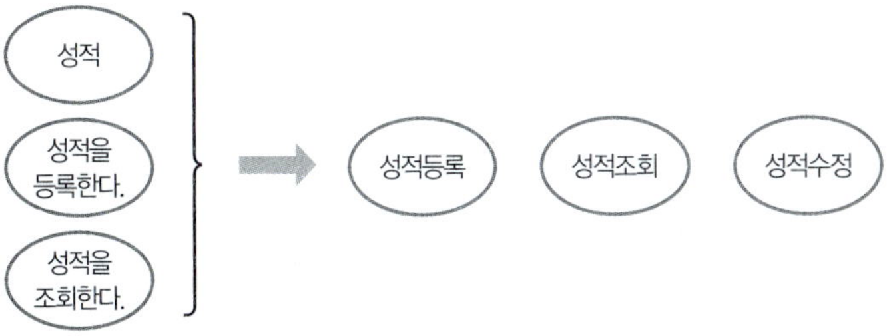

그림 2-10 동사형 명사를 사용한 이름

- **사용자가 시스템을 통해 얻고자 하는 최종 목적이 드러나는 이름을 사용한다.**

  유스케이스는 사용자가 시스템에서 하고자 하는 일을 표현하는 것이므로, 그 최종 목적이 이름에 잘 나타나야 한다.

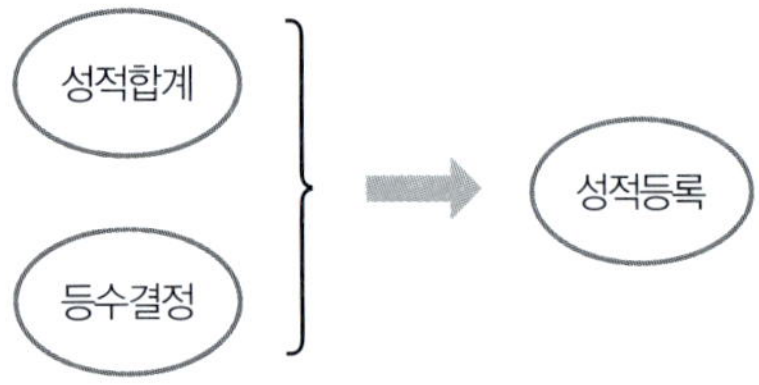

그림 2-11 최종 목적을 사용한 이름

2.4 유스케이스 목록

도출한 유스케이스에 간단한 설명을 덧붙이면, 사용자나 개발자가 시스템이 제공해야 할 기능을 쉽게 이해할 수 있다. [표 2-8]은 학사관리시스템을 예로 들어 정리한 유스케이스 목록으로, 각 기능이 어떤 사용자에 의해 수행되는지를 함께 설명하고 있다.

표 2-8 유스케이스 목록(학사관리시스템)

이름	설명
교과목등록	교수는 교과목을 등록/수정/삭제한다.
개설과목등록	교수는 개설과목을 등록/수정/삭제한다.
성적입력	교수는 수강성적을 등록/수정/삭제한다.
강의계획서입력	교수는 강의계획서를 등록/수정/삭제한다.
수강신청	학생은 수강과목을 등록/수정/삭제한다.
개인정보수정	학생은 개인정보를 수정/조회한다.
휴학신청	학생은 휴학을 신청한다.
휴학승인	조교는 학생이 신청한 휴학을 승인한다.
기간설정	학사담당직원은 교과목/개설과목/수강신청에 대한 기간을 설정한다.
출석부조회	교수/조교/학사담당직원은 출석부를 조회한다.
시간표/강의실조회	학생은 시간표/강의실을 조회한다.
성적조회	사용자(교수/학생/조교/학사담당직원)는 성적을 조회한다.
개설과목조회	사용자(교수/학생/조교/학사담당직원)는 개설과목을 조회한다.
교과목조회	사용자(교수/학생/조교/학사담당직원)는 교과목을 조회한다.
학생정보조회	사용자(교수/학생/조교/학사담당직원)는 학생정보를 조회한다.
강의계획서조회	사용자(교수/학생/조교/학사담당직원)는 강의계획서를 조회한다.

[표 2-8]에서 '수강신청' 유스케이스는 사용자가 정상적으로 기능을 수행하는 흐름만을 보여준다. 이러한 정상적인 흐름을 기본 흐름basic flow이라고 한다. 하지만 실제 소프트웨어를 개발할 때는 오류나 예외 상황도 함께 고려해야 한다. 이러한 예외적인 흐름은 대안 흐름alternative flow이라고 하며, 기본 흐름과 함께 유스케이스 안에 포함되어야 한다. 기본 흐름과 대안 흐름이 포함된 이벤트 흐름event flow은 4장에서 자세히 다룬다.

3 관계

유스케이스 다이어그램에서는 액터와 유스케이스 사이의 관계를 화살표로 나타낸다. 이 관계는 기능이 어떻게 사용되는지를 보여주며, 설계자가 시스템의 상호작용을 이해하는 데 도움을 준다.

3.1 액터 → 유스케이스 관계

액터와 유스케이스는 연관association 관계라고 하며, 방향성을 갖는 실선(→)으로 표현한다. 이때 화살표 방향은 데이터가 흘러가는 방향이 아니라 제어의 흐름을 뜻한다. 즉, 누가 기능을 요구하고, 누가 그것을 수행하는지를 표현하는 것이다. 예를 들어 [그림 2-12]는 학생(액터)이 성적조회(유스케이스) 기능을 사용하는 연관 관계를 나타낸다.

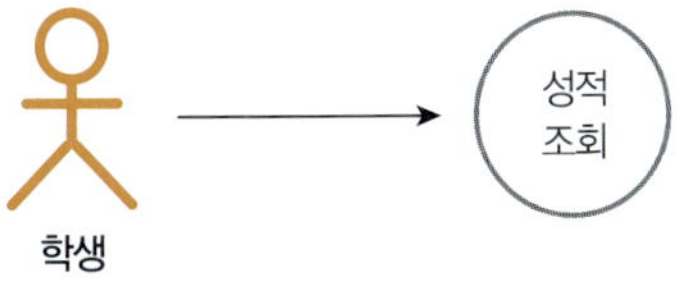

그림 2-12 액터와 유스케이스의 관계

유스케이스를 사용하는 주체가 꼭 사람일 필요는 없다. 시스템끼리도 연동할 수 있다. 예를 들어 [그림 2-13]은 증명서자동발급기(시스템 액터)와 증명서출력(유스케이스)을 제어하는 경우이다. 이처럼 시스템 액터도 유스케이스 제어의 주체가 될 수 있다.

뿐만 아니라, [그림 2-13]에는 학생(사용자 액터)과 증명서자동발급기(시스템 액터) 사이의 연관 관계도 함께 나타난다. 즉, 액터와 유스케이스 간의 관계뿐 아니라, 액터 간에도 연관 관계를 표현할 수 있다.

그림 2-13 액터와 시스템 액터, 시스템 액터와 유스케이스 간의 연관 관계

3.2 유스케이스 → 액터 관계

유스케이스의 수행 결과를 액터에게 알려줄 때는 유스케이스에서 액터로 향하도록 연결한다. 예를 들어 [그림 2-14]에서는 다음과 같은 절차가 진행된다.

- 조교(액터)가 시스템에 업무 승인 요청을 보낸다(액터 → 유스케이스 관계).
- 승인 요청은 시스템을 통해 학사담당직원(액터)에게 전달된다(유스케이스 → 액터 관계).
- 학사담당직원이 승인 기능을 사용하여 승인 처리를 한다(액터 → 유스케이스 관계).
- 최종적으로 승인 결과가 조교에게 전달된다(유스케이스 → 액터 관계).

이처럼 시스템이 처리한 결과를 액터에게 알려주는 것을 통보 기능이라 한다.

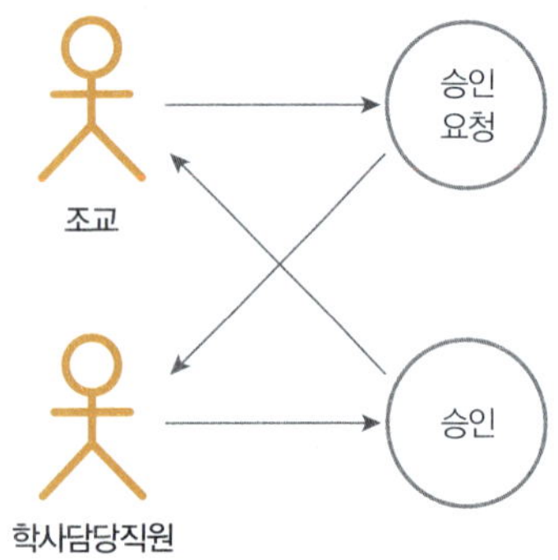

그림 2-14 유스케이스와 액터의 관계

유스케이스 → 액터 관계에서 주의할 사항은 통보 기능이 시스템 내에서 이루어져야 한다는 것이다. 시스템을 통하지 않고 통보가 이루어지는 경우, 이 관계가 성립하지 않는다. 예를 들어 승인 결과를 조교에게 전화나 메신저 등으로 전달하는 경우는 시스템 외부의 행위이므로 이 관계가 성립하지 않는다. 따라서 유스케이스 다이어그램에서 화살표로 나타냈다면 해당 기능은 시스템에 포함되어 있어야 하며, 화살표가 없다면, 해당 기능은 개발 범위에 포함해서는 안 된다.

3.3 유스케이스 → 시스템 액터 관계

유스케이스와 시스템 액터의 관계도 나타낼 수 있다. 휴학승인 유스케이스와 도서관리시스템의 관계를 다이어그램으로 표현하면 [그림 2-15]처럼 유스케이스에서 시스템 액터로 화살표 방향을 표현한다.

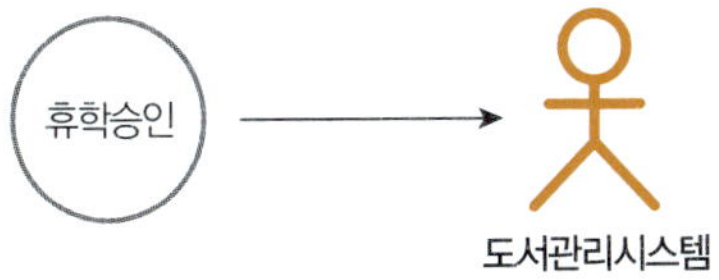

그림 2-15 유스케이스와 시스템 액터의 관계

3.4 액터의 일반화 관계

일반화generalization란, 개별적이거나 특수한 개념에서 공통적인 특징을 추출해 보다 일반적인 개념으로 만드는 것을 의미한다. 예를 들어 정삼각형, 직각삼각형, 이등변삼각형의 공통점을 뽑아 '삼각형'으로 일반화할 수 있고, 삼각형, 사각형, 원의 공통점을 뽑아 '폐곡선', 다시 폐곡선과 개곡선을 묶어 '도형'이라 할 수 있다. 이처럼 점점 더 넓고 포괄적인 개념으로 묶는 것이 일반화이며, 이와 반대로 구체적인 개념으로 나누는 것을 특수화specification라고 한다.

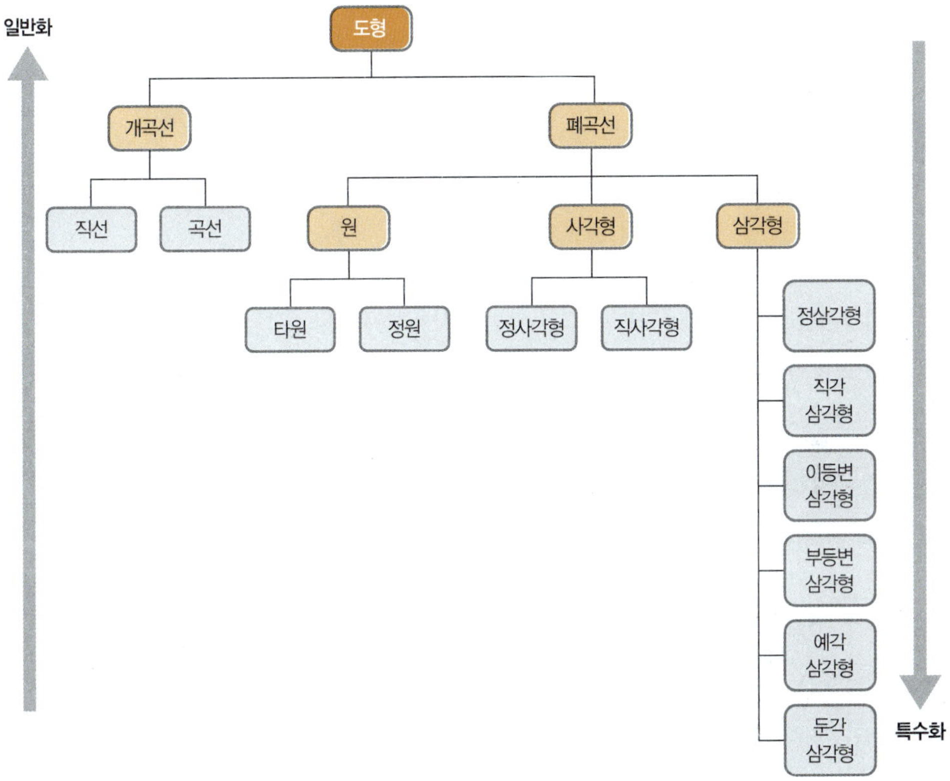

그림 2-16 일반화와 특수화의 관계

일반화 개념은 액터 사이에도 적용할 수 있다. 예를 들어 학부생과 대학원생은 '학생', 조교와 교수는 '교원', 학생과 교직원은 모두 '사용자'로 일반화할 수 있다.

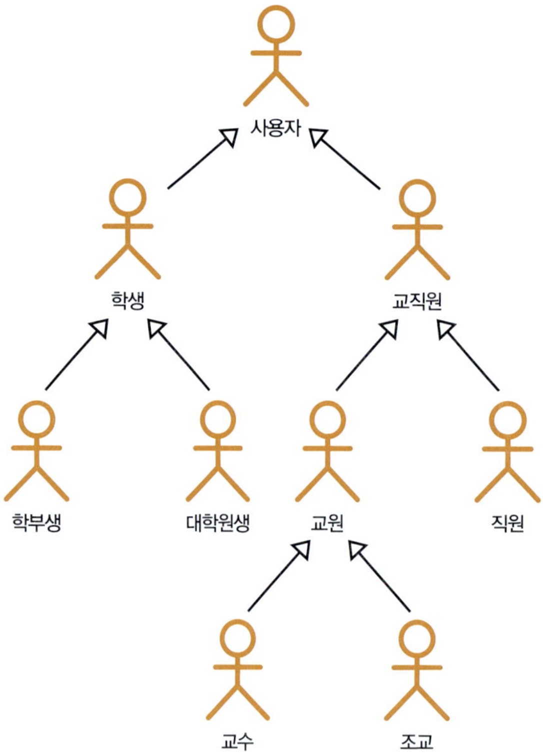

그림 2-17 액터의 일반화 관계

액터 간 일반화는 왜 필요할까? 학사관리시스템을 예로 들면 학부생, 대학원생, 조교, 교수, 학사담당직원 등 모든 사용자가 로그인 기능을 사용해야 한다. [그림 2-18]의 (a)는 액터 간 일반화를 하지 않았을 때의 유스케이스 다이어그램이고 (b)는 일반화를 적용했을 때의 유스케이스 다이어그램이다.

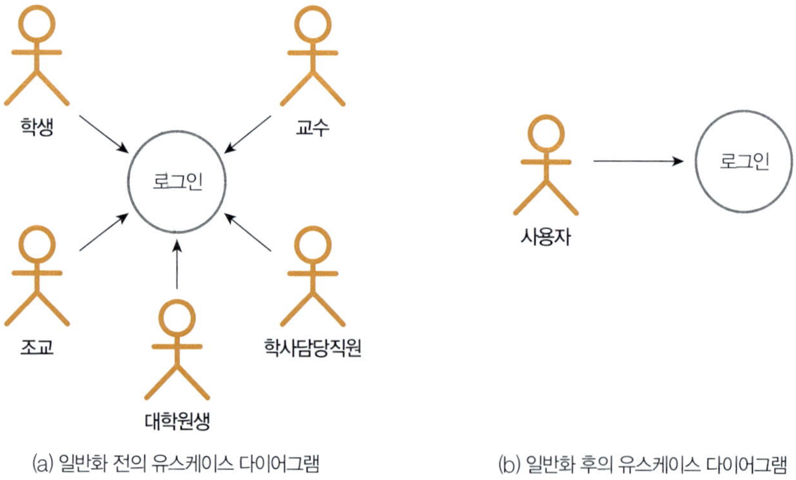

그림 2-18 유스케이스 다이어그램에서 액터 간 일반화 적용 전과 후 비교

[그림 2-18]의 (b)에서는 로그인 유스케이스와의 연결 관계가 한눈에 보기에도 훨씬 간결해졌다는 것을 알 수 있다. 이처럼 일반화를 통해 연관을 단순화하면 다이어그램이 이해하기 쉬워지고, 새로운 액터를 추가할 때도 보다 유연하게 대응할 수 있다. 물론 예시에서는 일부 액터만 포함되었기 때문에 일반화의 장점이 크게 느껴지지 않을 수 있지만, 규모가 크고 복잡한 전체 시스템 다이어그램에서는 이러한 일반화의 효과를 더욱 확실히 실감할 수 있다.

3.5 액터 간의 연관 관계

액터 간의 연관 관계란, 한 액터가 다른 액터를 통해 유스케이스를 사용하는 경우를 말한다. 예를 들어 학생이 학사관리시스템에서 직접 휴학 신청을 할 수 없고 반드시 조교를 통해서만 할 수 있다면 [그림 2-19]처럼 학생 액터는 조교라는 다른 액터를 통해 학사관리시스템의 '휴학신청' 유스케이스를 사용할 수 있다.

그림 2-19 학생 액터와 조교 액터의 연관 관계

3.6 포함 관계

포함include 관계는 한 유스케이스의 일부 기능(이벤트 흐름)이 다른 유스케이스에서도 공통으로 필요하다면 이를 별도 유스케이스로 만든 뒤 호출해 사용하는 것을 말한다. 이때 공통으로 사용하기 위해 별도 유스케이스로 만들어 놓은 것을 피포함included 유스케이스, 피포함 유스케이스를 호출하는 유스케이스를 기본basic 유스케이스라고 한다. 피포함 유스케이스는 기본 유스케이스 이벤트 흐름의 일부분이기 때문에 항상 반드시 수행되어야 한다.

예를 들어 3명의 학생에게 성적우수상을 주거나 학사경고자 명단을 작성하는 기능을 생각해보자. 두 유스케이스 모두 '성적조회' 기능이 필요하다. 이처럼 여러 유스케이스에 공통으로 들어가는 부분을 떼어내어 하나의 유스케이스로 만들고 포함 관계로 나타낸다. 포함 관계는 다음과 같은 방식으로 표현한다.

- 기본 유스케이스에서 피포함 유스케이스로 점선 화살표를 연결한다.
- 화살표 위에 스테레오타입으로 <<include>>를 붙인다.

[그림 2-20]의 (a)는 포함 관계를 유스케이스 다이어그램으로 표현한 것이고, (b)는 이를 벤 디이어그램 형식으로 표현한 것이다. 벤 다이어그램에서 '성적조회' 유스케이스가 여러 유스

케이스에 걸쳐 공통으로 포함되는 부분임을 확인할 수 있다.

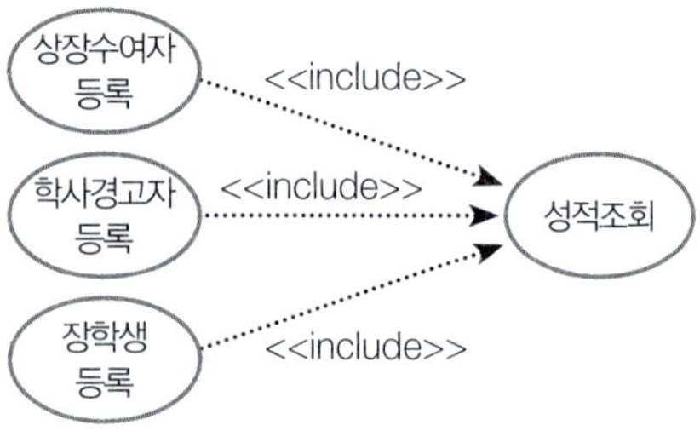

(a) 유스케이스 다이어그램으로 나타낸 포함 관계

(b) 벤 다이어그램으로 나타낸 포함 관계

그림 2-20 포함 관계를 나타내는 유스케이스 다이어그램과 벤 다이어그램

피포함 유스케이스는 두 개 이상의 유스케이스에서 공통으로 사용되는 기능일 때만 적절하다. 하나의 유스케이스에서만 사용하는 기능이라면 포함 관계를 만들지 않아야 한다.

여기서 잠깐! | 포함 관계와 선행 조건

포함 관계는 4장에서 살펴볼 유스케이스 명세서를 작성할 때 사용하는 선행 조건(precondition)과 혼동될 수 있으므로 주의가 필요하다. 예를 들어 '수강신청' 유스케이스와 '성적조회' 유스케이스에서 공통으로 필요한 부분이 '로그인' 유스케이스라고 생각해 이것을 [그림 2-21]처럼 포함 관계로 나타내는 것은 바람직하지 않다.

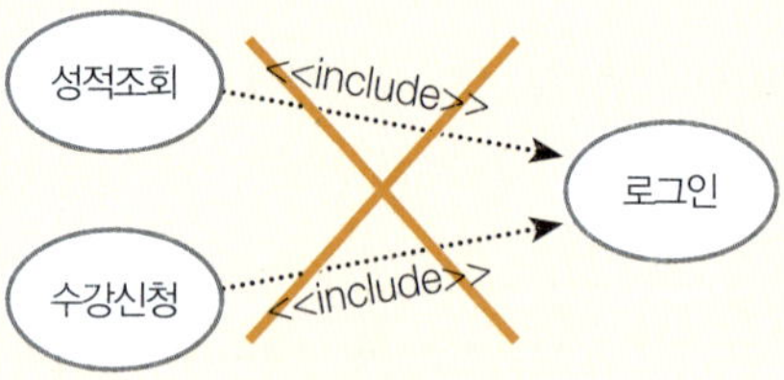

그림 2-21 바람직하지 않은 포함 관계

'로그인' 기능은 공통적으로 필요하지만 유스케이스 기능 내부의 일부 흐름으로 포함되는 것이 아니라 두 유스케이스를 실행하기 전에 꼭 먼저 해야 하는 기능이다. 이런 경우에는 선행 조건에 가깝다. '수강신청'과 '성적조회' 기능은 로그인을 해야만 사용할 수 있으므로 포함 관계보다는 선행 조건으로 두는 것이 바람직하다.

3.7 확장 관계

확장extend 관계는 기본 유스케이스를 수행하는 도중, 특정 조건이 발생했을 때만 추가로 실행되는 보조적인 유스케이스를 따로 분리해 나타내는 방식이다.

예를 들어 포털 사이트에서 '검색'을 하는 상황을 생각해보자. 평소에는 검색 기능만 사용하지만, 메일 아이콘에 숫자가 표시되면 메일이 왔다는 의미이므로 메일 확인 기능도 사용하게 된다. 이처럼 특정 조건이 발생했을 때에만 추가로 실행되는 기능은 [그림 2-22]와 같이 확장 관계로 표현할 수 있다.

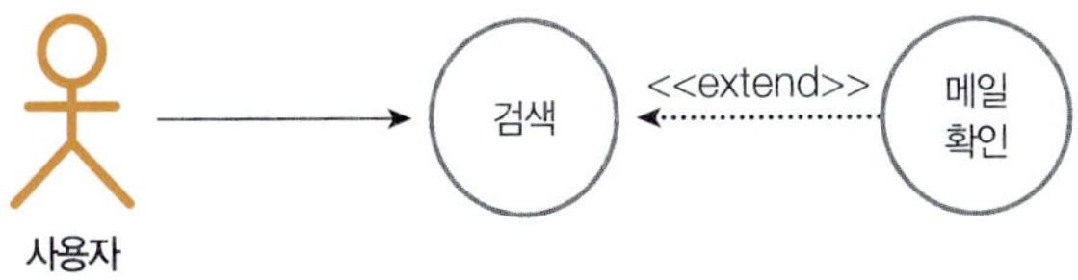

그림 2-22 확장 관계

확장 관계를 사용할 때는 확장되는 유스케이스가 기본 유스케이스와 성격이 충분히 달라야 한다. 만약 기능이 유사하다면, 별도의 유스케이스로 만들기보다는 기본 유스케이스 내의 대안 흐름alternative flow으로 표현하는 것이 더 적절하다.

예를 들어 [그림 2-23]처럼, '수강신청' 중 신청 학점 제한 조건에 걸리는 상황은 아주 예외적인 경우다. 이럴 경우는 확장 유스케이스로 분리하지 않고, '수강신청' 유스케이스 안의 대안 흐름으로 처리하는 것이 더 바람직하다.

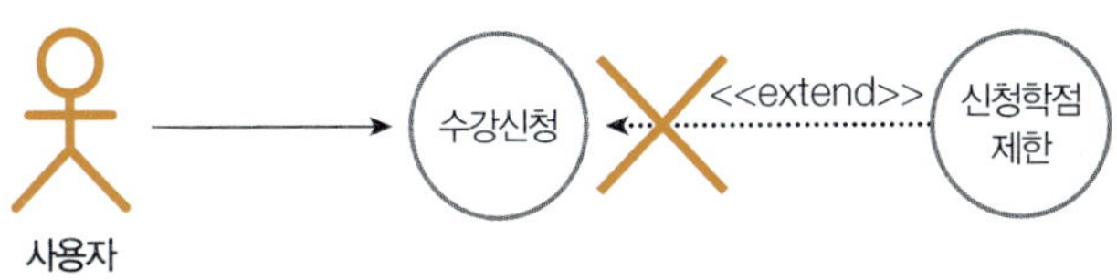

그림 2-23 부적절한 확장 관계

확장 관계는 다음과 같은 규칙으로 표현한다.

- 점선 화살표를 사용하고, 방향은 기본 유스케이스 쪽으로 향한다.
- 화살표 위에는 스테레오타입 <<extend>>를 표기한다.

03 클래스 다이어그램

클래스 다이어그램class diagram은 소프트웨어를 구성하는 기본 단위인 클래스를 정의하고, 클래스들이 서로 어떻게 연결되어 있으며, 어떤 역할을 하는지를 다이어그램으로 표현한다. 이번 절에서는 클래스를 간단히 설명하고, 클래스 간의 관계는 6장에서 자세히 설명한다.

클래스는 데이터(속성)와 메서드(기능)를 묶어 놓은 것으로 [그림 2-24]처럼 세 칸의 직사각형 모양으로 표현한다. 첫 번째 칸에는 클래스 이름class name, 두 번째 칸에는 클래스의 속성attribute, 마지막 칸은 클래스가 제공하는 기능인 메서드method를 나타낸다.

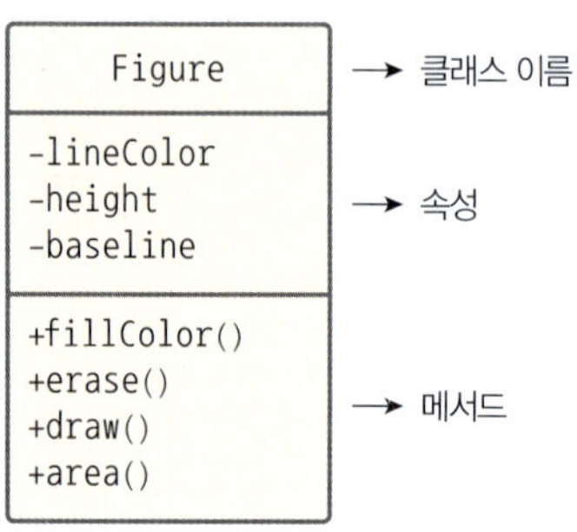

그림 2-24 클래스 표기의 예

■ **클래스 이름**

클래스는 다른 클래스와 구별되는 유일한 이름을 갖는다. 이름에 명사나 명사구를 사용하며 두 단어를 사용할 때는 붙여 쓰되 각 단어의 첫 글자는 대문자로 쓴다. 복수형, 소유격, 형용사는 가급적 쓰지 않는다.

■ **속성**

속성은 클래스가 갖는 정적인 특성이다. 속성의 이름은 소문자로 나타내며 두 단어를 사용할 때는 두 번째 단어의 첫 글자는 대문자로 쓴다.

■ **메서드**

메서드는 클래스가 외부의 다른 객체에게 제공할 서비스(기능)이며 외부 클래스는 메서드를 통해 해당 클래스에 접근할 수 있다. 외부에서 이 기능을 요구하는지에 따라 메서드로 도출할지 판단한다.

■ 가시성

가시성은 속성과 메서드의 접근 권한을 지정하는 방법으로 UML에서는 [표 2-9]와 같이 표현한다.

표 2-9 가시성

가시성	기호	설명
공개public	+	같은 시스템에 있는 모든 클래스에 접근할 수 있다.
은닉private	–	같은 시스템 내의 다른 클래스는 직접 접근할 수 없고 해당 클래스의 메서드를 통해서만 접근할 수 있다. 클래스에서 대부분의 속성은 은닉으로 설정한다.
부분 공개protected	#	다른 클래스가 접근할 수 없고 해당 클래스의 메서드와 클래스를 상속받은 하위 클래스만 접근할 수 있다.

[그림 2-25]는 가장 단순한 형태로 만든 클래스 다이어그램의 예로, 클래스 간 관계는 그림 아래의 설명과 같다.

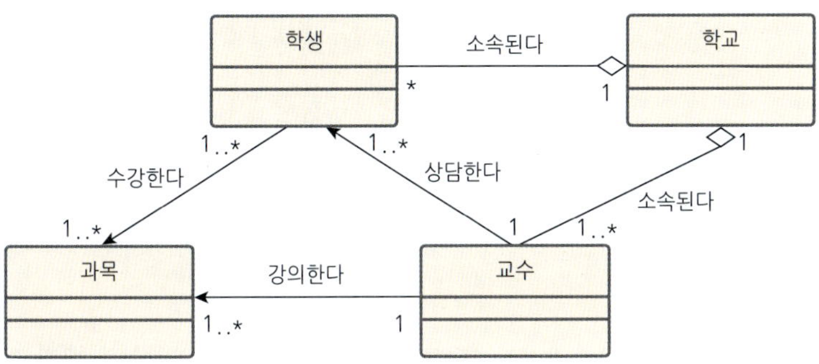

그림 2-25 클래스 다이어그램의 예

- 학생은 여러 과목을 수강할 수 있다.
- 학생은 하나의 학교에 소속되어 있다.
- 교수는 하나의 학교에 소속되어 있다.
- 교수 한 명은 여러 과목을 강의한다.
- 교수 한 명은 여러 명의 학생을 상담한다.

04 순차 다이어그램

순차 다이어그램sequence diagram은 실행 시점에 객체들이 어떻게 상호 동작하는지를 메시지 순서에 초점을 맞춰 나타낸 것으로 어떠한 작업이 객체 간에 발생하는지를 시간 순서에 따라 쉽게 파악할 수 있다. 순차 다이어그램을 작성하는 데 필요한 구성 요소는 다음과 같다.

■ **객체**

순차 다이어그램에서 객체는 메시지를 보내고 받는 주체이다. '객체명: 클래스명'으로 나타내며 한쪽은 생략할 수 있다.

TIP UML 1.x에서는 밑줄을 그어 객체명을 표기했으나 UML 2.x에서는 밑줄이 사라지고 '객체명: 클래스명'으로 표기한다.

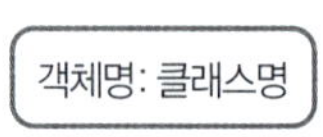

그림 2-26 순차 다이어그램에서의 객체 표기법

■ **객체 생명선**

객체 생명선은 객체의 생존 기간을 나타내며 X 표시는 객체가 소멸하는 시점이다. 객체 생명선은 위에서 아래로 내려가는 점선으로 나타낸다. 생명선을 따라 나타나는 직사각형은 활성 구간activation으로 객체의 메서드가 실행되고 있음을 나타내며 구간의 길이는 메서드의 실행 시간을 나타낸다. 활성 구간은 반드시 존재하는 것은 아니며 생략 가능하다.

TIP UML 1.x에서는 점선 부분만 생명선이었으나 UML 2.x에서는 객체까지를 생명선이라 한다.

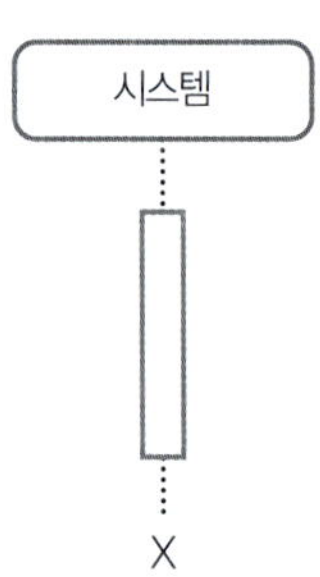

그림 2-27 객체 생명선과 활성 구간 표기법

■ 메시지

메시지는 객체와 객체의 상호작용을 표현하는 것으로 화살표를 이용한다. 화살표 위에는 수신 객체의 함수명을 명기한다. [표 2-10]은 메시지의 주요 유형과 그 특징이다.

표 2-10 메시지의 주요 유형과 특징

메시지 유형	설명	표기 방법
동기 메시지	송신 객체가 수신 객체에 서비스를 요청(메서드 호출)하면 메서드 실행이 완료될 때까지 기다린다. 실선과 속이 채워진 삼각형으로 나타낸다.	
비동기 메시지	송신 객체가 수신 객체에 서비스를 요청(메서드 호출)할 때 메서드의 실행과 상관없이 다음 작업을 수행하며 수신 객체로부터의 반환도 기다리지 않는다. 일반 화살표 모양으로 나타낸다.	
재귀 메시지	수신 객체가 자신의 메서드를 호출할 때 사용한다.	
답신 메시지	호출 메서드의 결과를 반환할 때 사용한다. 점선과 속이 채워진 삼각형으로 나타낸다.	

순차 다이어그램을 작성하기 위해서는 다음의 과정이 필요하다.

❶ 시나리오 정의

시나리오가 정리되지 않은 상태에서 순차 다이어그램을 그리면 도중에 생각이 바뀌고 수정 사항이 많이 발생할 수 있다. 따라서 시나리오를 명확히 정의한 후에 그것을 토대로 순차 다이어그램을 작성한다.

❷ 다이어그램과 시나리오의 1 : 1 대응

정상 흐름의 시나리오와 예외의 시나리오가 존재하기도 하고 분기로 나뉘는 시나리오도 있으므로 하나의 이벤트에 여러 개의 시나리오가 나올 수 있다. 이때는 시나리오마다 각각의 다이어그램으로 표현한다.

❸ 시나리오 분할

하나의 이벤트가 너무 길면 시나리오를 여러 개로 나누어 작성하는 것이 좋다.

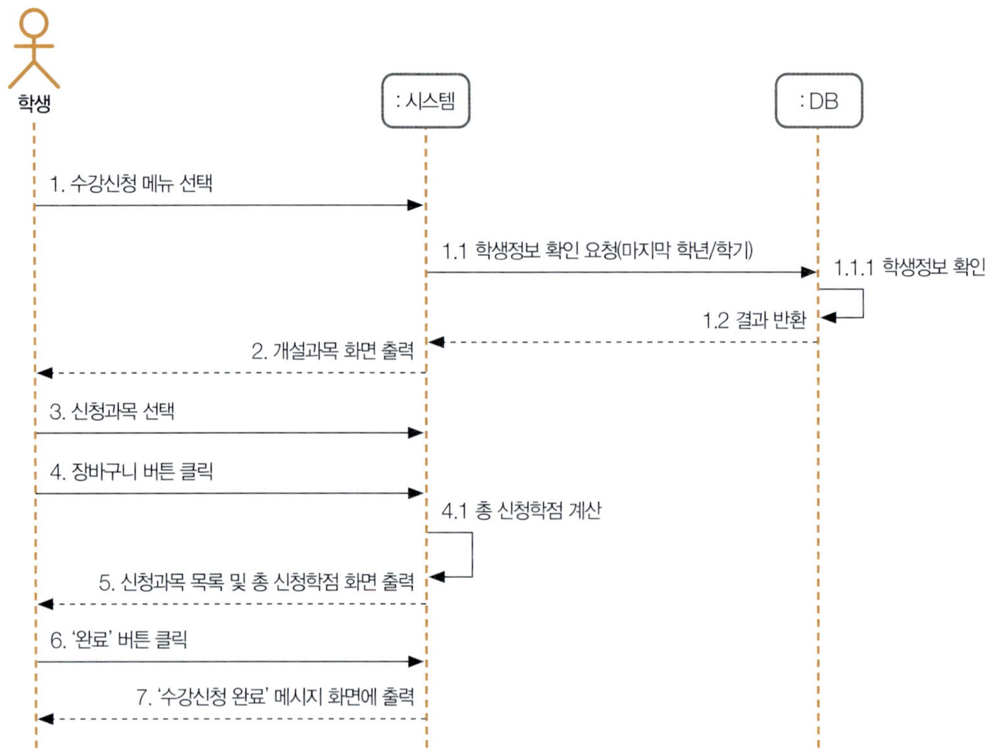

그림 2-28 '수강신청' 순차 다이어그램

05 통신 다이어그램

순차 다이어그램과 마찬가지로 통신 다이어그램communication diagram도 메시지를 이용해 객체 간 상호작용을 나타낸다. 하지만 어떤 점에 초점을 두는지가 다르다. 순차 다이어그램은 시간의 흐름에 따라 어떤 일이 일어나는지를 보여주는 데 집중하고, 통신 다이어그램은 객체 간 상호작용 관계에 더 주목한다. 통신 다이어그램도 메시지를 주고받는 순서를 보여주는데, 이때 메시지의 순서는 화살표 옆에 붙은 번호로 알 수 있다. 통신 다이어그램을 작성하려면 객체, 링크, 메시지가 필요하다. 객체와 메시지는 앞에서 살펴보았으니 여기서는 새로운 요소인 링크에 대해 알아본다.

■ **링크**

링크link란 객체 간에 메시지를 주고받는 관계를 말한다. 통신 다이어그램에서는 링크를 사용해 객체 간의 관계를 표현한다.

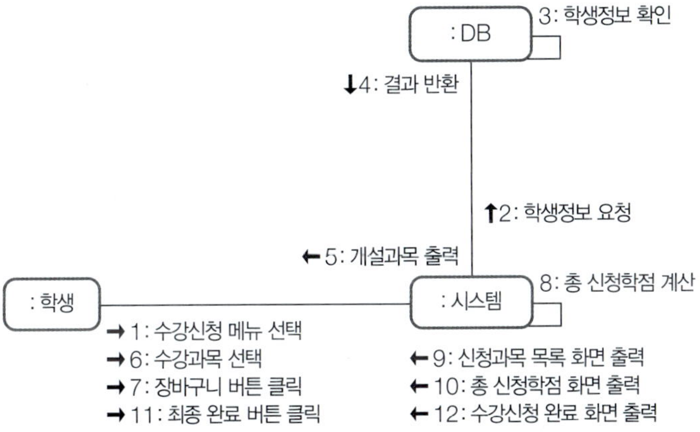

그림 2-29 '수강신청' 통신 다이어그램

06 활동 다이어그램

활동 다이어그램activity diagram은 전체적인 작업의 흐름을 보여주는 그림으로 흔히 사용하는 흐름도와 모양이 비슷하다. 흐름도가 행위의 작업 흐름을 표현한다면 활동 다이어그램은 객체의 행위를 나타낸다는 차이가 있다.

활동 다이어그램은 다양한 상황에서 사용된다. 상위 수준에서는 업무의 전체 흐름을 보여주고, 분석 단계에서는 유스케이스의 구체적인 흐름(이벤트 흐름)을 나타내며, 설계 단계에서는 클래스 내부 동작에 대한 알고리즘이나 구체적인 로직을 표현한다. 활동 다이어그램은 업무의 흐름에서 동작과 같은 행위가 수행되는 동안의 활동(일)을 다이어그램으로 나타낸다.

그렇다면 활동 다이어그램에는 어떤 구성 요소들이 있을까? 대표적인 구성 요소를 하나씩 살펴보자.

■ 시작/종료 상태, 활동

[그림 2-30]은 활동 다이어그램에서 자주 사용되는 기본 기호들이다.

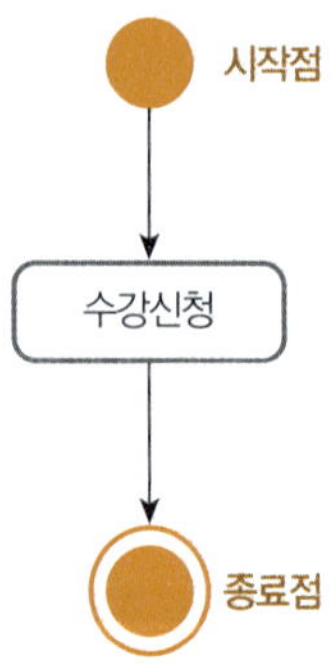

그림 2-30 시작/종료 상태와 활동 기호

- **시작점**initial state : 활동의 시작을 나타내며 속이 채워진 원으로 표기한다.
- **종료점**final state : 활동의 종료를 나타내며 이중 원으로 표기한다.
- **활동**activity : 일의 처리와 실행을 나타내며 모서리가 둥근 사각형으로 표기한다.
- **전이**transition : 활동 간의 이동을 나타내며 화살표로 표기한다.

■ 분기와 병합

조건에 따라 작업 흐름이 나뉘거나 합쳐질 수 있다.

- **분기**decision : 조건에 의해 두 가지 경로로 나뉘는 위치이며 마름모를 사용한다. 조건문은 마름모 옆에 << >> 기호로 작성한다.
- **병합**merge : 분기되어 각 활동을 수행하다가 합쳐지는 위치를 나타내며 분기와 같이 마름모를 사용한다. 병합은 생략이 가능하다.

[그림 2-31]은 수강신청 기능 중 일부를 활동 다이어그램으로 나타낸 것이다. 학생이 수강신청 메뉴를 선택하면 시스템은 학생의 직전 학기 성적을 확인 후 학점에 따라 다른 메시지를 화면에 띄워준다.

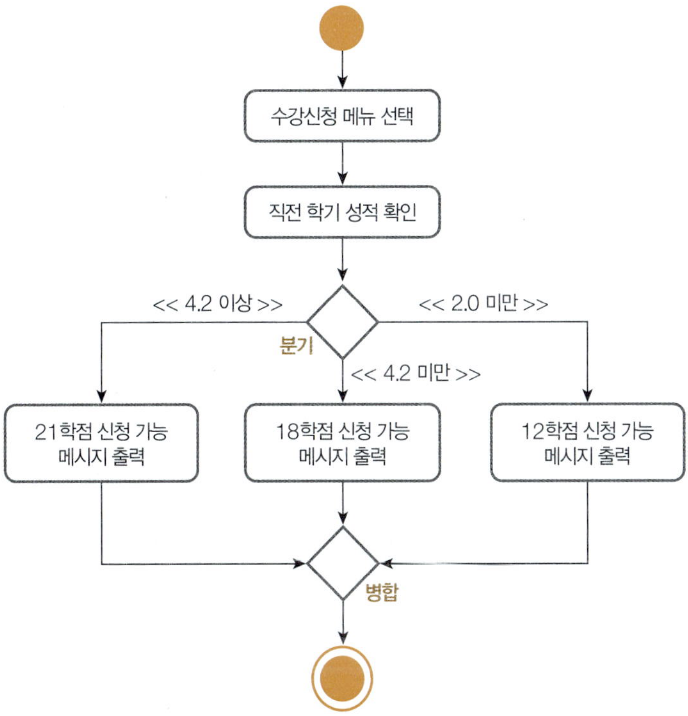

그림 2-31 분기와 병합

■ 동기화 막대

동기화 막대synchronization bar는 여러 활동을 병행할 때 사용하는 것으로 동시 처리의 시작과 끝을 나타낸다.

[그림 2-32]는 도서를 반납할 때 납기일을 넘겼다면, 도서 반납과 벌금 납부가 동시에 처리되는 흐름을 동기화 막대로 표현한 예이다.

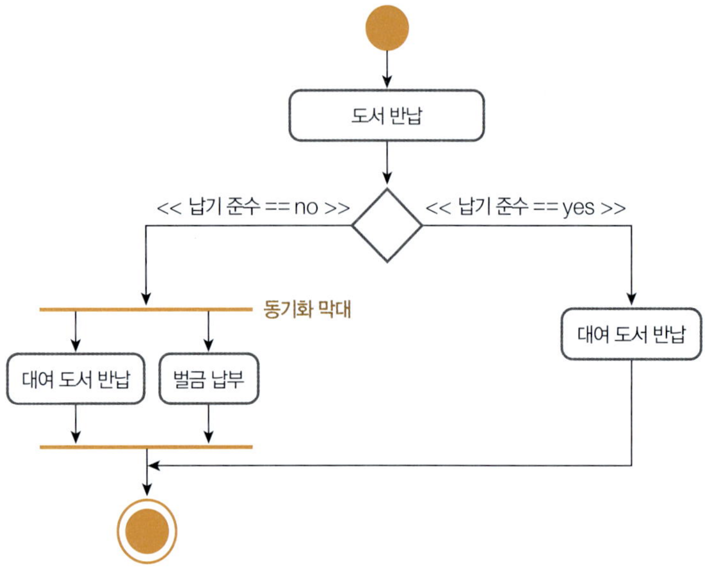

그림 2-32 동기화 막대

■ 신호

신호signal는 비동기적인 이벤트event를 모델링하기 위한 요소이다. 객체나 시스템 간의 비동기 메시지 전송을 나타내며, 주로 외부 이벤트나 인터럽트와 같이 어떤 활동의 흐름을 중단하거나 새로운 활동을 유발하는 경우에 사용한다. [표 2-11]은 자주 사용되는 신호의 종류와 의미를 정리한 것이다.

표 2-11 신호의 종류

종류	의미와 특징	표기법
신호 송신send signal	• 신호를 외부로 비동기적으로 전송하는 활동 • 수신자는 반드시 즉시 응답할 필요 없음 • 전송 후에도 흐름은 계속 진행됨	
신호 수신accept signal	• 특정 신호가 도착할 때까지 기다리는 활동 • 해당 신호가 도착해야만 흐름이 다음 단계로 진행됨 • 여러 신호를 동시에 기다릴 수 있음	

[그림 2-33]은 ATM 시스템에서 '출금 요청'이라는 사용자 입력(비동기 이벤트)를 신호로 수신하고, 잔액 확인 결과에 따라 조건 분기와 결과 신호 전송을 수행하는 과정을 활동 다이어그램으로 나타낸 것이다.

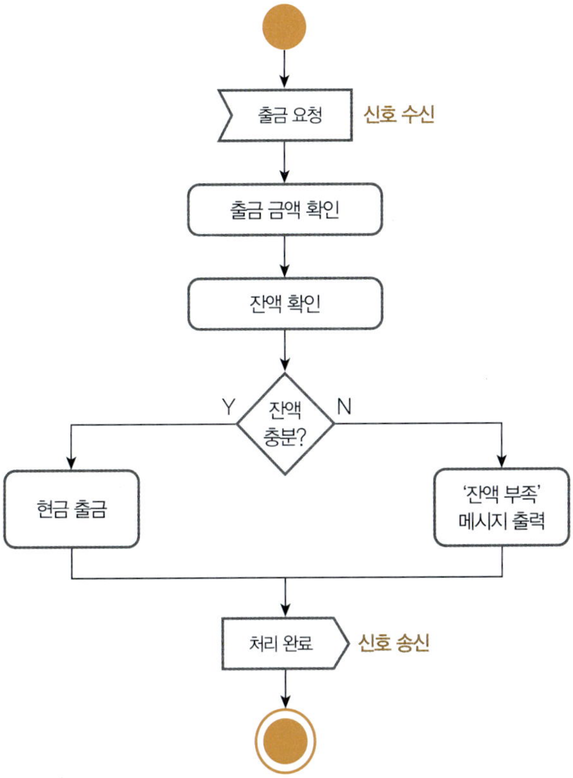

그림 2-33 'ATM 출금 요청 프로세스' 활동 다이어그램

07 상태 다이어그램

객체의 상태는 이벤트 발생이나 시간의 흐름에 따라 바뀌게 된다. 이러한 객체의 상태 변화를 나타낸 것이 상태 다이어그램state diagram이다. 상태 다이어그램을 작성하는 데 필요한 요소는 다음과 같다.

■ 상태

상태state는 객체가 존재할 수 있는 조건이다. 예를 들어 물은 고체, 액체, 기체 상태로 존재할 수 있다. 상태 다이어그램을 작성하려면 객체의 존재 가능한 모든 상태가 파악되어야 한다. 상태는 모서리가 둥근 사각형으로 표현한다.

■ 전이

전이transition는 객체의 상태가 바뀌는 것을 나타내며 화살표를 사용해 표현한다.

■ 이벤트

객체의 상태를 바꾸게 하는 자극이 이벤트event이다. 이벤트는 화살표로 나타낸 전이 위에 << >> 기호를 사용해 작성한다. 예를 들어 액체 상태인 물이 고체 상태인 얼음으로 바뀌려면 온도 변화가 필요한데 이것이 자극이며 상태의 변화를 일으키는 이벤트가 된다.

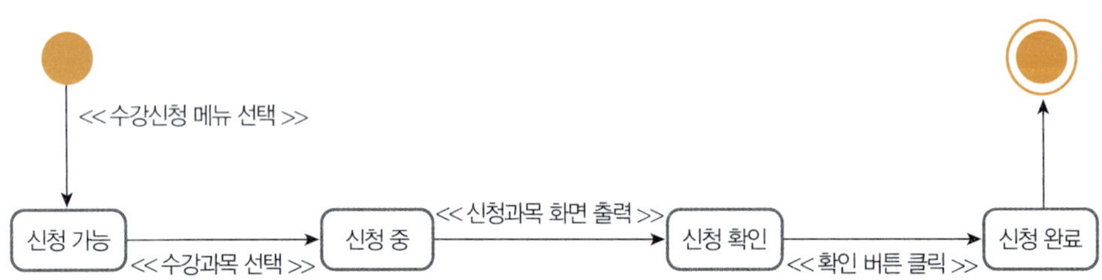

그림 2-34 상태 다이어그램

08 컴포넌트 다이어그램

컴포넌트 다이어그램component diagram은 구현 관점에서 정적 모델링을 할 때 사용하는 것으로 어떤 실행 모듈이 존재하고 이들이 서로 어떤 연관성이 있는지의 종속 관계를 나타낸다. 컴포넌트 다이어그램은 사용자에게 논리적 또는 물리적 시스템의 구조를 볼 수 있게 해준다. 컴포넌트 다이어그램을 작성하기 위해 필요한 요소로는 다음과 같다.

■ 컴포넌트

컴포넌트는 시스템을 구성하는 물리적인 요소로 프로그램 코드를 포함한다. 컴포넌트의 종류는 다양하며 UML에서는 스테레오타입(<< >> 기호)을 사용하여 나타낸다.

- <<executable>> : 실행 파일(.exe)
- <<library>> : DLLDynamic Link Library 같은 정적 또는 동적 객체 라이브러리
- <<table>> : 데이터베이스 테이블
- <<file>> : 원시 코드source code를 포함하는 파일

[그림 2-35]는 컴포넌트의 기본 표기 형태를 보여준다.

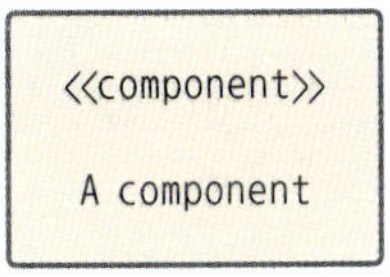

그림 2-35 컴포넌트 표기

■ 인터페이스

인터페이스는 클래스 모양으로 나타내거나 아이콘을 사용해 간략하게 표현할 수 있다.

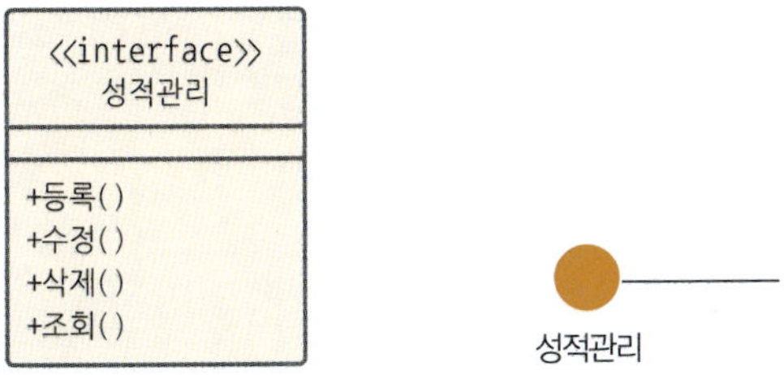

(a) 클래스 모양으로 표기 (b) 아이콘으로 간략히 표기

그림 2-36 인터페이스 표기

■ 의존 관계

의존 관계란 서로 영향을 주고받는 관계를 말한다. [그림 2-37]은 컴포넌트 A가 컴포넌트 B에 의존하고 있는 것을 나타낸다. 컴포넌트 간 연결은 점선 화살표로 나타내며 의존하는 쪽으로 화살표가 연결된다.

그림 2-37 의존 관계

컴포넌트 다이어그램을 작성하는 과정은 다음과 같다.

❶ 컴포넌트 대상 정의

무엇을 컴포넌트로 할지 정한다. 예를 들어 실행 모듈을 컴포넌트로 할지, 소스 코드를 컴포넌트로 할지 결정한다.

❷ 컴포넌트 찾기

컴포넌트 다이어그램에 포함할 컴포넌트를 식별한다. 여기서는 성적관리, 수강신청관리, 개설과목관리, 교과목관리를 컴포넌트로 찾았다.

❸ 컴포넌트 배치 및 인터페이스 연결

컴포넌트 다이어그램에 컴포넌트를 배치하고 이름을 붙여준다. 필요하다면 인터페이스를 정의하고 컴포넌트와 실현 관계로 연결한다. 인터페이스는 원 모양으로 표시하며, 실현 관계는 실선으로 연결한다.

❹ 의존 관계 정의

컴포넌트 간 의존 관계를 정의한다. 예를 들어, 교과목 정보가 변경되면 개설과목도 영향을 받으므로 이 둘 사이에 의존 관계를 정의한다. 같은 방식으로 개설과목관리 → 수강신청관리, 수강신청관리 → 성적관리 순으로도 의존 관계를 정의할 수 있다.

이러한 과정을 통해 컴포넌트 간의 구조와 연결 관계가 명확히 드러나는 다이어그램을 만들 수 있다.

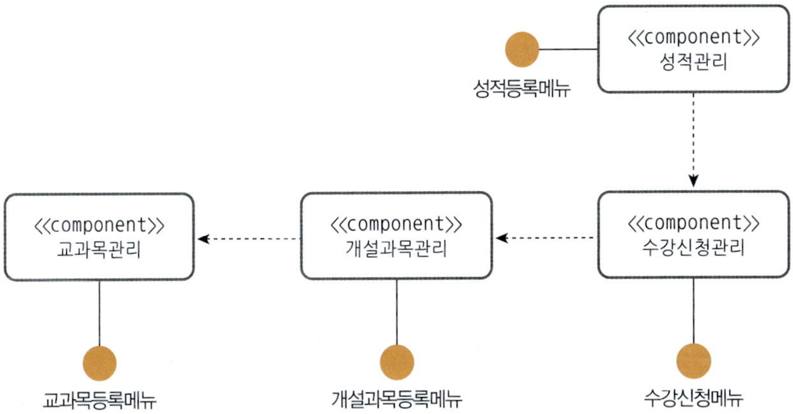

그림 2-38 컴포넌트 다이어그램

09 배치 다이어그램

배치 다이어그램deployment diagram은 하드웨어 자원을 명시적으로 정의해 시스템의 물리적인 요소를 모델링하고 노드node 간의 관계를 나타낸다. 노드란 실행 가능한 컴포넌트가 탑재되어 있는 하드웨어 장치를 의미하며 노드 간의 연결 관계는 다양한 통신 방식을 의미한다. 예를 들어, <<HTTP>>, <<TCP/IP>>, <<RPC>>와 같은 표기를 통해 어떤 방식으로 통신하는지를 표현할 수 있다.

다음은 배치 다이어그램의 예다.

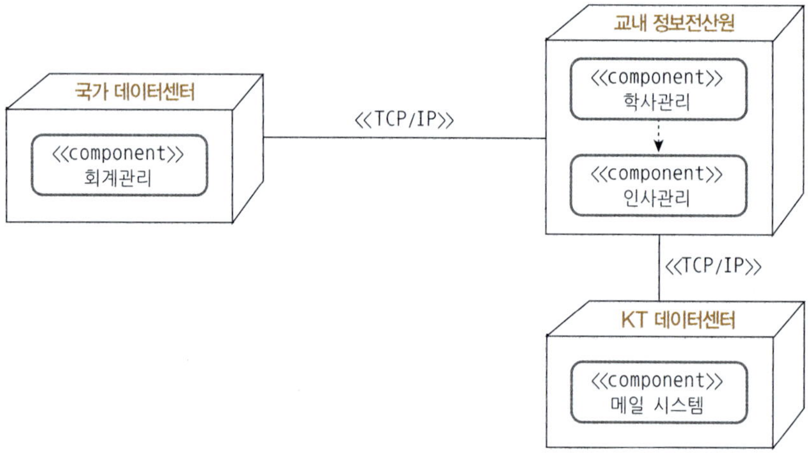

그림 2-39 배치 다이어그램

- 학사관리 시스템의 서버는 교내 정보전산원에 설치되어 있다.
- 인사관리 시스템의 서버는 교내 정보전산원에 설치되어 있다.
- 회계관리 컴포넌트는 국립대학교 전체가 동일한 것을 사용하고 회계관리 시스템의 서버는 국가 데이터센터에 설치되어 있다.
- 메일 시스템의 서버는 KT 데이터센터에 설치되어 있다.

01 UML에 대한 설명으로 옳지 않은 것은? 정보처리기사 변형

① 개발자와 고객 또는 개발자 상호 간의 의사소통을 원활하게 할 수 있다.
② 실시간 시스템 및 분산 시스템과 같은 시스템의 분석과 설계에는 사용될 수 없다.
③ OMG에서 만든 통합 모델링 언어로서 객체지향적 분석, 설계 방법론의 표준 지정을 목표로 한다.
④ 애플리케이션을 개발할 때 쉽게 이해할 수 있도록 도와주는 여러 가지 유형의 다이어그램을 제공한다.

02 유스케이스에 대한 설명으로 옳지 않은 것은? 정보처리기사 변형

① 페이지의 개략적인 레이아웃이나 UI 구성 요소 등 뼈대를 설계하는 단계이다.
② 사용자 측면에서의 요구사항으로, 사용자가 원하는 목표를 달성하기 위해 수행할 내용을 기술한다.
③ 자연어로 작성된 사용자의 요구사항을 구조적으로 표현한 것으로, 일반적으로 다이어그램 형식으로 묘사된다.
④ 사용자의 요구사항을 빠르게 파악함으로써 프로젝트의 초기에 시스템의 기능적인 요구를 결정하고 그 결과를 문서화할 수 있다.

03 다음 클래스 다이어그램에 대한 설명으로 적절하지 않은 것은? 2023 경찰간부후보

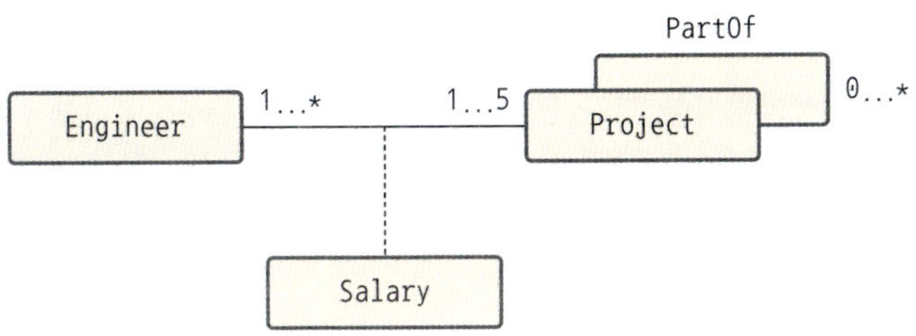

① 한 명의 Engineer는 최대한 5개의 Project에 참여할 수 있다.
② 하나의 Project는 최소한 한 명 이상의 Engineer를 포함한다.
③ 하나의 Project는 최소한 하나 이상의 Project들을 포함한다.
④ Engineer는 Project에 참여해야만 Salary를 받는다.

04 다음 클래스 다이어그램을 자바 소스 코드로 구현 시, 적절하지 않은 것은? 2023 경찰간부후보

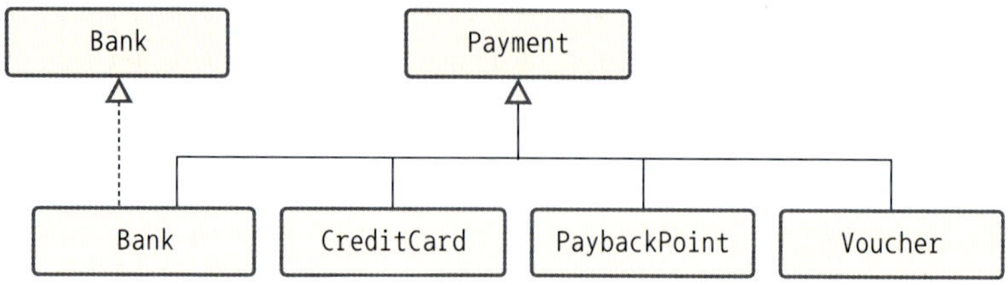

① Public class Bank { ... }

② Public class Payment { ... }

③ Public class Cash extends Payment implements Bank { ... }

④ Public class Voucher extends Payment { ... }

05 유스케이스 다이어그램에 관련된 내용으로 옳지 않은 것은? 정보처리기사 변형

① 시스템과 상호작용하는 외부 시스템은 액터로 파악해서는 안 된다.

② 액터가 인식할 수 없는 시스템 내부의 기능을 하나의 유스케이스로 파악해서는 안 된다.

③ 유스케이스는 사용자 측면에서의 요구사항으로, 사용자가 원하는 목표를 달성하기 위해 수행할 내용을 기술한다.

④ 시스템 액터는 다른 프로젝트에서 이미 개발되어 사용되고 있으며, 본 시스템과 데이터를 주고받는 등 서로 연동되는 시스템을 말한다.

06 소프트웨어공학에서 하나 이상의 유사한 객체들을 묶어서 하나의 공통된 특성을 표현한 것은? 정보처리기사 변형

① 클래스

② 시퀀스

③ 트랜잭션

④ 서브루틴

07 다음 자바 코드에서 생략된 부분을 고려하지 않고 명시된 부분만으로 UML 클래스 다이어그램을 작성하였을 때, 다이어그램에 나타나지 않는 관계는?

```
class Person { ... }
class Work { ... }
interface PublicService {
    public void doWork(Work work);
}
class Official extends Person implements PublicService {
    public void sayHello() { ... }
    public void doWork(Work work) { ... }
...
}
```

① 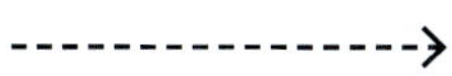　② 

③ 　④ 

08 다음 클래스 다이어그램에 대한 설명으로 옳은 것은? 2021 국가직

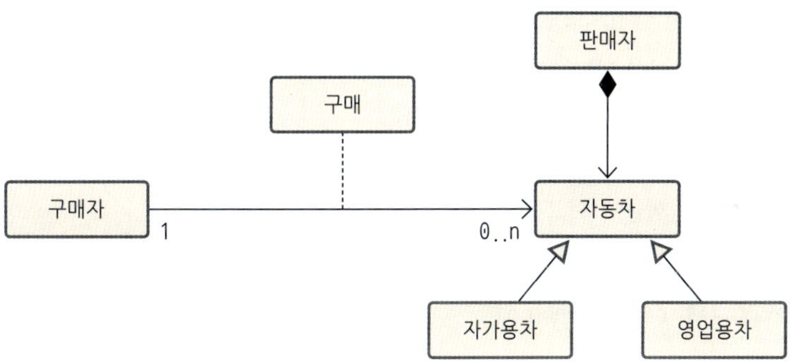

① '자동차' 클래스는 '구매자' 클래스를 직접 참조한다.

② '자가용차', '영업용차' 클래스는 '자동차' 클래스와 실체화 관계를 갖는다.

③ '판매자' 객체가 소멸되어도 집약(aggregation)관계인 '자동차' 객체는 소멸되지 않는다.

④ '구매' 클래스는 '구매자' 클래스와 '자동차' 클래스의 연관 관계에 속성이나 행위를 추가하기 위해 사용된다.

09 다음 클래스 다이어그램에 적용된 개념을 모두 고른 것은? 2024 군무원

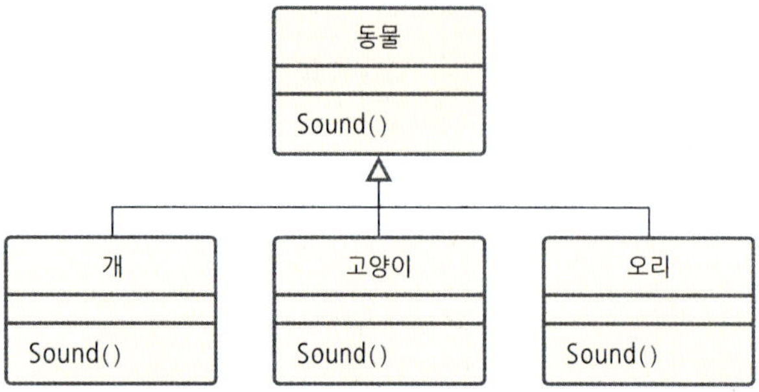

A. 일반화(generalization)
B. 합성(composition)
C. 상속(inheritance)
D. 다형성(polymorphism)
E. 오버로딩(overloading)
F. 연관(association)

① A, B, E
② B, C, F
③ A, C, E
④ A, C, D

10 순차 다이어그램과 관련한 설명으로 옳지 않은 것은? 정보처리기사 변형

① 수직 방향이 시간의 흐름을 나타낸다.
② 구성 요소에는 회귀 메시지, 제어 블록 등이 있다.
③ 주로 정적인 측면에서 모델링을 설계하기 위해 사용한다.
④ 시간의 흐름에 따라 객체들이 주고 받는 메시지의 전달과정을 강조한다.

11 다음 시퀀스 다이어그램 구성 및 동작을 할 수 있는 클래스 다이어그램으로 적절한 것은? 2023 경찰간부후보

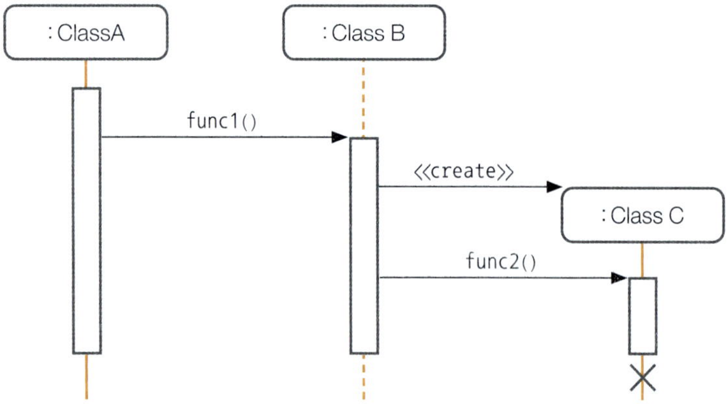

①
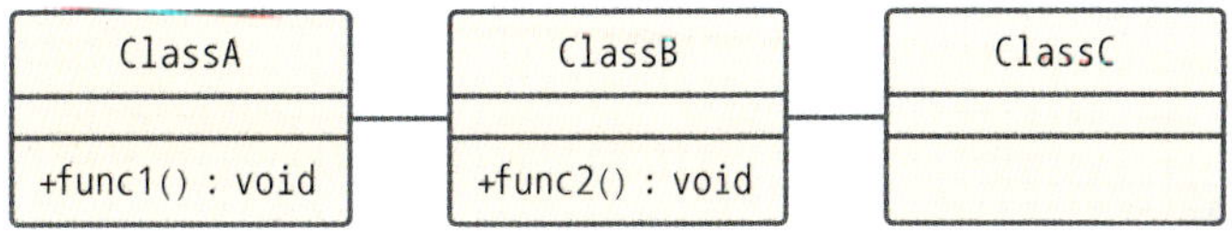

②
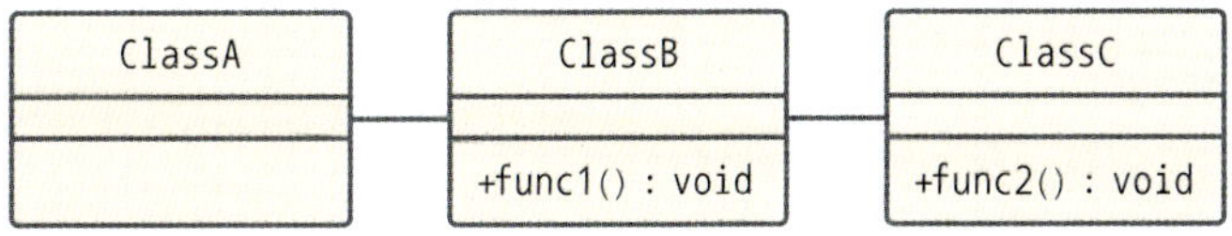

③
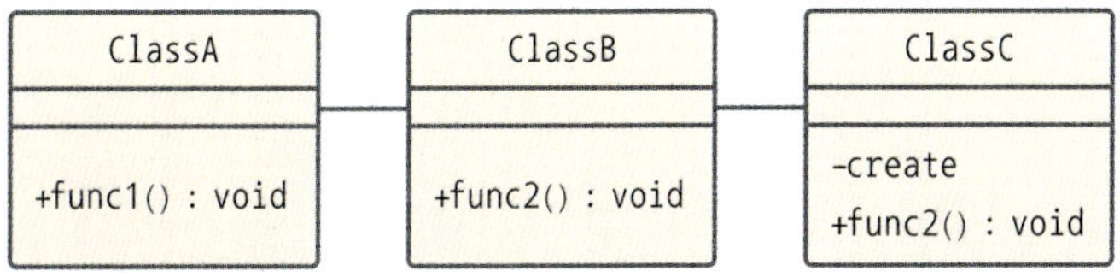

④
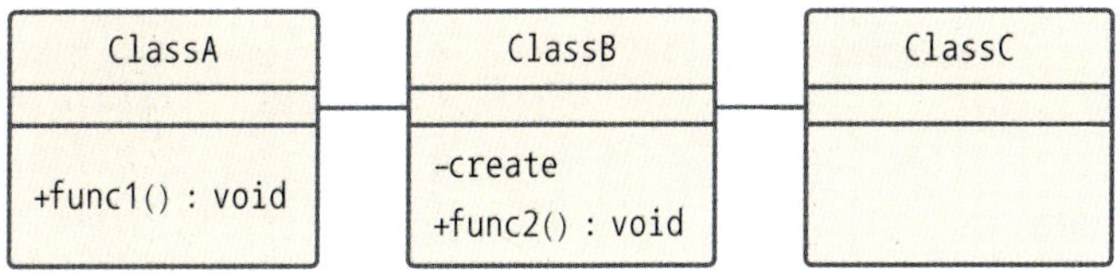

12 다음 중 활동 다이어그램에 대한 설명으로 옳은 것은? 정보처리기사 변형

① 클래스와 클래스가 가지는 속성, 클래스 사이의 관계를 표현한 다이어그램이다.
② 상호작용하는 시스템이나 객체들이 주고받는 메시지를 표현하는 다이어그램이다.
③ 오퍼레이션이나 처리 과정이 수행되는 동안 일어나는 일들을 단계적으로 표현한 다이어그램이다.
④ 하나의 객체가 자신이 속한 클래스의 상태 변화 혹은 다른 객체와의 상호작용에 따라 상태가 어떻게 변하는지를 표현하는 다이어그램이다.

13 UML 확장 모델에서 스테레오 타입 객체를 표현할 때 사용하는 기호로 맞는 것은? 정보처리기사 변형

① (( )) ② {{ }}
③ [ ] ④ << >>

14 UML 다이어그램 중 동적 다이어그램이 아닌 것은? 정보처리기사 변형

① 상태 다이어그램
② 순차 다이어그램
③ 컴포넌트 다이어그램
④ 유스케이스 다이이그램

15 UML 다이어그램이 아닌 것은? 정보처리기사 변형

① 클래스 다이어그램

② 절차 다이어그램

③ 시퀀스 다이어그램

④ 액티비티 다이어그램

16 다음 자바 소스 코드를 UML로 표현했을 때 가장 옳은 것은? 2021 서울시

```
Class Engine {
  ...
}
Class Car {
 Engine carEngine = new Engine();
  ...
}
Class Truck extends Car{
  ...
}
```

①
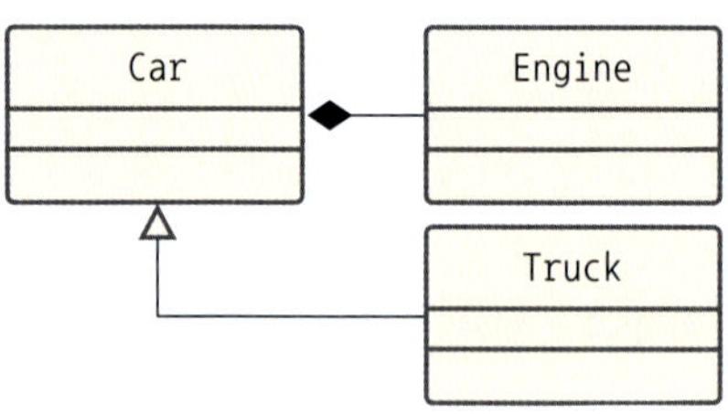

②
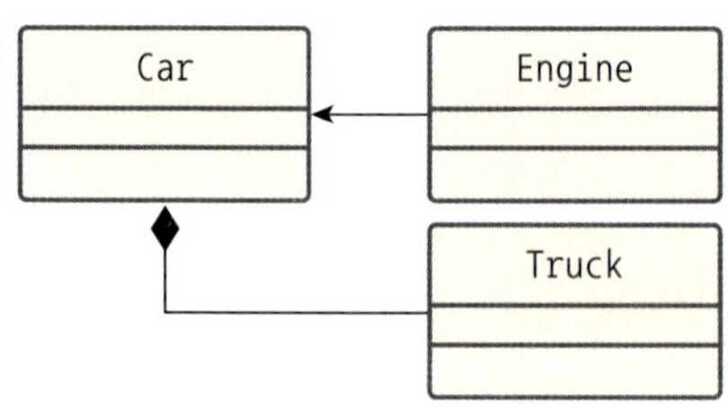

③
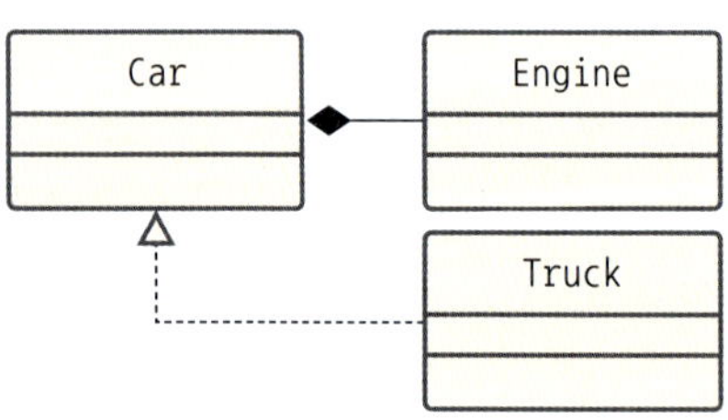

④
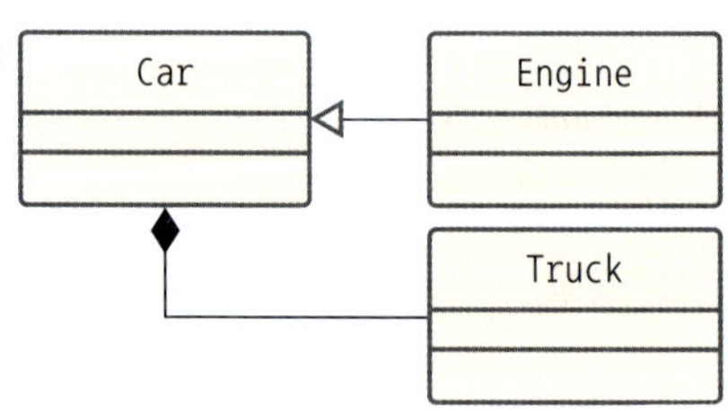

17 A~D의 설명과 UML 다이어그램 용어가 옳게 짝지은 것은? 2024 서울시

A. 구현 관점에서 정적 모델링을 할 때 사용하는 것으로 어떤 실행 모듈이 존재하고 이들이 서로 어떤 연관성이 있는지의 종속 관계를 나타낸다.
B. 객체 간에 메시지를 주고받는 관계를 링크라고 하며 링크를 사용해 객체 간의 관계를 표현한다.
C. 하드웨어 자원을 명시적으로 정의해 시스템의 물리적인 요소를 모델링하고 노드 간의 관계를 나타낸다.
D. 다이어그램을 그리는 데 필요한 요소는 상태, 전이, 이벤트이다.

(가) 통신 다이어그램
(나) 상태 다이어그램
(다) 컴포넌트 다이어그램
(라) 배치 다이어그램

	(가)	(나)	(다)	(라)
①	A	B	C	D
②	B	D	A	C
③	C	B	D	A
④	D	C	A	B

18 다음은 도서관 관리 시스템의 개발 요구사항이다. 이 내용을 참고하여 다음 조건을 만족하는 UML 클래스 다이어그램을 작성하시오.

1. 도서관에는 여러 책(Book)이 있으며, 책은 제목, ISBN, 저자 정보를 가진다.
2. 하나의 책은 여러 권의 실물 사본(Copy)으로 존재하며, 각 사본은 고유한 식별번호와 대출 가능 여부를 가진다.
3. 회원(Member)은 책을 대출할 수 있으며, 이름, 회원번호, 연락처 정보를 가진다.
4. 한 번의 대출(Loan)은 하나의 사본(Copy)과 하나의 회원(Member) 간의 관계로 이루어지며, 대출일과 반납 예정일이 기록된다.
5. 도서관에는 여러 명의 사서(Librarian)가 있으며, 사서는 회원 등록 및 대출 처리 업무를 수행한다. 사서는 직원번호, 이름, 근무부서 정보를 가진다.

조건
- 주요 클래스
- 클래스 간의 관계(연관, 집합, 상속 중 해당하는 것)
- 각 클래스의 주요 속성
- 연관 관계에 대한 다중성(Multiplicity)

19 다음은 전자상거래 애플리케이션의 체크아웃(Checkout) 과정에 대한 설명이다. 이 내용을 참고하여 다음 조건을 충족하는 시퀀스 다이어그램을 작성하시오.

1. 사용자가 "결제하기"를 누르면 CheckoutController가 요청을 받아 OrderService에 주문 생성을 요청한다.
2. OrderService는 먼저 InventoryService에 각 품목 재고 확인을 요청한다.
3. 재고가 충분하면(전 품목 OK) PaymentGateway에 결제 승인(승인/거절)을 요청한다.
4. 결제가 승인되면 OrderService는 주문을 확정 저장하고 상태를 PAID로 변경한 뒤 NotificationService를 통해 "주문 완료" 알림을 전송한다.
5. 결제가 거절되면 주문은 확정되지 않고 사용자에게 실패 사유가 반환된다.
6. 선택적으로 사용자가 쿠폰 코드를 보냈다면, 재고 확인 전에 CouponService에서 유효성(만료/중복사용/적용 가능상품)을 검증한다. 실패 시 즉시 거절 응답을 반환한다.

조건
- Lifeline 최소 구성: User, CheckoutController, OrderService, CouponService, InventoryService, PaymentGateway, NotificationService
- opt 프레임: 쿠폰 검증(쿠폰이 입력된 경우)
- alt 프레임: 결제 승인과 거절의 분기 처리
- 메시지에 핵심 파라미터를 간단한 라벨로 표기할 것(예 approve(amount))

20 다음은 온라인 상점의 주문(Order)은 다음과 같은 규칙에 따라 상태가 변화한다. 이 내용을 참고하여 다음 조건을 모두 충족하는 상태 다이어그램을 작성하시오.

1. 고객이 결제를 완료하면 주문은 '결제확인' 상태가 된다.
2. 주문은 창고에서 피킹과 포장이 완료되면 '배송준비' 상태로 전이한다.
3. 택배사에 인계되면 '배송중', 고객에게 전달되면 '배송완료' 상태가 된다.
4. 고객은 '배송준비' 이전 단계까지 주문 취소가 가능하다.
5. '배송완료' 후 7일 이내에는 반품 요청이 가능하며, 물류센터에서 회수·검수 후 이상이 없으면 '환불완료' 상태로 전이한다.
6. 결제 승인이 실패하면 주문은 '결제실패' 상태로 종료된다.
7. 품절이나 주소 오류 등으로 판매자가 주문 처리를 중단하기로 결정하면 '주문거절' 상태로 종료된다.
8. 쿠폰이나 프로모션 코드의 유효성(만료, 중복 사용, 적용 가능 상품 등)을 검증하며, 검증에 실패하면 즉시 거절 응답을 반환한다.

조건
- 주요 상태를 식별하고, 상태 간 전이(Transition)를 화살표로 명확히 표시할 것
- 각 전이에는 이벤트 또는 가드(조건)를 간단히 라벨로 표기할 것(예 결제성공, 취소요청[미출고])
- 모든 종료 상태(최종 상태)를 명확히 표시할 것

Chapter

03

계획

학습목표

- 프로젝트 계획의 의미와 타당성 분석 절차를 이해한다.
- 소프트웨어 개발 비용 산정의 주요 기법을 비교한다.
- WBS, 네트워크 차트, 간트 차트를 활용해 일정 계획을 세울 수 있다.
- 프로젝트 위험을 분석하고 대응 방법을 설명할 수 있다.

01 계획의 이해

'계획'은 일상생활에서 매우 익숙한 단어이다. 연초에 한 해의 계획을 세웠다가 작심삼일로 끝난 경험이나, 초등학교 시절 방학이 되면 가장 먼저 하루 일과표를 만들던 기억이 있을 것이다. 이처럼 무언가를 시작할 때 계획을 세우는 일은 당연하고도 필요하다. 그러나 의욕만 앞서 무리한 계획을 세우면 지키기 어렵다. 밀린 일기를 한꺼번에 몰아 쓰거나, 만들기 숙제를 개학 전날에야 부모님이나 주변 어른의 도움을 받아 마무리하던 경험도 있을 것이다.

그림 3-1 초등학생의 방학 중 하루 일과표와 개학 전의 모습

소프트웨어를 개발할 때도 마찬가지로 비용, 기간, 자원 등을 잘 고려하여 계획을 세워야 원하는 결과를 얻을 수 있다. 계획을 아무리 잘 세워도 계획대로 진행되지 않는 경우는 흔하다. 하물며 계획이 허술하거나 잘못 세워졌다면, 개발이 실패로 이어질 가능성은 더욱 높아진다.

개학을 며칠 앞두고 방학 숙제를 몰아서 처리하는 것처럼, 소프트웨어 개발에서도 마감일에 쫓겨 밤샘 작업을 하며 허둥지둥 일하는 상황이 될 수 있다. 계획을 제대로 세우지 않고 소프트웨어를 개발하면 일정 지연, 비용 초과, 품질 저하와 같은 문제가 발생하고, 이는 결국 유지보수 비용 증가로 이어진다.

그림 3-2 프로젝트 마감일을 앞둔 팀의 모습

결국 소프트웨어 개발의 성공 여부는 비용, 기간, 인력과 같은 자원을 토대로 초기 단계에 얼마나 체계적이고 현실적인 계획을 수립하느냐에 달려 있다. 하지만 초기 계획 단계에는 정보가 충분하지 않으며, 사용자 요구사항이나 제약 조건도 명확하지 않은 경우가 많다. 그러다 보니 계획을 수립하는 일은 쉽지 않지만, 보다 체계적이고 명확하게 계획을 수립할 수 있도록 도와주는 다양한 방법과 도구가 존재한다.

따라서 이 장에서는 체계적이고 명확한 계획을 세울 수 있도록 다음과 같은 내용을 구체적으로 설명한다.

- 문제 정의
- 타당성 분석
- 소프트웨어 개발 비용 산정
- 소프트웨어 개발 비용 산정 기법
- 일정 계획
- 위험 분석

1 문제 정의

문제가 무엇인지 정의하는 일은 소프트웨어 개발의 첫 번째 작업이다. 현재 상황과 구현될 시스템의 목표, 제약 조건 등을 포함해 무엇을 개발할 것인지 명확히 정의하고, 개발 범위를 결정해야 한다. 이러한 정의는 프로젝트의 초기 타당성 검토와 계획 수립을 위한 기초가 된다.

문제를 정의하기 위해서는 개발하고자 하는 영역에 대한 배경 지식이 필요하다. 예를 들어 금융 관련 업무 프로젝트를 수행할 계획이라면, 금융 기관에서 사용하는 용어뿐 아니라 전체 업무 흐름을 어느 정도 이해하고 있어야 현장 담당자와의 면담을 통해 더 많은 정보를 얻을 수 있다. 따라서 유사한 금융 시스템 개발 경험이 있는 분석가가 프로젝트에 참여하는 것이 도움이 된다. 또한 문제를 파악하기 위해 현재 운영 중인 시스템을 직접 사용해보고, 실무 담당자와 면담하여 자료를 수집하고 면밀히 분석하는 과정이 필요하다.

2 타당성 분석

개발할 시스템을 정의한 후에는 신규 시스템이 실제로 구현 가능한지 여부를 다각도로 검토해야 한다. 즉, 경제적, 기술적, 법적 측면에서 타당성을 분석하여, 프로젝트를 수행할 수 있는 기반이 마련되어 있는지를 판단한다.

2.1 경제적 타당성

경제적 타당성economic feasibility은 경영자의 입장에서 의사결정을 하는 데 가장 중요하게 고려되는 요소 중 하나다. 경영자는 시스템 개발에 큰 비용을 들이는 만큼, 개발한 시스템이 기업에 어느 정도의 이윤을 가져다줄 수 있을지, 투자한 금액을 언제 회수할 수 있을지 등 투자 효율성 분석cost-benefit analysis에 높은 관심을 가진다. 이런 정보를 얻기 위해 분석가는 투자 대비 효과를 면밀히 검토하여 경영자에게 정확한 정보를 제공할 수 있어야 한다.

또한 시장성market feasibility을 검토하는 일도 중요하다. 제품이 시장에서 얼마나 잘 팔릴지, 출시 시점은 적절한지 등을 판단하기 위해 시장 분석을 수행해야 한다. 유사 제품의 판매 현황, 주변 시장 환경 등을 종합적으로 분석하여 경영자에게 유의미한 정보를 제공할 수 있어야 한다.

경제적 타당성 분석은 투자 효율성과 시장성을 검증하고, 이를 바탕으로 시스템 개발 여부를 결정하는 데 중요한 역할을 한다.

2.2 기술적 타당성

최근 소프트웨어 개발에서는 빅데이터 처리, 인공지능 기반 예측, 블록체인과 같은 최신 기술의 적용이 요구되는 경우가 많다. 이처럼 필요한 기술 수준이 점점 높아지면서, 개발 업체는 이러한 기술을 실제로 적용할 수 있는 개발자의 역량을 확보해야 한다.

따라서 사용자가 요구하는 프로젝트에 최신 기술이 필요하다면, 먼저 기술적 타당성technical feasibility을 검토해야 한다. 즉, 해당 기술을 회사가 보유하고 있는지 확인하고, 부족하다면 필요한 기술을 갖춘 소프트웨어 개발자를 채용하거나 외주 개발을 통해 해결해야 한다.

2.3 법적 타당성

소프트웨어 개발 과정에서도 법적 분쟁이 발생할 수 있는 요소가 존재한다. 특히 대표적인 예는 오픈 소스open source 소프트웨어의 사용과 관련된 문제이다.

오픈 소스는 비용 절감 측면에서 매우 유용하지만, 아무 조건 없이 자유롭게 사용할 수 있는 것은 아니다. 오픈 소스도 상용 소프트웨어처럼 저작권, 특허권 등 지식 재산권의 보호를 받는 소프트웨어이다. 따라서 잘못 사용할 경우 법적 분쟁으로 이어질 수 있다.

실제로 2024년, 프랑스의 통신사 Orange S.A는 인증 라이브러리인 Lasso를 GNU GPL v2 라이선스 하에 사용하면서, 소스 코드 공개 의무를 지키지 않고 상업적으로 배포하였다. 이로 인해 2024년 2월 14일, 파리 항소법원은 Orange가 GPL 조건을 위반했다고 판단하고, 원 개발사인 Entr'ouvert에 총 80만 유로(약 11억 원)를 배상하라고 판결하였다. 이 중 50만 유로는 지식 재산권 침해에 대한 손해배상, 15만 유로는 연구개발 비용 절감에 따른 부당이득, 나머지 15만 유로는 기업 이미지 훼손 등 도덕적 피해에 대한 보상이다.

이 사례는 GPL 라이선스의 법적 구속력을 다시 한번 확인시켜 주었으며, 오픈 소스 소프트웨어를 상업적으로 사용할 경우 라이선스 조건을 철저히 지켜야 한다는 점을 분명히 보여준다.

오픈 소스는 단순히 원시 코드가 개방되어 있다는 의미이지, 아무렇게나 사용해도 된다는 뜻이 아니다. 사용자는 해당 오픈 소스의 라이선스 조건을 정확히 파악하고, 사용 가능한 범위와 준수해야 할 사항을 확인한 후 사용해야 한다. 이처럼 오픈 소스를 포함한 외부 소프트웨어를 사용할 경우 발생할 수 있는 법적 리스크를 사전에 검토하기 위해, 법적 타당성legal feasibility 분석이 반드시 이루어져야 한다.

02 개발 비용 산정

1 개발 비용 산정의 어려움

소프트웨어 개발 비용 산정을 설명하기 전에 조립 컴퓨터 생산 원가를 생각해보자. 컴퓨터 조립 비용 계산은 비교적 단순하고 명확하다. [표 3-1]처럼 부품값이 어느 정도 정해져 있으므로 조립에 필요한 부품값을 모두 더하고 여기에 인건비를 더하면 조립 컴퓨터의 생산 원가가 계산된다.

표 3-1 조립 컴퓨터 생산 원가 산정의 예

부품	수량	부품 단가	합계	인건비	조립 컴퓨터 생산 원가
CPU	1개	232,000원	1,003,130원	200,000원	1,203,130원
메인보드	1개	244,000원			
RAM	2개	24,000원			
VGA	1개	277,500원			
SSD	1개	140,000원			
HDD	1개	39,800원			
ODD	1개	21,830원			

TV나 냉장고 같은 전자 제품도 제품의 형상이 명확하고, 사용되는 부품이 정해져 있어 가격을 예측할 수 있다. 건물을 지을 때도 자재비와 인건비 등을 비교적 정확히 예측할 수 있고, 평당 가격이 정해지면 면적을 곱해 전체 비용을 계산할 수 있다. 이처럼 조립 컴퓨터 가격, 전자 제품 가격, 건축비 등은 근거가 어느 정도 명확해 소비자도 쉽게 납득할 수 있다.

그러나 소프트웨어 가격은 어떨까? 명확한 근거를 제시하기 어려우므로 사용자도 비용을 받아들이기가 쉽지 않다. 소프트웨어 개발은 전자 제품 생산이나 건축 공사와 달리 사람(개발자)이 중심이며, 사람에 매우 의존적이어서 개발자의 역량에 따라 품질의 차이가 크다. 초급 기술자인지, 고급 기술자인지에 따라 한 달 걸릴 작업을 열흘 만에 마칠 수도 있고 혹은 그 반대가 될 수도 있다. 즉 개발자의 능력이 품질과 개발 기간에 영향을 준다.

또한 전자 제품은 생산 공정이 꾸준히 개선되어 표준화와 자동화가 잘 이루어져 있다. 반면 소프트웨어는 개발 프로세스가 다양하기 때문에 표준화나 자동화가 어렵다. 따라서 개발 프로세스에 따라 생산성이나 품질이 서로 달라질 수 있다.

이러한 여러 상황으로 인해 소프트웨어는 개발 비용을 산출하기가 어렵다. 따라서 누가 산정해도 거의 동일한 결과를 얻을 수 있도록, 여러 가지 개발 비용 산정 방법을 소개한다. 그에 앞서, 소프트웨어 개발 비용에 영향을 주는 주요 요소들을 간단히 살펴보자.

2 개발 비용에 영향을 주는 요소

소프트웨어 개발 비용에 영향을 주는 요소는 다음과 같다.

■ **프로그래머 자질**

초급 프로그래머와 경험이 많은 프로그래머의 생산성에는 큰 차이가 있다. 따라서 프로그래머의 자질은 소프트웨어 개발 비용에 지대한 영향을 미친다.

■ **소프트웨어 복잡도**

브룩스Frederick P. Brooks의 법칙에 따르면 "애플리케이션application을 개발하는 것보다 유틸리티utility를 개발하는 것이 세 배 더 어렵고, 유틸리티를 개발하는 것보다 시스템 프로그램을 개발하는 것이 세 배 더 어렵다"고 한다. 이처럼 소프트웨어의 복잡도가 높아질수록 개발 비용에도 큰 영향을 미치게 된다.

■ **소프트웨어 크기**

개발하려는 소프트웨어의 규모가 클수록 개발 인력과 개발 기간도 늘어나고, 복잡도도 더 커진다. 따라서 소프트웨어의 크기 역시 비용 증가에 많은 영향을 준다.

■ **가용 시간**

관리자들이 흔히 하는 오해 중 하나는 개발 기간을 단축하려면 단순히 인력과 자원을 더 투입하면 된다는 것이다. 그러나 여러 연구에 따르면 인력을 많이 투입한다고 해서 개발 기간을 무한정 줄일 수는 없다. 보엠B. Boehm은 "정상적인 계획에서 최대 75%가 단축할 수 있는 한계"라고 말한다.

■ **요구되는 신뢰도 수준**

사고나 오류가 발생했을 때 재산상 큰 손실을 끼치거나, 인명 피해가 발생할 수 있는 소프트웨어는 높은 신뢰도를 요구한다. 예를 들어 대학의 종합정보시스템에서 수강신청 시 오류가 발생하면 학생들에게 불편을 주는 수준에서 끝나지만, 금융 시스템에 오류가 생기면 더 큰 혼란이 일어나고, 의료 소프트웨어에 오류가 발생하면 인명 피해로 이어질 수 있다. 또한 미사일이 소프트웨어 오류로 표적을 맞히지 못하고 엉뚱한 곳으로 날아가면 막대한 비용 손실이 발생할 뿐 아니라 전쟁의 결과에도 영향을 줄 수 있다. 이처럼 높은 신뢰도가 요구되는 소프트웨어는 일반 응용 소프트웨어보다 개발 비용이 훨씬 더 많이 든다.

■ **기술 수준**

집 안의 가구나 단순한 전자 제품이 고장 났을 때 일반인은 장비가 없어 수리하기 어렵다. 그러나 전문가들은 장비와 도구를 활용해 문제를 신속히 해결할 수 있다. 마찬가지로 소프트웨어 개발에서도 고급 언어high-level language를 사용하면 어셈블리 언어assembly language와 같은 저수준 언어low-level language를 사용할 때보다 프로그래머의 생산성이 5~10배 높아진다. 결국 개발 환경이 좋으면 개발자가 할 일이 줄어들어 개발 기간을 단축할 수 있고, 개발 비용도 줄일 수 있다.

03 비용 산정 기법

소프트웨어 개발비를 산정하는 방법은 매우 다양하다. 이 책에서는 대표적인 여섯 가지 방법을 소개하며, 그중에서 특히 국가기관과 민간 기업에서 널리 사용하는 기능 점수법Function Point, FP을 자세히 다룬다. 나머지 방법들은 간략히 설명한다.

1 하향식 산정 기법

하향식 산정 기법은 과거 유사 프로젝트의 경험을 바탕으로 회의를 통해 비용을 산정하는 방식이다. 과학적인 수치 계산보다는 경험에 기반을 두고 판단하며, 조직 내 경험이 있는 두 명 이상의 전문가에게 비용 산정을 의뢰하는 전문가 판단 기법과 한 명의 조정자가 여러 전문가의 의견을 종합해 비용을 산정하는 델파이 기법이 있다.

1.1 전문가 판단 기법

일상생활에서 큰 문제가 생겨 혼자 해결하기 어려운 경우, 우리는 흔히 그 분야의 전문가에게 도움을 요청하곤 한다. 소프트웨어 개발 비용을 산정할 때도 이와 비슷하게, 경험이 풍부한 전문가들의 의견을 듣고 판단하는 방식이 있다.

즉, 전문가 판단 기법은 프로젝트를 수행하는 데 어느 정도의 비용이 소요될지를 여러 전문가가 평가하고, 그 결과를 바탕으로 개발 비용을 산정하는 방법이다. 이 방식은 전문가의 실제 경험을 기반으로 하기 때문에 신뢰성이 높고 편리하다는 장점이 있다. 예를 들어, 제안요청서 작성을 앞두고 빠르게 개발비를 추정해야 하는 경우에 유용하다.

그러나 전문가의 경험이 중요하기는 해도, 그것이 언제나 정확하게 들어맞는 것은 아니다. 경험에만 의존하고 수학적 계산이나 정량적 분석이 부족할 경우, 판단의 오류로 이어질 수 있다. 때로는 개발자들이 유사한 프로젝트를 수행해본 경험에 기반해 새로운 프로젝트도 비슷할 것이라 쉽게 간주하고, 비용을 과소평가하는 실수를 범할 수도 있다. 이러한 단점을 보완한 것이 델파이 기법이다.

1.2 델파이 기법

델파이Delphi 기법은 전문가의 경험을 바탕으로 개발 비용을 산정한다는 점에서 전문가 판단 기법과 유사하다. 그러나 델파이 기법은 전문가들의 편견이나 분위기에 의한 영향을 최소화하기 위해 조정자coordinator를 두는 것이 특징이다.

델파이 기법에서는 먼저 여러 전문가가 각각 독립적으로 개발 비용을 산정한다. 그리고 그 결과를 공유하고, 서로의 의견 차이를 조율하는 과정을 반복한다. 이 과정을 통해 전문가들의 의견이 점차 수렴되고, 최종적으로 일치되는 결괏값(비용)이 나오면 이를 개발 비용으로 채택한다. 델파이 기법의 비용 산정 과정은 [그림 3-3]과 같다.

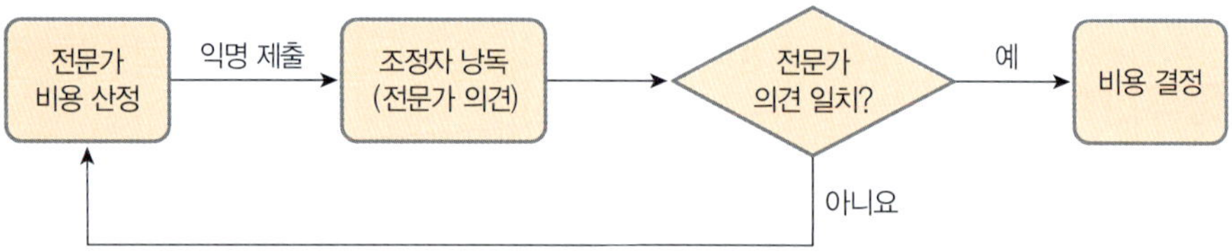

그림 3-3 델파이 기법의 비용 산정 방법

2 상향식 산정 기법

상향식 산정 기법은 프로젝트의 세부 작업 단위별로 비용을 산정한 후 이들을 합산하여 전체 개발 비용을 계산하는 방법이다. 이 기법에는 대표적으로 두 가지 방법이 있다. 하나는 각 기능의 원시 코드 라인 수의 비관치(가장 많은 라인 수), 낙관치(가장 적은 라인 수), 중간치(기대치, 평균 라인 수)를 측정하여 예측치를 구하는 원시 코드 라인 수Lines of Code, LOC 기법이고, 다른 하나는 소프트웨어 개발 생명주기의 단계별로 노력을 산정하는 개발 단계별 노력effort per task 기법이 있다.

이때 각 단계나 작업에 소요되는 노력의 단위로는 일반적으로 '인/월Man-Month, M/M'이 사용된다. 인/월은 한 사람이 한 달 동안 개발에 참여하는 작업량을 의미한다. 예를 들어, 소프트웨어 개발 기간이 10개월이고, 총 노력이 30M/M이라면 매달 3명이 10개월간 투입된 것과 같다. 또는 처음 5개월 동안은 매달 4명이, 나머지 5개월 동안은 매달 2명이 참여해도 총 노력은 동일하게 30M/M으로 계산된다. 즉, 1M/M은 1명이 1개월 동안 개발에 참여하는 시간 단위를 의미한다.

2.1 원시 코드 라인 수 기법

원시 코드 라인 수$_{LOC}$ 기법은 소프트웨어 각 기능에 대해 비관치, 낙관치, 중간치를 측정하고 이를 바탕으로 예측치를 구한 다음, 이를 이용해 노력, 개발 비용, 개발 기간, 생산성 등을 산정하는 방법이다.

- 비관치: 한 모듈의 라인 수를 가장 많게 생각할 때의 예상 라인 수(가중치 1 부여)
- 낙관치: 한 모듈의 라인 수를 가장 적게 생각할 때의 예상 라인 수(가중치 1 부여)
- 중간치: 한 모듈의 라인 수를 보통이라고 생각할 때의 예상 라인 수(가중치 4 부여)
- 추정 LOC: (낙관치+(4×중간치)+비관치)/6

예를 들어 한 모듈의 라인 수를 추정할 때, 낙관적으로 보면 300LOC, 비관적으로 보면 900LOC, 중간이라고 판단되면 600LOC라고 하자. 이 경우 추정 LOC는 (300+4×600+900)/6=600LOC가 된다.

LOC 기법을 사용한 비용 산정 공식은 다음과 같다.

- 노력(인/월수$_{M/M}$)=(참여 인원/월)×개발 기간=추정 LOC/1인당 월평균 생산 코드 라인 수
- 개발 비용=(M/M)×단위 비용(1인당 월평균 인건비)
- 개발 기간=(M/M)/참여 인원
- 생산성=LOC/(M/M)

예제 3-1

소프트웨어 개발 기간은 1년(12개월)이다. 이 기간 동안 5명의 개발자가 전 기간(12개월) 참여하고, 추가로 7명의 개발자가 별도로 5개월 동안 함께 참여할 때, 이 소프트웨어 개발의 총 노력$_{M/M}$은 얼마인가?

▼ 풀이

(5명×12개월)+(7명×5개월)=60M/M+35M/M=95M/M

예제 3-2

LOC 기법에 따라 예측한 총 코드 라인은 50,000라인이다. 10명의 개발자가 참여하며, 각 개발자는 한 달 평균 500라인을 코딩한다면 전체 개발 기간은 얼마인가?

▼ 풀이

노력$_{M/M}$ =원시 코드 라인 수$_{LOC}$/(1인당 월평균 생산 코드 라인 수)
=50,000라인/500라인=100(M/M)
개발 기간=(M/M)/참여 인원=100(M/M)/10명=10개월

2.2 개발 단계별 노력 기법

LOC 기법은 개발 소프트웨어의 총 코드 라인 수를 예측해 M/M을 계산하는 방식이다. 그러나 실제 소프트웨어 개발에는 코딩뿐 아니라 요구분석, 설계 등 다양한 단계에서 인력과 자원이 필요하다. 개발 단계별 노력 기법은 소프트웨어 개발 생명주기의 각 단계에 따라 필요한 노력$_{M/M}$을 나누어 계산한다. 그러므로 코딩만 대상으로 산정하는 것보다 더 정확하다.

3 COCOMO 방법

COCOMO$_{\text{COnstructive COst MOdel}}$ 방법은 소프트웨어 개발 비용을 산정할 때 원시 코드의 크기, 즉 코드 라인 수를 중심으로 계산하는 기법이다. 원시 코드의 라인 수가 많을수록 개발 비용이 증가한다는 가정에 기반하며, 미국 TRW사의 보엠이 1981년에 저술한 《소프트웨어 공학 경제학》에서 제안하였다. 이 방법은 63개의 실제 소프트웨어 개발 프로젝트 데이터를 분석한 결과에 기반하여 개발되었으며, 소프트웨어 공학의 발전에 따라 1995년에는 COCOMO Ⅱ로 확장되었다.

COCOMO 방법은 먼저 완성될 소프트웨어의 코드 라인 수$_{LOC}$를 추정하고 이를 수식에 대입해 개발에 필요한 M/M을 예측하는 것이다. 하지만 코드 라인 수만으로 비용을 동일하게 적용할 수는 없다. 예를 들어 50,000라인의 코드라 해도 그것이 사무용 애플리케이션인지, 운영체제인지, 내장형 프로그램인지에 따라 난이도와 요구 역량이 달라진다. 내장형 프로그램의 경우, 하드웨어나 전자기기의 특성까지 이해해야 하므로 난이도가 특히 높다. 따라서 COCOMO 방법을 적용할 때는 다음 두 가지 사항을 고려해야 한다.

■ **프로그램 유형에 따른 가중치**

프로그램의 복잡도에 따라 가중치를 주어야 한다. 개발하려는 소프트웨어가 단순한 사무용 애플리케이션인지, 운영체제와 같은 좀 더 복잡한 프로그램인지, 혹은 기기의 특성을 잘 알아야 하는 내장형 프로그램인지에 따라 가중치를 달리 주는 것이다. 즉 투입 인력을 가중치에 따라 조정한다. 쉬운 프로그램보다 복잡한 프로그램 개발에 조금이라도 더 인력을 투입해야 한다. 보엠은 개발하려는 프로그램의 난이도에 따라 가중치를 두었다([표 3-2] 참고).

■ **4가지 특성에 따른 15가지 보정 항목**

초기 가중치 적용만으로는 실제 개발 환경의 복잡성과 차이를 충분히 반영하기 어렵다. 이에 보엠은 추가로 제품, 컴퓨터, 개발자, 프로젝트 등 4가지 특성에 따라 총 15가지 항목을 정의하고, 각 항목에 노력 승수effort multipliers를 부여해 추가 보정을 수행하도록 하였다. 여기서 사용되는 공식과 노력 승수는 63개의 소프트웨어 개발 프로젝트로부터 수집된 자료를 분석해 만들어진 것이다([표 3-3] 참고).

이제 난이도에 따라 가중치를 반영하고 15개의 특성에 따라 세부 보정 값으로 조정한 후 총 개발 기간을 구하는 과정을 살펴보자. 과정은 가중치 반영, 보정 계수 반영, 총 개발 기간 산정의 3단계로 진행한다.

3.1 가중치 반영하기

COCOMO 방법으로 비용을 계산하는 첫 번째 단계는 프로그램의 규모LOC에 가중치가 반영된 초기 개발 인건비M/M를 계산하는 것이다. 즉, 개발될 프로그램의 예상되는 코드 라인 수를 구한 뒤, COCOMO 방법에서 정의한 세 가지 프로젝트 유형에 따라 가중치를 적용하고, 이를 바탕으로 필요한 개발자 수를 계산한다.

■ **단순형 프로젝트**organic mode project

복잡도와 난이도가 비교적 낮은 업무용 소프트웨어가 이에 해당한다. 일반적으로 중소 규모의 프로젝트이며, 크기는 50KDSI 이하이다.

■ **중간형 프로젝트**semi-detached mode project

일반 업무용 소프트웨어보다 복잡하고, 규모가 더 큰 운영체제나 데이터베이스 관리 프로그램DBMS 등이 이에 해당한다. 규모나 복잡도가 중간 정도이고, 크기는 300KDSI 이하이다.

■ **내장형 프로젝트**embedded mode project

자동화 기기나 전자 제품 등 하드웨어와 밀접하게 연관된 내장형(임베디드형) 소프트웨어가 이에 해당한다. 규모나 복잡도가 중간 정도이며, 크기는 300KDSI 이상이다.

COCOMO 방법에서는 [표 3-2]의 공식을 사용해 개발 인건비$_{M/M}$의 초기 예측값을 계산한다. 여기서 사용되는 a와 b는 프로젝트 유형에 따라 달라진다. 보엠은 프로젝트 유형별로 총 개발 투입 인력을 산출하는 [표 3-3]의 공식을 제시했다.

표 3-2 투입 인력 산출 공식과 프로젝트 유형에 따른 상수 a, b값

$PM = a \times (KDSI)^{b}$

상수	유형별 값
a	단순형(2.4), 중간형(3.0), 내장형(3.6)
b	단순형(1.05), 중간형(1.12), 내장형(1.20)

표 3-3 프로젝트 유형에 따른 투입 인력 산출 공식

프로젝트 유형	공식
단순형	$PM = 2.4 \times (KDSI)^{1.05}$
중간형	$PM = 3.0 \times (KDSI)^{1.12}$
내장형	$PM = 3.6 \times (KDSI)^{1.20}$

- $PM_{Person/Month}$: 소프트웨어 개발에 필요한 인력(인원/월)
- $KDSI_{Kilo\ Delivered\ Source\ Instruction}$: 소프트웨어의 최종 원시 코드 라인 수

지금까지 프로젝트 유형(단순형, 중간형, 내장형)에 따라 가중치를 적용해 개발 인건비를 계산하는 공식을 살펴보았다. 이 공식을 이용해 계산한 값을 그래프로 나타내면 [그림 3-4]와 같다. 그래프를 보면 동일한 규모의 소프트웨어라도 단순형보다 중간형, 중간형 보다 내장형에서 더 많은 M/M이 필요함을 확인할 수 있다.

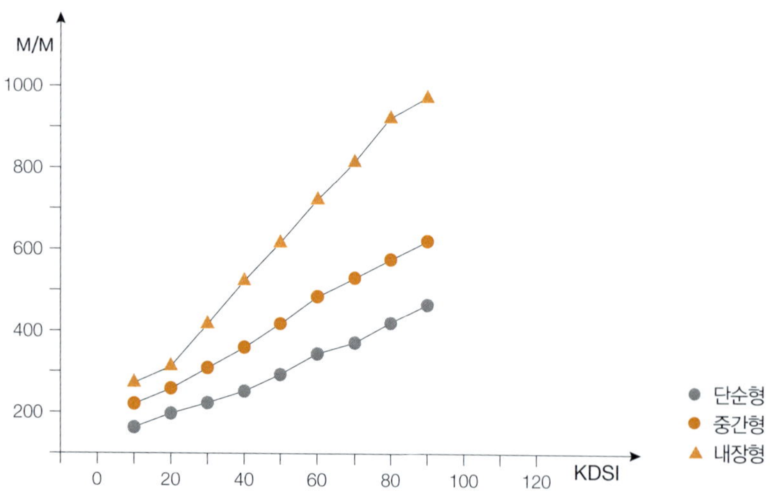

그림 3-4 COCOMO 방법에 의한 비용 예측

3.2 보정 계수 반영하기

프로젝트 유형에 따라 가중치를 부여한 초기 인건비를 계산했다면, 이제는 좀 더 상세한 정보를 반영해 보정치를 적용해야 한다. 여기서 상세한 정보란 프로젝트의 15가지 속성을 말한다. 보정에 사용하는 값을 노력 조정 수치Effort Adjustment Factor, EAF라 하며, 이는 [표 3-4]에서 제시하는 항목 중에서 필요한 항목의 노력 승수 값을 모두 곱하면 된다.

> 노력 조정 수치$_{EAF}$ = 필요한 각 항목별 승수 값을 모두 곱한 값

개발하려는 소프트웨어에 요구되는 신뢰도가 높고(1.15), 매우 복잡하며(1.30), 소프트웨어 공학 기술을 거의 사용하지 않고(1.24), 요구되는 개발 일정이 매우 촉박하며(1.10), 다른 요소들은 보통(1.00)일 경우 노력 조정 수치는 다음과 같다.

$$\text{노력 조정 수치}_{EAF} = 1.15 \times 1.30 \times 1.24 \times 1.10 = 2.04$$

[표 3-4]에서 보듯이 15개의 세부 항목에 따른 보정 값을 정해 놓았다. 예를 들어 신뢰도를 중요하게 생각하는 프로그램을 개발할 때는 그렇지 않은 프로그램을 개발할 때보다 보정 값이 크다. 그만큼 노력이 더 필요하다는 이야기다. 또 데이터베이스의 크기가 크다면 작을 때보다 더 많은 노력이 필요하므로 보정 값을 더 크게 잡는다.

표 3-4 COCOMO 방법에서 사용되는 노력 승수 값

특성	비용 승수 요소	승수 값					
		매우 낮음	낮음	정상	높음	매우 높음	극히 높음
제품 특성	요구되는 신뢰도	0.75	0.88	1.00	1.15	1.40	
	데이터베이스 크기	0.94	1.00	1.08	1.16		
	제품의 복잡도	0.70	0.85	1.00	1.15	1.30	1.65
컴퓨터 특성	실행 시간 제약			1.00	1.11	1.30	1.66
	주기억 장치의 제약			1.00	1.06	1.21	1.56
	HW, SW의 안정성		0.87	1.00	1.15	1.30	
	처리 시간		0.87	1.00	1.07	1.15	
개발자 특성	분석기의 능력	1.46	1.19	1.00	0.86	0.71	
	응용 분야 경험	1.29	1.13	1.00	0.91	0.82	
	컴퓨터와 친숙성	1.21	1.10	1.00	0.90	-	
	프로그래머 능력	1.42	1.17	1.00	0.86	0.70	
	프로그램 언어의 경험	1.14	1.07	1.00	0.95		

프로젝트 특성	소프트웨어 공학 기술 사용	1.24	1.10	1.00	0.91	0.82	
	소프트웨어 도구의 사용	1.24	1.10	1.00	0.91	0.83	
	요구되는 개발 일정	1.23	1.08	1.00	1.04	1.10	

노력 조정 수치가 반영된 노력$_{P/M}$을 구하는 공식은 [표 3-5]와 같다.

표 3-5 노력 조정 수치가 반영된 유형별 노력

프로젝트 유형	공식
단순형	$PM = 2.4 \times (KDSI)^{1.05} \times EAF$
중간형	$PM = 3.0 \times (KDSI)^{1.12} \times EAF$
내장형	$PM = 3.6 \times (KDSI)^{1.20} \times EAF$

예를 들어 개발하려는 소프트웨어의 KDSI가 60이고, 소프트웨어는 중간형이며, 노력 조정 수치$_{EAF}$가 앞서 계산한 것처럼 2.04라면 노력 E_{Effort}=P/M는 다음과 같다.

$$PM = 3.0 \times (KDSI)^{1.12} \times EAF = 3.0 \times (60)^{1.12} \times 2.04 = 600.179$$

3.3 총 개발 기간 산정하기

보엠이 제시하는 총 개발 기간$_{\text{Total Development Time, TDEV}}$을 구하는 공식은 [표 3-6]과 같다. 이때 개발 기간을 계산할 때는 소프트웨어 유형에 관계없이 동일한 상수 2.5를 곱한다. 따라서 기본 COCOMO 모델에서는 개발 기간이 프로젝트 유형에 따라 달라지지 않는다.

표 3-6 총 개발 기간 산정 공식

프로젝트 유형	공식
단순형	$TDEV = 2.5 \times (PM)^{0.38}$
중간형	$TDEV = 2.5 \times (PM)^{0.35}$
내장형	$TDEV = 2.5 \times (PM)^{0.32}$

앞서 사용한 예를 이용해 총 개발 기간을 구하면 다음과 같다.

$$TDEV = 2.5 \times (PM)^{0.35} = 2.5 \times (600.179)^{0.35} = 23.461$$

4 COCOMO Ⅱ 방법

앞에서 다룬 COCOMO 방법을 공부하며 의문이 생길 수도 있다. 계획 단계에서 원시 코드의 라인 수를 어떻게 정확히 예측할 수 있느냐는 문제이다. 이러한 한계를 보완한 것이 COCOMO Ⅱ 방법이다. 이 방법은 개발 초기에는 원시 코드의 라인 수를 정확히 알기 어렵다는 점을 고려해, 개발 단계별로 적절한 예측 지표를 사용하여 필요한 인건비를 추정한다.

COCOMO Ⅱ는 1995년에 발표된 방식으로, 소프트웨어 개발 프로젝트의 진행 정도에 따라 다음과 같이 세 가지 모델을 제시한다.

■ **[1단계] 애플리케이션 합성 모델** application composition model

프로토타입 형태의 개발은 입출력 화면을 만들어 사용자의 정확한 요구사항을 얻는다. 따라서 1단계에서는 입출력 화면 중심의 사용자 인터페이스 개수 등을 계산해 다음의 객체 점수 Object point, OP를 산출하고 이를 바탕으로 소프트웨어의 규모를 산정한다.

- 개발 범위에 속한 객체(입출력 화면 등)를 찾는다.
- 각 객체의 복잡도를 단순형, 보통형, 복잡형으로 분류한다.
- 객체의 수에 따라 복잡도별 가중치를 적용해 결괏값을 산출한다.

■ **[2단계] 초기 설계 모델** early design model

2단계는 설계가 어느 정도 시작되어 시스템의 구조와 주요 기능이 파악되기 시작하는 시점에 사용된다. 이 단계에서는 뒤에서 설명할 기능 점수 방법을 사용해 소프트웨어 규모를 추정한다. 1단계보다 더 많은 정보를 바탕으로 예측하기 때문에 보다 정확한 산정이 가능하다.

■ **[3단계] 구조 설계 이후 모델** post-architecture model

이 모델은 구조 설계가 완료되어 시스템 전체의 윤곽이 뚜렷해진 이후 단계에서 적용된다. 만약 COCOMO 방법이 처음부터 원시 코드 라인 수만을 계산하도록 했다면 실무에서는 무리였을 것이다. 그러나 이 단계에서는 이미 기능 점수가 산출되었기 때문에, COCOMO에서 제안하는 LOC 기반 방법으로 소요 노력을 추정하는 것이 크게 어렵지 않다. 다시 말해, 3단계에서는 기능 점수를 바탕으로 LOC를 추정하여 소프트웨어 규모를 산정할 수 있다.

COCOMO Ⅱ에 적용되는 기본 공식은 다음과 같다. 비용 승수에 관한 내용과 실제 예제를 통한 계산은 생략한다.

$$E = b \times S^{c} \times m(X)$$

- $b \times S^{c}$: 기초 소요 노력 예측값
- $m(X)$: 비용 승수의 벡터

04 기능 점수 산정 방법

COCOMO 방법은 원시 코드의 라인 수LOC를 기반으로 공수manpower를 계산한다. 그러나 원시 코드를 아직 작성하지 않은 상태에서는 라인 수를 정확히 예측하기 어렵다. 사용하는 언어, 개발자의 숙련도, 알고리즘의 복잡도에 따라 코드의 라인 수가 달라지기 때문이다. 특히 최근에 많이 사용하는 객체지향 중심의 소프트웨어 개발 방식에서는 라인 수만으로 소프트웨어의 규모를 정확히 측정하기 어렵다.

일반적으로 규모가 큰 소프트웨어는 입·출력의 개수도 많고, 조회나 검색 기능도 많다. 또 기능 간의 인터페이스나 데이터베이스의 테이블도 많아질 수밖에 없다.

기능 점수function point 방법은 이와 같은 기능(입·출력, 인터페이스, 데이터베이스 테이블, 조회 등)의 수를 판단 근거로 삼는다. 즉 라인 수와 무관하게 기능이 많으면 규모도 크고 복잡도도 높다고 판단한다.

이 방법은 사용자 관점에서 소프트웨어의 기능을 정량화하여 소프트웨어 개발 비용을 산정하는 데 활용된다. 일반적으로 길이는 ㎝, 무게는 ㎏, 물의 양은 ℓ로 측정하듯이, 기능 점수는 개발하려는 소프트웨어 기능의 크기를 측정하는 단위로 사용된다. 즉 소프트웨어의 기능function이 얼마나 복잡한가를 상대적인 점수point로 표현하는 것이다.

대학의 종합정보시스템을 예로 들어보자. 학생 관리용 소프트웨어는 입력, 수정, 삭제, 조회 기능이 모두 있으므로 기능 점수로 10점을 부여할 수 있다. 반면, 단순히 학생 정보를 조회만 할 수 있는 학생 검색용 소프트웨어에는 5점 정도로 평가할 수 있다. 이처럼 기능 점수 산정 방법은 입 · 출력, 데이터베이스 테이블, 인터페이스, 조회 등과 같은 기능이 비교적 많이 사용되는 사무용 또는 관리용 소프트웨어에 매우 유용한 방법이다.

기능 점수 산정 방법은 1979년 알브레히트Andreas J. Albrecht가 소개하고, 1986년 국제기능사용자그룹IFPUG의 발족으로 활성화되었다. 그리고 이 방법은 ISO/IEC 14143(Functional Size MeasurementFSM) 표준 시리즈로 발전하여 소프트웨어 개발, 유지관리 및 운영에 필요한 비용과 자원을 산정하는 기준으로 사용되고 있다.

기능 점수의 기준이 되는 소프트웨어 기능은 크게 데이터 기능과 트랜잭션 기능으로 구분되며, 이를 다시 [그림 3-5]와 같이 세분화할 수 있다.

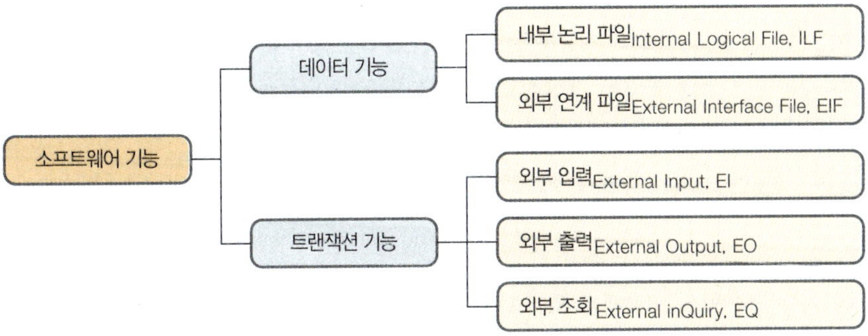

그림 3-5 소프트웨어 기능 분류

한국소프트웨어산업협회의 「SW사업 대가산정 가이드」에서 제시하는 기능 점수 산정 방법은 [그림 3-6]과 같이 두 가지로 구분한다.

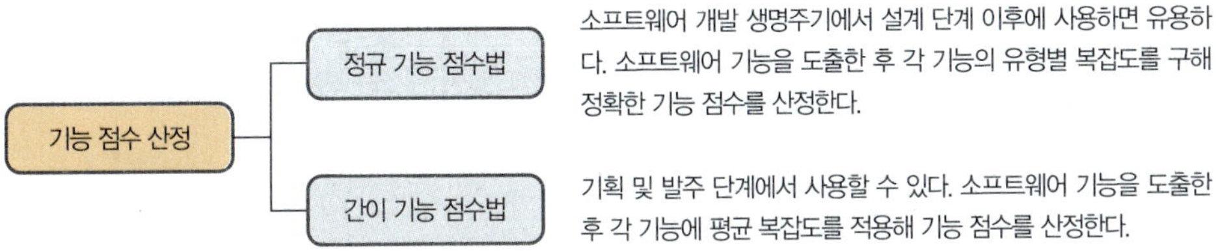

그림 3-6 기능 점수 산정 방법

현재 국가기관을 비롯한 대부분 기업에서도 비용 산정을 할 때 기능 점수 산정 방법을 사용하고, 그중에서 간이 기능 점수법을 많이 사용한다. 따라서 이 책에서는 간이 기능 점수법을 중심으로 설명한다.

계획 단계에서 예산을 수립할 때 각 기능의 복잡도와 가중치를 도출해내기는 어렵다. 이러한 정보는 분석 · 설계 단계에서나 파악이 가능하기 때문이다. 따라서 예산 수립이나 제안 단계에서는 기능의 유형 정도만 파악하여 추정한다.

「SW사업 대가산정 가이드」에서는 [표 3-7]과 같이 평균 복잡도 가중치를 미리 제시하여 '정규 기능 점수법'보다 쉽게 활용할 수 있도록 했다. 이는 사업 초기의 예산 수립 과정이나 사업 제안 단계에서 각 기능의 복잡도와 가중치를 직접 결정하기 어려운 현실을 반영한 것이다.

표 3-7 평균 복잡도 가중치

유형	내부 논리 파일	외부 연계 파일	외부 입력	외부 출력	외부 조회
가중치	7.5	5.4	4.0	5.2	3.9

출처 : SW사업 대가산정 가이드(2025년 개정판), 한국소프트웨어산업협회

평균 복잡도 가중치는 '내부 논리 파일, 외부 연계 파일, 외부 입력, 외부 출력, 외부 조회'에 대한 가중치를 필요할 때마다 계산하지 않고, 과거에 수행한 소프트웨어의 기능 점수 산정 결과를 분석해 5가지 유형에 적용된 복잡도를 계산한 가중치의 평균값이다. 복잡도를 구하는 단계를 생략하고 주어진 평균 복잡도 가중치를 그대로 사용해 개발 비용을 쉽고 편리하게 산정할 수 있다. 예산 수립 과정이나 사업 초기에는 기능 점수를 산정할 수 있을 만큼 자료가 충분하지 않으므로 그동안 축적된 통계 분석 자료(평균 복잡도 가중치)에 의존해 기능 점수를 산정한다.

이처럼 간이 기능 점수법은 프로젝트 초기 단계에서 각 기능의 정확한 요소를 모를 때에 유형별 평균 점수인 평균 복잡도 가중치를 사용해 소프트웨어 기능의 크기를 측정한다. 간이 기능 점수 산정 절차는 [그림 3-7]과 같다.

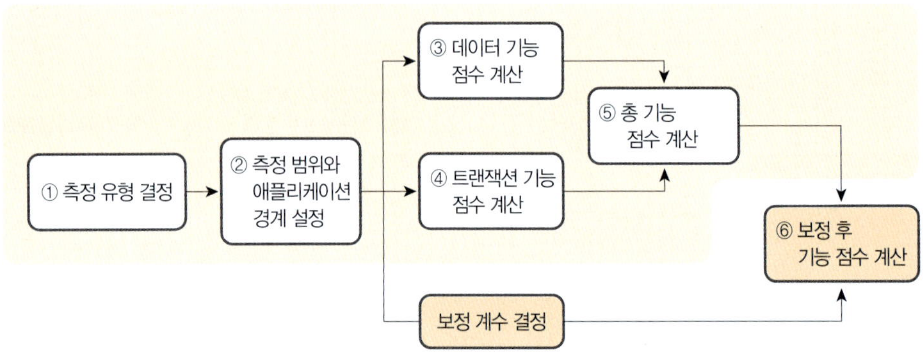

그림 3-7 간이 기능 점수 산정 절차

1 측정 유형 결정

기능 점수를 측정하는 첫 번째 단계는 측정 유형을 결정하는 것이다. 프로젝트의 성격에 따라 기능 점수는 다음 세 가지 유형으로 구분된다.

■ **개발 프로젝트 기능 점수**

개발development 프로젝트 기능 점수는 소프트웨어가 최초로 설치되는 시점의 기능 크기를 측정하는 것이다. 즉, 프로젝트에서 사용자를 위해 제공된 모든 기능을 대상으로 기능 점수를 산정한다. '개발 규모 측정'이라고도 한다.

■ **개선 프로젝트 기능 점수**

개선enhancement 프로젝트 기능 점수는 사용 중인 소프트웨어에 변경이 발생했을 때 변경된 부분의 기능만 측정하는 방식이다. 즉 완료된 프로젝트에서 추가되거나 수정된 기능만을 대상으로 기능 점수를 산정한다. '변경 규모 측정'이라고도 한다.

■ **애플리케이션 기능 점수**

애플리케이션 기능 점수는 현재 운용 중인 애플리케이션의 기능을 측정하는 것으로, 개발 프로젝트 기능 점수에 개선 프로젝트 기능 점수까지 포함한 것을 말한다. 즉 설치된 시스템이 제공하는 현재 기능의 크기를 측정하는 것이다. 애플리케이션 기능 점수는 기능 보강과 같은 변경이 이루어진 후에 계산한다. 여기서는 신규로 개발되는 프로젝트를 대상으로 기능 점수 측정 과정을 설명한다.

2 측정 범위와 애플리케이션 경계 설정

소프트웨어의 측정 범위와 애플리케이션 경계를 설정한다.

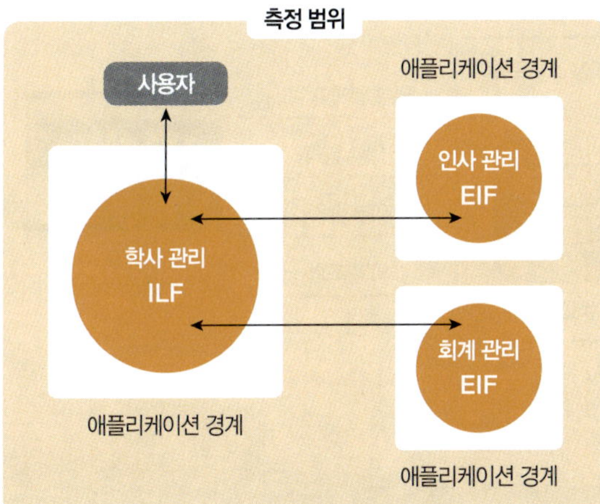

그림 3-8 대학 종합정보시스템의 애플리케이션 경계

■ **측정 범위에 포함될 요소(서브 시스템)의 식별**

측정 범위란 기능 점수를 측정하고자 하는 대상을 말한다. 그 대상에는 여러 개의 애플리케이션이 포함될 수 있다. 기능 점수의 측정 대상은 개발하고자 하는 전체 소프트웨어(예 대학의 종합정보시스템)일 수 있고, 또는 소프트웨어의 일부 시스템(예 종합정보시스템의 학사관리에서 성적관리)일 수도 있다.

■ **애플리케이션 경계**

학사관리 애플리케이션이 이번 기능 점수 계산의 대상이라면 인사관리, 회계관리와 같은 다른 애플리케이션은 계산에 포함하면 안 된다. 이처럼 기능 점수를 계산하는 대상을 제외한 다른 애플리케이션이나 외부 사용자를 구분한 경계를 애플리케이션 경계라 한다.

경계를 지을 때 주의할 점은 사용자 관점에서 구분해야지, 개발자 관점(예 클라이언트/서버 구조, 계층별 구조 등)에서 구분하면 안 된다. 또 애플리케이션의 경계도 너무 크거나 작지 않도록 적절히 설정해야 한다. 예를 들어 대학의 종합정보시스템 전체를 하나의 경계로 설정하면 지나치게 커서 기능 점수가 과소 산출될 수 있다. 반대로, 학사 시스템을 학적관리, 수업관리, 교과관리처럼 너무 작게 나누면 기능 점수가 과대 산출될 수 있다.

3 데이터 기능 점수 계산

기능 점수의 기준이 되는 소프트웨어 기능은 [그림 3-5]처럼 데이터 기능과 트랜잭션 기능으로 구분하였고, 이중 데이터 기능은 내부 논리 파일$_{ILF}$과 외부 연계 파일$_{EIF}$이 포함된다. 데이터 기능 점수는 내부 논리 파일의 개수와 외부 연계 파일의 개수를 계산해 각각의 평균 복잡도(가중치)에 따라 결정된다.

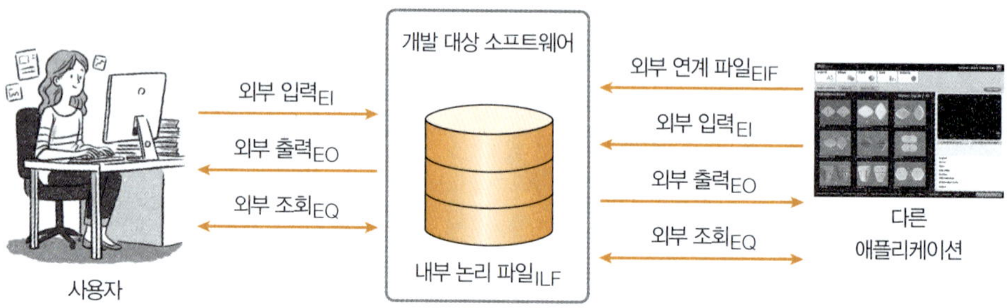

그림 3-9 사용자 관점에서 본 기능 점수의 5가지 유형

■ 내부 논리 파일

내부 논리 파일$_{ILF}$은 대학의 종합정보시스템에서 데이터베이스에 저장된 '학생 기본 정보', '학생 성적 정보'와 같은 데이터를 생각하면 된다. 사용자가 등록/수정/삭제/조회를 하기 위한 대상으로, 데이터베이스에 존재하는 데이터 모임(데이터베이스의 정보)이다. 이 데이터베이스의 정보들은 기능 점수 측정 대상으로 애플리케이션 내부에서 파일로 유지된다. 일반적으로 데이터베이스 테이블이라 생각하면 되지만, 시스템 내부에서 다루는 파일도 해당한다. 이처럼 내부 논리 파일은 애플리케이션에 존재하는 데이터를 논리적으로 모아 놓은 것이다.

■ 외부 연계 파일

학생들의 등록금을 은행에서 관리한다면 은행 데이터베이스의 '학생 등록금 정보'가 외부 연계 파일$_{EIF}$에 해당한다. 즉 은행의 데이터베이스는 은행에서 관리하지만, 학교에서 은행의 데이터베이스 중 '학생 등록금 정보'를 참조할 수 있다고 가정하면 이것이 외부 연계 파일이 된다. 다시 말해 외부 연계 파일은 측정 대상 애플리케이션(대학)에서는 참조만 하고 다른 애플리케이션(은행)에서 유지되는 파일이다.

표 3-8 데이터 기능의 예

기능	기능 유형	기능명	기능 유형
학생 관리	학생정보 관리	학생 기본 정보	내부 논리 파일$_{ILF}$
		학생 등록금 정보	외부 연계 파일$_{EIF}$

따라서 이번 프로젝트에서 생성해 관리하는 데이터는 내부 논리 파일$_{ILF}$이고, 이번 프로젝트에서 만들지 않고 다른 프로젝트에서 생성했으나 이번 프로젝트에서 참조하는 데이터는 외부 연계 파일$_{EIF}$이 된다.

데이터 기능 점수의 계산은 다음과 같이 내부 논리 파일의 개수와 외부 연계 파일의 개수에 각각의 평균 복잡도(가중치)를 곱한다.

데이터 기능 점수 = (ILF 개수×7.5) + (EIF 개수×5.4)

- 7.5 : 내부 논리 파일의 평균 복잡도
- 5.4 : 외부 연계 파일의 평균 복잡도(2025년 기준)

4 트랜잭션 기능 점수 계산

기능 점수의 기준이 되는 소프트웨어 기능은 [그림 3-5]처럼 데이터 기능과 트랜잭션 기능으로 구분하였고, 트랜잭션 기능은 외부 입력, 외부 출력, 외부 조회가 포함된다.

트랜잭션 기능은 대부분의 정보 시스템에서 빈번하게 발생하는 입력, 출력, 조회와 같은 업무 처리를 나타낸다. 트랜잭션 기능 점수는 외부 입력$_{EI}$, 외부 출력$_{EO}$, 외부 조회$_{EQ}$의 개수를 계산해 각각의 평균 복잡도(가중치)에 따라 결정된다.

■ 외부 입력

외부 입력$_{EI}$은 데이터베이스에 데이터를 등록하거나 수정, 삭제하는 것을 말한다. 즉 사용자나 다른 애플리케이션으로부터 들어오는 데이터나 제어 정보를 처리하는 기능으로, 논리 파일을 하나 이상 변경하거나 시스템 동작을 변경한다(예 학생정보 등록, 수정, 삭제).

■ 외부 출력

학생의 학점을 사용자에게 보여주려면 각 과목 점수의 합을 구해 순위를 매기고 학점을 부여해야 한다. 이처럼 외부 출력$_{EO}$은 계산하는 로직$_{logic}$을 거쳐 데이터나 제어 정보를 사용자에게 보여주는 기능을 말한다. 이때 사용자에게 보여주기 위해 수학적인 계산을 하는 로직이 하나 이상 존재하며 그에 따른 파생 데이터도 존재한다(예 학생 학점 조회).

■ **외부 조회**

외부 조회$_{EQ}$는 계산 없이 단순히 조회하는 기능이다. 데이터베이스에서 필요한 정보를 검색하여 그대로 사용자에게 보여주는 역할을 한다. 외부 출력과 달리 로직이 계산이 포함되지 않는다(예 학생 주소 검색, 학생정보 조회).

표 3-9 트랜잭션 기능의 예

기능	기능 유형	기능명	기능 유형
학생 관리	학생정보 관리	학생정보 등록	외부 입력$_{EI}$
		학생정보 수정	외부 입력$_{EI}$
		학생정보 조회	외부 조회$_{EQ}$
		학생정보 삭제	외부 입력$_{EI}$
		학생 학점 조회	외부 출력$_{EO}$
	비밀번호 관리	비밀번호 조회	외부 조회$_{EQ}$
		비밀번호 변경	외부 입력$_{EI}$

트랜잭션 기능 점수는 다음과 같이 외부 입력, 외부 출력, 외부 조회의 개수에 각각의 평균 복잡도(가중치)를 곱해 계산한다.

트랜잭션 기능 점수 = (EI 개수 × 4.0) + (EO 개수 × 5.2) + (EQ 개수 × 3.9)

- 4.0 : 외부 입력의 평균 복잡도
- 5.2 : 외부 출력의 평균 복잡도
- 3.9 : 외부 조회의 평균 복잡도(2025년 기준)

5 총 기능 점수 계산

앞에서 데이터 기능 점수와 트랜잭션 기능 점수를 계산하였다. 그럼 총 기능 점수는 어떻게 계산할 수 있을까? [표 3-10]처럼 데이터 기능 점수와 트랜잭션 기능 점수를 각각 계산한 후 이를 모두 더해 총 기능 점수를 구한다.

표 3-10 총 기능 점수

기능	세부 기능명	기능 수	평균 복잡도	기능 점수
데이터 기능	ILF(학생 정보)	1	7.5	7.5
	EIF(학생등록금 정보)	1	5.4	5.4
트랜잭션 기능	EI(학생등록/수정/삭제, 비번 변경)	4	4.0	16.0
	EO(학생 학점 조회)	1	5.2	5.2
	EQ(학생 정보 조회, 비번 조회)	2	3.9	7.8
계				41.9

[표 3-10]의 예시처럼, 총 기능 점수는 기능 요구사항만을 기준으로 계산한 값이다. 그러나 이렇게 단순 계산한 기능 점수를 그대로 사용할 수는 없다. 이유가 무엇일까?

■ **개발 규모에 따른 복잡성 차이**

작은 규모의 소프트웨어를 개발하는 것과 운영체제나 DBMS 같은 대규모의 소프트웨어를 개발하는 것은 작업의 난이도와 필요한 자원이 매우 다르다. 따라서 단순 기능 점수만으로는 정확한 산정이 어렵고, 개발 규모에 따라 적절한 보정이 필요하다.

■ **연계 기관 수에 따른 복잡도 차이**

개발할 소프트웨어가 타 기관과 얼마나 연계되는가에 따라 복잡도는 달라진다. 연계 대상이 많을수록 개발 난이도와 개발 비용도 높아지기 때문에, 연계 복잡성에 대한 보정이 필요하다.

■ **성능 요구 수준에 따른 차이**

동일한 기능 점수라도, 빠른 응답 시간이나 높은 처리율 등 성능 요구사항이 있는 경우 더 높은 품질과 자원이 요구된다. 따라서 사용자의 성능 요구에 따라 어느 정도 보정이 필요하다.

■ **운영 환경의 복잡성 차이**

운영 환경에 따라서도 복잡도가 달라질 수 있다. 따라서 운영 환경의 복잡도에 따라 어느 정도 보정이 필요하다.

■ **보안 수준에 따른 차이**

보안성이 높은 소프트웨어는 일반 소프트웨어보다 복잡할 수밖에 없다. 따라서 보안 강화 수준에 따라 보정을 해줘야 한다.

이러한 현실을 반영하여 '한국소프트웨어산업협회'의 「SW사업 대가산정 가이드」에서 이들에 대한 보정 계수 산정 방법과 계수를 정해 다음과 같이 제시하고 있다.

5.1 규모 보정 계수

소프트웨어 개발사업 규모가 커지면 생산성은 향상되다가, 일정 규모를 넘어서면 생산성이 오히려 감소하는 추세를 보인다. 너무 작거나 너무 큰 프로젝트는 모두 비효율이 발생할 수 있다. 따라서 규모에 따른 생산성 변화를 반영하기 위해 규모 보정 계수가 사용된다.

규모 보정 계수 $= 0.4057 \times (\log_e(\text{기능 점수}) - 7.1978)^2 + 0.8878$

- 단, 500 FP 미만 시 1.2800, 3,000 FP 초과 시 1.1530을 적용한다.

5.2 애플리케이션 복잡도 보정 계수

개발하려는 소프트웨어가 복잡할수록 작업이 어렵고 노력은 더 들어간다. 따라서 사용자가 요구하는 소프트웨어가 복잡하다면 어려운 만큼의 보정 계수를 적용해야 한다.

■ 연계 복잡성 수준

소프트웨어가 다른 기관과도 연계된다면 개발 소프트웨어의 복잡도는 당연히 증가할 수밖에 없다. 따라서 연계 기관 수에 따른 보정 계수를 [표 3-11]과 같이 적용해주어야 한다.

표 3-11 연계 복잡성 수준에 따른 보정 계수

난이도	설명	보정 계수
1	타 기관과 연계 없음	0.88
2	1~2개의 타 기관과 연계	0.94
3	3~5개의 타 기관과 연계	1.00
4	6~10개의 타 기관과 연계	1.06
5	10개를 초과하는 타 기관과 연계	1.12

■ 성능 요구 수준

성능에 대한 요구가 높아질수록 개발 난이도도 증가한다. 성능 요구 수준에 따라 [표 3-12]와 같이 보정 계수를 적용한다.

표 3-12 성능 요구 수준에 따른 보정 계수

난이도	설명	보정 계수
1	응답 성능에 대한 특별한 요구사항이 없다.	0.91
2	응답 성능에 대한 요구사항이 있으나 특별한 조치는 필요하지 않다.	0.95
3	응답 시간이나 처리율이 피크$_{peak}$ 타임에 중요하며 처리 시한이 명시되어 있다.	1.00
4	응답 시간이나 처리율이 모든 업무 시간에 중요하며 처리 시한이 명시되어 있다.	1.05
5	응답 성능 요구사항이 엄격해 설계 단계부터 성능 분석이 요구되거나 설계 및 구현 단계에서 성능 분석 도구가 사용된다.	1.09

■ 운영 환경 호환성

소프트웨어가 다양한 운영 환경(HW, SW)에서 동작해야 할 경우, 개발 복잡도가 증가한다. 이에 따라 [표 3-13]과 같이 보정 계수를 설정한다.

표 3-13 운영 환경 호환성에 따른 보정 계수

난이도	설명	보정 계수
1	운영 환경 호환성에 대한 요구사항이 없다.	0.94
2	운영 환경 호환성에 대한 요구사항이 있으며 동일 하드웨어 및 소프트웨어 환경에서 운영되도록 설계된다.	1.00
3	유사한 운영 환경에 대한 요구사항이 있으며 유사 하드웨어 및 소프트웨어 환경에서 운영되도록 설계된다.	1.06
4	상이한 운영 환경에 대한 요구사항이 있으며 이질적인 하드웨어 및 소프트웨어 환경에서 운영되도록 설계된다.	1.13
5	항목 4에 더해 일반적 산출물 외에 여러 장소에서 원활한 운영을 보장하기 위한 운영 절차의 문서화와 사전 모의훈련이 요구된다.	1.19

■ 보안성 수준

최근의 소프트웨어는 대부분 암호화 점검, 웹 취약점 점검, 시큐어 코딩, 개인정보 보호 등과 같이 보안성을 중시하고 이를 개발에 요구한다. 보안에 대한 요구가 많을수록 복잡도는 높아지고 이를 [표 3-14]처럼 보정 계수를 반영해주어야 한다.

표 3-14 보안성 수준에 따른 보정 계수

난이도	설명	보정 계수
1	암호화 점검, 웹 취약점 점검, 시큐어 코딩, 개인정보 보호 등 1가지 보안 요구사항이 포함되어 있다.	0.97
2	2가지 보안 요구사항이 포함되어 있다.	1.00
3	3가지 보안 요구사항이 포함되어 있다.	1.03
4	4가지 보안 요구사항이 포함되어 있다.	1.06
5	5가지 이상의 보안 요구사항이 포함되어 있다.	1.08

6 보정 후 기능 점수 계산

보정 후 기능 점수는 보정 전 기능 점수에 다섯 가지 보정 계수를 곱하여 계산한다.

> 보정 후 기능 점수 = 보정 전 기능 점수×규모 보정 계수×연계 복잡성 수준 보정 계수×성능 요구 수준 보정 계수
> ×운영 환경 호환성 보정 계수×보안성 수준 보정 계수

위 식에서 알 수 있듯이, 다섯 가지 보정 계수의 값이 결정되면 이를 적용해 보정 후 최종 기능 점수를 계산할 수 있다. 여기에서는 [표 3-15]의 대학 종합정보시스템 중 학사관리 애플리케이션 개발을 예로 들어 최종 기능 점수를 계산해보자. 참고로 사용자 관리 애플리케이션은 단순히 정보 조회 기능만 사용하는 외부 연계 파일로 간주한다.

표 3-15 기능 점수 계산을 위한 애플리케이션

애플리케이션	기능	세부 기능
학사관리	학적 관리	학적 자료 등록/수정/삭제/조회
	교과 과정 관리	교과 과정 등록/수정/삭제/조회, 유사/동일 과목 조회
	수업 관리	개설 강좌 등록/수정/삭제/조회
	수강 관리	수강 과목 등록/수정/조회/삭제, 시간표 등록/수정/삭제/조회, 이수 구분 변경
	성적 관리	성적 등록/수정/조회
사용자 관리	교수 정보 관리	교수 정보 등록/수정/삭제/조회
	학생 정보 관리	학생 정보 등록/수정/삭제/조회

보정 전 총 기능 점수를 구하는 과정은 [표 3-16]과 같다.

표 3-16 학사관리 애플리케이션의 보정 전 총 기능 점수

기능			개수	평균 가중치	기능 점수
데이터 기능	ILF	학적 테이블, 교과 과정 테이블, 개설 강좌 테이블, 수강 과목 테이블, 성적 테이블	5	7.5	37.5
	EIF	교수 정보 테이블, 학생 정보 테이블	2	5.4	10.8
트랜잭션 기능	EI	학적 자료 등록/수정/삭제, 교과목등록/수정/삭제, 개설 과목 등록/수정/삭제, 수강 과목 등록/수정/삭제, 이수 구분 변경, 성적 등록/수정	15	4.0	60.0
	EO	유사/동일 과목 조회, 성적 조회	2	5.2	10.4
	EQ	학적 자료 조회, 교과 과정 조회, 개설 강좌 조회, 수강과목 조회, 시간표 조회, 교수 정보 조회, 학생 정보 조회	7	3.9	27.3
총 기능 점수의 합		146			

■ **보정 후 기능 점수 계산**

- 보정 전 총 기능 점수: 146 FP
- 결정된 보정 계수: 규모(1.28)×연계 복잡성 수준(0.88)×성능 요구 수준(0.91)
  ×운영 환경 호환성(1.0)×보안성 수준(1.00)
- 총 기능 점수 계산: 146 FP×1.28×0.88×0.91×1.0=149.7 FP

■ **보정 후 개발 원가 계산**

- 149.7 FP×605,784원=90,685,865원
- 605,784원: 2025년 기준 기능 점수당 단가

05 일정 계획

1 일정 계획의 이해

다이어트, 영어 공부, 앱 개발하기와 같은 활동에는 공통점이 있다. 단순히 “살 빼야지” 혹은 “영어 공부해야지”처럼 막연하게만 생각한다면 일상적인 습관에 불과하다. 그러나 “3개월 안에 5kg 감량하기”나 “6개월 안에 토플 110점 달성하기”처럼 구체적인 목표와 기간을 정한다면 이는 프로젝트가 된다. 시작과 끝이 분명히 존재할 때 비로소 프로젝트의 성격을 띠게 되는 것이다. 회사 업무 역시 이런 기준에 따라 일상 업무와 프로젝트 업무로 구분할 수 있다.

프로젝트는 일정 계획이 핵심이다. 예를 들어 영어 공부라는 프로젝트를 생각해보자. 1월부터 6월까지 6개월의 기간을 설정하고 ‘토플 점수 110점 달성’이라는 목표를 세운다. 이어서 3월에는 95점, 6월에는 110점을 목표로 하는 단기 목표를 설정하고 이를 위한 세부 일정을 작성한다. 예를 들어 ‘토플 학원 수강’, ‘하루 3시간 공부’ 같은 일정이 포함될 수 있다. 또한 월별로 ‘1월: 말하기, 2월: 쓰기, 3월: 읽기, 4월: 듣기, 5월: 총정리, 6월: 실전 문제 풀이’처럼 세부 학습 계획을 세운다.

그림 3-10 일정 계획의 예

소프트웨어 개발 프로젝트에서도 마찬가지로 일정 계획이 필요하다. 일정 계획은 소프트웨어를 개발하기 위해 어떤 작업이 필요한지 찾은 후, 이를 진행할 순서를 결정하거나 주어진 개발 기간에 소작업의 개발 기간 및 그들 간의 순서, 필요한 자원 등과 같은 일정을 계획하는 것을 말한다.

예를 들어 대학의 종합정보시스템 중 학사관리 애플리케이션을 개발한다고 할 때의 일정 계획은 [표 3-17]과 같을 수 있다.

표 3-17 일정 계획

<table>
<tr><th>총 개발 기간</th><th>6개월(202×. 1. 1 ~ 202×. 6. 30)</th></tr>
<tr><td>소작업</td><td>교과 과정 관리, 수업 관리, 수강 관리, 성적 관리, 사용자 정보 관리</td></tr>
<tr><td>소작업별 개발 기간</td><td><table>
<tr><td>소작업</td><td>개발 기간</td></tr>
<tr><td>사용자 정보 관리</td><td>1개월(1. 1 ~ 1. 31)</td></tr>
<tr><td>교과 과정 관리</td><td>1개월(2. 1 ~ 2. 28)</td></tr>
<tr><td>수업 관리</td><td>1개월(3. 1 ~ 3. 31)</td></tr>
<tr><td>수강 관리</td><td>1개월(4. 1 ~ 4. 30)</td></tr>
<tr><td>성적 관리</td><td>1개월(5. 1 ~ 5. 31)</td></tr>
<tr><td>테스트</td><td>1개월(6. 1 ~ 6. 30)</td></tr>
</table></td></tr>
<tr><td>개발 순서</td><td>사용자 정보 관리 → 교과 과정 관리 → 수업 관리 → 수강 관리 → 성적 관리</td></tr>
<tr><td>필요 자원</td><td>개발 툴(파워빌더), 개발용 PC, 개발 공간</td></tr>
</table>

2 일정 계획의 시작: 작업 분할 구조도

작업 분할 구조도Work Breakdown Structure, WBS라는 용어는 생소할 수 있지만, 우리는 일상에서 WBS 형태의 작업을 자주 접한다. 예를 들어 대학생들이 학기 초에 MT를 가기 위해 준비하는 과정을 보자. 임원들이 모여 전체 할 일을 세부적으로 나누고 이 일을 누가, 언제까지 수행할지 역할 분담을 분명히 한 후 철저히 준비한다. 일을 세분화하고, 일정을 짜고, 역할 분담을 하는 작업이 바로 WBS이다.

WBS는 프로젝트 목표를 달성하는 데 필요한 활동과 업무를 세분화하는 작업이다. 프로젝트 구성 요소들을 계층 구조로 분류해 프로젝트의 전체 범위를 정의하고, 프로젝트 작업을 관리하기 쉽게 세분화한다. 이때 계층 구조에서 최하위에 있는 항목을 작업 패키지work package라고 하는데, 작업 패키지는 해당 업무의 담당자를 할당할 수 있을 정도로 작게 나눈다.

[그림 3-11]은 앞에서 예로 든 학사관리시스템을 WBS 형태로 나타낸 것이다.

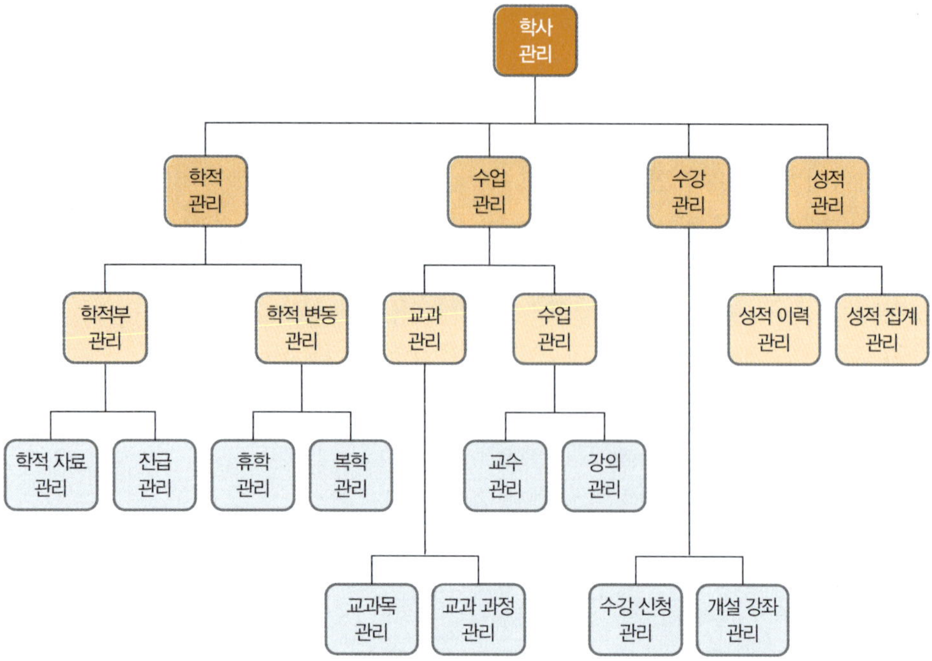

그림 3-11 학사관리시스템의 WBS

WBS의 용도와 장점은 다음과 같다.

- 사용자와 개발자 간 의사소통 도구로 사용한다.
- 프로젝트 업무 내역을 시각화하여 관리하기 쉽다.
- 각 팀원의 책임과 역할을 명확히 할 수 있다.
- 필요 인력과 일정 계획을 세우는 데 기초로 활용한다.
- 개발비 산정 시 기초 자료로 활용한다.
- 성과 측정 및 조정 시 기준선으로 활용할 수 있다.

3 일정 계획 기법 1: 네트워크 차트

프로젝트 관리자의 가장 큰 관심사 중 하나는 프로젝트를 주어진 기간 안에 끝내는 것이다. 이를 위해서는 어떤 작업이 핵심적인지, 또 일정에 여유가 있는 작업이 무엇인지 파악해야 한다. 이러한 판단에 도움을 주는 대표적인 일정 관리 기법이 바로 네트워크 차트PERT/CPM이다.

PERT/CPM은 WBS에서 도출한 작업의 순서와 소요 기간을 네트워크 형태의 그래프로 표현하여 관리자가 중점적으로 관리해야 할 작업을 명확히 알 수 있게 한다. 이를 활용하면 전체 일정을 세분화하여 지연을 예방할 수 있고, 필요할 경우 개발 기간을 단축하는 데도 도움이 된다. 구체적으로는 프로젝트를 완료할 수 있는 최소 기간, 각 작업의 시작과 완료 시점, 지연 방지를 위해 주의해야 할 작업, 그리고 전체 기간을 단축할 때 어떤 작업을 줄이는 것이 가장 경제적인지 등 다양한 의사결정에 활용된다.

PERTProgram Evaluation and Review Technique는 프로그램을 평가하고 검토하는 프로젝트 관리 기법이다. 프로젝트 진행 상황을 통계적인 방법으로 파악하고 이를 통해 일정 계획 및 통제를 할 수 있도록 고안되었다. 반면, CPMCritical Path Method은 미국 듀퐁사에서 화학 처리 공장의 건설 계획을 조직적으로 추진하기 위해 개발한 방법으로, 건설 공사와 같이 단위 작업이 확정적 소요 시간을 갖는 프로젝트인 경우에 적합하다.

PERT와 CPM은 형식은 유사하지만 성격에는 차이가 있다. 두 방법의 장단점을 보완하기 위해 실제 현장에서는 PERT/CPM이라는 혼합 용어로 함께 사용하기도 한다. 여기서는 임계 경로critical path를 구하기 위해 CPM을 활용하여 일정 계획을 수립하는 방법을 설명한다.

CPM으로 네트워크를 그리려면 [표 3-18]과 같이 학사관리 애플리케이션을 수행하는 데 필요한 작업, 선행 작업, 작업의 소요 기간을 알아야 한다. 이 표는 CPM 네트워크의 이해를 돕기 위해 작성한 예로, 선행 작업의 순서는 실제와 다를 수 있다.

표 3-18 CPM 네트워크를 위한 활동 목록

작업	작업 설명	선행 작업	소요 기간(주)
A	개인 정보 등록/수정/조회/삭제 프로그램 개발	–	2
B	학적 변동 자료 등록/수정/조회/삭제 프로그램 개발	A	6
C	휴 · 복학 및 자퇴 등록/수정/조회/삭제 프로그램 개발	A	4
D	교과 과정 등록/수정/조회/삭제 프로그램 개발	B, C	2
E	유사/동일 과목 등록/수정/조회/삭제 프로그램 개발	D	4
F	개설 강좌 등록/수정/조회/삭제 프로그램 개발	D	3
G	수강 과목 등록/수정/조회/삭제 프로그램 개발	E	2
H	시간표 등록/수정/조회/삭제 프로그램 개발	E	4
I	성적 등록/수정/조회/삭제 프로그램 개발	F	2
J	장학생 등록/수정/조회/삭제 프로그램 개발	F	1
K	등록금 등록/수정/조회/삭제 프로그램 개발	G, H	2
L	졸업 사정 등록/수정/조회/삭제 프로그램 개발	I, K	2
M	사회봉사 실적 등록/수정/조회/삭제 프로그램 개발	J, L	3

❶ CPM 네트워크를 그린다

노드node와 간선edge을 이용해 [표 3-18]에 대한 초기의 CPM 네트워크를 [그림 3-12]와 같이 그린다. 노드는 작업을, 간선은 작업들 간의 선후 의존 관계를 나타낸다. 즉 화살표 뒤의 작업은 화살표 전의 작업이 끝나야 시작할 수 있다.

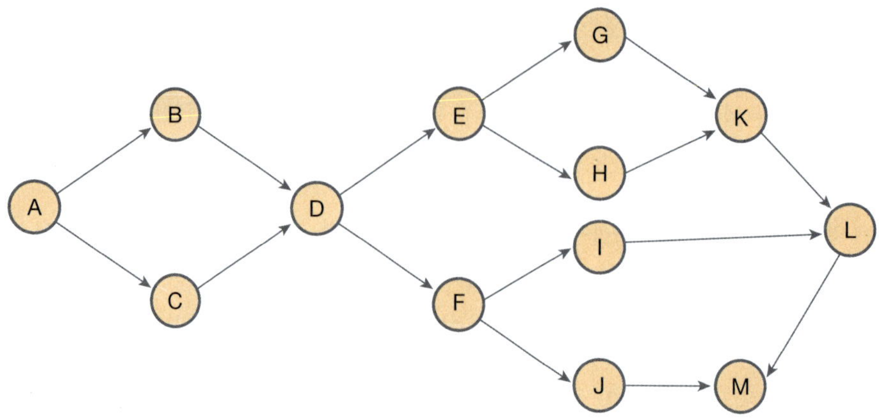

그림 3-12 CPM 네트워크

❷ ES 값을 구한다

ESEarliest Start time는 가능한 빨리 시작할 수 있는 시간으로, 선행 작업이 완료되었을 때 해당 작업을 시작할 수 있는 가장 빠른 시점이다.

ES 값을 구할 때는 맨 앞(작업 A)에서 끝 방향으로 가며 계산한다. 작업 A는 시작 시간으로서 0이고, 작업 B는 작업 시간이 2인 작업 A가 끝나야 하므로 2가 된다. 작업 C도 2가 된다. 그런데 작업 D는 작업 시간이 2인 작업 A와 작업 시간이 6인 B도 끝나고(A–B), 작업 시간 2인 작업 A와 작업 시간 4인 작업 C도 끝나야(A–C) 시작할 수 있다. 그러므로 작업 D를 시작할 수 있는 조건은 경로1(A–B)과 경로2(A–C)를 모두 마치는 것이므로 가장 빨리 시작할 수 있는 값은 경로1(A–B–D, 시작 시간 8)과 경로2(A–C–D, 시작 시간 6)를 모두 만족하는 8이 된다.

같은 방법으로 작업 E~J는 각각 10, 10, 14, 14, 13, 13이 된다. 그런데 작업 K는 16, 18 2개의 값이 나온다. 무엇을 선택해야 할까? 작업 D처럼 큰 값을 선택해야 앞의 두 경로(GK, H–K)를 만족할 수 있다. 또 작업 L도 작업 K와 I의 합류 지점으로, 두 경로(K–L, I–L)의 값 20과 15 중 큰 값을 선택해야 한다. 작업 M도 합류 지점으로 큰 값을 선택하면 22가 된다. 이를 정리하면 [표 3-19]와 같다.

표 3-19 작업별 가장 빨리 시작할 수 있는 시간(단위: 주)

작업	A	B	C	D	E	F	G	H	I	J	K	L	M
작업 시작 시간	0	2	2	8	10	10	14	14	13	13	18	20	22
작업 시간	2	6	4	2	4	3	2	4	2	1	2	2	3

ES에서 주의할 부분은 두 작업이 합류하는 지점이다. 즉 작업 D, K, L, M이다. 이 작업의 시작 시간은 두 작업이 모두 완전히 끝났을 때를 시작 시간으로 보면 된다.

❸ EF 값을 구한다

EF Earliest Finish time는 가장 빠른 시작 시간ES으로 시작했을 때의 가장 빠른 완료 시간이다. 즉 가능한 빨리 끝낼 수 있는 시간으로 'ES+작업 소요 시간'이다.

예를 들어 작업 D는 가장 빠른 시작 시간이 8이고 작업 소요 시간이 2이므로 가장 빨리 끝날 수 있는 시간은 10이다. 마찬가지로 작업 K는 가장 빠른 시작 시간이 18이고 작업 소요 시간이 2이므로 가장 빨리 끝날 수 있는 시간은 20이다. 모든 작업에서 가장 빨리 완료할 수 있는 시간은 [표 3-20]과 같다.

표 3-20 작업별 가장 빨리 완료할 수 있는 시간(단위: 주)

작업	A	B	C	D	E	F	G	H	I	J	K	L	M
EF	2	8	6	10	14	13	16	18	15	14	20	22	25

❹ LS 값을 구한다

LS Latest Start time는 어떤 작업을 늦어도 시작해야 하는 시간, 즉 가장 늦게 시작할 수 있는 시간을 말한다. 이 시간에 시작하지 않으면(이 시간보다 늦게 시작하면) 총 일정이 지연된다. 값을 구하는 방법은 ES와 EF가 맨 앞에서부터 계산했다면 LS는 맨 뒤(작업 M)에서 앞(작업 A) 방향으로 계산한다.

[그림 3-12]에서 마지막 작업인 M은 22에는 시작(그보다 나중에 시작하면 전체 일정이 그만큼 늦어진다)해야 하므로 작업 시간이 2인 작업 L이 20에는 시작해야 작업 M을 차질 없이 22에 시작할 수 있다. 마찬가지로 작업 시간이 1인 작업 J도 M의 시작 시간(22)에 맞추려면 21에 시작하면 된다. 또 작업 L의 시작 시간이 20이므로 작업 시간이 2인 작업 K는 18에, 작업 시간이 2인 작업 I도 18에는 시작해야 한다.

작업 K를 18에 시작하므로 작업 시간 2인 작업 G는 16에, 작업 시간 4인 작업 H는 14에 시작하면 작업 G와 H의 후속인 작업 K를 시작하는 데 문제가 없다. 그런데 작업 시간 3인 작업 F는 시작 시간이 18인 작업 I에도 맞춰야 하고, 시작 시간이 21인 작업 J에도 맞춰야 한다. 작업 I에만 맞추면 시작 시간은 15가 되고, 작업 J에만 맞추면 18이 된다. 15에 맞춰야 할까, 아니면 18에 맞춰야 할까? 18에 맞추면 작업 J의 시작 시간에는 영향을 미치지 않지만, 시작 시간이 18인 작업 I에는 큰 영향을 준다. 따라서 15에 맞춰야 작업 I와 J 모두에 영향을 주지 않는다. 마찬가지로 작업 E도 작업 G에 맞추면 12, 작업 H에 맞추면 10이 된다. 둘 다 영향을 주지 않는 것은 10이다.

이와 같은 방법을 반복하면 작업 D는 8, 작업 C는 4, 작업 B는 2, 작업 A는 0이 되어 [표 3-21]과 같이 된다.

LS에서도 주의할 부분은 두 지점으로 갈라지는 곳으로 F, E, D, A가 여기에 해당한다. 예를 들어 작업 D는 경로1(A-B)과 경로2(A-C)가 모두 끝나야 시작할 수 있다. 경로2(6)가 먼저 끝났다고 해서 경로1(8)이 안 끝났는데 시작할 수는 없다. 그러므로 경로2(A-C)는 조금 천천히 작업해도 작업 D를 시작하는 데 영향을 주지 않는다. 그럼 얼마나 천천히 할 수 있을까? 2주의 여유가 있다. 경로1이 끝나기 전까지 끝내거나 경로1과 동시에 끝내도 된다. 이처럼 다음 작업 D의 시작 시간에 영향을 주지 않고 시작할 수 있는 시간을 찾아 적어주면 된다. 이를 정리하면 [표 3-21]과 같다.

표 3-21 작업별 가장 늦게 시작할 수 있는 시간(단위: 주)

작업	A	B	C	D	E	F	G	H	I	J	K	L	M
작업 시작 시간	0	2	4	8	10	15	16	14	18	21	18	20	22
작업 시간	2	6	4	2	4	3	2	4	2	1	2	2	3

❺ LF 값을 구한다

LF Latest Finish time는 가장 늦게 시작할 수 있는 시간LS에 시작해 작업을 완료한 시간을 말한다. 즉 작업을 가장 늦게 끝낼 수 있는 시간으로 'LS+작업 소요 시간'이다. 정리하면 [표 3-22]와 같다.

표 3-22 작업별 가장 늦게 시작했을 때 완료할 수 있는 시간(단위: 주)

작업	A	B	C	D	E	F	G	H	I	J	K	L	M
작업 시작 시간	0	2	4	8	10	15	16	14	18	21	18	20	22
작업 시간	2	6	4	2	4	3	2	4	2	1	2	2	3
작업 완료 시간	2	8	8	10	14	18	18	18	20	22	20	22	25

❻ ST 값을 구한다

ST_{Slack Time}에서 Slack의 사전적 의미는 '느슨한', '여유 있는'으로, Slack Time은 '느슨한 시간', '여유 있는 시간'이다. 그러면 작업에서 여유 있는 시간이 과연 있을까? 있다.

예를 들어 두 팀이 같은 곳에서 아침 7시에 동시에 출발하여 서로 다른 등산로로 등산한다고 하자. 중간에 특정 두 지점 A, B를 정해 놓은 후, A지점에서는 간식을 함께 먹고 동시에 9시에 출발하고, B지점에서는 11시에 만나 함께 점심을 먹고 1시에 출발하기로 했다. 이때 각 지점에 한 팀이 30분 일찍 도착한다면 그만큼의 시간 여유가 생긴다. 또는 한 팀의 등산로 코스가 쉽고 짧은 경우 주변 경치를 즐기며 천천히 등산해도 만나는 지점에 제때 도착할 수 있을 것이다.

이처럼 작업에도 여유 시간이 존재한다. [그림 3-12]에서 작업 D까지 도달하는 데 경로1(A-B-D)은 8, 경로2(A-C-D)는 6으로, 경로2는 2주의 여유 시간이 생긴다. 이처럼 곳곳에 존재하는 여유 시간을 찾는 일이 매우 중요하다. 전체 작업 시간을 줄이고 싶을 때는 여유 시간이 존재하는 작업의 시간을 줄이면 된다.

그럼 여유 시간을 구하는 방법을 알아보자. 여유 시간은 각 작업에서 '가장 늦게 시작하는 시간'에서 '가장 빨리 시작하는 시간'을 빼면 되며 결과는 [표 3-23]과 같다.

표 3-23 여유 시간(단위: 주)

작업	A	B	C	D	E	F	G	H	I	J	K	L	M
작업별 빠른 시작 시간	0	2	2	8	10	10	14	14	13	13	18	20	22
작업별 늦은 시작 시간	0	2	4	8	10	15	16	14	18	21	18	20	22
여유 시간	0	0	2	0	0	5	2	0	5	8	0	0	0

❼ 임계 경로를 구한다

임계 경로_{critical path}는 [그림 3-13]의 그래프에서 여유 시간이 없는 경로를 말한다. 여기서는 경로 'A-B-D-E-H-K-L-M'이 임계 경로가 된다. 임계 경로에는 여유 시간이 없으므로 모든 일정 계획은 임계 경로에 좌우된다. 임계 경로에 있는 작업 하나가 1일 지연되면 전체 일정도 똑같이 1일 지연된다. 반대로 전체 프로젝트 완료 시간을 단축하고 싶다면 임계 경로의 작업 시간을 줄이면 된다.

한편, 임계 경로에서 벗어난 활동을 수행하는 데 걸리는 시간이 한도 내에서 늦춰지거나 당겨질 경우에는 전체 프로젝트 완료 시간에 변화가 없다. 예를 들어 작업 I가 2주 지연되더라도 5주의 여유 시간이 있어(임계 경로에 없음) 프로젝트의 최종 완료일에 영향을 주지 않는다.

실제 프로젝트는 초기에 세운 일정 계획대로 진행되지 않는다. 프로젝트가 진행됨에 따라 계획과 비교해 그 결과를 후반 일정을 수정하는 데 사용하며 네트워크 차트도 다시 그린다. 그러므로 이때 전체 일정을 늦추지 않으려면 임계 경로 상의 작업 시간을 줄이기 위해 재구성해야 할 것이다.

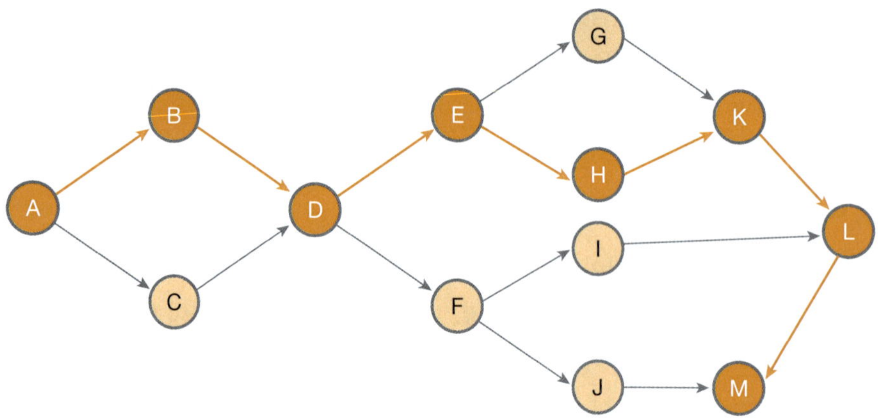

그림 3-13 CPM 네트워크와 임계 경로

4 일정 계획 기법 2: 간트 차트

간트 차트Gantt chart는 프로젝트 일정 관리를 위한 바bar 형태의 도구이다. 프로젝트의 주요 활동을 파악한 후, 각 활동의 일정을 시작하는 시점과 끝나는 시점을 연결한 막대 모양으로 표시해 전체 일정을 한눈에 볼 수 있게 한다. [그림 3-14]처럼 활동은 막대로 표시하고 그 길이는 활동의 작업 시간과 비례해 나타낸다.

ID	활동명	시작일	완료일	기간	2026년											
					1	2	3	4	5	6	7	8	9	10	11	12
1	학적부 관리	26. 01. 01	26. 02. 28	2												
2	학적 변동 관리	26. 01. 01	26. 01. 31	1												
3	교과 관리	26. 03. 01	26. 05. 31	3												
4	수업 관리	26. 06. 01	26. 07. 31	2												
5	수강 관리	26. 07. 01	26. 09. 30	3												
6	성적 관리	26. 10. 01	26. 12. 31	3												

계획된 작업량　　현재까지의 작업량

그림 3-14 간트 차트를 이용한 프로젝트 일정 계획표

06 위험 분석

1 위험 분석의 이해

겨울철에 자동차로 출근하거나 여행을 계획할 때, 눈이 올 것을 대비하지 않으면 큰 어려움에 처할 수 있다. 폭설 속에서 아무런 준비 없이 무리하게 운전한다면 사고로 이어질 가능성이 높기 때문이다. 이러한 눈에 대한 대비책을 소프트웨어 개발에서의 위험 관리와 비교해보면 위험 분석의 개념을 쉽게 이해할 수 있다.

첫째, 내일 자동차로 출근하거나 여행을 계획했다면 오늘 일기예보를 듣고 교통수단을 결정하는 것이 좋다. 예를 들어 폭설이 내린다면 출근할 때 대중교통을 이용하는 편이 안전하다. 또 여행 계획을 세웠다면 아쉽지만 며칠 미루는 것이 사고를 미연에 방지할 수 있는 길이다.

그림 3-15 위험 예방

둘째, 폭설이 예상되지만 자동차로 출근할 수밖에 없거나, 모처럼 계획한 가족 여행을 미루기 어려울 수 있다. 그런 경우 스노타이어나 체인 등을 사용해야 할 것이다. 이러한 장비는 눈길에서 자동차 사고 위험을 낮추고, 사고가 나더라도 그 위험이 미치는 영향을 최소화하는 데 도움이 된다.

그림 3-16 도구를 사용한 위험 예방

셋째, 막상 여행을 떠날 때는 눈이 오지 않았지만 자동차 여행 중에 갑자기 폭설을 만날 수도 있다. 이러한 비상사태에 대비하려면 자동차 트렁크에 체인을 넣어 두거나 미끄럼을 방지할 수 있는 타이어 스프레이를 준비해야 한다.

그림 3-17 위험 예방을 위한 도구 준비

소프트웨어 프로젝트에서도 위험 예방은 매우 중요하다. 실제로 소프트웨어 프로젝트가 주어진 기간과 비용 내에 성공적으로 완료될 확률은 약 20%에 불과하다. 이는 전자 제품 생산, 자동차 조립, 건축 등 다른 프로젝트의 성공 확률에 비해 현저히 낮은 수준이다. 이러한 성공률을 높이기 위해서는 계획 단계에서 잠재적인 위험 요소를 찾아내어 제거하거나 예방하는 노력이 필요하다. 따라서 관리자는 프로젝트 계획 수립 시 예상되는 위험 요소 목록을 작성하고, 각 위험에 대한 대비책을 마련해야 한다.

2 위험 관리 절차

위험 관리는 소프트웨어 개발에 방해가 되는 요소를 파악하고, 위험 요소의 발생 확률과 영향도를 평가한 뒤, 분석한 결과에 따라 위험 우선순위를 정해 그에 맞게 대책을 세우는 것이다. 이러한 위험 관리 절차를 정리하면 [그림 3-18]과 같다.

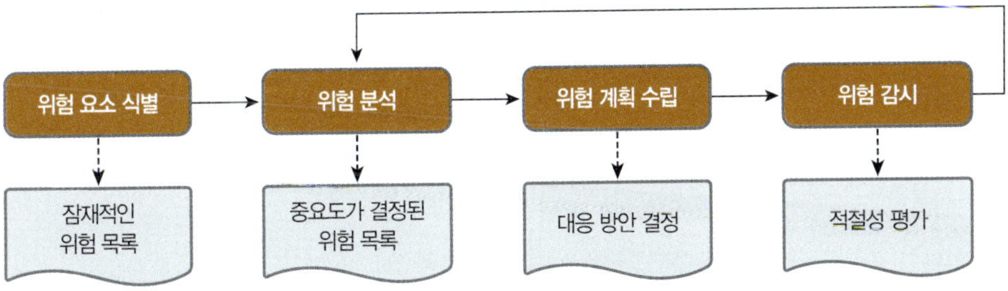

그림 3-18 위험 관리 절차

이제 각 절차를 하나씩 살펴보자.

2.1 위험 요소 식별

위험 관리에서 가장 중요한 일은 프로젝트 수행에 영향을 주는 위험 요소를 파악하는 것이다. 위험 요소를 정확히 파악해야만 그에 맞는 예방책이나 최소화 대안을 마련할 수 있다. 위험 요소는 보통 팀원들이 모여 브레인스토밍을 하거나, 유사한 과거 프로젝트에서 발생한 사례를 참조하여 도출한다. 이때 프로젝트 경험이 많은 개발자들의 의견이 큰 도움이 된다. 또한 위험 요소만 찾는 것으로 끝나는 것이 아니라, 그 원인까지 함께 파악해야 적절한 대책을 세울 수 있다.

예를 들어, 대표적인 위험 요소로 개발자의 이직을 들 수 있다. 소프트웨어 개발은 사람 중심의 작업이므로 핵심 인력이 이탈하면 일정에 큰 차질이 생긴다. 이직의 원인은 급여, 과중한 업무, 팀 내 갈등 등 다양할 수 있으므로, 관리자는 평소 개발자들과 충분한 소통을 통해 문제를 미리 파악해야 한다.

또 다른 위험 요소는 요구사항 변경이다. 설계와 구현은 완료된 요구분석 명세서를 기준으로 진행되는데, 프로젝트 중간에 요구사항이 계속 바뀌면 일정과 비용에 큰 영향을 미친다. 이러한 문제는 초기 분석 단계에서 사용자와 충분한 대화를 하지 못했거나, 요구사항을 제대로 정리하지 못한 경우에 발생한다. 따라서 계획 단계에서 요구사항 분석에 충분한 시간을 확보하고, 유사한 프로젝트 경험이 있는 분석가를 배치해야 한다.

이처럼 프로젝트에 직·간접적으로 영향을 미칠 수 있는 요소를 찾아내는 작업이 위험 요소 식별이다. [표 3-24]는 프로젝트 수행 시 일반적으로 발생할 수 있는 위험 요소이다.

표 3-24 프로젝트 수행 시 발생할 수 있는 위험 요소

위험 요소	위험 내용
개발자의 이직	프로젝트 수행 중 개발자들이 이직한다.
요구사항 변경	요구사항 확정 이후에도 변경 요구가 계속된다.
발주사의 재정적 어려움	프로젝트 수행 중 고객사에 경제적인 어려움이 발생한다.
예상을 빗나간 투입 인력	처음에 예측한 인력보다 더 많은 인력이 필요하다.
개발 기간 부족	처음에 예측한 개발 기간을 초과한다.
개발비 초과	처음에 예측한 개발비로 개발을 완료할 수 없다.

2.2 위험 분석

위험 요소를 식별했다면 그 위험 요소가 실제로 발생할 가능성과 발생 시 영향력을 판단해야 한다. 이 과정을 위험 분석이라고 한다. 분석은 쉽지 않기 때문에, 경험 많은 개발자의 의견이나 과거 프로젝트 데이터를 참고해 판단한다.

위험 발생 가능성의 척도는 '매우 낮음(10% 미만), 낮음(10~25%), 보통(25~50%), 높음(50~75%), 매우 높음(75% 초과)'과 같은 등급으로 분류할 수 있다. 또는 프로젝트 진행 중 '위험 발생 확률이 80%를 초과하면 상, 30~80%이면 중, 30% 미만이면 하'와 같이 세 단계로 분류할 수도 있다. 또 영향력을 재앙, 심각함, 해결 가능함, 경미함 등으로 분류하기도 하고, '비용과 일정이 20%를 초과하면 상, 5~20%이면 중, 5% 미만이면 하'로 나눌 수도 있다.

분석이 끝나면, 발생 가능성과 영향력을 조합하여 위험 요소별 우선순위를 정한다. 발생 확률이 높고 영향이 큰 위험은 1순위로 관리해야 하며, 둘 다 낮은 위험은 후순위로 고려하면 된다.

2.3 위험 계획 수립

위험 계획 수립은 식별된 위험 요소의 위험을 관리하기 위해 전략을 찾는 과정이다. 위험의 원인 파악은 이미 식별 단계에서 이루어지므로, 이 단계에서는 특히 위험을 처리하는 대응 방안을 구체적으로 세우는 것이 중요하다. 예를 들어 요구사항이 계속 변경되면 고객과 그 문제를 재협의할 수도 있고, 고객 입장에서 개발비가 많다고 하면 올해의 개발 범위를 줄이고 연차적으로 개발하는 방법을 제시할 수도 있다.

2.4 위험 감시

위험 요소가 식별되었다고 해서 문제가 곧바로 해결되는 것은 아니다. 식별된 위험은 발생 확률과 변화 가능성을 지속적으로 감시해야 한다. 또한 프로젝트가 종료되면, 시작 단계에서 예측했던 위험이 실제로 얼마나 발생했는지, 대응 방안이 효과적으로 작동했는지를 평가해야 한다. 이렇게 얻은 결과는 향후 유사한 프로젝트에 참고할 수 있도록 데이터베이스에 기록해 두어야 한다.

01 다음 중 소프트웨어 개발 계획 단계에서 도출해야 할 중요한 2가지 요소로 가장 올바른 것은?

2025 경찰간부후보

① 비용과 일정
② 시간과 일정
③ 자원과 도구
④ 비용과 자원

02 COCOMO 모델 중 기관 내부에서 개발된 중소 규모의 소프트웨어로 일괄 자료처리나 과학기술 계산용, 비즈니스 자료처리용으로 5만 라인 이하의 소프트웨어를 개발하는 유형은?

정보처리기사 변형

① Organic
② Embedded
③ Semi-Embeded
④ Semi-Detached

03 다음 중 기능 점수 산출을 위한 항목으로 올바른 서술을 모두 고른 것은? 2025 경찰간부후보

(가) 외부 입력: 내부 파일의 내용에 영향을 주는 사용자 데이터 또는 제어입력을 트랜잭션 단위로 카운트한다.
(나) 외부 조회: 계산 통계 그래프 최종 보고서 등 소프트웨어 외부 출력되는 데이터 제공을 카운트한다.
(다) 내부 논리 파일: 소프트웨어에 의해 생성, 사용, 관리되는 파일을 포함, 시스템에 존재하는 사용자 데이터 및 제어 정보 그룹을 카운트한다.
(라) 외부 인터페이스 파일: 소프트웨어 시스템 사이에 전달되거나 공유된 파일을 카운트한다.

① (가), (다)
② (가), (다), (라)
③ (나), (다), (라)
④ (가), (나), (다), (라)

04 비용 예측을 위한 기능 점수 방법에 대한 설명 중 가장 옳지 않은 것은? 정보처리기사 변형

① 경험을 바탕으로 단순, 보통, 복잡한 정도에 따라 가중치를 부여한다.
② 프로젝트의 영향도와 가중치의 합을 이용해 실질 기능 점수를 계산한다.
③ 기능 점수는 원시 코드의 구현에 이용되는 프로그래밍 언어에 종속적이다.
④ 입력, 출력, 질의, 파일, 인터페이스의 개수로 소프트웨어의 규모를 표현한다.

05 기능 점수 산정 방법에 대한 설명 중 가장 적절하지 않은 것은? 2025 군무원

① 소프트웨어 규모를 측정하는 방법이다.
② 소프트웨어의 요구사항 복잡도를 측정한다.
③ 사용자 관점이 아닌 구현 관점의 요구 기능을 정량적으로 산정한다.
④ 측정의 일관성을 유지하기 위해 개발 기술, 개발 방법, 품질 수준 등을 고려하지 않는다.

06 소프트웨어 프로젝트의 비용 결정 요소와 가장 관련이 적은 것은? 정보처리기사 변형

① 개발자의 능력
② 요구되는 신뢰도
③ 하드웨어의 성능
④ 개발 제품의 복잡도

07 (가)~(라) 중 소프트웨어 비용 산출에 있어 하향식 산정 방법으로 가장 올바른 것을 모두 고른 것은? 2025 경찰간부후보

(가) 원시 코드 라인(LOC) 수 산정 기법
(나) 델파이 산정 기법
(다) COCOMO 산정 기법
(라) 기능점수 산정 기법
(마) 전문가 판단 산정 기법

① (가), (나)
② (나), (마)
③ (나), (라), (마)
④ (다), (라), (마)

08 프로젝트 계획을 세울 때 적용하는 기법들을 순서대로 바르게 나열한 것은? 2022 서울시

① CPM – Gantt Chart – WBS
② WBS – CPM – Gantt Chart
③ CPM – WBS – Gantt Chart
④ WBS – Gantt Chart – CPM

09 소프트웨어에서 각 기능의 원시 코드 라인수의 비관치, 낙관치, 기대치를 측정하여 예측치를 구하고 이를 이용하여 비용을 산정하는 기법은? 정보처리기사 변형

① LOC 기법
② 델파이 기법
③ 전문가 감정 기법
④ Effort Per Task 기법

10 특정 회사에서 공공 소프트웨어 개발 프로젝트를 수행하는 데 다음과 같은 조건이 적용될 때, 계약 기간 내에 프로젝트를 성공적으로 수행하기 위해서 추가로 투입될 최소 개발 인원은?

2024 국가직

- 계약 기간: 10개월
- 추정 소스코드 라인 수: 100,000 LOC
- 개발자 1인당 월평균 생산성: 1,000 LOC/MM(Man Month)
- 현재 개발자 수: 7명

① 3명 ② 4명 ③ 5명 ④ 6명

11 다음에 대한 MM(Man Month)으로 가장 적절한 것은? 2026 경찰간부후보

- 프로젝트 복잡도 계수는 1.3이다.
- 유지보수 인력은 전체의 20%를 추가한다.
- 개발자 1인당 평균 생산성은 800 LOC/MM이다.
- 소프트웨어 예상 LOC(Line Of Code)는 120,000이다.

① 39 ② 162 ③ 195 ④ 234

12 다음 소프트웨어 개발 일정에 대한 설명으로 옳지 않은 것은? 2024 국가직

작업 이름	A	B	C	D	E	F	G	H	I	J	종료
선행 작업	–	A	A	C, E	B	E	F	D, G	H	I	J
수행 기간(개월)	2	4	5	2	2	2	1	2	1	2	–

① D 작업은 임계 경로에 포함되지 않는다.
② 개발 종료까지 최소 16개월이 소요된다.
③ 일정상 C 작업의 여유 기간은 2개월이다.
④ H 작업을 완료하기 위해서는 개발 시작 후 최소 11개월이 필요하다.

13 위험 관리의 일반적인 절차로 적합한 것은? 정보처리기사 변형

① 위험 식별 → 위험 분석 및 평가 → 위험 감시 및 조치 → 위험 관리 계획
② 위험 분석 및 평가 → 위험 식별 → 위험 관리 계획 → 위험 감시 및 조치
③ 위험 관리 계획 → 위험 감시 및 조치 → 위험 식별 → 위험 분석 및 평가
④ 위험 감시 및 조치 → 위험 식별 → 위험 관리 계획 → 위험 분석 및 평가

14 소프트웨어 개발 비용 계산을 위해 사용하는 델파이(Delphi) 기법에 대한 설명으로 가장 적절하지 않은 것은? 2026 경찰간부후보

① 과거 유사 프로젝트 수행 경험을 바탕으로 개발 비용을 추정한다.

② 전문가의 주관적인 판단으로 실제 개발 비용과 편차가 클 수 있다.

③ 전문가 의견을 조정자가 수집하고 이를 조정하는 상향식 방법이다.

④ 전문가들의 편견이나 분위기에 끌려가지 않도록 조정자가 필요하다.

15 프로젝트에 내재된 위험 요소를 인식하고 그 영향을 분석하여 이를 관리하는 활동으로서, 프로젝트를 성공시키기 위하여 위험 요소를 사전에 예측, 대비하는 모든 기술과 활동을 포함하는 것은? 정보처리기사 변형

① Risk Analysis

② Waterfall Model

③ Critical Path Method

④ Work Breakdown Structure

16 다음 프로젝트의 계획 단계에서 반드시 고려해야 할 법적 타당성 요소를 2가지 이상 쓰시오.

> 한 스타트업이 환자 건강 데이터를 수집 · 분석하여 맞춤형 건강 리포트를 제공하는 SaaS(Software-as-a-Service) 플랫폼을 기획하고 있다. 기획 단계에서는 기능 요건뿐만 아니라 다양한 타당성 분석이 함께 수행된다. 특히, 이 프로젝트는 개인정보, 의료정보, 데이터 전송과 관련된 법적 이슈를 포함하고 있다.

17 병원에서 환자 진료 이력 관리 시스템을 개발하고자 한다. 다음은 시스템의 핵심 요구사항이다. 다음 요구사항을 분석하여 외부 입력(EI), 외부 출력(EO), 외부 조회(EQ), 내부 논리 파일(ILF), 외부 인터페이스 파일(EIF) 해당하는 항목 번호를 제시하시오.

> 1. 의사는 환자의 이름, 주민등록번호, 진료 과목을 입력하여 신규 진료 기록을 등록할 수 있어야 한다.
> 2. 진료 기록 등록 시, 시스템은 환자 정보 DB와 연결하여 환자 정보를 자동으로 불러오고, 해당 진료 기록을 환자 이력 DB에 저장해야 한다.
> 3. 사용자는 환자의 과거 진료 이력을 검색 조건(진료일, 과목 등)으로 조회할 수 있어야 한다.
> 4. 사용자가 진료 기록을 수정하거나 삭제하면, 변경 이력은 별도 테이블에 이력으로 저장된다.
> 5. 시스템은 환자 수, 일별 진료 건수, 과목별 통계 등 진료 통계 보고서를 생성하여 출력할 수 있어야 한다.
> 6. 이 시스템은 기존의 보험 심사 시스템과 연동되어, 진료 완료 시점에 환자의 진료 요약 정보를 보험 시스템으로 전송한다.

18 다음 네트워크는 A에서 시작해 F에서 종료되는 단일 경로 구조이며, 모든 활동은 종료 후 시작(Finish to Start, FS) 관계로 연결되어 있다. 각 활동은 병렬로 진행 가능할 경우 동시에 수행되며, 자원 제약은 없다고 가정한다.

활동	선행 활동	소요시간(일)
A	–	3
B	A	4
C	A	5
D	B	6
E	C	2
F	D, E	4

(1) 위 CPM 네트워크의 모든 경로와 각 경로의 총 소요 시간을 나열하시오.

(2) 임계 경로(Critical Path)를 식별하고, 총 소요 시간(일)을 구하시오.

(3) 임계 경로가 프로젝트 일정에서 가지는 의미를 설명하시오.

Chapter

04

요구분석

학습목표

- 요구분석의 목적과 절차를 이해한다.
- 요구사항의 종류와 표현 방법을 설명할 수 있다.
- 유스케이스 다이어그램을 작성하여 요구사항을 모델링할 수 있다.

01 요구사항

모든 물건은 만드는 사람과 사용하는 사람이 있다. 만드는 사람을 생산자, 사용하는 사람을 소비자라고 한다. 생산자는 주어진 조건(인력, 기간, 비용)에서 좋은 품질의 물건을 최대한 많이 만들고자 하며, 사용자는 가격은 저렴하면서도 품질이 좋은 제품을 원한다.

소프트웨어도 마찬가지다. 개발자는 주어진 조건(인력, 기간, 비용)에서 생산성을 높여 좋은 품질의 소프트웨어를 만들려고 하고, 사용자는 적은 비용으로 원하는 기능이 다 들어간 소프트웨어를 만들어주길 바란다.

공장에서 생산하는 물건이나 개발 업체에서 개발하는 소프트웨어나 모두 고객을 만족시켜야만 팔 수 있다. 결국 개발자는 생산성을 높일 방법을 연구해 사용자가 원하는 비용에 맞출 수 있어야 하고 품질을 높일 방법을 찾아 사용자가 원하는 소프트웨어를 만들어야 한다. 이를 위해서는 사용자의 요구사항requirement을 정확히 파악해야 한다.

그림 4-1 사용자의 요구사항을 파악하는 생산자

요구사항의 뜻을 컴퓨터 용어사전에서 찾아보면 '이용자가 어떤 문제를 풀거나 목표를 달성하는 데 필요한 조건이나 능력'이라고 정의한다. 소프트웨어 개발에서 요구사항은 '사용자와 개발자가 합의한 범위 안에서, 시스템이 제공해야 할 기능(기능 요구사항)과 품질이나 환경 등의 제약 조건(비기능 요구사항)을 포함하는 내용'을 의미한다.

소프트웨어 개발 과정에서 사용자가 원하는 것, 즉 요구사항이 정확히 무엇인지 파악하는 작업은 요구분석 단계에서 이루어진다. 이 장에서는 사용자의 요구사항을 파악하는 데 필요한 요구분석 과정을 다룬다.

02 요구분석의 이해

1 요구분석의 정의와 목적

소프트웨어 개발에서 요구분석의 개념을 이해하기 위해 먼저 집 짓는 과정을 살펴보자. 집을 짓고 싶은 사람은 본인이 수집한 자료와 구상한 내용을 토대로 건축 설계사에게 어떤 집을 짓고 싶은지 설명한다. 말로만 대충 설명하면 알아듣기 힘들 테니 비슷한 집의 사진이나 본인이 대충이라도 그린 그림을 보여주면서 건물의 외형, 내부 구조, 건축 목적에 관해 구체적으로 설명한다. 그리고 본인이 가지고 있는 예산, 입주 시기, 필요한 조건 등도 함께 전달한다. 이러한 과정을 통해 집을 짓고 싶은 사람은 어떤 건물을 원하는지 충분히 설명할 수 있고 건축 설계사는 고객이 원하는 것을 설계 도면에 빠짐없이 반영할 수 있다.

그림 4-2 건축 설계 과정

소프트웨어 개발도 이와 유사한 과정을 거친다. 집을 짓기 위해 자료를 모으고 건축 설계사에게 설명하듯이, 소프트웨어 개발에서도 사용자(의뢰자)는 현행 시스템의 입출력 화면, 문제점, 사용 중인 문서, 새롭게 필요한 요구사항 등을 분석가에게 전달함으로써 개발이 시작된다. 분석가는 사용자의 요구를 파악하고 이를 토대로 개발할 소프트웨어의 목표를 설정한 뒤, 모델링 과정을 통해 분석 결과를 '요구분석명세서'라는 문서로 정리한다.

컴퓨터 용어사전에서는 요구분석requirement analysis의 의미를 '시스템이나 소프트웨어의 요구사항을 정의하기 위해 사용자 요구사항을 조사하고 확인하는 과정'이라고 정의한다.

소프트웨어 개발이 성공하려면 가장 먼저 사용자의 요구를 정확하고 빠짐없이 정의해야 한다. 이 작업은 마치 옷의 첫 단추를 끼우는 일과 같다. 첫 단추를 잘못 끼우면 나머지 단추도 모두 어긋나는 것처럼 사용자 요구를 잘못 파악하면 설계와 구현을 아무리 잘해도 결국 실패한 개발이 된다. 이러한 이유로 요구분석은 소프트웨어 개발의 첫 단계이자 핵심 단계이다.

요구분석을 다시 정의하면 '소프트웨어 개발 생명주기의 첫 단계로, 현재 상태를 파악하고 사용자의 명시적 또는 잠재적 요구를 파악한 뒤, 이를 소프트웨어에 반영할 요구사항으로 결정하는 과정'이라고 할 수 있다.

사용자 요구를 잘못 분석하면 유지보수 비용이 증가하고, 품질이 낮아지며 최악의 경우에는 개발 자체가 실패로 끝날 수도 있다. 그러므로 요구분석은 소프트웨어 개발 성패의 열쇠라 할 수 있다.

요구분석의 목적은 사용자로부터 필요한 요구사항을 추출해 목표 시스템의 모델을 만들고 이를 문서화한 '요구분석명세서'를 작성하는 것이다. 요구분석명세서는 무엇을what 개발할지를 중심으로 기술되며, 이후 설계단계에서는 어떻게how 개발할지를 기술한 설계서가 작성된다.

그림 4-3 '무엇'과 '어떻게'

요구분석에는 다양한 이해당사자가 참여한다. 이해를 돕기 위해 A대학교가 B개발사에게 외주 방식으로 학사관리시스템 개발을 의뢰한 경우를 예로 설명한다.

- **발주사**: 외주 방식으로 학사관리시스템 개발을 의뢰한 A대학교가 발주사가 된다.
- **경영자(총책임자)**: 학사관리시스템 개발을 결정한 A대학교 총장이 총책임자이다.
- **발주 담당자**: 학사관리시스템 개발을 외주로 진행하는 모든 절차를 준비하는 담당자가 발주 담당자이다.
- **사용자**: 외주 방식으로 개발된 학사관리시스템을 실제 사용하는 사람을 사용자라고 하며, 학생, 교수, 조교, 학사담당직원 등이 있다.
- **수주사**: A대학교의 학사관리시스템 개발을 위한 응찰 경쟁에서 이겨 개발이 결정된 업체를 수주사라고 한다. 여기서는 B개발사가 수주사다.
- **분석가**: 사용자 요구사항이 무엇인지 파악하고 추출 및 정리하는 것까지 담당한다. A대학교의 학사관리시스템을 개발할 업체로 결정된 B개발사의 분석가는 A대학교를 방문해 현행 시스템의 현황과 문제점을 파악하고 새로운 요구사항을 수집해 최종 산출물인 요구분석명세서를 작성한다.
- **설계자**: 요구분석명세서를 바탕으로 아키텍처 설계, 모듈 설계, 데이터베이스 설계, 사용자 인터페이스 설계 등을 담당한다.
- **개발자**: 넓은 의미에서 개발자는 A대학교의 학사관리시스템 개발에 참여하는 B개발사의 분석가, 설계자, 프로그래머 등을 모두 포함하며 좁은 의미에서는 프로그래머를 개발자로 보면 된다.

2 요구분석의 어려움

요구분석이 어려운 몇 가지 이유는 다음과 같다.

2.1 문제 영역에 대한 분석가의 이해력 부족

만약 기업 간에 법적인 문제가 발생해 변호사를 선임해야 한다면 기업 간 분쟁 해결에 정통한 전문 변호사를 찾을 것이다. 마찬가지로 이혼이나 국제 통상 문제라면 해당 분야를 전문으로 하는 변호사를 찾을 것이다. 이처럼 분야마다 전문 변호사가 있다.

그림 4-4 분야별 전문 변호사의 활동 모습

이와 달리 분석가는 IT 분야를 전공한 사람으로, 의뢰받은 문제 영역(회계 분야, 금융 분야, 기업의 통합 관리 등)에 관한 전문성이 없는 경우가 많다. 다양한 분야의 문제를 의뢰받지만 해당 분야의 관련 지식이 부족해 분석 과정에서 용어를 이해하지 못해 담당자와 소통하는 데 어려움을 겪을 수도 있고 같은 의미인데 부서마다 다르게 사용하는 용어를 파악하지 못해 어려움을 겪을 수도 있다.

결국 사용자 요구를 잘못 이해한 채 분석해 필수 요구사항을 빠뜨릴 수도 있다. 이런 문제를 최소화하려면 문제 영역과 관련된 프로젝트를 개발한 경험이 많은 분석가를 투입하는 것이 바람직하다.

그림 4-5 경험 많은 분석가들

2.2 사용자와 분석가의 의사소통 문제

집을 지을 때 건축주는 원하는 집과 비슷한 사진을 찍어오거나 인터넷에서 본 사진을 건축 설계사에게 보여줌으로써 요구사항을 좀 더 구체적으로 전달할 수 있다. 이것은 사용자와 제공자(생산자)의 의사소통을 위한 매개체로 견본을 사용하는 것이다.

그러나 소프트웨어 개발에서는 견본이 없는 경우가 대부분이므로 사용자가 분석가에게 요구사항을 설명하기가 어렵고 또 원하는 바를 분석가에게 어떻게 설명해야 할지 잘 모르기도 한다. 그러다 보니 정작 필요한 요구사항은 반영하지 못하고 불필요한 사항만 포함되기도 한다.

이러한 문제는 개발자 간에도 있을 수 있다. 대규모 시스템을 개발할 때는 많은 분석가와 설계자가 참여한다. 이렇게 공동으로 작업을 하다 보면 업무 분담이 불분명해질 수 있고, 조직 환경과 업무 특성으로 인해 참여자 간의 의견 교환이 충분하지 못할 수 있다. 이런 상태에서 요구사항을 추출하면 일관성이 없거나 불완전한 요구분석명세서가 만들어질 수 있다.

2.3 사용자의 계속되는 요구사항 추가

사용자의 처음 요구는 단순하고 간단할 수 있다. 그러나 분석가와 대화하다 보면 새롭게 떠오르는 생각이 있을 수 있고, 관련 지식이 늘어나고 개발할 소프트웨어를 이해하는 폭이 넓어짐에 따라 새로운 요구가 생기고 그에 따라 요구사항이 계속 추가될 수 있다. 또한 소프트웨어 개발 과정 중에 목표 환경이 달라지면서 요구사항이 변경되기도 한다.

그림 4-6 요구사항을 계속 추가하는 사용자

유지보수를 위해서는 소프트웨어 개발 과정 중에 발생한 변경 사항을 날짜별, 시간별로 잘 기록해두어야 한다. 또한 중간에 발생한 변경 사항이 미치는 영향을 미리 분석해두어야 한다. 그렇지 않으면 요구사항 간의 충돌이나 일관성 결여, 불일치 등이 발생할 수 있다.

요구사항 변경으로 인한 피해를 최소화하려면 다음 단계인 설계에 들어가기 전에 요구사항을 확정하고 이후에는 사용자와 개발자 등 개발 참여자의 동의를 받아야만 요구사항을 변경할 수 있도록 제도를 마련해야 한다. 물론 반복적 개발 방법론이나 애자일 방법론 같은 경우는 계속된 변화를 전제로 만들어지므로 전통적인 폭포수 모델보다 변경 사항에 더 안정적으로 대응할 수 있다.

2.4 사용자의 모호한 요구사항

사용자는 분석가에게 모호하게 요구사항을 전달하면 안 된다. 모호한 요구는 분석가가 달리 해석할 수 있는 여지가 많으므로 오해로 인한 문제가 발생할 수 있다.

사용자가 주어진 업무에 바빠 분석가에게 자료 몇 개만 던져주고 세부적인 것은 알아서 개발해 달라고 하는 경우도 자주 있다. 이때 분석가는 자신의 경험에 따라 해석하고 결정하게 되어 사용자 의도와 전혀 다른 결과물이 나오며, 이를 수정하는 데 불필요한 인력과 시간이 낭비될 수 있다.

부서 간의 요구가 서로 어긋나고 경영진과 실무자의 요구가 상반될 수 있으므로 일관성이 없고 모호하거나 모순되는 요구사항이 발견될 수 있다. 분석가는 이러한 요구를 정리해서 반영하기 위해 이해 당사자 간의 주장을 조율할 수 있는 능력이 있어야 한다.

그림 4-7 조율에 능숙해야 하는 분석가

2.5 다양한 사용자의 다양한 요구

분석가가 사용자의 요구를 충분히 반영하고 불일치성을 제거해 최적의 요구분석명세서를 만들어도 사용자가 달리 해석할 수도 있다. 이런 경우 소프트웨어를 개발한 후 사용자와 개발자 간에 마찰이 생긴다.

소프트웨어 개발의 성공은 사용자의 요구를 정확히 파악하는 데서부터 시작된다. 분석가는 다양한 사용자의 다양한 요구를 이해하는 것부터 의사소통 능력을 발휘해 요구사항을 파악해야 한다. 결국 요구분석 과정의 성공은 다양한 계층의 사용자 요구를 얼마나 균형 있게 반영하느냐에 달려 있다. 요구가 다양하고 목표가 상반되는 사용자들이라면 모두를 만족시키기가 매우 어렵다.

3 요구사항 수집 방법

A대학교의 학사관리시스템 개발 사업을 수주한 B개발사의 분석가는 개발에 필요한 여러 형태의 자료를 수집해 개발할 소프트웨어에 반영해야 한다. 따라서 분석가는 A대학교를 방문해 다양한 요구사항을 수집한 뒤 최종 요구분석명세서를 작성한다. 이때 다음과 같은 방법으로 요구사항을 수집할 수 있다.

3.1 자료 수집

A대학교의 학사관리시스템 개발을 위해 가장 먼저 할 일은 A대학교의 현행 시스템에서 모든 업무의 입력 화면과 출력물을 받아 기본 기능을 분석하는 것이다. 이때 관련 직원으로부터 현행 시스템의 문제점과 개선점, 새로 추가되어야 할 요구사항을 파악한다.

3.2 인터뷰

순서가 정해진 것은 아니지만 가능하면 먼저 자료를 수집한 후 이를 정리해 분석한 결과를 바탕으로 각 부서 담당자를 인터뷰하는 것이 효율적이다.

분석가가 각 부서 담당자와 인터뷰를 할 때는 미리 받은 자료를 토대로 대화를 해야 큰 줄기를 흩트리지 않고 계획대로 진행할 수 있다. 우선 직원들로부터 현행 시스템의 문제점을 청취하고 개선점, 추가 요구사항을 잘 받아서 정리한다. 또한 시스템을 사용하지 않고 엑셀 등의 외부 프로그램으로 처리하는 업무 내용도 파악해 개발 시스템에 포함되도록 유도한다.

그런데 각 부서 담당자들은 본인의 업무에 바빠 인터뷰를 대충 마무리하고 싶어 할 수 있다.

따라서 오랜 시간 동안 대화하기보다는 핵심 요구사항을 빨리 습득하는 것도 분석가의 능력이라 할 수 있다. 예로, 바쁜 담당자로부터 무엇을 얻으려 하기보다는 타 대학교의 유사 프로젝트 사례를 제시하며 "C대학교에서는 ○○기능을 추가했는데 이런 기능이 필요할까요?"와 같은 질문으로 인터뷰를 이끌어감으로써 담당자가 관심을 갖도록 하는 것도 좋은 방법이다.

분석가가 경영자와 인터뷰를 할 경우에는 개발과 관련된 세부 사항보다 해당 프로젝트가 완료되면 몇 년 뒤부터 투자비를 회수할 수 있는지, 연간 이익은 어느 정도인지 등 경영자가 관심을 가질 투자 대비 효과를 그래프로 보여주면 효율적이다. 이때 분석가는 해당 프로젝트에 대한 경영자의 자세와 마음가짐을 강조할 필요가 있다. 또 전 구성원이 해당 프로젝트에 적극적으로 동참할 수 있도록 전사 차원에서 경영자가 전폭적으로 지지해야만 이 프로젝트가 성공할 수 있음을 강조할 필요가 있다.

3.3 설문 조사

자료를 통해 업무를 파악하고 인터뷰를 통해 새로운 요구사항을 추출했다면 이제 설문 조사를 통해 또 한 번의 요구사항을 도출할 수 있다. 이때 중요한 것은 효율적인 설문 조사를 위해 설문 문항을 잘 만들어야 한다는 것이다.

설문 문항은 응답자가 쉽게 이해할 수 있고 요구사항 파악에 직접적으로 도움이 되는 내용을 포함해야 하며, 이를 통해 분석가는 보다 객관적이고 다양한 요구사항을 확보할 수 있다.

03 요구분석 절차와 요구사항 종류

1 요구분석 절차와 요구사항 분류

요구분석 절차는 [그림 4-8]과 같다.

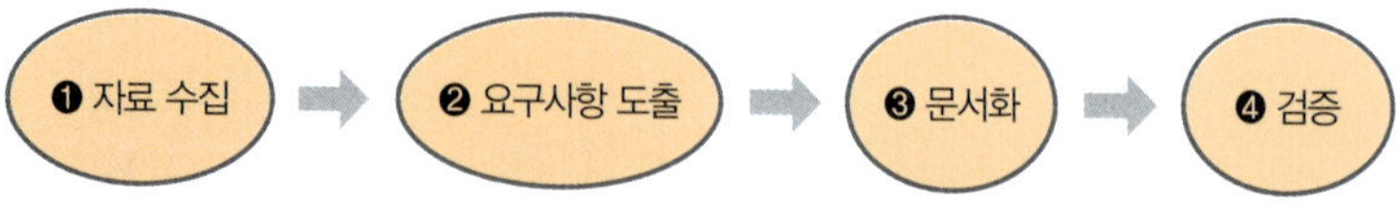

그림 4-8 요구분석 절차

❶ **자료 수집**: 현행 시스템의 문제점 도출, 실무 담당자 인터뷰, 현재 사용하는 문서 검토 등을 통해 가능한 모든 자료를 수집한다.

❷ **요구사항 도출**: 수집한 자료를 정리해 적절히 분류하고 개발에 반영할 요구사항을 도출한다.

❸ **문서화**: 도출한 요구사항을 요구분석명세서로 만든다.

❹ **검증**: 요구분석명세서에 사용자 요구가 정확히 기록되어 서로 모순되는 사항은 없는지, 빠뜨리지 않고 전부 기록했는지 등을 점검한다.

사용자 요구사항은 개발될 소프트웨어가 제공할 기능 요구사항과 제약 사항, 품질과 같은 비기능 요구사항으로 나누어 살펴본다.

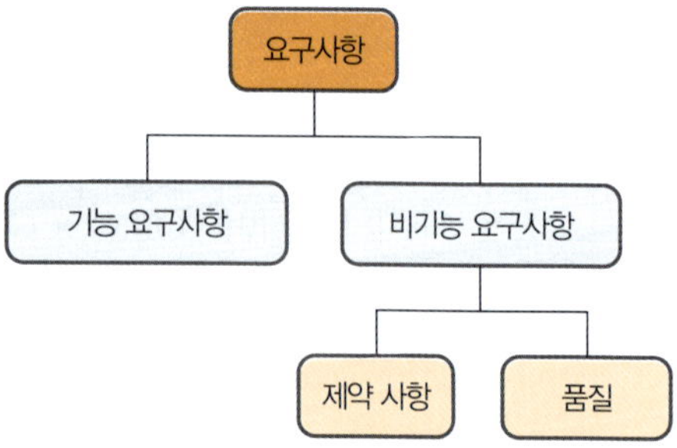

그림 4-9 요구사항 분류

2 기능 요구사항

기능 요구사항은 말 그대로 사용자가 원하는 기능을 말한다. 사용자는 시스템을 통해 기능을 제공받기 바라며 시스템은 사용자에게 필요한 기능을 제공해야 한다. 이를 위해 사용자의 요구를 빠짐없이 정확하게 도출하고 도출한 기능은 요구분석명세서에 완전하고 일관성 있게 표현해야 하며, 시스템에도 전부 반영해 사용자에게 100% 제공해야 한다. 여기서 '완전'이란 사용자가 원하는 모든 기능이 포함되어야 한다는 완전성completeness을 말하고 '일관성consistency'이란 요구사항 간에 모순이 있어서는 안 된다는 것을 말한다.

불완전하고 일관성 없는 요구분석명세서를 기반으로 개발을 시작하면 계속 문제가 발생할 수 있으며 개발 후 사용하는 중에도 심각한 문제를 일으킬 수 있다.

3 비기능 요구사항

기능 요구사항이 소프트웨어가 제공하는 기능이라면 비기능 요구사항은 소프트웨어가 수행될 환경, 품질 특성, 제약 조건 등을 의미한다. 기능 요구사항은 누락을 막기 위해 철저히 분석하고 검증하는 과정을 거치지만, 비기능 요구사항은 자칫 소홀히 다루어질 수 있다.

그러나 비기능 요구사항은 특정 소프트웨어에서 특히 중요하다. 예를 들어 미세한 오차가 치명적인 문제를 일으킬 수 있는 미사일 같은 군사 무기나 환자 치료에 쓰이는 의료 장비가 대표적이다.

3.1 제약 사항

제약 사항은 개발 소프트웨어가 수행될 환경에 의한 조건으로 예를 들면 다음과 같다.

- 자바 언어를 사용해 개발하고, CBD 개발 방법론을 적용해야 한다.
- 레드햇 리눅스 엔터프라이즈 버전에서 실행해야 한다.
- 웹 로직 서버WebLogic Server를 미들웨어로 사용해야 한다.
- 윈도 운영체제와 리눅스 운영체제에서 모두 실행할 수 있어야 한다.

3.2 품질

비기능 요구사항 중에는 소프트웨어 품질과 직접 관련된 내용이 많다. 예를 들어 '24시간 중단 없이 동작해야 한다', '보안 등급을 설정해 허가받은 사람만 접근하도록 해야 한다', '초보자와 숙련자 모두가 편리하게 사용할 수 있어야 한다' 등이 있다.

비기능 요구사항 중 품질과 관련된 항목 가운데, 여기에서는 신뢰성과 가용성만 설명하고 나머지 특성은 10장에서 다룬다.

■ 신뢰성

소프트웨어에서 신뢰성reliability이란 '소프트웨어를 믿고 사용할 수 있는 것'으로 사용자가 주어진 시간과 환경에서 소프트웨어를 고장 없이 사용할 수 있어야 한다는 것이다. 즉 사용자가 요구한 기능을 소프트웨어가 정확하고 일관되게 원하는 정밀도로 수행할 수 있는지를 나타낸다. 일반적으로 신뢰성은 신뢰도로 나타내며 신뢰도는 '장애 없이 동작하는 시간의 비율'로 나타낸다.

예를 들어 소프트웨어를 1,000번 수행했을 때 오류 없이 동작하는 횟수가 999번이라면 신뢰도는 99.9%(0.99)이다. 소프트웨어가 1,000시간 작동하는 동안 1시간의 장애가 있었다면 이 소프트웨어의 신뢰도는 99.9%이다. 이때 신뢰도 측정은 가용성(이용 가능성)을 척도로 사용한다.

신뢰도 높은 소프트웨어는 시스템에 오류가 있더라도 고장을 일으키지 않고 회피할 수 있는 능력이 높아야 하고, 고장이 발생하더라도 이전 수준으로 성능이 회복되어야 하며, 고장으로 영향을 받은 데이터들이 정상적으로 잘 복구되어야 한다.

■ 가용성

가용성availability은 소프트웨어가 총 운용 시간 동안 얼마나 정상적으로 고장 없이 가동되었는지를 비율로 나타낸 것이다. 예를 들어 총 1,000시간 동안 운용되었는데 999시간은 정상 가동되고 1시간은 고장으로 수리했다면 가용성은 99.9%가 된다.

가용성(%)=(MTBF/(MTBF+MTTR))×100(%)=999/(999+1)×100(%)=99.9%

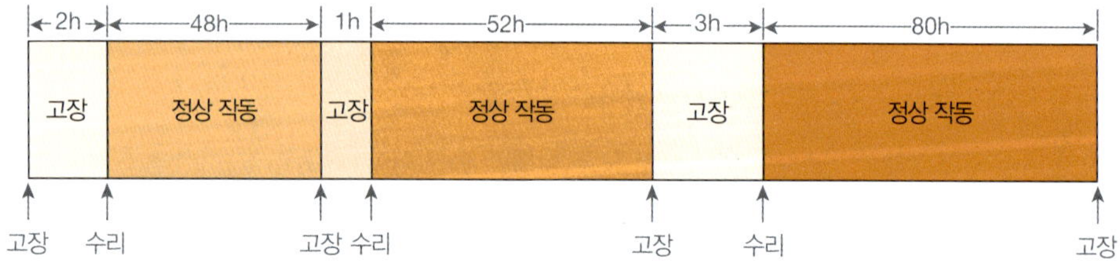

그림 4-10 신뢰도 계산

- **MTBF**Mean Time Between Failures(**평균 정상 작동 시간**): 고장이 나서 수리하면 시스템은 다시 정상 작동한다. '정상 작동 시간'은 고장이 나서 수리 후 정상 작동하다가 다시 고장이 날 때까지 작동한 시간이다. 이 역시도 여러 번의 고장으로 작동을 멈추었다 재가동되는 것을 반복한다. 이때 정상 작동 시간의 합을 횟수로 나누면 '평균 정상 작동 시간'이 된다. 이는 '평균 무고장 시간'이라고도 말할 수 있으며 '고장 간 평균 시간'으로 표현하기도 한다. 예를 들어 고장 및 수리 완료(2h), 정상 가동(48h), 고장 및 수리 완료(1h), 정상 가동(52h), 고장 및 수리 완료(3h), 정상 가동(80h)일 때 평균 정상 작동 시간 MTBF은 60h가 된다. 즉 평균적으로 정상 가동한 시간이 60h이다.

- **MTTR**Mean Time To Repair(**평균 수리 시간**): 다른 하드웨어나 장비처럼 소프트웨어도 사용 중에 고장이 날 수 있다. 고장이 나면 소프트웨어 가동은 중단되고 수리에 들어간다. 고장 원인을 찾아 수리가 끝나면 소프트웨어는 복구되고 다시 정상 가동된다. 이때 고장 시점에서 수리가 완료되어 재가동되는 시점까지를 '수리 시간'이라고 한다. 예를 들어 9시에 고장이 나서 수리 후 12시에 재가동되었다면 수리 시간은 3시간이다. 고장이 나서 수리 후 재가동되는 수리 시간이 몇 번 반복된다면 '평균 수리 시간'을 구할 수 있다. 3회 고장이 나고 수리했는데 그때마다 수리 시간이 2시간, 1시간, 3시간이었다면 평균 수리 시간은 2시간이다. 이처럼 평균 수리 시간 MTTR은 수리 시간의 합을 횟수로 나누면 된다.

여기서 잠깐! | MTTF Mean Time To Failures

MTBF와 비교되는 개념으로 고장까지의 평균 시간을 나타낸다. 이때 고장은 수리가 불가능한 상황에 해당한다. 예를 들면 전구는 고장이 나면(수명이 다하면) 수리하지 않고 교체하는데 이런 경우에는 MTTF를 사용한다.

일반적으로 기능 요구사항과 비기능 요구사항을 구별하지만 비기능 요구사항으로 분류된 것이 다른 기능과 함께 개발되어 기능 요구사항으로 볼 수 있는 경우도 있다. 예를 들어 일반적으로 보안성은 비기능 요구사항으로 분류하지만 인증은 기능 요구사항으로 볼 수도 있다.

04 요구사항의 표현

요구사항이 정리되면 어떠한 형태로든 정리된 내용을 한눈에 파악할 수 있도록 기록하거나 표현해 놓아야 한다. 기록 및 표현 방법은 다양하다. 자연어(한글)를 사용해 문서로 만들어둘 수도 있고 도표나 그래프로 표현할 수도 있다.

여기서는 일상에서 사용하는 표현과 소프트웨어 개발의 표현을 비교 설명한다. 그리고 소프트웨어 개발에서 사용하는 모델의 개념과 모델링 방법, 모델링 언어의 종류를 살펴본다.

1 표현과 모델의 이해

일상에서는 잘 표현해야 소통하기가 쉽고 서로 이해하는 데 도움이 된다. 사랑한다고 생각만 하는 것보다 말, 행동, 이벤트, 선물 등으로 표현해야 충분히 전달된다.

생각이나 감정을 표현하는 방법은 다양하다. 음악에서는 감정을 음표로 표현해 작곡하고, 글로 표현해 작사하며, 목소리로 표현해 노래한다. 미술도 대표적인 표현 수단으로, 화가는 붓과 물감으로 그림을 그리고, 조형 작가는 조형물로 표현한다. 말이 서툰 아이들은 그림을 통해 감정을 표현하기도 한다.

그림 4-11 다양한 표현 방법

수학 공식 역시 하나의 표현 방식이다. 글로 쓰면 장황하고 불분명해질 수 있는 내용을, 모두가 공통으로 이해할 수 있고 오해의 여지가 없도록 기호로 간단히 나타낸 것이다. 이처럼 음악의 악보나 수학 공식은 복잡한 대상을 간결하게 드러내는 하나의 모델이라 할 수 있다.

2 모델의 정의와 필요성

모델은 '복잡한 대상의 핵심 특징만 선별해 일정한 관점으로 단순화한 뒤 기호나 그림 등을 사용해 체계적으로 표현한 것'이라고 정의할 수 있다. 따라서 너무 많은 것을 표현하려고 하면 일정한 기준도 없고 이해할 수 없는 모델이 될 수도 있다.

모델은 왜 필요할까? 가장 큰 이유는 실제 모습을 구현하기 전에 미리 확인하기 위함이다. 예를 들어 건축에서는 모델하우스로 방의 배치, 크기, 인테리어 등을 확인하고 분양 여부를 결정한다. 이처럼 모델은 결과를 예측하고 검토할 수 있는 수단이 된다.

또 하나의 사물을 여러 관점에서 살펴보기 위해서도 모델이 필요하다. 건축 도면을 보면 건물을 바라보는 관점에 따라 전혀 다른 그림이 그려진다. 건물을 위에서 본 조감도, 건물을 수평으로 자른 평면도, 건물과 부지의 위치 관계를 나타낸 배치도 등은 모두 관점의 차이에 따라 달라진다.

또한 사용 목적에 따라서도 필요한 도면이 다르다. 전기 배선 공사를 위해서는 전기 배선도, 상하수도 공사를 위해서는 배관도가 필요하다. 건축 공사에 사용되는 이러한 도면들을 모두 모델이라 할 수 있으며, 실제 공사 현장에서 필수적이다.

2.1 소프트웨어 개발 모델

건축에 여러 도면이 필요하듯이, 소프트웨어 개발에도 다양한 모델이 필요하다. 건축가는 여러 설계 도면을 참고해 건물을 짓듯, 개발자는 여러 관점의 모델에서 필요한 정보를 얻어 소프트웨어를 만든다.

객체지향 개발에서는 UML의 다양한 다이어그램을 통해 개발 소프트웨어의 범위나 개략적인 구조와 기능을 이해할 수 있다. 이해 당사자들은 각자의 관점에서 필요한 다이어그램을 보며 개발될 소프트웨어를 공유할 수 있으며, UML의 다이어그램들은 소프트웨어 개발 과정에서 중요한 모델로 활용된다.

소프트웨어 개발에서 모델을 사용하면 여러 가지 장점과 단점이 있다.

■ 소프트웨어 개발 모델의 장점

- **이해도 향상**: 모델을 사용하려면 실제 개발 범위에 해당하는 복잡한 내용을 단순화해야 하므로 개발 영역을 더 정확히 이해할 수 있다. 정확한 이해를 바탕으로 프로그램의 전체 모습을 시각적으로 나타낼 수 있으므로 사용자는 관련 요소들의 상호 관계를 빨리 파악할 수 있으며 무엇을 개발하려는지 쉽게 이해할 수 있다. 즉 이해 당사자 간의 의사소통 도구로 활용할 수 있다.
- **유지보수 용이**: 소프트웨어 개발의 단계마다 생성되는 산출물을 다이어그램으로 작성해두면 추후 요구사항 변경에 따른 유지보수에 활용할 수 있다. 또한 향후 유사한 시스템을 개발할 때도 활용해 개발 기간과 비용을 줄여준다.

■ 소프트웨어 개발 모델의 단점

- **과도한 문서 작업으로 일정 지연**: 단계마다 각종 다이어그램을 포함한 문서 작성에 많은 시간을 할애하다 보면 실제 개발 업무가 지연될 수 있다.
- **형식적인 산출물로 전락할 가능성**: 단계마다 수많은 문서가 형식적으로만 만들어져 활용되지 못할 수 있고 변경된 내용을 산출물에 즉시 반영하지 않으면 문서 자체가 사장될 가능성이 있다.

3 모델링

모델링은 앞서 설명한 모델을 제작하는 과정 또는 작업을 말한다. 다른 말로는 현실 세계를 단순화해 표현하는 기법이라 할 수 있다. 흔히 모델링을 전문가들만 하는 것처럼 생각하기 쉽지만, 사실 연필로 간단히 콘티를 그리거나 스토리보드에 아이디어를 적는 것도 모델링이다. 작곡에서 오선지에 음표를 그려 넣는 것 역시 모델링의 한 예다.

연필로 스케치하거나 문장을 만드는 것은 매우 주관적이고 자유로운 모델링이다. 반면에 음표처럼 약속된 기호로 그린 악보는 음악을 하는 사람이라면 누구나 같은 의미로 이해할 수 있다. 이처럼 각 전문 분야의 모델링은 그들이 이해할 수 있는 기호나 다이어그램, 표기법 등을 사용해 차이가 없이 일관성 있는 해석이 가능하도록 표현한 것을 말한다. 그렇다면 소프트웨어 개발에서 모델링은 어떤 것이 있을까?

그림 4-12 다양한 형태의 모델링

■ 자연어를 사용한 표현

사용자 요구사항을 자연어로 표현(모델링)하는 것으로 도구나 기술을 따로 익힐 필요가 없고 사용자와 대화할 때도 이해하기 쉽다. 그러나 표현이 길어질 수 있고 해석이 달라질 수 있으며 표현된 내용을 검증하기가 어렵다.

■ 형식 언어를 사용한 표현

형식 언어formal language를 사용하는 방법은 친숙하지는 않지만 문법과 의미가 수학을 기초로 작성되어서 간결하고 정확하게 표현할 수 있다. 모호한 표현에 의한 오류를 줄이고 표현 내용을 검증할 수 있지만 표기법을 별도로 공부해야 하므로 일반 개발자가 사용하기에는 조금 어려운 편이다.

표기법에는 함의 방정식, 순환 관계, 대수 공리, 정규 표현법을 사용하는 관계형 표기법과 의사결정 테이블decision tables, 이벤트 테이블event tables, 전이 테이블transition tables, 유한 상태 기계finite state machine, 페트리 넷Petri Nets을 사용하는 상태 위주 표기법이 있다.

■ UML 다이어그램을 사용한 표현

UML 다이어그램을 사용하면 개발할 소프트웨어를 가시적으로 볼 수 있고, 개발할 소프트웨어에 대한 문서화도 가능하다. 이 문서들은 분석 및 설계 과정에서 유용하며 검증 자료로도 활용된다.

4 모델링 언어

모델링 언어는 모델링을 할 때 사용하는 표현 도구다. 음악에서 사용하는 악보 기호, 수학에서 사용하는 수학 기호 등과 소프트웨어 개발에서 사용하는 UML 다이어그램, Z 표기법과 같은 형식적 표기법이 이에 해당한다. 즉 모델링 언어는 모호한 표현의 문제를 해결하기 위해 사용하는 기호, 표기법, 도구 등을 말한다.

소프트웨어 개발에서 모델링 언어는 요구사항 정의 및 분석·설계의 결과물을 다양한 다이어그램으로 표현하는 표기법이다. 약속된 표현법인 모델링 언어를 사용하면 모호함이 줄어들고 일관성이 유지되어 모델링에 유용하다. 또한 개발자 간에 원활하게 의사소통할 수 있고 시스템을 주관적으로 해석하는 일도 줄어든다. 또한 다양한 다이어그램을 사용하므로 시스템을 여러 시각으로 볼 수 있고 사용자 요구사항을 검증하는 의사소통 도구로도 사용할 수 있다.

모델링 언어는 여러 다이어그램과 다이어그램을 그리기 위한 일련의 규칙으로 이루어지는데 개발 방법에 따라 사용하는 도구가 다르다.

- **구조적 방법**: 자료 흐름도Data Flow Diagram, DFD, 자료 사전Data Dictionary, DD, 소단위명세서 mini-spec를 사용해 요구분석 결과를 표현한다.
- **정보공학 방법**: E-R 다이어그램Entity-Relationship Diagram, ERD을 데이터베이스 설계 표현으로 사용한다.
- **객체지향 방법**: 대부분의 나라에서 공통으로 UML 표기법을 사용한다. UML은 14종의 다이어그램으로 구성되어 있으며, 특히 요구사항은 유스케이스 다이어그램use case diagram으로 표현한다.

5 구조적 방법의 표현 도구: DFD, DD, 소단위명세서

구조적 방법에서 사용자 요구사항을 분석한 후 결과를 표현할 때 사용되는 도구로는 자료 흐름도, 자료 사전, 소단위명세서(처리명세서)가 있다.

5.1 자료 흐름도

자료 흐름도Data Flow Diagram, DFD는 입력된 자료를 처리하여 결과를 출력하는 과정을 나타낸 것이다. 이때 핵심은 '처리' 부분이므로, 자료흐름도를 그릴 때는 먼저 처리 기능을 중심으로 생각해야 한다. 즉, 기능을 우선으로 하는 것이 구조적 분석 방법의 특징이다. 자료 흐름도를 작성하는 단계는 다음과 같다.

■ [1단계] 처리 표현

DFD를 작성할 때는 먼저 필요한 기능이 무엇인지 찾아내야 한다. 학점을 계산하는 문제라면 '학점계산'이라는 기능이 처리process가 된다. 처리는 원 안에 동사형 명사 형태로 작성한다.

■ [2단계] 입력과 출력 자료 표현

학점계산에 대한 입력 자료와 출력 자료를 찾아 화살표 위에 나타낸다. [그림 4-13]을 보면 DB, SE, DS, PL 점수가 입력 자료이고 합계, 평균, 등급이 출력 자료이다.

■ [3단계] 자료 저장소 표현

처리할 자료가 많아 데이터베이스 테이블로 저장되어 있다면 자료 저장소data store로 나타낸다. [그림 4-13]을 보면 자료 저장소는 두 줄 직선으로 표현한다.

■ [4단계] 자료 출원지와 목적지 표현

과목 테이블에서 나온 DB, SE, DS, PL 점수의 출원지는 교수이고 성적 결과의 목적지는 학생이다. 자료의 출원지와 목적지도 DFD에 표현해야 한다. 자료의 출원지와 목적지는 사각형 박스로 표현하며 이를 터미네이터terminator라 한다.

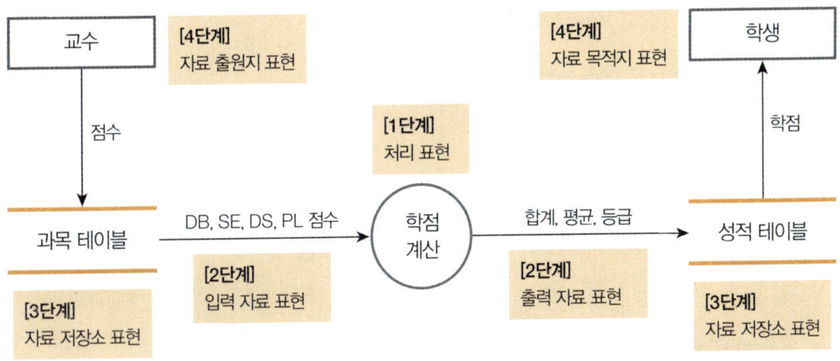

그림 4-13 자료 흐름도 작성의 예

5.2 자료 사전

구조적 방법에서 자료 사전Data Dictionary, DD은 자료 흐름도에 존재하는 데이터에 대한 자세한 설명을 기록해 놓은 것이다. 자료 사전은 몇 가지 기호를 사용해 자료를 정의한다. [표 4-1]은 자료 사전에서 사용하는 기호이다.

표 4-1 자료 사전의 기호

기호	의미	설명
=	정의is composed of	구성 내용을 설명하는 것으로 '~로 구성되어 있다'로 해석한다.
+	연결and	'~와'로 해석한다.
( )	생략 가능optional	생략할 수 있다.
[|]	선택choose only one of	'|'로 분리된 항목 중 하나만 선택할 수 있다.
{ }	반복iteration of	여러 개 존재함을 나타내며 '{' 왼쪽에 숫자를 넣으면 최소 반복 횟수, '}' 오른쪽에 숫자를 넣으면 최대 반복 횟수가 된다.
**	주석comment	부연 설명을 나타낸다.

기호를 사용해 다음과 같이 자료 사전을 작성할 수 있다. 자료 사전의 의미는 다음과 같다.

```
교과목=과목번호+과목명+이수 구분+학점(시수)+개설 학년수(개설 학기수)
과목번호=*교과목을 구별할 수 있는 유일한 키 값으로 사용된다.*
학점=[1|2|3]
시수=이 과목에 대한 주당 시수를 말한다.
이수 구분=[대기|전필|전선|교직]
    =*별칭: 대기=대학 기초, 전필=전공 필수, 전선=전공 선택*
개설 학년=[1|2|3|4]
개설 학기=[1|2|계절학기]
```

그림 4-14 자료 사전 작성의 예

- 교과목은 과목번호, 과목명, 이수 구분, 학점(시수), 개설 학년(학기)으로 구성되어 있다.
- 과목번호는 교과목을 구별할 수 있는 유일한 키 값으로 사용된다.
- 학점은 1학점 또는 2학점 또는 3학점 중 하나이다.
- 시수는 해당 교과목의 주당 수업 시간 수를 나타낸다.
- 이수 구분은 대학 기초(대기), 전공 필수(전필), 전공 선택(전선), 교직 중 하나이다.
- 개설 학년은 1학년, 2학년, 3학년, 4학년 중 하나이다.
- 개설 학기는 1학기, 2학기, 계절학기 중 하나이다.

5.3 소단위명세서

DFD에서 원으로 표시한 프로세스인 처리는 실제 알고리즘 형태로 작성한다. 이처럼 알고리즘 형태로 작성하는 것을 소단위명세서mini-spec라고 한다. 소단위명세서를 작성하는 도구에는 구조적 언어structured language, 선후 조건문pre/post conditions, 의사 결정표decision table 등이 있다.

[그림 4-15]는 [그림 4-13]의 학점계산 DFD에 대한 소단위명세서를 작성한 것이다.

```
int DB, SE, DS, PL;
scanf(DB, SE, DS, PL)
print(합계 : DB + SE + DS + PL)
print(평균 : (DB + SE + DS + PL)/4))
print(등급 : grade(DB), grade(SE), grade(DS), grade(PL))

grade(score) {
   if (score >= 90) return 'A'
   else if (score >= 80) return 'B'
   else if (score >= 70) return 'C'
   else if (score >= 60) return 'D'
   else return 'F'
```

그림 4-15 소단위명세서 작성의 예

6 정보공학 방법의 표현 도구: ERD

정보공학 방법의 표현 도구인 E-R 다이어그램ERD은 데이터베이스 과목에서 자세히 배우므로 여기에서는 최종 작성된 ERD만 예시로 살펴본다.

[그림 4-16]의 ERD의 의미는 다음과 같다.

- 교수는 여러 명의 학생을 상담한다.
- 교수는 여러 과목을 강의한다.
- 여러 명의 학생은 여러 과목을 수강한다.
- 교수 객체는 교수 ID, 이름, 전화번호, 주소, 소속학과를 속성으로 갖는다. 교수 ID는 주키primary key로 사용된다.
- 학생은 학번, 이름, 전화번호, 주소, 소속학과를 속성으로 갖는다. 학번은 주키로 사용된다.
- 개설과목은 과목번호, 강의실, 학점, 담당교수, 최소인원, 종류를 속성으로 갖는다. 과목번호는 주키로 사용된다.

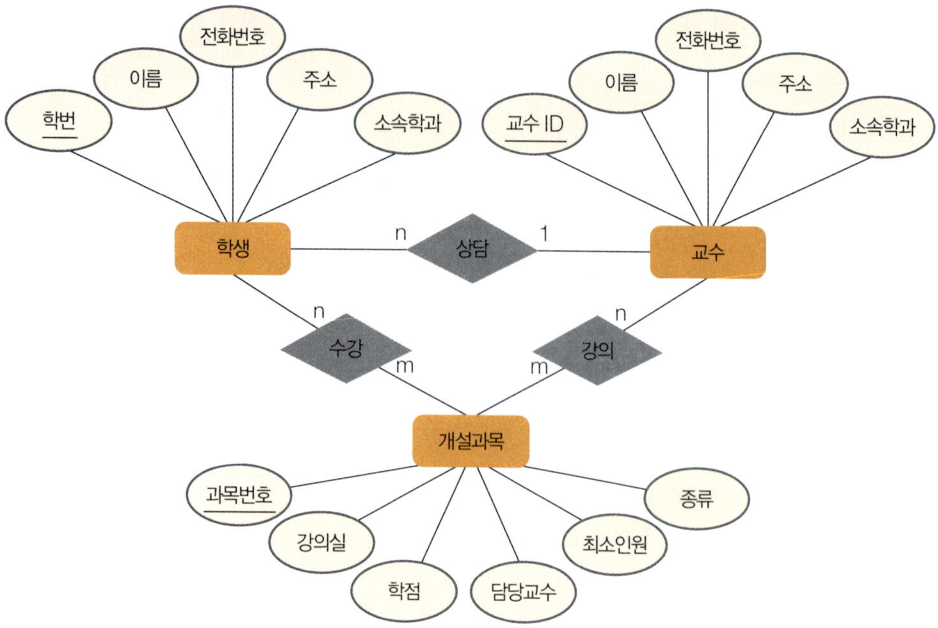

그림 4-16 최종 작성된 E-R 다이어그램

앞서 구조적 방법의 DFD와 정보공학 방법의 ERD를 살펴보았다. 이제는 객체지향 분석에서 가장 널리 사용되는 표현 도구인 유스케이스 다이어그램을 별도로 다루어, 요구사항을 어떻게 시각적으로 표현하고 명세할 수 있는지를 좀 더 구체적으로 살펴보자.

05 객체지향 방법의 표현 도구

객체지향 방법의 표현 도구인 유스케이스 다이어그램은 2장에서 자세히 설명했으므로 여기서는 '학사관리시스템'에 대한 유스케이스 다이어그램 작성을 예로 살펴본다. 실무에서 사용하는 학사관리시스템은 규모도 크고 매우 복잡하지만 여기서는 유스케이스 다이어그램 작성 방법을 익히는 목적으로 단순화해 설명한다.

1 유스케이스 다이어그램 작성하기

1.1 1단계 후보 유스케이스 도출

학사관리시스템 개발에 필요한 유스케이스 다이어그램을 작성하려면 먼저 사용자인 학생, 교수, 조교, 학사담당직원이 필요한 기능을 도출해야 한다. 원래 유스케이스는 타원 안에 이름을 적어서 작성하는데, 여기서는 정리된 형태로 표현하기 위해 [표 4-2]와 같이 나타냈다. 실제로는 더 많은 기능이 필요할 수 있으나, 여기서는 1차적으로 다음과 같이 정리한다.

표 4-2 학사관리시스템의 1차 유스케이스 목록

사용자	필요한 기능
교수	① 교과목(등록/수정/삭제/조회) ② 개설과목(등록/수정/삭제/조회) ③ 개설과목 수강인원(등록/수정/삭제/조회) ④ 성적(등록/수정/삭제/조회) ⑤ 강의계획서(등록/수정/삭제/조회) ⑥ 출석부(등록/수정/삭제/조회) ⑦ 담당 과목 수강 현황 조회
학생	① 수강과목(신청/수정/삭제/조회) ② 학생정보(등록/수정/조회/삭제) ③ 조회(교과목, 개설과목, 성적, 강의계획서, 장학생 명단) ④ 휴학(신청/수정/조회/삭제)
조교	① 교과목(등록/수정/삭제/조회) ※ 대행(등록/수정/삭제) ② 개설과목(등록/수정/삭제/조회) ※ 대행(등록/수정/삭제) ③ 장학생 명단(등록/수정/삭제/조회) ④ 개설과목 수강인원(등록/수정/삭제/조회) ⑤ 휴학 승인
학사담당직원	① 기간 등록/수정/삭제/조회(교과목등록, 개설과목등록, 수강신청, 수강신청변경)

[표 4-2]의 유스케이스 목록은 유스케이스 다이어그램을 작성하는 과정에서 삭제되거나 추가되기도 하고, 합쳐지거나 나누어지는 방식으로 수정될 수 있다.

1.2 2단계 후보 유스케이스 검토

1단계에서 도출한 후보 유스케이스가 꼭 필요한 기능인지 액터 관점에서 검토한다.

■ 교수 액터가 사용하는 유스케이스

① **교과목(등록/수정/삭제/조회)** : 교과목등록은 교수에게 권한이 있고 필요한 기능이다. 교과목등록은 설정된 등록 기간에만 할 수 있다. 교과목은 과목코드, 과목명, 학점(시수), 개설(학년/학기) 등으로 구성된다. → **모든 기능 사용**

② **개설과목(등록/수정/삭제/조회)** : 새 학기에 개설할 과목을 등록하는 것은 교수의 권한이므로 필요한 유스케이스다. 개설과목을 등록하는 과정을 생각해보자. 교과목등록 과정에서 이미 학기가 정해지므로 개설될 과목이 화면에 목록으로 나타날 것이다. 이때 과목코드, 과목명, 학점(시수)은 고정되어 있지만 수강인원, 강의실, 강의시간과 같은 세부 속성은 개설과목을 등록할 때 입력해야 한다. 따라서 등록 기능이 필요하고 이 항목들은 변동될 수 있으니 수정 기능도 필요하다. 삭제, 조회 기능 역시 필요하다. → **모든 기능 사용**

③ **개설과목 수강인원(등록/수정/삭제/조회)** : 개설과목의 수강인원을 결정하는 것은 교수의 권한이므로 하나의 유스케이스로 정했다. 그러나 수강 인원은 개설과목 등록 과정에서 함께 입력해야 하는 속성으로 볼 수 있다. 즉, 개설과목을 등록할 때 정원을 함께 결정하면 되므로 별도의 유스케이스로 분리할 필요는 없다. → **후보 유스케이스에서 탈락**

④ **성적(등록/수정/삭제/조회)** : 성적 등록은 교수 고유의 권한이므로 필요한 기능이다. 그런데 교수가 성적을 입력하고 수정할 필요는 있으나 삭제 기능이 필요할까? 학기 중에 학생이 휴학 또는 자퇴를 하면 성적 등록 전에 이미 해당 학생이 명단에서 빠지기 때문에 삭제 기능은 필요하지 않다. → **'삭제' 기능 제거**

⑤ **강의계획서(등록/수정/삭제/조회)** : 강의계획서 등록은 당연히 교수의 권한이기 때문에 필요한 기능이다. 그렇다면 강의계획서를 삭제하는 기능도 필요할까? 강의계획서가 더 이상 필요 없다면 개설과목 단계에서 이미 삭제되어야 하므로, 별도의 삭제 기능은 필요하지 않다. → **'삭제' 기능 제거**

⑥ **출석부(등록/수정/삭제/조회)** : 출석부등록은 누가 담당해야 할까? 교수? 학사담당직원? 조교? 아니다. 출석부는 학생들의 수강신청과 동시에 시스템이 자동으로 생성해야 한다. 따라서 교수에게 등록 기능은 필요하지 않다. 따라서 등록 기능은 필요하지 않다.

학생이 수강신청을 취소하면 출석부 명단에서도 자동으로 빠져야 하므로 수정과 삭제 기능도 필요하지 않다. 결국 교수에게 필요한 것은 출석부 조회 기능뿐이다.

→ **'등록/수정/삭제' 기능 제거**

⑦ **담당 과목 수강 현황 조회**: 교수는 개설한 과목에 학생이 얼마나 신청했는지 볼 필요가 있다. 그런데 이 기능은 출석부를 조회하면 수강인원 속성으로 확인할 수 있다. 따라서 별도의 유스케이스는 필요하지 않다. **→ 후보 유스케이스에서 탈락**

■ 학생 액터가 사용하는 유스케이스

① **수강과목(신청/수정/삭제/조회)**: 학생이 수강신청을 한다면 학년과 학기에 맞춰 개설과목 목록이 화면에 보일 것이다. 학생은 원하는 과목을 체크해서 신청하면 되고 원치 않으면 체크 해제하면 된다. 따라서 삭제 기능은 필요하지 않다. **→ '삭제' 기능 제거**

② **학생정보(등록/수정/삭제/조회)**: 개인정보는 본인이 직접 등록하는 것이 일반적이다. 그러나 대학에서는 학생이 직접 입력할 수 없도록 되어 있다. 본인의 개인정보인데 왜 그럴까? 학생들은 입학 과정에서 개인정보를 이미 입력했고, 대학은 그 정보를 기반으로 학생정보 데이터베이스를 구축했다. 따라서 학생정보는 이미 등록되어 있으며, 필요할 때 수정만 하면 된다. 또 삭제 기능이 필요할까? 자퇴한다고 해서 개인정보가 삭제되지는 않는다. 한 번 등록된 학생정보는 자퇴, 퇴학, 편입 이후에도 그대로 남는다. 따라서 삭제 기능은 불필요하다. 결국 학생에게 필요한 것은 수정과 조회 기능뿐이다.

→ **'등록/삭제' 기능 제거**

③ **조회(교과목, 개설과목, 성적, 강의계획서, 장학생 명단)**: 학사관리시스템에서 학생들이 사용할 수 있는 기능이다. **→ 모든 기능 사용**

④ **휴학(신청/수정/삭제/조회)**: 학생은 개인 사정으로 또는 입대로 휴학을 할 수 있다. 학생은 시스템을 통해 휴학 신청을 할 수 있고, 수정, 삭제, 조회 기능도 모두 필요하다.

→ **모든 기능 사용**

■ 조교 액터가 사용하는 유스케이스

① **교과목(등록/수정/삭제/조회)**: 교과목등록은 교수의 권한이지만 시스템에 등록하는 일을 조교가 대신할 수 있다. 이처럼 권한을 대신 수행하는 경우 조교를 프록시 액터라고 한다. 교과목 수정/삭제도 역시 대행한다. 조회 기능은 대행이 아니라 조교의 권한이다.

→ **모든 기능 사용**

② **개설과목(등록/수정/삭제/조회)**: 개설과목 역시 교수의 권한이지만, 프록시 액터로서 조교가 대신할 수 있다. 그런데 개설과목을 등록할 때 강의실 배정, 강의시간 결정은 조

교의 업무라고 볼 수 있다. 만일 교수에게도 권한이 있다면 강의실과 강의시간이 중복되어 문제가 발생할 수 있으니 이것은 조교의 업무로 봐야 한다. **→ 모든 기능 사용**

③ **장학생 명단(등록/수정/삭제/조회)**: 조교는 학생의 성적을 조회해 장학생 명단을 등록할 수 있다. 한 학생이 이중 혜택을 받으면 삭제 기능이 필요하고, 장학금 금액을 조정하는 수정 기능도 필요하다. **→ 모든 기능 사용**

④ **개설과목 수강인원(등록/수정/삭제/조회)**: 앞에서 이미 필요 없는 유스케이스로 정했다. **→ 이미 후보 유스케이스에서 탈락**

⑤ **휴학 승인**: 학생이 휴학을 신청하면 조교는 이를 검토 후 문제가 없으면 승인한다.

■ **학사담당직원 액터가 사용하는 유스케이스**

① **기간 등록/수정/삭제/조회(교과목등록, 개설과목등록, 수강신청, 수강신청변경)**: 수강신청 및 변경 기간, 교과목과 개설과목 등록 기간은 학사담당직원이 설정한다.
→ 모든 기능 사용

지금까지 1차로 도출된 유스케이스에서 필요 없는 항목을 제거했다. [표 4-3]은 1차 검토 결과 남은 후보 유스케이스다.

표 4-3 1차 검토 후 유스케이스 목록

사용자	유스케이스 검토 현황	제거된 기능
교수	① 교과목(등록/수정/삭제/조회) ② 개설과목(등록/수정/삭제/조회) ③ ~~개설과목 수강인원(등록/수정/삭제/조회)~~ ④ 성적(등록/수정/조회) ⑤ 강의계획서(등록/수정/조회) ⑥ 출석부(조회) ⑦ ~~담당 과목 수강 현황 조회~~	없음 없음 유스케이스 탈락 '삭제' 기능 제거 '삭제' 기능 제거 '등록/수정/삭제' 기능 제거 유스케이스 탈락
학생	① 수강과목(신청/수정/조회) ② 학생정보(수정/조회) ③ 조회(교과목, 개설과목, 성적, 강의계획서, 장학생 명단) ④ 휴학(신청/수정/조회/삭제)	'삭제' 기능 제거 '등록/삭제' 기능 제거 없음 없음
조교	① 교과목(등록/수정/삭제/조회) ② 개설과목(등록/수정/삭제/조회) ③ 장학생 명단(등록/수정/삭제/조회) ④ ~~개설과목 수강인원(등록/수정/삭제/조회)~~ ⑤ 휴학 승인	없음 없음 없음 유스케이스 탈락 없음
학사담당직원	① 기간 등록/수정/삭제/조회(교과목등록, 개설과목등록, 수강신청, 수강신청변경)	없음

후보 유스케이스를 검토해 불필요한 유스케이스를 삭제했다면 유스케이스를 통합하고 이름을 바꾸는 등 정련하는 과정이 남았다. 이 과정을 진행하려면 유스케이스의 특성을 먼저 알아야 한다.

- **유스케이스는 실행 후 사용자가 원하는 결과를 제공해야 한다.**
  예를 들어 교수가 '성적조회' 유스케이스를 실행하면 시스템은 학생의 '학번, 이름, 학점'과 같은 결과를 화면에 보여주어야 하고, 학생이 '성적조회' 유스케이스를 실행하면 '학번, 이름, 과목별 학점, 총학점, 석차'를 보여주어야 한다. 결과물을 제공하지 못한다면 시스템 내부 동작일 가능성이 크므로 적합한 유스케이스인지 다시 검토해야 한다.
- **유스케이스는 반드시 사용자에 의해 시작되어야 한다.**
  예를 들어 '성적계산'이라는 유스케이스를 어떤 사용자가 사용하는지, 누가 시작하는지를 생각해야 한다. 아무도 시작하지 않거나 사용하지 않는다면 잘못 도출한 것이다. 반면에, '성적등록'은 교수가 시작하고 '성적조회'는 교수, 학생, 조교, 학사담당직원 모두가 사용하므로 유스케이스로 도출한다.
- **많이 사용하는 기능은 하나의 유스케이스로 묶어야 한다.**
  예를 들어 정보 시스템에서 사용자들이 많이 사용하는 '등록/수정/조회/삭제' 기능은 각각을 유스케이스로 도출할 수 있다. 하지만 대부분의 액터가 4가지 기능을 함께 사용하므로 하나의 유스케이스로 만드는 것이 타당하다. 실제로 많은 시스템이 이렇게 설계한다.
- **사용하는 기능만 유스케이스로 도출해야 한다.**
  여러 기능을 단순화해 하나의 유스케이스로 만들면 사용자는 그 안에 포함된 기능을 모두 사용해야 한다. 즉 일부 기능만 사용할 수는 없다. 예를 들어 성적의 등록/수정/조회 기능을 묶어서 만든 '성적관리' 유스케이스에서 교수는 3가지 기능을 모두 사용하지만, 학생과 학사담당직원은 '성적조회' 기능만 사용한다. 하나의 유스케이스(성적관리)를 어떤 액터(학생, 학사담당직원)는 부분적으로 사용하고 있으므로 [그림 4-17]은 잘못 작성한 유스케이스 다이어그램이다.

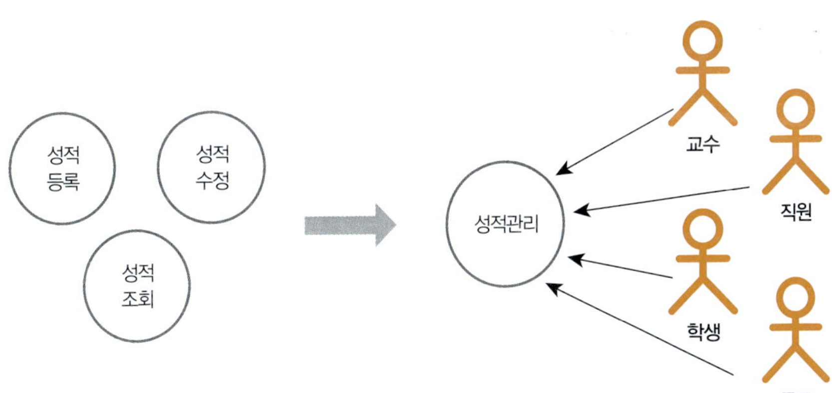

그림 4-17 기능을 잘못 묶은 유스케이스

- **주 기능은 유스케이스로, 보조 기능은 이벤트 흐름으로 표현해야 한다.**

  [그림 4-17]을 수정하려면 가장 핵심이 되는 기능은 유스케이스로 나타내고 나머지는 이벤트 흐름에 나타내면 된다. 3가지 기능 중 교수 액터에게 필요한 핵심 기능은 '성적등록'이며 '수정'은 '성적등록' 기능에 따라 사용하는 보조 기능이라 볼 수 있다. 이 경우에는 '성적등록'처럼 주 기능을 유스케이스 이름으로 정하고 보조 기능인 '수정'은 유스케이스 명세서의 이벤트 흐름에 기록한다. [그림 4-18]은 성적 관련 최종 유스케이스 다이어그램이다. 이때 '조회' 기능은 교수, 학생, 조교, 직원이 모두 사용하므로 별도의 유스케이스로 도출한다.

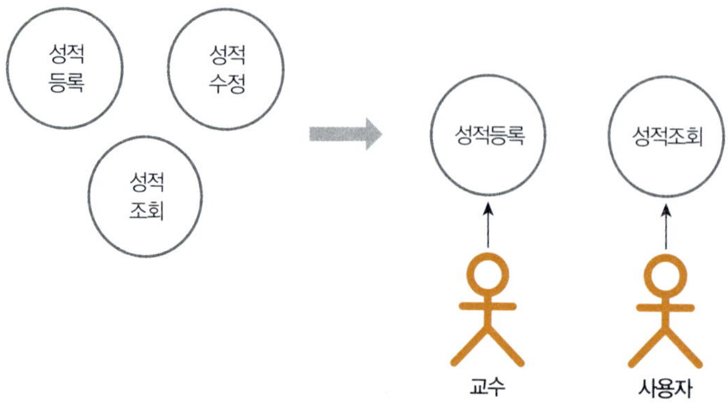

그림 4-18 유스케이스 통합과 이름 붙이기

- **홀로 존재하는 유스케이스는 없어야 한다.**

  액터나 유스케이스와의 관계를 나타내는 선이 전혀 없이 홀로 존재하는 유스케이스는 불필요할 가능성이 크다. 아니면 개발 범위 밖의 기능이거나 시스템에서 필요한 기능인데 액터 연결을 빠뜨린 경우이므로 재검토가 필요하다.

지금까지 살펴본 유스케이스의 특성을 토대로 1차 검토된 유스케이스 목록을 정련하는 과정을 살펴본다.

1.3 3단계 유스케이스 정련

유스케이스 특성을 참조해 1차 검토된 유스케이스 목록을 정련하면 [표 4-4]와 같다.

표 4-4 최종 유스케이스 목록

사용자	최종 유스케이스	기타
교수	교과목등록	'수정': 유스케이스의 이벤트 흐름
		'조회': 별도의 유스케이스
		'추가': 유스케이스의 이벤트 흐름
		'삭제': 유스케이스의 이벤트 흐름
	개설과목등록	'수정': 유스케이스의 이벤트 흐름
		'조회': 별도의 유스케이스
		'추가': 유스케이스의 이벤트 흐름
		'삭제': 유스케이스의 이벤트 흐름
	성적 등록	'수정': 유스케이스의 이벤트 흐름
		'조회': 별도의 유스케이스
	강의계획서 등록	'수정': 유스케이스의 이벤트 흐름
		'조회': 별도의 유스케이스
학생	수강신청	'조회': 별도의 유스케이스
		'추가': 유스케이스의 이벤트 흐름
		'삭제': 유스케이스의 이벤트 흐름
	학생정보 수정	'조회': 별도의 유스케이스
	휴학신청	'수정': 유스케이스의 이벤트 흐름
		'삭제': 유스케이스의 이벤트 흐름
		'조회': 유스케이스의 이벤트 흐름
조교	교과목등록(대행)	'수정': 유스케이스의 이벤트 흐름
		'조회': 별도의 유스케이스
		'추가': 유스케이스의 이벤트 흐름
		'삭제': 유스케이스의 이벤트 흐름
	개설과목등록(대행)	'수정': 유스케이스의 이벤트 흐름
		'조회': 별도의 유스케이스
		'추가': 유스케이스의 이벤트 흐름
		'삭제': 유스케이스의 이벤트 흐름
	휴학승인	
	장학생명단등록	'수정': 유스케이스의 이벤트 흐름
		'삭제': 유스케이스의 이벤트 흐름
		'조회': 별도의 유스케이스

학사담당직원	기간등록	'수정': 유스케이스의 이벤트 흐름
		'조회': 별도의 유스케이스
		'삭제': 유스케이스 이벤트 흐름
		'교과목등록': 유스케이스의 이벤트 흐름
		'개설과목등록': 유스케이스의 이벤트 흐름
		'수강신청등록': 유스케이스의 이벤트 흐름
		'수강신청변경': 유스케이스의 이벤트 흐름
사용자(학생, 교수, 조교, 학사담당직원)	조회	유스케이스 이벤트 흐름(교과목조회, 개설과목조회, 강의계획서조회, 수강신청조회, 학생정보조회, 성적조회, 장학생 명단 조회)
교직원(교수, 조교, 학사담당직원)	출석부 조회	

최종 유스케이스 목록으로 다이어그램을 그리면 [그림 4-19]와 같다.

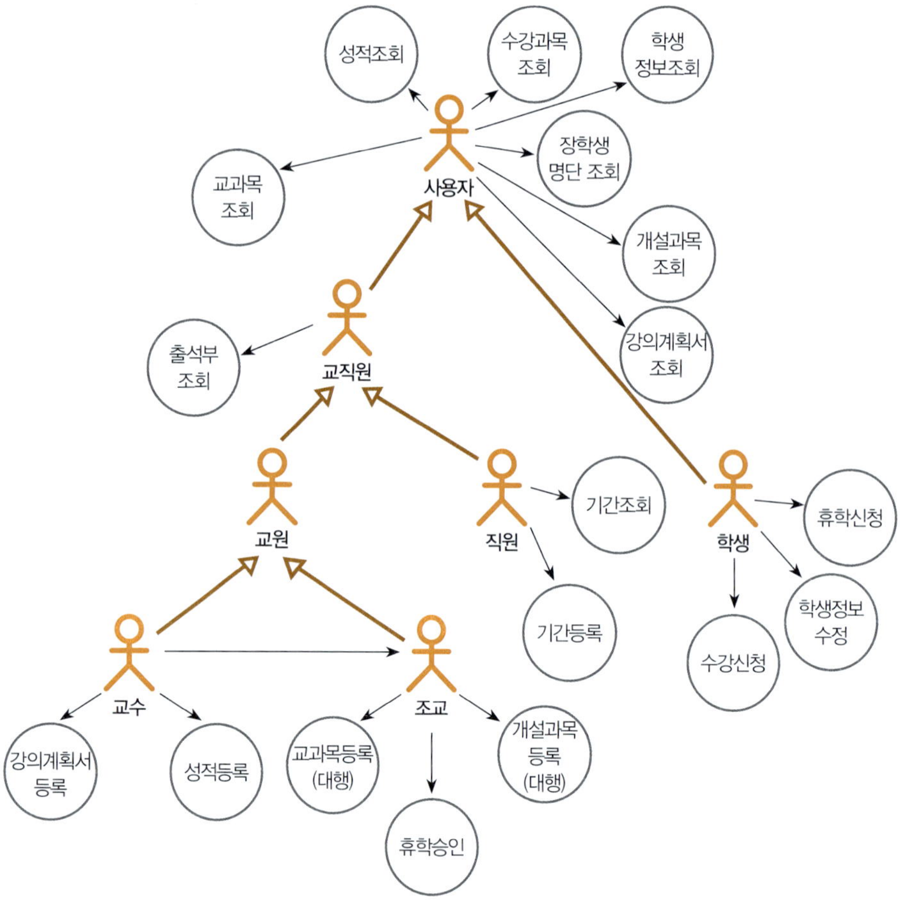

그림 4-19 학사관리 유스케이스 다이어그램

2 유스케이스 명세서 작성하기

유스케이스 다이어그램을 작성하면 각각의 유스케이스에 대한 명세서를 작성해야 한다. 유스케이스 명세서는 7개 항목으로 구성되며 각 유스케이스의 세부 내용을 문서로 기술한다. 유스케이스 명세서를 구성하는 7개 항목은 [표 4-5]와 같다.

표 4-5 유스케이스 명세서 항목

항목	설명
개요	유스케이스가 제공하는 기능을 기술한다.
관련 액터	누가(역할) 이 유스케이스를 사용하는지 해당 액터를 기술한다.
우선순위	사용자 관점에서 중요하다고 생각하는 순서를 '상', '중', '하'로 기술한다.
선행 조건	유스케이스가 수행되기 전에 수행되어야 하는 조건을 기술한다.
후행 조건	유스케이스가 수행된 후 만족해야 하는 조건을 기술한다.
이벤트 흐름	유스케이스가 수행될 때 액터와 시스템의 대화(상호작용)를 기술한다.
비기능 요구사항	유스케이스와 관련 있는 비기능 요구사항을 기술한다.

■ 개요

유스케이스가 제공하는 기능을 간단히 나타내는 것으로, 그 기능을 사용하는 사용자 액터까지 표현해야 한다.

유스케이스	개요
수강신청	학생은 시스템이 제공하는 개설과목 목록에서 수강할 과목을 선택한다. '과목삭제'와 '과목추가' 기능이 포함되어 있다.

개요는 유스케이스에 포함된 모든 기능을 액터까지 포함해서 표현해야 한다.

유스케이스	개요
성적등록	교수는 학생의 성적을 입력한다. (×) 학생의 성적을 입력하고 수정한다. (×) 교수는 학생의 성적을 입력하고 수정한다. (O)

유스케이스의 기능은 이벤트 흐름에서 별도로 자세히 표현하기 때문에 개요에서는 간략하게 나타낸다.

■ 관련 액터

관련 액터는 유스케이스를 사용하는 액터를 나타낸다. 예를 들어 수강신청 권한을 가진 사용자는 학생뿐이므로 '수강신청' 유스케이스의 관련 액터는 '학생'이고 '성적등록' 유스케이스의 관련 액터는 당연히 '교수'이다. '성적조회' 유스케이스의 관련 액터는 '교수', '학생', '조교', '학사담당직원' 모두 가능하다. 관련 액터 항목에 나타낸 액터와 유스케이스 다이어그램에서 연관 관계를 맺고 있는 액터는 일치해야 한다.

유스케이스	관련 액터
수강신청	학생
성적등록	교수
성적 조회	학생, 교수, 조교, 학사담당직원

■ 우선순위

우선순위는 개발할 때의 순서를 나타낸 것이다. 물론 순서 없이 개발해도 문제가 되지 않지만 기준을 정하고 그에 따른 개발 순서를 정한다면 프로젝트 관리 측면에서 도움이 될 것이다. 우선순위는 사용자 관점에서 정할 수도 있고, 개발자 관점에서 정할 수도 있다.

- **중요도로 정하는 사용자 관점 우선순위**: 사용자 관점에서 가장 중요한 유스케이스를 먼저 개발한다면 일정 조절, 자원 배분, 인력 투입 등에서 균형 있게 프로젝트 관리를 할 수 있다.
- **개발 난이도로 정하는 개발자 관점 우선순위**: 개발자 관점에서는 개발 난이도를 기준으로 유스케이스의 우선순위를 '상', '중', '하'로 결정한다. 난이도가 높은 유스케이스를 먼저 개발하면 프로젝트 후반에 일정에 쫓기는 일을 줄일 수 있다. 또한 미리 얻은 기술적 경험이 이후 개발에 도움이 되며, 어려운 과제를 먼저 해결했다는 자신감은 개발자들에게 심리적 안정감도 준다. 이러한 이유로 개발 난이도에 따른 우선순위 결정이 필요하다.

■ 선행 조건

선행 조건은 해당 유스케이스를 수행하기 위해 미리 만족해야 하는 상태나 조건이다. 예를 들어 개설과목을 등록하려면 교과목이 등록되어 있어야 하므로 '개설과목등록' 유스케이스가 실행되기 위한 선행 조건은 '교과목등록'이다. '수강신청' 유스케이스의 선행 조건은 무엇일까? 로그인이 되어야 하고 교과목이 등록되어야 하고 개설과목이 등록되어야 한다. 그렇다면 모든 선행 조건을 써야 하는가? 해당 유스케이스를 수행하기 위한 직전의 선행 조건 유스케이스를 적어주면 된다.

유스케이스	선행 조건
수강신청	개설과목등록

■ 후행 조건

후행 조건은 유스케이스 수행 후 만족해야 하는 상태를 말한다. 상태나 수치의 변화는 명확하고 구체적으로 작성해야 하며, 모호하지 않게 기술하여 객관적으로 판단할 수 있도록 해야 한다.

유스케이스	후행 조건
수강신청	수강신청을 한 총 학점이 표시되어야 한다.

■ 이벤트 흐름

이벤트 흐름event flow은 유스케이스 기능을 수행할 때 액터와 시스템 사이에서 이루어지는 상호작용을 문장이나 순차 다이어그램으로 표현한 것이다. 작성 시에는 사용자가 이해할 수 있는 쉬운 단어로 명확하게 작성해야 하며 개발자만 아는 기술적 용어는 사용하지 않아야 한다. 이렇게 작성된 이벤트 흐름은 설계와 테스트 단계에서도 유용하게 활용된다.

이벤트 흐름은 기본 흐름basic flow과 대안 흐름alternative flow으로 나눌 수 있다.

- **기본 흐름:** 가장 정상적이고 일반적인 진행 과정을 나타낸다. 보통 유스케이스를 수행할 때 한 가지 정상 경로로만 기술된다.
- **대안 흐름:** 기본 흐름 외에 발생 가능한 여러 상황을 정리한 것으로, 예외적이거나 특수한 경우, 보조 기능 처리 등이 포함된다.

유스케이스 특성에서 설명한 보조 기능에 대한 이벤트 흐름도 대안 흐름으로 나타낸다. 결과적으로 유스케이스의 큰 줄기에 해당하는 정상적인 흐름은 기본 흐름으로, 나머지는 대안 흐름에 표현하면 무리가 없다. 이벤트 흐름은 순차 다이어그램으로도 표현할 수 있다.

[표 4-6]은 '수강신청' 유스케이스에 대한 이벤트 흐름을 나타낸 것이다. 여기서 학생은 학사관리시스템에 접속해 로그인이 되었다고 가정하고 시작한다.

표 4-6 수강신청 유스케이스에 대한 이벤트 흐름

학생	시스템
기본 흐름	
학생은 학사관리 메뉴에서 수강신청을 선택한다.	
	시스템은 학생정보를 확인해 마지막 학년/학기를 확인한다. 시스템은 수강신청할 학과/학년/학기의 개설과목을 디폴트로 보여준다. • 화면에 보이는 항목: 과목코드, 이수구분, 개설대학, 개설학과, 과목명, 학점(시간), 교수명, 대상 학년, 수강인원, 시간표, 강의실
학생은 희망하는 과목을 선택한 후 장바구니 버튼을 클릭한다.	
	시스템은 장바구니에 담긴 과목의 학점을 합산해 총 신청학점을 계산한다. 시스템은 장바구니에 담긴 과목리스트와 총 신청학점을 보여준다.
[신청할 과목이 더 없는 경우] 학생은 최종 버튼을 클릭한다.	

	시스템은 '수강신청이 완료되었습니다'라는 메시지 창을 띄워준다.
[신청할 과목이 더 있는 경우] 학생은 수강신청 메뉴에서 원하는 학과, 학년을 선택한다.	
	시스템은 해당 학과, 학년에 개설된 과목리스트를 화면에 보여준다.
학생은 원하는 과목을 선택한 후 장바구니 버튼을 클릭한다.	
	시스템은 장바구니에 담긴 과목리스트와 총 신청학점을 보여준다.
학생은 최종 버튼을 클릭한다.	
	시스템은 '수강신청이 완료되었습니다'라는 메시지 창을 띄워준다.

대안 흐름: 취소

학생은 수강신청 메뉴에서 취소를 선택한다.	
	시스템은 현재까지 수강신청된 과목리스트를 보여준다.
학생은 취소할 과목을 선택한다.	
	시스템은 취소 후 남겨진 과목리스트를 보여준다.
학생은 최종 선택 버튼을 클릭한다.	
	시스템은 '수강신청이 완료되었습니다'라는 메시지 창을 띄워준다.

대안 흐름: 추가

학생은 수강신청 메뉴에서 추가를 선택한다.	
	시스템은 현재까지 수강신청된 과목리스트를 보여준다.
학생은 원하는 학과, 학년을 선택한다.	
	시스템은 해당 학과, 학년에 개설된 과목리스트를 화면에 보여준다.
학생은 원하는 과목을 선택한 후 장바구니 버튼을 클릭한다.	
	시스템은 장바구니에 담긴 과목리스트와 총 신청학점을 보여준다.
학생은 최종 버튼을 클릭한다.	
	시스템은 '수강신청이 완료되었습니다'라는 메시지 창을 띄워준다.

대안 흐름: 초과 신청한 경우

학생은 수강희망과목을 장바구니에 담고 최종 버튼을 클릭한다.	
	시스템은 '수강 가능 학점을 초과했습니다'라는 메시지를 띄워주고 장바구니의 과목리스트를 보여준다.

■ 비기능 요구사항

요구 품질에서 언급한 것처럼 비기능 요구사항이란 성능, 신뢰성, 보안성, 가용성 등 여러 요구 품질 요소를 나타낸다. '요구분석명세서'의 비기능 요구사항은 유스케이스와 직접 관련이 있는 비기능 요구사항을 기술하는 것이다. 학사관리시스템에서 비기능 요구사항은 다음과 같은 것이 있다.

유스케이스	비기능 요구사항
수강신청	수강신청할 수 있는 날짜는 학년별로 달라야 한다. 수강신청에서 동시 접속자 2,000명까지는 1기가바이트 속도를 유지해야 한다.

06 요구사항의 문서화

1 요구분석명세서의 이해

요구사항을 문서로 만들 때는 완성될 소프트웨어의 기능 요구사항뿐만 아니라 구현 시의 제약 사항이나 품질 등 비기능 요구사항도 함께 서술해야 한다. 이렇게 작성된 문서를 '요구분석명세서'라고 하며 다음과 같은 의미를 가진다.

- 요구분석 과정의 최종 산출물로, 사용자와 개발자를 연결하는 중요한 문서
- 설계와 구현에서 참조할 사항, 전반적으로 알아야 할 내용을 포함하는 문서
- 사용자와 개발자의 계약서 역할을 하는 문서

요구분석명세서 작성은 분석가의 역할이지만 분석가가 요구분석명세서를 작성하는 일은 쉽지 않다. 그 이유는 분석가와 사용자가 가진 배경 지식이 서로 다르기 때문이다.

사용자는 자신이 맡은 업무 지식과 문제점을 어느 정도 파악하고 있지만, 그것을 기술적으로 어떻게 할지에 대한 이해는 부족할 수 있다. 반면, 분석가(개발자)는 문제 해결을 위한 기술적인 역량은 충분히 갖추었더라도 해당 업무 지식은 잘 모를 수 있다. 따라서 완전한 요구분석명세서를 작성하려면 분석가는 현행 업무 내용을 충분히 파악한 후 사용자와 대화할 수 있도록 준비해야 한다. 특히 시스템의 입출력 화면 구성이나 사용자가 느끼는 문제점, 그리고 기대하는 기능을 파악해야 한다.

분석가가 작성한 요구분석명세서는 사용자에게는 계약서, 개발자에게는 설계 및 구현을 위한 공식 문서로 사용된다. 따라서 소프트웨어 개발과 관련된 이해 당사자에게는 중요한 기준이 되는 문서이다.

2 요구분석명세서 작성 시 주의 사항

요구분석명세서는 프로젝트 전 과정을 이끄는 기준 문서이므로, 작성 시 아래의 주의 사항을 반드시 확인하고 반영해야 한다.

■ **사용자가 쉽게 읽고 이해할 수 있도록 작성**

사용자와의 관계에서 요구분석명세서는 계약서와 같은 효력이 있다. 보험을 비롯한 상품을 구매할 때 약관을 보면 글자가 너무 작아 읽기도 어렵고 읽어도 이해하기가 쉽지 않다. 아무 문제가 없을 때는 자세히 읽지 않아도 상관없지만 문제가 발생해 분쟁으로까지 이어질 때는 약관이 매우 중요한 근거 자료로 활용되고 잘잘못에 대한 판단 기준이 되므로 잘 이해하고 있어야 한다. 요구분석명세서는 상품의 약관처럼 작성해서는 안 되고 사용자가 쉽게 읽고 이해할 수 있도록 작성해야 한다.

그림 4-20 읽기도 어렵고 이해하기도 쉽지 않은 깨알 같은 글씨의 약관

■ **개발자가 설계와 코딩에 효과적으로 사용할 수 있도록 작성**

요구분석명세서는 개발자가 해당 문서를 기반으로 설계하고 코딩하며 검증 기준으로 사용하는 등 여러 목적으로 활용할 수 있게 제공해야 한다.

■ **비기능 요구를 명확히 작성**

비기능 요구사항은 품질 또는 제약 사항들로 명확히 작성해야 나중에 문제가 생기지 않는다. 이를 애매한 표현으로 작성하면 분쟁의 소지가 남게 된다. 다음은 비기능 요구사항을 명확히 작성한 예이다.

구분	비기능 요구사항
성능	• 시스템은 초당 1,000건 이상의 요청을 처리할 수 있어야 한다. • 웹 페이지 로딩 시간은 2초 이내여야 한다.
보안	• 모든 데이터 전송은 HTTPS 프로토콜을 사용해야 한다. • 사용자는 2단계 인증$_{2FA}$을 통해 로그인해야 한다.
가용성	• 시스템의 연간 가용성은 99.9% 이상이어야 한다. • 장애 발생 시 5분 이내에 자동 복구되어야 한다.

■ 테스트 기준으로 사용할 수 있도록 정량적으로 작성

소프트웨어 요구분석명세서는 사용자 요구를 문서화하여 설계와 구현의 기초로 삼는 동시에, 테스트 기준과 테스트 케이스를 만드는 데도 활용된다. 따라서 기능 요구사항뿐 아니라 품질과 제약 조건 같은 비기능 요구사항도 테스트 가능하도록 정량적이고 명확하게 작성해야 한다.

■ 품질에 대한 우선순위 명시

품질 특성이 서로 상충하는 경우에 어떤 특성을 우선순위에 둘 것인지를 명시해야 한다. 상충 관계trade-off는 어느 한쪽이 좋으면 다른 한쪽은 손해를 보는 관계로, 대표적인 예가 [그림 4-21]처럼 터널 공사를 하는 경우이다. 터널을 뚫으면 물자 수송 시간이 단축되어 경제 효과가 크다고 판단할 수 있지만 환경 보호 측면에서는 생태계 파괴 우려가 있다.

요구사항의 품질도 이런 상충 관계가 성립될 수 있다. '보안성' 품질을 높이면 '사용자 편의성' 품질은 떨어질 수밖에 없다. 온라인으로 상품을 구매하거나 금융 거래를 할 때 보안이 강화되면 인증 절차가 복잡하고 까다로워지므로 사용하는 데는 더 불편하고 번거로워진다.

그림 4-21 상충 관계의 예

3 잘 만든 요구분석명세서의 특성

잘 만든 요구분석명세서라면 다음과 같은 특성이 있다.

■ 완전성

'완전하다'라는 말은 빠진 부분 없이 모두 있다는 의미다. 요구분석명세서는 기능 요구사항

뿐 아니라 성능, 제약 사항 등의 비기능 요구사항이 빠지지 않고 모두 서술되어야 완전하다고 할 수 있다. 그런데 예외 처리처럼 아주 드물게 발생하는 요구사항은 자주 빠뜨리기 쉽다. 따라서 요구사항 정의 및 분석 과정에서 아주 드물게 발생할 수 있는 것까지도 찾아내 반영해야 완전성을 충족하는 요구분석명세서가 된다.

예를 들어 현금인출기의 출금 기능 서술에서 출금 버튼을 누른 뒤 원하는 출금액을 입력할 때 통장 잔액이 충분하면 현금을 내주는 것이 지극히 정상이다. 그러나 이용자가 출금 버튼만 누르고 나가버렸는데도 출금액 입력을 계속 기다리는 것으로 기술한다면 완벽한 요구분석명세서가 아니다. 출금 버튼을 누르고 10초 안에 금액을 입력하지 않으면 금액을 입력하라는 음성 메시지를 보내거나 그래도 입력하지 않으면 초기 상태로 돌아가도록 기술해야 완전한 요구분석명세서다.

■ 일관성(무모순성)

사람들이 말을 할 때 전에 했던 말과 지금 하는 말이 다르면 일관성이 없고 모순된다고 한다. 요구분석명세서를 작성할 때도 마찬가지다. 상반된 요구뿐 아니라 불일치하거나 중복된 요구가 존재하면 일관성이 없는 요구분석명세서가 된다. 예를 들어 '아무나 접근할 수 없게 보안을 매우 철저히 해주고 사용자들이 인증 절차를 번거롭지 않고 단순하게 사용할 수 있도록 한다'는 것은 상충하는 요구사항으로 동시에 만족할 수 없다. 이처럼 상반된 요구가 포함되어 있으면 일관성이 떨어진다고 한다.

■ 명확성

일상생활에서 문제가 없을 때는 '좋은 것이 좋다'는 식으로 이해하고 넘어갈 수 있지만 문제가 발생하면 근거로 사용되는 계약서와 같은 문서가 중요한 역할을 하게 된다. 별생각 없이 도장을 찍었다가 나중에 큰 낭패를 보는 경우가 자주 발생하는 것도 이 때문이다.

요구분석명세서도 계약서와 같은 역할을 한다. 평소에는 중요하게 여기지 않더라도 요구사항, 비용, 기간 등에서 분쟁이 생기면 결국 요구분석명세서를 근거로 판단하게 된다. 따라서 모호한 표현을 피하고 명확하게 작성해야 해석상의 혼란이 생기지 않는다.

특히 문제가 없는 경우에도 명세서에 애매한 표현이 들어 있으면 사용자와 개발자가 다르게 이해하거나 여러 의미로 해석할 여지가 생긴다. 그 결과 요구사항을 잘못 이해해 사용자가 원하지 않는 결과를 초래할 수 있다. 그러므로 모든 표현은 누구나 같은 의미로 받아들일 수 있도록 명확해야 한다. 특히 비기능 요구사항은 가능한 수치화된 표현을 사용해 객관적으로 판단할 수 있도록 작성하는 것이 중요하다.

유스케이스	비기능 요구사항
도서 검색	3초 이내에 결과가 나타나야 한다. (×) 1백만 권까지 3초 이내에 결과가 나타나야 한다. (O)
수강신청	전교생이 동시에 접속해도 문제가 없어야 한다. (×) 수강신청 시 2,000명까지 동시 접속해도 1기가바이트 이상의 속도가 유지되어야 하고, 시스템이 멈추지 않아야 한다. (O)

■ 추적 가능성

추적이 가능하도록 요구분석명세서를 작성한다. 예를 들어 프로그램에 오류가 발생하면 그 부분이 설계서의 어디에 해당하는지 추적할 수 있어야 하고 해당하는 부분을 요구분석명세서에서 찾을 수 있어야 한다. 필요하다면 요구분석명세서를 작성할 때 사용했던 절차나 기법, 담당자까지도 추적할 수 있어야 한다. 반대로 요구분석명세서를 변경하려면 해당하는 설계서와 코드 부분까지도 추적할 수 있어야 한다.

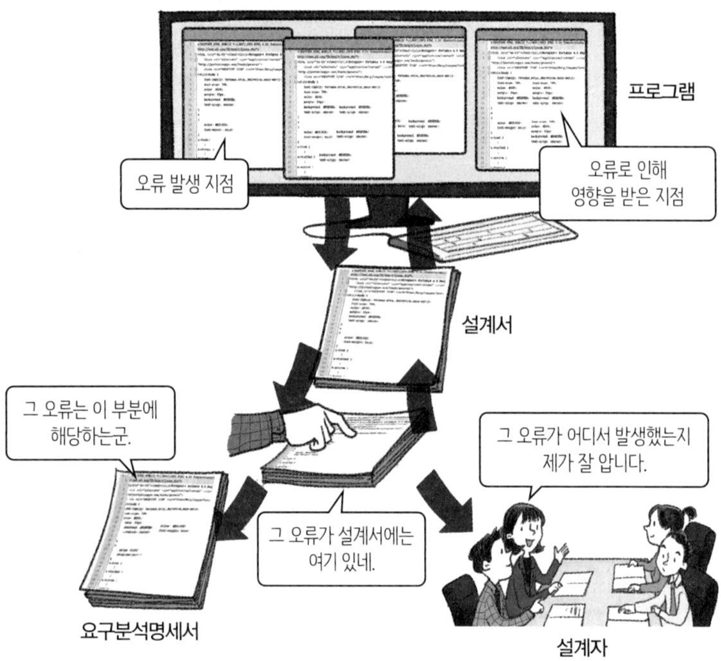

그림 4-22 추적 가능성

■ 변경 용이성

요구사항은 변경하기 쉽게 작성해야 한다. 그렇다면 어떤 것이 변경하기 쉽고 어떤 것이 변경하기 어려운 요구사항일까? 가장 쉬운 것은 요구사항 A를 수정했을 때 다른 요구사항에 영향을 주지 않아야 한다. 반대로 요구사항 A를 수정했는데 그와 관련된 요구사항이 많아 요구사항 B, C, D를 수정해야 한다면 변경하기 어려운 요구사항이다. 요구사항끼리 영향을 덜 미치려면 서로 의존도가 낮고 독립적으로 서술되어야 한다. 그래야 변경으로 인한 모순이나 불일치가 발생하지 않는다. 변경 용이성이 좋은 요구분석명세서는 한 곳의 변경으로 인해 다른 곳에 미치는 영향이 작은 것을 말한다.

■ 검증 가능성

검증 가능성은 개발된 시스템이 사용자 요구사항을 충족하는지를 체계적으로 검사할 수 있는 정도를 말한다. 요구분석명세서가 구체적이고 명확하게 작성되어 있다면 검증 가능성이 크지만, 모호한 표현이 많다면 검증 가능성은 낮아진다.

예를 들어 '많은 학생이 동시에 수강신청을 해도 문제가 없어야 한다'라는 요구사항은 개발된 시스템이 이 요구사항을 충족하는지를 검증하기에는 모호한 표현이다. 즉 '많은'이라는 단어는 주관적인 표현이므로 객관적이고 수치화된 표현을 사용해야 검증할 수 있다. 따라서 이 문장은 '2,000명의 학생이 동시에 수강신청을 해도 1기가바이트 이상의 속도가 유지되어야 하고 시스템이 멈추지 않아야 한다'와 같이 작성해야 한다.

4 요구 명세 기법

앞 절에서는 요구분석명세서가 갖추어야 할 주요 특성을 살펴보았다. 이제 이러한 요구사항을 실제로 문서화하기 위해 어떤 기법을 사용할 수 있는지 알아보자.

4.1 비정형 명세 기법

비정형 명세 기법은 사용자 요구를 표현할 때 자연어를 기반으로 서술하거나 작업 흐름도와 같은 다이어그램을 사용해 작성하는 방법이다. 이 기법은 특별한 기술이 필요하지 않아 요구사항을 쉽게 작성할 수 있고, 사용자도 내용을 이해하기 쉬워 분석가와 원활히 의사소통할 수 있다. 따라서 분석 과정에서 사용자의 적극적인 참여를 유도하는 데 효과적이다.

그러나 자연어로 작성하다 보면 표현이 모호해 해석이 달라질 수 있고, 일관성이 떨어지거나 명세가 불충분할 수 있다. 특히 작성된 내용이 사용자 요구를 충분히 반영했는지를 검증하기 어렵다는 점에서 한계가 있다.

4.2 정형 명세 기법

정형 명세 기법은 수학적 논리와 수학적 기호를 사용해 시스템의 동작을 정확하고 엄격하게 기술하는 방법이다. 자연어와 달리 모호함이 없고 일관된 표현이 가능하다는 장점이 있다.

정형 명세 기법은 특히 안전성과 신뢰성이 매우 중요한 시스템에서 많이 사용된다. 예를 들어 항공 시스템, 의료 기기, 원자력 제어 시스템, 통신 프로토콜, 자동차, 로봇, 산업 제어 시스템 등과 같은 분야에 적용된다.

하지만 수학적 기호와 이론에 기반하기 때문에 분석가가 일정 수준의 지식을 갖추고 있어야 하며 익숙하지 않은 표기법을 새로 배워야 한다는 어려움이 있다.

정형 명세 기법의 대표적인 종류로는 집합론을 기반으로 한 Z 명세 기법Z Notation, 논리를 기반으로 한 RAISERigorous Approach to Industrial Software Engineering, 상태를 기반으로 한 유한 상태 기계finite state machine, 그리고 페트리 네트워크Petri Net 등이 있다. 각 기법에 대한 설명은 생략한다.

5 요구사항 검증

요구사항 검증은 여러 방법을 통해 추출하고 정리한 사용자의 요구분석명세서가 정확하고 완전하게 서술되었는지 검토하는 활동이다. 즉 사용자 요구사항이 완전하게 서술되었는지 검증하고, 요구분석명세서를 작성할 때 문서 표준을 따랐는지 확인한다. 또한, 다음 단계인 설계에서 사용하기에 적합한지를 확인함으로써 요구분석명세서의 내부적 일관성과 완전성을 검증한다. 요구사항 검증은 앞에서 설명한 요구 품질 항목을 중심으로 수행한다.

표 4-7 요구사항 검증 항목

검증 항목	설명
완전성completeness	사용자 요구사항이 빠짐없이 완전하게 반영되어 있는가?
일관성consistency	요구사항 간에 모순되거나 충돌되는 점은 없는가? 산출물 또는 요구사항의 내용이 일관적인가?
명확성unambiguity	서술된 명세서의 내용이 모호하지 않고 모든 참여자가 명확히 이해할 수 있는가?
기능성functionality	서술된 명세서의 내용이 '어떻게'보다 '무엇을'에 관점을 두고 서술되었는가?
검증 가능성verifiability	개발된 소프트웨어가 사용자가 요구하는 내용과 일치하는지를 검증할 수 있는가?
추적 가능성traceability	요구분석명세서, 설계서, 구현 코드에서 같은 내용을 쉽게 찾을 수 있는가?
변경 용이성modifiability	서로 의존 관계가 적어 변경으로 인해 미치는 영향이 적은가?

01 요구사항의 특성에 대한 설명으로 옳지 않은 것은? 2024 국가직

① 신뢰성, 성능, 안전성은 기능적 요구사항에 해당한다.
② 비기능적 요구사항인 MTBF는 (MTTF + MTTR)로 나타낸다.
③ Windows에서 C++ 언어로 개발하라는 것은 비기능적 요구사항으로 분류된다.
④ 비기능적 요구사항인 가용성을 높이기 위해서는, MTTF를 증가시키고 MTTR을 감소시켜야 한다.

02 소프트웨어의 요구사항 수집 및 기술에 대한 설명으로 옳지 않은 것은? 2022 국가직

① 사용자의 요구사항을 구체적으로 파악하기 위해 소프트웨어의 일부 기능을 빠르게 구현한 프로토타입을 이용한다.
② 소프트웨어 사용 관련자들이 브레인스토밍을 통해 다양한 요구사항을 도출한다.
③ 현재 시스템의 문제를 파악하기 위해 관련 직원으로부터 시스템의 문제점을 파악하고 자료를 수집한다.
④ 수집한 요구사항은 프로그래밍 언어를 이용해서 구체적으로 기술한다.

03 호텔 예약 시스템을 개발할 때, 기능 요구사항으로 적절하지 않은 것은? 2024 경찰간부후보

① 고객이 객실 타입, 숙박 인원 등 예약 관련 사항을 입력하고 수정할 수 있어야 한다.
② 호텔 직원이 고객의 예약정보를 등록하고, 조회하고, 수정할 수 있어야 한다.
③ 시스템의 날짜 표기는 표준에 따라 YYYY-MM-DD 형식으로 제공해야 한다.
④ 시스템 사용자 역할별로 정보의 범위를 명시해야 한다.

04 영화 예매 시스템의 기능적 요구사항으로 가장 적절하지 않은 것은? 2024 군무원

① 고객은 자신이 예매한 예매 정보를 조회할 수 있다.
② 시스템 관리자는 영화 예매자에게 알림을 보낼 수 있다.
③ 시스템 관리자는 예매를 위한 영화 정보를 등록, 삭제할 수 있다.
④ 시스템 장애로 인한 예매 불가 시간이 월 1시간을 넘지 않아야 한다.

05 다음 중 비기능 요구사항에 대한 설명으로 옳은 것은? 정보처리기사 변형

① 보안 및 접근 통제를 위한 요구사항은 비기능 요구사항에 해당하지 않는다.
② 은행의 조회, 입금, 출금, 이체 등이 어떻게 수행되는지는 비기능 요구사항에 해당한다.
③ 처리 속도 및 시간, 처리량 등의 성능에 대한 요구사항은 비기능 요구사항에 해당하지 않는다.
④ '차량 대여 시스템에서 제공하는 모든 화면은 3초 안에 사용자에게 보여야 한다'는 것은 비기능 요구사항에 해당한다.

06 다음 중 기능적 요구사항과 비기능적 요구사항을 가장 올바르게 분류한 것은?

2025 경찰간부후보

(가) 사용자 인터페이스의 버튼은 하단 중앙에 위치한다.
(나) 검색 버튼을 누르면 결과는 3초 이내 표시된다.
(다) 보안성에 대한 요구 사양을 만족하게 해야 한다.
(라) 사용자 입력값에 대한 범위와 단위를 설정한다.
(마) 사용자의 권한에 따른 분류를 설정하여 구분한다.
(바) 가용성(Availability)은 최소 90% 이상을 보장한다.

	기능적 요구사항	비기능적 요구사항
①	(가), (나), (라)	(다), (마), (바)
②	(가), (라), (마)	(나), (다), (바)
③	(나), (다), (마)	(가), (라), (바)
④	(다), (라), (마)	(가), (나), (바)

07 기능적 요구사항과 비기능적 요구사항에 대한 설명으로 가장 옳지 않은 것은? 2022년 서울시

① 비기능적 요구사항은 기능적 요구사항보다 구현해야 하는 우선순위가 낮은 기능에 대한 요구사항을 포함한다.
② 동일한 소프트웨어에 대해서 여러 종류의 사용자가 존재할 수 있으며, 사용자 종류에 따라 별도의 기능적 요구사항을 가질 수 있다.
③ 기능적 요구사항은 소프트웨어 시스템을 통해 사용자가 얻고자 하는 서비스에 대한 조건으로, 사용자 입력에 따른 기대 출력에 대한 조건으로 표현할 수 있다.
④ 보안 요구사항, 성능 요구사항은 비기능적 요구사항이다.

08 어떤 소프트웨어의 고장 간 평균 시간(MTBF)은 250시간, 평균 수리 시간(MTTR)은 40시간이다. 소프트웨어를 개선하여 평균 수리 시간은 그대로 유지하면서 평균 가동 시간(MTTF)을 380시간으로 향상시켰다. 개선 전과 개선 후의 가용성(Availability)을 각각 구하시오(단, 소수점 이하에서 반올림한다). 2025 경찰간부후보

① 84%, 90%
② 86%, 90%
③ 84%, 89%
④ 86%, 89%

09 A사의 365일 24시간 운영하는 시스템에서 다음과 같은 장애가 발생했다면 MTTR로 가장 적절한 값은? 2024 군무원

- 월: 장애 없음
- 화: 장애 없음
- 수: 오후 4시~오후 5시
- 목: 장애 없음
- 금: 장애 없음
- 토: 장애 없음
- 일: 오전 8시~오전 11시

① 1시간
② 2시간
③ 3시간
④ 4시간

10 소프트웨어 요구사항 명세서의 내용으로 적절하지 않은 것은? 2023 경찰간부후보

① 학생은 학부과정과 대학원 과정을 동시에 수강할 수 없다.
② 교수는 사번과 패스워드를 이용하여 시스템에 로그인한다.
③ 시스템의 페이지는 최대한 빨리 화면에 출력되어야 한다.
④ 시스템의 모든 트랜잭션은 128비트 암호화되어야 한다.

11 유스케이스 명세서를 구성하는 항목에 대한 설명으로 옳지 않은 것은? 2022 국가직

① 개요는 유스케이스가 제공하는 기능을 나타낸 것으로, 그 기능을 사용하는 사용자 액터까지 표현해야 한다.
② 이벤트 흐름(시나리오)은 유스케이스 기능에 대한 액터와 시스템 간의 대화로, 문자나 순차 다이어그램을 사용해 표현한다.
③ 기능 요구사항은 성능, 신뢰성, 보안성, 가용성 등 여러 요구 품질 요소를 나타낸다.
④ 후행 조건은 유스케이스의 수행 완료 후에 만족되어야 하는 조건으로 상태나 수치의 바뀐 모습을 명확하고 구체적으로 기술해야 한다.

12 유스케이스 다이어그램에 대한 설명으로 옳지 않은 것은? 2022 국가직

① 시스템 외부의 액터들은 서로 관계를 형성하지 않는다.
② 시스템과 상호작용하는 외부 시스템은 액터로 표현한다.
③ 유스케이스들의 공통 호출 서비스는 <<include>> 관계로 유스케이스를 구성한다.
④ 유스케이스들의 선택적 서비스는 <<extend>> 관계로 유스케이스를 구성한다.

13 다음의 요구사항에 따라 작성된 유스케이스 다이어그램에서 (가)~(라)에 들어갈 용어로 가장 옳지 않은 것은? 2022 군무원

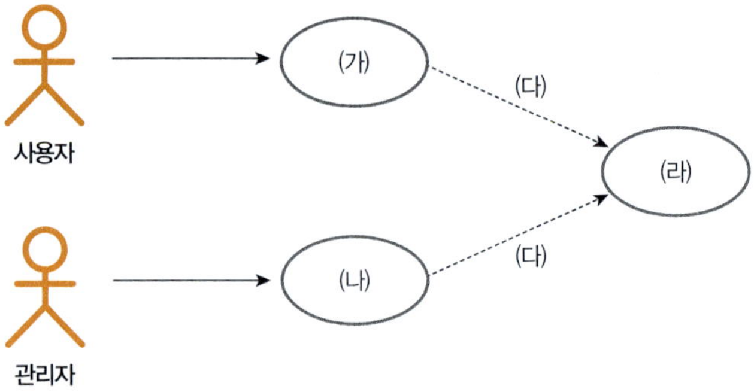

요구사항
- 관리자는 '도서 등록' 기능을 수행할 수 있다.
- 사용자는 '도서 대출' 기능을 수행할 수 있다.
- '도서 대출'을 수행하거나 '도서 등록'을 수행하려면 '도서 검색'을 수행해야 한다.

① (가) 도서 대출
② (나) 도서 등록
③ (다) <<extend>>
④ (라) 도서 검색

14 다음 유스케이스 다이어그램에 대한 설명으로 옳지 않은 것은? 2021 국가직

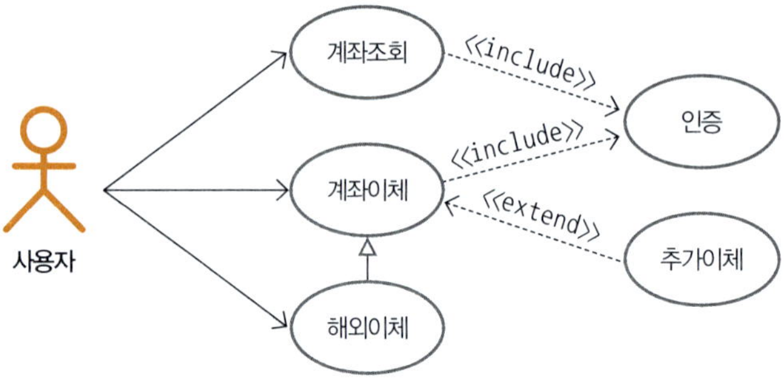

① '계좌이체'는 '해외이체'보다 일반화된 유스케이스에 해당한다.
② '계좌이체' 유스케이스가 수행되면 '추가이체' 유스케이스도 수행된다.
③ '계좌조회', '계좌이체', '해외이체' 유스케이스는 '사용자' 액터에 의해 수행된다.
④ '인증' 유스케이스는 '계좌조회'와 '계좌이체' 유스케이스에 포함되어 수행된다.

15 자료 흐름도(DFD)를 작성하는데 지침이 될 수 없는 항목은? 정보처리기사 변형

① 자료 흐름은 처리(Process)를 거쳐 변환될 때마다 새로운 이름을 부여한다.

② 자료 저장소에 입력 화살표가 있으면 반드시 출력 화살표도 표시되어야 한다.

③ 어떤 처리(Process)가 출력 자료를 산출하기 위해서는 반드시 입력 자료가 발생해야 한다.

④ 상위 단계의 처리(Process)와 하위 자료 흐름도의 자료 흐름은 서로 일치되어야 한다.

16 다음 중 요구사항 모델링에 활용되지 않는 것은? 정보처리기사 변형

① 애자일 방법 ② 단계 다이어그램

③ 시퀀스 다이어그램 ④ 유스케이스 다이어그램

17 소프트웨어 요구사항 명세서의 항목에 해당하지 않는 것은? 2022년 서울시

① 사용자 요구사항 정의 ② 시스템 아키텍처

③ 인터페이스 요구사항 ④ 소프트웨어 개발 일정

18 요구분석은 소프트웨어 개발의 초기 단계이지만, 이 단계에서의 오류는 전체 프로젝트 실패로 이어질 수 있다. 실제 현업에서는 다음과 같은 상황이 자주 발생한다. 이러한 상황을 고려할 때, 소프트웨어 개발 프로젝트에서 요구분석이 어려운 근본적인 이유를 2가지 이상 기술하고, 이러한 어려움을 완화하기 위한 구체적인 전략을 각각 제시하시오.

- 사용자는 자신이 진짜로 원하는 것이 무엇인지 명확히 말하지 못함
- 여러 이해관계자 간에 요구가 충돌하거나 우선순위가 다름
- 요구사항이 빈번하게 바뀌고, 변경 이력이 제대로 관리되지 않음

19 전자정부 시스템 프로젝트에서 다음과 같은 비기능 요구사항이 명시되어 있다. 그러나 개발팀은 기능 요구사항에 집중한 나머지, 비기능 요구사항을 설계 단계에서 충분히 반영하지 못하고 있다. 다음 비기능 요구사항 중 2가지를 선택하여, 각 요구사항을 충족시키기 위해 설계 단계에서 고려해야 할 구체적인 기술적 또는 구조적 방안을 각각 설명하시오.

- 시스템은 1초 이내에 검색 결과를 반환해야 한다.
- 연간 평균 가동률은 99.95% 이상이어야 한다.
- 공공 인증서를 통한 사용자 인증 기능을 제공해야 한다.
- 사용자는 장애가 발생해도 최소한 읽기 기능은 사용할 수 있어야 한다.

20 시스템 사용자(사서)는 도서관 시스템을 통해 사용자의 도서 대출 요청을 처리한다. 정상적인 대출 시나리오는 다음과 같다. 다음 시나리오를 기준으로, 성공적으로 대출이 완료된 후의 후행 조건을 3가지 이상 작성하시오.

1. 사용자가 도서 대출을 요청한다.
2. 시스템은 사용자의 회원 자격(연체 여부, 대출 가능 권수 등)을 검증한다.
3. 사용자가 선택한 도서가 대출 가능한 상태인지 확인한다.
4. 대출이 가능하면 시스템은 해당 도서를 사용자의 대출 목록에 추가하고, 도서의 상태를 '대출 중'으로 변경한다.
5. 시스템은 대출 완료 메시지를 표시하고, 반납 예정일을 계산하여 기록한다.

Chapter

05

설계

학습목표

- 소프트웨어 설계의 목적과 기본 원리를 이해한다.
- 모듈의 응집도와 결합도를 분석하여 좋은 설계의 기준을 설명할 수 있다.
- 사용자 인터페이스 설계의 원칙과 지침을 적용할 수 있다.

01 설계의 이해

'설계'하면 보통 건축 분야를 먼저 떠올린다. 건축에서는 고객의 요구사항을 반영하여 설계 도면을 만들고, 이를 바탕으로 건물을 짓는다. 건축 설계는 다음과 같은 단계를 거쳐 이루어진다.

■ **[1단계] 요구사항 수집**

건축주는 짓고 싶은 집의 모양을 구상하고 외관, 방의 개수 및 위치 등을 설계사에게 제시한다.

■ **[2단계] 설계 도면 작성**

설계사는 건축주의 요구사항과 건축 경험을 바탕으로 고려해야 할 제약 사항을 반영하여 도면을 작성한다.

■ **[3단계] 설계 확정 및 시공**

건축주와 설계사가 의견을 조율하여 최종 설계 도면을 확정한 후 시공을 진행한다.

이 과정에서 최종 산출물로 설계 도면이 만들어진다. 도면은 일반인도 이해할 수 있는 기본 도면부터 공사 현장에서 사용되는 전기 배선도, 상하수도 배관도 등 여러 형태로 제작된다. 이 내용을 그림으로 표현하면 [그림 5-1(a)]와 같다.

소프트웨어 설계도 건축 설계와 유사한 흐름을 따른다. 사용자의 요구사항을 분석하여 요구분석명세서를 작성한 후, 이를 바탕으로 개발팀이 설계서(건축의 설계 도면에 해당)를 작성하고, 이를 기반으로 구현을 진행한다. 요구분석명세서를 기반으로 작성된 설계서는 건축의 다양한 도면처럼 사용자 인터페이스 설계, 아키텍처 설계, 클래스 설계 등 다양한 형태로 구체화된다. 이 내용을 그림으로 표현하면 [그림 5-1(b)]와 같다.

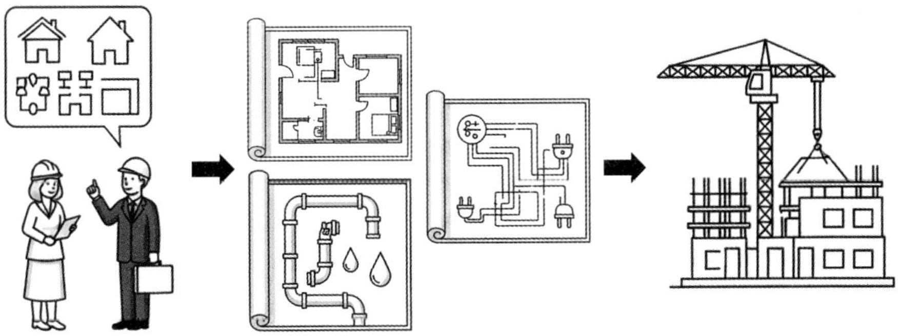

(a) 건축의 설계 과정

(b) 소프트웨어 설계 과정

그림 5-1 건축의 설계 과정과 소프트웨어 설계 과정

다음은 요구분석과 설계의 차이를 나타낸 표이다.

표 5-1 요구분석과 설계의 차이

구분	요구분석	설계
산출물	요구분석명세서	설계서
관점	무엇what을 만들 것인가	어떻게how 만들 것인가
특성	개념적, 추상적	사용 환경을 반영해 구체적
비고	요구분석 단계에서 고려하지 않는 요소 • 운영체제 • DBMS(오라클, MySQL, MS-SQL Server 등) • 프레임워크(.NET, J2EE 등)	설계 단계에서 고려하는 요소 • 비기능 요구사항 • 제약 사항 • 플랫폼(운영체제, 미들웨어, 프레임워크)

설계는 요구분석명세서를 기반으로 소프트웨어를 어떻게 구축할 것인가를 결정하는 과정이다. 따라서 다양한 방법 중에서 제약 조건을 만족하는 최적의 설계를 도출하는 것이 중요하며, 이를 평가할 수 있는 기준도 정량적으로 명시해야 한다.

좋은 설계가 되기 위한 조건은 다음과 같다.

- 설계서는 요구분석명세서의 내용을 모두 포함해야 한다.
- 유지보수가 쉽도록 변경사항을 추적할 수 있어야 한다.
- 변화에 유연하게 적응할 수 있어야 한다.
- 시스템 변경으로 인한 영향이 최소화되도록 설계되어야 한다.
- 설계서는 읽기 쉽고 이해하기 쉽게 작성해야 한다.

이러한 조건을 만족하는 좋은 설계를 위해서는 결국 모듈이 독립적이어야 한다. 즉, 모듈 내 요소 간의 응집도는 높이고, 모듈 간 결합도는 낮추는 것이 중요하다. 응집도와 결합도에 관해서는 03절에서 자세히 다룬다.

02 설계의 원리

소프트웨어 설계는 소프트웨어 개발 생명주기SDLC에서 요구사항 분석 후에 수행되는 단계로, 시스템이 동작하는 데 필요한 구조, 구성 요소, 인터페이스, 데이터 흐름 등을 정의하고 문서로 만드는 과정이다. 이를 통해 소프트웨어가 구현 단계로 넘어갈 수 있는 기반을 제공한다.

1 분할과 정복

조직을 효율적으로 운영하려면 여러 개의 세부 조직으로 나누고, 또 그 안에서 더 작은 조직으로 나누어 관리하는 것이 효율적이다. 기업에서는 사업부를 부서로, 부서를 팀으로 나누어 운영하며, 각 조직이 특정 역할을 담당하도록 한다.

소프트웨어 개발도 이와 유사한 원리를 적용한다. 규모가 큰 소프트웨어를 개발할 때 여러 개의 서브 시스템으로 나누고, 서브 시스템은 다시 규모가 더 작은 서브 시스템으로 나눈 후 개발을 진행한다. 예를 들어 대학의 종합정보시스템도 [그림 5-2]처럼 학사관리, 회계관리, 교무관리 등으로 나누고 각각을 더 작은 단위로 세분화하고 있다.

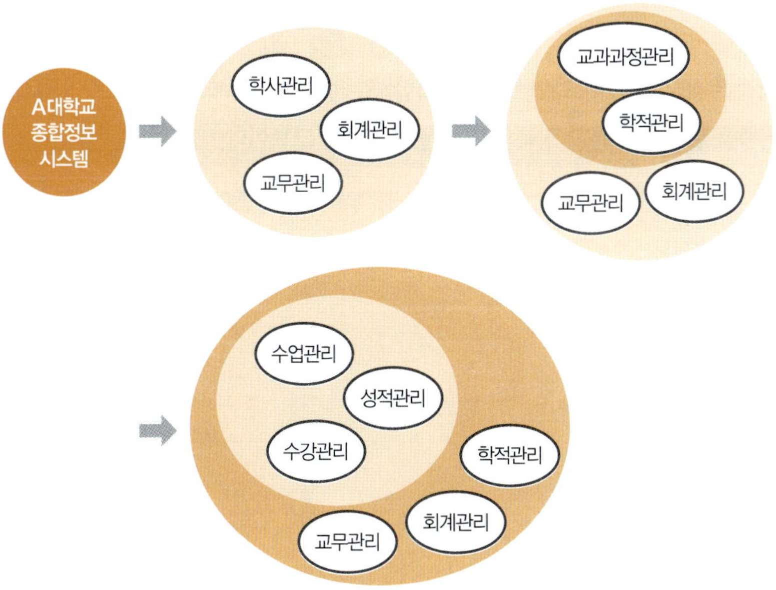

그림 5-2 분할의 예

분할은 시스템을 더 작은 단위로 나누는 과정이며, 정복은 나눈 요소를 하나씩 개발하여 최종적으로 전체 시스템을 완성하는 과정이다. 즉, 분할과 정복divide & conquer의 원리는 프로젝트를 수행할 때 먼저 작은 단위로 나눈 뒤, 말단에 있는 작은 시스템부터 개발하면서 점진적으로 시스템을 완성하는 방식을 의미한다.

소프트웨어 개발에서 규모가 큰 문제를 작은 규모의 모듈로 나누어 해결하는 것은 매우 유용하다. 하지만 무조건 많은 모듈로 나누는 것이 항상 좋은 것은 아니다. 모듈을 과도하게 분할할 경우, 모듈 간 통신 횟수가 많아지면서 시스템의 복잡도가 오히려 증가할 수 있다. 설계자는 모델을 적절한 수준으로 분할하여 복잡도 증가로 인한 부작용을 최소화하면서도 모듈화의 장점을 극대화하는 것이 중요하다. 모듈을 나누는 기준과 평가 방법에 관한 자세한 설명은 03절에서 다룬다.

분할과 정복 기법을 활용하면 다음과 같은 장점을 얻을 수 있다.

- **복잡성 감소**: 문제를 작은 단위로 나누어 해결하므로 복잡한 문제를 보다 쉽게 이해하고 관리할 수 있다.
- **재사용성 증가**: 하위 문제를 해결하는 모듈을 독립적으로 설계하면 다른 시스템에서도 쉽게 재사용할 수 있다.
- **성능 향상**: 병렬 처리가 가능하여 실행 속도가 개선될 수 있다.

이러한 장점으로 인해 분할과 정복의 원리는 재귀적으로 문제를 해결하는 알고리즘에서 자주 사용된다. 대표적으로 병합 정렬merge sort, 퀵 정렬quick sort, 이진 탐색binary search 등이 있다.

병합 정렬 알고리즘은 배열을 나누고, 정렬한 뒤 병합하는 방식으로 동작한다. [코드 5-1]은 병합 정렬 알고리즘을 활용하여 분할 정복의 개념을 보여주는 코드이다.

코드 5-1 병합 정렬 알고리즘

```
import java.util.Arrays;
public class MergeSort {

    // Merge Sort 함수
    public static void mergeSort(int[] array) {
        if (array.length < 2) {          // 배열 크기가 1 이하이면 정렬할 필요 없음
            return;
        }

        // 배열을 두 개로 나누기
        int mid = array.length / 2;
        int[] left = Arrays.copyOfRange(array, 0, mid);
        int[] right = Arrays.copyOfRange(array, mid, array.length);

        // 재귀적으로 나눈 배열을 정렬
        mergeSort(left);
        mergeSort(right);

        // 정렬된 두 배열을 병합
        merge(array, left, right);
    }

    // 병합 함수
    private static void merge(int[] array, int[] left, int[] right) {
        int i = 0, j = 0, k = 0;

        // 두 배열에서 작은 값을 먼저 넣기
        while (i < left.length && j < right.length) {
            if (left[i] <= right[j]) {
                array[k++] = left[i++];
            } else {
                array[k++] = right[j++];
            }
        }

        // 남아 있는 요소 추가
        while (i < left.length) {
            array[k++] = left[i++];
        }
        while (j < right.length) {
            array[k++] = right[j++];
        }
    }
```

```
    public static void main(String[] args) {
        int[] array = {38, 27, 43, 3, 9, 82, 10};
        System.out.println("정렬 전: " + Arrays.toString(array));

        mergeSort(array);

        System.out.println("정렬 후: " + Arrays.toString(array));
    }
}
```

- Divide(분할): mergeSort 함수는 배열을 두 개의 하위 배열로 나누며, 크기가 1이 될 때까지 재귀적으로 반복된다.
- Conquer(정복): mergeSort(left)와 mergeSort(right)를 재귀적으로 호출하여 각 하위 배열을 정렬된 상태로 만든다.
- Combine(병합): merge 함수를 사용하여 정렬된 두 배열을 하나로 합친다.

2 추상화

우리는 일상에서 추상화 개념을 쉽게 접할 수 있다. 추상화란 복잡한 정보를 단순화하여 필요한 특징만 드러내고, 불필요한 세부 사항은 숨기는 과정이다.

예를 들어, 등산가는 산의 등산로가 표시된 지도를 필요로 하지만 지형 연구자는 등고선이 상세히 표현된 지도를 선호한다. [그림 5-3]을 보면 같은 산을 나타내지만, 목적에 따라 필요한 정보가 달라짐을 알 수 있다.

(a) 등산로 지도 (b) 등고선 지도

그림 5-3 등산로 지도와 등고선이 그려진 지도

건설 현장에서도 추상화 개념을 확인할 수 있다. 예를 들어, 집의 평면도를 보면 집의 전체적인 구조와 배치를 한눈에 파악할 수 있지만, 전기 배선 공사 담당자는 전기 배선도가, 설비 담당자는 상하수도 설비도가 필요하다. 즉, 같은 건물을 보더라도 필요한 정보에 따라 도면의 표현 방식이 달라진다.

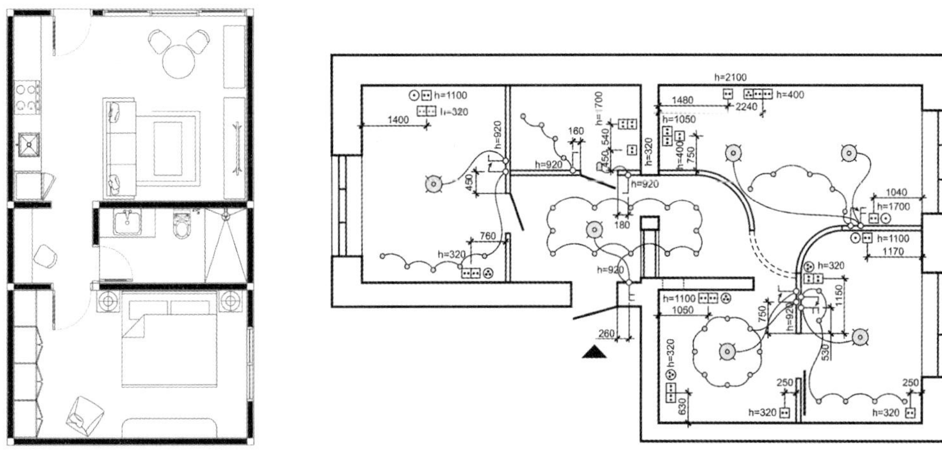

(a) 평면도 (b) 거실의 전기 배선도

그림 5-4 건물 지을 때 필요한 도면

이처럼 필요한 정보만 남기고 나머지를 생략하는 과정이 바로 추상화abstraction이다.

추상화는 소프트웨어 설계에서 매우 중요한 개념이다. 설계 수준을 평가할 때 얼마나 추상화가 잘 되었느냐에 따라 좋은 설계와 그렇지 않은 설계로 나눌 수 있으며, 추상화가 잘된 설계일수록 유지보수를 쉽게 할 수 있다. 추상화의 개념은 설계 패턴에서도 유용하게 사용된다.

추상화는 자신에게 필요한 특징만 표현한 것이라 할 수 있다. 복잡한 시스템을 단순화하여 중요한 개념이나 동작만을 표현하고, 불필요한 세부 사항을 숨기는 설계 원리이다. 이는 소프트웨어 개발에서 복잡성을 효과적으로 관리하고 시스템을 더 쉽게 이해하고 유지할 수 있도록 도와준다.

객체지향 설계에서 추상화의 의미는 약간 다르게 사용된다. [그림 5-5]에서 도형의 계층을 보면 직선과 곡선의 공통점을 뽑아 '개곡선'이라고 이름을 붙이고 원, 사각형, 삼각형의 공통점을 뽑아 '폐곡선'이라고 이름을 붙였다. 또한, 타원과 정원의 공통점을 뽑아 '원'이라고 이름을 붙이고 사각형과 삼각형도 같은 방식으로 이름을 붙였다. 이처럼 객체지향 설계에서 추상화는 유사한 특성을 가진 것끼리 그룹화한 뒤 공통점을 뽑아 이름을 붙이는 것을 말한다.

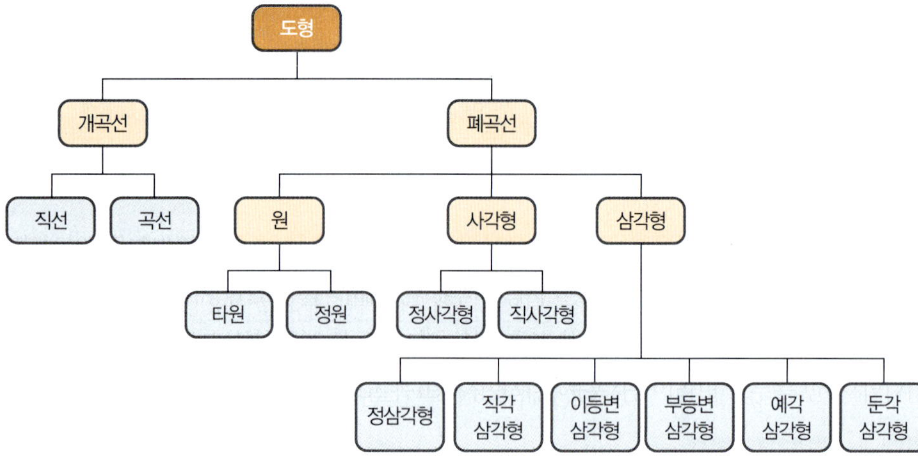

그림 5-5 객체지향 설계에서 추상화의 예

3 캡슐화

'캡슐'이라고 하면 [그림 5-6(a)]와 같은 캡슐로 된 약이 떠오를 것이다. 캡슐 안에는 수많은 알갱이가 들어 있지만, 약을 먹을 때 알갱이 하나하나가 어떤 성분으로 구성되었는지 알 수도 없고 알 필요도 없다. 세탁기와 같은 전자 제품도 마찬가지다. 사용자는 세탁기의 기능과 사용법만 알면 되지 내부가 어떻게 구성되어 있으며 어떤 방식으로 돌아가는지 등은 전혀 신경 쓸 필요가 없다. 이러한 개념이 캡슐화encapsulation와 유사하다.

캡슐화는 객체가 제공하는 기능(서비스)과 사용법만 외부에 공개하고, 내부 구조나 구현 방식은 감춘다는 개념이다. 이로 인해 사용자는 객체 내부가 어떻게 동작하는지 몰라도, 필요한 기능만 알면 쉽게 사용할 수 있다.

예를 들어, C++이나 자바 같은 객체지향 언어에서는 객체 내부에 관련된 데이터(필드)와 이를 조작하는 메서드(함수)를 하나로 묶어 설계하며, 외부에서는 이 메서드를 통해서만 데이터에 접근하거나 수정할 수 있다

캡슐화는 보통 클래스class를 통해 구현되며, 외부에서 객체 내부 데이터를 직접 수정하지 못하도록 보호하는 역할을 한다. 그러나 캡슐화를 적용했다고 해서 객체 내부 데이터를 무조건 차단하는 것은 아니다. 필요에 따라 특정 데이터나 기능을 외부에서 접근할 수 있도록 허용할 수도 있다. 즉, 객체 내부 데이터를 감추는 정도는 정보은닉의 적용 방식에 따라 달라진다.

(a) 실세계의 캡슐화　　　　(b) 객체지향의 캡슐화

그림 5-6 캡슐화의 형태

4 정보은닉

정보은닉information hiding의 개념을 이해하기 위해 일상에서의 예를 먼저 살펴보자. 가끔 친구가 무슨 생각을 하고 있는지 궁금할 때가 있다. 그러면 여러분은 어떻게 하는가? 머릿속을 들여다볼 수 없으므로 많은 대화를 통해 그 친구의 생각을 유추하고 알아내는 수밖에 없다.

그림 5-7 일상에서 정보은닉의 예

정보은닉은 외부(다른 객체)에서 객체의 변수 값을 직접 변경할 수 없도록 막아주는 개념이다. 다른 객체가 특정 객체 내의 데이터를 직접 참조하거나 변경할 수 없으며 필요한 정보를 얻기 위해서는 메서드를 통해 요청해야 한다. 마치 친구와 대화를 통해 정보를 얻는 방식과 유사하다.

캡슐화는 소프트웨어 모듈인 객체 내부의 데이터와 메서드를 하나로 묶는 개념으로, 캡슐의 내부(속성)와 외부(메서드)를 구분한다. 그러나 캡슐화를 했다고 해서 자동으로 데이터가 보호되는 것은 아니다. 데이터를 보호하려면 정보은닉을 적용해야 한다.

정보은닉은 private(−) 설정을 통해 외부 접근을 직접 차단할 수 있어 내부를 보호하는 역할을 한다. 주로 속성(데이터)을 private(−)로 설정해 외부로부터 데이터의 손상과 오용을 막아 안전하게 보호한다. 반면 public(+) 설정은 외부 접근을 허용하는 것으로, 주로 서비스를 제공하는 메서드를 public(+)으로 설정한다. public(+)으로 설정한 메서드는 외부 객체와 정보를 주고받기 위한 통로이며 다른 객체에 무엇을 서비스할 수 있는지 알려준다. 이는 전자 제품에서 기능 버튼과 같은 역할이다.

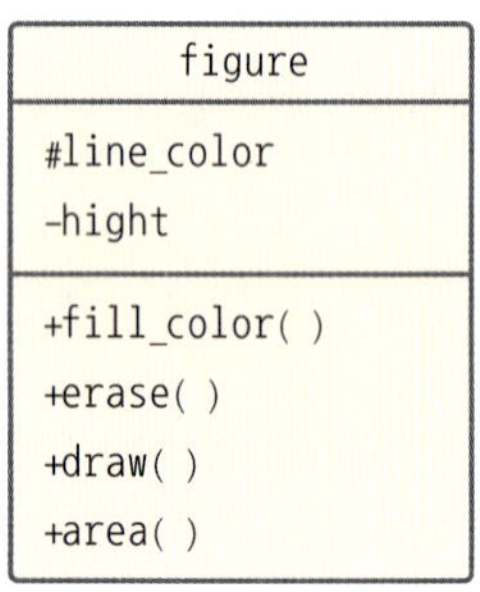

그림 5-8 정보은닉의 표기

정보은닉은 UML에서 특정 기호로 표기된다. [그림 5-8]의 figure 클래스 속성에 표기된 −, +, #의 의미는 다음과 같다.

■ **+ (공개, public)**

public으로 설정된 요소는 같은 시스템에 있는 모든 클래스가 접근할 수 있다. 클래스는 클래스 이름, 속성, 메서드로 구성되는데 public으로 설정되는 부분은 주로 메서드이다.

■ **− (은닉, private)**

private로 설정된 요소는 같은 시스템 내의 다른 클래스가 직접 접근할 수 없고 해당 클래스의 메서드를 통해서만 접근할 수 있다. 클래스에서 대부분의 속성은 private로 설정된다.

■ **# (부분 공개, protected)**

protected로 설정된 요소는 다른 클래스가 접근할 수 없고 해당 클래스의 메서드와 클래스를 상속받은 하위 클래스만 접근할 수 있다.

정보은닉의 표기 방법은 [표 5-2]와 같이 프로그래밍 언어별로 다르다.

표 5-2 UML, C++, 자바 언어의 정보은닉 표기

	UML	C++	자바
공개	+	public	public
은닉	-	private	private
부분 공개	#	protected	protected

5 다형성

다형성polymorphism은 그리스어에서 유래한 용어로, '여러 개의 형태를 갖는다'라는 의미를 가진다. 사전적으로는 poly(많다, 여러 개)와 morph(형태)가 결합된 단어로 '다양한 형태'를 뜻한다.

객체지향 프로그래밍에서 다형성은 하나의 이름으로 여러 동작을 수행할 수 있는 특성을 의미하며, 주로 두 가지 방식으로 구현된다.

- **중복정의**overloading : 같은 이름의 기능(메서드)을 여러 방식으로 정의하는 것
- **재정의**overriding : 상위 클래스에서 정의한 기능을 하위 클래스에서 다시 정의하는 것

5.1 중복정의

중복정의는 연산자 중복정의와 메서드 중복정의가 대표적이다.

■ 연산자 중복정의

일반적으로 연산자는 특정한 연산을 수행하지만, 일부 프로그래밍 언어에서는 연산자의 기능을 확장하여 다른 역할을 수행하도록 한다. 예를 들어 + 연산자는 두 가지 용도로 사용할 수 있다.

- **연산자**operator**로 사용** : 3+5 → 두 숫자를 더하는 기능을 수행한다.
- **연결자**concatenation**로 사용** : go+stop → 두 단어를 연결하는 기능을 수행한다.

이처럼 동일한 연산자가 자료형이나 사용 방식에 따라 다르게 동작하는 것을 연산자 중복정의operator overloading라고 한다.

■ 메서드 중복정의

메서드 중복정의method overloading는 같은 클래스 내에서 같은 이름의 메서드를 여러 개

정의하는 기법이다. C 언어와 같은 절차지향 언어에서는 같은 함수명을 중복정의할 수 없지만, C++이나 자바 같은 객체지향 언어에서는 중복정의가 가능하다. 그러면 동일한 이름을 가진 메서드들을 어떻게 구별할 수 있을까?

- **매개변수의 개수로 구별**: [그림 5–9(a)]를 보면 메서드 area( )를 같이 사용하지만 하나는 매개변수가 1개(반지름)이고, 다른 하나는 2개(가로, 세로)이다. 이처럼 매개변수의 개수를 가지고 구별한다.
- **매개변수의 자료형으로 구별**: [그림 5–9(b)]를 보면 area(int a)는 매개변수의 자료형이 정수형(int)이고 area(float b, float c)는 실수형(float)이다.

이처럼 메서드를 서로 구별할 수 있게 해주는 기준이 되는 매개변수 개수와 자료형 등의 요소를 시그니처signature라 한다.

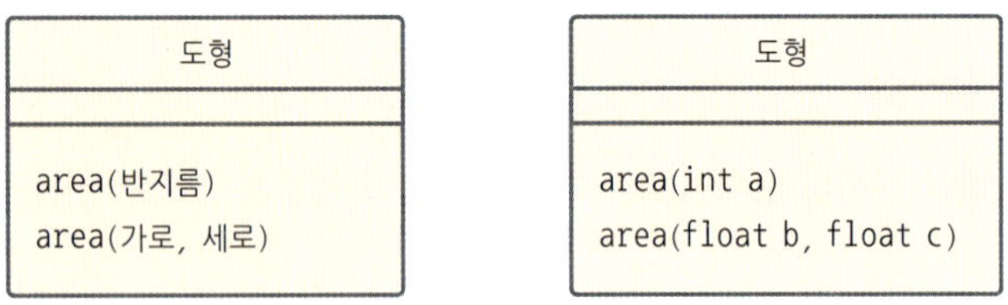

(a) 매개변수 개수로 메서드 구별 (b) 매개변수 자료형으로 메서드 구별

그림 5–9 메서드 중복정의의 예

[코드 5–2]를 보면 중복정의된 메서드가 매개변수의 자료형에 따라 정확히 구별되어 정상 출력하는 것을 볼 수 있다.

코드 5–2 인자의 자료형에 따른 메서드 중복정의

```
public class Printer {

    // 문자열 출력
    public void print(String message) {
        System.out.println("String message: " + message);
    }

    // 정수 출력
    public void print(int number) {
        System.out.println("Integer number: " + number);
    }

    // 실수 출력
```

```
    public void print(double number) {
        System.out.println("Double number: " + number);
    }

    // 배열 출력
    public void print(int[] numbers) {
        System.out.print("Array of integers: ");
        for (int num : numbers) {
            System.out.print(num + " ");
        }
        System.out.println();
    }

    public static void main(String[] args) {
        Printer printer = new Printer();

        // 중복정의된 메서드 호출
        printer.print("Hello, Overloading!");  // 문자열 출력
        printer.print(42);                     // 정수 출력
        printer.print(3.14159);                // 실수 출력
        printer.print(new int[] {1, 2, 3, 4}); // 배열 출력
    }
}
```

실행 결과

```
String message: Hello, Overloading!
Integer number: 42
Double number: 3.14159
Array of integers: 1 2 3 4
```

[코드 5-2]에서 Printer 클래스에는 같은 이름의 print 메서드가 4개 나온다. 실행 결과를 보면 매개변수parameter의 자료형data type에 따라 정확히 출력되는 것을 확인할 수 있다.

5.2 재정의

재정의는 기존에 정의된 기능을 완전히 없애고 새로 정의하는 과정이다. [그림 5-10]을 보면 낡고 오래된 건물이 재개발되어 새로운 아파트로 바뀌는 모습과 같다. 소프트웨어에서도 기존 이름만 유지하면서 새로운 요구사항에 맞게 동작을 변경해야 하는 경우가 있다. 이를 위해 객체지향 프로그래밍에서는 재정의overriding 개념을 사용한다.

(a) 재개발 전　　(b) 재개발 후

그림 5-10 재개발의 모습

재정의는 주로 상속 관계에서 사용되며, 상위 클래스에서 정의한 메서드의 이름은 그대로 유지하되, 그 구현 내용을 하위 클래스에서 새롭게 작성하는 방식이다. [그림 5-11]은 상위 클래스의 강사료 메서드를 하위 클래스에서 각각 다시 정의한 예를 보여준다. 그러나 이는 올바른 재정의 방식이 아니다.

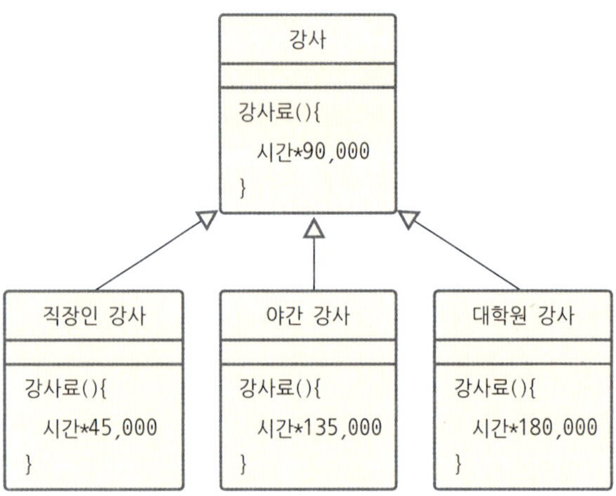

그림 5-11 잘못 사용한 메서드 재정의의 예

재정의는 잘못 사용하면 설계 원칙 중 하나인 리스코프 교체 원칙Liskov Substitution Principle, LSP에 위배될 수 있다.

리스코프 교체 원칙은 상위 클래스의 객체를 하위 클래스의 객체로 교체하더라도 프로그램의 실행 결과가 같아야 한다는 원칙이다. 즉 하위 클래스는 상위 클래스의 동작을 유지하면서 확장해야 하며, 기존 기능을 변경하거나 훼손해서는 안 된다.

[그림 5-11]에서 하위 클래스를 상위 클래스로 교체하면 강사료가 바뀌는 문제가 발생한다. 그러면 어떻게 해야 리스코프 교체 원칙에 위배되지 않을까? 이 문제를 해결하려면 상위 클래

스를 추상 클래스로 선언하고 메서드 역시 추상 메서드로 만들어야 한다.

[그림 5-12]는 이러한 해결 방안을 적용한 예다. 상위 클래스가 추상 클래스이고 메서드도 추상 메서드를 사용하고 있다. 하위 클래스를 상위 클래스로 바꾸어도 일관된 방식으로 동작하게 된다. 따라서 리스코프 교체 원칙에 위배되지 않으며, 재정의가 올바르게 적용된다.

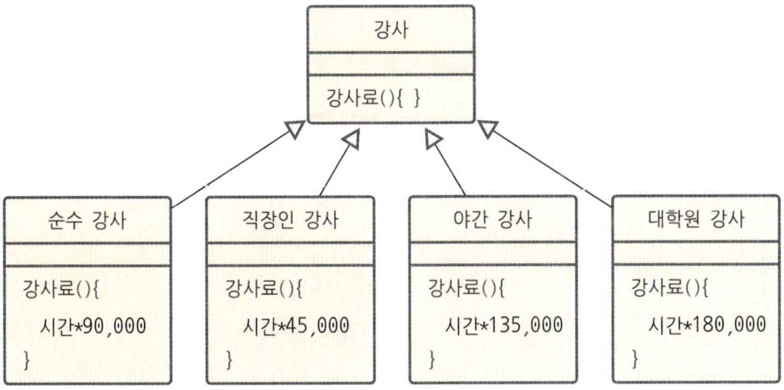

그림 5-12 바르게 사용한 메서드 재정의의 예

03 모듈화

소프트웨어 개발에서는 큰 문제를 한꺼번에 해결하는 것이 어렵기 때문에, 일반적으로 문제를 작은 단위로 나누어 하나씩 해결한다. 이러한 방식을 모듈화modularization라고 하며, 개발 과정에서 가장 먼저 수행해야 할 작업 중 하나이다.

이는 앞에서 배운 분할과 정복의 원리와 유사한 개념이다. 큰 문제를 여러 개의 작은 모듈로 나누면 개발과 유지보수가 쉬워지고, 코드의 재사용성이 증가하는 장점이 있다. 이 절에서는 모듈을 어느 정도 크기로 나누는 것이 적절한지, 그리고 분해된 모듈을 평가하는 기준에 관해 설명한다.

■ 모듈화의 적정 수준

모듈의 크기가 작아지면 개별 모듈을 개발하는 데 드는 비용은 줄어들지만, 반대로 모듈의 개수가 너무 많아지므로 모듈 간의 인터페이스도 많아져 과부하로 인해 시스템 성능이 떨어지고 복잡도가 증가한다.

그렇다면 어느 수준이 적정할까? [그림 5-13]을 보면 M 근처에서 전체 개발 비용이 가장 적게 드는 것을 확인할 수 있다. 즉 모듈의 크기가 너무 작을 경우 개수가 많아져서 모듈 간의 통합 비용이 많이 들고, 모듈의 크기가 너무 크면 모듈 간의 통합 비용은 상대적으로 줄어드는 대신 모듈 하나를 개발하는 데 드는 비용이 커져 모듈화의 효과를 많이 볼 수 없다. 따라서 그래프의 M 근처가 가장 적정 수준이라고 볼 수 있다.

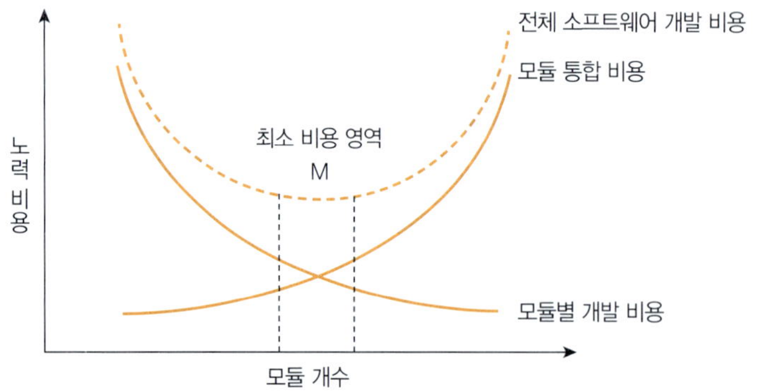

그림 5-13 모듈 개수와 모듈화의 효과

■ 모듈 간 관계

모듈은 여러 개의 요소로 구성되며 다른 모듈과도 상호 의존 관계를 갖는다. 모듈이 서로 관계를 맺는 형태는 다음과 같다.

- **호출 관계**: 모듈 A가 모듈 B를 호출하는 관계이다.
- **데이터 전달**: 매개변수 등을 이용한 데이터 전달로 이루어지는 관계이다.
- **제어**: 모듈 A가 모듈 B에게 제어 플래그를 전달하는 것과 같은 제어를 통해 이루어지는 관계이다.

유지보수 측면에서 보면, 두 모듈 간의 관련성이 적을수록 서로 간섭 없이 독립적으로 존재할 수 있어 유지보수가 쉬워진다. 그러나 실제 설계를 할 때 모듈 간의 관계가 전혀 없을 수 없다. 모듈 간의 연관성이 높아지면 관련된 모듈을 사용하기 위해 많은 내부 동작을 알아야 하고, 종속적인 관계로 인해 복잡도가 증가하여 유지보수가 어려워진다. 따라서 모듈을 설계할 때는 되도록 모듈 간의 연관성을 줄여야 한다. 이렇게 하면 변경이 발생해도 다른 모듈에 미치는 영향을 최소화할 수 있어 유지보수가 쉬워진다.

이제 모듈 간 관계나 모듈 내부 구성 요소 간의 관계에서 어떤 구조가 좋은 설계이고, 어떤 구조가 나쁜 설계인지 판단하는 기준을 살펴보자. 모듈을 평가하는 주요 기준은 응집도와 결합도이다. 좋은 설계가 되려면 모듈의 독립성이 높아야 하는데 이 독립성을 측정하는 개념이 바로 응집도와 결합도이다.

1 모듈 평가 기준 1: 응집도

응집도cohesion란 모듈 내부의 구성 요소들이 얼마나 밀접하게 관련되어 있는지를 나타내는 개념이다. 즉, 하나의 모듈 안에서 구성 요소들이 얼마나 긴밀하게 협력하는가를 평가하는 기준이다. 응집도가 높을수록 꼭 필요한 구성 요소만 모여 있고, 응집도가 낮을수록 서로 관련성이 적은 구성 요소들이 모여 있다. 응집도가 가장 높은 경우는 모듈 하나가 단일 기능으로 구성된 경우이고, 반대로 응집도가 가장 낮은 경우는 구성 요소가 아무 연관 없이 우연히 함께 묶인 경우이다.

구성 요소는 [그림 5-14]와 같이 다양한 기준으로 모듈을 구성할 수 있고, 그에 따라 응집도와 품질이 달라진다.

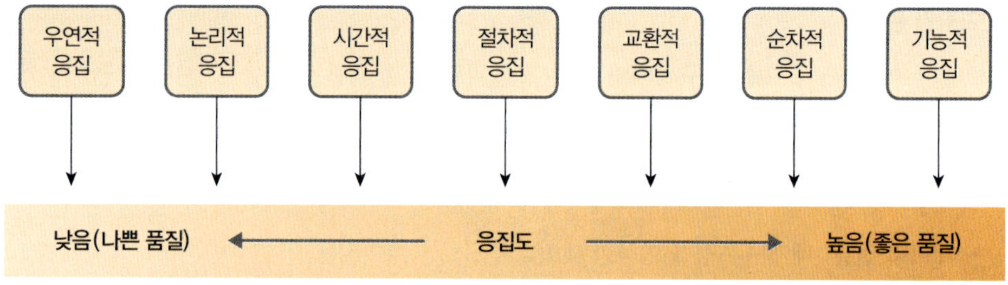

그림 5-14 모듈 내 구성 요소 간의 응집도

1.1 기능적 응집

기능적 응집functional cohesion은 응집도가 가장 높은 형태로, 하나의 모듈이 단일 기능을 수행하는 요소들로만 구성된 경우를 의미한다. 함수적 응집이라고도 하며, [그림 5-15]처럼 단일 기능을 갖는 함수가 이에 해당한다.

그림 5-15 기능적 응집의 예

[코드 5-3]은 기능적 응집이 높은 모듈의 예로, DiscountCalculator 클래스가 할인된 가격을 계산하는 단일 기능만 수행하도록 설계되었다.

코드 5-3 할인율 계산

```
public class DiscountCalculator {

    public double calculateFinalPrice(double originalPrice, double discountRate) {
        validateInput(originalPrice, discountRate);
        double discountAmount = calculateDiscountAmount(originalPrice, discountRate);
        return originalPrice - discountAmount;
    }

    private void validateInput(double originalPrice, double discountRate) {
        if (originalPrice < 0) {
            throw new IllegalArgumentException("가격은 0보다 작을 수 없다.");
        }
        if (discountRate < 0 || discountRate > 1) {
```

```
            throw new IllegalArgumentException("할인율은 0.0에서 1.0 사이여야 한다.");
        }
    }

    private double calculateDiscountAmount(double originalPrice, double
discountRate) {
        return originalPrice * discountRate;
    }
}
```

- calculateFinalPrice( ): 주어진 가격과 할인율을 사용하여 최종 가격을 계산하며, 모든 부분이 '할인된 가격 계산'이라는 단일 목적을 달성하기 위해 협력한다.
- validateInput( ): 입력값을 검증하여 잘못된 값이 들어오는 것을 방지한다.
- calculateDiscountAmount( ): 할인 금액을 계산한다.

코드 5-4 할인율 계산 프로그램의 메인 코드

```
public class Main {
    public static void main(String[] args) {
        DiscountCalculator calculator = new DiscountCalculator();

        double originalPrice = 100.0;
        double discountRate = 0.2; // 20% 할인

        double finalPrice = calculator.calculateFinalPrice(originalPrice,
discountRate);
        System.out.println("최종 가격: " + finalPrice); // 출력: 최종 가격: 80.0
    }
}
```

1.2 순차적 응집

순차적 응집sequential cohesion은 한 요소의 출력이 다음 요소의 입력으로 사용되는 경우를 의미한다. 즉, 이전 작업의 결과가 다음 작업의 입력이 되는 흐름을 가지는 모듈이다. 물론 두 요소를 개별 모듈로 만들어도 되지만, 한 모듈의 결과를 다른 모듈이 입력으로 사용하기 때문에 두 요소를 하나의 모듈로 묶어 놓았다. 두 요소가 아주 밀접하므로 하나의 모듈로 묶을 만한 충분한 이유가 된다.

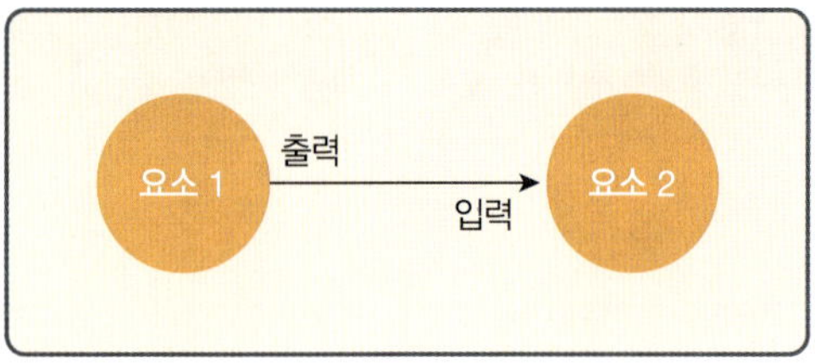

그림 5-16 순차적 응집의 예

[코드 5-5]는 순차적 응집을 나타내는 데이터 변환 처리 과정 코드의 예이다.

코드 5-5 데이터 변환 처리

```
public class SequentialCohesionExample {
    public static void main(String[] args) {
        String rawData = "  Hello, World!   ";

        // Step 1: 입력 데이터 처리
        String cleanedData = cleanData(rawData);

        // Step 2: 처리된 입력 데이터를 변환
        String transformedData = transformData(cleanedData);

        // Step 3: 변환된 데이터 출력
        displayData(transformedData);
    }

    // Step 1: 공백 제거 후 소문자로 변경
    public static String cleanData(String data) {
        return data.trim().toLowerCase();
    }

    // Step 2: 공백을 하이픈(-)으로 대체
    public static String transformData(String data) {
        return data.replace(" ", "-");
    }

    // Step 3: 최종 변환된 데이터 출력
    public static void displayData(String data) {
        System.out.println("Transformed Data: " + data);
    }
}
```

[코드 5-5]는 순차적 응집의 특성을 보여준다. 각 단계의 출력이 다음 단계의 입력으로 사용되므로 작업이 논리적으로 연결되어 있다. 또한, 각 함수는 단일 책임 원칙을 준수하며 특정 작업만 수행하도록 설계되어 있다. 이러한 구조는 이해하기 쉽고 유지보수가 용이하다. 다만, 모듈이 단일 기능만 담당하는 기능적 응집에 비해 응집도 수준은 한 단계 낮다.

1.3 교환적 응집

교환적 응집communication cohesion은 정보적 응집이라고도 하며, [그림 5-17]처럼 하나의 입력 데이터를 여러 구성 요소가 함께 사용하거나, 하나의 출력 데이터를 여러 요소가 함께 생성할 때 성립한다. 이때 요소 간의 순서는 중요하지 않으며, 순차적 응집보다 응집력이 다소 약하다. 즉, 요소들이 서로 밀접하게 연결되어 있지는 않지만 공통 데이터를 공유한다는 이유로 하나의 모듈에 포함된다.

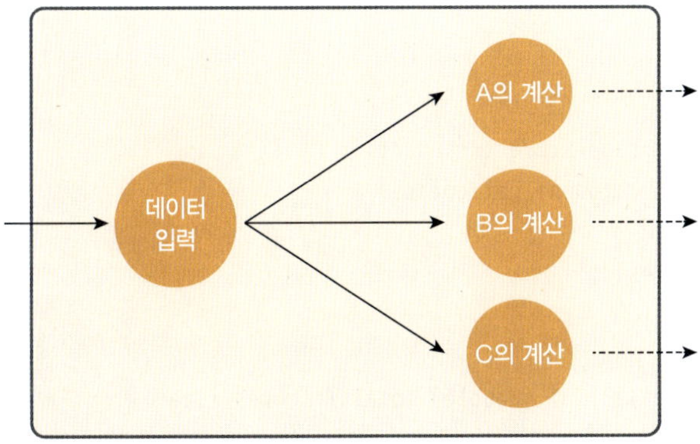

그림 5-17 교환적 응집의 예

[코드 5-6]은 교환적 응집을 가진 모듈의 예로 GradeCalculator 클래스 내의 여러 메서드가 같은 학생(Student)의 점수 데이터(scores)를 공유하여 다양한 작업을 수행하는 구조를 보여준다.

코드 5-6 학생의 성적처리 모듈

```
import java.util.ArrayList;
import java.util.List;

class Student {
    private String name;
    private List<Integer> scores;

    public Student(String name) {
```

```
        this.name = name;
        this.scores = new ArrayList<>();
    }

    public void addScore(int score) {
        scores.add(score);
    }

    public String getName() {
        return name;
    }

    public List<Integer> getScores() {
        return scores;
    }
}

class GradeCalculator {
    // 평균 점수 계산
    public double calculateAverage(Student student) {
        List<Integer> scores = student.getScores();
        int total = 0;
        for (int score : scores) {
            total += score;
        }
        return scores.isEmpty() ? 0 : (double) total / scores.size();
    }

    // 최고 점수 찾기
    public int findHighestScore(Student student) {
        List<Integer> scores = student.getScores();
        int highest = 0;
        for (int score : scores) {
            if (score > highest) {
                highest = score;
          }
      }
      return highest;
  }

  // 성적표 작성
  public void generateReport(Student student) {
      System.out.println("Report for " + student.getName());
      System.out.println("Scores: " + student.getScores());
```

```java
        System.out.println("Average Score: " + calculateAverage(student));
        System.out.println("Highest Score: " + findHighestScore(student));
    }
}

public class CommunicationCohesionExample {
    public static void main(String[] args) {
        // 학생 객체(이름, 점수) 생성
        Student student = new Student("Alice");
        student.addScore(85);
        student.addScore(90);
        student.addScore(78);

        // 학점 계산
        GradeCalculator calculator = new GradeCalculator();
        calculator.generateReport(student);
    }
}
```

1.4 절차적 응집

절차적 응집procedural cohesion은 [그림 5-18]처럼 순서가 정해진 몇 개의 구성 요소가 하나의 모듈로 구성된 경우를 의미한다. 순차적 응집과의 차이점은 각 요소의 출력이 다음 요소의 입력으로 사용되지 않는다는 점이다. 즉 작업이 정해진 절차에 따라 순서대로 수행되지만, 각 단계가 직접적으로 데이터를 주고받지는 않는다. 따라서 절차적 응집은 순차적 응집보다 응집력이 약하다.

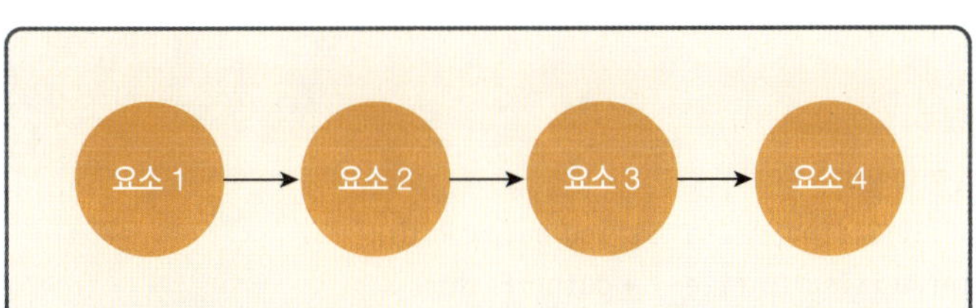

그림 5-18 절차적 응집의 예

[코드 5-7]은 절차적 응집을 가진 코드의 예로, 파일을 처리하는 과정이 '파일 열기 → 파일 내용 파싱 → 처리된 데이터를 파일에 쓰기'의 순서대로 수행된다.

TIP 파싱(parsing)이란 소스 코드를 구문 분석하여 의미를 해석하는 과정이다. 일반적으로 구문 분석기(파서(parser))는 어휘 분석기(lexer, scanner)가 생성한 토큰(token)을 받아 문법적으로 유효한 구조인지 확인한다. 이 과정을 통해 구문 트리(syntax tree)나 추상 구문 트리(Abstract Syntax Tree, AST)를 생성한다.

코드 5-7 파일 처리 과정

```
public class FileProcessor {
    public static void main(String[] args) {
        FileProcessor processor = new FileProcessor();
        String filePath = "example.txt";
        processor.processFile(filePath);
    }

    // 파일 처리 과정을 수행하는 메서드
    public void processFile(String filePath) {
        // Step 1: 파일 열기
        String fileContent = openFile(filePath);

        // Step 2: 파일 내용 파싱
        String[] parsedData = parseFileContent(fileContent);

        // Step 3: 처리된 데이터를 파일에 쓰기
        writeToFile(parsedData, "processed_" + filePath);
    }

    // Step 1: 파일을 열고 내용을 읽음
    private String openFile(String filePath) {
        System.out.println("Opening file: " + filePath);
        // 파일 내용을 시뮬레이션
        return "Line1\nLine2\nLine3";
    }

    // Step 2: 파일 내용을 줄 단위로 분리하여 배열로 반환
    private String[] parseFileContent(String content) {
        System.out.println("Parsing file content...");
        return content.split("\n");
    }

    // Step 3: 처리된 데이터를 파일에 씀
    private void writeToFile(String[] data, String outputPath) {
        System.out.println("Writing to file: " + outputPath);
        for (String line : data) {
            System.out.println("Writing line: " + line);
        }
    }
}
```

각 단계는 독립적으로 실행할 수 있지만, 전체 흐름을 유지하려면 정해진 순서대로 수행되어야 한다. 이러한 구조는 작업의 절차를 한 곳에서 관리할 수 있어 코드가 직관적이라는 장점이 있다. 그러나 작업이 순서에 의존적이므로 일부 단계가 변경되거나 수정되면 전체 코드에 영향을 미칠 수 있다는 단점도 존재한다.

1.5 시간적 응집

시간적 응집temporal cohesion은 특정 시점에 실행되어야 하는 작업들이 하나의 모듈로 묶이는 경우를 의미한다. 이 모듈에 포함된 구성 요소들은 각기 다른 기능을 수행할 수 있으며, 서로 직접적인 연관성이 없을 수도 있다. 한 요소의 출력을 다른 요소가 입력으로 사용하는 것도 아니고, 요소 간의 순서가 정해져 있지도 않다. 그러나 구성 요소들이 특정 시점에 실행되어야 하는 작업을 수행하기 위해 하나의 모듈로 구성된다.

예를 들어, 애플리케이션이 실행될 때는 설정 파일을 로드하고, 데이터베이스 연결을 설정하며, 캐시 및 로깅 시스템을 초기화해야 한다. 반면 프로그램이 종료될 때는 열려 있는 파일을 닫고 메모리를 해제하며, 로그를 저장하는 등의 정리 작업이 필요하다. 이처럼 실행 시점이 동일한 작업들이 한 모듈에 포함되는 것이 시간적 응집의 특징이다.

[코드 5-8]은 프로그램이 실행될 때 수행해야 하는 여러 초기화 작업을 하나의 모듈에 포함한 예다. 각 작업은 서로 다른 기능을 수행하지만, 프로그램이 시작되는 시점에 함께 실행되어야 하므로 하나의 모듈로 묶여 있다.

코드 5-8 초기화 작업 모듈

```
import java.util.Properties;

public class InitializationModule {
    private Properties appConfig;
    public InitializationModule() {
        appConfig = new Properties();
    }
    // 초기화 작업을 수행하는 메서드
    public void initialize() {
        loadConfiguration();
        initializeDatabaseConnection();
        initializeCache();
        initializeLogging();
    }
```

```
    private void loadConfiguration() {
        // 구성 정보 로드
        System.out.println("Loading configuration...");
        appConfig.setProperty("app.name", "TemporalCohesionApp");
        appConfig.setProperty("app.version", "1.0.0");
    }

    private void initializeDatabaseConnection() {
        // 데이터베이스 연결 초기화
        System.out.println("Initializing database connection...");
    }

    private void initializeCache() {
        // 캐시 초기화
        System.out.println("Initializing cache...");
    }

    private void initializeLogging() {
        // 로깅 설정
        System.out.println("Initializing logging...");
    }

    public static void main(String[] args) {
        System.out.println("Starting application initialization...");
        InitializationModule initializationModule = new InitializationModule();
        initializationModule.initialize();
        System.out.println("Application initialization completed.");
    }
}
```

시간적 응집은 실행 시점이 같은 여러 작업을 하나의 모듈로 묶어 관리하기 쉬운 장점이 있다. 그러나 기능적으로 연관성이 낮은 작업들이 포함되면서 단일 책임 원칙SRP을 위반할 가능성이 크다. 특정 기능을 변경할 때 불필요하게 다른 기능에도 영향을 줄 수 있으며, 작업 간의 독립성이 부족해 유지보수와 확장성이 어려워질 수 있다.

이를 해결하기 위해서는 각 작업을 개별적인 클래스로 분리하는 것이 바람직하다. 예를 들어, 설정 로드는 ConfigurationManager, 데이터베이스 연결은 DatabaseInitializer, 캐시는 CacheManager, 로깅 설정은 LoggingManager와 같이 나누면 특정 기능을 수정할 때 다른 기능에 영향을 주지 않고 유지보수가 쉬워진다.

시간적 응집은 실행 시점이 같은 작업을 묶어 관리할 수 있어 이해하기 쉽지만, 재사용성이 낮아지고 변경에 취약할 수 있다. 따라서 필요에 따라 관련 작업을 개별 모듈로 분리하는 것이 더 적절한 설계가 될 수 있다.

1.6 논리적 응집

논리적 응집logical cohesion은 구성 요소 간에 공통점이 있거나 유사한 기능을 가진다는 이유로 하나의 모듈로 구성된 경우를 의미한다. 예를 들어 입출력 기능을 수행하는 scanf와 print를 같은 모듈에 포함하거나, 정수 덧셈과 행렬 덧셈을 같은 덧셈 모듈로 묶는 경우가 이에 해당한다.

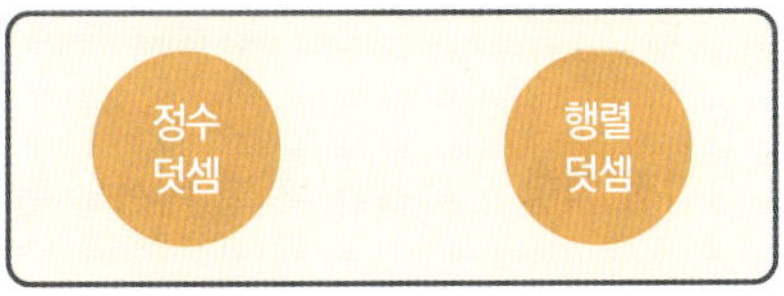

그림 5-19 논리적 응집의 예

[코드 5-9]는 논리적 응집을 가진 코드의 예로, 다양한 유형의 로그를 처리하는 Logger 클래스가 포함되어 있다.

코드 5-9 논리적 응집의 예

```
public class Logger {
    // 메서드가 다양한 작업을 수행하며 논리적으로만 관련됨
    public void logMessage(String message, String logType) {
        if ("INFO".equalsIgnoreCase(logType)) {
            logInfo(message);
        } else if ("ERROR".equalsIgnoreCase(logType)) {
            logError(message);
        } else if ("DEBUG".equalsIgnoreCase(logType)) {
            logDebug(message);
        } else {
            System.out.println("Unknown log type: " + logType);
        }
    }

    private void logInfo(String message) {
        System.out.println("[INFO]: " + message);
    }
    private void logError(String message) {
        System.err.println("[ERROR]: " + message);
    }
```

```
    private void logDebug(String message) {
        System.out.println("[DEBUG]: " + message);
    }

    public static void main(String[] args) {
        Logger logger = new Logger();
        logger.logMessage("System started", "INFO");
        logger.logMessage("Null pointer exception occurred", "ERROR");
        logger.logMessage("Variable x = 10", "DEBUG");
        logger.logMessage("This should not happen", "WARNING");
    }
}
```

- Logger 클래스: 다양한 종류의 로그를 처리하는 단일 진입점 역할을 하지만, 개별 메서드 간의 연관성이 낮아 응집도가 떨어진다.
- logMessage( ): 다양한 로그 작업을 수행하지만, 각 작업들은 논리적으로만 연관되어 있다. 입력된 logType 값에 따라 다른 메서드(logInfo, logError, logDebug)가 실행된다.

[코드 5-9]와 같은 구조에서는 단일 메서드가 여러 유형의 로그를 처리하기 때문에 응집도가 낮아진다. 또한 새로운 로그 유형을 추가할 경우, 기존 logMessage( )를 수정해야 하므로 6장에서 배울 개방 폐쇄 원칙OCP을 위반할 가능성이 크다.

이러한 문제를 해결하기 위해서는 논리적으로 연관된 기능이라도 하나의 메서드에서 모두 처리하지 않도록 해야 한다. 각 로그 유형에 대해 개별 메서드를 제공하거나, 7장 디자인 패턴에서 설명할 전략 패턴strategy pattern을 사용하여 확장성을 높이면 유지보수성과 응집도를 개선할 수 있다.

1.7 우연적 응집

우연적 응집coincidental cohesion은 하나의 모듈에 포함된 구성 요소들이 서로 특별한 연관성 없이 단순히 같은 곳에 존재하는 경우를 의미한다. 이는 응집도의 가장 낮은 수준으로, 모듈 내부의 기능들이 목적 없이 모여 있기 때문에 유지보수성과 가독성이 매우 떨어진다.

[코드 5-10]은 우연적 응집이 발생한 예로, Utility 클래스가 여러 개의 서로 관련 없는 기능을 제공하는 모습을 보여준다.

코드 5-10 우연적 응집도

```
public class Utility {
    // 환영 메시지 출력
    public void printWelcomeMessage() {
        System.out.println("Welcome to the system!");
    }

    // 숫자의 제곱 계산
    public int calculateSquare(int number) {
        return number * number;
    }

    // 데이터베이스 연결
    public void connectToDatabase() {
        System.out.println("Connecting to the database...");
    }

    // 무작위 숫자 생성
    public int generateRandomNumber() {
        return (int) (Math.random() * 100);
    }

    // 현재 시간 출력
    public void printCurrentTime() {
        System.out.println("Current time: " + System.currentTimeMillis());
    }
}
```

우연적 응집이 발생하면 하나의 클래스에 서로 관련 없는 기능들이 모이게 되어 응집도가 낮아진다. 예를 들어, 환영 메시지 출력, 숫자의 제곱 계산, 데이터베이스 연결처럼 목적이 다른 메서드들이 한 클래스에 포함되면, 클래스의 역할이 불분명해지고 유지보수가 어려워진다. 특히 새로운 기능을 추가하거나 기존 기능을 수정할 때 불필요한 코드까지 함께 변경해야 할 수도 있어 코드가 점점 복잡해지고 관리가 힘들어진다. 또한 특정 기능만 필요해도 전체 클래스를 불러와야 하므로 비효율적이다.

이를 해결하려면 기능별로 클래스를 분리하는 것이 좋다. 메시지 출력을 담당하는 클래스, 수학 연산을 수행하는 클래스, 데이터베이스 관리를 위한 클래스 등으로 나누면 각 클래스의 역할이 명확해지고, 유지보수와 재사용성이 향상된다.

2 모듈 평가 기준 2: 결합도

결합도coupling 개념을 쉽게 이해하기 위해 용돈을 받는 자녀와 부모의 관계를 비유로 들어보자. 자녀 입장에서는 받은 용돈을 어디에 어떻게 썼는지 일일이 보고하지 않는 것이 편할 것이다. 하지만 부모가 용돈 사용 내역을 시시콜콜 묻고 간섭하면 자녀에게는 번거롭고 부담스러운 일이 된다.

모듈 간의 관계도 이와 유사하다. 좋은 모듈 관계는 '용돈만 주고 묻지도 따지지도 않는 관계'처럼 필요한 데이터(용돈)만 주고받는 형태이다. 반대로 나쁜 관계는 단순히 데이터(용돈)만 주는 것을 넘어 직접적인 개입(간섭)이 많아지는 관계로, 간섭이 많아진 만큼 관계가 복잡해진다.

(a) 좋은 예 (b) 나쁜 예

그림 5-20 결합도에 따른 좋은 관계와 나쁜 관계의 예

응집도가 하나의 모듈 내에서 구성 요소들이 얼마나 밀접하게 연결되어 있는지를 나타낸다면, 결합도는 모듈 간의 관계에서 얼마나 강하게 연결되어 있는지를 평가하는 기준이다. 모듈 간의 관련성이 적을수록 상호 의존성이 줄어 모듈의 독립성이 높아지고, 독립성이 높으면 다른 모듈에 미치는 영향이 줄어들어 좋은 설계가 된다. 모듈 간에 상호 연관성이 없으면 좋지만, 만일 연관성이 있더라도 영향을 적게 받으려면 직접적인 제어보다는 매개변수를 사용한 데이터만의 상호 교류가 바람직하다.

모듈 사이에서도 [그림 5-21]과 같이 다양한 기준으로 결합할 수 있고, 결합 방식에 따라 결합도와 소프트웨어 품질이 달라진다.

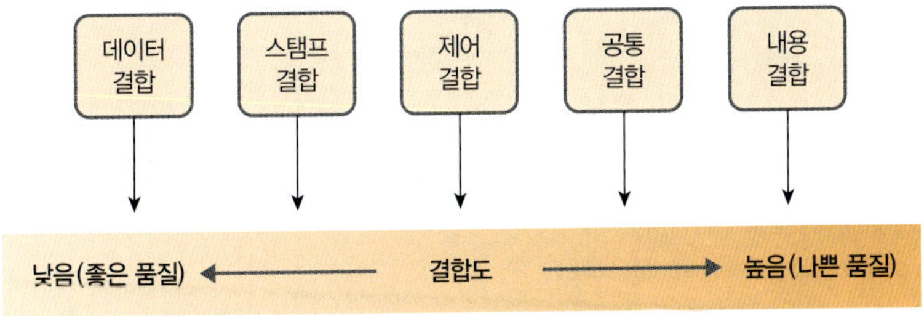

그림 5-21 모듈 간의 결합도

2.1 데이터 결합

데이터 결합data coupling은 가장 이상적인 모듈 간 결합으로, 앞서 비유한 용돈만 주고 간섭은 하지 않는 관계와 같다. 모듈이 매개변수를 통해 필요한 데이터만 주고받기 때문에 서로 간섭이 최소화되며, 독립성이 보장된다. 또한, 모듈 간 관계가 단순해 한 모듈을 변경하더라도 다른 모듈에 미치는 영향이 매우 적어 유지보수가 쉽다.

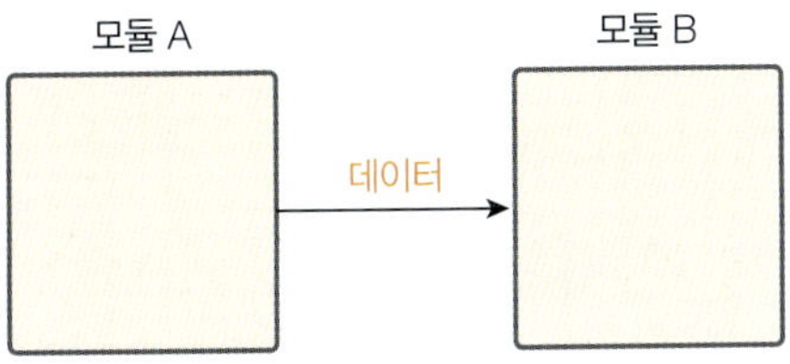

그림 5-22 데이터 결합의 예

[코드 5-11]은 데이터 결합을 적용한 코드로, 고객(Customer)의 정보를 이메일 전송(NotificationService)에 활용하는 구조를 보여준다.

코드 5-11 데이터 결합의 예

```
class Customer {
    private String name;
    private String email;

    public Customer(String name, String email) {
        this.name = name;
        this.email = email;
    }
    public String getName() {
        return name;
    }
    public String getEmail() {
```

```java
        return email;
    }
}

class NotificationService {
    public void sendEmail(Customer customer) {
        // Data coupling: Customer 객체를 전달받아 데이터를 사용
        System.out.println("Sending email to " + customer.getEmail());
    }
}

public class Main {
    public static void main(String[] args) {
        Customer customer = new Customer("Alice", "alice@example.com");

        // NotificationService를 통해 email 전송
        NotificationService notificationService = new NotificationService();
        notificationService.sendEmail(customer);
    }
}
```

2.2 스탬프 결합

[그림 5-23]은 주소, 전화번호, 이름 등의 같은 내용을 반복해서 적어야 할 때 유용한 스탬프(도장)를 보여준다. 하지만 이 방식에는 불편한 점이 있다. 주소나 이름 등 일부 정보만 필요하더라도 전체 내용을 한 번에 찍어야 한다는 것이다.

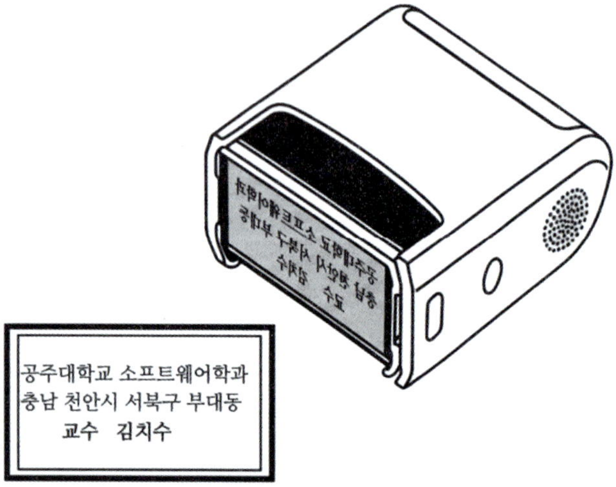

그림 5-23 스탬프

스탬프 결합stamp coupling은 두 모듈이 정보를 교환할 때 필요한 데이터만 주고받을 수 없고, 필요 없는 데이터까지 전체를 주고받아야 하는 경우를 의미한다. 여기서 스탬프에 해당하는 것은 레코드나 배열 같은 자료구조이다.

C 언어의 구조체struct가 스탬프 결합의 대표적인 예다. 구조체는 여러 개의 데이터를 포함하는 자료구조로, 이를 매개변수로 넘기면 호출한 모듈은 원하지 않는 다른 요소까지 받아야 한다. 이처럼 배열, 레코드, 구조체 등을 매개변수로 사용하는 모듈 사이의 결합을 스탬프 결합이라고 한다.

[그림 5-23]과 같은 스탬프를 사용할 때 생기는 또 한 가지 문제는 주소, 전화번호, 이름 중에서 전화번호 하나만 바뀌어도 새로 만들어야 한다는 점이다. 스탬프 결합도 이처럼 데이터 하나가 변경되면 관련된 모듈에 있는 자료구조를 모두 바꿔야 하므로 데이터 결합보다 모듈 간의 관련성이 더 높다.

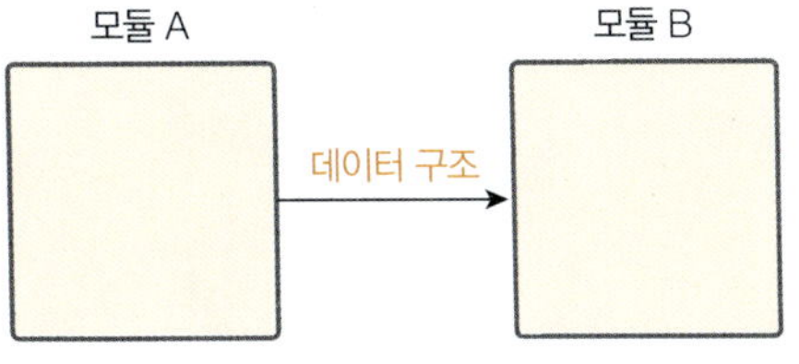

그림 5-24 스탬프 결합의 예

[코드 5-12]는 이메일(또는 주소)만 필요하지만 User 전체 데이터를 매개변수로 전달해야 하는 경우를 예시로 들어 스탬프 결합의 문제점을 보여준다.

코드 5-12 불필요한 데이터까지 받아야 하는 스탬프 결합

```
class User {
    private String name;
    private String email;
    private String address;
    private String phoneNumber;

    public User(String name, String email, String address, String phoneNumber) {
        this.name = name;
        this.email = email;
        this.address = address;
        this.phoneNumber = phoneNumber;
    }
    public String getName() {
```

```
        return name;
    }
    public String getEmail() {
        return email;
    }
    public String getAddress() {
        return address;
    }
    public String getPhoneNumber() {
        return phoneNumber;
    }
}

class NotificationService {
    public void sendEmail(User user) {
        // 이메일만 필요한데 전체 User 객체를 받음
        System.out.println("Sending email to: " + user.getEmail());
    }
}

class AddressService {
    public void printAddress(User user) {
        // 주소만 필요한데 전체 User 객체를 받음
        System.out.println("User address: " + user.getAddress());
    }
}
public class StampCouplingExample {
    public static void main(String[] args) {
        User user=new User("John Doe", "john.doe@example.com", "123 Main St", "555-1234");
        NotificationService notificationService = new NotificationService();
        notificationService.sendEmail(user); // 이메일만 필요하지만 User 전체 객체를 전달

        AddressService addressService = new AddressService();
        addressService.printAddress(user);    // 주소만 필요하지만 User 전체 객체를 전달
    }
}
```

2.3 제어 결합

친한 사이일수록 일정한 거리를 유지하고 예의를 지켜야 오랫동안 좋은 관계를 이어 나갈 수 있다. 그런데 친구 사이를 보면 처음에는 예의도 지키고 서로 이해하며 돕는 좋은 관계를 유지하다가, 점점 가까워질수록 예의에 벗어난 행동을 하는 경우가 종종 있다. 예를 들어, 친하다는 이유로 상대방의 물건을 함부로 사용하거나 사사건건 간섭하다 보면 관계가 악화할 수 있다. 결국 서로 짜증이 나면서 사이가 나빠질 가능성이 크다.

그림 5-25 제어 결합의 일상 예

제어 결합control coupling은 바로 이렇게 간섭하는 관계와 유사하다. 데이터 결합이 데이터를 매개변수로 주고받는 방식이라면, 제어 결합은 제어 플래그flag를 매개변수로 사용하여 한 모듈이 다른 모듈의 동작을 직접 변경하는 방식이다. 즉, 호출하는 모듈이 호출된 모듈의 내부 구조를 잘 알고 있으며, 전달된 플래그 값에 따라 논리 흐름이 달라지는 방식이다.

TIP C 언어에서는 제어 플래그로 switch, tag, flag 등을 사용한다.

제어 결합은 정보은닉을 크게 위배하는 것으로, 다른 모듈의 내부에 관여해 관계가 복잡해지고 그로 인해 유지보수도 매우 어려워진다. 이런 속성 때문에 제어 결합은 스탬프 결합보다 모듈 간의 결합도가 더 높고 모듈의 독립성은 더 낮다.

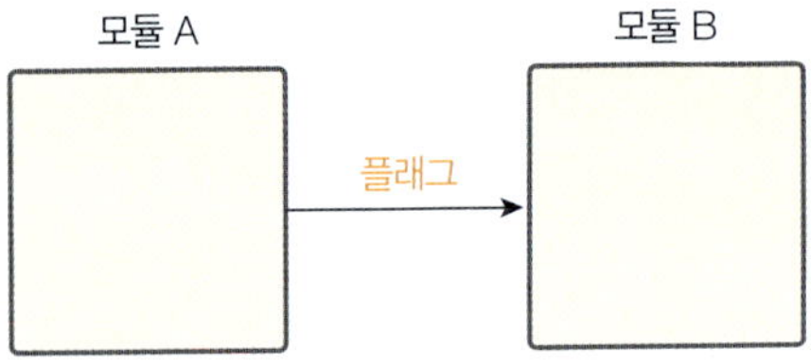

그림 5-26 제어 결합의 예

[코드 5-13]은 제어 결합을 나타낸 코드로, 제어 플래그(TASK_TYPE)에 따라 실행되는 메서드(executeTask)가 달라지는 것을 보여준다.

코드 5-13 제어 결합의 예

```
// 모듈 A: 컨트롤러
public class Controller {
    public static void main(String[] args) {
        Processor processor = new Processor();

        // 제어 플래그 전달
        processor.processTask("TASK_TYPE_A");
        processor.processTask("TASK_TYPE_B");
    }
}

// 모듈 B: 프로세서
class Processor {
    public void processTask(String taskType) {
        if ("TASK_TYPE_A".equals(taskType)) {
            executeTaskA();
        } else if ("TASK_TYPE_B".equals(taskType)) {
            executeTaskB();
        } else {
            System.out.println("Unknown task type.");
        }
    }

    private void executeTaskA() {
        System.out.println("Executing Task A...");
        // 작업 A에 대한 구체적인 로직
    }
```

```java
    private void executeTaskB() {
        System.out.println("Executing Task B...");
        // 작업 B에 대한 구체적인 로직
    }
}
```

[코드 5-13]에서 Controller는 Processor 내부에서 어떤 작업이 이루어지는지 알고 있어야 한다. 즉, taskType 값이 무엇을 의미하는지 파악하고 있어야 하므로 모듈 간의 강한 의존성을 초래하며, 코드 변경 시 영향을 쉽게 받을 수 있다. 이러한 설계에서는 새로운 작업 유형이 추가될 때마다 Processor뿐만 아니라 Controller도 함께 수정해야 하므로 확장성이 낮아진다.

이 문제를 해결하려면 다형성을 활용하는 것이 효과적이다. 각 작업을 독립적인 클래스로 만들고 공통 인터페이스로 구현하면 Controller는 Processor의 내부 동작을 알 필요 없이 작업을 수행할 수 있다.

코드 5-14 개선된 코드

```java
interface Task {
    void execute();
}

class TaskA implements Task {
    @Override
    public void execute() {
        System.out.println("Executing Task A...");
    }
}

class TaskB implements Task {
    @Override
    public void execute() {
        System.out.println("Executing Task B...");
    }
}

public class Controller {
    public static void main(String[] args) {
        Task taskA = new TaskA();
        Task taskB = new TaskB();
```

```
        processTask(taskA);
        processTask(taskB);
    }

    public static void processTask(Task task) {
        task.execute();
    }
}
```

개선된 코드에서는 Controller가 작업 유형에 대한 세부 사항을 알 필요가 없다. 새 작업 유형을 추가하더라도 기존 코드를 수정할 필요가 없으며, 단지 Task 인터페이스를 구현하는 새로운 클래스를 작성하기만 하면 된다. 이처럼 제어 결합을 제거하고 다형성을 활용하면 더 유연하고 확장 가능한 설계를 만들 수 있다.

2.4 공통 결합

가족이 손을 닦는 수건을 함께 사용하는 상황을 떠올려 보자. 만약 가족 중 한 명이 눈병에 걸리면, 같은 수건을 사용하는 다른 가족도 감염될 위험이 커진다. 공통 결합common coupling도 이와 유사하다. 여러 모듈이 공통 변수를 공유하면, 한 모듈에서 발생한 변경이 다른 모듈에도 영향을 미칠 수 있다.

그림 5-27 공통 결합의 일상 예

공통 결합은 전역 변수를 여러 모듈이 직접 참조하는 경우에 발생한다. 전역 변수를 변경하면 이를 공유하는 모든 모듈이 영향을 받기 때문에, 예상치 못한 버그가 발생할 가능성이 크고, 유지보수가 어렵다.

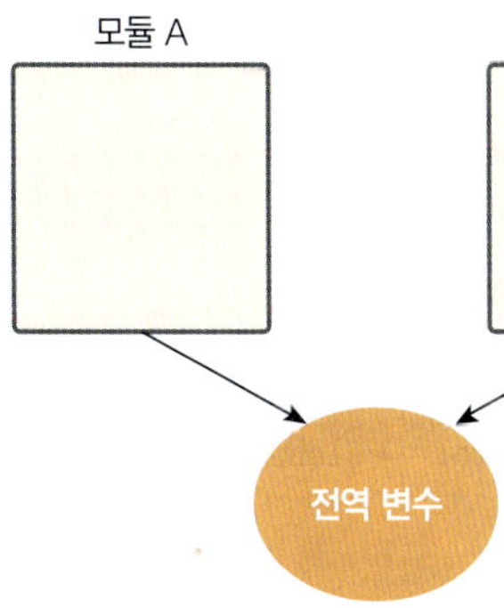

그림 5-28 공통 결합의 예

[코드 5-15]는 여러 모듈이 전역 변수를 공유하여 상호 의존하게 되는 공통 결합의 예를 보여 준다. GlobalConfig 클래스의 공유 변수를 ModuleA와 ModuleB가 직접 수정하며, 이로 인해 한 모듈의 변경이 다른 모듈에 영향을 미칠 수 있다.

코드 5-15 공통 결합의 예

```
class GlobalConfig {
    public static int sharedCounter = 0;    // 공유되는 전역 변수
}

class ModuleA {
    public void incrementCounter() {
        GlobalConfig.sharedCounter++;
        System.out.println("ModuleA incremented counter: " + GlobalConfig.
sharedCounter);
    }
}

class ModuleB {
    public void decrementCounter() {
        GlobalConfig.sharedCounter--;
        System.out.println("ModuleB decremented counter: " + GlobalConfig.
sharedCounter);
    }
}
```

```java
public class CommonCouplingExample {
    public static void main(String[] args) {
        ModuleA moduleA = new ModuleA();
        ModuleB moduleB = new ModuleB();

        moduleA.incrementCounter();         // 출력: 모듈 A에서 카운터 증가: 1

        moduleB.decrementCounter();         // 출력: 모듈 B에서 카운터 감소: 0

        // 전역 변수를 직접 수정
        GlobalConfig.sharedCounter = 42;
        System.out.println("Shared counter directly modified to: " + GlobalConfig.
        sharedCounter);
    }
}
```

공통 결합이 발생하면 여러 모듈이 전역 변수를 공유하게 되어 한 모듈에서 값이 변경되면 다른 모듈에도 예상치 못한 영향을 미칠 수 있다. 이는 코드의 의존성을 높이고 디버깅과 유지보수를 어렵게 만든다.

특히 전역 변수를 사용하는 모듈이 많아질수록 변경 사항이 여러 곳에 영향을 미칠 가능성이 커지고, 코드 수정 시 예기치 않은 오류가 발생할 위험도 증가한다. 이를 방지하려면 불필요한 전역 변수 사용을 지양하고, 데이터는 개별 모듈에서 관리하는 것이 바람직하다.

2.5 내용 결합

이웃끼리 아무리 친해도 서로의 집을 방문할 때는 벨을 눌러 허락을 받고 들어간다. 현관문의 비밀번호까지 알려주는 일은 흔치 않다. 내용 결합content coupling은 현관문의 비밀번호를 알려주는 것과 같은 관계이다. 이는 보안이 취약할 뿐만 아니라, 한쪽이 변경되면 다른 쪽도 영향을 받을 가능성이 크다.

그림 5-29 내용 결합의 개념 예

내용 결합은 모듈 간에 인터페이스를 거치지 않고 직접 데이터를 주고받는 방식이다. 즉, 한 모듈이 다른 모듈의 내부 데이터를 직접 변경할 수 있어 서로 강하게 간섭하게 된다. 이는 가장 바람직하지 못한 관계로, 모듈이 서로 종속되어 독립적으로 설계하거나 변경할 수 없다.

TIP C 언어에서는 goto 문이 대표적인 내용 결합이며, 어셈블리어 언어에서도 내용 결합을 찾아볼 수 있다.

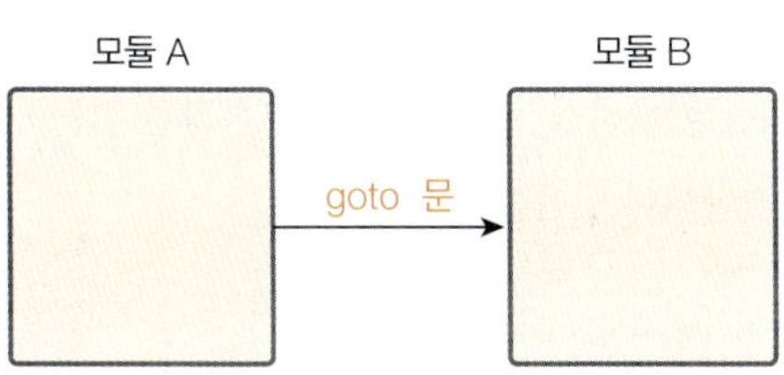

그림 5-30 내용 결합의 예

[코드 5-16]에서는 클래스 A의 데이터에 클래스 B가 직접 접근하여 변경하는 내용을 보여준다. 이는 모듈 간의 높은 의존성을 초래하는 전형적인 내용 결합의 사례다.

코드 5-16 내용 결합의 예

```
class A {
    public String data = "Sensitive Data";

    public void displayData() {
        System.out.println("Data in A: " + data);
    }
}

class B {
    public void modifyData(A a) {
        // 클래스 B가 클래스 A의 내부 데이터에 직접 접근하여 수정
        a.data = "Modified Data";
        System.out.println("Data in A has been modified by B.");
    }
}

public class ContentCouplingExample {
    public static void main(String[] args) {
        A a = new A();
        B b = new B();

        a.displayData();      // A의 데이터를 출력
        b.modifyData(a);      // B가 A의 내부 데이터에 직접 접근하여 수정
        a.displayData();      // 수정된 데이터를 다시 출력
    }
}
```

- Content Coupling 발생: 클래스 B의 modifyData는 클래스 A의 data 필드에 직접 접근하고 수정한다. 이는 클래스 A와 클래스 B가 강하게 결합되어 있음을 의미한다.

내용 결합이 발생하면 한 모듈의 내부 구현이 변경될 때 이를 사용하는 다른 모듈도 영향을 받아 수정이 필요하다. 예를 들어 클래스 A의 data 필드를 private로 변경하거나 이름을 바꾸면 클래스 B는 더는 작동하지 않는다. 이러한 구조는 유지보수를 어렵게 만들고, 모듈 간 독립성을 낮춘다.

이를 해결하려면 정보은닉을 적용하여 직접적인 데이터 접근을 차단하는 것이 중요하다. 즉, A 클래스에서 data 필드를 private으로 설정하고, 데이터를 수정하거나 조회할 수 있는 메서드를 제공하는 방식이 효과적이다. 이렇게 하면 모듈 간 결합도를 낮추고, 유지보수와 확장성을 높일 수 있다.

코드 5-17 개선된 코드

```
class A {      // 캡슐화가 적용된 클래스 A
    private String data = "Sensitive Data";

    public String getData() {
        return data;
    }

    public void setData(String newData) {
        this.data = newData;
    }

    public void displayData() {
        System.out.println("Data in A: " + data);
    }
}


class B {      // A의 메서드를 사용하는 클래스 B
    public void modifyData(A a) {

        a.setData("Modified Data");      // A의 메서드를 통해 데이터 수정
        System.out.println("Data in A has been modified by B.");
    }
}

public class ImprovedExample {
    public static void main(String[] args) {
        A a = new A();
        B b = new B();

        a.displayData();
        b.modifyData(a);
        a.displayData();
    }
}
```

04 사용자 인터페이스 설계

옷을 고를 때 가장 먼저 눈에 띄는 요소는 디자인이다. 물론 옷감의 소재나 내구성도 중요하지만, 첫인상을 결정하는 것은 외형이다. 마찬가지로 책을 선택할 때도 내용이 중요하지만, 글씨 크기나 편집 방식이 가독성에 영향을 미치므로 읽기 편한지도 중요한 요소다.

소프트웨어도 이와 같다. 같은 기능을 제공하는 소프트웨어라도 사용자 인터페이스가 어떻게 설계되었느냐에 따라 어떤 사람은 편리하다고 느끼고, 어떤 사람은 불편하다고 느낄 수 있다. 결국, 사용자 인터페이스가 직관적이고 사용하기 쉬우며 예상대로 동작하면 더 편리한 소프트웨어가 된다.

1 사용자 인터페이스의 이해

사용하기 편리한 소프트웨어는 어떻게 만들 수 있을까? 이를 위해서는 사용자 인터페이스UI를 고려한 설계가 필수적이다.

일상생활에서 가장 흔히 접하는 사용자 인터페이스의 예로 TV 리모컨을 들 수 있다. 리모컨은 사람과 TV를 연결해주는 매개체 역할을 한다. 또 다른 예로, 한국인과 미국인이 만나 서로 의사소통을 하려면 공통된 언어를 사용해야 한다. 이처럼 사용자 인터페이스는 사람과 사람, 사람과 사물, 사물과 사물 사이를 연결해주는 매개체이다.

소프트웨어에서 사용자 인터페이스는 어디에서 볼 수 있을까? 학사관리시스템을 예로 들어보자. 학생들이 수강신청 화면을 이용해 수강신청을 한다면 이 화면이 바로 사용자 인터페이스이다. 마찬가지로 성적을 확인하기 위해 사용하는 성적조회 화면, 성적을 입력하기 위해 사용하는 성적입력 화면 등 사용자에게 제공되는 모든 화면이 바로 사용자 인터페이스이다.

예전에는 사용자가 명령어를 직접 입력해야 하는 문자 사용자 인터페이스Character User Interface, CUI 또는 Command Line Interface, CLI가 주로 사용되었다. 하지만 이 방식은 사용자가 많은 명령어를 알고 있어야 하는 불편함이 있었다.

현재는 그래픽 사용자 인터페이스Graphical User Interface, GUI가 널리 사용되고 있으며, 버튼, 아이콘, 메뉴 등을 활용한 직관적인 조작이 가능하다. 이보다 더 발전한 방식으로는 내추럴 사용자 인터페이스Natural User Interface, NUI가 있다. NUI는 마우스나 키보드 등의 도구 대신에 사용자의 촉각이나 음성, 동작 인식 등을 활용하여 소프트웨어를 제어할 수 있는 방식이다.

TIP 닌텐도 Wii, 마이크로소프트 키넥트(Kinect) 등이 대표적인 내추럴 사용자 인터페이스 방식이다.

2 사용자 인터페이스 설계 지침

사용자 인터페이스를 설계할 때는 다음과 같은 지침을 충분히 고려해야 한다.

■ 사용법을 배우기 쉬워야 한다

익숙하지 않은 인터페이스를 제공할 때는 사용자가 쉽게 배울 수 있게 설계해야 한다. 익숙하지 않은데 배우기까지 어렵다면 아무리 좋은 소프트웨어라 할지라도 외면당하기 쉽다. 예를 들어 아이콘은 기능을 직관적으로 유추할 수 있는 이미지여야 하며, 메뉴 이름도 기능에 적합하게 명확히 지정해야 한다. 또한 현재 사용할 수 있는 메뉴는 활성화하고, 사용할 수 없는 메뉴는 흐리게 표시하여 직관적으로 구분할 수 있도록 해야 한다.

■ 사용하기 편리해야 한다

입력 화면을 예로 들어보자. 카드 번호를 입력할 때 4자리 숫자를 입력한 후 사용자가 직접 커서를 이동해야 하는 경우와 자동으로 다음 칸으로 이동하는 경우 중 어떤 방식이 더 편리할까? 주민등록번호나 전화번호를 입력할 때도 하이픈(-)을 넣어야 하는지 고민하지 않도록 미리 안내 메시지를 제공하면 좀 더 편리한 사용자 인터페이스라 할 수 있다.

■ 사용자가 데이터 입력을 제어할 수 있어야 한다

시스템이 원하는 형태의 데이터를 입력할 때도 있지만, 형식에 맞지 않는 데이터를 입력할 수도 있다. 이와 같은 경우에 시스템은 사용자가 입력한 값이 기대하는 것과 일치하는지 검증할 수 있어야 한다. 잘못된 입력 값이라면 정확한 값을 입력하도록 메시지를 출력해야 한다.

■ 사용자의 입력에 반응해야 한다

사용자는 데이터를 입력하거나 마우스를 클릭하면 시스템이 즉각 응답하기를 기대한다. 그러나 시스템이 반응 없이 멈춰 있으면 사용자는 다시 입력을 하거나 여러 번 클릭하게 되며, 이 과정이 반복되면 시스템이 처리 불능 상태에 빠질 수도 있다. 아무 메시지도 없이 처리 시간이 길어지면 사용자는 매우 답답해하고 지루해한다. 따라서 시스템이 응답 대기 상태일 때는 진행 상황을 나타내는 로딩 바bar나 모래시계 아이콘 등을 활용해 사용자가 기다리는 동안 현재 상태를 직관적으로 이해할 수 있도록 해야 한다.

■ 도움말을 제공해야 한다

소프트웨어를 설치하거나 사용할 때 사용자가 참고할 수 있는 도움말을 제공해야 한다. 이때 단순한 기능 설명이 아니라, 사용자가 겪을 수 있는 문제와 해결 방법을 함께 안내하는 것이 중요하다. 도움말은 사용자 입장에서 작성되어야 하며, 현재 발생한 문제와 가장 관련성이 높은 해결책을 제공하도록 설계해야 한다.

■ 일관성을 유지해야 한다

일관성 있는 사용자 인터페이스를 제공해야 사용자가 쉽게 기억하고 빠르게 적응할 수 있다. 예를 들어 단축키의 기능이 상황에 따라 달라진다면 사용자는 매우 불편하고 혼란스러울 것이다. 또한, 조작 방법 역시 일관성을 유지해야 한다. 사용자는 유사한 상황에서 같은 방식으로 조작하려고 하기 때문에, 일관된 방식을 유지해야 한다. 또한 의미가 같은 용어는 통일해서 사용해야 한다. 부서마다 사용하는 용어가 조금씩 다르다면 사전에 용어 통일을 한 뒤 사용자 인터페이스에 적용해야 한다.

■ 입력 작업은 최소로 해야 한다

사용자가 직접 입력하는 작업은 최소화하고 리스트를 제공해 선택할 수 있도록 설계한다. 이때도 모든 사항을 다 입력하고 최종 버튼을 눌렀을 때 어느 하나가 빠지거나 틀렸다고 처음부터 입력하도록 하면 안 되고 입력이 누락되었거나 잘못된 경우에는 해당 부분만 다시 입력하도록 유도해야 한다.

■ 효율성을 고려해야 한다

사용자가 보다 빠르게 작업할 수 있도록 키보드 단축키를 적절히 제공하는 것이 중요하다. 또한, 자주 사용하는 메뉴는 기본값으로 설정해 불필요한 입력을 줄일 수 있도록 해야 한다. 예를 들어, 휴대전화 번호를 입력할 때 기본적으로 '010'을 자동으로 표시하거나, 사용자가 일부만 입력하면 예상되는 값을 미리 제시하는 자동 완성 기능을 제공하면 입력의 효율성이 높아진다.

■ 사용자 오류에 대한 되돌리기 기능을 제공해야 한다

사용자가 실수로 잘못된 데이터를 입력했을 때, 이를 바로 수정할 수 있도록 되돌리기Undo 기능을 제공해야 한다. 예를 들어, 대부분의 소프트웨어에서 제공하는 Ctrl+Z 기능처럼 사용자가 실수를 쉽게 수정할 수 있도록 지원해야 한다.

■ 삭제 또는 취소 버튼 클릭 시 재확인을 요구해야 한다

소프트웨어를 사용하다 보면 실수로 데이터를 삭제하는 경우가 발생할 수 있다. 특히, 삭제한 데이터가 다른 정보와 연관되어 있거나 복구할 수 없는 중요한 데이터일 경우 사용자는

큰 불편을 겪게 된다. 따라서 삭제 버튼을 클릭하면 확인 메시지를 띄워 사용자의 의도를 다시 한 번 확인하는 과정이 필요하다.

■ 사용하기 쉽게 직관적이어야 한다

사용자는 인터페이스를 직관적으로 이해하고 사용할 수 있어야 한다. 대표적인 예로, 아이콘에는 누가 봐도 기능을 쉽게 유추할 수 있는 이미지를 사용해야 한다. 또한, 심성 모형mental model과 메타포metaphor 개념을 활용하면 사용자가 더욱 자연스럽게 인터페이스를 이해할 수 있다. 예를 들어, 신호등에서 빨간색은 정지, 초록색은 진행이라는 개념이 익숙한 것처럼, 사용자 인터페이스에서도 이러한 시각적 신호를 활용할 수 있다. 윈도 운영체제에 익숙한 사용자는 밑줄이 쳐진 단어나 그림을 클릭하면 다른 페이지가 열릴 것이라고 예상한다. 이와 같은 개념을 심성 모형이라고 하며, 사용자가 기존에 알고 있는 개념을 소프트웨어 조작 방식과 연결해 쉽게 이해하도록 돕는다. 메타포의 대표적인 예는 휴지통 아이콘이다. 파일을 삭제할 때 사용하는 휴지통 아이콘은 현실 세계의 개념을 디지털 환경에 적용한 것이다. 이처럼 사용자 인터페이스는 직관적인 감각을 반영해 사용성을 최대한 높일 수 있게 설계해야 한다.

01 객체에게 어떤 행위를 하도록 지시하는 명령은? 정보처리기사 변형

① Class
② Object
③ Message
④ Package

02 바람직한 소프트웨어 설계 지침이 아닌 것은? 정보처리기사 변형

① 적당한 모듈의 크기를 유지한다.
② 모듈 간의 접속 관계를 분석하여 복잡도와 중복을 줄인다.
③ 모듈 간의 결합도는 강할수록 바람직하다.
④ 모듈 간의 효과적인 제어를 위해 설계에서 계층적 자료조직이 제시되어야 한다.

03 소프트웨어 개발에서 모듈이 되기 위한 주요 특징에 해당하지 않는 것은? 정보처리기사 변형

① 유일한 이름을 가져야 한다.
② 독립적인 컴파일이 가능하다.
③ 다른 모듈에서의 접근이 불가능해야 한다.
④ 다른 것들과 구별될 수 있는 독립적인 기능을 가진 단위(Unit)이다.

04 모듈화에 대한 설명으로 적절하지 않은 것은? 2023 경찰간부후보

① 모듈은 독립적인 기능이 있는 논리적 단위로 다른 프로젝트에 재사용할 수 있다.
② 분석에서 구현까지 소프트웨어 개발의 전체 수명주기에 걸쳐 적용될 수 있다.
③ 소프트웨어의 문제 발생 시 원인 모듈을 수정한 후 적용한다.
④ 모듈화는 문제를 팀 단위의 개발 요소가 될 만한 수준으로 분할하는 과정이다.

05 객체지향 분석 기법에 대한 설명으로 옳지 않은 것은? 정보처리기사 변형

① 동적 모델링 기법이 사용될 수 있다.
② E-R 다이어그램은 객체지향 분석 기법의 표현 도구로 적합하지 않다.
③ 데이터와 행위를 하나로 묶어 객체를 정의 내리고 추상화시키는 작업이라 할 수 있다.
④ 코드 재사용에 의한 프로그램 생산성 향상 및 요구에 따른 시스템의 쉬운 변경이 가능하다.

06 다음 중 모델링에 관련된 올바른 설명을 모두 고른 것은? 2025 경찰간부후보

> (가) 절차 중심 방법은 데이터의 구조와 이를 이용한 함수들의 집합으로 구성된다.
> (나) 객체 지향 방법은 객체에 데이터와 이에 대한 함수를 모아 놓은 것이다.
> (다) 클래스는 각각의 개체들이 갖는 속성과 연산을 정의하는 템플릿이다.
> (라) 캡슐화는 정보은닉(Information hiding)으로 오퍼레이션과 속성을 외부에 노출되지 않게 할 수 있다.
> (마) 다중 상속(Multiple inheritance)은 여러 클래스의 메소드를 상속할 수 있는 기능으로, 객체지향 언어의 핵심 요소이다.
> (바) 다형성(Polymorphism)은 동일한 명칭의 메소드로 여러 클래스에 정의하여 객체에 따라 다른 처리를 가능하게 한다.

① (가), (나), (다), (라)
② (나), (다), (라), (마), (바)
③ (나), (라), (마), (바)
④ (가), (나), (다), (라), (바)

07 객체지향의 주요 구성 요소 중 데이터와 데이터를 처리하는 메소드를 묶어 놓은 하나의 소프트웨어 모듈을 무엇이라고 하는가? 정보처리기사 변형

① 객체
② 클래스
③ 상속
④ 관계

08 다음 소프트웨어 모듈에 관련된 내용에서 결합도가 약한 것으로부터 강해지는 순서로 가장 올바르게 나열한 것은? 2025 경찰간부후보

> (가) 전역 변수 데이터를 모듈간 공유한다.
> (나) 모듈의 호출에서 레코드나 배열, 구조체의 전달이 이루어진다.
> (다) 모듈의 호출에서 매개변수를 통한 값의 전달이 이루어진다.
> (라) 호출하는 모듈의 매개변수 값으로 호출되는 모듈의 내부 제어 흐름이 결정된다.
> (마) 호출하는 모듈이 호출되는 모듈의 내부 데이터 값을 수정한다.

① (다) → (라) → (나) → (마) → (가)
② (다) → (나) → (라) → (마) → (가)
③ (다) → (라) → (나) → (가) → (마)
④ (다) → (나) → (라) → (가) → (마)

09 객체지향 설계 원리 중 캡슐화에 대한 설명으로 적절하지 않은 것은? 2023 경찰간부후보

① 객체 제공자와 사용자(외부 객체)를 명확히 분리할 수 있다.
② 객체 내부 정보의 손상이나 오용을 막을 수 있다.
③ 객체 간 인터페이스를 복잡하게 만든다.
④ 객체 간 독립성이 구조적으로 보장된다.

10 결합도에 대한 설명으로 옳지 않은 것은? 정보처리기사 변형

① 데이터 결합도는 두 모듈이 매개변수로 자료를 전달할 때 자료 구조 형태로 전달되어 이용될 때 데이터가 결합되어 있다고 한다.
② 내용 결합도는 하나의 모듈이 직접적으로 다른 모듈의 내용을 참조할 때 두 모듈은 내용적으로 결합되어 있다고 한다.
③ 공통 결합도는 두 모듈이 동일한 전역 데이터를 접근한다면 공통 결합되어 있다고 한다.
④ 결합도는 두 모듈 간의 상호작용, 또는 의존도 정도를 나타내는 것이다.

11 다음 C 언어 소스 코드에서 swap과 sort 함수 간 결합도와 응집도는? 2023 경찰간부후보

```
void swap(int* x, int* y) {
int temp = *x;
*x = *y;
*y = temp;
}
void sort(int* nums, int size) {
...
if(*(nums + i) < *(nums + j))
swap(nums + i , nums + j));
...
}
```

	결합도	응집도
①	내용(content) 결합	기능적(functional) 응집
②	내용(content) 결합	절차적(procedural) 응집
③	외부(external) 결합	기능적(functional) 응집
④	외부(external) 결합	절차적(procedural) 응집

12 다음은 모듈을 구성하는 코드의 일부이다. 두 함수 A( )와 B( ) 사이에 형성되는 결합으로 옳은 것은? 단, ...은 생략된 코드이며, 해당 코드는 고려하지 않는다. 2022 국가직

```
int A(){
    int a;
    ...
    B(a);
    ...
}
int B(int x){
    ...
    if(x > 0)
        /* send data */
    else
        /* receive data */
}
```

① 내용 결합
② 자료 결합
③ 제어 결합
④ 스탬프 결합

13 다음 자바 코드에 나타난 것과 같이 동일한 이름의 메시지로 다른 구현을 호출할 수 있는 객체 지향 개념은? 2021 국가직

```
Animal a;
a = new Dog( );
a.makeSound( );    // "멍멍" 출력함
a = new Cat( );
a.makeSound( );    // "야옹" 출력함
```

① 캡슐화
② 다형성
③ 정보은닉
④ 정적 바인딩

14 다음 밑줄 친 자바 소스 코드를 다형성을 위한 메서드 오버로딩과 메서드 오버라이딩에 따라 가장 적절하게 짝지은 것은? `2026 경찰간부후보`

```
class Shape{
...(중략)...
    ㉠ public int area(int len) { ...(중략)... }
    ㉡ public int area(int width, int height) { ...(중략)... }
...(중략)...
}
class Circle extends Shape{
...(중략)...
    ㉢ public int area(int radius) { ...(중략)... }
...(중략)...
}
```

	오버로딩	오버라이딩
①	㉠, ㉡	㉠, ㉢
②	㉠, ㉡	㉡, ㉢
③	㉠, ㉢	㉡, ㉢
④	㉠, ㉢	㉠, ㉡

15 UI의 종류로 멀티 터치, 동작 인식 등 사용자의 자연스러운 움직임을 인식하여 서로 주고받는 정보를 제공하는 사용자 인터페이스를 의미하는 것은? `정보처리기사 변형`

① NUI(Natural User Interface)
② OUI(Organic User Interface)
③ CLI(Command Line Interface)
④ GUI(Graphical User Interface)

참고 |

OUI(Organic User Interface)는 '유기적 사용자 인터페이스'로, 화면이나 장치 자체가 물리적으로 변형되거나 형태를 바꾸며 사용자와 상호작용하는 인터페이스를 말한다. 예를 들어, 접히거나 구부러지는 디스플레이, 입체 터치 패널 등이 있다.

16 파이프 필터 형태의 소프트웨어 아키텍처에 대한 설명으로 옳은 것은? 정보처리기사 변형

① 계층 모델이라고도 한다.

② 노드와 간선으로 구성된다.

③ 3개의 서브 시스템(모델, 뷰, 제어)으로 구성되어 있다.

④ 서브 시스템이 입력 데이터를 받아 처리하고 결과를 다음 서브 시스템으로 넘겨주는 과정을 반복한다.

17 다음 C 언어로 작성된 소스 코드에서 나타나는 결합도로 옳은 것은? 2024 국가직

```
#include <stdio.h>
int sum_array(int *arr, int length) {
    int i, ret;
    ret = 0;
    for (i = 0; i < length; i++)
        ret += arr[i];
    return ret;
}
int main() {
    int a[10] = {1, 2, 3, 4, 5, 6, 7, 8, 9, 10};
    printf("%d", sum_array(a, 10));
    return 0;
}
```

① 제어 결합도

② 외부 결합도

③ 스탬프 결합도

④ 데이터 결합도

18 어떤 웹 서비스는 다음과 같은 세 가지 구성 요소로 이루어져 있다. 이 정보를 바탕으로 전체 웹 서비스의 월간 가용성(%)을 계산하시오(소수점 셋째 자리까지 반올림할 것).

[시스템 구성]

- 웹 서버: 이중화되어 있으며, 둘 중 하나만 살아 있으면 서비스 가능
- 애플리케이션 서버: 단일 구성
- 데이터베이스 서버: 마스터–슬레이브 구조로 구성되어 있고, 슬레이브는 읽기만 가능함. 마스터가 죽으면 쓰기 기능은 불가능하지만 읽기 기능은 계속 제공됨

[각 구성 요소의 월간 평균 가용성]

- 웹 서버 1대: 99.8%
- 애플리케이션 서버: 99.5%
- DB 마스터: 99.9%
- DB 슬레이브: 99.6%

[서비스 정상 동작 조건]

- 최소한 웹 서버 1대는 살아 있어야 함
- 애플리케이션 서버는 반드시 살아 있어야 함
- DB는 최소한 읽기라도 가능해야 함 (마스터 또는 슬레이브 중 하나 이상이 살아 있어야 함)

19 클라우드 기반 백엔드 시스템의 운영 로그를 분석한 결과, 지난 6개월 동안 다음과 같은 장애 기록이 확인되었다. 이 데이터를 바탕으로 다음 질문에 답하시오.

- 총 장애 발생 횟수: 5회
- 각 장애 발생 전까지 시스템이 연속적으로 정상 동작한 시간은 812시간, 1,340시간, 980시간, 1,155시간, 890시간이다.
- 운영팀은 이 데이터를 바탕으로 시스템의 평균 가동 시간(MTTF)을 산출하고, 향후 장애 예측 및 유지보수 주기 계획에 활용하려고 한다.

(1) 위 데이터를 바탕으로 시스템의 평균 가동 시간(MTTF)을 계산하시오(단위는 시간, 소수점 둘째 자리까지 반올림할 것).

(2) 이 시스템의 MTTF가 높다고 판단할 수 있는지, 판단 근거를 간단히 설명하시오.

20 다음은 쇼핑몰 시스템의 클래스 코드 일부이다. 다음 질문에 답하시오.

```
public class OrderManager {
    public void createOrder() {
        // 주문 생성 로직
    }
    public void cancelOrder() {
        // 주문 취소 로직
    }
    public void printSalesReport() {
        // 매출 보고서 출력 로직
    }
    public void sendMarketingEmail() {
        // 마케팅 이메일 전송 로직
    }
    public void refundOrder() {
        // 환불 처리 로직
    }
}
```

(1) 위 클래스의 응집도는 어떤 수준인지 판단하고, 그 이유를 간단히 설명하시오.

(2) 응집도를 높이기 위한 개선 방향을 제시하고, 어떻게 클래스를 나눌 수 있을지 예시를 들어 설명하시오.

21 한 모바일 앱의 회원가입 화면에는 다음과 같은 문제가 있다는 사용자 피드백이 수집되었다. 이 피드백을 기반으로, 해당 UI 화면의 사용성 문제를 2가지 이상 식별하고, 이를 개선하기 위한 구체적인 설계 방안을 각각 제시하시오.

- 입력 항목이 한 화면에 모두 표시되지 않고 스크롤해야 확인 가능함
- 에러 메시지가 입력 완료 후 한 번에 보여짐(예 "비밀번호 형식 오류", "이메일 중복")
- 회원가입 버튼을 누른 뒤 아무런 반응 없이 잠시 멈췄다가 전환됨
- 필수 입력 항목과 선택 입력 항목의 구분이 명확하지 않음

22 아래는 두 클래스 간의 관계를 나타내는 자바 코드의 일부이다. 다음 질문에 답하시오.

```
public class OrderService {
    private PaymentService paymentService = new PaymentService();
    public void processOrder() {
        // 주문 처리 로직
        paymentService.processPayment();  // 결제 처리
    }
}
public class PaymentService {
    public void processPayment() {
        // 결제 처리 로직
    }
}
```

(1) 위 코드에서 OrderService와 PaymentService 사이의 결합도 수준을 판단하고 그 이유를 간단히 설명하시오.

(2) 결합도 수준을 개선하기 위한 방법을 제시하고, 간단한 예시 코드를 작성하시오.

Chapter

06

아키텍처 설계와 클래스 설계

학습목표

- 소프트웨어 아키텍처의 개념과 주요 품질 속성을 이해한다.
- 대표적인 아키텍처 스타일의 종류와 특징을 설명할 수 있다.
- 클래스 간의 다양한 관계(상속, 연관, 집합·구성, 의존, 실체화)를 구분할 수 있다.
- 객체지향 설계의 다섯 가지 원칙(SRP, OCP, LSP, DIP, ISP)을 적용할 수 있다.

01 아키텍처 설계

건물을 세울 때 가장 먼저 뼈대를 세우는 것처럼 소프트웨어를 개발할 때도 뼈대를 세우는 작업이 필요하다. 이를 소프트웨어 아키텍처 설계라 한다. '아키텍처'는 원래 건축에서 사용되는 용어로, 건물의 기본 구조와 설계 원칙을 결정하는 요소를 의미한다. 소프트웨어에서도 마찬가지로 시스템의 구조와 동작 방식을 정의하는 것이 아키텍처의 핵심 역할이다.

그림 6-1 건물 지을 때의 아키텍처

소프트웨어 개발에서는 다양한 형태의 아키텍처가 사용되며, 대표적인 예는 다음과 같다.

- **엔터프라이즈 아키텍처**: 기업 전체의 IT 시스템 구조를 정의하는 아키텍처
- **소프트웨어 아키텍처**: 개별 소프트웨어 시스템의 구조를 설계하는 아키텍처
- **시스템 아키텍처**: 하드웨어와 소프트웨어를 포함한 전체 시스템의 구조
- **조직 아키텍처**: 기업의 IT 조직 및 프로세스를 정의하는 구조
- **정보 아키텍처**: 데이터 관리와 정보 흐름을 정의하는 아키텍처
- **하드웨어 아키텍처**: 물리적 장비(서버, 네트워크 등)의 구조

이 책에서는 여러 종류의 아키텍처 중에서 소프트웨어 아키텍처를 다룬다.

1 아키텍처의 필요성

집안 청소를 간단히 시작했다가 예상보다 일이 커져 대청소가 되듯이 소프트웨어 개발도 처음에는 단순한 기능을 구현하려 했지만 프로젝트가 진행될수록 요구사항이 늘어나며 점점 복잡해진다. 예를 들어 기존 시스템에 새로운 기능을 추가하려다 코드 충돌이나 성능 저하가 발생할 수도 있다. 이러한 문제를 방지하려면 초기에 전체적인 소프트웨어 구조를 설계하는 것이 중요하다. 대규모 소프트웨어 개발에서는 단순한 기능 설계를 넘어 시스템의 균형과 조화를 고려하는 것이 필수적이며, 이를 가능하게 하는 개념이 바로 소프트웨어 아키텍처software architecture이다.

대규모 소프트웨어를 개발하려면 복잡성을 해결해야 한다. 이를 위해 다음과 같은 방법을 적용할 수 있다.

- 개발할 소프트웨어의 전체 구조를 먼저 구상한다.
- 소프트웨어의 구조를 이루는 핵심 구성 요소를 찾는다.
- 각 구성 요소 간의 명확한 관계를 설정한다.
- 일정한 설계 원칙과 규칙을 따른다.

복잡하고 규모가 큰 소프트웨어를 개발하려면 전체적인 구조가 유기적으로 연결되어 있어야 한다. 또한, 사용자가 만족할 만한 품질 좋은 소프트웨어를 개발하려면 요구분석과 설계 단계부터 품질 특성을 고려해야 한다. 따라서 잘 정의된 구조의 품질 좋은 소프트웨어를 만들려면 소프트웨어 아키텍처가 필요하다. 아키텍처 설계를 잘 하면 시스템의 동작 방식을 예측할 수 있으며, 변경 사항이 발생해도 유연하게 대응할 수 있다.

2 아키텍처의 특징과 기능

소프트웨어 아키텍처는 소프트웨어의 기본 구조를 설계하는 청사진과 같다. 이는 단순한 코드 설계를 넘어, 시스템 전체의 큰 그림을 결정하는 과정이다. 소프트웨어 아키텍처의 특징은 다음과 같다.

- 소프트웨어의 골격을 나타내는 추상화된 전체 구조를 제공한다.
- 소프트웨어를 이루고 있는 여러 구성 요소(서브 시스템, 컴포넌트)를 다룬다.
- 인터페이스를 통해 소프트웨어의 구성 요소가 어떻게 상호작용하는지를 정의한다.
- 세부 내용보다는 중요 내용(설계자architect가 주관적으로 판단하고 결정)만 다룬다.
- 설계에 적용되는 원칙과 지침이 있다.

즉, 소프트웨어 아키텍처는 시스템 구조를 정의하고 요구사항을 반영하여 목표와 구현을 연결하는 역할을 한다. 올바르게 설계된 아키텍처는 기능 요구사항과 품질 요구사항을 균형 있게 충족하면서도, 유지보수성과 확장성이 뛰어난 소프트웨어를 개발하는 기반이 된다.

소프트웨어 아키텍처를 설계할 때는 다음과 같은 기능을 고려해야 한다.

- 모든 이해관계자 사이의 의사소통 도구로 활용할 수 있어야 한다.
- 구현에 대한 제약 사항(개발 비용, 기간, 조직의 역량 등)을 정의해야 한다.
- 모든 이해관계자의 품질 요구사항을 반영해 우선순위에 따라 시스템 품질 속성(성능, 사용성, 보안성, 안정성, 검증 가능성, 변경 용이성 등)을 결정해야 한다.
- 특정 문제 영역에 적합한 소프트웨어의 구성 요소를 표준화하고 패턴화해 재사용할 수 있도록 설계해야 한다.

소프트웨어 아키텍처를 올바르게 설계하면 다음과 같은 효과를 기대할 수 있다.

- 소프트웨어의 기본 골격이 만들어져 개발에 참여하는 사람들의 이해 폭이 넓어지며 구현상의 문제점을 도출할 수 있다.
- 소프트웨어 아키텍처를 기반으로 분할 방법을 찾고 구조화를 위한 구체적인 방안을 생각할 수 있다.
- 설계의 원칙과 가이드를 제공할 수 있고 설계를 재사용할 수 있다.
- 소프트웨어 아키텍처를 기준으로 개발 조직을 만들 수 있다.
- 전사 조직을 소프트웨어 아키텍처에 맞게 재편할 수 있다.
- 품질 특성에 대한 평가 방법을 결정할 수 있다.

3 아키텍처의 품질 속성

소프트웨어 품질 속성은 시스템이 충족해야 하는 여러 가지 비기능적 요구사항을 포함한다. 품질 속성의 종류는 매우 다양하며, 이에 대한 상세한 설명은 10장 품질에서 다룬다. 그러나 실제 프로젝트에서는 모든 품질 속성을 동등하게 고려하지 않고, 사용자가 가장 중요하게 여기는 몇 가지 품질 속성을 중심으로 설계하는 것이 일반적이다.

소프트웨어 아키텍처는 이러한 중요한 품질 속성을 어떻게 설계에 반영할 것인지에 대한 해결 방안을 제시한다. 품질 속성을 아키텍처 설계에 반영하는 과정은 다음과 같다.

❶ 해당 프로젝트에서 중요하게 생각하는 품질 속성을 결정한다.

❷ 결정한 품질 속성을 어느 정도 수준으로 설계할 것인지 목표를 설정한다.

❸ 설정한 목표를 달성하는 방법을 서술한다.

❹ 품질 속성을 평가할 방법을 서술한다.

앞의 절차는 개략적인 과정이므로 실제 프로젝트에서는 품질 속성별로 어떤 방법을 적용하는지가 중요하다. 이제 대표적인 품질 속성 몇 가지를 중심으로, 아키텍처 설계 시 어떻게 반영할 수 있는지 살펴보자.

■ **보안성이 중요한 프로젝트**

사용자가 중요한 품질 속성으로 보안성을 강조했다면 아키텍처 설계 시 계층 구조 아키텍처를 선택하여 보안 수준을 강화할 수 있다. 보호해야 할 요소를 가장 깊숙한 내부 계층에 배치하고, 해당 데이터에 접근하기 위해서는 높은 등급의 보안 인증을 통과하도록 설계한다. 또한, 보안성을 검증하기 위해 주기적인 침투 테스트와 접근 로그 분석을 수행하여 보안 취약점을 지속적으로 점검해야 한다.

■ **가용성이 중요한 프로젝트**

가용성은 시스템이 중단 없이 수행되는 것을 중요하게 여기는 품질 속성이다. 가용성이 중요한 프로젝트에서는 시스템이 멈추지 않도록 하드웨어뿐만 아니라 소프트웨어 수준에서도 이중화를 고려해야 한다. 즉, 하나의 시스템이 중단되더라도 백업 시스템이 자동으로 작동하여 사용자가 서비스 중단을 인지하지 못하도록 설계해야 한다. 가용성을 검증할 때는 4장에서 배운 MTBF(평균 고장 간격)과 MTTR(평균 복구 시간)을 측정하며, MTBF가 길고 MTTR이 짧을수록 높은 가용성을 갖춘 시스템이라 할 수 있다.

■ **변경 용이성이 중요한 프로젝트**

변경이 자주 발생하는 프로젝트에서는 변경 용이성이 중요한 품질 속성이 된다. 이를 고려한 설계에서는 변경이 발생했을 때 그 영향을 빠르고 명확하게 추적할 수 있어야 한다. 아키텍처 설계 시, 변경이 자주 일어나는 부분과 그렇지 않은 부분을 명확히 구분하고, 모듈화와 인터페이스 설계를 통해 변경 사항이 전체 시스템에 미치는 영향을 최소화해야 한다.

변경 용이성은 5장에서 배운 응집도와 결합도 분석을 통해 변경이 미치는 영향을 평가함으로써 검증할 수 있다. 즉 응집도의 수준이 높을수록 그리고 결합도의 수준이 낮을수록 변경 용이성은 높아진다. 또 설계 변경이 요구될 때 아키텍처가 얼마나 유연한지 평가하는 기법인 ATAM Architecture Tradeoff Analysis Method을 사용한다.

여기서 잠깐! | **ATAM** Architecture Tradeoff Analysis Method

소프트웨어 아키텍처의 품질 속성을 평가하고, 다양한 설계 결정 간의 상충관계(trade-off)를 분석하기 위한 방법론이다. 이 기법은 소프트웨어 아키텍처가 이해관계자의 품질 속성 요구사항을 충족하는지 평가하고, 잠재적인 위험 요소를 조기에 식별하여 설계를 개선하는 데 사용된다.

■ **성능이 중요한 프로젝트**

성능은 시간 효율성과 자원의 활용성을 의미하는 중요한 품질 속성이다. 성능을 고려한 아키텍처 설계에서는 적절한 알고리즘을 선택하여 처리 시간을 단축하고, 자원 활용성을 극대화할 수 있도록 공유 자원의 사용 방안을 신중하게 결정해야 한다.

성능을 검증하기 위해서는 응답 시간, 처리량, CPU 사용률, 메모리 사용률 등을 측정하여 검증한다. 이를 위해서는 JMeter, Apache Bench, VisualVM, Perf 등의 도구를 사용한다.

■ **사용 편의성이 중요한 프로젝트**

불특정 다수가 사용하는 시스템에서는 사용 편의성이 중요한 요소가 된다. 시스템이 복잡하고 번거로운 경우 사용자는 쉽게 불만을 가지게 된다. 예를 들어, 일반적으로 밑줄이 있는 단어는 하이퍼링크hyperlink로 연결된다고 생각한다. 그런데 클릭했을 때 동작하지 않으면 사용자는 혼란을 느낀다. 신용카드 번호 입력 시에도 4자리 입력 후 자동으로 다음 칸으로 이동할 것으로 기대하지만 그대로 남아 있거나, 입력 도중 실수하면 처음부터 다시 입력해야 하는 경우도 사용자 경험을 저하시킨다.

아키텍처 설계 시 이러한 사용자의 기대를 충족시키고 불편을 최소화하는 방향으로 설계해야 한다. 시스템의 도움말 기능은 실제로 유용해야 하며, 사용자가 예상치 못한 상황에서도 친숙한 인터페이스를 제공하여 당황하지 않도록 해야 한다. 또한, 사용자 실수로 인한 불편을 줄이기 위해 '되돌리기'나 '취소' 기능을 제공함으로써 사용 편의성을 높일 수 있다. 사용 편의성을 검증하기 위해서는 실제 사용자 데이터(클릭 패턴, 페이지 이탈률, 수행 시간 등)를 기반으로 사용성이 좋은지를 분석한다. 이를 위해 Google Analytics, Hotjar, Mixpanel 등의 도구를 사용한다.

4 아키텍처의 4+1 관점

어떤 사물을 제대로 파악하려면 다양한 관점으로 검토할 필요가 있다. 소프트웨어도 마찬가지이다. 소프트웨어 아키텍처는 [그림 6-2]와 같은 UML의 4+1 관점을 이용해 설명한다. 여기서 관점view은 시스템을 이루는 요소의 집합과 그들의 연관 관계를 추상적으로 표현한 것이다.

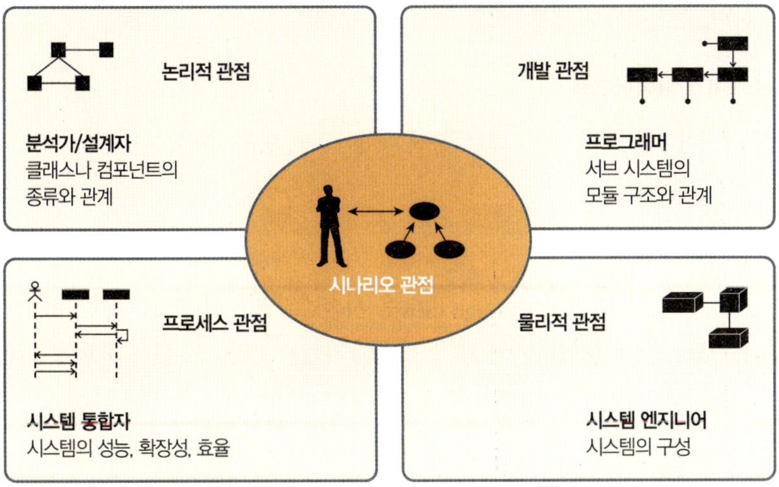

그림 6-2 UML의 4+1 관점

여기서 잠깐! | 4+1 관점의 용어 비교

4+1 관점은 크루첸(Kruchten)이 1995년에 쓴 논문 「Architectural Blueprints – The '4+1' View Model of Software Architecture」에서 처음 등장했다. 4+1 관점은 시스템을 이해하기 위한 5가지 관점으로, 문제 영역의 1개 관점(시나리오 관점)과 해법 영역의 4개 관점(논리적 관점, 프로세스 관점, 개발 관점, 물리적 관점)으로 구성된다.

표 6-1 4+1 관점에 대한 크루첸과 RUP의 용어 비교

영역	관점	크루첸	UP
문제 영역	시나리오 관점	scenario view	use case view
해법 영역	논리적 관점	logical view	design view
	프로세스 관점	process view	process view
	개발 관점	development view	implementation view
	물리적 관점	physical view	deployment view

4.1 시나리오 관점

시나리오 관점scenario view 또는 유스케이스 관점use case view은 최종 사용자가 인식하는 시스템의 기능을 의미한다. 즉 시스템이 사용자에게 제공하는 기능에 주목하는 관점이다. 시스템의 기능은 유스케이스로 표현되며, 이러한 유스케이스들은 사용자의 요구사항을 기반으로 구성된다.

유스케이스 다이어그램은 소프트웨어 시스템의 기능을 정의하고, 이를 다른 네 개의 관점에서 사용되는 다이어그램의 근간으로 활용한다. 또한, 설계자가 사용자와 대화하는 과정에서도 중요한 역할을 하며, 점진적으로 세부적으로 구체화될 수 있다.

- **정적 표현**: 유스케이스 다이어그램
- **동적 표현**: 상태 다이어그램, 순차 다이어그램, 통신 다이어그램, 활동 다이어그램

4.2 논리적 관점

논리적 관점logical view 또는 디자인 관점design view은 시스템의 기능에 관심이 있는 유스케이스 관점과 달리 시스템 내부를 들여다본다. 즉 시스템의 기능을 제공하기 위해 필요한 클래스나 컴포넌트 및 이들의 관계에 초점을 둔다.

- **정적 표현**: 클래스 다이어그램, 객체 다이어그램
- **동적 표현**: 상태 다이어그램(클래스 내의 동작 표현), 순차 · 통신 다이어그램(클래스 간 상호작용 표현), 활동 다이어그램(클래스의 연산 동작 표현)

4.3 프로세스 관점

프로세스 관점process view은 개발자와 시스템 통합자를 위한 것으로, 실제 구동 환경을 살펴봄으로써 논리적 관점과 같이 시스템 내부의 구조(클래스 간 관계, 클래스의 동작, 클래스 간 상호작용)에 초점을 맞춘다. 그러나 모든 클래스가 대상이 되는 것은 아니며, 독자적인 제어 스레드thread를 가질 수 있는 클래스에 집중한다. 따라서 이 관점은 시스템의 동시성과 동기화에 관심을 둔다. 즉 시스템에 어떤 프로세스와 스레드가 존재하는지 식별하고, 그들 간의 관계(소유, 동기화 등)를 표현한다.

프로세스 관점에서 사용하는 다이어그램은 논리적 관점에서 쓰이는 것과 유사하지만, 프로세스와 스레드를 기술함으로써 시스템의 성능, 확장성, 효율성과 같은 품질 속성을 고려할 수 있다는 점이 특징이다.

- **동적 표현**: 시간의 흐름에 따른 변화를 표현하는 상태 다이어그램, 순차 다이어그램, 통신 다이어그램, 활동 다이어그램
- **시스템 구성 표현**: 구현을 위해 컴포넌트 다이어그램과 배치 다이어그램을 사용해 시스템 전체 구성을 표현

4.4 개발 관점

개발 관점development view 또는 구현 관점implementation view은 소프트웨어 서브 시스템의 모듈(원시 코드, 데이터 파일, 컴포넌트, 실행 파일 등) 간의 연관 관계와 이들이 설계와 어떻게 연결되는지에 관심을 둔다. 다음과 같은 UML 다이어그램을 이용해 구현 모듈 간의 의존 관계를 나타낸다.

- **정적 표현**: 컴포넌트 다이어그램
- **동적 표현**: 상태 다이어그램, 순차 · 통신 다이어그램, 활동 다이어그램

4.5 물리적 관점

물리적 관점physical view 또는 배치 관점deployment view은 시스템에서 필요한 하드웨어 환경을 포함해 시스템을 구성하는 처리 장치 간의 물리적인 배치에 초점을 둔다. 다음과 같은 다이어그램을 사용해 서브 시스템이 물리적인 환경에서 어떻게 배치, 연결, 실행되는지를 노드 간의 관계로 나타낸다. 또한 시스템의 분산 구조와 실행할 때 컴포넌트의 배치 상태를 나타낸다.

- **정적 표현**: 배치 다이어그램
- **동적 표현**: 상태 다이어그램, 순차 다이어그램, 통신 다이어그램, 활동 다이어그램

5 아키텍처 스타일

우리는 일상에서 '스타일'이라는 단어를 많이 사용한다. 예를 들어 미용실에서 "연예인 ○○○ 스타일로 해주세요"라고 하면 잘 알아듣고 그 모양으로 만들어준다. 서로 간에 자세히 설명하지 않아도 원하는 스타일을 알 수 있다.

건축에서도 다양한 양식이 존재한다. 예를 들어, 로마네스크 양식, 고딕 양식, 르네상스 양식, 바로크 양식, 로코코 양식 등은 시대별 건축 스타일을 대표하며, 외관만 보고도 해당 시대의 역사적 배경과 특징을 유추할 수 있다. 이처럼 스타일이란 일정한 규칙과 패턴을 공유하는 하나의 약속이라고 볼 수 있다.

그렇다면 소프트웨어 아키텍처에는 어떤 스타일이 있을까? 개발자들 사이에서 '○○ 스타일'이라고 하면, 머리 모양이나 건축 양식처럼 그 형태가 자연스럽게 떠오르고, 구성 방식, 적용할 수 있는 프로젝트 유형, 장 · 단점 등을 쉽게 이해할 수 있어야 한다.

소프트웨어 아키텍처 스타일의 종류를 나눠보면 [그림 6-3]과 같다.

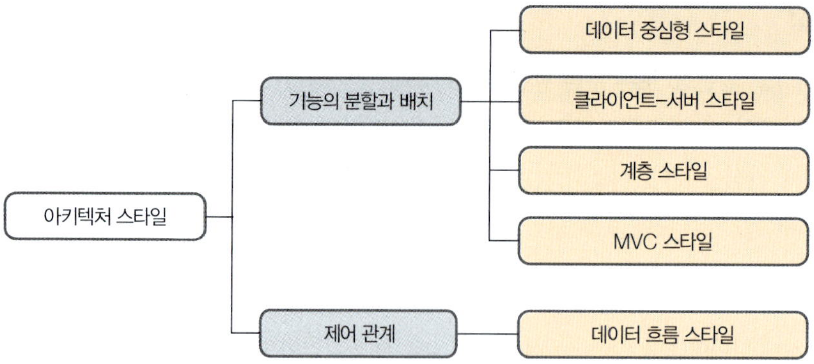

그림 6-3 아키텍처 스타일의 분류

이제 소프트웨어 아키텍처 스타일에 대해 하나씩 살펴보자.

5.1 데이터 중심형 스타일

데이터 중심형 스타일data centered style의 가장 큰 특징은 데이터가 저장소repository에 보관되어 중앙에서 관리된다는 점이다. 이 스타일은 저장소 스타일repository style이라고도 하며, [그림 6-4]와 같이 저장소와 이를 이용하는 서브 시스템으로 구성된다.

서브 시스템은 저장소에 보관된 데이터를 필요에 따라 조회, 수정, 삭제를 할 수 있으며, 대량의 데이터를 공유해야 하는 시스템에서 특히 유용하다. 대표적인 예로 대학정보시스템이나 은행시스템과 같은 대규모 데이터 처리 환경에서 자주 사용된다.

데이터 중심형 스타일은 데이터가 저장소 한 군데에 모여 있어서 데이터를 모순되지 않고 일관성 있게 관리할 수 있고, 새로운 서브 시스템을 추가하기도 쉽다는 장점이 있다. 그러나 저장소가 병목현상을 일으킬 수도 있고, 서브 시스템과 저장소 간 결합도가 높아 저장소를 변경하면 서브 시스템에 영향을 줄 수 있는 단점이 있다.

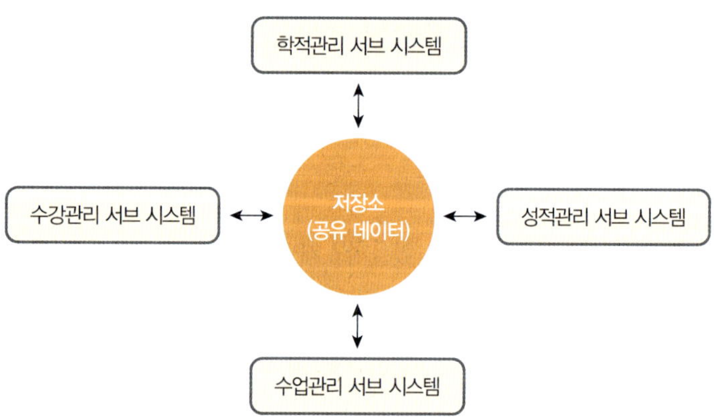

그림 6-4 데이터 중심형 스타일

5.2 클라이언트-서버 스타일

클라이언트-서버 스타일client-server style은 네트워크를 기반으로 한 분산 시스템 구조로, 클라이언트는 요청을 보내고, 서버는 이를 처리하여 응답을 제공하는 방식이다. 이 스타일은 서버, 서비스, 클라이언트로 구성되며, 각 서브 시스템(컴포넌트)이 서비스를 서로 요청하면서 상호작용한다.

■ 구성 요소

❶ 서버

서버는 클라이언트(서브 시스템)에 서비스를 제공하는 역할을 한다. [그림 6-5]와 같이 클라이언트의 요청request을 처리하기 위해 대기하며, 요청을 받으면 이를 처리한 후 결과를 클라이언트에 응답response한다. 대표적인 서버의 예로는 프린트 서버, 파일 및 FTP 서버, 메일 서버, DNS 서버가 있다.

❷ 클라이언트

클라이언트는 사용자와 직접 상호작용하며 서버가 제공하는 서비스를 요청(호출)하는 서브 시스템이다. 메시지나 원격 프로시저 호출Remote Procedure Call, RPC을 통해 서버에 요청을 보낸다. 서버는 요청을 수행한 후 결과를 반환하며, 클라이언트는 이 결과를 사용자에게 제공한다.

클라이언트가 서버에 요청을 보내기 위해서는 서버의 이름(IP 주소나 도메인 이름)과 서비스 정보(포트 번호, API 엔드포인트 등)를 알고 있어야 한다.

■ 웹 브라우저가 웹 서버에 요청을 보내는 과정

사용자가 웹 브라우저 주소창에 https://httpbin.org:443/get을 입력하면, 웹 브라우저는 이 주소로 HTTP GET 요청을 보낸다. 이때 이 URL은 여러 구성 요소로 이루어져 있으며, 그 내용은 [표 6-2]와 같다.

표 6-2 URL의 구성 요소

구성 요소	설명
https://	HTTPS 프로토콜 사용 (보안 처리된 HTTP)
httpbin.org	HTTP 요청 및 응답 테스트를 위해 널리 사용되는 공개 API 서버
:443	HTTPS의 기본 포트 번호 (보통 생략되지만, 명시적으로 적음)
/get	GET 요청을 처리하는 엔드포인트 (httpbin에서 정의됨)

❶ **요청 전송**request sending

브라우저가 서버에게 "이런 정보가 필요하다"고 말을 거는 단계이다. 사용자가 주소를 입력하면, 웹 브라우저는 이 주소를 분석해 어떤 서버에 무엇을 요청할지 결정한다. 예를 들어, httpbin.org는 어떤 서버인지, 433은 그 서버의 몇 번 출입문(포트)인지, /get은 서버 안에서 어떤 정보를 원하는지를 의미한다. 브라우저는 이 내용을 하나의 요청request으로 만들어 서버에 보낸다.

❷ **대기 후 처리**waiting and processing

브라우저는 기다리고, 서버는 바쁘게 처리하는 시간이다. 요청을 받은 서버는 그 의미를 해석한다. 즉, "이 클라이언트가 나에게 어떤 데이터를 요청했는가?"를 이해한 뒤, 해당 요청에 맞게 데이터를 조회하거나, 계산하거나, 외부 시스템과 연동하는 등의 작업을 수행한다. 이 과정 동안 브라우저는 서버의 응답을 기다리며 대기한다.

❸ **서버 응답**server response

서버가 요청을 모두 처리한 후, 그 결과를 하나의 응답response으로 만들어 브라우저에게 다시 보낸다. 이 응답에는 요청한 데이터가 담겨 있을 수도 있고, 오류가 발생했다면 그에 대한 설명이 포함될 수도 있다. 브라우저는 이 응답을 받아 사용자에게 화면을 통해 결과를 보여준다.

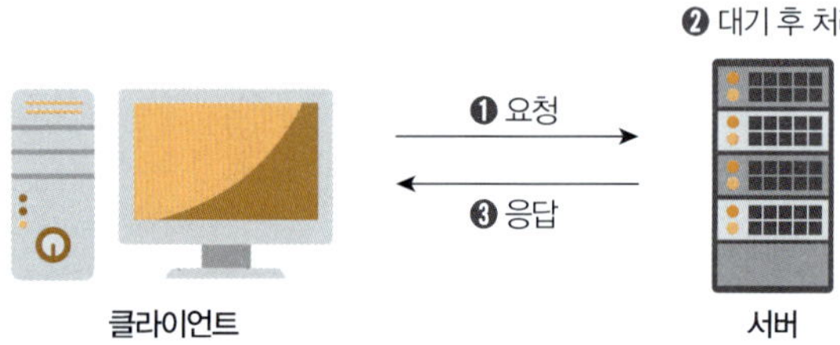

그림 6-5 클라이언트-서버 스타일

■ 비중에 따른 클라이언트-서버 스타일

클라이언트와 서버가 담당하는 기능의 비중에 따라 클라이언트-서버 스타일은 다양한 형태로 나뉜다. 클라이언트는 서버에 의존하는 정도에 따라 최소한의 기능만 수행하는 씬 클라이언트thin client 스타일과 더 많은 기능을 직접 처리하는 팻 클라이언트fat client 스타일로 구분할 수 있다. 어떤 형태가 좋은지는 단정할 수 없으며 프로젝트의 목적과 성격에 맞게 클라이언트와 서버 간의 역할을 적절히 분산하는 것이 중요하다.

- **씬 클라이언트 스타일**: [그림 6-6]의 가장 왼쪽에 해당하는 구조로, 클라이언트는 사용자 인터페이스UI만 담당하고, 응용 처리application processing와 데이터베이스 관리database management는 모두 서버에서 수행된다. 이 구조는 컴파일러처럼 데이터 관리가 거의 필요 없는 애플리케이션이나, 응용 처리가 거의 필요 없는 데이터 중심data-intensive의 애플리케이션(웹 검색, 쿼리 등)에 적합하다. 하지만 서버와 네트워크에 걸리는 부하가 큰 것이 단점이다.

- **팻 클라이언트 스타일**: [그림 6-6]의 가장 오른쪽에 해당하는 구조로, 클라이언트가 UI뿐 아니라 응용 처리application logic까지 담당하며, 서버는 데이터 관리 역할만 수행한다. 이 구조에서는 클라이언트에 더 많은 부하가 걸릴 수밖에 없으므로 클라이언트 컴퓨터의 사양이 많은 애플리케이션을 처리하기에 충분할 때 사용하는 것이 바람직하다. 단점으로는 씬 클라이언트보다 관리와 유지보수가 복잡하다는 점이 있다. 특히, 새로운 버전의 애플리케이션이 출시될 경우, 모든 클라이언트에 개별 배포 및 설치가 필요하다는 점이 실무에서 부담이 될 수 있다.

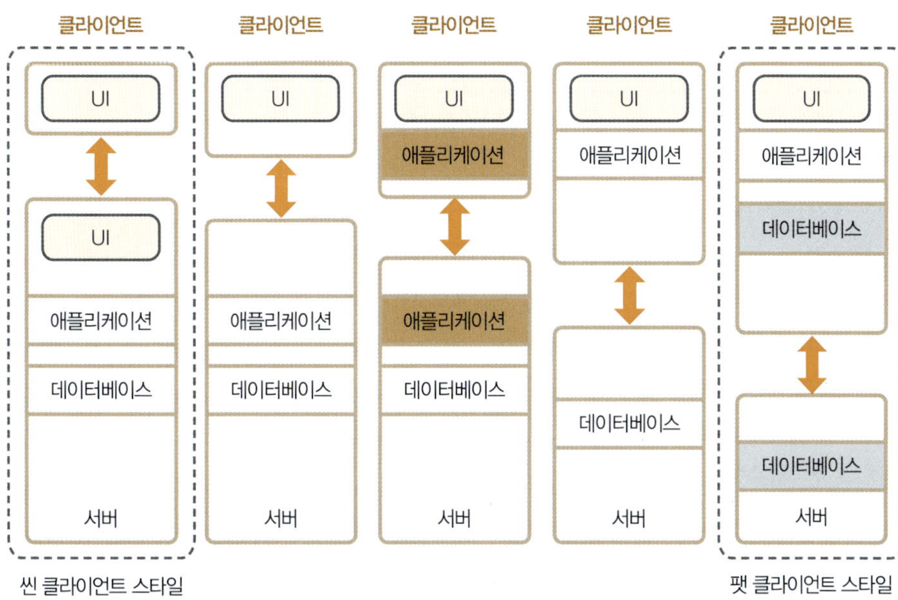

그림 6-6 비중에 따른 클라이언트 서버 스타일

5.3 계층 스타일

계층 스타일layered style은 소프트웨어의 기능을 역할에 따라 구분하여 여러 계층으로 구성하는 방식이다. 데이터베이스를 많이 활용하는 소프트웨어는 [그림 6-7]과 같이 3-계층으로 구성한다.

■ 프레젠테이션 계층

프레젠테이션 계층은 사용자와 직접 상호작용하는 클라이언트 계층으로, 사용자 인터페이스UI를 담당한다. 이 계층은 화면을 구성하고 사용자의 입력을 받아 비즈니스 로직 계층으로 전달하는 역할을 하며, 프론트엔드front-end라고도 한다.

■ **비즈니스 로직 계층**

비즈니스 로직 계층은 기능 요구사항을 구현하는 곳으로, 애플리케이션의 핵심 로직을 담당한다. 이 계층은 사용자의 요청을 처리하고, 어떤 데이터를 조회하거나 가공하여 반환할지를 결정한다. 미들웨어middleware라고도 한다.

■ **데이터 계층**

데이터 계층은 데이터베이스와 직접 연결되어 데이터를 저장하고 관리하는 역할을 한다. [그림 6-7]에서도 볼 수 있듯이 DBMS를 통해 데이터베이스와 상호작용하며, 백엔드back-end라고도 한다.

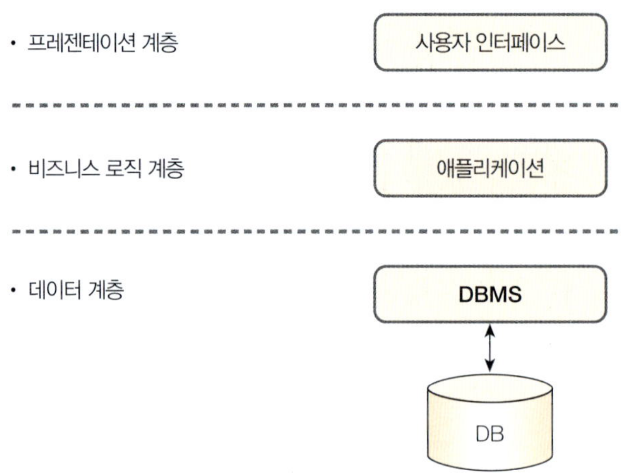

그림 6-7 3-계층 스타일

계층 스타일은 각 계층을 독립적인 서브 시스템으로 구성하며, 하위 계층은 서버 역할을, 상위 계층은 클라이언트 역할을 수행하도록 설계된다. 또한, 계층 간 원활한 상호작용을 위해 프로토콜이 정의된다.

이 스타일은 각 계층의 응집도를 높이고, 계층 간 결합도를 낮춰 재사용성과 유지보수성을 향상시키는 것이 장점이다. 또한, 계층별 역할이 명확하여 변경이 용이하며, 대부분의 운영체제와 통신 시스템이 계층 스타일을 이용하고 있다.

5.4 MVC 스타일

하나의 모듈에 너무 많은 것이 포함되면 관리 및 유지보수가 어렵다. 이를 해결하기 위해 기능이나 특성에 따라 모듈을 구분하지만, 보다 명확하게 분리하여 유지보수를 쉽게 하고 프로그램의 확장성과 유연성을 높이는 방법 중 하나가 MVCModel, View, Controller 아키텍처 스타일이다. 이 아키텍처 스타일은 모델model, 뷰view, 제어controller의 세 가지 영역으로 구성되며, 전체 구조는 [그림 6-8]과 같다.

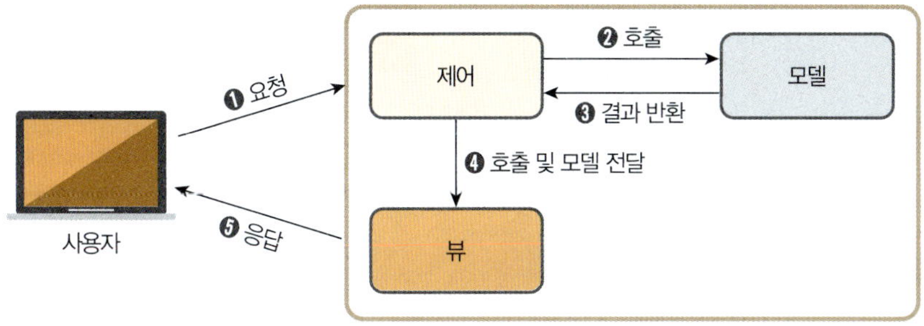

그림 6-8 MVC 스타일

[그림 6-8]의 전체 흐름은 다음과 같다.

❶ 사용자는 제어에 데이터를 요청하거나 전송한다.

❷ 제어는 이를 처리하기 위해 모델을 호출한다.

❸ 모델은 DBMS를 이용해 데이터베이스의 자료를 수정 후 그 결과를 제어에 반환한다.

❹ 제어는 사용자가 요청한 결과를 모델로부터 가져와 뷰를 호출하고 결과를 전달한다.

❺ 뷰는 처리 결과를 테이블, 그래프, 엑셀 등 다양한 형태로 사용자에게 보여준다.

MVC 스타일은 사용자 인터페이스에 해당하는 뷰와 데이터 및 데이터 처리 로직에 해당하는 모델을 독립적으로 분리해 변경에 대한 영향이 덜 미치도록 한 것이 장점이다. 이렇게 하면 사용자 인터페이스가 자주 변경되더라도 모델에는 영향을 주지 않는다. 이렇게 약한 결합으로 설계하면 서로 영향을 덜 미치기 때문에 구조 변경을 요청할 때 수정하기가 쉽다. MVC 스타일의 구현 방식은 다음과 같이 나뉜다.

■ JSP에서 출력과 로직을 모두 처리하는 방식

제어 로직controller과 뷰view를 하나의 JSP 파일에서 구현하는 구조이다. 사용자의 요청을 JSP가 직접 처리하며, 비즈니스 로직이 필요한 경우에는 별도의 서비스 클래스나 JavaBean 객체를 사용하여 요청된 작업을 수행하고, 그 결과를 출력한다.

TIP JSP(JavaServer Pages)는 HTML 안에 자바 코드를 삽입하여, 서버에서 동적으로 웹 페이지를 생성하는 기술이다. 주로 MVC 아키텍처의 View 계층에서 사용되며, 자바 기반 웹 애플리케이션 개발의 핵심 구성 요소 중 하나이다.

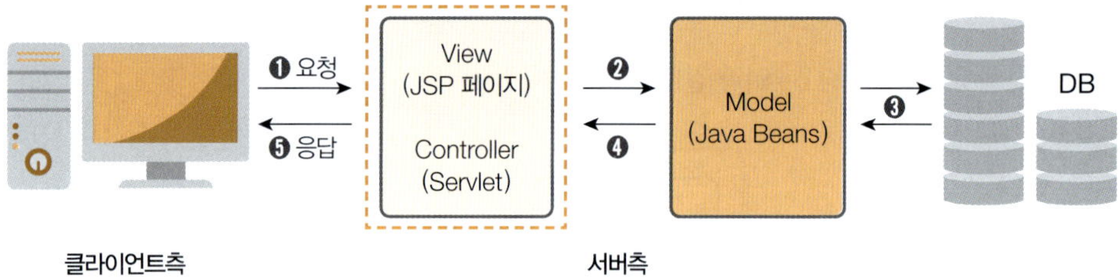

그림 6-9 JSP에서 출력과 로직을 모두 처리

■ **JSP에서 출력만 처리하는 방식**

웹 브라우저 사용자의 요청을 제어 로직controller이 먼저 받아 처리 흐름을 제어하고, 그 결과를 JSP에 전달하여 화면에 출력하는 구조이다. 제어 로직은 요청 내용을 분석한 후, 해당 요청을 뷰(JSP)로 보낼지, 모델(비즈니스 로직)로 보낼지를 판단하여 분기한다. 이처럼 HTML(뷰)과 자바 코드(로직)가 분리되어 있기 때문에, 출력과 로직을 모두 처리하는 방식에 비해 확장성과 유지보수성이 높다.

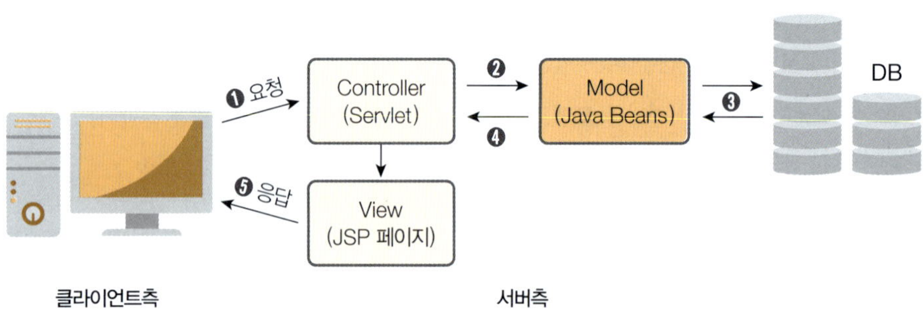

그림 6-10 JSP에서 출력만 처리

5.5 데이터 흐름 스타일

데이터 흐름 스타일은 파이프-필터pipe and filter 구조로 많이 알려져 있다. 이 스타일은 필터에 해당하는 서브 시스템이 하나의 데이터를 입력으로 받아 처리한 후 그 결과를 다음 서브 시스템으로 넘겨주는 과정을 반복한다. 일반적으로 데이터를 변환하는 시스템에서 주로 사용하며, 전체 변환 작업은 독립적인 단계로 나뉠 수 있다.

이 스타일은 이미지 프로세싱 시스템, 컴파일러의 순차적인 변환 처리기, 유닉스의 셸shell 등 파이프와 필터를 조합해 만드는 아키텍처에 적합하고 사용자의 개입 없이 데이터 흐름이 전환되는 경우에 사용된다. 또한 필터 또는 파이프 단위를 개별적으로 개발할 수 있어 동시에 개발할 수 있다는 것이 장점이다.

- **필터**filter: 데이터 스트림을 하나 이상 입력받아 처리(변환)한 후 하나의 데이터 스트림으로 출력한다. 하나의 필터는 여러 포트로 데이터를 보낼 수 있다.
- **파이프**pipe: 필터를 거쳐 생성된 데이터 스트림 하나를 다른 필터의 입력에 연결한다.

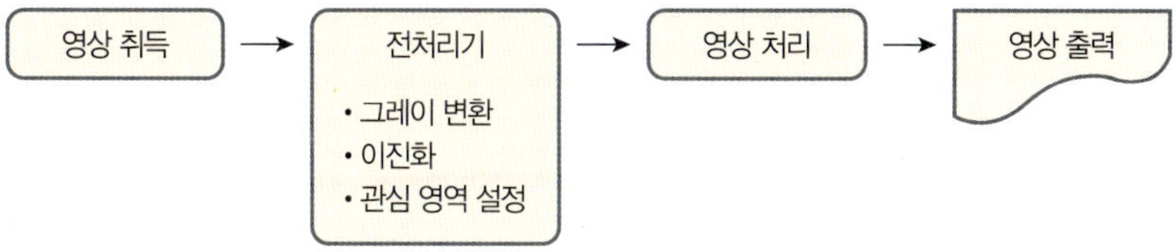

그림 6-11 데이터 흐름 스타일의 예(이미지 프로세싱 과정)

5.6 아키텍처 스타일의 장점

지금까지 몇 가지 아키텍처 스타일을 설명했다. 이러한 아키텍처 스타일을 사용해 설계하면 다음과 같은 이점을 얻을 수 있다.

- **개발 기간 단축 및 고품질의 소프트웨어 생산**: 시행착오를 줄임으로써 개발 기간을 단축할 수 있고 고품질의 소프트웨어를 만들 수 있다.
- **수월한 의사소통**: 아키텍처에 익숙한 개발자끼리 공통된 아키텍처를 공유함으로써 의사소통이 원활해진다.
- **쉬운 유지보수**: 개발에 참여하지 않은 사람이라도 비즈니스 로직만 이해하면 유지보수의 어려움을 크게 줄일 수 있다.
- **검증된 아키텍처**: 사용을 통해 이미 검증된 아키텍처 스타일이므로 안정적으로 개발할 수 있다.
- **구축 전 시뮬레이션 가능**: 이미 알려진 아키텍처 스타일을 이용하면 시스템을 개발하기 전에 시스템 특성을 시뮬레이션해볼 수 있다.
- **기존 시스템에 대한 빠른 이해**: 기존 시스템이 어떤 아키텍처 스타일로 개발되었는지 알면 그 시스템을 더 빨리 이해할 수 있다.

02 클래스 간의 관계

'관계'란 독립적으로 존재하는 요소들이 특정 조건에서 서로 연결되는 것을 의미한다. 예를 들어 부부는 혼인 신고를 통해 법적 관계를 형성하고, 소비자와 판매자는 구매 행위를 통해 서로 연결된다. 객체지향 시스템에서도 클래스 간에는 다양한 관계가 존재하며, [그림 6-12]처럼 여러 클래스가 서로 연결되면서 전체 시스템을 구성한다. 각 클래스는 서로 사용하고, 필요로 하며, 의존하는 관계를 맺으며 시스템의 기능을 수행한다.

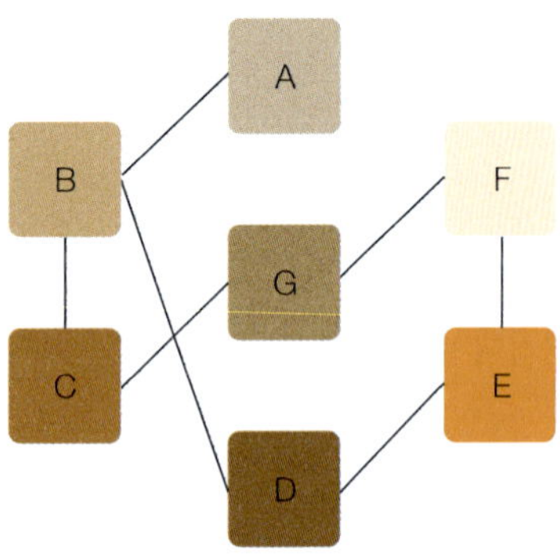

그림 6-12 클래스 간의 관계로 구성된 시스템

[그림 6-13]은 클래스 간 관계를 상속, 연관, 의존, 실체화, 집합, 구성 관계로 구분하여 보여준다. 객체지향 시스템에서 사용되는 주요 클래스 간의 관계를 [그림 6-13]을 참고하여 자세히 살펴보자.

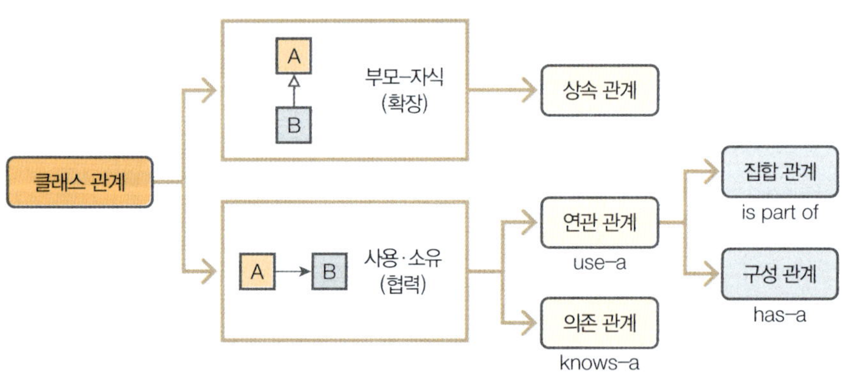

그림 6-13 클래스 간의 관계 구성도

1 상속 관계

상속inheritance이란 하나의 클래스가 다른 클래스의 속성과 메서드를 물려받아 재사용하는 것을 의미한다. 우리가 일상에서 "유산을 상속받는다"라고 할 때, 자식이 부모의 재산을 물려받는 것과 유사한 개념이다. 마찬가지로, 객체지향 시스템에서는 한 클래스가 다른 클래스의 속성과 기능을 물려받아 확장할 수 있다.

예를 들어 클래스 B가 클래스 A를 상속받으면 클래스 B는 클래스 A의 속성과 메서드를 그대로 사용할 수 있다([그림 6-14(a)]). 따라서 클래스 B는 클래스 A의 모든 것을 포함하고 있어 확장 관계라고도 볼 수 있다([그림 6-14(b)]). 그리고 상속 관계를 일반화generalization라고도 한다.

상속 관계의 표기는 [그림 6-14(a)]에서 볼 수 있듯이 속이 빈 삼각형(△) 화살표로 표기하며, 화살표의 방향은 하위 클래스에서 상위 클래스로 향한다.

(a) 상속 관계 (b) 확장 관계

그림 6-14 상속 관계와 확장 관계

■ 상속 관계 예제

교통수단(Vehicle)에는 버스(Bus), 택시(Taxi), 지하철(Subway)이 있다. 교통수단의 종류는 계속 늘어날 것이다. 이들을 상속 관계를 사용하여 코드로 작성하시오.

코드 6-1 교통수단의 상속 구조

```
// 상위 클래스: 교통수단
class Vehicle {
    String brand;
    int year;

    public Vehicle(String brand, int year) {
```

```
        this.brand = brand;
        this.year = year;
    }

    public void displayInfo() {
        System.out.println("Brand: " + brand + ", Year: " + year);
    }

    public void start() {
        System.out.println(brand + " vehicle is starting.");
    }
}
// 하위 클래스: 버스(Bus)
class Bus extends Vehicle {

    int passengerCapacity;

    public Bus(String brand, int year, int passengerCapacity) {
        super(brand, year);
        this.passengerCapacity = passengerCapacity;
    }

    @Override
    public void start() {
        System.out.println(brand+" bus with capacity of "+passengerCapacity+"
passengers is starting.");
    }
}
// 하위 클래스: 택시(Taxi)
class Taxi extends Vehicle {

    String taxiNumber;

    public Taxi(String brand, int year, String taxiNumber) {
        super(brand, year);
        this.taxiNumber = taxiNumber;
    }

    @Override
    public void start() {
        System.out.println(brand + " taxi with number " + taxiNumber + " is starting.");
    }
}
// 하위 클래스: 지하철(Subway)
```

```
class Subway extends Vehicle {

    int lineNumber;

    public Subway(String brand, int year, int lineNumber) {
        super(brand, year);
        this.lineNumber = lineNumber;
    }

    @Override
    public void start() {
        System.out.println(brand + " subway on line " + lineNumber + " is starting.");
    }
}
public class Main {
    public static void main(String[] args) {

        Bus myBus = new Bus("Hyundai", 2025, 50);
        Taxi myTaxi = new Taxi("KIA", 2025, "TX1234");
        Subway mySubway = new Subway("Rotem", 2025, 1);

        myBus.displayInfo();      // Output: Brand: Hyundai, Year: 2025
        myBus.start();            // Output: Hyundai bus with capacity of 50 passengers
                                     is starting.
        myTaxi.displayInfo();     // Output: Brand: KIA, Year: 2025
        myTaxi.start();           // Output: KIA taxi with number TX1234 is starting.

        mySubway.displayInfo();   // Output: Brand: Rotem, Year: 2025
        mySubway.start();         // Output: Rotem subway on line 1 is starting.
    }
}
```

버스, 택시, 지하철은 공통된 속성(brand, year)과 공통 기능(displayInfo(), start())을 가지므로, 이를 상위 클래스(Vehicle)에 정의하여 코드 중복을 줄였다. 각 하위 클래스는 Vehicle을 상속받아 공통 속성과 메서드를 그대로 사용할 수 있으며, 필요에 따라 추가적인 속성을 정의하고 메서드를 재정의하여 개별적인 동작을 구현할 수 있도록 하였다.

상속은 복잡해질 수 있는 코드를 계층 구조로 정리해 중복을 줄이고, 코드를 재사용할 수 있다는 장점이 있다. 그러나 무분별하게 사용하면 재정의가 많아져 3절에서 배운 리스코프 치환 원칙LSP를 위반하게 된다. 이러한 문제는 상위 클래스를 구체concrete 클래스와 구체 메서드로 작성하지 않고 추상abstract 클래스와 추상 메서드를 사용함으로써 해결할 수 있다.

2 연관 관계

연관association 관계는 한 클래스가 다른 클래스를 알고 있고, 이를 사용하거나 필요로 하는 관계를 의미한다. 다음과 같이 설명할 수 있다.

- 클래스 A는 클래스 B를 알고 있다(knows-a).
- 클래스 A는 클래스 B를 사용한다(use-a).
- 클래스 A는 클래스 B가 필요하다(need-a).

그렇다면 연관 관계를 코드에서 어떻게 표현할까? [그림 6-15]처럼 클래스 A에서 클래스 B의 객체를 선언하면, 클래스 A는 클래스 B를 직접 참조하게 된다. 예를 들어 사람(Person)이 휴대폰(Phone)을 사용하기를 원하면 [그림 6-16]처럼 Person 클래스에서 Phone 클래스의 객체를 선언하면 된다.

연관 관계의 표기는 실선 화살표(→)로 나타낸다. 이 관계는 참조하는 객체가 변경되거나 소멸하기 전까지 유지된다.

```
class A {
    private B b;          ──────→     class B {
}                                         .....
                                      }
```

그림 6-15 연관 관계를 나타낸 코드

```
class Person {
    private Phone phone;  ──────→     class Phone {
}                                         .....
                                      }
```

그림 6-16 Person과 Phone 간의 연관 관계

■ **연관 관계 예제**

운전자(Driver)는 자동차(Car)를 사용하여 운전하려고 한다.

코드 6-2 운전자와 자동차 사이의 연관 관계

```
// Driver 클래스
class Driver {
    private String name;
```

```java
    private Car car ;       // 연관 관계: Driver는 Car를 알고 있음
    public Driver(String name) {
        this.name = name;
    }
    public void setCar(Car car) {
        this.car = car;
    }
    public String getName() {
        return name;
    }
    public Car getCar() {
        return car;
    }
    @Override
    public String toString() {
        return "Driver: " + name + ", Car: " + (car != null ? car.getModel() : "No car");
    }
}
// Car 클래스
class Car {
    private String model;

    public Car(String model) {
        this.model = model;
    }

    public String getModel() {
        return model;
    }

    @Override
    public String toString() {
        return "Car: " + model;
    }
}
// Main 클래스
public class Main {
    public static void main(String[] args) {
        Driver driver1 = new Driver("GilDong");
        Car car1 = new Car("KIA");

        driver1.setCar(car1);          // 연관 관계 설정

        System.out.println(driver1); // Output: Driver: GilDong, Car: KIA
```

```
        System.out.println(car1);     // Output: Car: KIA
    }
}
```

운전자가 자동차를 운전하려면 운전자가 자동차를 인식할 수 있어야 한다. 이를 코드로 구현하면 [코드 6-2]와 같다.

지금까지 연관 관계의 의미와 이를 코드로 구현하는 방법을 배웠다. 이제 연관 관계를 좀 더 자세히 살펴보자.

■ 양방향 연관 관계

[그림 6-17]은 단순한 연관 관계로써 '교수는 학생을 가르치고, 학생은 교수에게 수업을 받는다'라고 해석할 수 있다.

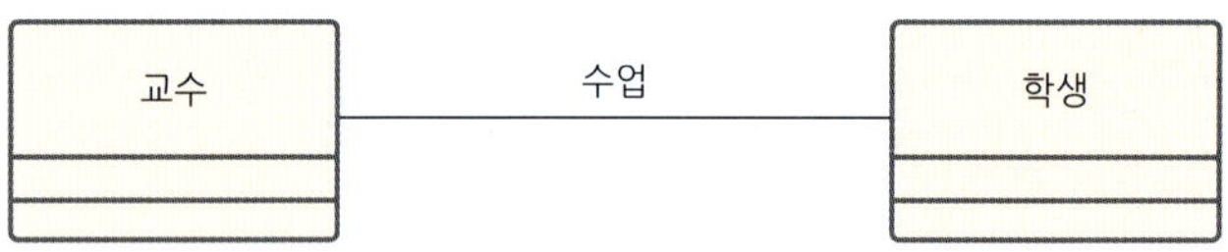

그림 6-17 연관 관계

■ 역할이 부여된 연관 관계

연관 관계에서는 각자에게 특정한 역할을 부여할 수 있으며 [그림 6-18]과 같이 나타낼 수 있다. 교수의 역할은 '강의자'라 할 수 있고 학생의 역할은 '수강자'라 할 수 있다.

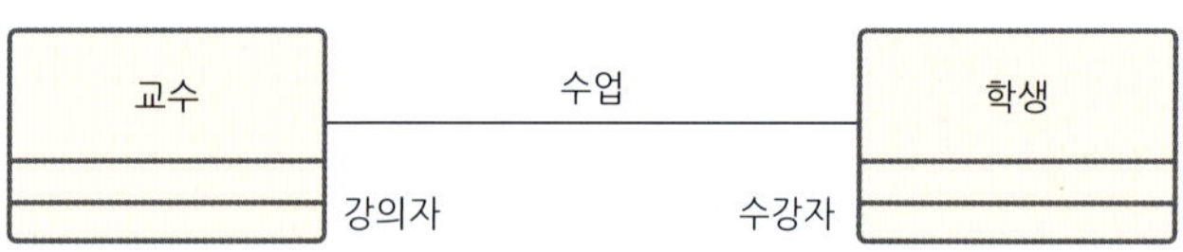

그림 6-18 역할이 부여된 연관 관계

■ 다중 연관 관계

지금까지 연관 관계는 교수 1명과 학생 1명이 연결된 일대일(1:1) 관계로, 단순한 직선 실선으로 연결선을 표기했다. 그러나 실제 강의에서는 교수 1명이 여러 명의 학생을 가르치거나, 여러 명의 교수가 여러 명의 학생을 가르칠 수도 있다. 이처럼 일대일이 아닌 다중 연관 관계(1:n 또는 n:m)도 존재하며, 이런 관계는 [표 6-3]과 같은 다중성multiplicity 표기를 사용한다. 다중성 표기는 관계선 위에 숫자나 범위를 표시하여 나타낸다.

표 6-3 다중성 표기

표기	의미
1	오직 하나(1)
0..*(또는 *)	다수(0 포함). 즉 0(없거나) 또는 1 이상
1..*	다수(0 제외). 즉 1 이상
0..1	0(없거나) 아니면 1. 즉 0 또는 1
3..6	3에서 6까지 중 하나. 즉 3 또는 4 또는 5 또는 6
2, 4, 6	2 또는 4 또는 6
1, 4..6	1 또는 4에서 6까지 중 하나. 즉 1 또는 4 또는 5 또는 6

- **일 대 다$_{1:n}$ 관계**: 교수 1명이 여러 명의 학생을 가르치는 관계라 할 수 있다. 이를 표현할 때는 [그림 6-19]와 같은 다중성 표기를 사용한다. 여기서 '1'은 1명을 의미하고, '1..*'은 1명 이상의 다수를 나타낸다.

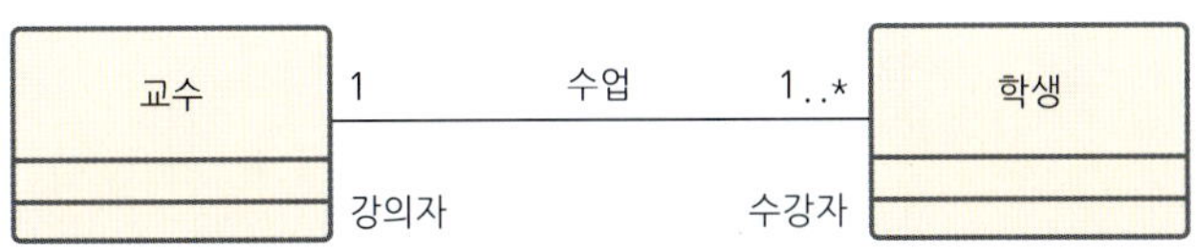

그림 6-19 일 대 다(1:n) 관계

- **4 대 다$_{4:n}$ 관계**: 한 학기 동안 4명의 교수가 여러 명의 학생을 가르치는 경우는 [그림 6-20]과 같이 나타낼 수 있다.

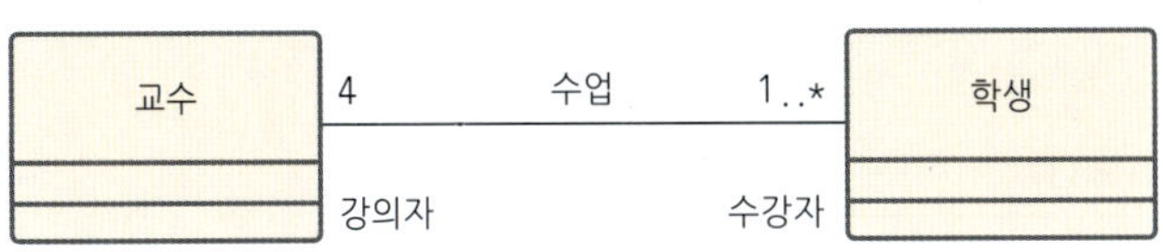

그림 6-20 4 대 다(4:n) 관계

- **다 대 다$_{n:m}$ 관계**: 여러 명의 교수와 여러 명의 학생이 관계를 맺는 경우는 다 대 다 관계에 해당한다. 예를 들어 한 과목을 한 학기 동안 여러 명의 교수가 여러 명의 학생을 가르치는 경우가 이에 해당한다. [그림 6-21]과 같이 표현할 수 있으며, 다 대 다 관계는 실제로 구현하기 어렵기 때문에 일 대 다 관계로 변환하여 사용하는 것이 좋다.

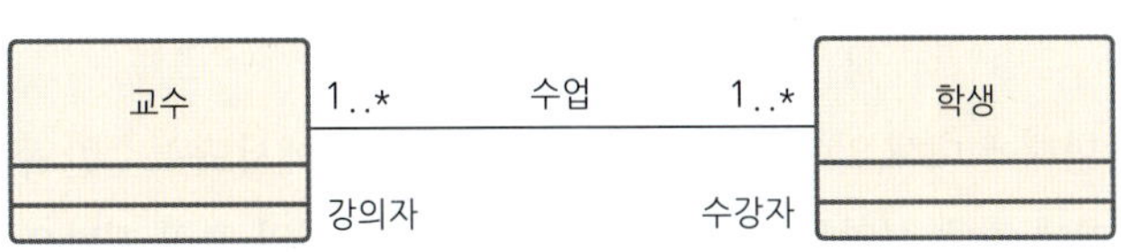

그림 6-21 다 대 다(n:n) 관계

지금까지 살펴본 예제에서는 클래스와 클래스 간의 관계를 방향성 없는 직선으로 표현하였다. 이는 양방향 연관 관계를 의미하며, 교수와 학생이 서로를 알고 있는(인식하는) 상태를 나타낸다.

■ 단방향 연관 관계

[그림 6-22]는 두 클래스 간의 관계에서 한쪽만 상대를 알고 있는 단방향 연관 관계unidirectional association를 나타낸다. 이 관계에서는 한 클래스가 다른 클래스를 알지만, 반대 방향에서는 이를 인식하지 못한다. 예를 들어, [그림 6-22]에서 학생(Student) 클래스는 교수(Professor) 클래스를 알지만, 교수 클래스는 학생 클래스를 인식하지 않는다. 즉 학생은 교수를 알지만, 교수는 학생을 모른다. 이러한 관계는 한쪽 방향의 화살표가 있는 실선으로 표현된다.

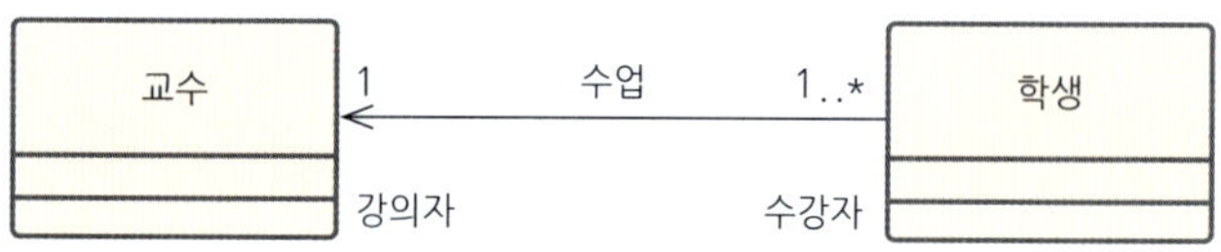

그림 6-22 단방향 연관 관계

■ 연관 클래스

연관 관계를 더 구체적으로 나타내고 싶을 때 클래스를 추가해 사용할 수 있는데 이것을 연관 클래스association class라고 한다. 연관 클래스는 [그림 6-23]과 같이 점선으로 나타내며, 일반 클래스처럼 다른 클래스와도 연관 관계를 맺을 수 있다.

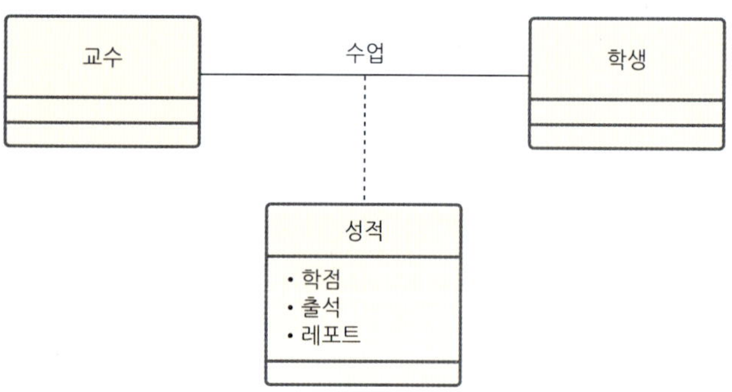

그림 6-23 연관 클래스

지금까지 다양한 연관 관계의 형태에 대해 알아보았다. 이제 연관 관계 중에서도 특수한 구조를 갖는 집합 관계와 구성 관계에 관해 설명한다. 이 두 관계는 연관 관계의 하위 개념으로, 특정 조건을 만족할 때 각각 집합 관계 또는 구성 관계로 구분되며 이들의 관계를 그림으로 표현하면 [그림 6-24]와 같다. 즉 연관 관계 중 일부가 특정 조건을 만족하면 집합 관계가 되고, 또 집합 관계 중에서 특정 조건을 만족하면 구성 관계가 된다. 따라서 이들을 구별하는 핵심은 각 관계를 결정하는 조건이 무엇인지 정확히 이해하는 것이다.

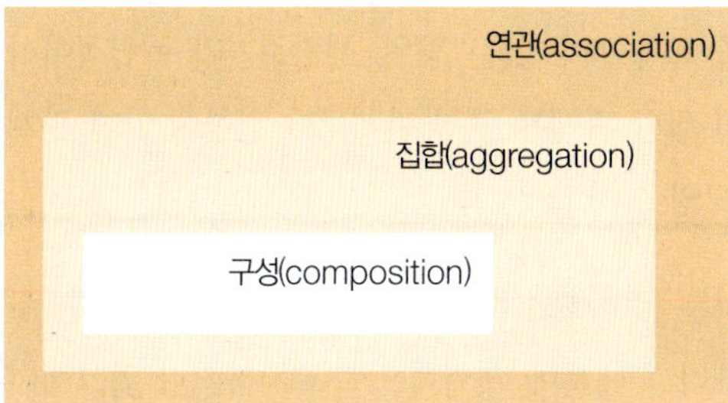

그림 6-24 연관 관계, 집합 관계, 구성 관계의 위치

2.1 집합 관계

집합aggregation 관계는 연관 관계의 한 유형이며, 그중에서 특별히 부속되는 관계를 말한다. 클래스 A와 클래스 B가 집합 관계라면, 클래스 B는 클래스 A에 속하게 된다. 즉 클래스 B는 클래스 A의 구성 요소로 존재한다.

집합 관계는 is composition of 관계, is part of 관계, 또는 whole-part 관계라고 한다. 여기서 핵심은 부속 관계인데, 부속 관계란 클래스 B, C, D가 클래스 A의 구성 요소로 사용되는 관계를 말한다.

예를 들어 [그림 6-25(a)]처럼 컴퓨터는 모니터, 본체, 키보드로 이루어졌고, 모니터, 본체, 키보드는 컴퓨터의 구성 요소가 된다. 또 [그림 6-25(b)]처럼 대학은 교수, 학생, 직원으로 이루어졌고, 이들은 대학의 구성원으로 존재한다.

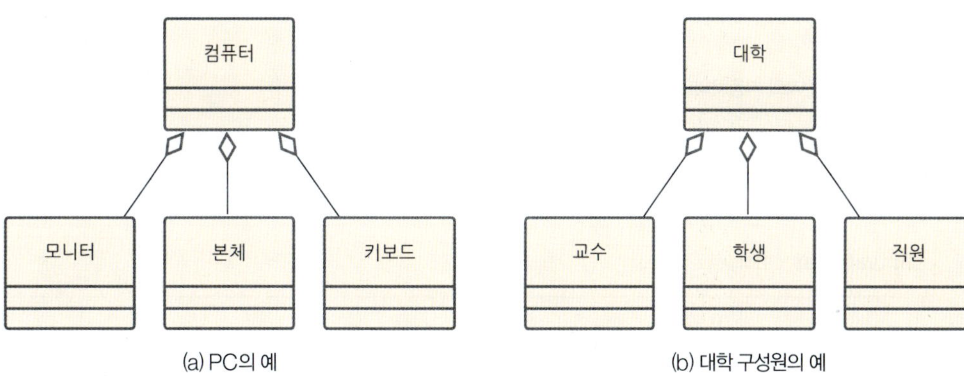

그림 6-25 집합 관계의 예

집합 관계와 뒤에서 설명할 구성 관계의 가장 큰 차이점은 구성 요소들의 생명주기가 독립적인지 여부이다. 예를 들어 컴퓨터의 생명주기와 상관없이 모니터를 더 큰 것으로 교체하거나 본체를 업그레이드할 수 있다. 마찬가지로 교수는 특정 대학에 종속되지 않고 다른 대학으로 옮길 수 있다. 이렇게 필요에 따라 구성 요소를 교체할 수 있는 경우, 생명주기가 독립적이라고 할 수 있다. 클래스의 결합도 관점에서 보면 집합 관계는 구성 관계보다 결합이 약한 관계이다. 표기는 머리 부분이 속이 빈 마름모(◇) 모양을 하고 있다.

그렇다면 집합 관계와 비교되는 구성 관계에서는 구성 요소를 교체할 수 없을까? 그렇다. 구성 관계에서는 구성 요소들이 생명주기를 함께하기 때문에 개별적으로 교체하거나 업그레이드할 수 없다. 마치 노트북과 같다. 노트북은 모니터나 키보드만 따로 교체할 수 없다. 구성 관계는 뒤에서 자세히 설명한다.

■ 집합 관계 예제

이제 집합 관계의 개념을 이해했으니, 자바 코드를 이용하여 어떻게 구현하는지 살펴보자. [그림 6-26]은 292쪽에서 연관 관계 예제로 사용된 운전자(Driver)와 자동차(Car) 관계를 확장하여 집합 관계를 설명한다.

```
class Driver {
  private String model;
  private Car car;
  public Driver(String name, Car car) {
    this.name;
    this.car = car;
  }
    ...
}
```

```
class Car {
  private String licensePlate;
    ...
}
```

그림 6-26 운전자와 자동차의 관계

[그림 6-26]을 보면 운전자(Driver) 클래스에는 다음과 같은 코드가 있다.

```
private Car car;
```

이 코드는 앞에서 설명한 연관 관계임을 나타내고 있다. 그렇다면 집합 관계는 어떻게 표현될까? 집합 관계를 나타내려면 다음과 같이 표현한다.

```
public Driver(String name, Car car) { ...}
```

이 코드는 Driver 클래스의 생성자이다. 즉, 집합 관계에서는 Car 클래스의 객체를 생성자가 인자로 받아 사용한다. 이는 Driver 클래스가 Car 클래스의 객체를 직접 생성하지 않고 외부에서 주입받아 사용만 하는 것이다. 이것이 집합 관계의 핵심적인 특징이다.

결론적으로 클래스 A와 클래스 B를 집합 관계로 정의하려면 다음과 같은 두 개의 문장이 있어야 한다. 첫 문장은 연관 관계를 맺을 때 사용하고, 두 번째 문장은 집합 관계를 나타낼 때 사용한다.

```
private Car car;
public Driver(String name, Car car) { ...}
```

2.2 구성 관계

구성composition 관계는 집합 관계의 특수한 형태이다. 클래스 A와 클래스 B가 구성 관계로 정의되면, 클래스 B는 클래스 A의 구성 요소가 된다. 여기까지는 앞에서 설명한 집합 관계와 마찬가지로 whole-part 관계를 가지지만, 가장 큰 차이점은 구성 요소와 전체 객체가 생명주기를 함께한다는 점이다. 즉, 구성 관계는 단순히 구성 요소로 이루어지는 관계를 넘어 소유의 관계로 맺어지며, 이러한 특징 때문에 has-a 관계라고도 한다.

집합 관계의 예로 자동차(Car)와 바퀴(Wheels)는 부속의 관계를 맺을 수 있다. 이렇게 집합 관계로 연결되면, 자동차와 바퀴는 독립적인 관계가 된다. 즉, 두 클래스 바퀴는 자동차와 무관하게 필요에 따라 교체할 수 있다.

반면, 자동차(Car)와 엔진(Engine)의 관계는 집합 관계와 다르다. 자동차는 반드시 엔진을 포함해야 하며, 자동차가 없어지면 엔진도 함께 사라진다. 즉 엔진은 자동차의 일부로 존재하며 두 객체는 매우 밀접하여 구성 관계로 볼 수 있다. 구성 관계에서는 자동차와 엔진은 소유의 관계가 되며, 강한 결합을 가진다.

집합 관계에서 PC는 필요에 따라 부품(모니터, 본체, 키보드)을 교체할 수 있었지만, 노트북은 모니터나 키보드를 따로 교체할 수 없다. 이처럼 전체 객체가 같은 생명주기를 가질 때 구성 관계로 판단하면 된다.

구성 관계는 [그림 6-27]에서 보이는 것처럼 머리 부분의 속이 채워진 마름모(◆)와 실선으로 표기된다.

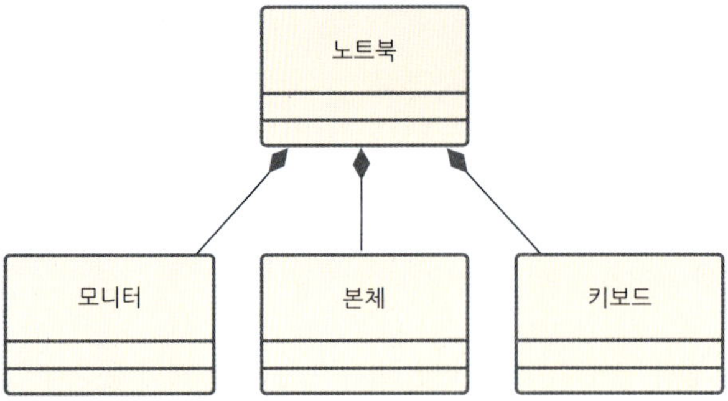

그림 6-27 구성 관계의 예

■ 구성 관계의 구현

이제 구성 관계의 개념을 이해했으니, 자바 코드를 이용하여 어떻게 구현하는지 살펴보자. [그림 6-28]은 자동차와 엔진의 구성 관계를 나타낸 코드의 일부분이다.

```
class Car {
   private Engine engine;
   public Car(String engineType) {
      this.engine = new Engine(engineType);
   }
      ...
}
```

→

```
class Engine
   private String type;
   public Engine(String type) {
      this.type = type;
        ...
}
```

그림 6-28 자동차와 엔진의 구성 관계

[그림 6-28]의 자동차(Car) 클래스를 보면 연관 관계는 다음과 같이 작성되었다.

```
private Engine engine;
```

Car 클래스의 생성자에서는 Engine 객체가 생성되는 코드를 다음과 같이 작성하였다.

```
public Car(String engineType) {
   this.engine = new Engine(engineType);
}
```

이처럼 Car 클래스의 내부에서 Engine 객체를 생성하여 사용하는 방식이 구성 관계를 표현하는 방법이다. 만약 엔진을 교체할 수 있도록 설계해야 한다면 집합 관계를 사용하면 된다. [그림 6-29]는 자동차와 엔진 사이를 집합 관계로 표현한 코드이다.

```
class Car {
   private Engine engine;
   public Car(Engine engine) {
      this.engine = engine;
   }
      ...
}
```

→

```
class Engine
   private String type;
   public Engine(String type) {
      this.type = type;
      ...
}
```

그림 6-29 자동차와 엔진의 집합 관계

결론적으로 두 클래스 사이의 관계는 프로젝트의 성격에 따라 결정하면 된다. 예를 들어 자동차와 엔진 관계가 소유 관계가 되고, 두 클래스 간에 생명주기를 같이한다고 생각하면 즉, 자동차의 엔진이 교체 불가능하고, 자동차가 폐차될 때 엔신도 같이 없어진다면 구성 관계로 코딩한다. 이 경우 구성 관계의 코딩은 Car 클래스가 Engine 클래스의 객체를 생성자에서 생성하여 사용한다.

반면 자동차는 엔진을 단순 사용하는 관계로서 언제든지 더 좋은 엔진으로 교체할 수 있다면 Car 클래스에서 Engine 클래스를 생성자의 인자로 받아들여 객체 주입함으로써 집합 관계로 코딩하면 된다.

3 의존 관계

두 클래스가 서로를 인식하고 사용할 수 있는 관계는 연관 관계와 의존 관계로 나뉜다. 연관 관계는 클래스 A가 클래스 B의 객체를 선언하여(private B b;) 지속적으로 참조하는 관계를 의미한다. 반면 의존 관계는 특정 시점에서만 객체를 일시적으로 사용하며 클래스 A가 클래스 B를 직접 소유하지 않는 방식이다.

이러한 차이로 인해 의존 관계에서는 다음과 같은 특징이 있다.

- 클래스 A에서는 클래스 B의 객체를 필드로 선언하지 않는다.
- 클래스 A의 생성자에서 클래스 B의 객체를 인자로 주입하여 사용하지 않는다.
- 클래스 A의 생성자에서 클래스 B의 객체를 직접 생성하지 않는다.

그렇다면 Driver 클래스에서 Car 클래스를 어떻게 인식할 수 있을까? 이를 구현하는 방법은 두 가지가 있다.

첫째, 클래스 A의 메서드에서 클래스 B의 객체를 인자로 사용한다. [그림 6-30(a)]에서 Driver 클래스의 drive()에서 Car 객체를 인자로 사용하고 있다. 이로써 운전자(Driver)는 자동차(Car)의 메서드를 사용하게 된다.

둘째, 클래스 A의 메서드 내부에서 클래스 B의 객체를 생성하여 지역 변수로 사용한다. [그림 6-30(b)]에서 Driver 클래스의 drive() 내부에서 Car 클래스의 객체를 생성하여 사용한다.

```
public class Driver {
  private String name;
  public Driver(String name) {
    this.name = name;
  }
    ...
  public void drive(Car car) {
    ...
  }
}
```

(a) 인자를 사용한 의존 관계

```
public class Driver {
  private String name;
  public Driver(String name) {
    this.name = name;
  }
    ...
  public void drive() {
    Car car = new car();
  }
}
```

(b) 메서드 내부에서 객체를 생성한 의존 관계

그림 6-30 의존 관계

4 실체화 관계

상속 관계는 클래스 간의 공통 속성과 메서드를 상위 클래스로 추출하고, 하위 클래스들이 이를 마치 자신의 것처럼 사용할 수 있도록 한다. 이때 상위 클래스의 이름은 하위 클래스들의 이름을 공통으로 나타낼 수 있는 이름을 사용한다. 예를 들어 하위 클래스가 버스, 택시, 지하철이라면 상위 클래스의 이름은 이들을 아우를 수 있는 '교통수단'으로 정할 수 있다.

반면, 실체화$_{\text{realization}}$ 관계는 공통 메서드만을 추출하여 상위 클래스(인터페이스)로 만들고 하위 클래스에서 이를 각각의 특성에 맞게 구현하는 관계이다. 이때 상위 클래스의 이름은 하위 클래스들이 구현할 공통 메서드와 관련 있는 이름을 사용한다. 예를 들어 하위 클래스들의 공통 메서드가 'transfer()'라면 상위 클래스의 이름은 'transferable'과 같이 짓는 것이 적절하다.

실체화의 개념을 이해했으니, 실제 어떤 경우에 적합한지 예를 통해 알아보자.

■ 실체화 관계 예

[그림 6-31]을 보면 버스, 지하철, 택시 클래스가 교통수단 클래스를 상속받고 있다. 이 구조에서는 버스, 지하철, 택시가 공통적으로 getOn()과 getOff() 기능을 상속받아 사용할 수 있다. 그러나 사용자는 버스와 지하철에 환승 기능을 추가해달라고 요청했다.

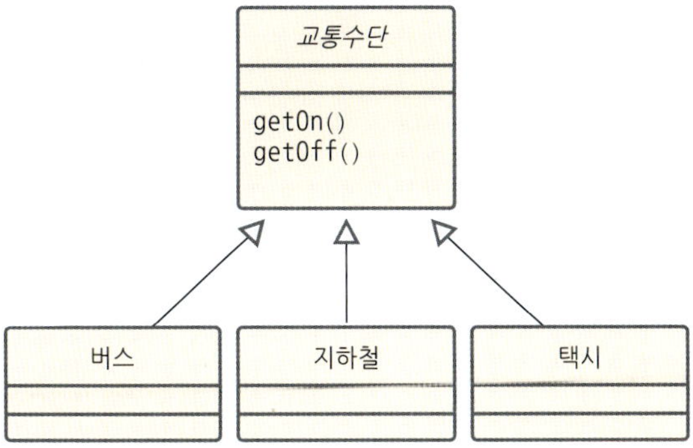

그림 6-31 교통수단의 상속 구조

사용자의 요구를 반영하기 위해 가장 먼저 떠올릴 수 있는 방법은 [그림 6-32]처럼 transfer() 메서드를 상위 클래스에 추가하는 것이다.

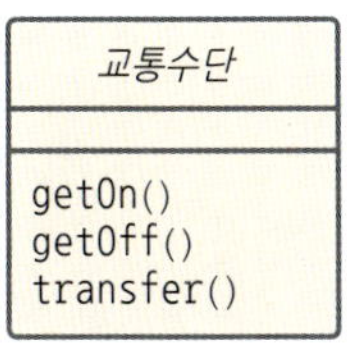

그림 6-32 환승 기능이 추가된 교통수단 클래스

이렇게 했을 때 무엇이 문제일까? 버스와 지하철은 transfer()를 상속받아 사용할 수 있지만, 택시는 환승 기능이 불필요한데도 상속을 강제로 받아야 하는 문제가 생긴다. 이를 해결하기 위해 [코드 6-3]처럼 transfer() 메서드를 택시 클래스에서 재정의하여 비활성화하는 방식도 생각해볼 수 있다. 그러나 이 방식도 좋은 해결책이 아니다.

코드 6-3 재정의를 사용한 택시 클래스

```
class Taxi {
      ...
   @Override
   transfer() {...}
}
```

그럼 어떻게 처리할 수 있을까? 바로 인터페이스를 사용하는 것이다. [그림 6-33]처럼 Transferable이라는 인터페이스를 만들고, 환승이 필요한 버스와 지하철에서만 transfer() 기능을 구현하도록 하면 된다. 이렇게 하면 환승 기능이 필요한 클래스만 해당 기능을 가지게 되고, 택시는 영향을 받지 않도록 설계할 수 있다.

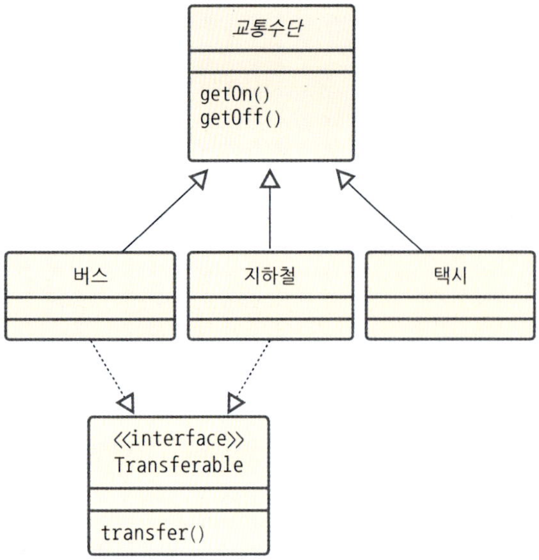

그림 6-33 환승 기능이 추가된 실체화

지금까지 설명한 내용을 바탕으로 인터페이스의 주요 특징을 정리하면 다음과 같다.

- 공통의 메서드를 상위 클래스에 정의하고 하위 클래스에서 구현한다.
- 모양은 상속 구조처럼 생겼지만, 실제로 상속하는 것이 아니라 인터페이스를 통해 구현된다.
- 화살표의 모양은 상속과 유사하나, 실선 대신 점선을 사용한다.
- 인터페이스의 스테레오타입은 <<interface>>로 표기한다.

코드 6-4 상위(Transport) 클래스와 인터페이스(Transferable) 클래스

```
// 추상 클래스: 교통수단
abstract class Transport {
    public abstract void getOn();
    public abstract void getOff();
}

// 인터페이스: Transferable
interface Transferable {
    void transfer();
}
```

코드 6-5 인터페이스(Transferable)를 구현한 버스 클래스

```
// 버스 클래스
class Bus extends Transport implements Transferable {
    @Override
    public void getOn() {
        System.out.println("버스에 승차합니다.");
    }

    @Override
    public void getOff() {
        System.out.println("버스에서 하차합니다.");
    }

    @Override
    public void transfer() {
        System.out.println("버스에서 지하철로 환승합니다.");
    }
}
```

코드 6-6 인터페이스(Transferable)를 구현한 지하철 클래스

```
// 지하철 클래스
class Subway extends Transport implements Transferable {
    @Override
    public void getOn() {
        System.out.println("지하철에 승차합니다.");
    }

    @Override
    public void getOff() {
        System.out.println("지하철에서 하차합니다.");
    }

    @Override
    public void transfer() {
        System.out.println("지하철에서 내려 버스로 환승합니다.");
    }
}
```

코드 6-7 상위(Transport) 클래스로부터 상속받은 택시 클래스

```
// 택시 클래스
class Taxi extends Transport {
    @Override
    public void getOn() {
        System.out.println("택시에 탑승합니다.");
    }

    @Override
    public void getOff() {
        System.out.println("택시에서 하차합니다.");
    }
}
public class Main {
    public static void main(String[] args) {
        Transport bus = new Bus();
        Transport subway = new Subway();
        Transport taxi = new Taxi();

        bus.getOn();
        bus.getOff();
        if (bus instanceof Transferable) {
            ((Transferable) bus).transfer();
        }

        subway.getOn();
        subway.getOff();
        if (subway instanceof Transferable) {
            ((Transferable) subway).transfer();
        }

        taxi.getOn();
        taxi.getOff();
        // 택시는 Transferable이 아님
    }
}
```

03 클래스 설계 원칙

클래스를 설계할 때 참고할 수 있는 몇 가지 원칙이 있다. 원칙을 따르지 않고 더 빨리 개발하기도 하지만, 절약한 시간보다 훨씬 많은 유지보수 시간이 필요할지도 모르니 잘 알아두어야 한다. 클래스 설계를 잘하기 위한 다섯 가지 원칙을 소개한다.

1 단일 책임 원칙

> 단일 책임 원칙: 클래스를 변경해야 하는 이유는 단 하나여야 한다.

'단일 책임'은 말 그대로 책임이 하나라는 뜻이다. 여기서 책임의 의미는 '변경하는 이유'라고 로버트 마틴Robert C. Martin은 말한다. 즉 단일 책임의 원칙Single-Responsibility Principle, SRP은 클래스를 설계할 때 변경하는 이유가 하나가 되도록 해야 한다는 것이다.

모든 클래스는 한 가지 책임, 즉 변경의 이유를 오직 하나만 갖도록 설계하고, 그 책임을 완전히 캡슐화한다. 그렇지 않고 클래스 안에 두 개 이상의 책임이 있도록 설계한다면 응집력이 떨어지는 구조가 된다. 단일 책임만 갖도록 해야 응집도가 높은 설계를 할 수 있다. 이 원칙은 객체 수가 늘어나고 구조가 복잡해지더라도 재사용 및 유지보수를 위해 지켜져야 한다.

만약 클래스에 두 개의 책임이 존재한다면, 두 개의 클래스로 분리해 '변경해야 하는 이유가 오직 하나가 되도록' 설계하는 것이 바람직하다. 예를 들어 클래스에 성적 관련 메서드와 수강 관련 메서드가 함께 있다면, 성적 변경과 수강 변경이라는 두 가지 이유로 클래스를 수정해야 한다. 이처럼 변경 사유가 여러 가지라면, 각 책임을 별도의 클래스로 나누어 단일 책임만 갖도록 설계해야 한다.

[그림 6-34]의 (a)는 단일 책임 원칙을 따르지 않고 설계한 클래스이고, (b)는 단일 책임만 갖도록 두 개로 분리해 설계한 클래스이다.

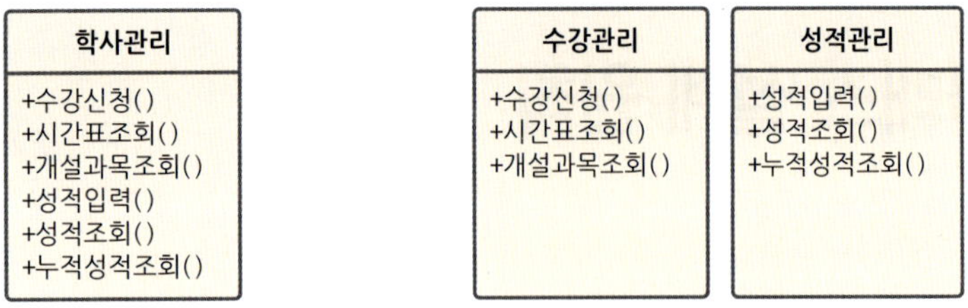

(a) 적용 전　　　(b) 적용 후

그림 6-34 단일 책임 원칙의 적용 예

2 개방 폐쇄 원칙

> 개방 폐쇄 원칙: 변경에는 닫혀 있어야 하고, 확장에는 열려 있어야 한다.

개방 폐쇄 원칙Open-Closed Principle, OCP은 어떤 부분은 개방하고, 어떤 부분은 폐쇄해야 한다는 뜻이다. 이해를 돕기 위해 예시를 먼저 살펴본 후 원칙의 의미를 설명한다.

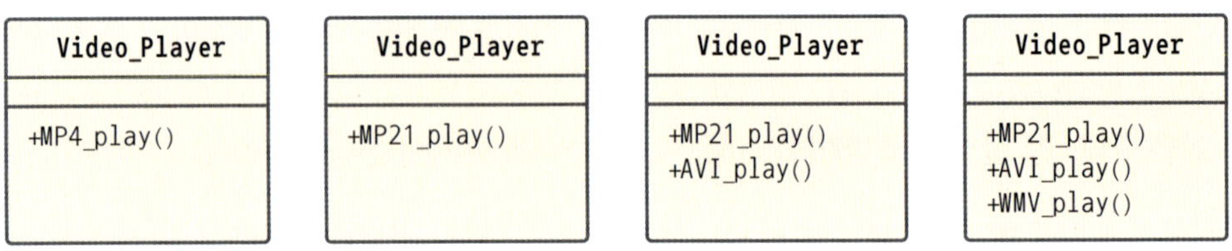

(a)　　(b)　　(c)　　(d)

그림 6-35 개방 폐쇄 원칙을 따르지 않은 클래스 설계

[그림 6-35]의 (a)는 MP4 형식의 파일만 재생할 수 있는 Video_Player 클래스이다. 시간이 지나 파일 형식이 MP21로 업그레이드된다면 (b)처럼 MP4_play() 메서드를 MP21_play()로 바꿀 것이다. 또 시간이 지나 재생할 수 있는 코덱으로 AVI_play()가 추가된다면 (c)처럼 수정해야 하고, WMV 코덱까지 지원한다면 (d)처럼 Video_Palyer 클래스를 또 수정해야 한다.

즉, 지원 가능한 파일 형식이 늘어날 때마다 Video_Player 클래스를 수정해야 했다. 그런데 이런 방식으로 계속 수정하는 것이 맞는지 고민해 볼 필요가 있다. 다른 방법은 없을까? [그림 6-36]을 보자.

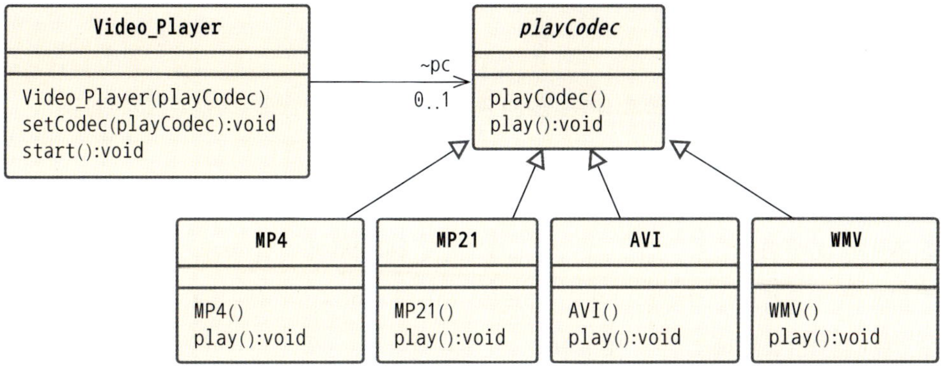

그림 6-36 개방 폐쇄 원칙을 따른 클래스 설계

[그림 6-36]을 기준으로 개방 폐쇄 원칙을 따른 클래스 설계는 다음과 같다.

첫째, 변화가 자주 일어나는 요소를 식별한다. 여기서는 코덱의 종류가 그 대상이다. MP4, MP21, AVI, WMV처럼 새로운 코덱이 계속 추가될 수 있으므로, 이러한 변화를 상속 구조로 설계한다. 즉, 코덱의 공통 기능을 가진 상위 클래스 PlayCodec을 정의하고, 각 코덱은 이를 상속받아 구현한다.

둘째, Video_Player 클래스는 상위 클래스만을 참조하도록 설계한다. 이렇게 하면 새로운 코덱이 추가되더라도 기존 클래스를 수정할 필요 없이 확장만으로 대응할 수 있다.

이처럼 개방 폐쇄 원칙을 따라 클래스를 설계하면 다음과 같은 장점이 있다.

- **변경에 닫혀 있는 설계**

  새로운 파일 형식이 추가되어도 Video_Player 클래스를 수정할 필요가 없다. 이것이 바로 '변경에는 닫혀 있어야 한다'에 해당하는 말이다. 즉 추가 사항이 생겨도 새로운 클래스만 추가하면 되고, 기존 Video_Player 클래스에는 영향을 주지 않도록 설계해야 한다.

- **확장에 열려 있는 설계**

  새로운 파일 형식이 추가되어도 클래스 다이어그램의 오른쪽 상속 구조에 하위 클래스로 추가하기만 하면 된다. 이것이 '확장에는 열려 있어야 한다'에 해당하는 말이다. 즉 새로운 클래스를 쉽게 추가할 수 있는 구조로 설계해야 한다.

결과적으로 [그림 6-35]처럼 변경이 발생할 때마다 클래스를 계속 수정하게 만드는 것은 개방 폐쇄 원칙에 어긋난 설계이다. 반면 [그림 6-36]은 '변경에는 닫혀 있고(Video_Player), 확장에는 열려 있는(playCodec)'는 개방 폐쇄 원칙을 지킨 설계이다.

3 리스코프 교체 원칙

리스코프 교체 원칙: 상위 클래스의 객체는 언제나 자신의 하위 클래스의 객체로 교체할 수 있어야 한다.

TIP 리스코프 교체 원칙은 미국 매사추세츠공과대학교(MIT)의 리스코프 교수가 제시했다.

리스코프 교체 원칙Liskov Substitution Principle, LSP에 의하면 상위 클래스의 객체가 들어갈 자리에 하위 클래스의 객체를 넣어도 문제없이 작동해야 한다. 이해를 돕기 위해 대학의 강사료 계산 프로그램을 예로 들어 설명한다.

- **일반(전업) 시간 강사**: 90,000원/시간
- **직업이 있는 시간 강사**: 45,000월/시간(전업 시간 강사의 50%)
- **대학원 시간 강사**: 180,000원/시간(전업 시간 강사의 200%)
- **야간 강의 시간 강사**: 135,000원/시간(전업 시간 강사의 150%)

코드 6-8 LSP 위반 Lecturer_Before 클래스

```
public class Lecturer_Before {
    public Lecturer_Before() {
        System.out.println("[리스코프 교체 원칙 위반]");
    }
    public String lecturer;
    public int charge = 90000;
    public void Lecturer() {
        System.out.println("일반 강사");
        System.out.println("강사료: " + charge + "원 n");
    }
}
```

코드 6-9 LecturerNight 클래스

```
public class LecturerNight extends Lecturer_Before {
    public LecturerNight() {
        lecturer = "야간 강사";
    }
    public void Lecturer() {
        System.out.println(lecturer);
        System.out.println("강사료: " + charge*1.5 + "원 n");
    }
}
```

코드 6-10 LecturerAtGS 클래스

```
public class LecturerAtGS extends Lecturer_Before {
    public LecturerAtGS() {
        lecturer = "대학원 강사";
    }
    public void Lecturer() {
        System.out.println(lecturer);
        System.out.println("강사료: " + charge*2 + "원 n");
    }
}
```

코드 6-11 LecturerWithWork 클래스

```
public class LecturerWithWork extends Lecturer_Before {
    public LecturerWithWork() {
        lecturer = "직업이 있는 강사";
    }
    public void Lecturer() {
        System.out.println(lecturer);
        System.out.println("강사료: " + charge*1/2 + "원 n");
    }
}
```

코드 6-12 Main 클래스

```
public class Main {
    public static void main(String args[]) {
        LecturerAtGS lect01 = new LecturerAtGS();
        lect01.Lecturer();

        LecturerNight lect02 = new LecturerNight();
        lect02.Lecturer();

        LecturerWithWork lect03 = new LecturerWithWork();
        lect03.Lecturer();

        Lecturer_Before lect04 = new Lecturer_Before();
        lect04.Lecturer();
    }
}
```

실행 결과

```
[리스코프 교체 원칙 위반]
대학원 강사
강사료: 180000원

[리스코프 교체 원칙 위반]
야간 강사
강사료: 135000원

[리스코프 교체 원칙 위반]
직업이 있는 강사
강사료: 45000원

[리스코프 교체 원칙 위반]
일반 강사
강사료: 90000원
```

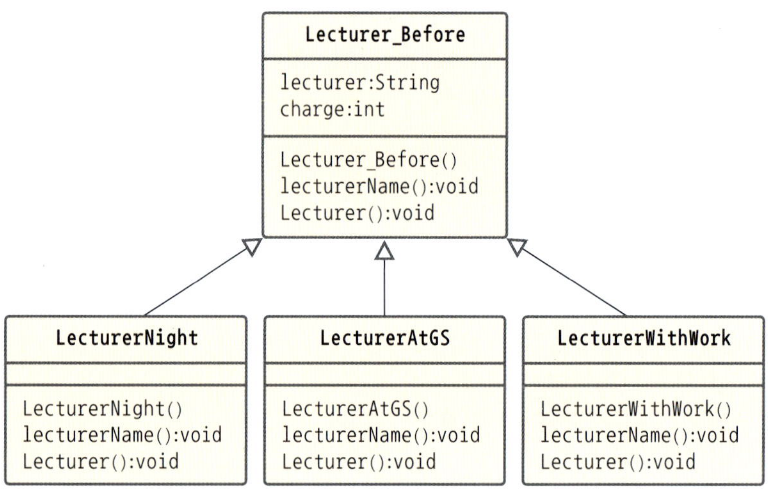

그림 6-37 리스코프 교체 원칙(LSP)을 위반한 클래스 다이어그램

[그림 6-37]의 클래스 다이어그램에서는 강의료 계산을 위한 Lecturer()를 상위 클래스에 정의하고, 하위 클래스에서는 이를 재정의해 사용하고 있다. 얼핏 보면 다형성의 재정의를 잘 활용한 것처럼 보이지만, 사실은 리스코프 교체 원칙을 위반했다.

리스코프 교체 원칙은 '상위 클래스의 객체가 들어갈 자리에 하위 클래스의 객체를 넣어도 문제없이 같은 결과가 나와야 한다'는 원칙이다. 그러나 이 예제에서는 상위 클래스의 Lecturer() 메서드가 일반 강사의 강의료를 90,000원으로 정의하고 있는 반면, 하위 클래스인 대학원 강사는 180,000원으로 재정의했다. 결과적으로 상위 클래스 객체를 하위 클래스 객체로 교체했을 때 결과가 달라지므로, 이는 계약이 깨진 것이고 LSP를 위반한 셈이다.

문제의 원인은 재정의를 무분별하게 사용했기 때문이다. 리스코프 교체 원칙은 상속과 재정의를 사용할 때 반드시 규칙을 지켜야 한다는 점을 강조한다. 피터 코드Peter Coad의 상속 규칙에서도 '하위 클래스는 상위 클래스의 책임을 무시하거나 재정의하지 않고 확장만 수행해야 한다'라고 말한다.

그렇다면 재징의는 어떻게 사용해야 할까? 답은 간난하다. 상위 클래스의 메서드를 추상 메서드로 선언하고, 하위 클래스에서 이를 구체적으로 구현하는 것이다. [그림 6-37]의 Lecturer_Before 클래스는 일반 클래스였고, Lecturer() 메서드도 이미 구현된 일반 메서드였다. 그래서 하위 클래스가 제각각의 규칙으로 재정의하면서 결과가 달라졌고, 결국 LSP를 위반하게 된 것이다.

코드 6-13 LSP를 적용한 Lecturer 클래스

```
public abstract class Lecturer {
   public Lecturer() {
      System.out.println("[리스코프 교체의 원칙] n");
   }
   public String lecturer;
   public int charge = 90000;
   public void Lecturer() {
   }
}
```

- Lecturer 클래스가 추상 클래스로 바뀌었고 메서드도 추상 메서드로 바뀌었다.
- Lecturer() 메서드의 구현 부분은 별도의 클래스인 LecturerNomal로 만들었다.
- LecturerNight 클래스는 [코드 6-12]와 같은 방식으로 작성되므로 생략한다.

코드 6-14 LSP를 적용한 LecturerNormal 클래스

```
public class LecturerNomal extends Lecturer {
   public LecturerNomal() {
      lecturer = "일반 강사";
   }
   public void Lecturer() {
      System.out.println(lecturer);
      System.out.println("강사료 :" + charge + "원 n");
   }
}
```

- LSP 적용 전에는 상위 클래스에 구현되어 있던 Lecturer() 메서드를, 이제는 LecturerNormal 클래스에서 직접 구현하도록 했다.

결국 리스코프 교체 원칙을 지키는 클래스 설계를 위해서는 상위 클래스는 추상 클래스와 추상 메서드로 정의해야 하며, 하위 클래스에서의 재정의는 반드시 피터 코드의 상속 규칙에 따라 사용해야 한다.

4 의존 관계 역전 원칙

> 의존 관계 역전 원칙: 클라이언트는 구체 클래스가 아닌 추상 클래스(인터페이스)에 의존해야 한다.

객체지향 설계에서 의존 관계는 그리 반가운 단어가 아니다. 두 클래스가 서로 강하게 의존한다는 것은 결합도가 높다는 뜻이며, 이는 유지보수에 불리한 구조다. 이러한 문제를 해결하기 위한 객체지향 설계 원칙이 의존 관계 역전 원칙Dependency Inversion Principle, DIP이다. 단순한 형태로 설계한 예를 보자.

[코드 6-15]는 모든 Game 객체를 GameServer 클래스에서 직접 생성해 연관 관계를 맺었다. 이후 if 조건문을 이용해 실행하고자 하는 게임의 값인 String game이 supermario인 경우에 SuperMario 객체를 초기화하고 SuperMario 객체의 게임명, 버전 정보를 반환한다. 마찬가지로 tetris인 경우도 Tetris 객체를 초기화하고 Tetris 객체의 정보를 반환한다.

코드 6-15 DIP 적용 전의 GameServer 클래스

```
public class GameServer {
    public String title;
    public String version;
    public SuperMario supermario;
    public Tetris tetris;
    public LOL lol;
    public Racing racing;
    public void Game_Play(String game) {
        choiceGame(game);
        Start();
    }
    public void Start() {
        System.out.println("게임명 : " + title);
        System.out.println("버전 : " + version);
        System.out.println(title + "을(를) 시작합니다. \n");
    }
```

```
    public void choiceGame(String game) {
        if (game.equals("supermario")) {
            supermario = new SuperMario();
            title = supermario.returnTitle();
            version = supermario.returnVersion();
        } else if (game.equals("tetris")) {
            tetris = new Tetris();
            title = tetris.returnTitle();
            version = tetris.returnVersion();
        } else if (game.equals("lol")) {
            lol = new LOL();
            title = lol.returnTitle();
            version = lol.returnVersion();
        } else if (game.equals("racing")) {
            racing = new Racing();
            title = racing.returnTitle();
            version = racing.returnVersion();
        } else
            System.out.println("지원하지 않는 게임입니다.");
    }
}
```

[코드 6-15]에서의 문제는 조건문을 사용했다는 것이다. 게임이 추가되거나 삭제될 때마다 조건문을 수정해야 하므로, 이는 개방 폐쇄 원칙까지 위반하게 된다.

이렇게 객체를 구체 클래스인 GameServer에서 직접 생성하면 GameServer 클래스는 생성된 모든 게임 클래스에 직접 의존하게 된다. 각 게임의 내용이 바뀌거나 업그레이드되면 GameServer 클래스의 객체 선언부터 조건문까지 변경해야 하기 때문에 GameServer 클래스는 [그림 6-38]처럼 게임 클래스인 LOL, Racing, SuperMario, Tetris 등의 구현에 의존한다고 할 수 있다.

의존 관계 역전 원칙은 이런 의존 관계를 뒤집어(역전) 설계하자는 것이다. 이렇게 하는 이유는 게임 객체의 변화에 직접 영향을 받기 때문이다.

그렇다면 왜 이런 현상이 발생했을까? 그것은 바로 구체 클래스에 의존하기 때문이다. 따라서 의존 관계 역전 원칙에서는 [그림 6-38]처럼 구체 클래스에 의존하도록 클래스 설계를 하지 않고 [그림 6-39]처럼 자주 바뀌는(추가/삭제) 클래스를 상속 구조로 만들어 추상 클래스에 의존하도록 설계하는 것이다. 또 다른 의미로는 '고수준 구성 요소가 저수준 구성 요소에 의존하면 안 된다'는 뜻이다. 여기서 고수준 구성 요소는 GameServer 클래스를 말하고 저수준 구성 요소는 각 게임 클래스가 된다.

GameServer 클래스를 중심으로 관련 클래스를 추가해 클래스 다이어그램을 작성하면 [그림 6-39]와 같다.

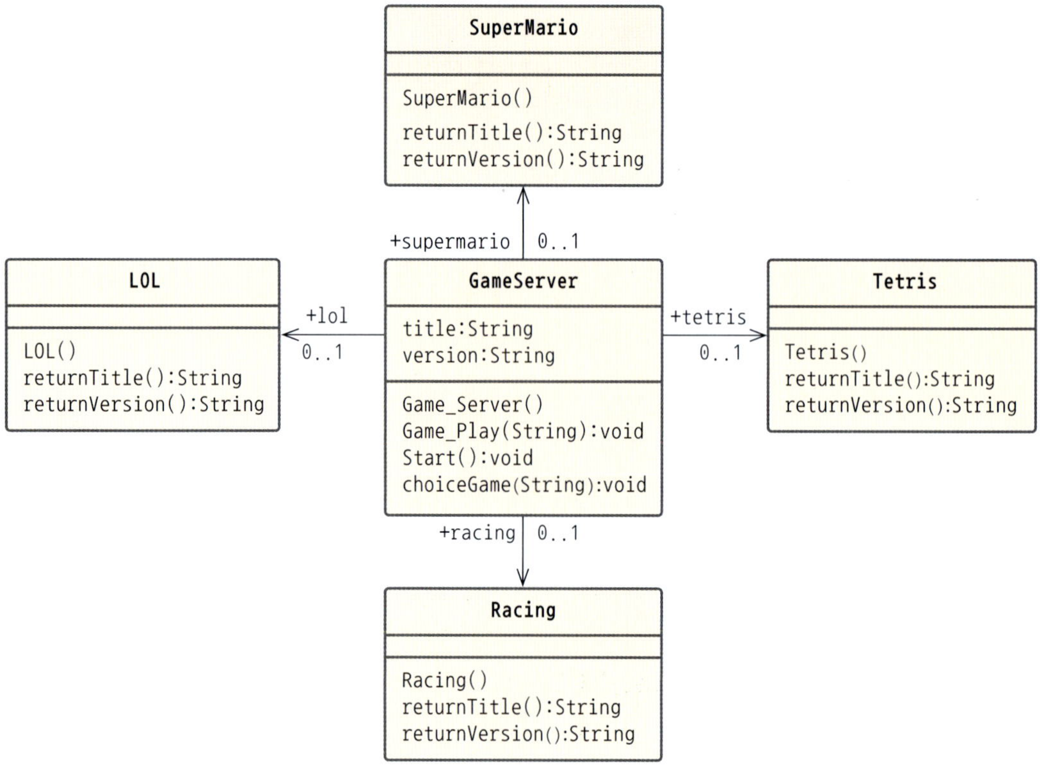

그림 6-38 의존 관계 역전 원칙(DIP) 사용 전 클래스 다이어그램

지금까지 클래스 간에 의존적인 관계를 맺고 있는 프로그램 구조와 그 문제점을 살펴보았다. 그렇다면 이런 문제를 어떻게 해결할 수 있을까?

첫째, [그림 6-39]처럼 게임을 상속 구조로 만들어 새로운 게임을 추가하거나 기존 게임을 삭제하기 쉽게 설계한다.

둘째, [코드 6-16]처럼 GameServer 클래스가 구체적인 게임 클래스가 아니라 추상 클래스인 Games를 참조하도록 변경한다.

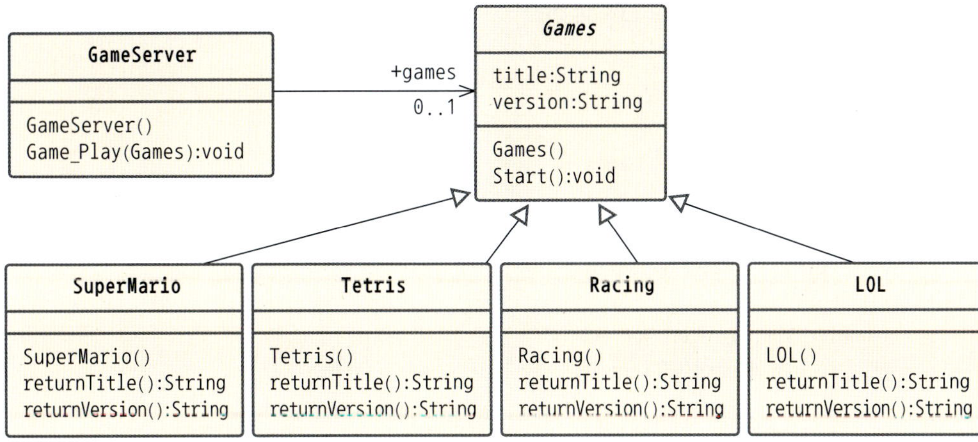

그림 6-39 의존 관계 역전 원칙(DIP)을 적용한 클래스 다이어그램

[그림 6-39]의 클래스 다이어그램을 보면 GameServer가 Games라는 추상 클래스에 의존하고 있다. 또 모든 게임 클래스도 추상 클래스인 Games에 의존하고 있다. 이렇게 설계하면 '구체 클래스가 아닌 추상 클래스에 의존하도록 설계하라'는 의존 관계 역전 원칙을 지키게 된다.

이제 변경된 코드를 살펴보자. [코드 6-15]의 GameServer 클래스는 [코드 6-16]처럼 훨씬 단순해졌다. 새로운 게임이 추가되거나 기존 게임이 삭제되더라도 GameServer는 영향을 받지 않는다. 변화가 필요한 부분은 게임 클래스들이 상속받는 구조 안에서 처리되기 때문이다. [코드 6-17]은 게임을 묶어 상속 구조로 만든 상위 클래스의 Games 코드를 보여주고 있다.

코드 6-16 DIP를 적용한 GameServer 클래스

```
public class GameServer {
    public Games games;
    public void Game_Play(Games games) {
        games.Start();
    }
}
```

코드 6-17 DIP를 적용한 Games 클래스

```
public abstract class Games {
    public String title, version;
    public void Start() {
        System.out.println("게임명 : " + title);
        System.out.println("버전 : " + version);
        System.out.println(title + "을(를) 시작합니다. n");
    }
}
```

각 게임에 해당하는 클래스는 다음과 같다.

코드 6-18 LOL 클래스

```
public class LOL extends Games {
    public LOL() {
        title = returnTitle();
        version = returnVersion();
    }
    public String returnTitle() {
        return "League of Legends";
    }
    public String returnVersion() {
        return "v.2020";
    }
}
```

코드 6-19 Racing 클래스

```
public class Racing extends Games {
    public Racing() {
        title = returnTitle();
        version = returnVersion();
    }
    public String returnTitle() {
        return "Racing";
    }
    public String returnVersion() {
        return "v2.3";
    }
}
```

코드 6-20 SuperMario 클래스

```
public class SuperMario extends Games {
    public SuperMario() {
        title = returnTitle();
        version = returnVersion();
    }
    public String returnTitle() {
        return "Super Mario";
    }
    public String returnVersion() {
```

```
        return "v1.0";
    }
}
```

코드 6-21 Tetris 클래스

```
public class Tetris extends Games {
    ic Tetris() {
        title = returnTitle();
        version = returnVersion();
    }
    public String returnTitle() {
        return "Tetris";
    }
    public String returnVersion() {
        return "v1.3";
    }
}
```

코드 6-22 Main 클래스

```
public class Main {
    ic static void main (String args[]) {
        GameServer gameserver = new GameServer();
        gameserver.Game_Play(new SuperMario());
        gameserver.Game_Play(new Tetris());
        gameserver.Game_Play(new LOL());
        gameserver.Game_Play(new Racing());
    }
}
```

5 인터페이스 분리 원칙

> 인터페이스 분리 원칙: 클라이언트는 자신이 사용하지 않는 메서드와 의존 관계를 맺으면 안 된다.

로버트 마틴이 제시한 인터페이스 분리 원칙은 하나의 거대한 인터페이스를 여러 클라이언트가 함께 사용하는 것보다, 각 클라이언트가 필요한 기능만 담은 인터페이스를 따로 제공하는 것이 낫다는 의미이다. 그렇다고 해서 무조건 모든 클라이언트에게 각각의 인터페이스를 제공하라는 것은 아니다. 각각의 클라이언트가 필요로 하는 메서드군이 존재할 때 인터페이스를 분리하라는 것이다.

인터페이스를 이렇게 분리하면 용도가 명확해지고, 각 클래스는 자신에게 꼭 필요한 메서드만 선언할 수 있다. 그 결과 시스템 내부의 의존성이 낮아져(낮은 결합), 리팩토링이 쉬워지고 재사용성도 높아진다.

하지만 인터페이스 분리 원칙Interface Segregation Principle, ISP을 지키지 않으면 오히려 불필요한 의존 관계가 생길 수 있다. [그림 6-40]을 보면 학사관리 클래스에 많은 메서드가 있고, 이를 학생, 교수, 직원이 모두 사용한다. 하지만 학생은 실제로 수강신청(), 성적조회()만 필요로 함에도 불필요한 다른 메서드와도 관계를 맺고 있다. 교수와 직원도 마찬가지로 자신이 사용하지 않는 메서드와 연관되어 있다.

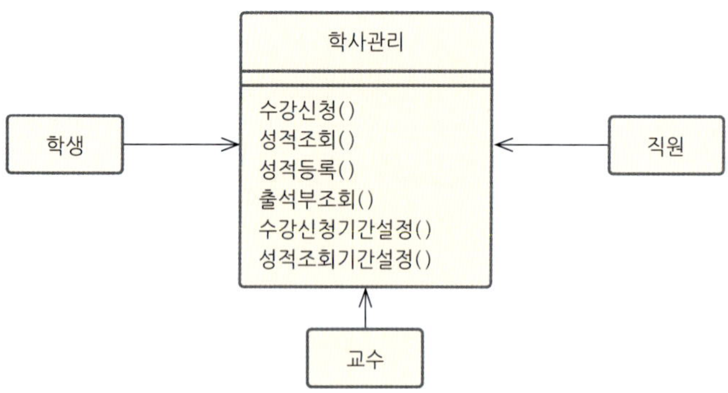

그림 6-40 인터페이스 분리 원칙에 위배되는 클래스 다이어그램

이 문제를 해결한 것이 [그림 6-41]이다. 이 클래스 다이어그램에서는 사용자(학생, 직원, 교수)별로 인터페이스를 분리하여, 각 사용자가 오직 자신에게 필요한 메서드와만 관계를 맺도록 설계하였다.

여기서 주의할 점은 이 원칙을 '단일 책임 원칙'과 혼동하지 말아야 한다는 것이다. 단일 책임 원칙은 클래스의 단일 책임 원칙은 클래스의 책임을 분리하는 것이므로, 클래스 자체가 나뉘고 메서드의 구현도 함께 분리된다. 반면 인터페이스 분리 원칙은 인터페이스의 책임만 분리하는 것이다. 즉, 인터페이스를 여러 개로 나누더라도 실제 메서드 구현은 기존 클래스에 그대로 남아 있다. 예를 들어 학생 인터페이스의 수강신청(), 성적조회()의 구현은 학사관리 클래스에 그대로 남아 있다.

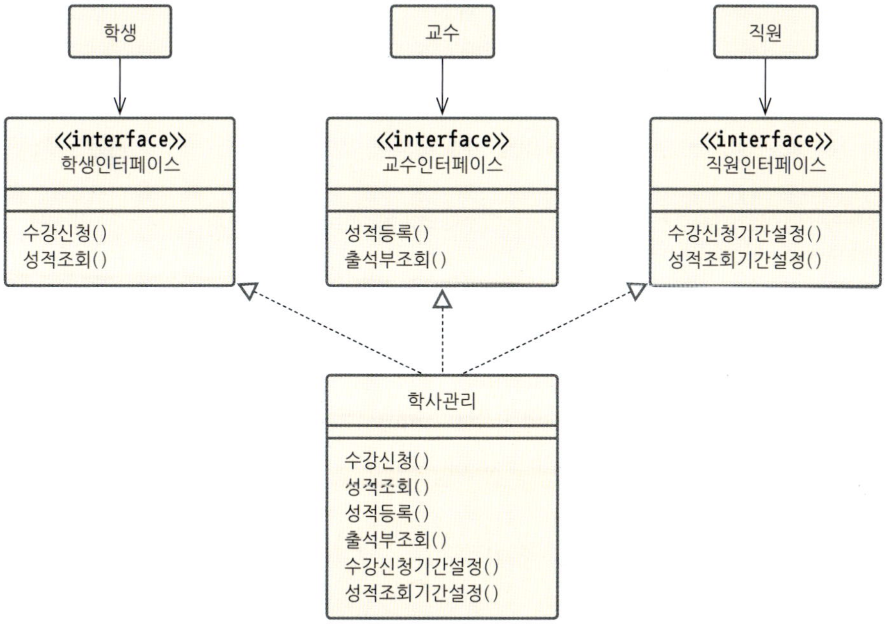

그림 6-41 인터페이스 설계 원칙을 적용한 클래스 다이어그램

01 다음 내용과 관련된 소프트웨어 아키텍처로 가장 옳은 것은? 2022년 서울시

사물인터넷의 한 가지 응용 시스템인 홈 오토메이션은 허락 없이 출입구 또는 창문이 열리는 상황을 센서가 감지하면 자동으로 알람 경보를 내거나 문자 메시지를 거주자에게 전달한다.

① 계층형 아키텍처(layered architecture)
② 저장소 아키텍처(repository architecture)
③ 이벤트 기반 아키텍처(event-based architecture)
④ 파이프 필터 아키텍처(pipe and filter architecture)

02 아키텍처 설계 과정이 올바른 순서로 나열된 것은? 정보처리기사 변형

(ㄱ) 설계 목표 설정
(ㄴ) 시스템 타입 결정
(ㄷ) 스타일 적용 및 커스터마이즈
(ㄹ) 서브 시스템의 기능, 인터페이스 동작 작성
(ㅁ) 아키텍처 설계 검토

① (ㄱ) → (ㄴ) → (ㄷ) → (ㄹ) → (ㅁ)
② (ㄱ) → (ㄴ) → (ㄹ) → (ㄷ) → (ㅁ)
③ (ㄱ) → (ㅁ) → (ㄴ) → (ㄹ) → (ㄷ)
④ (ㅁ) → (ㄱ) → (ㄴ) → (ㄹ) → (ㄷ)

03 다음 내용이 설명하는 객체지향 설계원칙은? 정보처리기사 변형

- 클라이언트는 자신이 사용하지 않는 메소드와 의존 관계를 맺으면 안 된다.
- 클라이언트가 사용하지 않는 인터페이스 때문에 영향을 받아서는 안 된다.

① 단일 책임 원칙
② 개방 폐쇄의 원칙
③ 리스코프 교체의 원칙
④ 인터페이스 분리 원칙

04 하나의 사물의 변화가 다른 사물에도 영향을 미치는 관계로, 일반적으로 한 클래스가 다른 클래스를 오퍼레이션의 매개변수로 사용하는 경우에 나타나는 관계는? 정보처리기사 변형

① Realization
② Association
③ Dependency
④ Generalization

05 다음 중 클래스 설계원칙에 대한 올바른 설명을 모두 고른 것은? 2025 경찰간부후보

(가) 단일 책임 원칙은 한 클래스는 하나의 책임을 갖도록 설계함을 의미한다.
(나) 리스코프 치환 원칙은 상위 클래스가 사용된 곳을 상속받은 하위 클래스로 대체하여도 문제가 발생하지 않도록 하는 것이다.
(다) 개방 폐쇄 원칙은 클래스의 공통 기본기능을 변경하지 않도록 하면서 새로운 기능은 확장 사용하는 것이다.
(라) 인터페이스 분리 원칙은 서로 다른 성격의 인터페이스를 분리, 클라이언트 쪽에서 여러 인터페이스를 갖도록 하는 것이다.
(마) 의존 관계 역전 원칙은 추상 클래스가 저수준의 구체적 클래스에 의존하도록 설계하는 원칙을 의미한다.

① (가), (나), (다)
② (가), (다), (라)
③ (가), (나), (다), (라)
④ (가), (나), (라), (마)

06 다음 자바 코드를 UML 클래스 다이어그램으로 표현 시, Sedan과 Factory 클래스 간 나타나는 관계로 적절한 것은? 단, 주어진 소스 코드 이외의 부분은 가정하지 않는다. 2023 경찰간부후보

```
class Sedan extends Vehicle { ... }
class Factory {
    public Vehicle order(int passengers) {
        if(passengers < 5)
        return new Sedan(passengers);
    }
     ...
}
```

① 구현(realization)
② 의존(dependency)
③ 합성(composition)
④ 일반화(generalization)

07 소프트웨어 아키텍처 스타일에 대한 설명으로 가장 올바르게 짝지어진 것은? 2025 경찰간부후보

① 계층형: 디스패처에 의해 트랜잭션을 하나씩 읽어 내용에 따라서 필요 처리로 연쇄된다.
② 클라이언트-서버: 클라이언트는 서버에 네트워크를 통한 서비스를 요청하고, 서버는 결과를 전송한다.
③ 파이프 필터: 제어 대상이 되는 컴포넌트는 컨트롤러에 이벤트를 보내고 처리 명령을 받는다.
④ 데이터 저장소: 사용자 인터페이스와 데이터 처리 로직을 독립적으로 분리하여 변경 영향을 줄인다.

08 소프트웨어 아키텍처 모델 중 MVC(Model-View-Controller)와 관련한 설명으로 틀린 것은? 정보처리기사 변형

① 제어는 모델에 명령을 보냄으로써 모델의 상태를 변경할 수 있다.
② 뷰는 모델에 있는 데이터를 사용자 인터페이스에 보이는 역할을 담당한다.
③ 모델은 뷰와 제어 사이에서 전달자 역할을 하며, 뷰마다 모델 서브 시스템이 각각 하나씩 연결된다.
④ MVC 모델은 사용자 인터페이스를 담당하는 계층의 응집도를 높일 수 있고, 여러 개의 다른 UI를 만들어 그사이에 결합도를 낮출 수 있다.

09 분산 시스템을 위한 마스터-슬레이브(Master-Slave) 아키텍처에 대한 설명으로 틀린 것은? 정보처리기사 변형

① 일반적으로 실시간 시스템에서 사용된다.
② 슬레이브 프로세스는 데이터수집 기능을 수행할 수 없다.
③ 마스터 프로세스는 슬레이브 프로세스들을 제어할 수 있다.
④ 마스터 프로세스는 일반적으로 연산, 통신, 조정을 책임진다.

참고 |

마스터-슬레이브(Master-Slave)란 시스템이나 컴포넌트 간의 제어 및 동기화 구조를 설명할 때 사용되는 아키텍처 또는 통신 모델로, 이 모델에서 하나의 구성 요소(마스터)가 다른 구성 요소들(슬레이브)을 지시하고 제어하는 방식으로 동작한다.

10 다음 중 객체지향 설계원칙에 속하지 않는 것은? 정보처리기사 변형

① 개방-폐쇄 원칙
② 단일 책임 원칙
③ 의존 역전 원칙
④ 인터페이스 통합 원칙

참고 |

인터페이스 통합 원칙(Interface Integration Principle, IIP)이란 시스템 간 상호작용(Interface)을 설계할 때, 중복되거나 불필요한 인터페이스를 최소화하고 통합된 형태로 관리하자는 원칙이다. 즉, 여러 모듈이나 서비스가 비슷한 기능의 인터페이스를 따로 구현하지 않도록 공통화·표준화하는 것을 의미한다. 예를 들어, 서로 다른 부서의 시스템이 '사용자 인증' 기능을 각각 별도의 방식으로 구현하기보다 공통 인증 API를 통해 통합 관리하도록 설계하는 것이다.

11 다음이 설명하는 객체지향 설계원칙은? 2022 군무원

- 자신의 베이스 클래스로 대체될 수 있어야 한다.
- 클래스를 만들 때, 베이스 클래스의 기능을 교체하는 것이 아니라 기능을 유지하면서 확장하는 것이어야 한다.

① ISP(Interface Segregation Principle)
② LSP(Liskov Substitution Principle)
③ DIP(Dependency Inversion Principle)
④ SRP(Single Responsibility Principle)

12 객체지향의 SOLID 설계 원리 중 다음 클래스 다이어그램이 위반한 설계 원리는? 2024 국가직

Rectangle 클래스의 Area 함수는 (Height*Width)를 return하고, Square 클래스의 Area 함수는 (Slide*Slide)를 return한다.

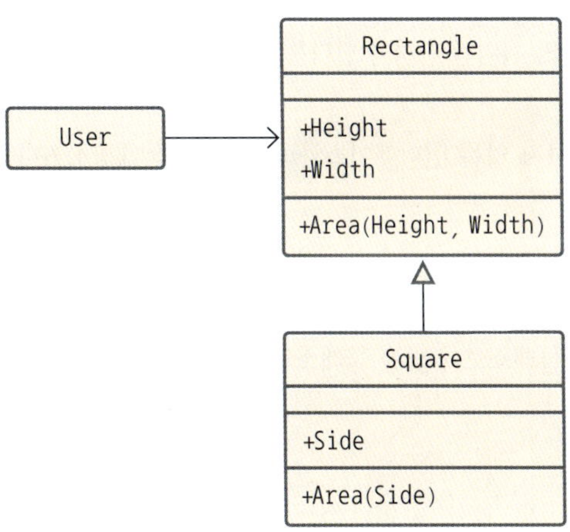

① 개방-폐쇄 원리　　② 단일 책임의 원리
③ 리스코프 치환 원리　　④ 의존 관계 역전의 원리

13 다음 클래스 다이어그램은 객체지향 설계에서 클래스를 설계할 때의 원칙 가운데 하나를 적용한 사례이다. 설계원칙으로 옳은 것은? 2022 국가직

> '학과평균점수' 클래스의 역할은 한 대학의 학과별 기말고사 평균 점수를 계산하기 위한 것이다. 〈보기 1〉은 클래스 설계의 해당 원칙을 적용하기 전의 다이어그램이고, 〈보기 2〉는 해당 원칙을 적용한 이후의 다이어그램이다.

보기 1

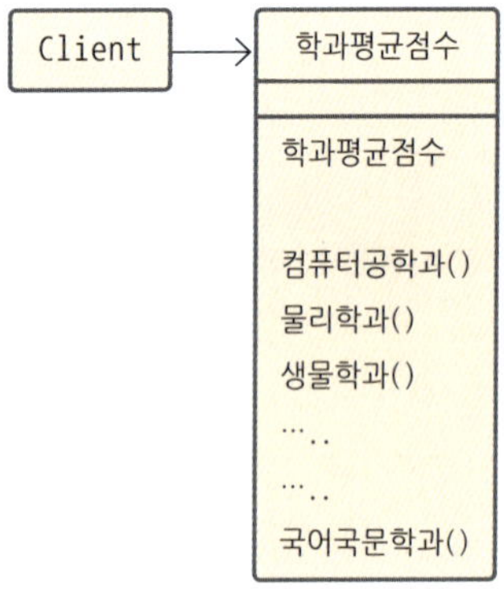

보기 2

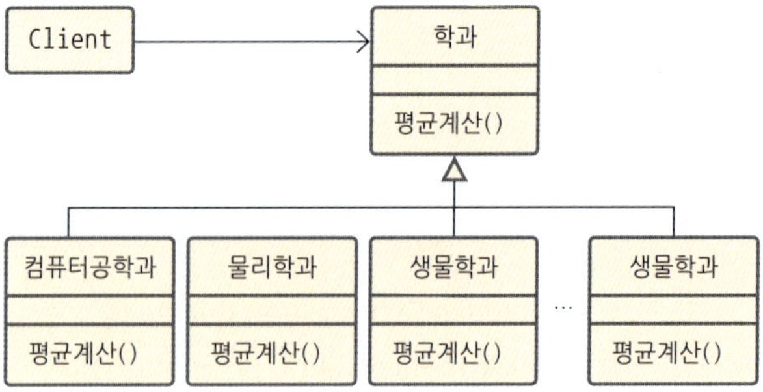

① 개방 폐쇄의 원칙
② 의존 관계 역전의 원칙
③ 인터페이스 분리의 원칙
④ 단일 책임 원칙

14 객체지향 설계원칙에 대한 설명으로 가장 적절한 것은? 2024 군무원

① 단일 책임 원칙(SRP): 객체는 단 하나의 책임만 가져야 한다는 원칙으로, 응집도는 낮게, 결합도는 높게 설계하는 것을 의미
② 개방-폐쇄 원칙(OCP): 자신이 사용하지 않는 인터페이스와 의존 관계를 개방하거나 영향을 받지 않아야 한다는 의미
③ 리스코프 치환 원칙(LSP): 자식 클래스는 부모 클래스의 책임을 무시하거나 재정의하지 않고 확장만 수행해야 한다는 의미
④ 의존 역전 원칙(DIP): 추상성이 높은 클래스보다 낮은 클래스와 의존 관계를 맺어야 한다는 원칙으로 인터페이스를 많이 활용

15 다음 상황에 가장 적합한 소프트웨어 아키텍처 패턴은? 2021 국가직

- 데이터 관리 컴포넌트, 인터랙션 제어 컴포넌트, 화면 관리 컴포넌트를 분리
- 하나의 데이터를 다양한 그래프로 보여 줄 수 있는 데스크탑 응용 프로그램 개발
- 데이터베이스 연동 부분과 사용자 웹 화면 제공 부분으로 나눈 웹 기반 응용 프로그램 개발

① 리포지토리 ② 파이프 필터
③ MVC ④ 트랜잭션 처리

16 RUP(Rational Unified Process)의 4+1 뷰(View)에 대한 다음 설명과 용어를 옳게 짝지은 것은? 2024 서울시

(가) 주로 설계자와 개발자를 위한 것으로 클래스, 객체, 관계 등과 같은 정적인 구조와 객체가 다른 객체에 메시지를 전달할 때 발생하는 동적인 협동을 설명한다.
(나) 자원의 효율적인 사용, 병행 실행 및 비동기 이벤트의 처리뿐 아니라 병행 실행되는 스레드 간의 통신과 동기화 등을 다룬다.

	(가)	(나)
①	구현(implementation) 뷰	프로세스(process) 뷰
②	논리(logical) 뷰	구현(implementation) 뷰
③	논리(logical) 뷰	프로세스(process) 뷰
④	프로세스(process) 뷰	구현(implementation) 뷰

17 다음은 교육기관의 강사-과목 배정 시스템에 대한 설명이다. 이 내용을 참고하여 집합(Aggregation) 관계를 반영한 두 개의 클래스 Teacher와 Course를 정의하고, 다음 조건을 만족하는 자바 코드를 작성하시오.

- 한 교육기관에서는 여러 명의 강사가 여러 과목을 가르친다.
- 각 과목(Course)은 하나의 강사(Teacher)에게 배정되어 있으며, 한 강사는 여러 과목을 맡을 수 있다.
- 강사가 퇴사해도 과목 객체는 여전히 존재하며, 이후 다른 강사에게 배정될 수 있다.

조건
- Teacher 클래스에는 이름(name)을 저장한다.
- Course 클래스에는 과목명(title)과, 배정된 강사(Teacher)를 저장한다.
- Course 클래스는 assignTeacher(Teacher teacher) 메서드를 통해 강사를 배정할 수 있다.
- 메인 메서드에서는 강사와 과목을 생성하고, 과목에 강사를 배정한 후 각 과목과 강사 정보를 출력하시오.

18 다음은 도서관의 도서-상세정보 관리 시스템에 대한 설명이다. 이 내용을 참고하여 구성(Composition) 관계를 반영한 두 개의 클래스 Book과 BookDetail을 정의하고, 다음 조건을 만족하는 자바 코드를 작성하시오.

- 한 도서관 시스템에서 도서(Book)는 하나 이상의 책 정보(BookDetail)를 포함한다.
- 각 Book 객체는 반드시 하나의 BookDetail 객체를 가지고 있다.
- BookDetail은 Book 객체에 완전히 종속되어 있어, Book이 삭제되면 BookDetail도 함께 삭제된다.

조건
- BookDetail 클래스는 책의 제목(title), 저자(author), ISBN 번호(isbn)를 포함한다.
- Book 클래스는 고유 ID(bookId)와 BookDetail 객체를 가진다.
- Book 객체는 생성자에서 BookDetail 객체를 직접 생성하여 포함한다.
- 메인 메서드에서는 하나의 Book 객체를 생성한 후, 그 정보를 출력하시오.
- Book 객체를 null로 설정한 후, BookDetail에 접근이 불가능함을 보여주는 코드를 작성하시오. (composition의 특성을 설명할 수 있도록)

19 다음은 쇼핑몰 시스템의 주문-결제 처리 구조에 대한 설명이다. 이 내용을 참고하여 의존(Dependency) 관계를 반영한 OrderService와 PaymentProcessor 관련 클래스를 정의하고, 다음 조건을 만족하는 자바 코드를 작성하시오.

- 고객이 주문을 생성할 때, 시스템은 결제(Payment)를 처리해야 한다.
- OrderService 클래스는 주문 처리 기능을 담당하며, 내부에서 결제를 수행하기 위해 PaymentProcessor 객체를 생성하거나 전달받아 사용한다.
- 결제 방식은 신용카드, 계좌이체 등 다양할 수 있으며, 추후 다른 결제 방식으로 교체가 용이해야 한다.

조건
- PaymentProcessor라는 인터페이스를 정의하고, CreditCardProcessor 클래스가 이를 구현하도록 한다.
- OrderService 클래스는 결제 처리 시 PaymentProcessor를 사용하며, 그 구현체는 생성자 주입 방식으로 전달받는다.
- 메인 메서드에서 OrderService에 CreditCardProcessor를 주입한 뒤 주문을 처리하는 코드를 작성하시오.
- 의존 관계의 특성을 반영하여 OrderService와 CreditCardProcessor 간 결합이 약함을 보여줄 수 있는 설명을 코드 주석에 포함하시오.

Chapter

07

디자인 패턴

학습목표

- 디자인 패턴의 개념과 필요성을 이해한다.
- 행위·구조·생성 패턴의 종류와 특징을 설명할 수 있다.
- 각 디자인 패턴의 구조와 동작 원리를 코드 예제를 통해 적용할 수 있다.

01 디자인 패턴의 이해

새 프로젝트를 시작할 때 가장 먼저 하는 일은 과거에 수행한 유사 프로젝트를 찾아 검토하는 일이다. 이를 통해 개발 기간, 비용, 필요 인력, 개발 조직 등을 참고할 수 있고, 개발 방법도 가져다 적용할 수 있기 때문이다. 이처럼 경험을 잘 활용하면 일을 매우 효율적으로 할 수 있다.

그림 7-1 프로젝트의 시작

소프트웨어를 설계할 때도 경험만큼 확실한 것은 없다. 경험이 적은 사람도 설계를 잘 하려면 경험 많은 전문가의 지식과 노하우를 공유하는 것이 필요하다. 소프트웨어 설계에 대한 지식과 노하우는 어떻게 공유할 수 있을까?

먼저, 과거의 소프트웨어 설계 방법론과 지침을 참조하고 이를 활용하는 것은 시행착오와 시간을 단축할 수 있다. 그러나 이 방식에는 한계가 있다. 방법론이나 지침은 일반화된 것이어서 구체적인 문제에 적용하려면 또 다른 지식이나 노하우가 필요하기 때문이다. 객체지향 방법론을 아는 것과 내가 개발할 소프트웨어에 적용하는 것은 차이가 있다.

여러 가지 설계 사례를 공유하는 건 어떨까? 옷을 만들 때 기존의 옷본을 사용하여 비용과 시간을 줄일 수 있듯이, 소프트웨어 개발에서도 기존의 설계 사례를 이용하는 것은 유용하다. 그러나 이 방법 역시 사례와 전혀 다른 유형의 문제를 해결하려면 또 다른 노력이 필요하다. 개별 사례는 너무 구체적이고 특정 문제의 가정에 의존적이기 때문이다. 예를 들어 일괄 처리를 목적으로 하는 소프트웨어를 설계할 때의 지식이나 노하우를 실시간 처리를 목적으로 하는 소프트웨어 설계에 적용하기는 어렵다.

그렇다면 너무 일반적이지도 않고, 너무 구체적이지도 않은 형태로 소프트웨어 설계를 위한 지식이나 노하우를 공유할 방법이 필요하다. 이를 위해 고안된 것이 바로 GoFGang of Four의 디자인 패턴이다.

TIP GoF의 디자인 패턴은 에리히 감마(Erich Gamma), 리처드 헬름(Richard Helm), 랄프 존슨(Ralph Johnson), 존 블리시데스(John Vlissides)가 제안했다.

디자인 패턴은 객체지향 설계에서 반복적으로 나타나는 문제와 그 해결 방식을 분석하여, 재사용성이 높은 23가지 유형으로 정리하고 체계화한 것이다. 즉, 디자인 패턴은 소프트웨어 설계에 대한 지식과 노하우를 바탕으로 동일한 유형의 문제를 해결하는 방법을 패턴 형태로 제공한다. 단, 쉽게 재사용할 수 있도록 객체지향 개념에 따른 설계만을 패턴으로 지정했다.

사실 소프트웨어는 목적이 모두 다르고 구체적인 적용 상황이나 환경에 따라 최적의 해결책이 달라질 수 있다. 그래서 일정한 패턴을 여러 소프트웨어 설계에 적용한다는 것이 다소 의아하게 보일 수 있다. 하지만 문제를 세분화해서 살펴보면, 많은 문제들이 과거에도 반복적으로 나타났음을 알 수 있다. 예를 들어 객체를 생성하거나 공유하는 문제, 모듈 간의 연관 관계를 단순하게 만드는 문제, 특정 모듈의 역할을 다른 모듈에 위임하는 문제 등은 소프트웨어 설계에서 자주 등장한다. 따라서 이미 여러 사람에 의해 검증된 디자인 패턴을 활용한다면 경험이 부족하더라도 충분히 좋은 소프트웨어를 설계할 수 있다.

GoF의 디자인 패턴은 목적에 따라 행위 패턴, 구조 패턴, 생성 패턴으로 분류된다. 총 23개의 디자인 패턴이 있으며, 이 장에서는 각 분류에서 대표적인 패턴을 두 개씩 선택해 코드와 함께 구체적으로 설명한다.

표 7-1 디자인 패턴의 종류

행위 패턴	구조 패턴	생성 패턴
Chain of Responsibility Command Interpreter Iterator Mediator Memento Observer State Strategy Template Method Visitor	Adapter Bridge Composite Decorator Facade Flyweight Proxy	Abstract Factory Builder Factory Method Prototype Singleton

02 행위 패턴

객체는 속성attribute과 행위behavior를 가지고 있다. 여기서 행위는 객체가 수행하거나 외부에 제공하는 기능을 의미한다. 객체들은 이러한 기능을 사용하기 위해 서로 메시지를 주고받으며 상호작용한다.

행위 패턴behavioral pattern은 이처럼 반복적으로 사용되는 객체의 상호작용을 효과적으로 관리하는 데 초점을 맞춘다. 즉, 클래스나 객체들이 서로 어떻게 협력하고 책임을 나눌 것인지를 정의하는 패턴이다.

행위 패턴의 특징은 다음과 같다. 첫째, 객체 간의 상호작용을 구조화하여 효율적으로 협력할 수 있도록 한다. 둘째, 객체 간의 느슨한 결합loose coupling으로 코드의 변경에 유연하게 대응할 수 있다. 셋째, 코드의 재사용성을 높이고 확장성을 강화한다.

행위 패턴은 객체가 제공하는 기능 자체는 바꾸지 않으면서도, 일을 처리하는 방법(알고리즘)이 달라져야 할 때 사용한다. 행위 패턴의 종류는 다음과 같으며 이 절에서는 Strategy 패턴과 State 패턴에 대해 구체적으로 설명한다.

- Chain of responsibility 패턴
- Command 패턴
- Interpreter 패턴
- Iterator 패턴
- Mediator 패턴
- Memento 패턴
- Observer 패턴
- State 패턴
- Strategy 패턴
- Template Method 패턴
- Visitor 패턴

1 Strategy 패턴

> 자주 바뀌는 것이 기능(Method)이라면?
> 메서드를 클래스로 바꾸고 <<interface>> 타입의 상속 구조를 만들어라!

Strategy 패턴을 이해하기 위해 먼저 이 패턴을 사용하지 않고 클래스 다이어그램과 코딩을 해본다. 그리고 어떤 문제점이 있는지 확인한 뒤, 이를 해결하기 위한 방법으로 Strategy 패턴을 소개한다.

1.1 예제 프로젝트 이해

Strategy 패턴을 사용할 예제 프로젝트는 포켓몬의 종류에 따라 다양한 기능이 추가되는 포켓몬스터 게임이다. 포켓몬의 종류와 기능은 [표 7-2]와 같다.

표 7-2 포켓몬의 종류

포켓몬	기능(공격/패시브)	설명
피카츄	백만 볼트	백만 볼트의 강력한 전압을 상대에게 보내 공격한다.
	스피드	한 번에 빠르게 두 번 공격한다.
푸린	노래 부르기	노래를 불러 상대를 잠재운다.
	회피	30% 확률로 공격을 회피한다.
파이리	불꽃	뜨거운 불꽃을 상대방에게 쏘아 공격한다.
	방어	방어 전략을 사용해 받는 피해를 40% 감소시킨다.

이 프로젝트의 특성은 포켓몬의 종류가 자주 추가되거나 삭제된다는 점이다. 또 기술이 발전함에 따라 성능 개선을 위해 기능(공격$_{\text{attack}}$, 패시브$_{\text{passive}}$)이 수정되기도 하고 새로운 공격 기술이 추가되기도 한다.

1.2 일반적인 클래스 설계

지금까지 제시된 내용을 바탕으로 클래스를 어떻게 설계할 수 있을까? 상속 개념을 알고 있다면 [그림 7-2]처럼 포켓몬을 상위 클래스, 푸린, 파이리, 피카츄를 하위 클래스로 하는 상속 구조로 만들 수 있다. 모든 포켓몬이 공통으로 가지는 공격/패시브 기술은 상위 클래스의 attack()과 passive() 메서드로 정의하고, 하위 클래스에서 상속받도록 설계할 것이다.

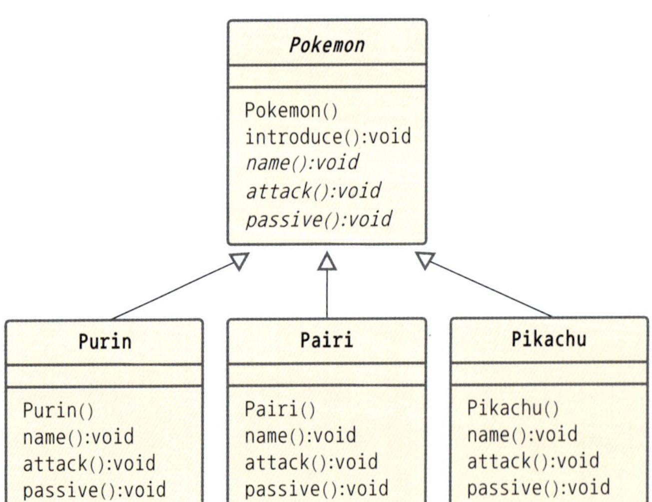

그림 7-2 Strategy 패턴 사용 전 클래스 다이어그램

다음은 [그림 7-2]의 클래스 다이어그램에 대한 코드이다.

코드 7-1 Pokemon 클래스

```
public abstract class Pokemon {
    public void introduce() {        ❶
        name();
        attack();
        passive();
    }
    abstract void name();            ❷
    abstract void attack();
    abstract void passive();
}
```

❶ introduce(): name(), attack(), passive() 메서드를 가지고 있다.

❷ name(), attack(), passive(): 추상 메서드로 하위 클래스에서 구현된다.

코드 7-2 Purin 클래스

```
public class Purin extends Pokemon {
    public void passive() {                    ❶
        System.out.println("패시브 스킬: 회피\n");
        // 회피: 30% 확률로 공격 회피
    }
    public void attack() {
        System.out.println("공격 스킬: 노래하기");
        // 노래하기: 노래를 불러 상대를 잠재움
    }
    public void name() {
        System.out.println("이름: 푸린, 속성: 노멀");
    }
}
```

❶ passive(), attack(), name() 메서드를 구현한다.

코드 7-3 Pairi 클래스

```
public class Pairi extends Pokemon {
    public void passive() {
        System.out.println("패시브 스킬: 방어\n");
        // 방어: 받는 피해를 40% 감소시킴
    }
    public void attack() {                              ❶
        System.out.println("공격 스킬: 불꽃");
        // 불꽃: 뜨거운 불꽃을 상대한테 쏨
    }
    void name() {
        System.out.println("이름: 파이리, 속성: 불");
    }
}
```

❶ passive(), attack(), name() 메서드를 구현한다.

코드 7-4 Pikachu 클래스

```
public class Pikachu extends Pokemon {
    public void passive() {
        System.out.println("패시브 스킬: 스피드\n");
        // 스피드: 한 번에 두 번 공격함
    }
    public void attack() {                              ❶
        System.out.println("공격 스킬: 백만 볼트");
        // 백만 볼트: 백만 볼트의 강력한 전압으로 공격함
    }
    void name() {
        System.out.println("이름: 피카츄, 속성: 번개");
    }
}
```

❶ passive(), attack(), name() 메서드를 구현한다.

코드 7-5 Main 클래스

```
public class Main {
    public static void main(String[] args) {
        Pokemon pikachu = new Pikachu();   ─┐ ❶
        pikachu.introduce();               ─┘

        Pokemon purin = new Purin();       ─┐ ❷
        purin.introduce();                 ─┘

        Pokemon pairi = new Pairi();       ─┐ ❸
        pairi.introduce();                 ─┘
    }
}
```

❶ Pikachu 객체를 생성하고 Pikachu의 introduce() 메서드를 호출한다.

❷ Purin 객체를 생성하고 Purin의 introduce() 메서드를 호출한다.

❸ Pairi 객체를 생성하고 Pairi의 introduce() 메서드를 호출한다.

실행 결과

```
이름: 피카츄, 속성: 번개
공격 스킬: 백만 볼트
패시브 스킬: 스피드

이름: 푸린, 속성: 노멀
공격 스킬: 노래하기
패시브 스킬: 회피

이름: 파이리, 속성: 불
공격 스킬: 불꽃
패시브 스킬: 방어
```

1.3 문제: 기능Method 변화

지금까지의 과정을 보면 상속의 개념을 알고 있는 개발자가 포켓몬의 종류를 쉽게 추가 및 삭제할 수 있도록 상속 구조로 만들었다. 그런데 문제는 공격 기술도 자주 바뀔 수 있다는 것이다.

예를 들어, 기술이 발전하면서 기존의 백만 볼트, 노래하기, 불꽃 같은 공격 기술 외에도 더 강력한 기술이 계속 추가될 수 있다. 약한 기술은 삭제되기도 한다. 패시브 기술도 마찬가지로 추가되거나 삭제되는 일이 자주 발생할 수 있다. 현재 작성된 프로그램을 보면 이 문제에 대한 해결책이 반영되어 있지 않다. 즉 공격과 패시브 기술이 바뀔 때마다 해당 클래스를 계속 수정해야 한다. 이는 클래스 설계 원칙 중 개방 폐쇄 원칙$_{\text{OCP}}$을 위반할 뿐 아니라 프로그램을 복잡하게 만들어 유지보수를 어렵게 한다.

그렇다면 이 문제를 어떻게 해결할 수 있을까? 디자인 패턴은 자주 바뀌는 것이 무엇인지 찾아 그것들을 별도의 상속 구조로 설계하는 방식으로 문제를 해결한다. 이 예제에서는 attack(), passive()이 자주 바뀌므로 이 기능들을 클래스로 만들고 상속 구조로 설계한다. 이렇게 하면 새로운 공격 기술이나 패시브 기능이 생기더라도, 포켓몬 클래스는 수정하지 않고 해당 기능 클래스만 새로 만들어 손쉽게 확장할 수 있다.

1.4 Strategy 패턴을 적용한 클래스 설계

Strategy 패턴은 메서드인 attack()과 passive()를 전략$_{\text{strategy}}$으로 보고 이들을 각각 별도의 클래스로 분리해 추가와 삭제가 가능하도록 설계한다. [그림 7-3]은 이를 반영한 클래스 다이어그램이다.

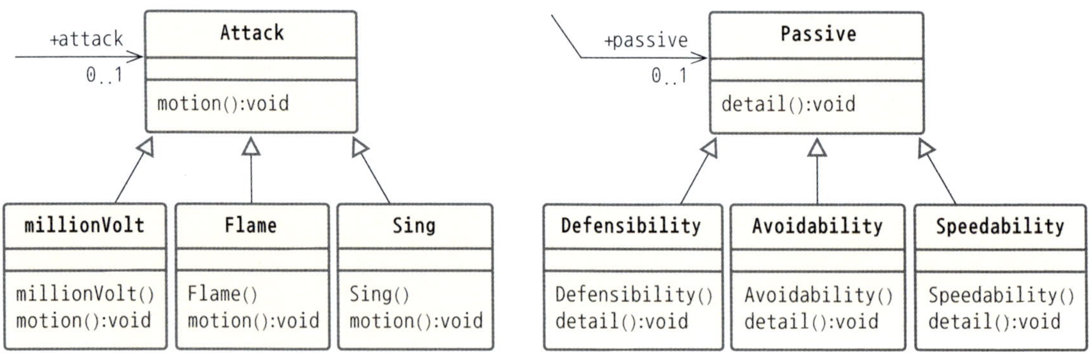

그림 7-3 Attack과 Passive 클래스의 다이어그램 설계

이제 새로운 공격과 패시브 기능(전략)이 추가되거나 삭제되어도 Pokemon 클래스에는 영향을 미치지 않고 얼마든지 추가 및 삭제할 수 있다. 이로써 클래스 설계 원칙 중 하나인 OCP를 위반하지 않는 설계를 한다. 즉, Strategy 패턴은 전략에 해당하는 기능(메서드)이 자주 바뀔 때 사용할 수 있는 디자인 패턴이다.

[그림 7-4]의 클래스 다이어그램을 보면 다음과 같이 자주 바뀌는 것에 대해 상속을 적절히 사용해 문제를 해결했다.

① 포켓몬의 종류를 계속 추가/삭제할 수 있도록 Pokemon 클래스를 상위 클래스로, 각 포켓몬 종류를 하위 클래스로 설계한다.

② Pokemon 클래스에서 메서드로 구현한 공격(Attack)을 별도의 상속 구조로 만들어 사용한다.

③ Pokemon 클래스에서 메서드로 구현한 패시브(Passive)를 별도의 상속 구조로 만들어 사용한다.

이처럼 자주 바뀔 수 있는 공격과 패시브를 Pokemon 클래스의 하위 클래스인 Purin, Pairi, Pikachu 클래스에서 구현하지 않고 오른쪽에 별도로 배치했다. 즉 공격의 종류는 Attack이라는 인터페이스 클래스의 하위 클래스에 계속 추가할 수 있도록 했다. 마찬가지로 패시브의 종류도 Passive라는 인터페이스 클래스의 하위 클래스에 계속 추가할 수 있도록 했다.

Attack 클래스와 Passive 클래스는 인터페이스 클래스로 설계했다. 자바에서의 인터페이스 기능은 상위 클래스인 인터페이스 클래스에서는 구현하지 않고 하위 클래스에서 구현(실현)한다. 즉 Attack/Passive 클래스에서는 구현체가 없고 하위 클래스에서 각각에 맞는 구현을 한다.

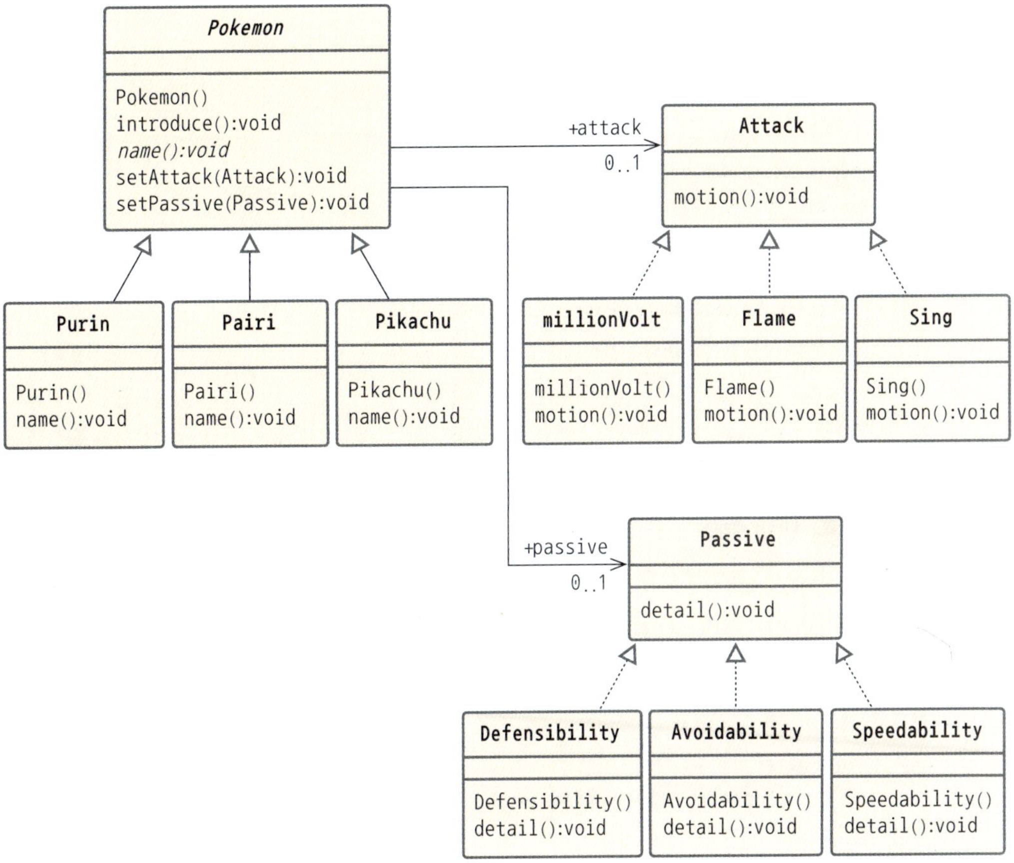

그림 7-4 Strategy 패턴을 적용한 클래스 다이어그램

이렇게 자주 바뀌는 것을 오른쪽에 배치하고 그곳에서는 추가/삭제가 일어날 수 있도록 클래스 설계를 하면 왼쪽에 있는 Pokemon 클래스에 미치는 영향을 최소화할 수 있다. 따라서 OCP를 위반하지 않는 설계가 된다.

TIP 오른쪽에 배치한다는 것은 상징적인 의미일 뿐이며, 실제 위치는 오른쪽이든 왼쪽이든 관계없다.

앞으로 클래스 설계를 할 때 메서드가 계속 바뀌어 나가는 구조를 갖는다면 Strategy 패턴을 생각해보아야 한다. 다음은 Strategy 패턴을 적용한 클래스 각각에 대한 코드이다. 코드에 관한 설명은 생략한다.

코드 7-6 Pokemon 클래스

```
public abstract class Pokemon {
    public Attack attack;
    public Passive passive;
    public Pokemon() {
    }
    public void introduce() {
        name();
        attack.motion();
        passive.detail();
    }
    abstract void name();
    public void setAttack(Attack attack) {
        this.attack = attack;
    }
    public void setPassive(Passive passive) {
        this.passive = passive;
    }
}
```

코드 7-7 Pairi 클래스

```
public class Pairi extends Pokemon {
    public Pairi() {
        attack = new Flame();
        passive = new Defensibility();
    }
    void name() {
        System.out.println("이름: 파이리, 속성: 불");
    }
}
```

코드 7-8 Purin 클래스

```
public class Purin extends Pokemon {
    public Purin() {
        attack = new Sing();
        passive = new Avoidability();
    }
    void name() {
        System.out.println("이름: 푸린, 속성: 노멀");
    }
}
```

코드 7-9 Pikachu 클래스

```
public class Pikachu extends Pokemon {
    public Pikachu() {
        attack = new millionVolt();
        passive = new Speedability();
    }
    void name() {
        System.out.println("이름: 피카츄, 속성: 번개");
    }
}
```

코드 7-10 Attack 클래스

```
public interface Attack {
    public void motion();
}
```

코드 7-11 Sing 클래스

```
public class Sing implements Attack {
    public void motion() {
        System.out.println("공격 스킬 - 노래하기: 노래를 불러 상대를 잠재움");
    }
}
```

코드 7-12 Flame 클래스

```
public class Flame implements Attack {
    public void motion() {
        System.out.println("공격 스킬 - 불꽃: 뜨거운 불꽃을 쏘아 공격");
    }
}
```

코드 7-13 MillionVolt 클래스

```
public class MillionVolt implements Attack {
    public void motion() {
        System.out.println("공격 스킬 - 백만 볼트: 백만 볼트의 강력한 전압으로 공격");
    }
}
```

코드 7-14 Passive 클래스

```
public interface Passive {
    public void detail();
}
```

코드 7-15 Defensibility 클래스

```
public class Defensibility implements Passive {
    public void detail() {
        System.out.println("패시브 스킬 - 방어: 받는 피해 40% 감소시킴\n");
    }
}
```

코드 7-16 Avoidability 클래스

```
public class Avoidability implements Passive {
    public void detail() {
        System.out.println("패시브 스킬 - 회피: 30% 확률로 공격 회피\n");
    }
}
```

코드 7-17 Speedability 클래스

```
public class Speedability implements Passive {
    public void detail() {
        System.out.println("패시브 스킬 - 스피드: 한 번에 두 번 공격\n");
    }
}
```

코드 7-18 Main 클래스

```
public class Main {
    public static void main(String[] args) {
        Pokemon pikachu = new Pikachu();
        pikachu.introduce();

        Pokemon pairi = new Pairi();
        pairi.introduce();

        Pokemon purin = new Purin();
        purin.introduce();

        purin.setAttack(new MillionVolt());
        purin.setPassive(new Defensibility());

        purin.introduce();
    }
}
```

실행 결과

```
이름: 피카츄, 속성: 번개
공격 스킬 - 백만 볼트: 백만 볼트의 강력한 전압으로 공격
패시브 스킬 - 스피드: 한 번에 두 번 공격

이름: 파이리, 속성: 불
공격 스킬 - 불꽃: 뜨거운 불꽃을 쏘아 공격
패시브 스킬 - 방어: 받는 피해 40% 감소시킴

이름: 푸린, 속성: 노멀
공격 스킬 - 노래하기: 노래를 불러 상대를 잠재움
패시브 스킬 - 회피: 30% 확률로 공격 회피

이름: 푸린, 속성: 노멀
공격 스킬 - 백만 볼트 : 백만 볼트의 강력한 전압으로 공격
패시브 스킬 - 방어: 받는 피해 40% 감소시킴
```

1.5 Strategy 패턴 정리

디자인 패턴을 적용하기 위해서는 프로젝트의 성격을 먼저 파악해야 한다. 가장 중요한 질문은 '무엇이 자주 바뀌는가?'이다. Strategy 패턴은 기능(메서드, 전략)이 자주 바뀌는 상황에서 효과적이다. 자주 바뀌는 기능을 별도의 전략 클래스로 분리하고, 전략의 변화가 그 안에서만 이루어지도록 함으로써 주 클래스가 변화의 영향을 덜 받도록 한 것이다.

그렇다면 여기서 말하는 전략이란 무엇인가? 전략은 내부에 사용되는 알고리즘, 즉 메서드이다. 메서드가 자주 바뀌면 계속 수정해야 하는 메서드가 자주 바뀌면 계속 수정해야 하는 문제가 생긴다. 따라서 베서드를 별도의 클래스로 분리해 관리하는 것이 바람직하다. 이를 위해 메서드(전략)마다 각각의 클래스로 먼저 바꾸고 이를 <<interface>> 타입의 상속 구조로 만들어 구현한다.

2 State 패턴

> 자주 바뀌는 것이 상태(state)라면?
> 상태를 클래스로 바꾸고 <<interface>> 타입의 상속 구조를 만들어라!

state의 의미는 '상태'이다. 예를 들어 물은 온도에 따라 상태가 바뀐다. 100℃가 되면 수증기 상태로 변하고 0℃ 이하가 되면 얼음 상태가 된다. 이처럼 객체의 상태에 따라 동작이 달라져야 할 때, State 패턴은 매우 유용한 설계 방법이다.

2.1 예제 프로젝트 이해

State 패턴이 어떻게 적용되는지 알아보기 위해 간단한 선풍기 상태 변화 예제를 살펴보자. 처음에 이 선풍기는 정지와 송풍 기능만 가지고 있으며, [그림 7-5]처럼 정지 상태에서 ON 버튼을 누르면 송풍 상태로 변하고 송풍 상태에서 OFF 버튼을 누르면 정지 상태로 변한다. 이후에는 선풍기의 바람 상태에 Sleep, 약풍, 중간풍, 강풍이 계속 추가될 것이다. 이처럼 상태가 계속 확장되는 경우, State 패턴을 사용하면 유연하게 대응할 수 있다.

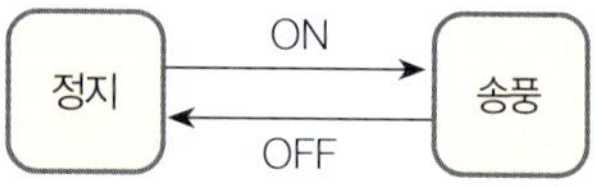

그림 7-5 가장 단순한 선풍기의 상태 변화

2.2 일반적인 클래스 설계

선풍기 상태 변화 예제를 프로그래밍하면 다음과 같다.

코드 7-19 ElecFan 클래스

```
public class ElecFan {
    private String State;
    public ElecFan() {
        State = "Stop"; ——————— ❶
        System.out.println("<<현재 상태: " + State + ">>");
    }
    public void setState(String state) {
        this.State = state;
    }
    public void on_button() {
        if(State == "Stop")
        {
          State = "Wind";
          System.out.println("\n***on 버튼 눌림***\n" + "정지에서 송풍 상태로 바뀜\n");
          System.out.println("<<현재 상태: " + State + ">>");
        }
        else if(State == "Wind") {
          State = "Stop";
          System.out.println("\n***on 버튼 눌림***\n" + "상태 변화 없음\n");
          System.out.println("<<현재 상태: " + State + ">>");
        }
    }                                                              ❷
    public void off_button() {
        if(State == "Stop") {
          State = "Stop";
          System.out.println("\n***off 버튼 눌림***\n" + "상태 변화 없음\n");
          System.out.println("<<현재 상태: " + State + ">>");
        }
        else if(State == "Wind") {
          State = "Stop";
          System.out.println("\n***off 버튼 눌림***\n" + "송풍에서 정지 상태로 바뀜\n");
          System.out.println("<<현재 상태: " + State + ">>");
        }
    }
}
```

❶ ElecFan(): 초기 상태는 off이다.

❷ on_button(), off_button(): 정지와 송풍 상태를 조건문으로 처리했다.

코드 7-20 Main 클래스

```
public class Main {
    public static void main(String[] args) {
        ElecFan electricfan = new ElecFan(); ――― ❶
        electricfan.on_button(); ――┐
        electricfan.off_button(); ―┘ ❷
        }
}
```

❶ electricfan 객체를 생성한다.

❷ electricfan 객체의 on_button() 메서드와 off_button() 메서드를 호출한다.

실행 결과

```
<<현재 상태: Stop>>

***on 버튼 눌림***
정지에서 송풍 상태로 바뀜

<<현재 상태: Wind>>

***off 버튼 눌림***
송풍에서 정지 상태로 바뀜

<<현재 상태: Stop>>
```

2.3 문제: 상태state 변화

ElecFan 클래스에서는 조건문(if ~ else if)을 사용했는데 이 코드만으로는 상태의 변화를 쉽게 읽을 수 없다. 그리고 상태(추가, 삭제)가 바뀌면 on_button(), off_button() 메서드에 이를 반영해야 하므로 계속해서 코드 수정이 필요하다.

만일 Sleep 상태를 하나 추가하려면 어떻게 수정해야 할까? 조건문에 State == Sleep에 대한 코드를 추가해야 한다. '약풍', '중간풍', '강풍'으로 상태가 계속 추가된다면 어떻게 될까? 이때마다 ElecFan 클래스의 코드를 수정해야 한다. 이는 클래스 설계 원칙 중 OCP를 위반하는 것일 뿐 아니라 프로그램을 복잡하게 만들어 유지보수를 어렵게 한다.

2.4 State 패턴을 적용한 클래스 설계

디자인 패턴은 자주 바뀌는 것이 무엇인지 찾아 그들을 별도의 상속 구조로 만들어 사용한다. 여기서는 자주 바뀌는 것이 상태(송풍, 정지, 수면, 약풍, 중간풍, 강풍 등)이므로 조건문으로 처리하던 상태를 클래스로 바꾸고 상속 구조(인터페이스 포함) 형태로 만들어 하위 클래스에서 상태를 추가 및 삭제할 수 있도록 만들면 된다. 그리고 ElectricFan 클래스에서 이를 참조할 수 있도록 연결해주면 된다. [그림 7-6]은 State 패턴을 적용한 클래스 다이어그램이다.

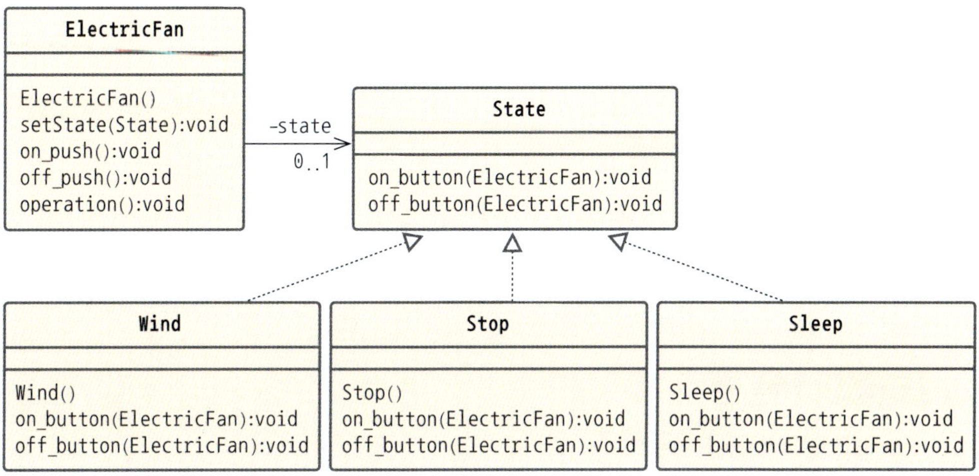

그림 7-6 State 패턴을 적용한 ElectricFan 클래스 다이어그램

ElectricFan 클래스 다이어그램을 보면 <<interface>> 타입의 State 클래스에 하위 클래스로 상태(Wind, Stop, Sleep)가 존재하고 있다. 그리고 그 상태 클래스에 메서드도 같이 포함하고 있다. 만일 상태가 추가된다면 State 클래스의 하위 클래스에 추가가 가능하다. 이러한 State 패턴 구조의 설계는 상태의 추가, 삭제 시 ElectricFan 클래스에 영향을 주지 않는다. 결국 상태의 변화는 모두 오른쪽(상태를 클래스로 분리)에서만 이루어진다.

이제 State 패턴을 적용한 코드를 하나씩 살펴보자.

코드 7-21 패턴을 적용한 ElectricFan 클래스

```
public class ElectricFan { ──────── ❶
    private State state;
    public ElectricFan() {
        state = new Stop();
    }
    public void setState(State state) {
        this.state = state;
```

```
    }
    public void on_push() {
        state.on_button(this);
    }
    public void off_push() {
        state.off_button(this);
    }
    public void operation() {
        off_push();
        on_push();
        on_push();
        on_push();
        off_push();
    }
}
```

❶ ElectricFan 클래스: 조건문이 없으므로 상태의 추가, 삭제 시 코드 수정이 필요 없다.

코드 7-22 State 클래스

```
public interface State { ———— ❶
    public void on_button(ElectricFan EF); ─┐
    public void off_button(ElectricFan EF); ─┘ ❷
}
```

❶ State 클래스: <<interface>> 타입으로 정의되어 있다. 상태의 변화는 하위 클래스에서 추가, 삭제가 이루어진다.

❷ on_button(), off_button(): 구현은 하위 클래스에서 이루어진다.

코드 7-23 State 패턴을 적용한 Stop 클래스

```
public class Stop implements State { ———— ❶
    public Stop() {
        System.out.println("<<현재 상태: 정지>>");
    }
    public void on_button(ElectricFan EF) { ——— ❷
        System.out.println("\n***on 버튼 눌림***\n" + "정지에서 송풍 상태로 바뀜\n");
        EF.setState(new Wind());
    }
    public void off_button(ElectricFan EF) { ——— ❸
       System.out.println("\n***off 버튼 눌림***\n" + "상태 변화 없음\n");
    }
}
```

❶ Stop 클래스: 조건문의 값으로 사용하던 Stop 상태는 2개의 메서드를 가진 클래스가 되었다.

❷ on_button(ElectricFan EF): 현재 정지 상태이기 때문에 EF 객체의 setState를 호출해 정지에서 송풍 상태로 바꾼다.

❸ off_button(ElectricFan EF): 현재 정지 상태이기 때문에 상태 변화가 없다.

코드 7-24 State 패턴을 적용한 Wind 클래스

```
public class Wind implements State { ——— ❶
    public Wind() {
        System.out.println("《현재 상태: 송풍》");
    }
    public void on_button(ElectricFan EF) { ——— ❷
        System.out.println("\n***on 버튼 눌림***\n" + "송풍에서 수면 상태로 바뀜\n");
        EF.setState(new Sleep());
    }
    public void off_button(ElectricFan EF) { ——— ❸
        System.out.println("\n***off 버튼 눌림***\n" + "송풍에서 정지 상태로 바뀜\n");
        EF.setState(new Stop());
    }
}
```

❶ Wind 클래스: 조건문의 값으로 사용하던 Wind 상태는 2개의 메서드를 구현하는 클래스가 되었다.

❷ on_button(ElectricFan EF): 현재 상태가 송풍 상태이기 때문에 EF 객체의 setState를 호출해 수면 상태로 바꾼다.

❸ off_button(ElectricFan EF): 현재 상태가 송풍 상태이기 때문에 EF 객체의 setState를 호출해 정지 상태로 바꾼다.

코드 7-25 State 패턴을 적용한 Sleep 클래스

```
public class Sleep implements State { ——— ❶
    public Sleep() {
        System.out.println("《현재 상태: 수면》");
    }
    public void on_button(ElectricFan EF) { ——— ❷
        System.out.println("\n***on 버튼 눌림***\n" + "수면에서 송풍 상태로 바뀜\n");
        EF.setState(new Wind());
    }
    public void off_button(ElectricFan EF) { ——— ❸
        System.out.println("\n***off 버튼 눌림***\n" + "수면에서 정지 상태로 바뀜\n");
```

```
        EF.setState(new Stop());
    }
}
```

❶ Sleep 클래스: 조건문의 값으로 사용하던 Sleep 상태는 2개의 메서드를 구현하는 클래스가 되었다.

❷ on_button(ElectricFan EF): 현재 상태가 수면 상태이기 때문에 EF 객체의 setState를 호출해 송풍 상태로 바꾼다.

❸ off_button(ElectricFan EF): 현재 상태가 수면 상태이기 때문에 EF 객체의 setState를 호출해 정지 상태로 바꾼다

코드 7-26 Main 클래스

```
public class Main {
    public static void main(String[] args) {
        ElectricFan EF = new ElectricFan(); ─┐
        EF.operation(); ─────────────────────┘ ❶
    }
}
```

❶ EF 객체를 생성하고 EF 객체의 operation() 메서드를 호출한다.

실행 결과

```
<<현재 상태: 정지>>

***off 버튼 눌림***
상태 변화 없음

***on 버튼 눌림***
정지 상태에서 송풍 상태로 바뀜

<<현재 상태: 송풍>>

***on 버튼 눌림***
송풍 상태에서 수면 상태로 바뀜

<<현재 상태: 수면>>

***on 버튼 눌림***
수면 상태에서 송풍 상태로 바뀜
```

```
<<현재 상태: 송풍>>

***off 버튼 눌림***
송풍 상태에서 정지 상태로 바뀜

<<현재 상태: 정지>>
```

2.5 State 패턴 정리

조건문을 사용해 상태를 프로그래밍하면 상태가 바뀔 때마다 관련된 조건문을 모두 수정해야 하므로 유지보수가 어렵다. State 패턴은 자주 바뀌는 상태를 클래스로 분리하고, 이를 <<interface>> 타입 구조로 만들어 상태의 변경이 그 안에서만 이루어지게 해 주 클래스에 미치는 영향을 최소화하도록 설계한 패턴이다. State 패턴은 변화하는 상태를 유연하게 다룰 수 있도록 해주는 전형적인 디자인 패턴 구조이다.

03 구조 패턴

구조 패턴structural pattern은 프로그램 내의 데이터나 인터페이스의 구조를 설계하는 데 많이 활용되며, 클래스나 객체의 구성(합성)으로 더 큰 구조를 만들어야 할 때 유용한 디자인 패턴이다.

규모가 큰 시스템은 다양한 클래스로 구성되어 있어 구조가 복잡하다. 구조가 복잡하면 수정이 쉽지 않고 수정으로 인한 오류도 자주 발생할 수 있다. 이렇게 복잡한 구조를 보다 쉽게 개발할 수 있도록 도와주는 것이 바로 구조 패턴이다. 구조 패턴을 이용하면 새로운 기능을 가진 복합 객체를 효과적으로 생성할 수 있다. 구조 패턴의 종류는 다음과 같다. 이 절에서는 Decorator 패턴과 Adapter 패턴을 구체적으로 설명한다.

- Adapter 패턴
- Bridge 패턴
- Composite 패턴
- Decorator 패턴
- Facade 패턴
- Flyweight 패턴
- Proxy 패턴

1 Decorator 패턴

기본 클래스를 조합해서 많은 클래스를 만들어야 한다면?
많은 클래스를 조용히 처리하라!

decoration은 '장식'이란 뜻이다. 장식이란 무엇인가? 기본이 되는 요소에 부수적인 기능이나 속성을 덧붙이는 것을 의미한다. 장식이 있으면 더 화려하게 돋보이지만 없어도 큰 문제가 되는 것은 아니다.

Decorator 패턴은 이름 그대로 장식decorator 개념에서 출발한다. 여기서 장식은 필수적인 요소가 아니라, 기본 클래스 위에 선택적으로 덧붙이는 부가 클래스를 말한다. 즉, Decorator 패턴은 핵심 클래스는 그대로 유지하면서, 필요한 부가 클래스를 유연하게 추가하거나 제거할 수 있도록 설계하는 방법을 다루는 패턴이다.

1.1 예제 프로젝트 이해

토스트 가게가 있다. 이 가게는 토스트를 판매할 때 칼로리를 계산해 알려준다. 현재 판매하는 메뉴는 치즈 토스트, 야채 토스트, 햄 토스트의 세 종류이다. 하지만 앞으로 재료가 더 추가될 예정이며, 재료를 혼합한 토스트 종류도 늘어날 것이다. 이를 위해 Decorator 패턴을 적용한 설계를 해본다.

3가지 재료로 만들 수 있는 토스트는 총 7가지로 기본 재료 토스트(치즈 토스트, 야채 토스트, 햄 토스트)와 복합 재료 토스트(치즈 · 야채 토스트, 치즈 · 햄 토스트, 햄 · 야채 토스트, 치즈 · 야채 · 햄 토스트)가 있다. 그렇다면 이 7가지에 대해 각각 클래스를 만들어야 할까?

7가지 토스트만 판매한다면 클래스 다이어그램은 토스트를 상위 클래스로 놓고 하위 클래스에 7가지 종류의 토스트를 놓는 방식으로 단순하게 그릴 수 있다. 그런데 장사가 잘 되어 기본 재료로 달걀을 추가하게 되었다고 하자. 그럼 조합 가능한 토스트는 총 15가지로 늘어난다. 이것으로 클래스 다이어그램을 그리면 하위 클래스가 15개가 된다.

가게를 확장하며 식빵 종류를 4가지(보통식빵, 버터식빵, 우유식빵, 호밀식빵)로 늘렸다고 해보자. 이들 식빵 4가지와 재료 4가지를 조합하면 만들어지는 토스트는 몇 가지가 될까? 지금과 같은 방식으로 클래스 다이어그램을 그린다면 수십 개의 하위 클래스가 나올 것이다. 이 문제를 어떻게 해결할 수 있을까? 좀 더 효율적인 개발 방법은 없을까?

객체지향 방법을 사용한다면 식빵의 종류가 늘어나고 재료의 가짓수가 늘어나는 것을 힌트로 식빵의 종류를 묶어서 상속 구조로 만들고 재료도 또 다른 상속 구조로 만들어 볼 수 있다. 이 방법은 1차적으로 고려할 수 있는 접근이다. 그러나 이 방식으로 기본 재료를 조합해 만드는 토스트의 종류를 하위 클래스로 계속 추가할 수 있는 상속 구조로 만든다면 기본 재료가 추가될 때마다 그것을 조합해 만들어지는 토스트의 종류(클래스)는 수십 가지로 늘어날 것이다.

1.2 Decorator 패턴의 적용

Decorator 패턴은 기본 재료를 조합해 다양한 종류의 토스트를 만들 때, 종류가 늘어날 때마다 새로운 클래스를 만들지 않고 하나의 기본 클래스를 여러 데코레이터로 조합해 확장하는 방법을 제시한다.

이 패턴을 적용하면 식빵에는 상속 구조를 사용한다. 식빵의 종류가 늘어나는 경우에는 ToastBread라는 상위 클래스를 만들고 하위 클래스에 각 식빵의 종류를 둔다. 이는 기존의 방법과 같다.

그러나 재료에는 Decorator 패턴을 적용한다. 재료에는 기본 재료(햄, 야채, 치즈, 달걀)가 있고 이 재료를 혼합해 만든 혼합 재료(햄·야채, 햄·치즈, 햄·달걀, 야채·치즈, 야채·달걀, 치즈·달걀, 햄·야채·치즈, 햄·야채·달걀, 야채·치즈·달걀, 햄·치즈·달걀, 햄·야채·치즈·달걀)도 있다.

Decorator 패턴은 재료를 기본 재료와 복합 재료로 나누는 것부터 시작된다. 만약 기본 재료와 혼합 재료를 구분하지 않고, 만들어지는 토스트 종류마다 클래스를 만든다면 클래스 수는 기하급수적으로 늘어나 감당할 수 없게 된다. 즉, 기존 상속 구조만으로는 한계가 명확하다. 이 문제의 핵심은 바로 혼합 재료(장식)를 어떻게 처리하느냐다. Decorator 패턴을 사용한 클래스를 설계 방법은 다음과 같다.

첫째, 빵은 종류를 계속 추가할 수 있도록 상속 구조로 만든다(상위 클래스: ToastBread).

둘째, 토핑 기본 재료도 종류를 계속 추가할 수 있도록 상속 구조로 만든다(상위 클래스: ToppingDecorator).

셋째, 혼합 재료는 기본 재료를 조합하여 자체적으로 생산한다. 이것이 Decorator 패턴의 핵심이다.

Decorator 패턴을 적용한 클래스 다이어그램은 [그림 7-7]에 정리되어 있으며, 각 구성 요소가 어떻게 연결되는지를 시각적으로 확인할 수 있다. 디자인 패턴에서 가장 중요한 것은 자주 바뀌는 것과 바뀌지 않는 것을 구별하는 것이다. 자주 바뀌는 것은 오른쪽에 별도의 클래스 군으로 설계해, 변화가 그 범위 안에서 이루어지도록 제한한다.

[그림 7-7]을 보면 클래스가 두 개의 군으로 나뉘어 있다. 왼쪽의 ToastBread 계층은 식빵 종류를 계속 추가할 수 있도록 상속 구조로 만들었고, 오른쪽의 ToppingDecorator 계층도 자주 바뀌는 기본 재료를 상속 구조로 만들어 기본 재료의 추가/삭제가 용이하도록 만들었다. 이렇게 설계하면 총 11개의 클래스가 만들어진다. 여기까지는 클래스 구조를 이해하기 어렵지 않다. 하지만 [그림 7-7]의 ToppingDecorator 클래스에는 4개의 기본 재료만 정의되어 있다. 그렇다면 달걀 · 야채 · 호밀식빵 토스트처럼 여러 재료를 조합한 메뉴를 만들고, 그에 따른 칼로리를 계산하려면 어떻게 해야 할까? 이 문제를 해결하기 위해 바로 Decorator 패턴을 사용하는 것이다.

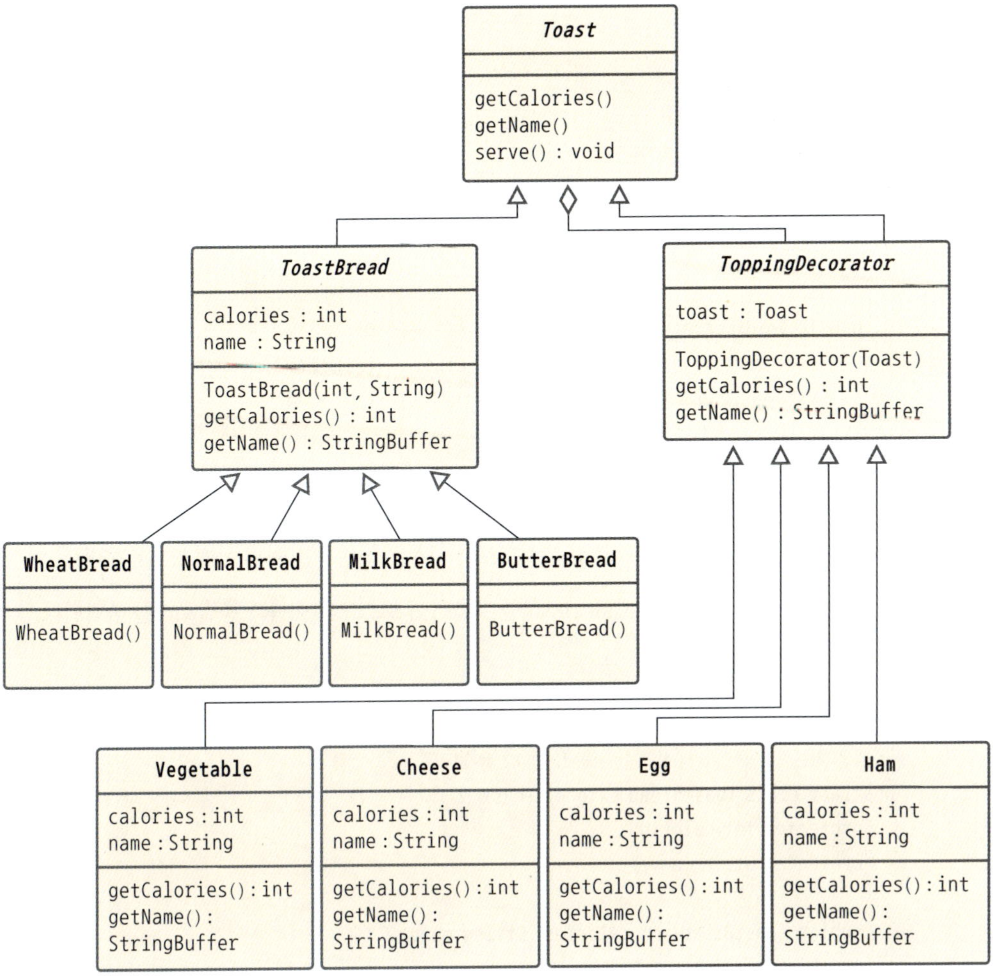

그림 7-7 Decorator 패턴을 적용한 클래스 다이어그램

TIP Decorator 패턴을 사용하지 않은 프로그램은 의미가 없어 여기서는 일반적인 설계의 코드와 클래스 다이어그램을 생략한다.

Decorator 패턴을 사용하면 재료가 추가될 때마다 새로운 클래스를 만들지 않고, 상속의 하위 클래스에 추가한다. 혼합 재료는 기본 재료를 기반으로 계속 조합해 나가는 방식으로 프로그래밍한다.

코드 7-27 Toast 클래스

```
// 토스트 재료에 대한 공통 클래스
abstract class Toast {
    // 토스트 이름 및 칼로리 저장
    public abstract int getCalories(); ──┐
    public abstract StringBuffer getName(); ──┘ ❶

    // 토스트 만듦
    public void serve() { ──────────────── ❷
        System.out.println("토스트 이름: " + getName().toString());
        System.out.println("총 칼로리: " + getCalories() + "Kcal");
    }
}
```

❶ getCalories(), getName(): 추상 메서드로서 구현은 상속받는 하위 클래스에서 한다.

❷ serve(): getName()과 getCalories()를 호출하여 토스트의 이름과 총칼로리를 출력한다.

코드 7-28 ToastBread 클래스

```
// 빵은 기본으로 존재해야 하므로 따로 기존 객체를 불러올 필요 없음
abstract class ToastBread extends Toast {
    protected int calories;
    protected String name;

    public ToastBread(int calories, String name) {
        this.calories = calories;
        this.name = name;
    }

    @Override
    public int getCalories() { ──────┐
        return this.calories;        │
    }                                │
                                     ❶
    @Override                        │
    public StringBuffer getName() { ─┘
       return new StringBuffer(name);
    }
}
```

❶ getCalories(), getName(): 해당 토스트의 칼로리와 이름을 반환한다.

코드 7-29 NormalBread 클래스

```
class NormalBread extends ToastBread {
    public NormalBread() { ——————— ❶
        super(300, " 식빵 토스트");
    }
}
```

❶ NormalBread(): 상위 클래스(ToastBread)의 생성자(ToastBread(300, 식빵 토스트))를 호출한다.

호밀식빵, 우유식빵, 버터식빵 클래스도 같은 방식이므로 설명을 생략한다.

코드 7-30 WheatBread 클래스

```
class WheatBread extends ToastBread {
    public WheatBread() {
        super(250, " 호밀식빵 토스트");
    }
}
```

코드 7-31 MilkBread 클래스

```
class MilkBread extends ToastBread {
    public MilkBread() {
        super(350, " 우유식빵 토스트");
    }
}
```

코드 7-32 ButterBread 클래스

```
class ButterBread extends ToastBread {
    public ButterBread() {
        super(400, " 버터식빵 토스트");
    }
}
```

코드 7-33 ToppingDecorator 클래스

```
abstract class ToppingDecorator extends Toast { ——— ❶
    protected Toast toast; ——— ❷

    public ToppingDecorator(Toast toast) {
        this.toast = toast;
    }

    @Override
    public int getCalories() {
        return toast.getCalories(); // 기존 토스트의 칼로리 반환
    }

    @Override
    public StringBuffer getName() {
        return toast.getName(); // 기존 토스트의 이름 반환
    }
}
```

❶ ToppingDecorator 클래스: 기존 Toast 객체를 감싸면서 토핑을 추가하는 기능을 확장한다.

❷ protected Toast toast;: Decorator 패턴의 핵심 구성 요소로, 기존 Toast 객체를 저장하여 기존 기능을 유지하면서 확장할 수 있도록 한다.

코드 7-34 Vegetable 클래스

```
// 토핑: 야채
class Vegetable extends ToppingDecorator {
    private int calories = 10;
    private String name = "야채";

    public Vegetable(Toast toast) {
        super(toast);
    }

    @Override
    public int getCalories() { ——— ❶
        return super.getCalories() + calories;
    }

    @Override
    public StringBuffer getName() { ——— ❷
        return super.getName().insert(0, name);
    }
}
```

❶ getCalories(): 기존 토스트의 칼로리에 야채 토핑의 칼로리(10)를 추가하여 반환한다.

❷ getName(): 기존 토스트의 이름 앞에 '야채'를 삽입하여 '야채 + 기존 토스트 이름' 형태로 만든다.

아래의 치즈, 달걀, 햄 클래스도 같은 방식이므로 설명을 생략한다.

코드 7-35 Cheese 클래스

```
// 토핑: 치즈
class Cheese extends ToppingDecorator {
    private int calories = 50;
    private String name = "치즈";

    public Cheese(Toast toast) {
        super(toast);
    }

    @Override
    public int getCalories() {
        return super.getCalories() + calories;
    }

    @Override
    public StringBuffer getName() {
        return super.getName().insert(0, name);
    }
}
```

코드 7-36 Egg 클래스

```
// 토핑: 달걀
class Egg extends ToppingDecorator {
    private int calories = 100;
    private String name = "달걀";

    public Egg(Toast toast) {
        super(toast);
    }

    @Override
    public int getCalories() {
        return super.getCalories() + calories;
    }
```

```
    @Override
    public StringBuffer getName() {
        return super.getName().insert(0, name);
    }
}
```

코드 7-37 Ham 클래스

```
// 토핑: 햄
class Ham extends ToppingDecorator {
    private int calories = 200;
    private String name = "햄";

    public Ham(Toast toast) {
        super(toast);
    }

    @Override
    public int getCalories() {
        return super.getCalories() + calories;
    }

    @Override
    public StringBuffer getName() {
        return super.getName().insert(0, name);
    }
}
```

코드 7-38 Main 클래스

```
// Client
public abstract class serveToast {
    public static class Main {
        public static void main(String[] args) {

            Toast toast1 = new Ham(new Cheese(new NormalBread()));
            toast1.serve();

            Toast toast2 = new Egg(new Vegetable(new WheatBread()));
            toast2.serve();

        // Toast toast3 = new Ham(new Ham(new Ham(new ButterBread())));
```

```
            Toast toast3 = new ButterBread();
            toast3 = new Ham(toast3);
            toast3 = new Ham(toast3);
            toast3 = new Ham(toast3);
            toast3.serve();

        }
    }
}
```

실행 결과

```
토스트 이름: 햄치즈 식빵 토스트
총 칼로리: 550Kcal

토스트 이름: 달걀야채 호밀식빵 토스트
총 칼로리: 360Kcal

토스트 이름: 햄햄햄 버터식빵 토스트
총 칼로리: 1000Kcal
```

지금까지 작성한 코드는 4종류의 식빵과 4가지 재료의 기본 클래스를 가지고 모든 경우의 토스트를 만들고 칼로리를 계산할 수 있는 프로그램이다. 이를 통해 Decorator 패턴의 역할과 장점을 알 수 있다.

1.3 Decorator 패턴 정리

객체지향 방법에서는 객체를 안정적으로 추가하거나 삭제하는 방법으로 상속을 많이 활용한다. 그러나 상속 구조는 상위 클래스와 하위 클래스 간에 강한 결합이 생기기 때문에 유연한 확장이 어렵고 유지보수에도 불리한 경우가 많다. 또 객체를 동적으로 확장할 때는 구현하기가 쉽지 않다. 반면 구성composition 관계를 사용하면 객체를 실행 중에 감싸서 동적으로 기능을 추가할 수 있다. Decorator 패턴은 이런 구성 관계를 활용하여, 상속보다 더 유연하게 기능을 확장할 수 있도록 설계한 패턴이다.

2 Adapter 패턴

> 구매한 컴포넌트가 맞지 않아 바로 사용할 수 없다면?
> adapter를 만들어 사용하라!

adapter는 '접속 소켓, 확장 카드, 또는 무엇인가를 다른 것에 맞추어 붙이는 도구'를 말한다. [그림 7-8]처럼 전원 콘센트에서 나오는 전기는 교류 200V이지만 노트북은 직류 12V이다. 그럼에도 우리는 노트북 충전기를 전원에 바로 꽂아 사용할 수 있다. 이는 중간에 교류 200V를 직류 12V로 변환해 주는 장치, 즉 어댑터adapter가 존재하기 때문이다.

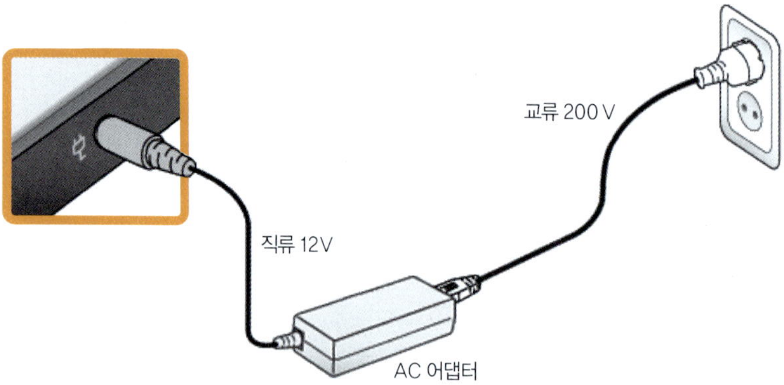

그림 7-8 어댑터의 역할

소프트웨어를 개발할 때도 어댑터 개념이 필요하다. 예를 들어 로봇을 작동시키는 소프트웨어를 개발한다고 해보자. 로봇의 오른쪽 팔을 위아래로 움직일 수 있는 기능은 자체적으로 개발했지만, 왼쪽 팔을 작동시키는 소프트웨어는 시간이 부족해 다른 업체에서 제공하는 클래스 라이브러리를 구입해 사용하기로 했다. 그런데 이 라이브러리는 기존 코드와 인터페이스가 달라 바로 사용할 수 없다. 게다가 구입한 라이브러리 코드는 수정할 수 없게 되어 있다. 이 경우, 구입한 라이브러리의 인터페이스를 기존 시스템에 맞게 조정해주는 중간 연결 코드가 필요하다. 이때 사용하는 것이 바로 어댑터이다.

Adapter 패턴은 다음 두 가지 형태로 사용된다.

- **클래스 Adapter 패턴**: 상속을 이용한 어댑터 패턴
- **인스턴스 Adapter 패턴**: 위임을 이용한 어댑터 패턴

여기서는 상속을 이용한 Adapter 패턴을 설명한다. 사용 예로, 삼성 휴대전화에 애플 무선 이어폰을 사용할 수 있는 인터페이스를 Adapter로 만든다.

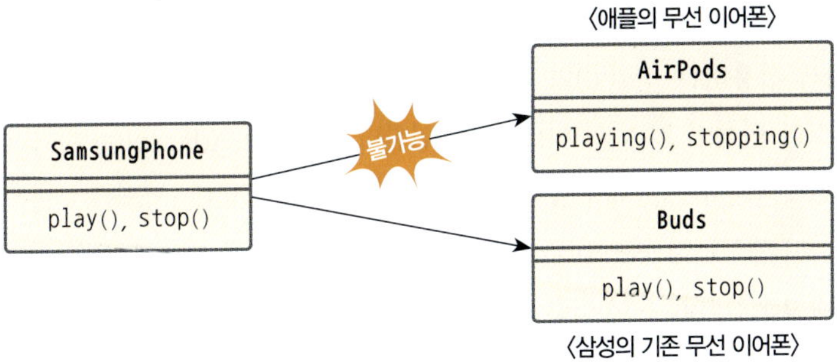

그림 7-9 삼성 휴대전화에서 애플 무선 이어폰 사용

2.1 예제 프로젝트 이해

삼성 휴대전화에서 기본적으로 사용하는 무선 이어폰은 Buds이며, 애플 휴대전화에서는 AirPods을 사용한다. 이 예제는 삼성 휴대전화에서 AirPods을 사용할 수 있도록 하는 것이다. 이때 두 이어폰의 기능은 재생과 멈춤으로 한정 짓는다. Buds는 재생 기능에 play(), 멈춤 기능에 stop() 메서드를 사용하고 AirPods은 재생 기능에 playing(), 멈춤 기능에 stopping() 메서드를 사용한다. 이 문제는 Adapter 패턴을 사용해 해결할 수 있다.

2.2 Adapter 패턴의 적용

[그림 7-10]은 어댑터(AirPodsAdapter)를 사용해 삼성 휴대전화에서 AirPods을 사용할 수 있도록 설계한 것이다.

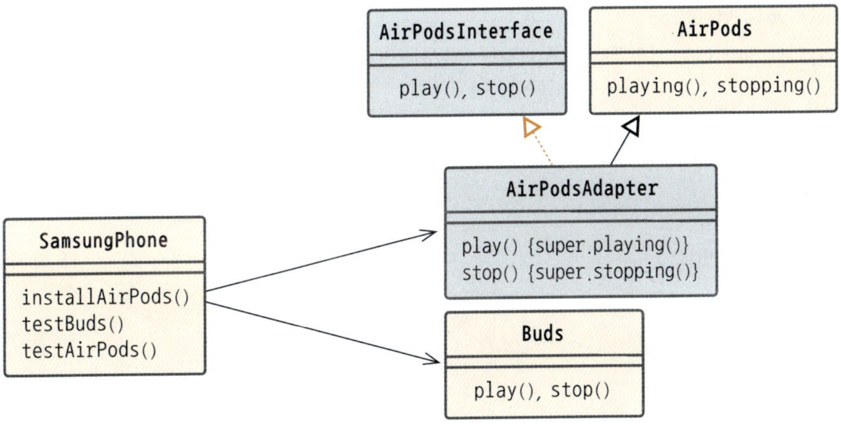

그림 7-10 어댑터로 AirPods 사용하기

그림을 보면 두 이어폰 모두 재생과 멈춤의 기능은 동일하지만 사용하는 메서드가 서로 다르다. 어떻게 맞춰서 사용할 수 있을까?

여기서 사용한 방법은 <<interface>> 타입의 AirPodsInterface 인터페이스를 정의하고, 그 안에 Buds에서 사용하는 play()와 stop() 메서드를 선언하는 것이다. 그리고 AirPodsAdapter 클래스를 만들어 이 인터페이스를 구현한다. AirPodsAdapter는 play()와 stop() 메서드를 그대로 사용하지만, 내부 구현에서는 AirPods 클래스의 메서드를 호출하도록 되어 있다. 즉, play() 메서드에서는 AirPods의 playing() 메서드를 호출하고, stop() 메서드에서는 AirPods의 stopping() 메서드를 호출한다.

이렇게 하면 삼성 휴대전화는 기존에 사용하던 play(), stop() 메서드를 그대로 호출하면서도, 내부적으로는 AirPods의 기능을 사용할 수 있게 된다. 이는 자바에서 허용되지 않는 다중 상속을 사용하는 것이 아니다. AirPodsAdapter는 AirPods 클래스를 상속하면서, AirPodsInterface는 상속이 아닌 인터페이스 구현 방식으로 처리했기 때문에 자바 문법에 어긋나지 않는다.

지금까지 다이어그램으로 설명한 클래스를 좀 더 자세히 살펴본다.

코드 7-39 AirPods 클래스

```
public class AirPods {                                         ❶
    public AirPods() {
        System.out.println(" n새로 구입한 Apple AirPods입니다.");
    }
    public void playing() {
        System.out.println("Apple AirPods 음악 재생 중…");
    }
    public void stopping() {
        System.out.println("Apple AirPods 음악을 중지합니다!");
    }
}
```

❶ 애플 휴대전화에서 사용하는 무선 이어폰인 AirPods 클래스는 음악의 재생과 멈춤 기능에 playing()과 stopping() 메서드를 사용한다. 이 두 기능은 삼성 휴대전화에서 직접 사용할 수 없다.

코드 7-40 Buds 클래스

```
public class Buds {
    public Buds() {
        System.out.println("무선 이어폰 호환 시스템.");
    }
    public void play() {
        System.out.println("삼성 Buds 음악 재생 중…");
    }
    public void stop() {
        System.out.println("삼성 Buds 음악을 중지합니다!");
    }
}
```

❶ 삼성 휴대전화에서 사용하는 무선 이어폰인 Buds 클래스는 음악의 재생과 멈춤 기능에 play()와 stop() 메서드를 사용한다.

AirPods 클래스의 playing(), stopping() 메서드는 삼성 휴대전화에서 직접 사용할 수 없기 때문에 중간에 연결해줄 수 있는 어댑터 역할이 필요하다. 그것이 AirPodsAdapter 클래스이다.

코드 7-41 AirPodsAdapter 클래스

```
class AirPodsAdapter extends AirPods implements AirPodsInterface {
    public AirPodsAdapter() {
        System.out.println("AirPods이 SamsungPhone과 호환됩니다.");
    }
    public void play() {
        super.playing();
    }
    public void stop() {
        super.stopping();
    }
}
```

❶ AirPodsAdapter 클래스는 재생에 play(), 멈춤에 stop() 메서드를 사용한다.

AirPodsAdapter 클래스의 메서드 명칭만 보면 삼성 휴대전화를 사용할 수 있다. 그러면 AirPods은 palying()과 stopping() 메서드를 사용하는데 이것은 어떻게 해결할까?

바로 AirPodsAdapter 클래스의 첫 번째 줄에 해결책이 있다. AirPodsAdapter 클래스는 AirPods 클래스를 상속받고 <<interface>> 타입의 AirPodsInterface 클래스를 구현하는 것을 알 수 있다. AirPodsInterface 코드는 다음과 같다.

코드 7-42 AirPodsInterface 클래스

```
public interface AirPodsInterface { ─┐
    void play(); ────────────────────┤ ❶
    void stop(); ────────────────────┘
}
```

❶ AirPodsInterface 클래스는 play()와 stop() 메서드를 사용한다.

AirPodsAdapter 클래스에서 AirPodsInterface 클래스의 play()와 stop() 메서드를 구현하고 있다. 그런데 AirPodsAdapter 클래스의 play()와 stop() 메서드의 실제 구현 코드를 보면 상위 클래스의 playing()과 stopping() 메서드로 되어 있다. 따라서 play()와 stop()을 껍데기로 사용하고 playing()과 stopping() 메서드를 포장해 삼성 휴대전화에서 사용할 수 있는 인터페이스를 맞추었다. 이제 삼성 휴대전화의 소스 코드를 살펴보자.

코드 7-43 SamsungPhone 클래스

```
public class SamsungPhone { ─────┐
    Buds buds = new Buds();      │
    AirPodsAdapter airpodsadapter;
    public SamsungPhone() {      │
        installAirPods();        │
        System.out.println();    │ ❶
        testBuds();              │
        System.out.println();    │
        testAirPods();           │
    } ───────────────────────────┘
    public void installAirPods() {
        airpodsadapter = new AirPodsAdapter();
        System.out.println("Buds와 새로 구입한 AirPods을 연결합니다.");
    }
    public void testBuds() {
        buds.play();
        buds.stop();
    }
    public void testAirPods() {
        airpodsadapter.play();
        airpodsadapter.stop();
    }
}
```

❶ SamsungPhone 클래스에서는 buds 객체를 생성하고 airpodsadapter를 참조한다. 그리고 airpodsadapter 객체를 생성한 후 Buds와 AirPods을 테스트한다.

코드 7-44 Main 클래스

```
public class main {
    public static void main(String[] args) {
        SamsungPhone samsungphone = new SamsungPhone(); ——— ❶
    }
}
```

❶ samsungphone 객체를 생성한다.

실행 결과

```
무선 이어폰 호환 시스템

새로 구입한 Apple AirPods입니다.
AirPods이 SamsungPhone과 호환됩니다.
Buds와 새로 구입한 AirPods을 연결합니다.

삼성 Buds 음악 재생 중…
삼성 Buds 음악을 중지합니다!

Apple AirPods 음악 재생 중…
Apple AirPods 음악을 중지합니다!
```

[그림 7-11]은 지금까지 설명한 코드를 바탕으로 작성한 클래스 다이어그램이다.

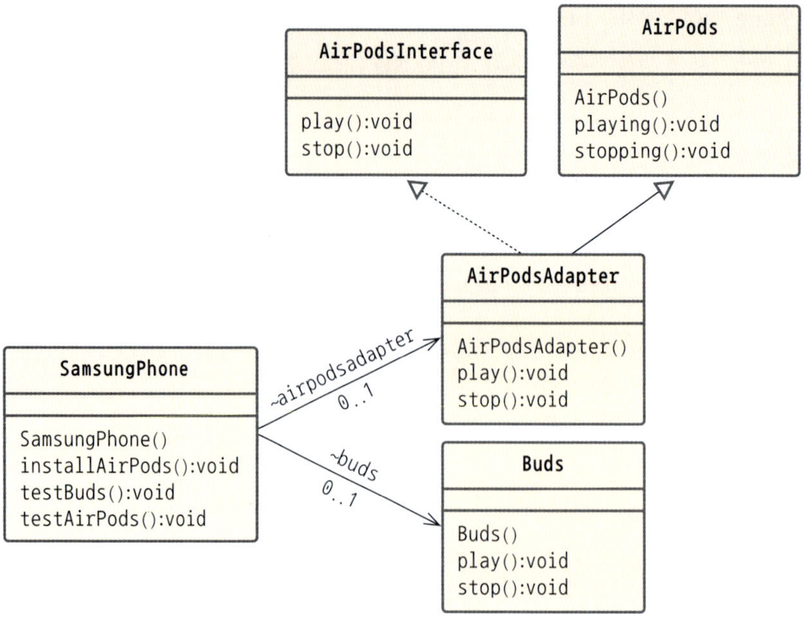

그림 7-11 Adapter 패턴을 적용한 클래스 다이어그램

04 생성 패턴

프로그램은 규모가 커질수록 복잡해지고 객체의 생성과 참조 횟수가 많아질 수밖에 없다. 이는 유지관리 및 재사용을 어렵게 한다. 생성 패턴creational pattern은 객체의 생성과 참조 과정을 추상화해 특정 객체의 생성 과정을 분리함으로써 누가 언제 변경하더라도 전체 시스템에 미치는 영향을 최소화하도록 만들어준다. 따라서 코드의 유연성을 높일 수 있고 유지관리를 쉽게 만들어준다. 생성 패턴에는 다음과 같은 것이 있다.

- Abstract factory 패턴
- Builder 패턴
- Factory Method 패턴
- Prototype 패턴
- Singleton 패턴

1 Factory Method 패턴

객체 생성을 직접 하지 않고 누군가에게 맡기고 싶다면?
Factory Method 패턴을 생각해보라!

자바와 같은 객체지향 언어에서는 보통 클래스(class A)를 가장 먼저 만들고 이를 이용해 객체를 생성한다. 이때 객체를 생성할 수 있는 방법은 new 연산자를 사용하는 것으로, new는 객체를 생성할 뿐만 아니라 이를 메모리에 할당하는 역할을 한다.

문제는 클래스(class A)에서 new를 사용해 또 다른 객체(class B의 객체)를 생성하면 두 클래스 사이에는 의존 관계가 발생한다는 것이다. 이런 의존 관계는 두 클래스 사이를 강하게 결합시키며, 하나가 바뀌면 다른 하나도 영향을 받는다. 결과적으로 코드의 유연한 확장이나 변경이 어려워지고, 유지보수가 복잡해진다.

그러면 클래스(class A)에서 필요한 객체(class B의 객체)를 생성할 때 new를 사용하지 않고 객체를 생성할 수 있을까? 없다. 하지만 방법은 있다. 필요한 객체를 클래스(class A)에서 생성하지 않고 객체 생성만 전문으로 하는 클래스(factory 클래스)를 만들어 객체 생성을 모두 맡기는 것이다. 이것이 바로 Factory Method 패턴이며, 이 패턴을 적용하는 과정은 다음 단계로 이루어진다.

- [1단계] 객체 생성을 담당하는 factory 클래스를 만들어 그곳에서 객체를 생성한다.
- [2단계] 객체를 생성할 수 있는 메서드를 만들어 그 메서드가 factory 클래스 역할을 하도록 한다. 그리고 factory 클래스는 삭제한다.

1.1 예제 프로젝트 이해

Factory Method 패턴을 사용할 예제는 게임 서버다. 게임 서버는 게임의 종류가 늘어날 때마다 서버에서 새로운 게임을 추가해야 한다. 사용자가 하나의 게임을 선택하면 게임 서버는 '정상 연결' 메시지와 함께 게임명, 게임 버전, '게임 실행 준비 완료' 메시지를 화면에 띄워준다. 또 추후에는 게임 서버도 국가별로 별도로 둘 예정이며 게임도 각 나라의 특성에 맞는 게임으로 수정할 예정이다. 이를 위해 Factory Method 패턴을 사용해 클래스 설계를 한다.

1.2 일반적인 클래스 설계

먼저 Factory Method 패턴을 사용하지 않는 경우를 살펴본다.

코드 7-45 Factory Method 패턴을 사용하지 않은 GameServer 클래스

```
public class GameServer {
    public SuperMario supermario = new SuperMario(); ─┐
    public Tetris tetris = new Tetris(); ─────────────┘ ❶
    public String title;
    public String version;
    public GameServer() {
        System.out.println("GameServer - 정상 연결 완료 n");
    }
    public void Game_Play(String game) {
        choiceGame(game);
        Start();
    }
    public void Start() {
        BootingGame();
        RunGame();
    }
    public void BootingGame() {
        System.out.println("게임명: " + title);
        System.out.println("게임 버전: " + version);
        System.out.println(title + " 게임이 실행 준비되었습니다 n");
    }
```

```
    public void RunGame() {
        System.out.println(title + "을 시작합니다. n");
    }
    public void choiceGame(String game) {
        if (game.equals("supermario"))
            title = supermario.returnTitle();
            version = supermario.returnVersion();
        } else if (game.equals("tetris"))              ❷
            title = tetris.returnTitle();
            version = tetris.returnVersion();
        } else
            System.out.println("지원하지 않는 게임입니다.");
    }
}
```

❶ 2종류의 게임(supermario, tetris)이 존재하며 new를 이용해 각각 객체를 생성한다.

❷ 2종류의 게임(supermario, tetris) 중 하나를 선택해 실행하기 위해 조건문(if)을 사용한다.

당연히 프로그램에 문제가 있는 것은 아니다. 그런데 디자인 패턴 관점에서 GameServer 클래스 코드를 생각해보자. 게임의 종류가 추가되면 그 게임을 생성하고 조건문(if)에 추가해야 한다. 게임이 계속 추가되면 그때마다 GameServer 클래스를 수정해야 한다. 이것은 클래스 설계 원칙 중 개방 폐쇄 원칙 위반이고 디자인 패턴의 취지와 맞지 않다.

지금까지 방식을 적용하면 [그림 7-12]처럼 자주 바뀌는 것을 오른쪽으로 보내고 상속 구조를 이용해 그들을 참조할 수 있도록 설계할 것이다. 이렇게 설계하면 게임의 종류가 계속 추가되거나 삭제되더라도 GameServer 클래스를 수정할 필요가 없고, 변경의 영향이 최소화되므로 좋은 설계라 할 수 있다. 여기서 좋은 설계란 변화가 생겼을 때 코드의 수정을 최소화할 수 있는 구조를 의미한다. 즉 최소한의 코드 수정만으로도 새로운 요구사항을 반영할 수 있어야 한다.

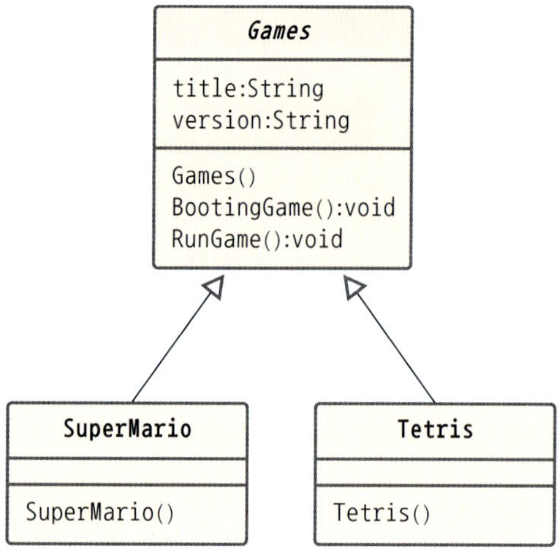

그림 7-12 게임의 상속 구조

그런데 Factory Method 패턴은 한 걸음 더 나아간다. 다음과 같이 new에 관심을 갖는다.

```
public SuperMario supermario = new SuperMario();
public Tetris tetris = new Tetris();
```

new는 컴파일 과정에서 객체를 생성하고 이를 메모리에 할당하는 역할을 한다. 위 코드에서는 supermario 객체와 tetris 객체를 각각 생성했다. 또 다른 게임이 추가되면 마찬가지로 new를 사용해 객체를 생성할 것이다. 이처럼 객체 내부에서 다른 객체를 생성하면 객체 사이에 의존 관계가 발생한다. 이것은 객체 간의 결합을 강하게 만들어 결합도를 높이고 유지보수를 어렵게 만든다. 또 new를 사용해 객체를 생성할 때마다 조건문에 추가해야 하고 많은 부분을 수정해야 한다.

1.3 1단계 Factory Method 패턴을 적용한 클래스 설계

Factory Method 패턴은 [코드 7-46]처럼 GameServer 클래스에서 new를 사용해 자신이 직접 객체를 생성하지 않고, 객체 생성을 [코드 7-47]의 GameServerFactory 클래스에게 위임한다. 객체 생성을 분리해 별도의 클래스를 만들어 그곳에서 객체를 생성하도록 했다. 이것이 Factory Method 패턴으로 가는 1단계이다.

코드 7-46 Factory Method 패턴을 적용한 GameServer 클래스

```
public class GameServer {
    public GameServerFactory gsf;
    public GameServer() {
        System.out.println("GameServer-정상 연결 완료\n");
    }
    public GameServer(GameServerFactory gsf) {
        this.gsf = gsf;
    }
    public void execute(String game) {
        Games games;
        games = gsf.chooseGame(game);
        games.BootingGame();
        games.RunGame();
    }
}
```

- new를 이용한 객체 생성 부분이 없어지고 조건문(if)으로 실행할 게임을 선택하는 부분도 없어졌다. 이 두 부분이 GameServerFactory 클래스로 옮겨 갔다.

코드 7-47 GameServerFactory 클래스

```
public class GameServerFactory { ——— ❶
    SuperMario supermario = new SuperMario();
    Tetris tetris = new Tetris();
    public Games chooseGame (String game) {
        if (game.equals("supermario")) {
            return supermario;
        }
        else if (game.equals("tetris")) {
            return tetris;
        }
        else {
            System.out.println("지원하지 않는 게임입니다.");
            return null;
        }
    }
}
```

❶ GameServer 클래스에서 객체를 생성하고 조건문으로 게임을 선택하던 부분이 모두 GameServerFactory 클래스에서 이루어지고 있다.

이처럼 객체 생성을 GameServerFactory 클래스에 위임하는 이유는 게임의 추가나 삭제가 GameServerFactory 내부에서만 이루어지고, GameServer 클래스에는 영향을 주지 않기 때문이다. 즉, 기존에는 GameServer가 직접 객체를 생성했지만, 이제는 그 책임을 GameServerFactory가 대신 맡게 되었다. 이로써 오류의 원인을 명확히 구분할 수 있고, 새로운 요구사항에도 유연하게 대응할 수 있다. 결과적으로 클래스 간의 결합도가 낮아져 유지보수가 훨씬 용이해진다.

Factory Method 패턴에서 'Factory'는 말 그대로 '객체 생성 공장'을 의미한다. 따라서 GameServerFactory 클래스는 게임 객체를 생성하는 공장의 역할을 담당한다고 볼 수 있다. 이제 나머지 Games, SuperMario, Tetris 클래스의 코드도 살펴보자. 큰 특이 사항은 없고 일반적으로 생각할 수 있는 코드이다. [코드 7-48]의 Games 클래스는 게임의 종류를 하위 클래스로 둔 상위 추상 클래스이다.

코드 7-48 Games 클래스

```
public abstract class Games {
    public String title, version;
    public void BootingGame() {
        System.out.println("게임명: " + title);
        System.out.println("게임 버전: " + version);
        System.out.println(title + " 게임이 실행 준비되었습니다\n");
    }
    public void RunGame() {
        System.out.println(title + "을 시작합니다.\n");
    }
}
```

코드 7-49 SuperMario 클래스

```
public class SuperMario extends Games {
    public SuperMario() {
        title = "Super Mario";
        version = "v1.0";
    }
}
```

코드 7-50 Tetris 클래스

```
public class Tetris extends Games {
    public Tetris() {
        title = "Tetris";
        version = "v1.3";
    }
}
```

코드 7-51 Main 클래스

```
public class Main {
    public static void main(String[] args) {
        GameServer gs = new GameServer(new GameServerFactory()); ——— ❶
        gs.execute("supermario"); ─┐
        gs.execute("tetris"); ─────┘ ❷
    }
}
```

❶ GameServer 객체인 gs를 생성한다.

❷ supermario를 인자로 gs 객체의 execute()를 호출한다.

실행 결과

```
GameServer-정상 연결 완료

게임명: Super Mario
게임 버전: v1.0
Super Mario 게임이 실행 준비되었습니다

Super Mario를 시작합니다.

게임명: Tetris
게임 버전: v1.3
Tetris 게임이 실행 준비되었습니다

Tetris를 시작합니다.
```

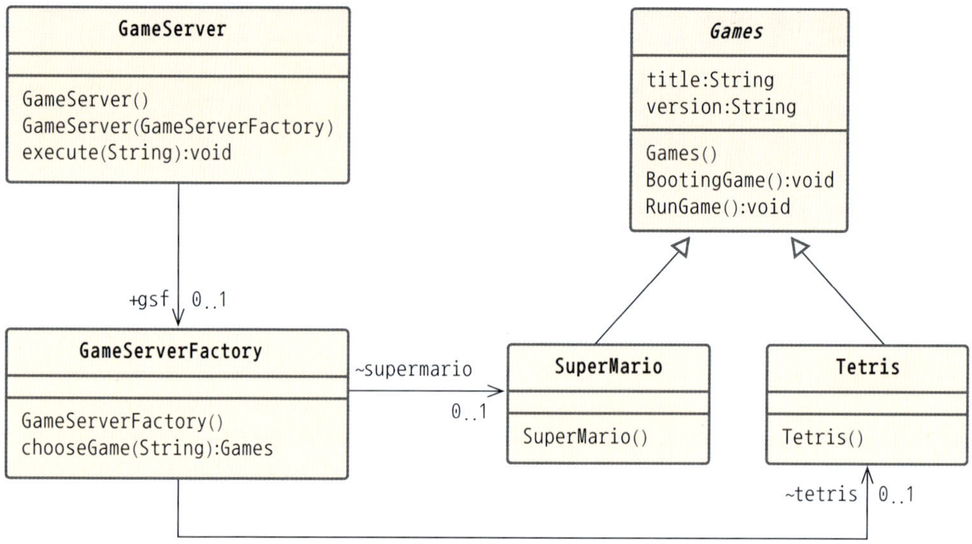

그림 7-13 Factory Method 패턴을 적용한 1차 클래스 다이어그램

클래스 다이어그램을 보면 게임의 종류는 Games라는 추상 클래스의 하위 클래스에 위치한다. 그리고 새로운 게임 하나가 추가되면 GameServerFactory 클래스에서 객체를 생성하고 if 문에 추가해주면 된다. 즉 게임의 추가나 삭제로 인해 발생하는 변화는 GameServer에 영향을 미치지 않는다.

지금까지 설명한 것은 Factory Method 패턴을 위한 1단계이며 지금부터 2단계를 살펴본다.

1.4 2단계 Factory Method 패턴을 적용한 클래스 설계

Factory Method 패턴을 적용한 코드를 설명하기 위해 환경을 조금 바꾸었다. 먼저, 국가별로 GameServer를 계속 추가할 수 있도록 KRGameServer와 JPGameServer로 GameServer를 확장한다. 그리고 국가별 특성에 맞게 약간 수정한 KRSupermario, KRTetris, JPSupermario, JPTetris를 추가해 Games를 확장한다.

[그림 7-14]는 Factory Method 패턴을 적용한 최종 클래스 다이어그램이다.

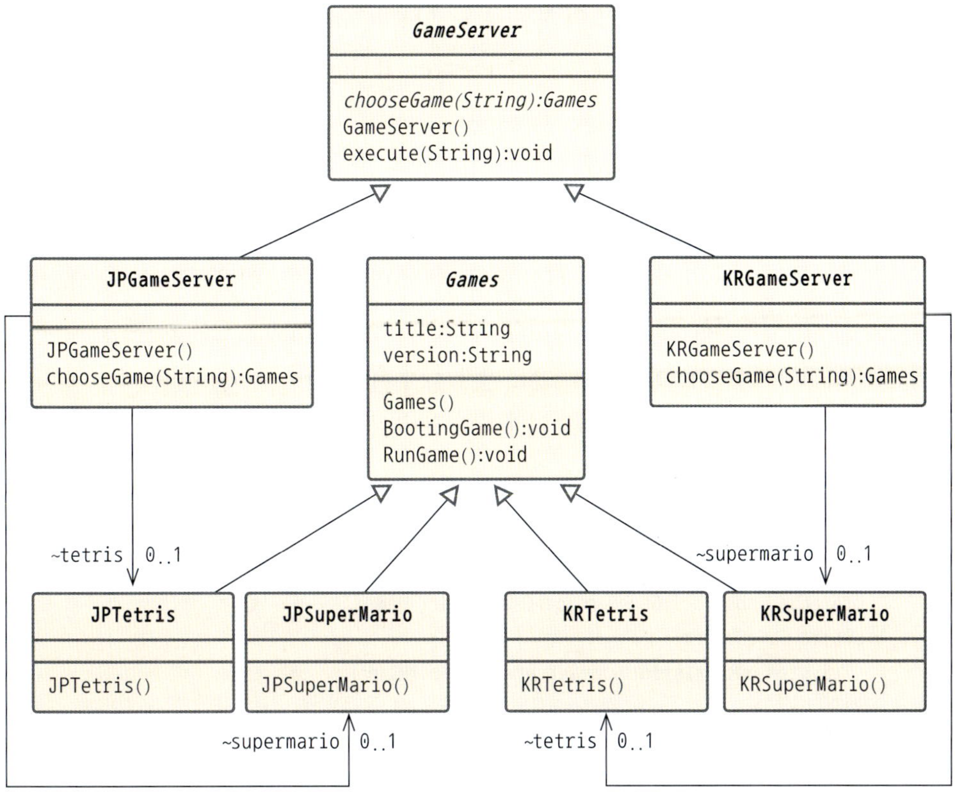

그림 7-14 Factory Method 패턴을 적용한 최종 클래스 다이어그램

이 다이어그램을 [그림 7-13]의 클래스 다이어그램과 비교하면 다음과 같은 것이 달라진 것을 알 수 있다.

첫째, GameServer 확장을 고려한 상속 구조이다. GameServer 클래스는 KRGameServer, JPGameServer와 같은 하위 클래스로 확장되어 상속 구조를 이루고 있다. 이는 앞으로도 중국 서버, 미국 서버, 유럽 서버 등으로 확장할 수 있다는 것을 보여준다.

둘째, 나라별 게임 추가를 고려한 상속 구조이다. 기존에는 게임 종류가 SuperMario, Tetris 정도였지만, 이를 한국형(KRSuperMario, KRTetris)과 일본형(JPSuperMario, JPTetris)으로 세분화하여 각 나라의 특성에 맞게 수정하였다. 그리고 모든 게임이 상속 구조로 되어 있다. 이것은 모든 게임의 추가/삭제가 이 구조 안에서 이루어지는 것을 의미한다.

셋째, GameServerFactory 클래스가 사라졌다. 앞에서 매우 중요하게 여겼던 GameServerFactory 클래스가 사라졌다. 바로 이 부분이 Factory Method 패턴의 핵심이다. Factory Method 패턴의 1단계에서는 GameServerFactory 클래스에서 객체를 생성하고 조건문을 사용해 게임을 선택했다. 그러나 2단계에서는 객체 생성과 조건문을 사용한 게임 선택 과정이 GameServer 클래스의 하위 클래스인 KRGameServer, JPGameServer에 포함되어 있다. 즉 그 역할을 이제는 KRGameServer, JPGameServer 클래스가 하겠다는 것이다.

그렇다면 상위 클래스인 GameServer 클래스는 어떻게 바뀌었을까? Factory 클래스(GameServerFactory)의 chooseGame() 메서드가 GameServer 클래스의 추상 메서드로 들어왔고 이 메서드에 대한 구현은 하위 클래스에서 이루어진다. 이것이 Factory Method 패턴이다. 즉 1단계에서의 factory 클래스(GameServerFactory) 역할을 2단계에서는 하나의 메서드(chooseGame())가 하고 있다. 따라서 이 메서드가 factory Method가 되고, 이 패턴의 이름을 Factory Method 패턴이라 붙인 것이다.

코드 7-52 GameServer 클래스

```
public abstract class GameServer {
    protected abstract Games chooseGame(String game); ——— ❶
    public GameServer() {
        System.out.println("GameServer-정상 연결 완료\n");
    }
    public void execute(String game) { ——— ❷
        Games games;
        games = chooseGame(game);
        games.BootingGame();
        games.RunGame();
    }
}
```

❶ chooseGame(): Factory 클래스에 있던 메서드가 GameServer 클래스의 추상 메서드로 들어왔다.

❷ execute(): 선택된 게임의 BootingGame(), RunGame() 메서드를 호출한다.

코드 7-53 KRGameServer 클래스

```
public class KRGameServer extends GameServer {
    KRSuperMario supermario = new KRSuperMario();     ❶
    KRTetris tetris = new KRTetris();
    public Games chooseGame (String game) {
        if (game.equals("supermario")) {
            return supermario;
        }
        else if (game.equals("tetris")) {
            return tetris;
        }                                              ❷
        else {
            System.out.println("지원하지 않는 게임입니다.");
            return null;
        }
    }
}
```

❶ supermario, tetris 객체를 생성한다.

❷ 조건문을 사용해 선택된 게임을 반환한다.

JPGameServer 클래스는 KRGameServer와 유사하기 때문에 코드를 생략한다.

코드 7-54 Games 클래스

```
public abstract class Games {
    public String title, version;
    public void BootingGame() {
        System.out.println("게임명: " + title);
        System.out.println("게임 버전: " + version);
        System.out.println(title + " 게임이 실행 준비되었습니다\n");      ❶
    }
    public void RunGame() {
        System.out.println(title + "을 시작합니다.\n");
    }
}
```

❶ BootingGame(), RunGame() 메서드가 존재한다.

코드 7-55 KRTetris 클래스

```
public class KRTetris extends Games {
    public KRTetris() {
        title = "Tetris_Korean";
        version = "v1.3";
    }
}
```

KRSuperMario, JPSuperMario, JPTetris 클래스의 코드는 KRTetris 클래스의 코드와 유사해 생략한다.

코드 7-56 Main 클래스

```
public class Main {
    public static void main(String[] args) {
        GameServer gs = new KRGameServer(); ——— ❶
        gs.execute("supermario"); ——————— ❷
        gs = new JPGameServer(); ———————— ❸
        gs.execute("tetris"); ————————— ❹
    }
}
```

❶ KRGameServer 객체인 gs를 생성한다.

❷ gs 객체의 execute() 메서드를 호출한다. 인자는 supermario이다.

❸ JPGameServer 객체인 gs를 생성한다.

❹ gs 객체의 execute() 메서드를 호출한다. 인자는 tetris이다.

실행 결과

```
GameServer-정상 연결 완료

게임명: Super Mario_Korean
게임 버전: v1.0
Super Mario_Korean 게임이 실행 준비되었습니다.

Super Mario_Korean을 시작합니다.

GameServer-정상 연결 완료

게임명: Tetris_Japanese
```

```
게임 버전: v1.12
Tetris_Japanese 게임이 실행 준비되었습니다.

Tetris_Japanese를 시작합니다.
```

1.5 Factory Method 패턴 정리

new를 사용한 객체 생성은 강한 결합을 만들어서 유지보수를 어렵게 한다. new를 사용하지 않고 객체를 생성하려면 객체를 생성할 수 있는 클래스를 만들어 모든 객체를 생성하도록 위임한다. 그 클래스가 Factory 클래스이다.

Factory 클래스를 만들어 객체 생성을 위임하는 방법이 1단계라면, 2단계에서는 Factory 클래스의 역할(객체 생성)을 하나의 메서드를 상위 클래스에 만들어 그 메서드가 하도록 하고 이 메서드의 구현은 하위 클래스에게 위임한다. 그 결과 Factory 클래스는 필요 없게 되었고 여기까지 해야 진정한 Factory Method 패턴이 되는 것이다.

2 Singleton 패턴

> 객체를 오직 1개만 만들어야 한다면?
> Singleton 패턴을 생각해보라!

일반적으로 하나의 클래스는 여러 개의 객체를 생성한다. 그런데 의도적으로 단 하나의 객체만 생성하도록 하는 경우가 있다. 예를 들어, 여러 대의 컴퓨터가 한 대의 프린터를 공유해서 사용할 때 프린터 관리자는 사용자가 new를 이용해 객체를 한 번만 생성하도록 하고 이를 공유해서 사용하도록 해야 한다. 즉 A컴퓨터가 프린터를 사용할 때는 B컴퓨터가 사용할 수 없도록 하고 A컴퓨터의 실행이 다 끝나면 B컴퓨터가 사용할 수 있도록 해야 한다. 그렇지 않고 컴퓨터마다 객체를 생성할 수 있도록 한다면 A컴퓨터의 프린트 결과가 다른 컴퓨터의 결과물과 섞여서 나올 수도 있다. 마치 운영체제에서 프로세스가 자원을 하나 점유해서 사용하고 있으면 다른 프로세스는 사용할 수 없는 것과 유사한 개념이다.

(a) Singleton 패턴 미사용

(b) Singleton 패턴 사용

그림 7-15 Singleton 패턴의 필요성

그러면 어떻게 설계해야 객체를 하나만 생성하도록 할 수 있을까? 해답은 Singleton 패턴에 있다. singleton은 '(단독)개체, 독신자'라는 뜻을 가지고 있다. 이름처럼 Singleton 패턴은 객체를 하나만 생성하는 설계 패턴이다. 즉, 프로그램 내에서 객체가 오직 하나만 만들어지며, 필요한 곳 어디에서나 그 하나의 객체를 참조해 사용할 수 있도록 해준다.

객체를 하나만 생성해 사용하면 유용한 곳으로는 스레드 풀, 캐시, 로그 기록용 객체 등이 있다. 이런 곳은 객체를 2개 이상 만들면 오히려 문제가 발생할 수 있다. 먼저 Singleton 패턴을 사용하지 않고 코딩한 예를 보자.

코드 7-57 Singleton 패턴을 사용하지 않는 경우

```
public class NonSingleton {
    public NonSingleton() {
    System.out.println("Singleton 패턴을 사용하지 않는 경우");
    }
}
```

이번에는 Singleton 패턴을 사용한 코드를 살펴보자.

코드 7-58 Singleton 패턴을 사용하는 경우

```
public class Singleton {
    private static Singleton singleton = new Singleton();
    private Singleton() {
    System.out.println("Singleton 패턴을 사용하는 경우");
    }
    public static Singleton getInstance() {
```

```
        return singleton;
    }
}
```

Singleton 클래스의 소스 코드를 보면 일반적으로 작성하던 방식이 아님을 알 수 있다.

첫째, 생성자가 private으로 선언되어 있다. 지금까지 대부분의 생성자는 public으로 선언했다. 그런데 Singleton 패턴에서는 private으로 선언한다. 자바의 기본 문법에서 public 선언은 외부 클래스에서 사용할 수 있도록 허용하지만, private 선언은 외부에서 접근할 수 없도록 제한한다.

따라서 private 선언을 사용하면 외부에서 new 연산자를 통해 객체를 생성할 수 없고, 클래스 내부에서만 객체를 만들 수 있다. 결국 하나의 객체만 생성되고 외부에서는 이 객체를 참조해 사용하는 구조가 된다. 이때 외부에서 접근할 수 있도록 getInstance( ) 메서드를 만들어, 필요할 때마다 이 메서드를 통해 동일한 객체를 반환받게 한다.

둘째, 객체를 생성할 때 static으로 선언한다. static은 최초 한 번만 메모리를 할당하고 그 메모리에 객체를 만들어 사용하도록 한다. 결과 적으로 여러 개의 객체를 생성하는 것보다 메모리 사용을 줄일 수 있다.

이제 Main 클래스에서 두 클래스의 사용이 어떻게 이루어지는 살펴보자.

코드 7-59 Main 클래스

```
public class Main {
    public static void main(String[] args) {
    NonSingleton nonSingleton_01 = new NonSingleton();
    NonSingleton nonSingleton_02 = new NonSingleton();
    Singleton singleton_01 = Singleton.getInstance();
    Singleton singleton_02 = Singleton.getInstance();
    }
}
```

Main 클래스를 보면 new를 사용해 NonSingleton 클래스 객체를 2개 생성하고 있다. 따라서 실행 결과는 다음과 같을 것이다.

실행 결과

```
Singleton 패턴을 사용하지 않는 경우
Singleton 패턴을 사용하지 않는 경우
```

Singleton 클래스의 객체는 getInstance()를 통해서 반환된다. Singleton 객체를 단 한 번만 생성하고 다른 클래스에서 반환을 요구하면 항상 같은 것을 반환해준다. 따라서 실행 결과는 다음과 같다.

실행 결과

```
Singleton 패턴을 사용하는 경우
```

결국 Singleton 패턴을 사용해 만든 객체는 언제나 서로 같다는 것을 확인할 수 있다.

지금까지 Singleton 패턴을 사용하지 않는 경우와 사용하는 경우의 차이를 간단한 예제로 알아보았다. 이제 커피머신 예제를 이용해 Singleton 패턴을 좀 더 구체적으로 설명한다.

2.1 Singleton 패턴을 사용하지 않은 일반 프로그램

우선 Singleton 패턴을 사용하지 않은 일반 프로그램을 살펴보자.

코드 7-60 EspressoMachine 클래스

```
public class EspressoMachine {
    public void Brew(String Name, String Beverage) {
        System.out.println(Name + "님이 " + Beverage + "를 내립니다.");      ❶
        System.out.println(Name+"님의 "+Beverage+"가 완성되었습니다.");
    }
}
```

❶ 사용자 이름(예 이장훈)과 음료의 종류(예 스팀밀크)를 인자로 받아 출력한다.

코드 7-61 User 클래스

```
public class User {
    public EspressoMachine EM = new EspressoMachine(); ──── ❶
    public String Name;
    public String Beverage;
    public User(String Name, String Beverage) {
        this.Name = Name;
        this.Beverage = Beverage;
    }
    public void make() { ──── ❷
        EM.Brew(Name, Beverage);
    }
}
```

❶ EspressoMachine 객체인 EM을 생성한다.

❷ make(): EM 객체의 Brew()를 호출한다. 넘겨주는 인자는 이름, 음료 종류이다.

코드 7-62 Main 클래스

```
public class Main {
    public static void main(String[] args) {
        User user1 = new User("이장훈","스팀밀크"); ─┐
        User user2 = new User("이여진","바닐라라떼"); ─┼ ❶
        User user3 = new User("김치수","아메리카노"); ─┘
        user1.make(); ─┐
        user2.make(); ─┼ ❷
        user3.make(); ─┘
    }
}
```

❶ 사용자 이름과 내릴 음료의 종류를 갖는 객체인 User1, User2, User3을 생성한다.

❷ User1, User2, User3 객체의 make() 메서드를 호출한다.

실행 결과

```
이장훈님이 스팀밀크를 내립니다.
이장훈님의 스팀밀크가 완성되었습니다.
이여진님이 바닐라라떼를 내립니다.
이여진님의 바닐라라떼가 완성되었습니다.
김치수님이 아메리카노를 내립니다.
김치수님의 아메리카노가 완성되었습니다.
```

[코드 7-60~62]는 일반적으로 작성할 수 있는 코드이다. 그리고 실행을 해보면 객체가 3개 만들어지고 예상한 결과를 얻을 수 있다. 그렇다면 아무 문제가 없지 않은가? 그렇지 않다. 문제가 있지만 운영체제에서 결과물이 섞여서 출력되지 않도록 사용자 모르게 조치(?)를 해 놓았기 때문이다. 즉 프로그래머가 신경 쓰지 않아도 되도록, 운영체제 내부에서 병행 제어concurrency control 장치를 미리 마련해 놓은 것이다. 이러한 병행 제어 기능 덕분에 결과물이 서로 섞이지 않고 안정적으로 출력될 수 있는 것이다.

2.2 Singleton 패턴을 사용하지 않은 일반 프로그램 – Thread 사용

[코드 7-63~65]는 실행 결과가 실제로 섞일 수 있는지를 확인하기 위해 스레드thread를 사용했다. 실행 결과를 확인해보면, 출력 내용이 서로 뒤섞여 나오는 것을 확인할 수 있다.

TIP 스레드 기능에 대한 자세한 설명은 자바 관련 서적에서 찾아보기 바란다.

코드 7-63 EspressoMachine 클래스

```
public class EspressoMachine {
    public void Brew(String Name, String Beverage) {
        try {
            System.out.println(Name + "님의 "+Beverage+"를 내립니다.");
            Thread.sleep(100); ──── ❶
            System.out.println(Name+ "님의"+Beverage+"가 완성되었습니다.");
        }
        catch(Exception e) {
            e.printStackTrace();
        }
    }
}
```

❶ 스레드를 문장 속에 사용했다.

TIP try, catch 기능에 대한 자세한 설명은 생략한다. 자바 관련 서적에서 찾아보기 바란다.

코드 7-64 User 클래스

```
public class User extends Thread {
    // [코드 7-61]의 User 클래스와 동일 ──── ❶
}
```

❶ Thread를 상속받아 사용하고 Thread가 제공하는 run() 메서드를 사용한다. run()은 EM 객체의 Brew() 메서드를 호출한다. 넘겨주는 인자는 이름과 음료의 종류이다.

코드 7-65 Main 클래스

```
public class Main {
    public static void main(String[] args) {
        User user1 = new User("이장훈","스팀밀크");
        User user2 = new User("이여진","바닐라라떼");
        User user3 = new User("김치수","아메리카노");
        user1.start(); ─┐
        user2.start(); ─┼ ❶
        user3.start(); ─┘
    }
}
```

❶ [코드 7-62]에서 사용한 make() 메서드 대신에 Thread에서 제공하는 start() 메서드를 사용한다.

실행 결과

```
이장훈님이 스팀밀크를 내립니다.
이여진님이 바닐라라떼를 내립니다.
김치수님이 아메리카노를 내립니다.
이장훈님의 스팀밀크가 완성되었습니다.
김치수님의 아메리카노가 완성되었습니다.
이여진님의 바닐라라떼가 완성되었습니다.
```

실행 결과

```
이여진님의 바닐라라떼를 내립니다.
이장훈님의 스팀밀크를 내립니다.
김치수님의 아메리카노를 내립니다.
이여진님의 바닐라라떼가 완성되었습니다.
이장훈님의 스팀밀크가 완성되었습니다.
김치수님의 아메리카노가 완성되었습니다.
```

실행 결과

```
이장훈님의 스팀밀크를 내립니다.
이여진님의 바닐라라떼를 내립니다.
김치수님의 아메리카노를 내립니다.
이장훈님의 스팀밀크가 완성되었습니다.
이여진님의 바닐라라떼가 완성되었습니다.
김치수님의 아메리카노가 완성되었습니다.
```

실행 결과

```
이장훈님의 스팀밀크를 내립니다.
김치수님의 아메리카노를 내립니다.
이여진님의 바닐라라떼를 내립니다.
이여진님의 바닐라라떼가 완성되었습니다.
김치수님의 아메리카노가 완성되었습니다.
이장훈님의 스팀밀크가 완성되었습니다.
```

실행 결과를 보면 3명의 사용자가 각각 원하는 음료를 내리고 완성하는 과정이 서로 뒤섞여 출력되어 있다. 또 실행할 때마다 결과가 모두 다르다. 즉 [코드 7-63~65]는 강제적으로 스레드를 사용해 결과가 섞일 수 있다는 것을 보여주기 위해 작성한 프로그램이다. 물론 객체도 3개가 생성된다.

우리의 목적은 객체가 오직 1개만 생성되고 다른 사용자가 그 하나의 객체를 참조하도록 하는 것이다. [코드 7-63~65]는 다수의 이용자가 하나의 커피머신을 이용하면서 여러 객체가 생성된다는 문제점이 있다. 게다가 결과도 섞여서 나오는 것을 확인했다.

2.3 Singleton 패턴을 사용한 프로그램 – Thread 사용, 동기화 비사용

Singleton 패턴은 객체가 오직 하나만 생성하도록 하는 설계 패턴이다. Singleton 패턴을 프로그램에 구현하는 방법은 다음과 같다.

첫째, 생성자가 객체를 한 번만 생성하도록 제한한다. 외부에서 생성자를 호출할 수 없도록 EspressoMachine 클래스의 생성자를 private으로 선언한다. 이렇게 하면 외부에서 new 연산자를 사용할 때마다 새로운 객체가 만들어지는 문제를 방지할 수 있다.

둘째, 클래스 내부에 자신의 타입을 static(정적)이면서 private으로 선언한다. 이 변수는 프로그램 전체에서 단 하나의 인스턴스만 유지하도록 하고, 외부에서 임의로 변경할 수 없도록 private 접근 제어자를 사용한다.

셋째, 외부에서 객체를 얻을 수 있도록 getInstance( ) 메서드를 제공한다. 외부에서는 직접 생성자를 호출할 수 없기 때문에, EspressoMachine 객체를 사용하려면 반드시 getInstance( )를 통해 접근해야 한다. 이 메서드는 내부에서 한 번만 생성된 인스턴스를 반환하며, 항상 동일한 객체를 참조하게 된다.

코드 7-66 EspressoMachine 클래스

```
public class EspressoMachine {
    public static EspressoMachine EM;
    private EspressoMachine() {
        System.out.println("에스프레소 머신 생성");
    }
    private String[] vanillaLatte = {"에스프레소","우유","바닐라시럽"};
    private String[] americano = {"에스프레소", "물"};
    private String[] steammilk = {"우유","시럽"};
    private String condiments = "";
    public static EspressoMachine getInstance() {
        if(EM == null) {
            EM = new EspressoMachine();
        }
        return EM;
    }
    public void Brew(String Name, String Beverage) {
        System.out.println(Name + "님이 " + Beverage + "를 내립니다.");
        Blend(Beverage);
       System.out.println(Name+ "님의 "+Beverage+"가 완성되었습니다. (첨가물 : "+condiments+")");
        condiments = "";
    }
```

```java
    public void Blend(String Beverage) {
        if (Beverage.equals("바닐라라떼")) {
            for (int i = 0; i < 3; i++) {
                System.out.println(vanillaLatte[i] + "를 추가.");
                try {
                    Thread.sleep(1000);
                }
                catch(Exception e) {
                    e.printStackTrace();
                }
                condiments = new StringBuffer(condiments).append(vanillaLatte[i]).append(",").
                        toString();
            }
        }
        else if (Beverage.equals("아메리카노")) {
            for (int i = 0; i < 2; i++) {
                System.out.println(americano[i] + "를 추가.");
                try {
                    Thread.sleep(1000);
                }
                catch(Exception e) {
                    e.printStackTrace();
                }
                condiments = new StringBuffer(condiments).append(americano[i]).append(",").
                        toString();
            }
        }
        else if (Beverage.equals("스팀밀크")) {
            for (int i = 0; i < 2; i++) {

                System.out.println(steammilk[i] + "를 추가.");
                try {
                    Thread.sleep(1000);
                }
                catch(Exception e) {
                    e.printStackTrace();
                }
                condiments = new StringBuffer(condiments).append(steammilk[i]).append(",").
                        toString();
            }
        }
    }
}
```

Singleton 패턴을 적용했고 결과물이 섞이는지를 확인하기 위해 Thread를 사용했다.

코드 7-67 User 클래스

```
public class User extends Thread {
    public EspressoMachine EM;
    public String Name;
    public String Beverage;
    public User(String Name, String Beverage) {
        this.Name = Name;
        this.Beverage = Beverage;
    }
    public void run() {
        EM = EspressoMachine.getInstance();
        EM.Brew(Name, Beverage);
    }
}
```

코드 7-68 Main 클래스

```
public class Main {
    public static void main(String[] args) {
        User user1 = new User("이장훈","스팀밀크");
        user1.start();
        User user2 = new User("이여진","바닐라라떼");
        user2.start();
        User user3 = new User("김치수","아메리카노");
        user3.start();
    }
}
```

실행 결과

```
에스프레소 머신 생성
에스프레소 머신 생성
김치수님이 아메리카노를 내립니다.
에스프레소를 추가.
에스프레소 머신 생성
이장훈님이 스팀밀크를 내립니다.
이여진님이 바닐라라떼를 내립니다.
우유를 추가.
에스프레소를 추가.
바닐라시럽을 추가.
우유를 추가.
```

```
물을 추가.
시럽을 추가.
김치수님의 아메리카노가 완성되었습니다. (첨가물 : 에스프레소,물,)
이장훈님의 스팀밀크가 완성되었습니다. (첨가물 : 우유,시럽,)
이여진님의 바닐라라떼가 완성되었습니다. (첨가물 : 에스프레소,우유,바닐라시럽,)
```

[코드 7-66~68]은 Singleton 패턴을 적용한 코드이다. 그 결과, 객체가 오직 1개만 생성되었다. 그런데 어찌 된 일인가? 스레드를 사용해 실행 결과를 보니 결과가 섞여서 출력된다.

2.4 Singleton 패턴을 사용한 프로그램 – Thread 사용, 동기화 사용

앞에서 Singleton 패턴의 목적대로 객체가 1개 생성되었지만 실행 결과는 섞여 있기 때문에 이 문제를 해결해야 한다. 이를 위해서는 getInstance() 메서드를 동기화$_{\text{syncronized}}$해야 한다.

코드 7-69 EspressoMachine 클래스

```
public class EspressoMachine {
    // [코드 7-66]과 동일
        public synchronized static EspressoMachine getInstance() {
            // [코드 7-66]과 동일
        }
        public synchronized void Brew(String Name, String Beverage) {
            // [코드 7-66]과 동일
        }
}
```

코드 7-70 User 클래스

```
public class User extends Thread {
    public String Name;
    public String Beverage;
    public User(String Name, String Beverage) {
        this.Name = Name;
        this.Beverage = Beverage;
    }
    public void run() {
        EspressoMachine EM = EspressoMachine.getInstance();
        EM.Brew(Name, Beverage);
    }
}
```

코드 7-71 Main 클래스

```
// [코드 7-68]의 Main 클래스와 동일
```

실행 결과

```
에스프레소 머신 생성
이장훈님의 스팀밀크를 내림.
우유를 추가.
시럽을 추가.
이장훈님의 스팀밀크가 완성됨.(첨가물 : 우유,시럽,)
이여진님의 바닐라라떼를 내림.
에스프레소를 추가.
우유를 추가.
바닐라시럽을 추가.
이여진님의 바닐라라떼가 완성됨.(첨가물 : 에스프레소,우유,바닐라시럽,)
김치수님의 아메리카노를 내림.
에스프레소를 추가.
물을 추가.
김치수님의 아메리카노가 완성됨.(첨가물 : 에스프레소,물,)
```

[코드 7-69~71]을 통해 getInstance() 메서드를 동기화하면 원하는 결과가 출력되는 것을 확인할 수 있다.

2.5 Singleton 패턴을 사용한 프로그램 – Thread 제거, 동기화 사용

결과가 정상으로 나오는 것을 확인했기 때문에 굳이 스레드를 사용할 필요가 없다. 스레드를 제거한 코드는 다음과 같다.

코드 7-72 EspressoMachine 클래스

```
public class EspressoMachine {
    public static EspressoMachine EM;
    private EspressoMachine() {System.out.println("에스프레소 머신 생성");}
    private String[] vanillaLatte = {"에스프레소","우유","바닐라시럽"};
    private String[] americano = {"에스프레소", "물"};
    private String[] steammilk = {"우유","시럽"};
    private String condiments = "";
    public synchronized static EspressoMachine getInstance() {
        if(EM == null) {
            EM = new EspressoMachine();
        }
```

```
        return EM;
    }
    public synchronized void Brew(String Name, String Beverage) {
        System.out.println(Name + "님이 " + Beverage + "를 내립니다.");
        Blend(Beverage);
        System.out.println(Name+"님의 "+Beverage+"가 완성. (첨가물: "+condiments+")");
        condiments = "";
    }
    public void Blend(String Beverage) {
        if (Beverage.equals("바닐라라떼")) {
            for (int i = 0; i < 3; i++) {
                System.out.println(vanillaLatte[i] + "를 추가.");
                condiments = new StringBuffer(condiments).append(vanillaLatte[i]).append(",").
                        toString();
            }
        }
        else if (Beverage.equals("아메리카노")) {
            for (int i = 0; i < 2; i++) {
                System.out.println(americano[i] + "를 추가.");
                condiments = new StringBuffer(condiments).append(americano[i]).append(",").
                        toString();
            }
        }
        else if (Beverage.equals("스팀밀크")) {
            for (int i = 0; i < 2; i++) {
                System.out.println(steammilk[i] + "를 추가.");
                condiments = new StringBuffer(condiments).append(steammilk[i]).append(",").
                        toString();
            }
        }
    }
}
```

코드 7-73 User 클래스

```
public class User {
    public String Name;
    public String Beverage;
    public User(String Name, String Beverage) {
        this.Name = Name;
        this.Beverage = Beverage;
    }
    public void make() {
```

```
        EspressoMachine EM = EspressoMachine.getInstance();
        EM.Brew(Name, Beverage);
    }
}
```

코드 7-74 Main 클래스

```
public class Main {
    public static void main(String[] args) {
        User user1 = new User("이장훈","스팀밀크");
        user1.make();
        User user2 = new User("이여진","바닐라라떼");
        user2.make();
        User user3 = new User("김치수","아메리카노");
        user3.make();
    }
}
```

실행 결과

```
에스프레소 머신 생성
이장훈님이 스팀밀크를 내립니다.
우유를 추가.
시럽을 추가.
이장훈님의 스팀밀크가 완성. (첨가물: 우유,시럽,)
이여진님이 바닐라라떼를 내립니다.
에스프레소를 추가.
우유를 추가.
바닐라시럽을 추가.
이여진님의 바닐라라떼가 완성. (첨가물: 에스프레소,우유,바닐라시럽,)
김치수님이 아메리카노를 내립니다.
에스프레소를 추가.
물을 추가.
김치수님의 아메리카노가 완성. (첨가물: 에스프레소,물,)
```

지금까지 객체를 오직 하나만 생성할 수 있는 방법을 설명했다. 그 과정을 요약하면 다음과 같다.

① 생성자를 private으로 선언한다.

② 객체 생성을 static으로 선언한다.

③ getInstance()를 만들어 외부에서 사용하도록 한다.

④ getInstance() 메서드를 동기화한다.

이 과정을 통해 객체를 하나만 생성할 수 있는 코드를 만들었다. 이로써 처음 목적한 것은 달성했다.

2.6 Singleton 패턴을 사용한 프로그램(처음부터 객체 생성)

지금부터는 동기화에 대해 좀 더 설명하고자 한다. [코드 7-72]의 public synchronized static EspressoMachine getInstance() 문장에 의해 getInstance() 메서드가 동기화되었다. 이는 한 thread가 getInstance() 메서드 사용을 끝내야 다른 thread가 이 메서드를 사용할 수 있다는 의미이다. synchronized 사용은 두 thread가 getInstance() 메서드를 동시에 실행시키는 것을 방지한다.

그런데 문제는 동기화를 하면 속도가 떨어진다. 이를 해결하는 방법은 [코드 7-72]처럼 객체 생성을 필요한 시점에서 하지 말고 [코드 7-75]의 public static EspressoMachine getInstance()처럼 처음부터 생성하는 것이다. 이렇게 하면 thread를 사용해도 문제가 발생하지 않는다.

코드 7-75 EspressoMachine 클래스 – Singleton 패턴을 사용(처음부터 객체 생성)

```
public class EspressoMachine {
    public static EspressoMachine EM = new EspressoMachine();
    // 동일
    public static EspressoMachine getInstance() {
        return EM;
    }
    public synchronized void Brew(String Name, String Beverage) {
        // 동일
    }
    public void Blend(String Beverage) {
        // 동일
    }
}
```

[코드 7-75]에서는 프로그램 첫째 줄에서 객체를 생성할 수 있도록 했다. 또 어떤 경우는 반드시 singleton 객체를 생성해야 하고 그 객체를 수시로 사용하며 관리할 필요가 있다. 이런 경우는 객체를 필요할 때만 생성하지 말고 [코드 7-75]처럼 처음부터 만들어 사용한다.

속도가 중요하지 않으면 [코드 7-72]의 public synchronized static EspressoMachine getInstance()처럼 getInstance() 메서드를 동기화해 메서드의 동시 실행을 막는다. 하지만 속도가 중요하다면 [코드 7-75]의 public static EspressoMachine getInstance()처럼 처음부터 생성해 메서드의 동시 실행을 막는다.

또 다른 방법으로 [코드 7-76]처럼 '객체가 생성되었는가'를 확인하는 것이 있다. 만일 객체가 생성되어 있지 않으면 그때 동기화를 한다. 이 방법이 DCL$_{\text{Double-Checking Locking}}$을 사용하는 것이다.

2.7 Singleton 패턴을 사용한 프로그램 – DCL 사용

DCL을 구현하려면 volatile을 사용한다.

코드 7-76 EspressoMachine 클래스 – Singleton 패턴을 사용한 프로그램(DCL 사용)

```
public class EspressoMachine {
    public volatile static EspressoMachine EM;
    private EspressoMachine() {System.out.println("에스프레소 머신 생성");}
    private String[] vanillaLatte = {"에스프레소","우유","바닐라시럽"};
    private String[] americano = {"에스프레소", "물"};
    private String[] steammilk = {"우유","바닐라시럽"};
    private String condiments = "";
    public static EspressoMachine getInstance() {
        if(EM == null) {
            synchronized(EspressoMachine.class) {
                if(EM == null) {
                    EM = new EspressoMachine();
                }
            }
        }
        return EM;
    }
    public synchronized void Brew(String Name, String Beverage) {
        System.out.println(Name + "님이 " + Beverage + "를 내립니다.");
        Blend(Beverage);
        System.out.println(Name+"님의 "+Beverage+"가 완성. (첨가물: "+condiments+")");
        condiments = "";
    }
    public void Blend(String Beverage) {
        if (Beverage.equals("바닐라라떼")) {
            for (int i = 0; i < 3; i++) {
                System.out.println(vanillaLatte[i] + "을 추가.");
```

```
                condiments = new StringBuffer(condiments).append(vanillaLatte[i]).
                                append(",").toString();
            }
        }
        else if (Beverage.equals("아메리카노")) {
            for (int i = 0; i < 2; i++) {
                System.out.println(americano[i] + "을 추가.");
                condiments = new StringBuffer(condiments).append(americano[i]).
                                append(",").toString();
            }
        }
        else if (Beverage.equals("스팀밀크")) {
            for (int i = 0; i < 2; i++) {
                System.out.println(steammilk[i] + "을 추가.");
                condiments = new StringBuffer(condiments).append(steammilk[i]).
                                append(",").toString();
            }
        }
    }
}
```

실행 결과

```
에스프레소 머신 생성
이장훈님이 스팀밀크를 내립니다.
우유를 추가.
시럽을 추가.
이장훈님의 스팀밀크가 완성. (첨가물: 우유,시럽,)
이여진님이 바닐라라떼를 내립니다.
에스프레소를 추가.
우유를 추가.
바닐라시럽을 추가.
이여진님의 바닐라라떼가 완성. (첨가물: 에스프레소,우유,바닐라시럽,)
김치수님이 아메리카노를 내립니다.
에스프레소를 추가.
물을 추가.
김치수님의 아메리카노가 완성. (첨가물: 에스프레소,물,)
```

01 GoF(Gangs of Four) 디자인 패턴 분류에 해당하지 않는 것은? `정보처리기사 변형`

① 객체 패턴 ② 구조 패턴
③ 행위 패턴 ④ 생성 패턴

02 소프트웨어 설계에서 자주 발생하는 문제에 대한 일반적이고 반복적인 해결 방법을 무엇이라고 하는가? `정보처리기사 변형`

① 모듈 분해 ② 연관 관계
③ 클래스 도출 ④ 디자인 패턴

03 GoF가 제시한 디자인 패턴에 대한 설명으로 가장 옳지 않은 것은? `2021 서울시`

① State : 객체의 상태에 따라 객체의 행위 내용을 변경 해주는 패턴
② Strategy : 이미 고정된 자료구조에 행위를 쉽게 추가할 수 있도록 해주는 패턴
③ Factory Method : 객체를 생성하는 처리를 파생 클래스로 분리하여 처리하도록 캡슐화하는 패턴
④ Adapter : 한 클래스의 인터페이스를 클라이언트에서 필요로 하는 인터페이스로 변환해주는 패턴

04 GoF 디자인 패턴에 대한 설명으로 옳지 않은 것은? `정보처리기사 변형`

① Prototype Pattern은 Prototype을 먼저 생성하고 인스턴스를 복제하여 사용하는 구조이다.
② Mediator Pattern은 객체 간의 통제와 지시의 역할을 하는 중재자를 두어 객체지향의 목표를 달성하게 해준다.
③ Bridge Pattern은 기존에 구현된 클래스에 기능 발생 시 기존 클래스를 재사용할 수 있도록 중간에서 맞춰주는 역할을 한다.
④ Factory Method Pattern은 상위클래스에서 객체를 생성하는 인터페이스를 정의하고, 하위클래스에서 인스턴스를 생성하도록 하는 방식이다.

05 다음 내용이 설명하는 디자인 패턴은? `정보처리기사 변형`

> 객체를 생성하기 위한 인터페이스를 정의하여 어떤 클래스가 인스턴스화 될 것인지는 서브클래스가 결정하도록 하는 것으로 Virtual-Constructor 패턴이라고도 한다.

① Bridge 패턴 ② Visitor 패턴
③ Observer 패턴 ④ Factory Method 패턴

06 다음 내용이 설명하는 디자인 패턴은? 2024 국가직

> 그림에서 '클라이언트'는 '대상' 인터페이스를 통해서 'request( )'를 실행하는데, 어떤 객체를 통해서 'request( )'가 처리되는지 알지 못하고 'X' 객체가 '실제대상' 객체를 참조하고 있으면서 '클라이언트'의 요청에 대응하여 '실제대상' 객체에게 실제 'request( )' 실행을 요청하여 필요한 작업이 이루어진다.

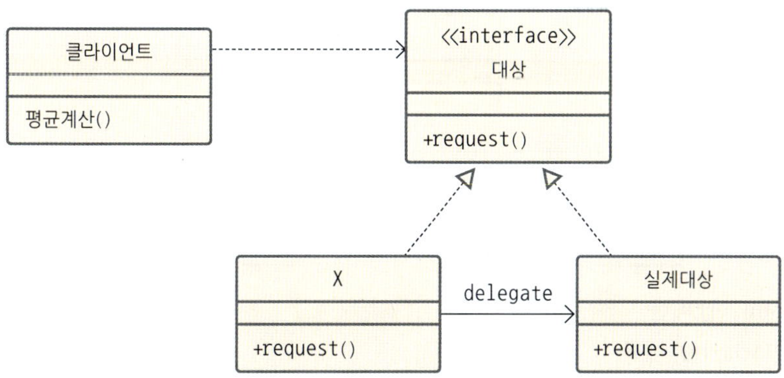

① Proxy 패턴
② Bridge 패턴
③ Adapter 패턴
④ Chain of Responsibility 패턴

07 다음 내용이 설명하는 디자인 패턴으로 적절한 것은? 2023 경찰간부후보

> • 하위 클래스로 객체 생성에 대한 책임을 위임하고 하위 클래스의 정보를 은닉하고자 할 때 사용한다.
> • 객체를 만들기 위한 인터페이스를 정의하되, 하위 클래스가 인스턴스를 생성하는 클래스를 결정하도록 한다.
> • 생성해야 할 객체를 명세하는 하위 클래스가 필요한 경우에 사용한다.

① Facade 패턴
② Adapter 패턴
③ Decorator 패턴
④ Factory Method 패턴

08 다음의 고객 요구사항을 반영하기 적절한 디자인 패턴은? 2023 경찰간부후보

> 표를 통해 정보가 추가/수정/삭제되며, 변경사항은 관련한 분석 그래프에 동시에 반영되어 사용자에게 화면으로 제공한다.

① Iterator pattern
② Observer pattern
③ Singleton pattern
④ Factory Method pattern

09 다음 클래스 다이어그램과 관련이 있는 디자인 패턴은? 2022 국가직

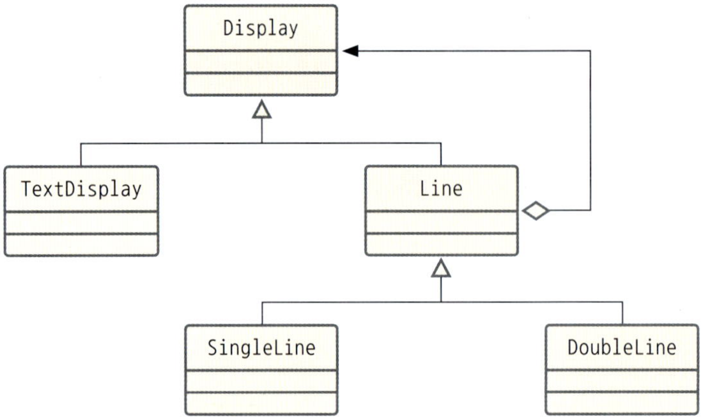

① 빌더(Builder) 패턴
② 어댑터(Adapter) 패턴
③ 메멘토(Memento) 패턴
④ 데코레이터(Decorator) 패턴

10 다음과 같은 문제를 해결하기 위해 가장 적당한 디자인 패턴은? 2022 군무원

- 문제: 자바로 작성된 프로그램이 객체 인스턴스를 매번 New를 이용하여 생성하였다. 이로 인해 메모리 사용량이 급격하게 증가하였다. 무거워진 프로그램을 원활히 사용하기 어려워, 수정이 필요하다.
- 해결책: 동일한 객체가 존재할 경우, 해당 객체를 공유하여 사용함으로써 메모리를 절약하고, 존재하지 않을 경우만 새로 객체를 생성하여 사용하도록 한다.

① 브릿지(Bridge) 패턴
② 어댑터(Adapter) 패턴
③ 데코레이터(Decorator) 패턴
④ 플라이웨이트(FlyWeight) 패턴

11 다음 중 Composite 설계 패턴에 대한 설명으로 가장 옳지 않은 것은? 2022 군무원

① 구조 패턴 중 하나이다.
② 이 패턴을 사용하여 구축된 객체는 tree 구조의 형태로 표현할 수 있다.
③ 객체가 그룹되고 그 그룹이 또 다른 객체의 일부로 참여하는 경우에 적합하다.
④ 이 패턴을 사용하면, 동일한 기능을 수행하지만, 인터페이스가 호환이 안되는 경우에 호환성을 제공해 줄 수 있다.

12 다음 그림은 컴포지트 디자인 패턴을 사용하여 컴퓨터의 가격 또는 전력 소모량을 계산할 목적으로 구성한 프로그램의 클래스 다이어그램이다. (가)~(다)는 새로운 부품 VR 헤드셋을 컴퓨터에 추가하기 위해 이 프로그램을 컴포지트 디자인 패턴에 따라 수정할 때, 최종 프로그램에 대한 설명이다. (가)~(다) 중 옳지 않은 것을 모두 고른 것은? 2022 서울시

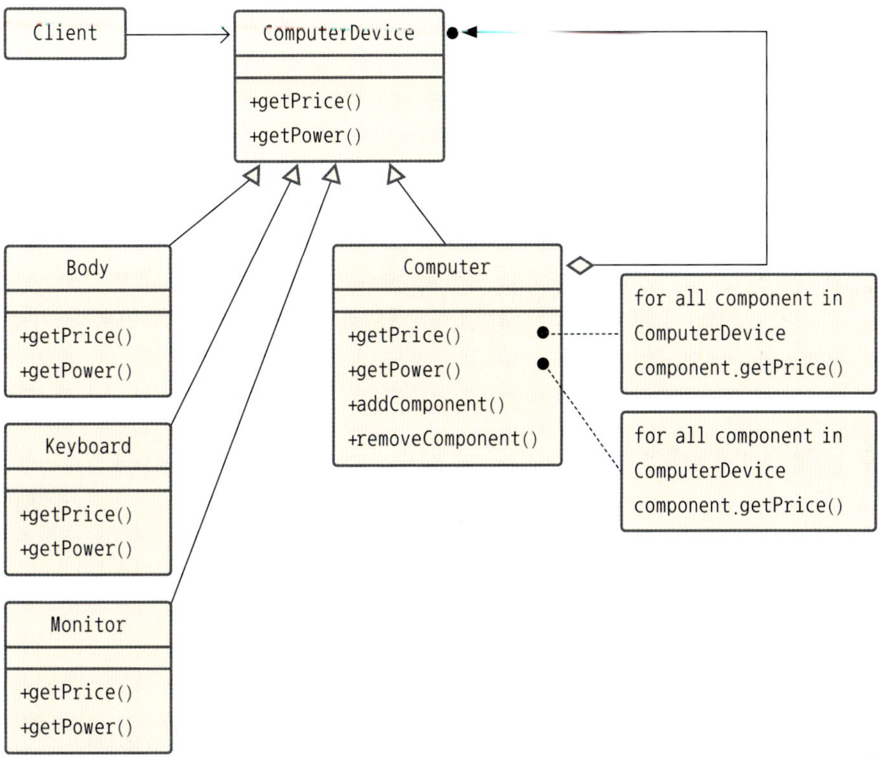

(가) Body 클래스가 변경되었다.
(나) Computer 클래스가 변경되었다.
(다) ComputerDevice 클래스가 변경되었다.

① (가)
② (가), (나)
③ (나), (다)
④ (가), (나), (다)

13 디자인 패턴 중 알고리즘은 상위클래스에서 정의하고 나머지는 하위클래스에서 구체화하는 패턴은? 정보처리기사 변형

① 상태
② 옵서버
③ 컴포지트
④ 템플릿 메소드

14 디자인 패턴 중 Singleton에 대한 설명으로 옳은 것은? 정보처리기사 변형

① 원본 객체를 복제하는 방법으로 객체를 생성하는 패턴이다.
② 수많은 객체들 간의 복잡한 상호작용을 캡슐화하여 객체로 정의하는 패턴이다.
③ 여러 객체를 가진 복합 객체와 단일 객체를 구분 없이 다루고자 할 때 사용하는 패턴이다.
④ 하나의 객체를 생성하면 생성된 객체를 어디서든 참조할 수 있지만, 여러 프로세스가 동시에 참조할 수는 없는 패턴이다.

15 추상화와 구현을 분리하여 실행 시간에 동적으로 인터페이스의 다른 구현들을 사용할 수 있는 디자인 패턴은? 2022 서울시

① proxy 패턴
② bridge 패턴
② facade 패턴
③ adapter 패턴

16 상태 디자인 패턴을 적용하여 전등(Light)의 상태를 관리하는 상태 클래스들을 〈보기 1〉과 같이 자바 프로그램으로 구현하였다. 〈보기 2〉와 같이 취침등(SLEEP) 상태를 추가하여 전등의 동작을 변경하고자 한다. 상태 디자인 패턴에 따라 작성한 최종 코드에 대한 설명으로 가장 옳지 않은 것은? 2022 서울시

보기 1
- REQ-1) 전등이 꺼진 상태에서 on 버튼을 누르면 켜진다.
- REQ-2) 전등이 켜진 상태에서 off 버튼을 누르면 꺼진다.

```
public class State {
    public void on_button(Light light){}
    public void off_button(Light light){}
}
public class ON implements State {
    public void off_button(Light light) {
        light.setState(new OFF()):
    }
}
public class OFF implements State (
    public void on_button(Light light) {
        light.setState(new ON());
    }
}
```

보기 2 • REQ-3) 전등이 켜진 상태에서 on 버튼을 누르면 취침등 상태가 된다.
• REQ-4) 취침등 상태에서 on 버튼을 누르면 다시 전등이 켜진다.
• REQ-5) 취침등 상태에서 off 버튼을 누르면 꺼진다.

① ON 상태 클래스가 변경되었다.
② OFF 상태 클래스가 변경되었다.
③ Light 클래스는 변경되지 않았다.
④ SLEEP 상태 클래스가 추가되었다.

17 다음은 온라인 쇼핑몰의 배송비 계산 시스템에 대한 설명과 요구사항이다. 이 내용을 참고하여 다음 조건을 만족하는 자바 코드를 작성하시오.

온라인 쇼핑몰에서는 다양한 배송 방식을 제공하며, 이러한 요금 계산 방식은 자주 변경되거나 새로운 방식이 추가될 수 있다. Order 클래스는 주문 금액과 무게 정보를 포함한다.
• 기본 배송(Standard): 기본 요금 3,000원이 고정으로 부과된다.
• 빠른 배송(Express): 기본 요금 3,000원에 추가로 1kg당 1,000원이 부과된다.
• 친환경 배송(Eco): 기본 요금이 없으며, 총 주문 금액이 50,000원 이상이면 무료, 그렇지 않으면 2,000원이 부과된다.

조건 • 배송 요금 계산 전략을 캡슐화하여 서로 교환 가능하게 만들 것
• Order 클래스는 전략 객체를 이용하여 배송 요금을 계산할 수 있어야 함
• 최소한 위 3가지 전략을 구현할 것

18 다음은 카페 주문 시스템에 대한 설명과 요구사항이다. 이 내용을 참고하여 조건을 만족하는 자바 코드를 작성하시오.

기본 음료는 다음과 같으며, 각각의 가격이 정해져 있다.

- 아메리카노(Americano): 2,000원
- 에스프레소(Espresso): 1,500원

또한, 다음과 같은 추가 옵션이 있으며, 옵션은 여러 개가 동시에 적용될 수 있다.

- 휘핑 크림 추가(Whipping Cream): +500원
- 샷 추가(Extra Shot): +700원
- 시럽 추가(Syrup): +300원

옵션은 향후 추가될 수 있으므로 유연한 구조로 관리할 수 있어야 한다.

옵션들을 음료에 동적으로 결합할 수 있도록 데코레이터 패턴을 사용해 구현하고자 한다.

조건
- 음료와 옵션을 하나의 인터페이스 기반으로 처리할 것
- 데코레이터 패턴을 사용하여 옵션을 음료에 동적으로 추가할 수 있도록 구현할 것
- 아메리카노에 샷 2번, 시럽 1번 추가한 경우의 총 금액을 계산하는 코드도 포함할 것

19 다음은 여러 종류의 문서를 지원하는 편집기 시스템에 대한 설명과 요구사항이다. 이 내용을 참고하여 조건을 만족하는 자바 코드를 작성하시오.

편집기에서 지원하는 문서 종류는 다음과 같다.

- 워드 문서(WordDocument): .docx 파일을 열고 내용을 출력한다.
- 스프레드시트 문서(SpreadsheetDocument): .xlsx 파일을 열고 표 형태로 출력한다.
- 프레젠테이션 문서(PresentationDocument): .pptx 파일을 열고 슬라이드 쇼를 시작한다.

요구사항은 다음과 같다.

- 각 문서 종류마다 새로운 편집기를 만들어야 하며, 문서를 생성하는 방식은 팩토리 메서드 패턴을 사용하여 구현할 것
- 클라이언트 코드는 DocumentEditor를 통해 문서를 열 수 있어야 하며, 구체적인 문서 클래스에 의존하지 않아야 한다
- 각 문서는 open() 메서드를 구현해야 한다.

조건
- Document 추상 클래스 또는 인터페이스를 정의할 것
- DocumentEditor 추상 클래스에 팩토리 메서드 createDocument()를 선언할 것
- 각 문서 유형에 대한 서브클래스와 에디터 서브클래스를 구현할 것
- 클라이언트 코드에서 문서를 생성하고 open() 메서드를 호출하는 예제를 포함할 것

Chapter

08

구현

학습목표

- 표준 코딩 규칙의 필요성과 장점을 이해한다.
- 자바의 주요 코딩 규칙(명명, 들여쓰기, 주석 등)을 설명하고 적용할 수 있다.
- 일관된 코딩 스타일이 협업과 유지보수에 미치는 효과를 이해한다.

01 자바 코드 작성 규칙의 필요성

자바는 많은 기업과 개발팀에서 널리 사용되는 대표적인 객체지향 프로그래밍 언어이다. 자바로 소프트웨어를 개발할 때는 단순히 코드를 실행 가능한 상태로 작성하는 것만으로는 충분하지 않다. 코드를 읽기 쉽고, 이해하기 쉽게 작성하는 것 또한 개발자의 중요한 책임이다. 이를 위해 자바에서는 여러 가지 코딩 규칙coding convention을 따르는 것이 권장되고 있다.

다음은 코딩 규칙을 따를 때 얻을 수 있는 주요 효과이다. 이러한 효과를 얻기 위해, 개발자는 자바 코드 작성 규칙을 충분히 이해하고 실천할 필요가 있다.

■ **협업을 위한 기본 언어**

소프트웨어 개발은 대부분 한 사람이 아닌 여러 명이 함께 작업하는 협업 활동이다. 이때 각자 마음대로 코드를 작성한다면, 코드 스타일이 제각각이 되어 팀원 간에 코드를 읽고 이해하는 데 불필요한 시간과 에너지가 소모된다. 반면, 팀 전체가 동일한 코딩 규칙을 따르면 일관된 코드 스타일을 유지할 수 있어 다른 사람이 작성한 코드도 마치 내가 작성한 것처럼 자연스럽게 이해할 수 있다.

■ **유지보수성과 확장성 향상**

소프트웨어는 한번 만들고 끝나는 것이 아니라, 시간이 지나면서 기능을 추가하거나 오류를 수정하는 유지보수 작업이 필연적으로 발생한다. 이때 코딩 규칙을 지켜 잘 구조화된 코드는 이해하기 쉬우므로 기존 코드를 분석하고 수정하는 데 드는 시간을 줄일 수 있다. 반면 규칙 없이 작성된 코드는 구조가 복잡하고 의도를 파악하기 어려워, 작은 수정조차 위험을 동반하게 된다.

■ **오류 예방과 디버깅 효율 향상**

많은 자바 코딩 규칙은 단지 스타일 통일을 넘어서, 프로그래밍 실수를 줄이고 디버깅을 용이하게 하는 목적도 가진다. 예를 들어, 명확한 변수 명명 규칙은 변수의 역할을 직관적으로 파악할 수 있게 해주고, 블록 구조나 들여쓰기 규칙은 로직의 흐름을 한눈에 파악할 수 있도록 돕는다. 이러한 규칙 덕분에 잠재적인 오류를 사전에 방지하거나 빠르게 발견할 수 있다.

■ **자동화 도구와의 연계**

현대 개발 환경에서는 Checkstyle, PMD, SonarQube와 같이 코드 품질을 자동으로 검사하거나 정리해주는 도구가 널리 사용된다. 이러한 도구는 대부분 정해진 코딩 규칙을 기준으로 동작하므로, 초기부터 규칙을 지켜 작성한 코드는 자동화 도구와 잘 연동되어 개발 효율을 더욱 높일 수 있다.

여기서 잠깐! | 정적 코드 분석 도구

- Checkstyle: 자바 소스 코드의 코딩 스타일, 코드 규칙 준수 여부를 검사하는 정적 분석 도구이다.
- PMD: 자바 소스 코드를 분석하여 잠재적인 버그, 코드 냄새(Code Smells), 스타일 위반 등을 찾아주는 정적 코드 분석 도구이다.
- Cppcheck: C/C++ 소스 코드를 정적으로 분석하여 버그, 코드 스타일 문제, 안전성 이슈 등을 탐지하는 도구이다.

02 자바 코드 작성 규칙

1 소스 파일 기본 사항

■ **파일 이름**

소스 파일 이름을 어떻게 정해야 파일 이름만 봐도 그 안에 어떤 내용이 있는지 쉽게 파악할 수 있을까? 단순하게 생각해보면, 클래스 이름과 파일 이름을 동일하게 하면 이해하기 쉬울 것이다. 만일 파일 안에 여러 개의 클래스가 존재한다면 최상위 클래스 이름을 파일 이름으로 사용한다.

■ **파일 인코딩(UTF-8)**

소스 파일은 UTF-8로 인코딩된다. UTF-8Unicode Transformation Format-8bit은 문자 인코딩 방식 중 하나로, 전 세계 대부분의 문자를 표현할 수 있다.

2 명명 규칙

2.1 명명 규칙의 방식

자바에서 변수, 함수, 클래스, 메서드 등의 이름을 지을 때는 일정한 규칙을 따르는 것이 좋다. 이러한 규칙은 코드의 가독성을 높이고, 다른 개발자들이 더 쉽게 이해하고 사용할 수 있도록 도와준다. 명명 규칙은 다음과 같이 다섯 가지 방식을 따른다.

■ **파스칼 케이스PascalCase**

파스칼Pascal 언어에서처럼, 두 단어를 붙여 이름으로 사용할 때 각 단어의 첫 글자를 대문자로 작성한다.

예 `GameServer`, `EspressoMachine`

■ **카멜 케이스camelCase**

두 단어를 붙여 이름으로 사용할 때 첫 단어의 첫 글자는 소문자로, 두 번째 단어부터는 첫 글자를 대문자로 작성한다.

예 `gameServer`, `espressoMachine`

■ 스네이크 케이스snake_case

두 단어를 붙여 이름으로 사용할 때 두 단어 모두 첫 글자는 소문자를 사용하고, 단어 사이는 밑줄(_)로 구분한다. 파이썬에서는 많이 사용되지만, 자바에서는 변수나 클래스명에 사용하지 않는다.

예 `game_server, espresso_machine`

■ 케밥 케이스kebab-case

두 단어를 붙여 이름으로 사용할 때 두 단어 모두 첫 글자는 소문자를 사용하고, 단어 사이에는 하이픈(-)으로 구분한다. 그러나 이 방식은 자바에서 잘 사용하지 않는다.

예 `game-server, espresso-machine`

■ 어퍼 케이스UPPER_CASE

두 단어를 붙여 이름으로 사용할 때 두 단어 모두 대문자를 사용하고, 단어 사이는 밑줄(_)로 구분한다. 이 방식은 강조 효과가 있어, 주로 상수 변수를 나타낼 때 많이 사용한다.

예 `GAME_SERVER, ESPRESSO_MACHINE`

언어별 명명 규칙의 차이는 [표 8-1]과 같다.

표 8-1 언어별 명명 규칙 비교

명명 규칙	Java 사용 예	C++ 사용 예	Python 사용 예	주요 용도
PascalCase	MyClass	MyStruct	MyClass	클래스, 타입명
camelCase	myVar	calculateArea	×(비권장)	변수, 메서드(Java/C++)
snake_case	×	read_file	get_user_info	함수, 변수(Python 기본)
kebab-case	×	×	×	파일명, URL 등 외부 표현용
UPPER_CASE	MAX_SIZE	BUFFER_SIZE	API_KEY	상수 표현

2.2 명명 규칙의 적용

명명 규칙, 즉 이름을 정하는 방식은 코드를 읽기 쉽고 이해하기 쉽게 만들어 가독성과 유지보수성을 높여준다. 또한 식별자를 통해서 기능에 대한 정보도 얻을 수 있다. 예를 들어 이름만 보고도 그것이 클래스인지, 상수인지, 패키지인지 알 수 있도록 도와준다. 이러한 정보는 코드를 이해하는 데 많은 도움이 된다.

■ 패키지

패키지 이름은 모두 소문자로 작성하며, 두 단어 이상일 경우에도 단어 사이에 밑줄(_)이나 대문자를 사용하지 않는다.

나쁜 예	좋은 예
package com.design_pattern.strategy; package com.designPattern.strategy;	package com.designpattern.strategy;

■ 클래스

클래스 이름은 간단하고 의미 전달이 명확한 명사로 작성하며, 첫 글자는 대문자로 한다. 복합 단어일 경우, 각 단어의 첫 글자를 모두 대문자로 작성한다.

나쁜 예	좋은 예
public class toast public class Milkbread	public class Toast public class MilkBread

■ 인터페이스

인터페이스 이름은 명사 또는 형용사를 사용하며, 첫 글자는 대문자로 작성한다. 복합 단어일 경우에도 각 단어의 첫 글자는 대문자로 한다. 의미를 잘 전달하기 위해 동사형 형용사를 사용하는 것이 권장된다.

나쁜 예	좋은 예
public interface transferable public interface bussubwaytransferable	public interface Transferable public interface BusSubwayTransferable

■ 메서드

메서드 이름은 기능을 나타내는 동사로 작성하며, 소문자로 시작한다. 복합 단어일 경우, 첫 단어는 소문자, 두 번째 단어부터는 첫 글자를 대문자로 작성한다.

나쁜 예	좋은 예
public void Return() public void returntitle()	public void return() public void returnTitle()

■ 변수

변수 이름은 소문자로 시작하며, 복합 단어일 경우 두 번째 단어부터는 첫 글자를 대문자로 작성한다. 또한 다음과 같은 규칙을 따른다.

- 변수명은 밑줄(_) 또는 달러($) 기호로 시작할 수 있지만, 특별한 경우가 아니라면 사용을 피하는 것이 좋다.
- 변수명은 의미가 명확하고 사용 의도를 나타낼 수 있도록 작성한다.
- 한 글자 변수명은 가급적 사용하지 않되, 임시 변수의 경우에는 예외적으로 사용할 수 있다. 예를 들어, 반복문에서의 인덱스 변수는 i, j, k, m, n(정수형 int)을 문자 데이터를 다룰 때는 c, d, e(문자형 char)를 사용하는 것이 일반적이다.

<table>
<tr><th>나쁜 예</th><th>좋은 예</th></tr>
<tr><td><pre>
Title, Userinfolist // 변수명 규칙 위반
_temp, $value // 특별한 경우만 사용하고 가능한
                 사용 안 함
x, data   // 의미가 포괄적이고 모호함
for (int indexCounterVariable = 0;
indexCounterVariable < 10;
indexCounterVariable++) { System.out.
println(indexCounterVariable);
} // 인덱스 변수명이 지나치게 길어 가독성 떨어짐
</pre></td><td><pre>
title, userInfoList // 변수명 규칙을 잘 따름
temp, value
count, fileName   // 반복 횟수와 파일명을 나타
                     내는 의미 있는 변수명
for (int i = 0; i < list.size(); i++) {
   char c = input.charAt(i);
}
</pre></td></tr>
</table>

■ 상수

상수 이름은 모두 대문자로 작성하며, 복합 단어일 경우에는 단어 사이를 밑줄(_)로 연결한다.

나쁜 예	좋은 예
`public static final double PiValue = 3.14159;` `public static final double pi_value = 3.14159;`	`public static final double PI_VALUE = 3.14159;`

■ boolean 타입의 변수

boolean 타입 변수는 'is' 접두사를 사용하여 일반 변수와 구분할 수 있도록 한다. 이름은 소문자로 시작하며, 복합 단어일 경우 두 번째 단어부터는 첫 글자를 대문자로 작성한다.

나쁜 예	좋은 예
`boolean isopen;`	`boolean isOpen;`

3 선언

클래스, 필드, 메서드, 변수 값, import 문 등을 선언할 때 다음의 규칙을 따른다.

■ **클래스의 탑 레벨: 오직 1개**

하나의 소스 파일에 클래스가 2개 이상 선언되어 있다면, 어느 것이 주요 클래스인지 구분해야 한다. 이때 주요하지 않은 클래스는 한 단계 들여쓰기하여 내부 클래스임을 명확히 나타낸다.

나쁜 예	좋은 예

public class DesignPattern {
}
class Strategy {
}
	public class DesignPattern {
	    class Strategy {
	    }
	}

■ **클래스 import: 모든 클래스명 다 쓰기**

클래스를 import 할 때는 와일드카드(*)를 사용하지 않고, 사용할 클래스명을 명시적으로 모두 작성한다. 단, static import에서는 예외적으로 와일드카드를 사용할 수 있다.

나쁜 예	좋은 예
import java.util.*;	import java.util.Scanner;

■ **주석과 코드: 같은 줄 또는 위 줄**

주석은 해당 코드와 같은 줄에 또는 그 위 줄에 쓴다. 단, 클래스, 인터페이스, 메서드, 생성자에 대한 주석은 선언문과 같은 줄이 아닌, 그 위 줄에 작성해야 한다. 또한 매개변수가 없는 간단한 변수 선언에 대한 주석은 같은 줄에 선언할 수 있다.

나쁜 예

```
public class User { // 클래스 주석은 위 줄
    // 변수 선언은 같은 줄
    private String name;

    public User(String name) {
    // 생성자 주석은 위 줄
        this.name = name;
    }

    public String getName() {
    // 메서드 주석은 위 줄
        return name;
    }
}
```

좋은 예

```
// 클래스 주석은 위 줄
public class User {
    private String name; // 사용자의 이름

    // 생성자 주석은 위 줄
    public User(String name) {
        this.name = name;
    }

    // 메서드 주석은 위 줄
    public String getName() {
        return name;
    }
}
```

■ **한 줄, 한 문장**

한 문장statement의 끝은 세미콜론(;)으로 마무리한다. 따라서 한 줄에 여러 문장을 나열하지 않고, 각 문장은 별도의 줄에 작성한다.

나쁜 예	좋은 예
`int length = 5; int width = 2;`	`int length = 5;` `int width = 2;`

■ **하나의 선언문, 하나의 변수**

변수 선언문에서는 한 문장에서 하나의 변수만을 다룬다.

나쁜 예	좋은 예
`int length, width;`	`int length;` `int width;`

■ **배열의 대괄호 위치: 타입 뒤**

배열에 사용하는 대괄호([,])는 변수명 뒤가 아닌, 타입의 바로 뒤에 붙인다.

나쁜 예	좋은 예
`String title[];`	`String[] title;`

■ **long 타입: 숫자 끝에 L 붙이기**

long 타입의 숫자 끝에는 long 타입임을 쉽게 알 수 있도록 대문자 L을 붙인다.

나쁜 예	좋은 예
`long population = 8000000l;`	`long population = 8000000lL;`

■ **특수문자: 문자 리터럴 사용**

자바에서는 특수문자를 이스케이프 시퀀스escape sequence로 표현한다. 이스케이프 시퀀스는 역슬래시(\)로 시작하며, 문자 리터럴 또는 문자열 리터럴에서 사용한다. 자바에서 특별한 의미를 가지는 문자들은 숫자로 된 아스키코드보다 문자 리터럴을 사용하는 것이 일반적이다.

표 8-2 자주 사용하는 특수문자 리터럴과 의미

문자 리터럴	의미	아스키코드	설명
\b	backspace	8	앞 문자 삭제
\f	form feed	12	다음 페이지로 넘기기
\n	line feed	10	줄 바꿈
\r	carriage return	13	줄 맨 앞으로 이동
\t	horizontal tab	9	커서를 오른쪽으로 일정 간격 이동
\\	backslash	92	역슬래시

나쁜 예	좋은 예
`System.out.println("---\008---");`	`System.out.println("---\b---");`

4 들여쓰기

자바 코딩 규칙에서 들여쓰기는 코드의 가독성과 유지보수성을 높이는 데 중요한 역할을 한다. 올바른 들여쓰기는 코드의 구조를 한눈에 파악할 수 있게 해주며, 팀 프로젝트에서 협업을 원활하게 만들어 준다.

■ 탭 사용

들여쓰기는 한 번에 몇 칸씩 건너뛰는 탭tab을 사용한다. 탭의 크기는 2칸, 4칸, 8칸을 많이 사용하는데, 어떤 크기를 사용할지는 팀에서 합의하여 정하되, 보통은 4칸을 많이 사용한다.

■ 블록 들여쓰기

클래스, 메서드, 제어문 등의 코드 블록을 작성할 때는 중괄호({, })를 사용하고, 블록 내부 코드는 한 단계 들여쓰기한다.

나쁜 예

```
if (x > 0) {
System.out.println("Positive");
} else {
System.out.println("Negative");
}
```

좋은 예

```
if (x > 0) {
    System.out.println("Positive");
} else {
    System.out.println("Negative");
}
```

■ 연속 줄 처리(줄 바꿈 후 들여쓰기)

조건문이나 메서드 호출이 한 줄에 다 들어가지 않을 경우, 다음 줄부터는 일정하게 들여쓰기하여 가독성을 높인다.

나쁜 예	좋은 예

boolean isEligible = (user.getAge() > 18) &&
(user.getScore() >= 60) &&
!user.isSuspended();
	boolean isEligible = (user.getAge() >1 8) &&
	    (user.getScore() >= 60) &&
	    !user.isSuspended();

■ **switch 문 들여쓰기**

switch 블록 안의 case와 default는 한 단계 들여쓰기하고, 각 블록 내부의 실행문은 다시 한 번 들여쓰기한다.

나쁜 예

```
switch (grade) {
    case "A":
    System.out.println("Excellent");
    break;
    case "B":
    System.out.println("Good");
    break;
    default:
    System.out.println("Try harder");
    break;
}
```

좋은 예

```
switch (grade) {
    case "A":
        System.out.println("Excellent");
        break;
    case "B":
        System.out.println("Good");
        break;
    default:
        System.out.println("Try harder");
        break;
}
```

■ **중첩 구조의 들여쓰기**

코드 블록이 중첩될수록 들여쓰기 수준도 함께 깊어진다.

나쁜 예

```
for (int i = 0; i < 10; i++) {
    if (i % 2 == 0) {
    System.out.println(i + " is even");
    }
}
```

좋은 예

```
for (int i = 0; i < 10; i++) {
    if (i % 2 == 0) {
        System.out.println(i + " is even");
    }
}
```

5 중괄호 사용 규칙

자바 코딩 규칙에서 중괄호({, }) 사용은 코드의 가독성과 일관성을 높이는 데 매우 중요하다. 다음은 자바에서 중괄호를 사용하는 일반적인 규칙에 관해 설명한다.

■ **항상 중괄호를 사용**

자바 코딩 규칙은 단일 문장이라도 중괄호를 생략하지 않는 것을 권장한다. 이렇게 하면 조건문이나 반복문이 확장될 때 실수를 예방할 수 있고, 코드 구조도 더 명확하게 유지할 수 있다.

나쁜 예	좋은 예

`if (condition)`
`    doSomething();`
	`if (condition) {`
	`    doSomething();`
	`}`

■ **중괄호의 위치: K&R 스타일**

중괄호를 사용할 때 일정한 규칙을 따르면 좋은데, 대표적인 방식이 K&R 스타일Kernighan and Ritchie style이다. 이 스타일은 여는 중괄호({)는 줄의 마지막에 쓰고, 닫는 중괄호(})는 블록의 다음 줄에 단독으로 쓴다. 그러나 else, catch, finally, 그리고 do-while 구문에서 while은 닫는 중괄호와 같은 줄에 쓴다.

나쁜 예	좋은 예

`if (x > 0)`
`{`
`    System.out.println("Positive"); }`
`else`
`{   System.out.println("Negative");}`
	`if (x > 0) {`
	`    System.out.println("Positive");`
	`} else {`
	`    System.out.println("Negative");`
	`}`

■ **빈 블록일 때의 중괄호 사용 방법**

블록 안에 실행할 코드가 없다면, 별도의 빈 줄을 만들지 말고 여는 중괄호와 닫는 중괄호를 같은 줄에 작성하는 것이 좋다.

나쁜 예	좋은 예

`public void close() {`
 	
`}`
	`public void close() {}`

■ **중첩 구조에서의 들여쓰기와 중괄호 정렬**

중첩된 조건문이나 반복문에서도 중괄호의 위치와 들여쓰기를 일관되게 적용하는 것이 중요하다.

나쁜 예	좋은 예

<pre>for (int i = 0; i < 10; i++)
{
    if (i % 2 == 0)
    {System.out.println(i + " is even");
    }
    else {System.out.println(i + " is
odd");}
}</pre>
	<pre>for (int i = 0; i < 10; i++) {
	    if (i % 2 == 0) {
	        System.out.println(i + " is even");
	    } else {
	        System.out.println(i + " is odd");
	    }
	}</pre>

6 줄 바꿈

자바 컴파일러는 이론적으로 한 줄에 수천 자를 작성해도 상관없다. 그러나 너무 긴 한 줄은 읽기 어렵고, 코드 리뷰나 협업 과정에서도 비효율적이다. 따라서 적절한 위치에서 줄을 바꾸는 것이 좋다.

■ **최대 줄 너비: 120자 이내 권장**

줄 바꿈 기준으로 일반적으로 120자를 넘기지 않도록 하며, 구글 자바 스타일 가이드에서는 100자 이내를 권장한다. 프로젝트나 팀의 코드 스타일에 따라 기준을 명확히 정해두는 것이 좋다.

■ **package와 import: 항상 별도의 줄에 작성**

package와 import는 항상 별도의 줄에 쓰되, package 선언은 가장 위에 위치하며 파일당 한 번만 쓴다. 필요한 클래스나 package를 불러오기 위한 import 문은 package 선언 다음에 한 줄을 띄워서 작성하고, 또 한 줄을 띄워 클래스나 인터페이스를 선언한다.

나쁜 예	좋은 예

<pre>// package와 import는 같은 줄에 쓰지 않는다.
package com.example.myapp; import java.util.List;</pre>
	<pre>package com.example.myapp;
	
	import java.util.List;
	import java.util.ArrayList;
	
	public class MyClass {
	    // 클래스 내용
	}</pre>

■ **연속 줄 처리: 줄 바꿈 후 들여쓰기**

조건문이나 메서드 호출이 여러 줄에 걸치는 경우, 두 번째 줄부터 적절히 들여쓰기를 사용한다.

나쁜 예	좋은 예

boolean isEligible = (user.getAge() > 18) &&
(user.getScore() >= 60) &&
!user.isSuspended();
	boolean isEligible = (user.getAge() > 18) &&
	    (user.getScore() >= 60) &&
	    !user.isSuspended();

■ 줄 바꿈 허용 위치

줄 바꿈은 코드의 가독성을 유지하면서 문법적으로 올바르게 작성하는 것이 중요하다. 구글 자바 스타일 가이드는 줄 바꿈이 허용되는 위치를 다음과 같이 제시한다.

① 연산자 앞

연산자는 다음 줄의 앞에 배치하도록 권장한다. 여기서 허용되는 연산자는 산술 연산자(+, −, *, /, %), 비교 연산자(==, !=, <, <=, >, >=), 논리 연산자(&&, ||, !, ^, &), 대입 연산자(=, +=, −=, *=, /=, %=, &= 등)가 있다.

나쁜 예	좋은 예

int result = a + b +
        c + d;
	int result = a + b
	    + c + d;

② 메서드 호출 체인 시 점(.) 앞

메서드 체이닝method chaining에서 줄이 길어질 경우, 점(.) 연산자는 다음 줄의 앞에 위치한다.

나쁜 예	좋은 예

someObject.
    methodOne().
    methodTwo().
    methodThree();
	someObject
	    .methodOne()
	    .methodTwo()
	    .methodThree();

③ 괄호 안에서 줄 바꿈(인자 목록, 제네릭 등)

메서드 호출이나 정의 시 인자 목록이 길 경우, 각 인자를 줄 바꿈하고 들여쓰기를 적용한다.

나쁜 예	좋은 예

myMethod(
longArgumentName1, longArgumentName2,
anotherLongArgument
);
	myMethod(
	    longArgumentName1,
	    longArgumentName2,
	    anotherLongArgument
	);

④ if, for, while 등의 조건식이 길 때

if, for, while 등의 조건식이 길어질 경우에는 연산자 기준으로 줄을 바꾸고, 연산자는 다음 줄 앞에 위치시킨다.

나쁜 예	좋은 예

if (someLongCondition &&
anotherCondition
&& yetAnotherCondition) {
    // ...
}
	if (someLongCondition
	    && anotherCondition
	    && yetAnotherCondition) {
	    // ...
	}

⑤ throws 절이 긴 경우 줄 바꿈

throws 절이 길 때는 중간에서 임의로 줄을 바꾸면 들여쓰기와 구분이 없어 가독성이 떨어진다. 따라서 throws 절 전체를 새 줄로 내려 들여쓰기하거나, 예외가 많을 경우 각 예외를 한 줄씩 나누어 정렬하면 일관성과 가독성을 높일 수 있다.

나쁜 예 : 무분별한 위치에서 줄 바꿈

```
public void processRequest(String request) throws IOException, SQLException,
InterruptedException, ClassNotFoundException, TimeoutException {
    // 처리 로직
}
```

좋은 예 1 : 들여쓰기를 이용한 정렬

```
public void processRequest(String request)
    throws IOException, SQLException, InterruptedException,
        ClassNotFoundException, TimeoutException {
    // 처리 로직
}
```

좋은 예 2 : 각 예외를 한 줄에 하나씩 정리(예외가 많을 때 추천)

```
uublic void processRequest(String request)
    throws IOException,
        SQLException,
        InterruptedException,
        ClassNotFoundException,
        TimeoutException {
    // 처리 로직
}
```

7 빈 줄의 활용

코드에서 서로 다른 기능 블록 사이에 빈 줄을 적절히 넣으면 가독성을 높인다. 예를 들어 필드 선언과 생성자 사이, 생성자와 메서드 사이처럼 구성 요소가 바뀌는 부분에 공백 줄을 추가하면 코드 흐름을 이해하기 쉬워진다.

■ package와 문장 사이: 빈 줄

나쁜 예	좋은 예
package com.designpattern.strategy;	package com.designpattern.strategy;
import java.util.Date;	
	import java.util.Date;

■ 서로 다른 import 그룹 간: 빈 줄

import 문에서 서로 다른 범주의 패키지(java.*, javax.*, org.*, com.* 등)는 각기 다른 범주로 보고 한 줄을 띄워 구분한다.

나쁜 예	좋은 예
import java.util.List;	import java.util.List;
import java.util.Map;	import java.util.Map;
import javax.swing.JButton;	
	import javax.swing.JButton;

■ 클래스 선언과 필드 선언 사이: 빈 줄 없음

클래스 선언부와 필드 선언 사이에는 보통 빈 줄을 사용하지 않는다. 그러나 생성자, 메서드, 내부 클래스 등 구성 요소가 바뀌는 부분에는 빈 줄을 추가해 가독성을 높인다.

나쁜 예

```
public class MyClass {

    private int count;
    private String name;
    public MyClass() {
        // 생성자
    }
}
```

좋은 예

```
public class MyClass {
    private int count;
    private String name;

    public MyClass() {
        // 생성자
    }
}
```

■ 메서드 간의 사이: 빈 줄

메서드와 메서드 사이는 빈 줄을 넣어 가독성을 높인다.

나쁜 예	좋은 예

`public void start() {`
`    // ...`
`}`
`public void stop() {`
`    // ...`
`}`
	`public void start() {`
	`    // ...`
	`}`
	
	`public void stop() {`
	`    // ...`
	`}`

8 공백

■ 제어문과 여는 괄호 사이: 공백

제어문 키워드(if, for, while, catch, synchronized, switch) 뒤에 나오는 여는 괄호(()는 한 칸 띄우고 쓴다.

나쁜 예	좋은 예
`if(x==y)`	`if (x == y)`

■ 식별자와 여는 괄호 사이: 공백 없음

식별자(생성자, 메서드 선언, 호출, 주석)와 여는 괄호(() 사이는 공백 없이 붙여 쓴다.

나쁜 예	좋은 예

`int sum (int a, int b) {`
`    return a + b;`
`}`
	`int sum(int a, int b) {`
	`    return a + b;`
	`}`

■ 연산자 앞·뒤: 공백

연산자(=, +, −, *, ==, <, &&, || 등)의 앞 · 뒤에는 한 칸 공백을 둔다.

나쁜 예	좋은 예
`int sum=a+b;` `if (x==y)`	`int sum = a + b;` `if (x == y)`

■ 콤마 다음: 공백

파라미터 목록, 배열, 반복문 등에서 콤마(,) 다음에는 공백을 추가한다.

나쁜 예	좋은 예
String[] names = {"Alice","Bob","Charlie"}; methodCall(a,b,c);	String[] names = {"Alice", "Bob", "Charlie"}; methodCall(a, b, c);

■ 닫는 대괄호 뒤: 공백

닫는 대괄호(]) 뒤에는 한 칸 띄우고 문장을 시작한다.

나쁜 예	좋은 예
int[]masks = new int[]{0, 1, 1};	int[] masks = new int[] {0, 1, 1};

■ 여는 중괄호 앞, 닫는 중괄호 뒤: 공백

여는 중괄호({)는 앞에, 닫는 중괄호(})는 뒤에 한 칸을 띄우고 else, catch 등의 키워드를 사용한다.

나쁜 예	좋은 예

if (number > 0){
    System.out.println("양수");
}else {
    System.out.println("0 이하");
}
	if (number > 0) {
	    System.out.println("양수");
	} else {
	    System.out.println("0 이하");
	}

■ < 앞·뒤: 공백 없음, > 앞: 공백 없고 > 뒤: 공백

- < 앞 · 뒤에는 공백을 두지 않는다. 단, 제네릭 메서드 선언에서 < 앞은 한 칸 띄어 쓴다.
- > 앞의 단어는 공백 없이 붙여 쓰고, > 뒤의 단어는 한 칸 띄우고 쓴다. 단, > 다음에 오는 문자가 메서드 참조(::), 여는 괄호((), 메서드 이름인 경우에는 공백 없이 붙여 쓴다.

나쁜 예	좋은 예

List <String>list = new
ArrayList<String>();
 	
public static<T>void printItem(T item) {
        System.out.println(item);
}
 	
optional.<String> stream().
forEach(System.out
::println);
	List<String> list = new
	ArrayList<String>();
	
	public static <T> void printItem(T item) {
	        System.out.println(item);
	}
	
	optional.<String>stream().forEach(System.
	out
	::println);

■ **콤마와 세미콜론 뒤: 공백**

콤마(,)와 반복문(while, for)의 구분자로 쓰이는 세미콜론(;) 뒤에는 한 칸 띄운다.

나쁜 예	좋은 예

`int a = 1,b = 2,c = 3;`
`for (int i = 0;i < 10;i++) {`
`    System.out.println(i);`
`}`
	`int a = 1, b = 2, c = 3;`
	`for (int i = 0; i < 10; i++) {`
	`    System.out.println(i);`
	`}`

■ **이항/삼항 연산자의 앞·뒤: 공백**

이항 연산자(=, +, −, *, /, == 등)와 삼항 연산자(?, :)의 앞 · 뒤에는 각각 한 칸 띄운다.

나쁜 예	좋은 예

`int sum=a+b;`
 	
`boolean isAdult=age>=18?true:false;`
	`int sum = a + b;`
	
	`boolean isAdult = age >= 18 ? true : false;`

■ **콜론의 앞·뒤: 공백**

반복문과 삼항 연산자에서 콜론(:)의 앞 · 뒤에는 한 칸 띄운다.

나쁜 예	좋은 예

`int max = (a > b) ?a: b;`
 	
`for (int num:numbers) {`
`    System.out.println(num);`
`}`
	`int max = (a > b) ? a : b;`
	
	`for (int num : numbers) {`
	`    System.out.println(num);`
	`}`

■ **단항 연산자와 연산 대상 사이: 공백 없음**

단항 연산자(++a, −−b, a++, b−−, +, −, ~, !)와 연산 대상의 사이는 붙여 쓴다.

나쁜 예	좋은 예

`int x = 5;`
`int y = - x;`
`boolean flag = true;`
`boolean result = ! flag;`
`x ++;`
`-- x;`
	`int x = 5;`
	`int y = -x;`
	`boolean flag = true;`
	`boolean result = !flag;`
	`x++;`
	`--x;`

■ **주석 기호(//, /*, */)의 앞·뒤: 공백**

주석 기호의 앞 · 뒤에는 한 칸 띄운다.

<table>
<tr><th>나쁜 예</th><th>좋은 예</th></tr>
<tr><td><pre>/*반복문 시작*/
for (int i = 0; i < 10; i++) {
    count++; //카운터 증가
}</pre></td><td><pre>/* 반복문 시작 */
for (int i = 0; i < 10; i++) {
    count++; // 카운터 증가
}</pre></td></tr>
</table>

01 자바의 변수명 작성 규칙에 대한 설명으로 옳지 않은 것은? 정보처리기사 변형

① 대 · 소문자를 구분한다.

② 변수명에 $를 사용할 수 있다.

③ 첫 자리에 숫자를 사용할 수 있다.

④ 예약어는 변수명으로 사용할 수 없다.

02 누구나 쉽게 이해할 수 있고, 수정이나 기능 추가가 용이한 단순하고 명확한 코드를 의미하는 것은? 정보처리기사 변형

① 나쁜 코드

② 클린 코드

③ 외계인 코드

④ 스파게티 코드

참고 |

- 나쁜 코드(Bad Code): 읽기 어렵고 이해하기 힘들며, 유지보수가 어려운 코드
- 클린 코드(Clean Code): 누구나 읽고 이해하기 쉬우며, 유지보수가 용이한 코드
- 외계인 코드(Alien Code): 가독성이 떨어지고, 논리나 목적이 쉽게 파악되지 않아 유지보수가 어려운 코드
- 스파게티 코드(Speghetti Code): 구조화되지 않고 복잡하게 얽혀 있어 이해하기 어렵고 유지보수가 힘든 코드

03 소프트웨어를 더욱 쉽게 이해할 수 있고 적은 비용으로 수정할 수 있도록 겉으로 보이는 동작의 변화 없이 내부 구조를 변경하는 것은? 정보처리기사 변형

① Renewal

② Refactoring

③ Architecting

④ Specification

참고 |

- 리뉴얼(Renewal): 기존에 존재하던 것의 기능, 구조, 디자인 등을 새롭게 개선하거나 갱신하는 것
- 리팩토링(Retactoring): 외부 동작은 유지하면서 코드의 내부 구조를 개선하는 작업

04 리팩토링과 관련한 설명으로 가장 옳지 않은 것은? 2022 서울시

① 리팩토링을 통해 성능 개선이 이루어지기도 한다.

② 소프트웨어에 대한 가독성과 이해도를 높일 수 있다.

③ 내부 구조의 변경 없이 외부 인터페이스와 기능을 변경할 수 있다.

④ 리팩토링이 필요한 코드의 징후를 코드 스멜(codesmell)이라고 한다.

참고 |

코드 스멜(codesmell): 겉보기에는 동작에 문제가 없지만, 유지보수나 확장에 문제가 될 수 있는 코드의 설계상 '이상 신호'를 말한다.

05 다음 중 자바에서 클래스 이름의 명명 규칙으로 옳지 않은 것은?

① 의미 있는 명사 사용

② 첫 글자는 대문자로 시작

③ PascalCase 스타일 사용

④ 복합 단어는 스네이크 케이스 사용

참고 |

스네이크 케이스(snake_case): 파이썬에서는 많이 사용되지만, 자바에서는 변수나 클래스명에 사용하지 않는다.

06 다음 중 자바에서 메서드 이름의 명명 방식으로 가장 적절한 것은?

① ReturnTitle

② return_title

③ returntitle

④ returnTitle

07 다음 중 자바에서 boolean 변수를 선언할 때 가장 권장되는 명명 방식은?

① isopen

② isOpen

③ IsOpen

④ boolOpen

08 다음 중 자바에서 상수(constant) 변수의 명명 방식으로 가장 적절한 것은?

① PiValue　　② pi_value

③ Pi_Value　　④ PI_VALUE

09 다음 중 자바에서 패키지 명명 규칙으로 적절하지 않은 것은?

① 소문자만 사용

② 대문자 사용 가능

③ 언더스코어(_) 사용 가능

④ 도메인 이름의 역순 사용

10 다음 중 자바에서 중괄호({ }) 사용 시 권장되는 스타일은?

① 닫는 중괄호를 생략해도 무방

② 중괄호를 생략하여 코드 간결화

③ 여는 중괄호를 다음 줄로 내리는 BSD 스타일

④ 여는 중괄호를 if문과 같은 줄에 작성하는 K&R 스타일

11 다음 선언이 잘못된 이유로 가장 적절한 것은?

```
int length, width;
```

① 변수 이름이 의미가 없어서

② 변수 타입을 명시하지 않아서

④ int는 원시 타입이 아니기 때문에

③ 한 줄에 여러 변수 선언은 권장되지 않아서

12 다음 코드에서 줄 바꿈 규칙 위반이 있는 위치를 고르시오.

```
int result = a + b +
        c + d;
```

① 줄 길이가 너무 짧다.

② + 연산자가 앞에 있어야 한다.

③ + 연산자 뒤에 줄 바꿈이 와야 한다

④ a + b가 하나의 식이기 때문에 줄 바꿈을 하면 안 된다.

13 다음 중 연산자 앞뒤에 공백이 필요하지 않은 경우는?

① 대입 연산자 =

② 단항 연산자 ++, --, !

③ 산술 연산자 +, -, *, /

④ 비교 연산자 ==, >=, !=

14 다음 중 자바 코딩 규칙에 따라 올바르게 들여쓰기가 된 switch 문은?

① case 들여쓰기 없음

② 여는 중괄호가 다음 줄에 있음

③ case는 맞지만, 내부 문장이 잘못 들여쓰기 됨

④ case, break, 내부 로직 모두 적절하게 들여쓰기

15 다음 중 코드의 자동 포매터나 정적 분석 도구와 가장 밀접하게 관련된 자바 코딩 규칙은?

① UTF-8 인코딩 사용

② 중괄호 사용의 일관성

③ 명명 규칙에서 변수의 의미 전달

④ 자동화 도구가 따르는 코딩 규칙 준수

16 다음 중 자바에서 복합 명명 규칙을 각각의 항목에 가장 적절히 적용한 조합은?

① 클래스: user_info, 변수: UserInfo, 상수: UserInfo

② 클래스: userInfo, 변수: user_info, 상수: User_Info

③ 클래스: UserInfo, 변수: userInfo, 상수: USER_INFO

④ 클래스: USERINFO, 변수: User_info, 상수: user_info

17 다음 중 자바에서 들여쓰기와 관련된 설명 중 옳은 것을 모두 고른 것은?

(ㄱ) 줄 바꿈 시 연산자는 다음 줄의 앞에 위치시킨다.
(ㄴ) switch 문의 case와 default는 동일한 들여쓰기 레벨로 유지한다.
(ㄷ) 조건문, 반복문, 메서드 블록 등은 중괄호와 함께 들여쓰기를 한다.
(ㄹ) 클래스 내 메서드 간에는 공백 줄 없이 바로 이어서 작성하는 것이 권장된다.

① (ㄱ), (ㄴ) ② (ㄱ), (ㄷ)

③ (ㄴ), (ㄹ) ④ (ㄱ), (ㄴ), (ㄷ)

18 다음 코드 중 자바 코딩 규칙 위반이 가장 많이 포함된 예시는?

① int count = 0; int total = 10;

③ String[ ]names = {"Kim","Lee","Park"};

④ public static final double PI = 3.14159;

② for(int i=0;i<list.size( );i++){System.out.println(i);}

19 다음 설명에 해당하는 코드 악취(Code Smell)로 가장 적절한 것은? 2025 군무원

> 객체의 핵심은 데이터와 이에 사용되는 프로세스를 통합하는 것에 있다. 하나의 메소드가 소속되지 않은 클래스에 더 많이 접근한다면 메소드의 작성이 잘못된 것이다. 잘못 작성된 메소드가 흔히 접근하는 대상은 데이터이기 때문에 자주 접근하는 데이터가 있는 클래스로 메소드가 배치되어야 한다.

① 변경의 발산(Divergent Change)

② 변경의 분산(Shotgun Surgery)

③ 지나친 관여(Inappropriate Intimacy)

④ 속성, 조작의 부적절한 관계(Feature Envy)

20 다음은 자바로 작성된 클래스 선언이다. 이 코드가 자바 코딩 규칙에 어긋나는 이유를 3가지 이상 서술하시오.

```
public class milkbread {
    private String UserName;
    public void Getname() {
        return username;
    }
}
```

21 자바에서 사용하는 명명 규칙(PascalCase, camelCase, snake_case, UPPER_CASE)에 대해, 각 규칙이 일반적으로 어떤 식별자에 사용되는지 설명하시오.

22 다음 코드는 줄 바꿈과 공백 규칙을 여러 곳 위반하고 있다. 자바 코딩 규칙에 따라 올바르게 수정하시오.

```
if(x==10&&y>5){
System.out.println("조건 만족");}
```

23 정적 분석 도구(예 Checkstyle, SonarQube)와 자바 코드 작성 규칙은 어떤 관계가 있는가? 그리고 코딩 규칙을 준수하는 것이 이러한 도구와의 연계 측면에서 가지는 이점을 구체적으로 설명하시오.

24 다음 자바 코드는 중괄호와 들여쓰기 규칙을 위반하고 있다. 위반된 부분과 그 이유를 설명하고, 자바 코딩 규칙에 따라 올바르게 수정하시오.

```
for (int i = 0; i < 10; i++)
{
if (i % 2 == 0)
{
System.out.println(i);
}
}
```

Chapter

09

테스트

학습목표

- 소프트웨어 테스트의 목적과 프로세스를 이해한다.
- 다양한 테스트 기법(시각, 목적, 실행 여부, 개발 단계)에 따른 분류 체계를 설명할 수 있다.
- 블랙박스·화이트박스 테스트의 원리와 기법을 비교할 수 있다.
- 개발 단계별 테스트(V 모델)의 구조와 적용 방법을 이해한다.

01 테스트의 이해

1 테스트의 필요성

고사성어 중에 '사후약방문死後藥方文'이라는 말이 있다. 그대로 풀이하면 '사람이 죽은 뒤에 약을 짓는다.'라는 뜻인데, 이는 일을 그르친 뒤에는 아무리 뉘우쳐봐야 이미 늦었다는 의미다. 갑자기 고사성어를 꺼낸 이유가 뭘까? 이 말이 [그림 9-1]의 상황과 닮았기 때문이다.

높은 곳에서 사람이 떨어질 가능성에 대비해 밑에 구급차를 대기시키는 것보다, 애초에 절벽 위에 울타리를 쳐 놓는 것이 훨씬 안전하다. 소프트웨어 개발 과정에서 '테스트'는 이 울타리에 비유할 수 있다. 소프트웨어를 이미 출시해 사용하고 있는 상황에서 오류가 발견되면, 그걸 고치는 데는 시간과 비용이 많이 든다. 이 장에서는 바로 그런 오류를 미리 찾아내기 위한 테스트에 대해 다룬다. 먼저 일반적인 테스트가 어떤 것인지, 그리고 소프트웨어 공학에서 말하는 테스트는 무엇이 다른지부터 살펴보자.

그림 9-1 테스트가 주는 교훈(사고 후 대응보다 사전 예방이 중요하다)

'테스트'라고 하면 학생들이 제일 먼저 떠올리는 것은 중간고사나 기말고사 같은 시험일 것이다. 학교에서는 학생들이 그동안 학습한 내용을 얼마나 이해하고 있는지 파악하기 위해 시험을 치르는데, 이 시험이 테스트다. 학교뿐 아니라 일상에서도 테스트는 많다. 예를 들어 TV나 휴대전화 같은 전자제품은 생산 과정에서 여러 가지 테스트를 거쳐야 출하된다.

요즘은 자동차에도 소프트웨어가 아주 많이 들어간다. 어떤 사람들은 자동차를 하나의 'IT 기기'라고 부를 정도다. 특히 자율주행차는 소프트웨어 없이는 제대로 작동하지 않는다. 실제로 자율주행차의 제조 원가에서 소프트웨어가 차지하는 비중도 계속 늘고 있다.

그만큼 소프트웨어의 오류가 사고로 이어지는 일도 점점 많아지고 있다. 최근 리콜 차량의 원인을 보면 기계적인 결함보다 소프트웨어 결함인 경우가 많아지고 있다. 자동차뿐만 아니라 항공기, 의료기기 등 다양한 산업 장비에 소프트웨어가 들어가면서, 소프트웨어 오류로 인한 사고도 늘고 있다. [표 9-1]은 소프트웨어 오류로 인해 발생한 실제 사고 사례를 정리한 것이다. 이 사례들을 통해 소프트웨어 테스트가 얼마나 중요한 역할을 하는지 다시 한번 생각해보자.

표 9-1 소프트웨어 오류로 인한 주요 사고 사례

[사례 1] 부동소수점 연산 오차로 인한 사고	
사고 개요	걸프전 당시, 패트리어트 미사일이 이라크의 스커드 미사일을 요격하는 데 실패하면서 사우디아라비아에 주둔 중이던 수십 명의 미군이 사망하는 사고가 발생했다. 문제의 원인은 소수점 계산 오차가 누적되어 실제 미사일의 위치를 잘못 예측한 것이었다.
기술적 원인	• 시간 카운트 단위를 1/10초 간격으로 측정하고, 24비트 정수로 저장함 • 실수$_{\text{float}}$로 변환하는 과정에서 부동소수점 오차가 발생하고 시간이 지날수록 누적됨 • 예 100시간 경과 시 약 0.34초의 오차가 발생 → 이는 수백 미터의 위치 차이로 이어짐 • 미사일이 빠르게 날아가는 상황에서 0.5~1초의 오차는 정확한 요격을 방해함
[사례 2] 방사선 과다 노출 의료 사고(Therac-25)	
사고 개요	방사선 치료기 Therac-25의 경우, 소프트웨어 오류로 인해 기준치의 100배가 넘는 방사선에 노출되었고, 이로 인해 심각한 신체 손상과 사망 사고가 발생했다. 기계적 안전장치 없이 소프트웨어에만 의존한 설계와 부실한 테스트가 원인이었다.
기술적 원인	• 초깃값이 제대로 설정되지 않아, 특정 조건에서 예기치 못한 동작 발생 • 기존 모델(Therac-20)에 있었던 기계적 안전 장치$_{\text{interlock}}$를 제거하고 소프트웨어로만 제어 • 이전 모델에 문제가 없었단 이유로 회귀 테스트$_{\text{regression test}}$ 생략 • 이후, 의료기기 소프트웨어에 대한 안전 기준(IEC 62304, FDA 등)이 도입되는 계기가 됨
[사례 3] 형 변환 오류로 인한 우주선 폭발(아리안 5호)	
사고 개요	1996년 프랑스에서 발사된 아리안$_{\text{Ariane}}$ 5호는 발사 37초 만에 공중에서 폭발했다. 주된 원인은 형 변환 오류였고, 이전 모델에서 남겨 둔 불필요한 코드$_{\text{dead code}}$ 역시 사고에 영향을 주었다.
기술적 원인	• 수평 속도를 64비트 부동소수점에서 16비트 정수로 변환하는 과정에서 오버플로 예외 발생 • 잘못된 속도값이 자동 폭발 장치에 전달되어 우주선이 폭발함 • 이전 모델에서 사용하던 불필요한 코드를 그대로 포함한 점도 문제였음

이처럼 소프트웨어의 사소한 결함은 큰 사고로 이어진다. 하지만 이런 결함은 테스트를 통해 줄일 수 있다. 이 장에서는 소프트웨어의 결함을 가능한 한 조기에 발견하고 줄이며, 결과적으로 소프트웨어의 품질과 신뢰성을 높일 수 있는 테스트 방법에 대해 살펴본다.

2 테스트의 특징

지금부터 테스트는 소프트웨어 테스트를 칭한다. 테스트는 전문가에 따라 다양하게 정의하고 있다. 다음은 이 책에서 기반으로 삼는 테스트에 대한 정의이다.

2.1 테스트의 정의와 목표

- 테스트는 시스템이 명시된 요구를 잘 만족하는지, 즉 예상된 결과와 실제 결과가 어떤 차이를 보이는지 수동이나 자동으로 검사하고 평가하는 작업을 의미한다[IEEE].
- 테스트는 시스템의 명세까지 완벽하게 옳다고 확신할 수 없고, 테스트 시스템 그 자체가 맞는다고 증명할 수 없으므로 프로그램을 완전히 테스트할 수 없다[조하 만나 Zohar Manna].
- 테스트는 결함이 있음을 보여줄 뿐, 결함이 없음을 증명할 수는 없다[달 Dahl, 다익스트라 Dijkstra, 호어 Hoare].

결국 소프트웨어 테스트는 소프트웨어에 존재하지만 아직 드러나지 않은 오류를 찾아내기 위해, 개발 과정에서 생성된 문서나 프로그램의 오류를 다양한 기술로 검출하는 작업이라고 할 수 있다.

그러나 테스트는 오류를 찾아내 정상적으로 실행될 수 있도록 하는 정도이지, 소프트웨어에 오류가 없음을 보장해주지는 못한다. 즉, 테스트를 통해 오류를 찾아 고치고, 프로그램이 작동하도록 만들 수는 있지만, 그 프로그램이 완전하고 정확하다고 증명할 수는 없다. 그러므로 테스트를 통해 오류를 찾아내는 것도 중요하지만, 더 중요한 건 애초에 오류가 발생하지 않도록 사전에 조치하는 테스트를 수행하는 것이다.

소프트웨어 테스트의 목표는 작게 보면 '원시 코드 속에 남아있는 오류를 발견하는 것'이다. 또 '결함이 생기지 않도록 예방하는 것'이다. 그러나 큰 의미에서 보면, '개발된 소프트웨어가 고객의 요구를 만족하는지를 확인해주는 것'이다. 즉 개발자와 고객에게 사용하기에 충분한 소프트웨어임을 보여주는 것이다. 그러려면 실행된 프로그램의 결과가 명세서의 내용과 일치해야 한다. 결과적으로 테스트의 목표는 '개발된 소프트웨어에 신뢰성을 높여주는 것'이라 할 수 있다.

앞서 소프트웨어의 오작동 사고에서는 재산상 큰 손실뿐 아니라 인명 피해까지 발생했다. 이러한 소프트웨어들은 규모가 매우 크기 때문에 개발에는 막대한 인력과 기간, 비용이 투입된다. 예전의 소프트웨어 개발과는 비교조차 할 수 없을 만큼 복잡해졌으며, 수백 명에서 수천 명에 이르는 개발자가 함께 작업하는 경우도 많다. 그만큼 분석, 설계, 구현 과정에서 오류가 발생할 가능성도 커진다. 따라서 이런 오류를 최소화하려면 테스트를 철저히 수행하는 수밖에 없다. 실제로 개발비의 상당 부분이 테스트에 사용되고 있다.

만약 충분한 테스트 없이 오류가 포함된 상태로 소프트웨어를 배포하게 되면, 이후에 그 오류를 찾아 수정하는 데 훨씬 더 많은 비용과 인력이 들어간다. 따라서 소프트웨어를 실제로 사용하기 전에 철저히 테스트하는 것이 오히려 비용과 시간을 절약하는 길이다.

지금까지 테스트의 필요성을 언급했는데, 누구라도 그 필요성을 인정할 것이다. 그러나 막상 테스트를 수행하려면 다음과 같은 다양한 문제에 부딪힐 수 있다

2.2 테스트의 어려움

■ **테스트 케이스가 적어 효과에 한계가 있다**

소프트웨어는 규모가 커질수록 복잡도도 함께 증가한다. 복잡도가 높은 소프트웨어는 테스트해야 할 경우의 수도 많아지기 때문에, 모든 경우의 수를 테스트 케이스로 준비하는 것은 현실적으로 불가능하다. 결국 제한된 테스트 케이스로는 효과를 보는 데 한계가 있다.

■ **완벽한 테스트 케이스를 도출하기 어렵다**

개발자들은 요구분석명세서를 기반으로 설계하고 구현하는데, 이때는 요구분석명세서가 정확하다는 가정 아래 작업한다. 테스트 케이스도 요구분석명세서를 기반으로 도출하는데, 현실적으로 요구분석명세서는 완벽할 수 없다. 몇 가지 기능이 빠져 있을 수도 있고, 제약사항이 정확하지 않을 수도 있다. 따라서 완벽하지 못한 요구분석명세서를 기반으로 한 테스트 케이스 역시 완벽할 수 없다.

■ **테스트를 위한 실제 사용 환경을 구축하기 어렵다**

개발하면서 테스트를 하는 때도 있지만, 개발이 완료된 후에도 실제 사용 환경에서 문제없이 잘 작동하는지 테스트해야 한다. 그러나 개발된 시스템이 너무 광범위하거나 실시간으로 작동하는 경우에는 사용자 환경에서 테스트 환경을 구축하기가 상당히 어려울 수 있다. 이 때문에 실제 사용자 환경에서 충분히 테스트하지 못한 시스템은 불안정한 상태로 현장에 투입되기도 한다. 따라서 테스트의 효과를 높이려면 실제 사용자 환경과 유사한 테스트 환경을 구축할 수 있는 경험과 기술이 필요하다.

■ **테스트의 중요성에 대한 인식이 부족하다**

대형 프로젝트 개발을 많이 해서 개발 과정이 체계화된 대규모 기업에서는 테스트의 중요성을 깊이 인식하고 있어서 개발 과정의 첫 단계부터 테스트를 고려해 계획을 세운다. 요구분석 과정부터 체계적으로 테스트 케이스 도출을 위한 준비를 한다.

그러나 규모가 작은 회사일수록 테스트보다는 개발에 더 많은 비중을 두어 테스트를 소홀히 하는 경향이 있다. 특히 마감일에 쫓기다 보면 개발하자마자 사용자에게 인도하기 바쁘다. 따라서 테스트의 우선순위가 뒤로 밀리고, 테스트의 중요성에 대한 인식조차도 미약한 경우가 많다. 그 결과 테스트를 한다고 해도 경험이 부족한 인력을 투입하고, 개발자들이 테스트에 매우 비협조적인 경우가 발생한다.

이처럼 여러 가지 이유로 인해 소프트웨어 테스트는 결코 쉬운 일이 아님을 알 수 있다. 이제 테스트에는 어떠한 특징이 있는지 살펴보자.

2.3 테스트의 특징

■ **고객의 요구사항을 충족해야 한다**

테스트는 단순히 프로그램이 정상적으로 작동하는지를 확인하는 것에 그치지 않는다. 겉으로는 잘 작동하는 것처럼 보여도, 테스트를 통해 품질을 떨어뜨릴 수 있는 요소들을 찾아내야 한다. 그래야 사용자의 요구를 충족하는 소프트웨어를 만들 수 있다.

■ **테스트는 개발 단계와 병행하여 수행된다**

테스트는 구현 이후에 따로 진행하는 작업이 아니다. V 모델처럼 요구사항 분석과 설계 단계에서부터 테스트를 계획하고, 테스트 케이스를 준비해야 한다. 즉 테스트는 개발 과정과 나란히 이루어져야 하며, 테스트 계획 없이 개발만 먼저 진행하는 방식은 바람직하지 않다.

■ **테스트에는 파레토 원리가 적용된다**

파레토 원리Pareto principle를 설명하기 전에 간단한 예를 들어보자.

- 회사 매출의 80%는 20%의 고객에게서 나온다.
- 1년 동안 통화한 사람 중 20%와의 통화 시간이 전체 통화 시간의 80%를 차지한다.

파레토 원리는 이탈리아의 경제학자 파레토V. Pareto에 의해 정립된 법칙으로, 전체 중 20%의 투입이 80%의 결과를 만들어낸다는 개념이다. '20/80 법칙'이라고도 한다. 이 원리를 소프트웨어 테스트에 적용하면 다음과 같다.

테스트에서 발견되는 80%의 오류는 20%의 프로그램 모듈에서 발견된다

따라서 테스트 효율을 높이려면, 오류가 집중되는 핵심 20% 모듈에 집중해 테스트를 수행해야 한다.

그림 9-2 파레토 법칙의 예(고객의 20%가 수익의 80%를 만든다)

■ **완벽한 테스트는 불가능하다**

테스트를 아무리 철저히 했다고 해도, 그 프로그램에 오류가 없음을 보장하는 것은 아니다. 테스트라는 것은 오류가 없음을 증명하는 작업이 아니기 때문이다. 완벽한 테스트가 어려운 이유는 프로그램 자체의 경로가 너무 많고 복잡해 모든 경우의 수대로 테스트를 해볼 수 없기 때문이다. 결국에는 주어진 비용과 시간, 그리고 목적에 맞춰 최대한 효율적인 테스트 케이스를 뽑아 수행하는 수밖에 없다.

■ **살충제 패러독스 문제를 해결하기 위해 테스트 케이스를 지속적으로 수정·보완해야 한다**

항생제를 너무 자주 복용하면 내성이 생겨 기존 약이 듣지 않고 더 강한 약이 필요해진다는 얘기를 들어본 적 있을 것이다. 살충제 패러독스pesticide paradox(테스트 내성)도 같은 맥락이다. 같은 살충제를 반복해서 뿌리다 보면 벌레가 내성을 갖게 되고, 결국 그 살충제는 더 이상 효과가 없어지는 현상을 말한다.

테스트할 때도 동일한 테스트 케이스를 반복 사용하면 나중에는 더는 새로운 오류를 발견하기 어렵다. 이를 해결하려면 테스트 케이스를 정기적으로 검토하고 꾸준히 개선해야 하며, 새로운 관점에서 테스트 케이스를 업데이트하는 노력이 필요하다.

지금까지 테스트의 어려움과 여러 특징에 관해 설명했다. 이제는 테스트와 관련된 용어를 살펴본다.

2.4 테스트 관련 용어

■ **오류**

오류는 소프트웨어 개발자에 의해 생기는 실수로, 결함의 원인이 된다.

■ **결함**

결함은 오류에 의해 프로그램이 완전하지 못한 상태가 된 것을 말하며, 고장의 원인이 된다. 주로 프로그램에 필요 없는 정보가 포함되어 있거나, 필요한 정보가 빠져 있는 경우다. 결함이 있으면 프로그램 실행 중에 멈추거나 예외 처리 모듈이 작동할 수 있고, 심할 경우 시스템이 작동 불능 상태에 빠질 수도 있다.

■ **고장, 실패, 문제, 장애**

고장, 실패, 문제, 장애는 시스템이 요구사항대로 작동하지 않는 것을 말한다. 이러한 현상은 요구분석명세서가 잘못되었거나, 이 명세서에 요구사항이 충분히 반영되지 않았거나, 기술적으로 불가능한 요구사항이 포함된 경우와 같은 결함에 의해 발생한다. 그러나 모든 결함이 반드시 실패를 유발하지는 않는다.

3 테스트의 절차

테스트 절차는 측정 도구나 장비를 이용해, 소프트웨어가 사용자의 요구를 만족하는지를 테스트하는 절차로, 이는 소프트웨어 개발 단계와 연계해 구성된다. 테스트 절차는 [그림 9-3]처럼 5단계로 구성된다.

그림 9-3 테스트 절차

3.1 테스트 계획

테스트 계획 단계는 테스트 목표를 정의하고, 테스트 대상 및 범위를 결정하며, 테스트 계획서를 작성하고 검토한다. 그러므로 테스트 요구사항 정의서, 테스트 계획서와 같은 산출물이 결과물로 생성된다.

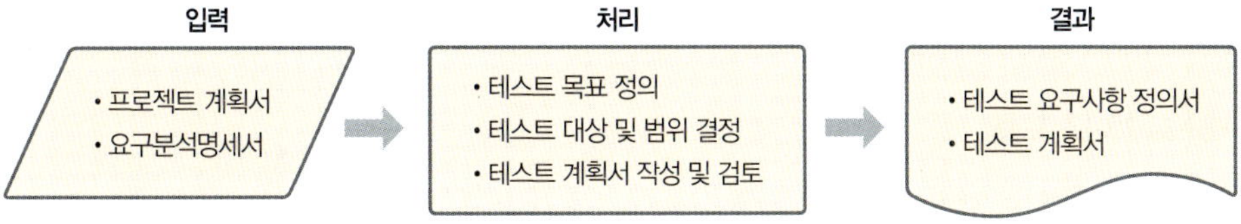

그림 9-4 테스트 계획 과정

■ 테스트 목표 정의

요구분석명세서를 기반으로 테스트할 목표를 정의한다. 테스트 항목 중에서 어떤 항목을 중점적으로 테스트할 것인지 명확히 나타낸다. 예를 들어 보안성을 중점적으로 볼 것인지, 아니면 사용자 편의성을 위주로 테스트할 것인지를 명확히 한다.

■ 테스트 대상 및 범위 결정

테스트할 대상과 범위를 결정하는데, 이때는 업무 시스템별로 구분할 수 있다.

■ 테스트 계획서 작성 및 검토

테스트 계획서에는 테스트 목적, 담당 인원, 테스트 전략과 접근 방법 수립, 필요한 자원 및 자원 확보 일정, 실시할 테스트의 종류, 적용할 테스트 기법, 일정 등에 관한 정보를 기록한다. 또 작성된 테스트 계획서를 가다듬고, 이를 확정한다.

3.2 테스트 케이스 설계

테스트 케이스 설계 단계는 다음과 같이 테스트 케이스 설계 기법을 정의하고, 결정된 설계 기법에 따른 테스트 케이스를 도출한다. 그리고 도출된 테스트 케이스에 입력값으로 사용할 원시 데이터를 작성한다. 그러므로 결과물로 테스트 케이스 명세서, 테스트 설계서, 테스트 절차서가 생성된다.

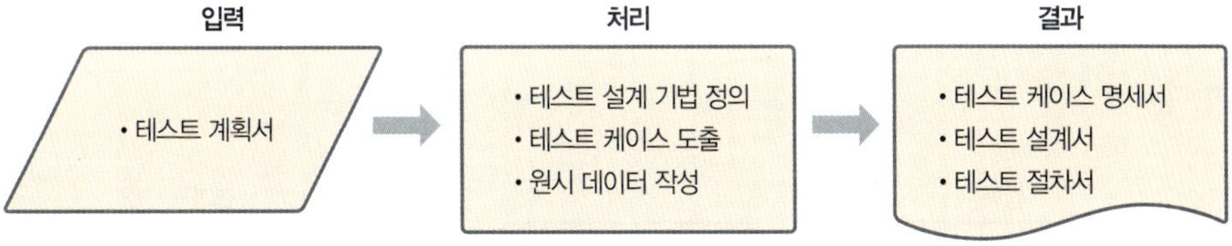

그림 9-5 테스트 케이스 설계 과정

■ 테스트 설계 기법 정의

테스트 케이스를 설계하기 위해 가장 먼저 할 일은, 여러 테스트 기법 중 어떤 것을 선택할지 결정하는 것이다. 이 단계에서는 테스트 대상이 되는 프로젝트의 문제 특성을 파악하고,

그에 적합한 테스트 기법을 선정해야 한다.

■ **테스트 케이스 도출**

테스트 기법이 결정되면 이 기법을 이용해 테스트 케이스를 도출한다.

■ **원시 데이터 작성**

결정된 테스트 케이스를 가지고 테스트를 수행하는 데 필요한 원시 데이터를 작성한다.

3.3 테스트 실행 및 측정

테스트 실행 및 측정 단계에서는 테스트 환경을 구축하고 도출된 테스트 케이스를 이용해 테스트한다. 그리고 테스트 결과를 문서로 만든다.

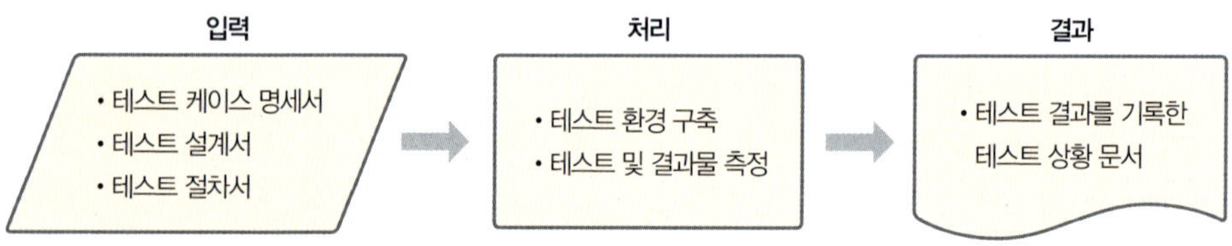

그림 9-6 테스트 및 측정 과정

■ **테스트 환경 구축**

테스트 계획서에 정의된 환경 및 자원을 설정해 테스트할 준비를 한다.

■ **테스트 및 결과물 측정**

정의된 테스트 케이스를 가지고 테스트한 후 결과물을 측정한다.

3.4 테스트 결과 분석

테스트가 끝나면 계획 대비 결과를 비교 · 분석한다. 그리고 테스트 결과에 대한 보고서를 작성한다.

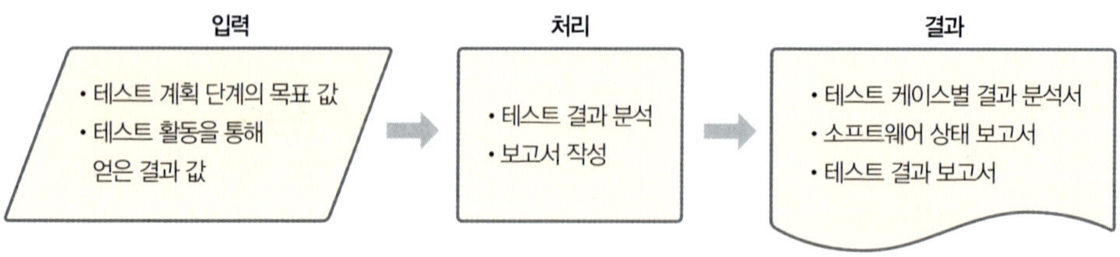

그림 9-7 테스트 결과 분석 및 보고서 작성 과정

■ **테스트 결과 분석**

테스트 활동을 통해 얻은 결과와 테스트 계획 단계에서 목표한 예상값을 비교해 예정된 테스트 품질 목표가 달성되었는지를 분석한다.

■ **보고서 작성**

테스트 결과 분석을 기반으로 테스트 결과 보고서를 작성한다. 테스트 보고서에는 테스트 결과와 테스트에 사용된 방법 등을 기술한다. 또 결과에 따른 평가와 권고 사항도 기술한다.

3.5 오류 추적 및 수정

오류 추적 및 수정 단계는 테스트 결과를 통해 어디에서, 어떤 종류의 오류가 발생했는지 확인하고 이를 수정한다.

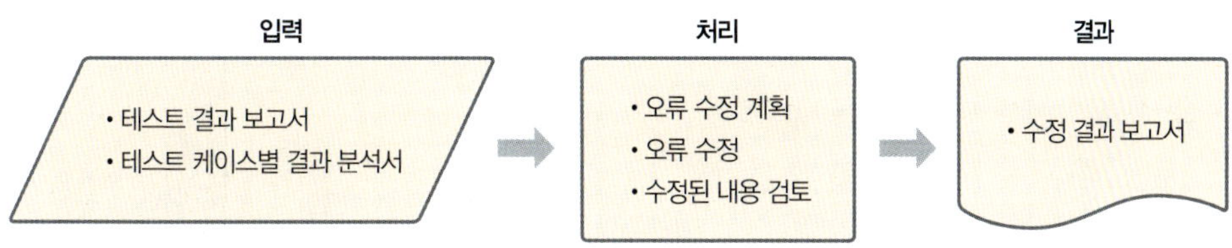

그림 9-8 테스트 결과 분석 및 보고서 작성 과정

■ **오류 수정 계획**

테스트 결과 보고서를 기반으로 오류가 발생한 위치를 찾아내고, 오류 수정 우선순위를 결정해 오류 제거 계획을 세운다.

■ **오류 수정**

오류 제거 계획을 기초로 디버깅 도구 등을 이용해 오류를 수정한다.

■ **수정된 내용 검토**

수정된 코드를 검토한 후 오류 수정 결과 보고서를 작성한다.

02 테스트의 분류

테스트는 그 종류가 너무 다양해 그룹화해 분류하지 않으면 매우 혼란스러울 수 있다. 이 책에서는 테스트를 다음과 같이 크게 4가지로 분류한다. 이 절에서는 시각에 따른 테스트와 사용 목적에 따른 테스트를 살펴보고 소프트웨어 개발 단계에 따른 테스트는 07절에서 설명한다.

- 시각에 따른 테스트
- 사용 목적에 따른 테스트
- 프로그램 실행 여부에 따른 테스트
- 소프트웨어 개발 단계에 따른 테스트

1 시각에 따른 테스트

공장에서 제품을 생산할 때는 각 공정 단계에서 필요한 테스트를 거쳐야 하고, 그 테스트를 통과해야 다음 단계로 넘어갈 수 있다. 이렇게 여러 단계를 거쳐 최종 생산된 제품도 시장에 내보내기 전에 마지막으로 검수하고, 이상이 없어야 출하한다.

소프트웨어 개발도 이와 비슷하다. 소프트웨어 개발 생명주기의 각 단계에서는 개발자의 시각에서 테스트하고, 완성된 제품은 사용자의 시각에서 다시 한번 테스트한다. 이 두 가지를 각각 검증verification 테스트와 확인validation 테스트라고 한다. 이 두 개념을 좀 더 명확히 구별하기 위해 예를 들어 설명해보자.

1.1 검증 테스트

검증verification 테스트는 각 개발 단계에서 개발자의 시각으로 수행하는 테스트다. 이는 설계서대로 만들었는지를 점검하는 것으로, 이전 단계의 산출물이 다음 단계에 정확히 반영되었는지를 일치성 기준으로 검토한다. 즉, 요구분석명세서의 내용이 설계서에 충실히 반영되었는지, 그리고 그 설계서대로 실제 코딩이 이루어졌는지를 점검한다.

예를 들어 사용자가 '1부터 10까지 곱하는 프로그램'을 요청했는데, 개발자가 착각하여 '1부터 10까지 더하는 프로그램'을 만들었다고 해보자. 이때 검증 테스트를 수행하면 덧셈 계산이 정확히 수행되었는지, 결과가 55로 나오는지만 검사한다. 결과가 맞다면 검증은 성공으로 판정된다. 하지만 실제 사용자가 원하는 것은 덧셈이 아니라 곱셈이므로, 이 테스트만으로는 사용자의 요구가 충족되었는지 판단할 수 없다.

결국, 핵심은 설계서에 있다. 설계서가 요구분석명세서를 정확하게 반영하지 못했거나, 애초에 잘못된 내용을 포함하고 있었다면 어떻게 될까? 아무리 그 설계서대로 정확히 개발하고 검증했더라도, 사용자에게는 쓸모없는 것이 될 수 있다. 검증 테스트는 '우리가 계획한 대로 잘 만들었는가'를 확인할 뿐, 그 계획 자체가 올바른지 여부는 알 수 없다.

1.2 확인 테스트

확인validation 테스트는 완성된 소프트웨어가 사용자의 요구사항을 충족하는지를 평가하기 위해, 사용자의 시각에서 수행하는 테스트다. 이 테스트는 사용자가 기대한 결과와 실제 소프트웨어 결과가 일치하는지에 초점을 둔다.

앞서 예를 다시 보자. 사용자는 '1부터 10까지 곱하는 프로그램'을 원했지만, 개발자는 착각해 '1부터 10까지 더하는 프로그램'을 만들었다. 검증 테스트에서는 덧셈 결과가 55이면 성공이지만, 확인 테스트에서는 실패로 간주된다. 왜냐하면 사용자의 요구사항은 '곱셈'이기 때문이다.

즉, 검증 테스트는 '소프트웨어가 사용자의 목적에 맞게 만들어졌는가?'를 평가하는 과정이다. 이를 위해 제품이 사용자의 요구를 제대로 반영하고 있는지를 점검한다. 단, 여기에는 한 가지 전제가 있다. 사용자의 요구가 요구분석명세서에 정확히 반영되어 있어야 한다. 분석 단계에서 사용자의 요구가 잘못 정리되었다면, 검증 테스트 역시 그 오류를 넘어서기는 어렵다.

결론적으로, 검증 테스트와 확인 테스트는 서로 다른 관점에서 소프트웨어의 품질을 평가하며, 이 두 가지를 함께 수행해야 보다 신뢰할 수 있는 테스트가 된다. 이러한 테스트 과정을 묶어 V&V Verification and Validation라 한다.

2 사용 목적에 따른 테스트

테스트는 사용 목적에 따라 여러 종류가 있다. 대부분의 테스트는 소프트웨어가 주어진 조건에서 얼마나 잘 작동하는지와 같은 성능을 평가한다. 이는 주로 속도, 안정성, 확장성, 자원 사용량과 같은 성능 지표를 기준으로 소프트웨어를 평가한다. 이 테스트의 목적은, 시스템이 실시간 부하 또는 다양한 환경에서 예상대로 작동하는지 확인하여 발생할 수 있는 문제를 예방하는 데 목적이 있다. 이러한 테스트를 수행할 때는 Apache JMeter, LoadRunner와 같은 도구가 사용된다. 이제부터는 목적에 따라 달라지는 다양한 테스트 방법들에 대해 하나씩 살펴보자.

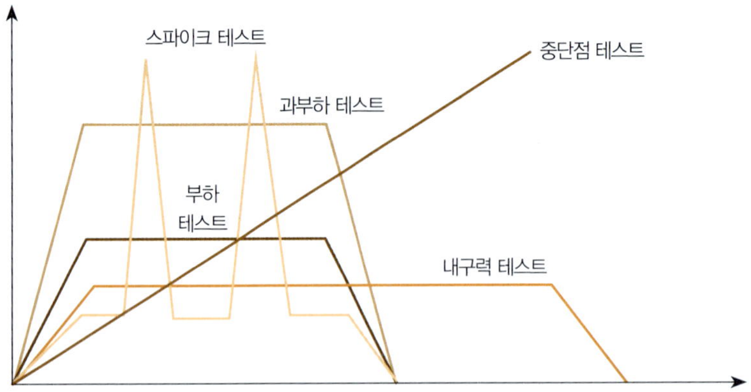

그림 9-9 사용 목적에 따른 테스트 종류

2.1 부하 테스트

부하 테스트load test는 시스템의 부하를 꾸준히 늘려가며 임곗값 한계에 도달할 때까지 성능을 테스트하는 것을 말한다. 즉, 시스템이 높은 부하(사용량)에서 어떻게 동작하는지를 측정하고 분석한다. 이 테스트는 특히 트래픽이 많은 상황에서 시스템이 얼마나 안정적으로 동작할 수 있는지, 어느 수준까지 견딜 수 있는지를 파악하는 데 활용된다.

테스트는 미리 결정된 정점peak 시점의 부하 상황에서 응답 시간이나 처리량 같은 시스템의 성능을 측정한다. 그리고 CPU, 메모리, 디스크 I/O, 네트워크 등 자원 사용량을 점검해 문제점을 찾아낸다. 테스트 환경은 실제 환경과 최대한 유사하게 구성해야 결과의 신뢰도를 높일 수 있다.

[그림 9-9]에서 부하 테스트를 기준으로 다른 테스트의 그래프를 보면 뚜렷이 비교될 것이다.

2.2 과부하 테스트

사람은 일상에서 감당할 수 있는 수준의 일이나 충격적인 사건에는 비교적 잘 적응하지만, 그 한계를 넘는 과도한 업무나 심한 정신적 충격을 받으면 큰 스트레스를 느끼게 된다. 이럴 때는 평소와 다르게 과식이나 과음을 하거나, 때로는 감정적으로 폭발하는 행동을 보이기도 한다. 이러한 반응은 모두 개인의 한계를 넘었을 때 나타나는 비정상적인 행동이다.

과부하 테스트stress test는 이러한 인간의 반응과 유사한 개념으로, 시스템에 비정상적이고 과도한 부하를 주어 한계 상황에서 시스템이 어떻게 반응하는지, 그리고 안정성을 유지할 수 있는지를 점검하는 테스트이다. 여기서 주어지는 부하는 일반적인 부하 테스트에서 사용하는 정점보다 훨씬 높은 수준으로, [그림 9-9]에서도 확인할 수 있듯이 보통 2배 이상 높게 설정된다.

과부하 테스트는 이러한 극한 조건에서 시스템이 장애가 발생하는지, 정상적인 동작을 유지할 수 있는지, 그리고 부하가 정상 수준으로 돌아왔을 때 문제없이 복구되는지graceful recovery를 확인한다. 여기서 말하는 극한 조건이란, 평소보다 훨씬 많은 데이터양과 동시 접속자 수, 주변 장치와의 빈번한 연결 요청, 매우 짧은 주기의 반복 작업, 허용 범위를 초과한 입력값 처리 등 평상시에는 잘 발생하지 않는 상황을 의미한다. 따라서 과부하 테스트는 시스템이 정상적인 운영 중에도 발생 가능한 비정상 상황에 얼마나 잘 대응할 수 있는지를 평가하는 데 목적이 있다.

예를 들어, 웹 시스템에서는 동시 접속자 수를 점진적으로 늘려가며 웹 페이지의 반응 속도를 측정하고, 그 결과를 성능 개선을 위한 기준 자료로 활용할 수 있다.

2.3 스파이크 테스트

배구 경기에서 강스파이크가 상대 코트에 정확히 꽂히는 장면은 매우 통쾌하다. 그 순간을 떠올리면, 얼마나 강한 힘과 빠른 속도가 실려 있는지 쉽게 짐작할 수 있다.

스파이크 테스트spike test는 이와 유사하게, 아주 짧은 시간 동안 급격히 증가하는 부하나 트래픽에 대해 시스템이 어떻게 반응하는지를 평가하는 테스트다. 이 테스트는 일시적인 고부하 상황에서 시스템이 얼마나 빠르게 반응하고, 안정적으로 동작을 유지할 수 있는지를 확인하는 데 중점을 둔다. 부하 또는 과부하 테스트와 달리, 스파이크 테스트는 지속해서 부하를 주는 것이 아니라, 매우 짧은 순간에 사용량을 급격히 증가시켜 시스템이 이에 어떻게 반응하는지를 확인한다.

스파이크 테스트는 온라인 쇼핑몰의 할인행사 시작 시점처럼, 사용자가 순간적으로 급증할 수 있는 상황에 대비하기 위해 수행된다.

그림 9-10 스파이크 테스트 상황(사용량 급증과 서버 부담)

2.4 내구력 테스트

우리가 물건을 살 때 '내구성이 좋다'라고 하면, '튼튼해서 오래 사용할 수 있다'는 의미다. 소프트웨어에서도 이와 비슷한 개념으로, 내구력 테스트endurance test가 있다. 이는 시스템이 오랜 시간 동안 안정적으로 작동할 수 있는지를 확인하는 테스트이다. 부하 테스트나 과부하 테스트처럼 부하 강도를 높이는 방식도 아니고, 스파이크 테스트처럼 순간적으로 급격한 부하를 가하는 방식도 아니다. 대신, [그림 9-9]에서 볼 수 있듯이 낮은 수준의 부하를 오랜 시간 지속해서 주는 방식이다. 이러한 방식으로 테스트하면, 시스템이 장시간 작동되는 동안 발생할 수 있는 성능 저하, 메모리 누수, 자원resource 누적 등의 문제를 확인할 수 있다.

내구력 테스트는 인내력 테스트 또는 지속적 부하 테스트라고도 불리며, 시스템이 예상되는 장시간의 운영 중에도 안정적으로 작동할 수 있는지를 평가한다. 즉 단기적인 응답 성능보다는 장기간 동작에 따른 안정성과 자원 관리 상태를 검증하는 데 목적이 있다.

2.5 중단점 테스트

'breakpoint'는 말 그대로 어떤 과정이 중단되거나 구분되는 지점을 뜻한다. 즉, 어떤 일을 계속하다가 더 이상 진행이 어려운 임계 지점, 또는 그 일을 더 이상 같은 방식으로 수행할 수 없게 되는 전환점을 의미한다.

중단점 테스트breakpoint test는 동시 접속 사용자 수concurrent users를 점차 늘려가며, 시스템이 어느 시점까지는 성능을 유지하다가 그 이후부터 성능이 저하되거나 장애가 발생하는 지점(임계점)을 찾는 테스트이다.

지금까지 다양한 성능 테스트 종류를 살펴보았다. 이러한 테스트는 도구를 사용하면 더욱 효율적으로 할 수 있다. 다음은 대표적인 성능 테스트 도구들이다.

- **Apache Jmeter**: Apache 소프트웨어 재단에서 개발한 오픈 소스 성능 테스트 도구
- **Loadview**: 클라우드 기반의 성능 테스트 도구
- **LoadNinja**: SmarBear 소프드웨어에서 개발한 클라우드 기반 성능 테스트 도구

이처럼 지금까지 설명한 테스트들은, 여러 방식으로 시스템에 부하를 주고 그에 대한 시스템의 반응이나 성능을 확인하기 위한 것이었다. 이제부터는 [그림 9-9]에는 포함되지 않았지만, 각 테스트가 특정 목적에 얼마나 부합하는지를 확인하기 위한 테스트들을 살펴본다.

2.6 보안 테스트

보안 테스트security test는 시스템을 보호하기 위해 구축된 보안 체계가 부당하거나 불법적인 침입을 잘 막아내는지 확인하는 테스트다. 이를 위해 보안 취약점을 찾아내고, 보안 요구사항을 충족하는지 확인하며, 외부와 내부의 위협에 대해 시스템이 얼마나 잘 방어할 수 있는지를 평가한다. 예를 들어, 외부 해커의 관점에서 비밀번호를 알아내려 시도해보거나, 시스템에 침입하여 방어 체계를 뚫거나 무력화하려고 시도하는 등 여러 가지 방법을 사용한다.

2.7 복원 테스트

사람은 항상 건강하게 살기를 바라지만, 때로는 감기 같은 가벼운 병에 걸릴 수 있다. 그런데 같은 감기에 걸려도 어떤 사람은 금방 회복되고, 어떤 사람은 심하면 입원 치료가 필요하기도 하다.

소프트웨어도 이와 비슷하다. 문제가 발생해 시스템이 멈췄을 때, 어떤 경우에는 스스로 회복되기도 하고, 어떤 경우에는 기술자가 직접 개입해서 복구해야 할 수도 있다. 복원 테스트recovery test는 바로 이러한 상황을 가정하고, 일부러 소프트웨어에 장애나 고장을 발생시킨 뒤, 얼마나 잘 복구되는지를 확인하는 테스트이다.

만약 소프트웨어에서 자동으로 복구되는 경우에는, 재초기화가 제대로 수행되었는지, 데이터는 손실 없이 복구되었는지, 시스템이 정상적으로 다시 시작되었는지 등과 같은 소프트웨어 회복의 완벽성을 평가한다.

반면 기술자에 의해 수동으로 복구해야 하는 경우에는 고장 수리에 드는 평균 시간이 허용

가능한 범위 내에 있는지 등을 복원 테스트에서 검사한다. 이러한 복원 테스트는 운영체제, DBMS, 통신용 소프트웨어 등 지속적인 안정성이 중요한 시스템에 자주 사용된다.

2.8 회귀 테스트

회귀 테스트는 코드 변경(버그 수정, 리팩토링, 기능 추가 등) 이후에 수행하며, 변경으로 인해 기존 기능이 손상되지 않았는지, 정상적으로 동작하는지를 검증한다.

■ 수정 회귀 테스트

수정 회귀 테스트corrective regression test는 주로 소프트웨어에 구조적인 변경 없이 단순한 버그 수정만 이루어진 경우 수행한다. 기존의 테스트 케이스를 그대로 다시 실행하여 버그 수정과 같은 최근의 작은 변경이 기존 기능에 영향을 주지 않았음을 확인한다.

■ 전체 재테스트 회귀 테스트

전체 재테스트 회귀 테스트retest-all regression test는 코드 변경 후 전체 테스트 케이스를 다시 실행하는 방식이다. 기능 수정이나 개선 이후 시스템 전체에 미치는 영향을 확인할 때 사용하는 가장 포괄적인 방법으로, 주로 대규모 릴리스 전이나 핵심 로직 변경 이후에 실행한다.

■ 선택적 회귀 테스트

선택적 회귀 테스트selective regression test는 소프트웨어 변경이 발생했을 때 전체 테스트를 수행하지 않고 변경된 코드나 기능과 직접 관련된 테스트 케이스만 선별하여 수행한다. 이 방법은 시간과 비용을 절감하면서도 회귀 오류를 효율적으로 탐지할 수 있다.

■ 점진적 회귀 테스트

점진적 회귀 테스트progressive regression test는 소프트웨어에 새로운 기능이 추가되었을 때 그 기능과 관련된 신규 테스트 케이스를 기존 회귀 테스트에 통합하여 실행한다. 즉, 기존 기능에 대한 테스트와 새 기능 테스트를 함께 수행하여 새로운 기능이 기존 기능에 부정적인 영향을 주지 않았는지 검증한다.

■ 부분 회귀 테스트

부분 회귀 테스트partial regression test는 변경된 코드와 인접하거나 관련 있는 기능만을 대상으로 테스트하는 방법이다. 전체 테스트를 수행하지 않고 일부 범위만 검증하여 빠른 피드백을 얻는 것이 목적이다. 주로 버그 수정이나 변수 변경과 같은 경미한 코드 수정 후 수행한다.

3 프로그램 실행 여부에 따른 테스트

자동차 수리를 맡기면 보통 [그림 9-11]처럼 보닛bonnet을 열어 연료가 새는 곳은 없는지, 각 부품 상태는 괜찮은지, 나사가 잘 조여 있는지 등을 자세히 살펴보고 고장 난 곳을 찾아낸다.

그림 9-11 정적 테스트의 비유(자동차 내부 상태를 확인해 고장을 찾는 방법)

또는 [그림 9-12]처럼 직접 주행하면서 엔진 소리가 필요 이상으로 크지는 않은지, RPMRevolutions Per Minute 수가 정상 수치보다 높게 올라가는지 확인한다. 그리고 핸들의 떨림 현상이나 브레이크를 밟았을 때 밀리는 정도를 확인해 고장의 원인을 찾는다.

그림 9-12 동적 테스트의 비유(자동차 주행을 통해 고장을 찾는 방법)

소프트웨어 분야에서 [그림 9-11]처럼 프로그램을 실행하지 않고 코드를 검토하며 오류를 찾는 방법을 정적 테스트라 하고, [그림 9-12]처럼 프로그램을 실행하면서 찾는 경우를 동적 테스트라 한다. 이제 프로그램 실행 여부에 따른 정적 테스트와 동적 테스트에 대해 차례로 살펴보자.

03 정적 테스트

정적 테스트static test는 프로그램 코드를 실행하지 않고 여러 참여자가 모여 소프트웨어 개발 중에 생성되는 모든 명세나 코드를 검토하여 실패failure 보다는 결함defect을 찾아내는 방법이다. 정적 테스트를 위해 도구를 사용하면 프로그램 코드 분석뿐만 아니라 HTML, XML과 같은 산출물도 검토할 수 있다.

정적 테스트는 [그림 9-13]과 같이 크게 비정형 방법과 정형 방법으로 나누어 설명할 수 있다. 여기서는 비정형 방법을 중심으로 설명한다.

그림 9-13 정적 테스트 방법

비정형 방법에 대한 구체적인 설명을 하기 전에 [그림 9-13]에서 분류하지 않았지만, 비공식 검토와 공식 검토에 대해 간략히 살펴본다. 비공식 검토와 공식 검토를 분류상에 넣지 않은 이유는 때에 따라 공식 검토로 할 수도 있고 비공식 검토로도 할 수 있기 때문이다.

비공식 검토informal technical review는 소프트웨어 개발 과정에서 생성되는 문서, 프로그램과 같은 산출물을 동료와 함께 책상에서 검사하는 것으로, 제품을 검토할 목적으로 하는 간단한 만남 등이 이에 속한다. 개별 검토와 동료 검토가 주로 해당한다.

공식 검토formal technical review는 동료와 소프트웨어 기술 전문가들이 수행하는 소프트웨어 품질 제어 활동으로, 결함을 찾기 위해 정의된 절차에 따라 적절히 계획되고 통제된다. 검토 회의와 소프트웨어 검사가 주로 이런 방식으로 수행된다. 공식 검토는 다음과 같은 내용을 검토한다.

- 원시 코드상에 존재하는 오류를 검토한다.
- 소프트웨어가 사용자의 요구를 충분히 반영했는지 검토한다.
- 소프트웨어가 미리 정의된 표준을 지키는지 검토한다.
- 소프트웨어 개발 방식이 일관적인지 검토한다.
- 소프트웨어가 관리하기 쉬운지 검토한다.

공식 검토를 수행하는 절차는 [그림 9-14]와 같다.

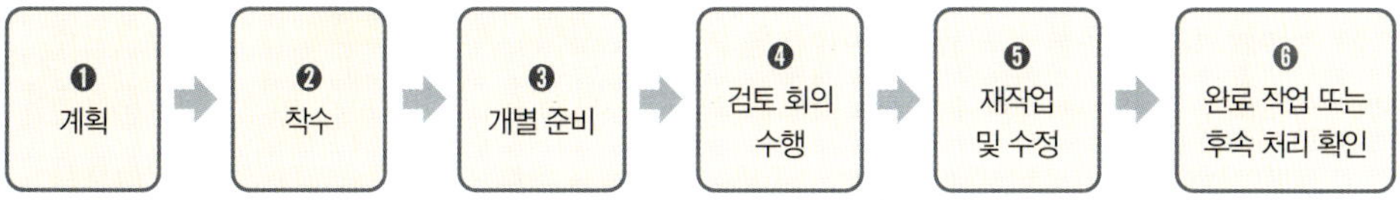

그림 9-14 공식 검토 절차

❶ 계획planning

계획 단계는 참가 인원을 몇 명 정도로 할 것인지, 누구를 참여시킬지, 참가자 개개인에게 어떤 역할을 맡길지 고민하고 결정한다. 물론 어떤 프로그램 코드와 산출물을 검토할 것인지도 정한다.

❷ 착수kick-off

모든 준비가 끝났으면 참석자들에게 회의 문서를 배포하고 본 검토 회의의 취지와 목표, 절차 등에 관해 설명한다.

❸ 개별 준비preparation

본회의를 하기 전에 확인 목록check list을 사용해 참석자들에게 미리 한 번 검토하도록 한다. 이렇게 사전 검토를 함으로써 잠재적인 결함도 찾아보고 본회의에서 토의할 내용을 확인하며 질문 내용도 정리한다.

❹ 검토 회의review meeting 수행

본회의에서 참석자들은 발견한 결함 내용과 결함의 처리 방법 등을 정리하고 문서로 작성한다. 물론 상세한 회의록도 작성한다.

❺ 재작업 및 수정rework

문서 작성자가 회의에서 정리한 결함을 담당 개발자에게 전달한다. 개발자는 전달받은 결함 내용을 파악해 수정 작업을 한다.

❻ 완료 작업 또는 후속 처리 확인follow-up

정리된 결함이 조치(처리) 되었는지 확인한다. 좀 더 공식적인 검토에서는 관련 측정치metric를 수집하고 검토 종료 기준을 확인한다.

1 개별 검토

개별 검토self review는 확인 목록을 가지고 본인이 개발한 코드와 산출물 등을 검토하는 것이다. 이 방법은 본인 스스로 검토하기 때문에 여러 방법 중 가장 간단한 방법이지만, 상대적으로 객관성이 떨어진다.

2 동료 검토

[그림 9-15]와 같이 장기나 바둑을 둘 때 보면 훈수 두는 사람이 있다. 이때 같은 실력이라도 바둑이나 장기를 두는 당사자보다 훈수를 두는 사람이 더 잘 보는 경우가 많다. 훈수자는 내 일이 아니므로 상황을 더 객관적으로 볼 수 있기 때문이다.

동료 검토peer review는 훈수 두는 사람이 바둑 경기를 잘 보듯이, 개발자가 개발한 원시 코드나 여러 종류의 산출물에 대해 동료에게 검토를 의뢰해 오류를 찾는 방법이다. 동료 검토는 정해진 형식도 없고 별도의 격식을 차린 회의를 수행할 필요가 없어 비공식 검토에 속한다. 또한, 일반적으로 두 명이 한 조가 되어 서로 검토해주는 형태를 취한다.

동료 검토의 이점은 동적 테스트에서 발견하기 어려운 산출물(요구분석명세서, 설계서 등)에서 발생할 수 있는 누락과 같은 결함을 조기에 발견할 수 있다는 것이다. 그러나 누가 검토하느냐에 따라 성과가 달라질 수 있다.

그림 9-15 동료 검토의 비유(훈수 두는 모습)

3 검토 회의

검토 회의walk-through는 개발자가 소집한 전문가들에 의해 개발자의 작업을 검토하는 과정이다. 프로젝트팀장, 다른 개발자, 품질 보증 단장과 같은 3~5명 정도의 전문가들이 미리 제공된 검토 자료들을 정해진 절차에 따라 평가한다. 주로 설계 문서들이 고객의 요구사항을 정확히 명시하고 있는지를 확인하고, 작업 진척 상황도 확인한다. 검토 회의 준비 및 주의 사항은 다음과 같다.

- 검토 회의를 통해 검토받고자 하는 개발자는 회의 자료(검토받을 문서 또는 원시 코드)를 준비하고 회의 일정을 계획한다.
- 검토 회의 결과를 인사 평가 자료로 사용해서는 안 된다.
- 회의 자료는 회의가 있기 4~6일 전에 전달해 회의 참여자가 미리 살펴보고 올 수 있도록 한다.
- 검토 회의는 문제점을 찾는 데 주안점을 두고, 그 문제의 해결은 검토 회의 이후로 미룬다.
- 검토 회의 때 발견해 작성한 오류 리스트는 회의가 끝난 후 개발자에게 전달한다.
- 검토 회의 시간은 너무 길지 않아야 한다. 일반적으로 1~2시간 이내가 좋다.

4 소프트웨어 검사

검토 회의는 문제점을 찾는 데 주안점을 두고, 검토 회의를 마치면 개발자가 해당 문제를 수정한다. 하지만 검토 회의를 더욱 발전시킨 소프트웨어 검사에서는 발견된 문제점들을 어떻게 수정해야 할지 그 지침까지도 제시해준다. 이후 개발자가 수정 작업을 올바르게 수행하고 있는지도 후속 점검을 통해 확인한다.

소프트웨어 검사software inspection는 소프트웨어 개발 전 과정에 걸쳐 요구분석명세서, 설계서, 원시 코드뿐 아니라 각 단계에서 생성되는 산출물의 문서 등을 포함해 분석하고 품질을 평가한다. 그리고 개발자의 작업 결과가 표준 지침을 따르는지, 정해진 기준에 따라 수행했는지 등을 개발자와 독립적으로 검사해서 조기에 작업 산출물의 결함을 효율적으로 제거해 같은 실수가 반복되지 않게 한다. 따라서 소프트웨어 품질 보증 기법으로 유용하다. 검사에 참여하는 검사팀은 관련 분야를 잘 알고 있는 여러 명의 요원으로 구성되며 검사를 위한 확인 목록을 이용한다. 소프트웨어 검사는 공식 검토에 속한다고 볼 수 있다. 소프트웨어 검사의 절차는 [그림 9-16]과 같다.

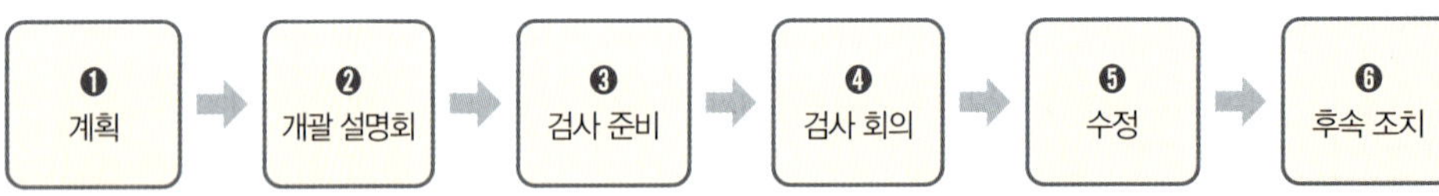

그림 9-16 소프트웨어 검사 절차

❶ 계획planning

품질 보증 요원 중에서 예정 사회자를 정한다. 예정 사회자는 검사를 위한 검열관을 선정하고, 피검열자가 검사받을 준비가 되어 있는지 준비 사항을 확인한다. 그리고 회의 장소를 정해 회의할 수 있도록 준비시키고, 회의 관련 일정 계획을 작성한다.

❷ 개괄 설명회overview

피검열자는 참가(예정)자들에게 검열받을 내용을 전달한다.

❸ 검사 준비preparation

주재자는 검사 참가자들에게 검열에 필요한 모든 자료를 회의 개최 2~5일 전까지 전달한다. 검사 참가자들의 역할과 책임은 다음과 같다.

표 9-2 검사 참가자 및 역할

참가자	역할 및 책임
주재자moderator	검사를 전체적으로 기획, 중재하는 사람
개발자author	검사받을 프로그램(또는 문서)을 만든 사람
기록자recorder	진행 상황을 기록하는 사람
검토자reviewer	• 전달받은 자료를 검토하는 모든 참가자 • 결함을 찾을 뿐 해결 방안은 제시할 필요 없음

❹ 검사 회의inspection meeting

발견한 오류를 팀 구성원이 모여 논의한다.

❺ 수정

개발자는 검사 회의에서 발견한 오류를 수정한다.

❻ 후속 조치

개발자가 수정한 오류에 대해 검토자는 수정이 잘 되었는지 확인한다. 따라서 수정한 오류를 검토자가 확인해야 검사가 끝난다. 또한, 검사가 모두 끝나면 품질 관리자에게 종합 보고를 하고 검사를 종료한다.

소프트웨어 검사를 할 때 지켜야 할 원칙은 다음과 같다.

- 검사 회의는 2시간 이내로 하는 것이 적당하다.
- 검사 회의에 참여하는 총인원은 5명 내외가 적당하다.
- 검토자가 사전에 읽어보고 올 수 있도록 최소한 2일 전에는 자료를 전달한다.
- 주제를 벗어나는 개별적인 질문은 삼가도록 한다.
- 발견한 오류는 반드시 문서로 만들어 기록으로 남긴다.
- 검사 회의의 목적은 오류를 발견하는 것이다. 따라서 오류 수정은 하지 않는다.
- 검사 회의가 끝나면 문서를 정리해 관련된 사람들에게 전달한다.

소프트웨어 검사는 소프트웨어 개발 전 과정에 걸쳐 수행하며, 설계를 검사하는 과정과 원시 코드를 검사하는 내용은 [표 9-3]과 같다. 특히 원시 코드 검사는 원시 코드에 존재하는 오류를 찾기 위해 유형별로 확인 목록을 만들고 이것을 이용해 원시 코드를 분석하면서 결함이 있는지를 검사한다.

표 9-3 설계와 구현 시 소프트웨어 검사

설계 검사	• '사용자가 요구한 기능들이 설계에 반영되었는가'와 같은 완전성 검사 • '사용되는 용어가 서로 다르게 해석되지 않았는가'와 같은 일관성 검사 • '모듈 사이에 인터페이스가 잘 정의되었는가'와 같은 정확성 검사
원시 코드 검사	• '프로그램에서 변수를 사용하기 전에 선언이 되었는가'와 같은 데이터 결함 검사 • '제어문에서 조건이 정확한가'와 같은 제어 결함 검사 • '모든 입력 변수가 사용되고 있는가'와 같은 입출력 결함 검사 • '인자의 데이터 타입, 개수, 순서가 일치하는가'와 같은 인터페이스 결함 검사

5 감사

감사는 소프트웨어 개발 산출물이나 프로세스를 독립적인 관점에서 검토하여, 규정된 표준, 정책, 절차 또는 계약 요구사항에 적합한지를 확인하는 활동이다. 이는 품질 보증$_{QA}$의 일환으로 수행되며, 일반적으로 조직 내부의 품질 관리 팀 또는 외부 감사자가 수행한다. 감사는 다른 정적 테스트 기법들과 달리, 코드나 설계의 기술적 오류를 직접 식별하기보다는 프로세스 준수 여부와 문서화의 정확성, 그리고 품질 시스템의 유효성을 평가하는 데 초점이 맞춰진다.

감사는 다음과 같은 목적을 갖는다.

- **표준 및 절차 준수 여부 점검**: 프로젝트가 조직의 개발 표준이나 산업 표준(ISO/IEC 12207, CMMI 등)에 따라 수행되고 있는지를 검토한다.
- **문서화 수준 평가**: 요구사항 명세, 설계 문서, 테스트 계획서 등 주요 산출물이 적절히 작성되고 보관되고 있는지를 확인한다.
- **개선점 도출**: 프로세스에서의 비효율이나 누락된 부분을 발견하여 향후 개선을 위한 피드백을 제공한다.

감사는 보통 다음과 같은 절차로 수행된다.

❶ 감사 계획 수립

감사의 범위, 대상 산출물, 기준 등을 정의한다.

❷ 문서 검토 및 인터뷰

개발팀이 작성한 문서를 검토하고, 관련 인원과의 인터뷰를 통해 실제 수행된 절차를 확인한다.

❸ 결과 기록 및 보고서 작성

감사 결과를 문서화하고, 발견된 문제점 및 권장 개선 사항을 포함한 감사 보고서를 작성한다.

❹ 후속 조치 확인

감사에서 지적된 항목에 대해 실제로 개선이 이루어졌는지를 추적하고 확인한다.

감사의 가장 큰 특징은 독립성이다. 감사자는 프로젝트팀으로부터 독립적인 위치에서 활동함으로써, 더 객관적인 평가가 가능하다. 따라서 감사는 조직의 품질 수준을 유지하고, 외부 인증 또는 고객 요구사항을 충족하기 위한 중요한 수단이 된다.

04 동적 테스트 1 : 명세 기반 테스트

동적 테스트dynamic test는 테스트 데이터를 이용해 실제 프로그램을 실행함으로써 오류를 찾는 방법이다. 동적 테스트는 테스트 정보를 얻는 기준 문서의 종류에 따라 명세 기반 테스트와 구현 기반 테스트로 나눌 수 있다.

명세 기반 테스트는 일반적으로 블랙박스 테스트black-box test로 더 잘 알려져 있다. 명세 기반 테스트는 프로그램의 내부 구현은 고려하지 않고, 요구사항 명세서나 설계 문서와 같은 외부 문서에 따라 입력과 기대 출력 사이의 관계를 테스트한다. 이러한 특성 때문에 블랙박스 테스트로 분류된다.

이 테스트 방식은 [그림 9-17]처럼 청진기로 환자를 진찰하는 상황에 비유할 수 있다. 병원에서 의사는 환자의 몸을 열어보지 않고도 청진기, 체온계, 소변 검사, X-ray, MRI 같은 장비를 이용해 몸의 상태를 진단한다. 즉, 몸속을 직접 들여다보는 대신, 외부 장비를 통해 증상을 파악하는 것이다.

그림 9-17 블랙박스 테스트 비유(청진기로 환자 진찰하기)

마찬가지로, 블랙박스 테스트는 프로그램 코드를 직접 열어보는 대신, 입력값에 대한 예상 출력값을 미리 정해 두고, 그대로 결과가 나오는지를 확인함으로써 오류를 찾는다. 즉 프로그램의 내부 구조나 알고리즘을 살펴보지 않고, 요구분석명세서나 설계서와 같은 문서를 기반으로 테스트 케이스를 추출해 테스트를 수행한다.

이 방법은 프로그램이 기능을 어떻게 수행하는지를 보는 것이 아니라, 사용자가 원하는 기능을 정확히 수행하는지를 검증하는 데 초점을 둔다. 예를 들어 프로그램의 구현 방식이 버블 정렬에서 퀵 정렬로 바뀌더라도 '정렬'이라는 명세의 내용이 동일하다면, 기존 버블 정렬에서 사용했던 테스트 데이터를 퀵 정렬에서 그대로 사용할 수 있다. 이는 블랙박스 테스트의 큰 장점 중 하나다.

명세 기반 테스트의 대표적인 방법으로는 문법 기반 기법, 동등 분할 기법, 경곗값 분석 기법, 원인-결과 그래프 기법, 의사결정 테이블 기법 등이 있다.

1 문법 기반 기법

문법(규칙)syntax 기반 기법은 가장 단순한 테스트 방법으로, 문법에 기반을 둔 테스트이다. 예를 들어, 웹사이트의 회원 가입 양식에서는 [표 9-4]와 같이 ID와 비밀번호에 대한 규칙(문법)을 정해 놓고, 이 규칙에 맞는 ID와 비밀번호를 설정하도록 요구한다.

표 9-4 ID와 비밀번호 규칙(문법)

항목	규칙(문법)
ID	알파벳과 숫자의 조합(4~8글자)
비밀번호	알파벳, 숫자, 특수문자로 구성, 7글자 이상(특수문자 반드시 포함)

문법 기반 기법은 이러한 규칙에 적합한 데이터를 입력했을 때 예상한 결과와 같은지, 또 부적합한 데이터를 입력했을 때 오류 메시지가 출력되는지를 확인한다. [표 9-5]는 적합/부적합 입력값에 대한 예상 처리 결과를 보여주고 있다.

표 9-5 적합/부적합 입력값에 대한 예상 처리 결과

번호	적합/부적합	입력값(ID/비번)	예상 처리 결과
1	적합	sogong/abcd#78	정상 등록
2	부적합	so*gong/abcd#78	에러 메시지: 등록 불가(ID - 특수문자 사용)
3	부적합	sogong/abcdefg	에러 메시지: 등록 불가(비밀번호 - 특수문자 미사용)
4	부적합	gong/abcd	에러 메시지: 등록 불가(ID, 비밀번호 - 길이 부적합)

2 동등 분할 기법

동등 분할equivalence partitioning 기법은 입력값의 범위를 동등한 여러 영역으로 나누고, 각 영역을 대표할 수 있는 값을 선택해 테스트하는 방법이다. 즉, 입력값에 따라 나올 수 있는 결과를 미리 예측하고, 각 영역에서 임의의 입력값을 하나씩 선택해 실행한 결과가 예상값과 일치하는지 확인한다.

이 기법은 테스트 대상이 되는 입력값이 많을 때 모든 경우를 다 테스트하지 않고도 효과적으로 검증할 수 있다는 장점이 있다. 또한 기법이 단순하고 직관적이어서, 테스트를 처음 접하는 사용자도 쉽게 작성할 수 있다.

예를 들어 어떤 시스템에서 평가 점수에 따라 상여금이 [표 9-6]과 같이 정해진 경우, 동등 분할 기법은 [표 9-7]처럼 각 점수 구간(영역)을 대표하는 입력값을 선택하여, 예상된 상여금이 실제로 출력되는지를 확인한다.

표 9-6 평가 점수에 따른 상여금

평가 점수	상여금
90~100점	600만 원
80~89점	400만 원
70~79점	200만 원
0~69점	0원

표 9-7 동등 분할 기법의 예

테스트 케이스	1	2	3	4
점수 범위	0~69점	70~79점	80~89점	90~100점
입력값	60점	73점	86점	94점
예상 결과 값	0원	200만 원	400만 원	600만 원
실제 결과 값	0원	200만 원	400만 원	600만 원

3 경곗값 분석 기법

[표 9-7]에서는 이상, 이하, 미만, 초과와 같은 표현 대신, 점수 범위를 정확한 숫자로 구분하여 제시하였다. 그러나 실제로 요구사항을 작성하거나 코드를 구현할 때에는 이러한 경계 표현을 정확히 구현하지 못하는 실수가 자주 발생한다. 예를 들어 '70점 이상'이라는 표현을 코드로 구현할 때 >=과 >를 혼동하는 경우가 이에 해당한다.

이러한 오류를 줄이기 위해 사용하는 기법이 바로 경곗값 분석boundary value analysis 기법이다. 이 기법은 각 범위의 경곗값뿐 아니라, 그 바로 이전 값과 이후 값을 가지고 테스트한다. 그 이유는 경계 부분에서 코딩 실수가 빈번히 발생하기 때문이다.

[표 9-7]의 동등 분할 기법에서는 각 범위 내에서 임의의 값을 선택하여 테스트했다면, 경곗값 분석 기법은 [표 9-8]과 같이 경곗값을 포함하고, 그보다 작은 값과 큰 값도 함께 고려하여 테스트 케이스를 구성한다. 이처럼 경곗값 분석은 동등 분할 기법과 유사하지만, 대푯값이 아닌 경곗값과 그 주변의 값을 사용한다는 점에서 차이가 있다.

표 9-8 경곗값 분석 기법의 테스트 예

테스트 케이스	1	2	3	4	5	6	7	8	9	10	11	12	13	14	15
입력값	−1	0	1	69	70	71	79	80	81	89	90	91	99	100	101
예상 결과	오류	0	0	0	200	200	200	400	400	400	600	600	600	600	오류
실제 결과	오류	0	0	0	200	200	200	400	400	400	600	600	600	600	오류

4 원인-결과 그래프 기법

원인-결과 그래프는 소프트웨어의 요구사항을 기반으로, 입력 조건(원인)과 그에 따른 행위(결과) 간의 논리적 관계를 그래프로 표현하는 테스트 설계 기법이다. 이 그래프를 통해 의사 결정 테이블decision table을 만들고, 이를 바탕으로 테스트 케이스를 작성한다. 원인-결과 그래프 작성 과정은 다음과 같다.

❶ 요구사항 분석

요구사항을 읽고 원인(입력 조건)과 결과(출력 반응)를 식별한다.

[예] 성적 처리에 대한 요구사항의 일부

- 총점이 90점 이상이고, 리포트를 제출하면 학점은 A+이다.
- 총점이 70점 미만이고, 리포트를 제출하지 않으면 학점은 F이다.

❷ 원인과 결과 목록 작성

요구사항으로부터 추출한 원인과 결과를 목록으로 정리한다.

번호	유형	원인/결과
C1	원인	90점 이상
C2	원인	80점 이상
C3	원인	70점 이상
C4	원인	70점 미만
C5	원인	리포트 제출
C6	원인	리포트 미제출
E1	결과	A^+
E2	결과	A^0
E3	결과	B^+
E4	결과	B^0
E5	결과	C^+
E6	결과	C^0
E7	결과	D^0
E8	결과	F

❸ 논리 관계 정의

각 원인과 결과 사이의 논리적인 연결 관계를 정의한다.

예 성적 처리 요구사항의 논리 관계 일부

- C1 AND C5 → E1(학점: A^+)
- C4 AND C6 → E8(학점: F)

❹ 원인–결과 그래프 작성

프로그램이 의미하는 내용을 분석해 이에 알맞은 원인과 결과를 연결하는 논리 그래프를 작성한다. 이때 [표 9–9]의 기호를 사용하며, 그래프 작성 시 복잡성을 줄이기 위해 중간 노드를 활용할 수 있다.

표 9–9 원인–결과 그래프에서 사용되는 기호

기호	표기법	설명
동치(Equal)	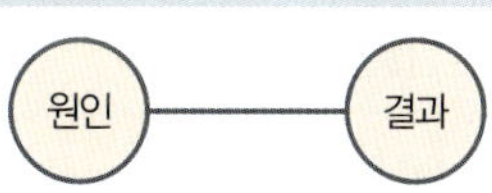	• A와 B는 항상 같은 값을 가진다. • A=1이면 B=1, A=0이면 B=0
부정(NOT)	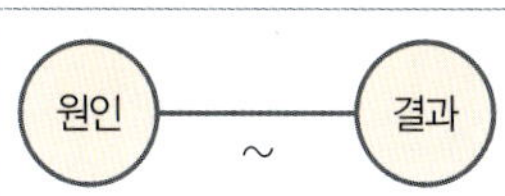	• A와 B는 서로 반대 값을 가진다. • A=1이면 B=0, A=0이면 B=1

합(OR)	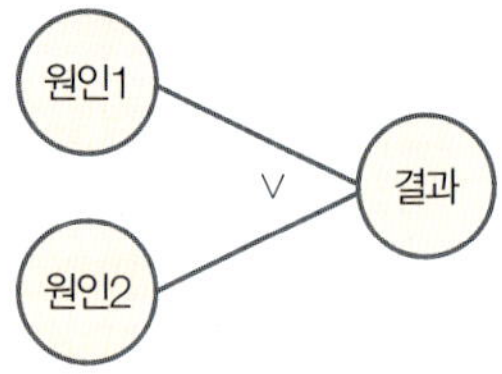	• A 또는 B 중 하나라도 참이면 결과는 참이다. 둘 다 거짓일 때만 결과는 거짓이다. • (A, B, C)에서 (1, 1)=1, (1, 0)=1, (0, 1)=1, (0, 0)=0
곱(AND)	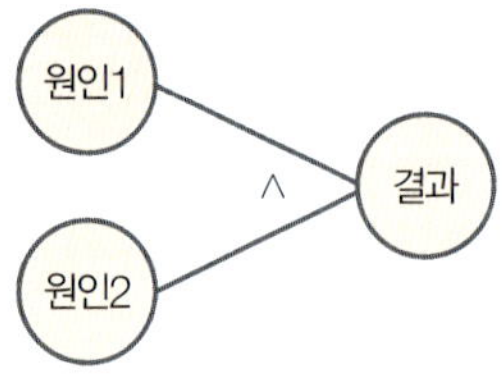	• A와 B가 모두 참일 때만 결과는 참이다. 둘 중 하나라도 거짓이면 결과는 거짓이다. • (A, B, C)에서 (1, 1)=1, (1, 0)=0, (0, 1)=0, (0, 0)=0

❺ 그래프에 제한 조건 표시

원인-결과 그래프에는 동시에 참이 될 수 없거나, 반드시 한 쪽이 참이어야 하는 등의 제한 조건이 포함될 수 있다. [표 9-10]의 제한 조건 기호를 통해 그래프에 제한 조건을 표시한다.

표 9-10 원인-결과 그래프의 제한 조건 기호

명칭	기호	설명
배타exclusive 관계	E (A, B)	• A와 B는 동시에 참일 수 없다. • A=1이면 B=0, A=0이면 B=1(A=B=0은 가능, A=B=1은 불가능) 예 화장실에 누군가 들어가 있으면 다른 사람은 들어갈 수 없다.
포함inclusive 관계	I (A, B)	• A와 B 중 하나는 반드시 참이어야 한다. • A=1일 때 B=1 또는 0, B=1일 때 A=1 또는 0(A=B=0은 불가능) 예 군대에서 누군가는 반드시 보초를 서야 한다. 둘 다 서도 되고, 한 명만 서도 되지만 아무도 안 서는 건 안 된다.
선택only one 관계	O (A, B)	• A와 B 중 정확히 하나만 참이어야 한다. • A=1이면 B=0, A=0이면 B=1(A=B=0은 불가능) 예 운전석에는 딱 한 명만 앉을 수 있다.
필요require 관계	R (B → A)	• B가 참이 되려면 A가 반드시 참이어야 한다. • A=1이면 B=1 또는 0, A=0이면 B=0(B=1은 불가능) 예 자식이 반드시 부모가 있어야 한다.
강요mask 관계	M (B → A)	• A가 참일 때 B는 반드시 거짓이어야 한다. • A=1이면 B=0 예 성별 체크란에서 남자에 체크하면 여자에는 절대 체크할 수 없다.

❻ 의사결정 테이블로 변환

작성한 그래프를 기반으로 의사결정 테이블을 만들기 전에, 먼저 의사결정 테이블의 작성 과정을 살펴보자. 여기서는 '성적 처리' 사례를 사용하여 의사결정 테이블을 만드는 방법을 단계별로 설명한다.

■ '성적 처리' 의사결정 테이블 만들기

- 입력 대상의 항목을 정한다([표 9-11]에서 총점이 90 이상, 80 이상, 70 이상, 70 미만, 리포트 제출 여부).
- 입력 항목에 대해 가능한 모든 조합을 정한다.

위 조건들을 참(T) 또는 거짓(F)으로 표현하면, 가능한 입력 조합이 8가지가 된다.

표 9-11 입력 항목에 대한 테스트 케이스

입력 항목 \ 테스트 케이스		1	2	3	4	5	6	7	8
총점	90 이상	T	T	F	F	F	F	F	F
	80 이상	F	F	T	T	F	F	F	F
	70 이상	F	F	F	F	T	T	F	F
	70 미만	F	F	F	F	F	F	T	T
리포트	제출	T	F	T	F	T	F	T	F

조합한 8개 항목에 대해 다음과 같은 예상 결과를 만든다.

표 9-12 입력 조건과 예상 결과

번호	입력 조건	결과
1	90점 이상(T), 리포트 제출(T)	A^+
2	90점 이상(T), 리포트 미제출(F)	A^0
3	80점 이상(T), 리포트 제출(T)	B^+
4	80점 이상(T), 리포트 미제출(F)	B^0
5	70점 이상(T), 리포트 제출(T)	C^+
6	70점 이상(T), 리포트 미제출(F)	C^0
7	70점 미만(T), 리포트 제출(T)	D^0
8	70점 미만(T), 리포트 미제출(F)	F

[표 9-12]의 입력 조건과 예상 결과로 [표 9-13]과 같은 의사결정 테이블을 만든다.

표 9-13 성적 처리에 대한 의사결정 테이블

입력 항목 \ 테스트 케이스		1	2	3	4	5	6	7	8
총점	90 이상	T	T	F	F	F	F	F	F
	80 이상	F	F	T	T	F	F	F	F
	70 이상	F	F	F	F	T	T	F	F
	70 미만	F	F	F	F	F	F	T	T
리포트	제출	T	F	T	F	T	F	T	F

결과 값	A^+	T	F	F	F	F	F	F	F
	A^0	F	T	F	F	F	F	F	F
	B^+	F	F	T	F	F	F	F	F
	B^0	F	F	F	T	F	F	F	F
	C^+	F	F	F	F	T	F	F	F
	C^0	F	F	F	F	F	T	F	F
	D^0	F	F	F	F	F	F	T	F
	F	F	F	F	F	F	F	F	T

❼ 테스트 케이스를 작성한다

작성된 의사결정 테이블을 기반으로 테스트 케이스를 도출한다. 예를 들어 테스트 케이스 3번의 테스트 데이터(총점 86점, 리포트 제출)를 생성했다면, 예상 결과는 B^+가 되어야 한다.

예제 9-1

다음 조건을 바탕으로 원인-결과 그래프 기법에 따라 테스트 케이스를 설계해보자.

- 첫 번째 열이 P 또는 S로 시작하고, 두 번째 열이 #이면 '출입 가능'을 출력한다.
- 첫 번째 열이 P 또는 S로 시작하지 않으면 '출입 금지'를 출력한다.
- 첫 번째 열이 P 또는 S로 시작하고, 두 번째 열이 #이 아니면 '비밀번호 오류'를 출력한다.
- P는 교수(Professor), S는 학생(Student)을 의미한다.

▼ 풀이

① 요구사항을 분석한다.

- 첫 번째 열이 P 또는 S로 시작하고, 두 번째 열이 #이면 '출입 가능'을 출력한다.
- 첫 번째 열이 P 또는 S로 시작하지 않으면 '출입 금지'를 출력한다.
- 첫 번째 열이 P 또는 S로 시작하고, 두 번째 열이 #이 아니면 '비밀번호 오류'를 출력한다.

② 원인과 결과 목록을 작성한다.

원인	결과
첫 번째 열이 P 또는 S로 시작하고, 두 번째 열이 #이면	'출입 가능'을 출력한다.
첫 번째 열이 P 또는 S로 시작하지 않으면	'출입 금지'를 출력한다.
첫 번째 열이 P 또는 S로 시작하고, 두 번째 열이 #이 아니면	'비밀번호 오류'를 출력한다.

③ 원인-결과 그래프를 작성한다.

앞서 만든 원인-결과 테이블로 다음과 같이 원인-결과 그래프를 작성한다. 3개의 원인 조합에 대해 3가지 결과 중 하나와 연결된다.

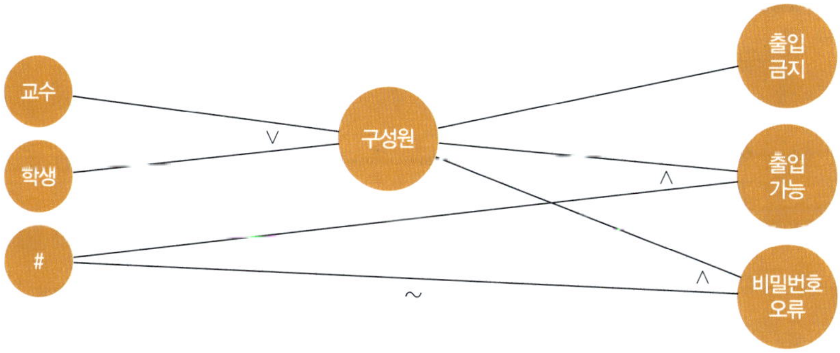

그림 9-18 원인-결과 그래프

④ 원인-결과 그래프에 제한 조건을 표시한다.

주어진 문제에서 원인들을 살펴보면, 일부 원인 간에는 동시에 성립할 수 없는 조합이 존재할 수 있다. 이러한 경우에는 배타적 관계를 의미하는 제한 조건 기호 E를 사용해 그래프에 표시한다. 예를 들어, 원인 1(P : 교수)와 원인 2(S : 학생)은 동시에 성립할 수 없다. 한 사람이 학생이면서 동시에 교수일 수는 없기 때문이다. 따라서 이 둘은 배타적 관계에 해당하며, 원인 1과 원인 2 사이에는 제한 조건 기호 E를 표시한다.

또한, 원인 3(두 번째 열이 #)이 성립하려면 먼저 원인 1과 원인 2가 성립해야 한다. 즉, 사용자가 학생이거나 교수인 경우에만 원인 3이 올 수 있다. 따라서 '필요 관계'를 의미하는 제한 조건 기호 R을 표시하면 [그림 9-19]와 같은 제한 조건이 포함된 원인-결과 그래프가 만들어진다.

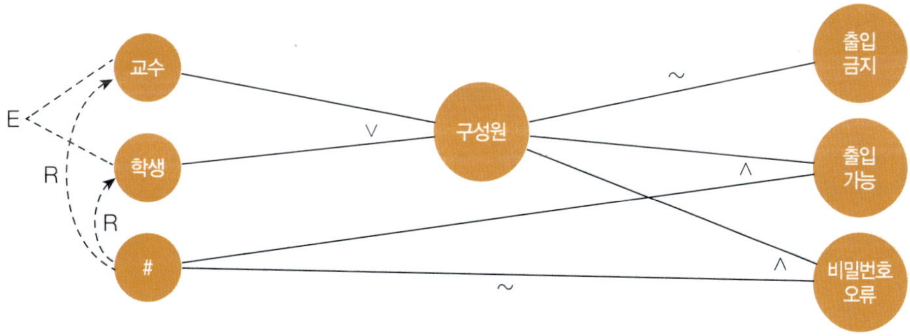

그림 9-19 제한 조건을 포함한 원인-결과 그래프

⑤ 의사결정 테이블로 변환한다.

최종 원인-결과 그래프를 이용해 다음과 같이 의사결정 테이블을 만든다.

입력 항목 \ 테스트 케이스		1	2	3	4	5
입력 값	원인 1(교수)	F	T	F	T	F
	원인 2(학생)	T	F	F	F	T
	원인 3(#)	T	T	X	F	F
중간 노드	구성원	T	T	F	T	T
출력 값	출입 금지	F	F	T	F	F
	출입 가능	T	T	F	F	F
	비밀번호 오류	F	F	F	T	T

05 동적 테스트 2: 구현 기반 테스트

구현 기반 테스트는 화이트박스 테스트white-box test로 더 잘 알려져 있다. 앞에서 설명한 명세 기반 테스트는 프로그램의 내부 구조를 보지 않고 외부 조건만으로 진단하는 방식이다. 이를 의료 행위에 비유하면, 청진기, 체온계, 엑스레이, CT, MRI와 같은 장비를 이용해 진단하는 것과 유사하다. 반면, 구현 기반 테스트는 프로그램 내부를 직접 들여다보는 방식으로, [그림 9-20]과 같이 위장과 대장을 내시경으로 자세히 검사하거나, 조직을 떼어내 배양 검사를 하거나, 개복 수술을 통해 문제가 있는 부위를 직접 확인하는 것에 비유할 수 있다.

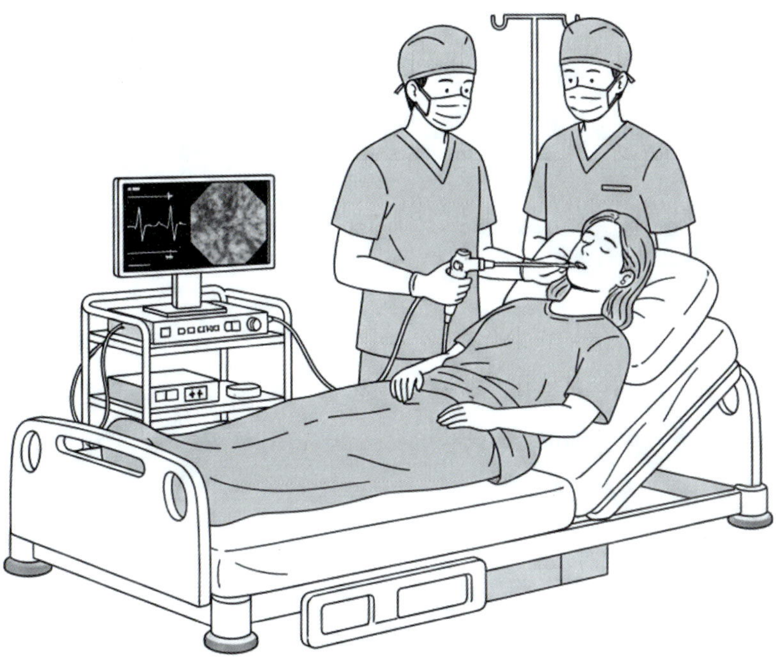

그림 9-20 구현 기반 테스트 비유(위내시경 검사)

물론 이런 비유는 이해를 돕기 위해 사용한 것으로 블랙박스 테스트와 화이트박스 테스트의 개념과 정확히 일치하는 것은 아니다.

화이트박스 테스트는 프로그램 내부에서 사용되는 변수나 서브루틴 등의 오류를 찾기 위해 코드의 구조 자체를 기반으로 설계되는 테스트다. 따라서 코드 기반 테스트code based test라고도 한다. 또한 프로그램을 직접 실행시켜 내부 흐름을 따라가면서 오류를 찾기 때문에 동적 테스트의 일종에 해당한다. 화이트박스 테스트는 다음과 같은 절차로 수행된다.

❶ 테스트 데이터 적합성 기준을 선정한다

화이트박스 테스트에서는 프로그램의 모든 경로를 검사할 수 없다. 따라서 테스트할 경로를 선택하기 위한 기준이 필요하다. 이를 테스트 데이터 적합성 기준 또는 테스트 데이터 생성 기준이라고 한다. 이 개념을 좀 더 직관적으로 이해하기 위해 [그림 9-21]의 예를 살펴보자.

그림 9-21 컨테이너 안의 조기 수량

외국에서 식품을 수입하면 무조건 들여오는 것이 아니라 검수 과정을 거친다. 예를 들어 대형 박스 10개에 조기를 담은 컨테이너 차량이 있다고 하자. 각 대형 박스 하나에는 중형 박스 5개, 중형 박스 하나에는 소형 박스 3개, 소형 박스 하나에는 조기 10마리가 들어 있다고 가정해보자. 그러면 이 컨테이너 1대에는 총 1,500마리(10×5×3×10)의 조기가 들어 있는 셈이다.

이때 검수자는 다음 중 어떤 방법으로 검사를 할지 고민하게 된다.

- **전체 검사**: 조기 1,500마리를 전부 검사(총 1,500회)
- **소형 박스당 검사**: 각 소형 박스에서 1마리씩 샘플링(총 150회)
- **중형 박스당 검사**: 각 중형 박스에서 1마리씩 샘플링(총 50회)
- **대형 박스당 검사**: 각 대형 박스에서 1마리씩 샘플링(총 10회)

이처럼 다양한 방법이 있을 때, 어떤 검수 수준을 선택할지는 신뢰도와 비용 간의 균형에 따라 결정된다. 예를 들어 전체 검사는 가장 신뢰도가 높지만 시간과 비용이 많이 든다. 반대로 대형 박스당 1마리씩만 검사하는 경우 비용과 시간은 절약되지만 신뢰도는 낮아 하나 마나 한 검사가 될 수 있다.

따라서 '어떤 수준으로 할 것인가'는 그동안의 검수 경험과 문제 발생 빈도에 따라 결정되어야 한다. 문제가 자주 발생한 경우에는 더 많은 항목을 검사해야 할 것이고, 반대로 문제가 거의 없었다면 최소한의 검사만으로도 충분할 수 있다.

소프트웨어 테스트에서도 이와 같은 판단이 필요하다. 프로그램 코드의 모든 경로를 전부 테스트하는 것은 현실적으로 불가능하므로, 테스트 대상 경로를 선별할 수 있는 기준이 있어야 한다. 이 기준이 바로 테스트 데이터 적합성 기준이다. 이 기준이 정해지면, 해당 기준을 만족하는 입력 데이터만을 테스트 데이터로 사용해 테스트하면 된다.

❷ 테스트 데이터를 생성한다

테스트 데이터 적합성 기준이 정해졌다면, 그 기준에 따라 어떤 데이터를 입력해야 할지를 결정해야 한다. 이를 위해 명세나 원시 코드를 분석해 선정된 기준을 만족하는 입력 데이터를 만든다. 이것을 테스트 데이터 생성$_{\text{test data generation}}$이라고 한다.

❸ 테스트를 실행한다

테스트 데이터가 준비되었으면, 이를 실제 프로그램에 입력하여 테스트를 수행한다. 그리고 실행 결과가 예상된 결과와 같은지 비교한다. 이 과정을 통해 코드가 기준에 맞게 정확히 작동하는지를 확인할 수 있다.

06 동적 테스트 3: 검증 기준

검증 기준code coverage에서 coverage는 사전적으로는 '범위'라는 뜻이지만, 소프트웨어 테스트에서는 전체 코드 중 실제로 테스트가 수행된 비율을 의미한다. 즉, 테스트 범위가 넓을수록 코드의 더 많은 부분이 검증되며, 그만큼 숨겨진 오류를 발견할 가능성도 높아진다.

이 책에서는 다양한 유형의 test coverage가 테스트 수행의 기준으로 사용될 수 있음을 고려하여, 단순히 '범위'보다는 테스트의 기준이자 평가 지표로서의 의미로 이해한다.

검증 기준에는 여러 종류가 있으며, 각 기준은 복잡도와 소요 시간에 차이가 있다. 따라서 테스트의 목적과 상황에 맞게 적절한 기준을 선택하는 것이 중요하다. 검증 기준의 종류는 다음과 같다.

- 문장 검증 기준
- 분기 검증 기준
- 조건 검증 기준
- 분기/조건 검증 기준
- 수정된 조건/분기 검증 기준
- 다중 조건 검증 기준
- 기본 경로 테스트

이러한 검증 기준을 실제로 적용하려면 코드의 경로를 알아야 하는데, 프로그램의 규모가 크고 복잡해질수록 경로 수가 기하급수적으로 늘어나므로, 사람이 직접 모든 경로를 찾아 테스트하기는 현실적으로 어렵다. 이를 해결하기 위해 각 프로그래밍 언어에서는 검증 기준을 자동으로 측정할 수 있는 전용 도구들을 제공한다. 대표적인 도구는 [표 9-14]와 같다.

표 9-14 프로그래밍 언어별 검증 기준 측정 도구

프로그래밍 언어	도구	설명
파이썬	coverage.py	파이썬 코드의 검증 기준을 분석하는 도구이다.
자바	JaCoCo	가장 많이 사용하는 도구로써 자바 애플리케이션의 검증 기준을 측정하는 라이브러리이다.
JavaScript	Istanbul/nyc	자바스크립트 및 타입스크립트TypeScript 프로젝트를 위한 검증 기준 도구이다.
C#	dotCover	.NET과 C# 애플리케이션의 검증 기준을 측정한다.

1 문장 검증 기준

문장 검증 기준statement coverage은 원시 코드 내의 모든 문장이 최소한 한 번은 실행되도록 테스트하는 방식이다. 이를 위해, 각 문장을 포함하는 실행 경로를 파악한 뒤, 그 경로를 따라 실행되도록 입력 데이터를 이용해 프로그램을 테스트한다. 구체적인 과정은 다음과 같다. 이 기준은 다음과 같은 과정으로 수행한다.

❶ 원시 코드를 제어 흐름 그래프 형태로 표현한다

원시 코드를 [그림 9-22]처럼 제어 흐름 구조의 그래프 형태로 바꾸어 표현한다.

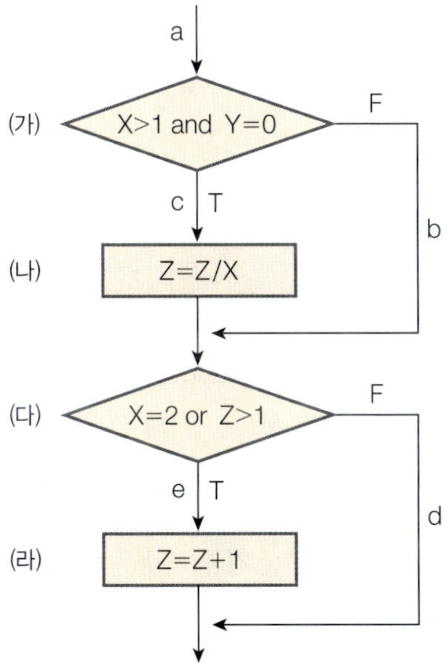

그림 9-22 컨테이너 안의 조기 수량

❷ 가능한 모든 경로를 구한다

가능한 경로를 모두 나열하고 문장 검증 기준의 만족 여부를 [표 9-15]처럼 나타낸다.

표 9-15 가능한 모든 경로

경로(가, 다)	가능 경로	만족 여부	이유
경로1(T, T)	a-c-e	만족	(가), (나), (다), (라) 문장을 모두 지나감
경로2(T, F)	a-c-d	불만족	(라) 문장을 안 지나감
경로3(F, T)	a-b-e	불만족	(나) 문장을 안 지나감
경로4(F, F)	a-b-d	불만족	(나), (라) 문장을 안 지나감

❸ 모든 경로 중 문장 검증 기준을 만족하는 경로를 선택한다

문장 검증 기준은 프로그램 내의 모든 문장이 한 번 이상 실행되어야 하는 기준이다. 따라서 이 기준을 충족하는 경로는 [표 9-16]과 같다.

표 9-16 문장 검증 기준을 만족하는 경로

경로(가, 다)	가능 경로	만족 여부	이유
경로1(T, T)	a-c-e	만족	(가), (나), (다), (라) 문장을 모두 지나감

❹ 선택한 경로에 해당하는 테스트 데이터를 가지고 실행한다

문장 검증 기준에 적합한 테스트 데이터를 가지고 실행한다. 그 결과는 [표 9-17]과 같다.

표 9-17 테스트 데이터로 실행

경로(가, 다)	테스트 데이터	가능 경로	출력 값	만족 여부
경로1(T, T)	X=2, Y=0, Z=3	a-c-e	2.5	만족

이처럼 테스트 데이터를 생성해 실행하면 모든 문장을 한 번 이상 통과하기 때문에 문장 검증 기준을 만족하게 된다. 하지만 실제 프로그램에서 조건문이 없는 코드는 거의 없다. 문제는 문장 검증 기준이 조건문 역시 하나의 문장으로 간주한다는 점이다.

조건문은 참(T)일 때와 거짓(F)일 때 각각의 경로가 존재하는데, 문장 검증 기준은 이 중 하나만 실행되면 해당 조건문 전체를 테스트한 것으로 판단한다. 이로 인해 다른 경로에서 오류가 발생하더라도, 그 경로가 실행되지 않으면 오류를 발견할 수 없다.

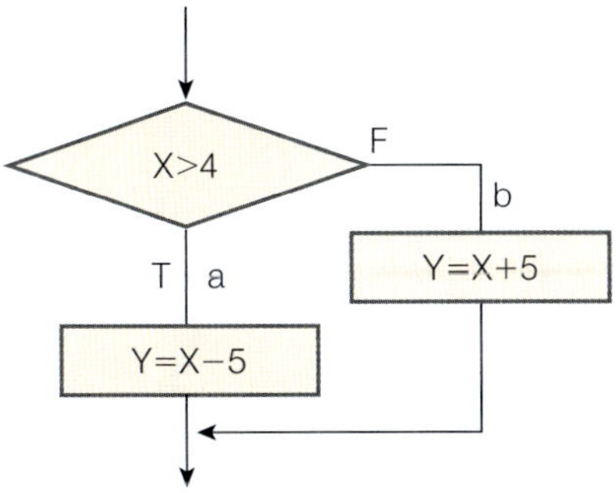

그림 9-23 조건문

[그림 9-23]은 조건문이 두 개의 경로(T, F)를 갖고 있음을 보여준다. 예를 들어 T 경로(a)만 테스트한 경우, F 경로(b)에 존재하는 오류는 발견되지 않는다. 이처럼 문장 검증 기준은 조건문이 포함된 코드에 대해 충분한 테스트가 되지 못하는 한계를 가진다.

그렇다면 조건문이 존재할 때는 어떻게 테스트해야 할까? 조건문의 결과가 참(T)이 되는 경우와 거짓(F)이 되는 경우를 각각 한 번씩 테스트하는 방법이 필요하다. 이 기준이 바로 분기 검증 기준이다.

2 분기 검증 기준

분기 검증 기준branch coverage은 결정 검증 기준decision coverage이라고도 하며, 앞서 살펴본 문장 검증 기준의 한계를 보완하기 위해 고안된 방식이다.

이 기준은 조건문이 참(T)일 때와 거짓(F)일 때의 분기 경로를 각각 한 번 이상 실행하도록 테스트 케이스를 구성한다. 즉 조건문을 만족하는 경우와 만족하지 않는 경우로 나누어 테스트한다. 물론 문장 검증 기준도 당연히 만족한다. 따라서 분기 검증 기준을 사용하면 분기 시점에서 조건과 관련된 오류를 찾을 수 있고, 또 분기가 합류하는 위치에서 오류를 발견할 가능성이 크다. 이 기준은 다음과 같은 과정으로 수행한다.

❶ 원시 코드를 제어 흐름 그래프 형태로 표현한다

원시 코드를 문장 검증 기준의 [그림 9-22]처럼 제어 흐름 구조의 그래프 형태로 바꾸어 표현한다.

❷ 가능한 모든 경로를 구한다

가능한 모든 경로를 나타내고, 분기 검증 기준의 만족 여부를 [표 9-18]처럼 나타낸다.

표 9-18 가능한 모든 경로

경로(가, 다)	가능 경로	만족 여부	이유
경로1(T, T)	a-c-e	불만족	(F, F) 경로를 테스트 안 함
경로2(T, F)	a-c-d	불만족	(F, T) 경로를 테스트 안 함
경로3(F, T)	a-b-e	불만족	(T, F) 경로를 테스트 안 함
경로4(F, F)	a-b-d	불만족	(T, T) 경로를 테스트 안 함

❸ 모든 경로 중 분기 검증 기준을 만족하는 경로를 선택한다

위 4개의 경로 중 어느 하나의 경로만으로는 분기 검증 기준을 만족할 수 없다. 그렇다면 방법이 전혀 없는 것일까? 그렇지 않다. 하나의 경로로는 부족하더라도 두 개 이상의 경로를 조합하면 분기 검증 기준을 만족할 수 있다. 4개의 경로를 조합해서 묶으면 [표 9-19]와 같다.

표 9-19 4개의 경로 조합

경로(가, 다)	결과	만족 여부
경로1(T, T)	조건문 (가)의 F 경로를 못 지나감	불만족
경로2(T, F)		
경로1(T, T)	조건문 (다)의 F 경로를 못 지나감	불만족
경로3(F, T)		
경로1(T, T)	조건문 (가), (다)의 경로를 다 지나감	만족
경로4(F, F)		
경로2(T, F)	조건문 (가), (다)의 경로를 다 지나감	만족
경로3(F, T)		
경로2(T, F)	조건문 (다)의 T 경로를 못 지나감	불만족
경로4(F, F)		
경로3(F, T)	조건문 (가)의 T 경로를 못 지나감	불만족
경로4(F, F)		

[표 9-19]에서 분기 검증 기준을 만족하는 경우를 찾으면 경로1과 경로4, 경로2와 경로3으로 두 가지가 존재한다. 따라서 이 중 하나만 선택해 테스트를 수행해도 분기 검증 기준은 만족한다. 여기에서는 두 조합 모두에 해당하는 테스트 데이터를 이용해 테스트를 실행하였으며, 그 결과는 [표 9-20], [표 9-21]과 같다.

표 9-20 경로1, 경로4의 테스트 결과

경로(가, 다)	테스트 데이터	가능 경로	출력	두 경로의 합
경로1(T, T)	X=2, Y=0, Z=10	a-c-e	Z=6	만족
경로4(F, F)	X=0, Y=0, Z=1	a-b-d	Z=1	

표 9-21 경로2, 경로3의 테스트 결과

경로(가, 다)	테스트 데이터	가능 경로	출력	두 경로의 합
경로2(T, F)	X=3, Y=0, Z=2	a-c-d	Z=1	만족
경로3(F, T)	X=2, Y=1, Z=2	a-b-e	Z=3	

이처럼 테스트 데이터를 생성해 실행하면 모든 문장을 빠뜨리지 않고 한 번 이상 수행하게 된다. 또한 각 조건문의 결과인 T와 F 경로를 모두 지나가기 때문에, 분기 검증 기준도 만족한다.

그렇다면 분기 검증 기준만으로 충분할까? 안타깝게도 그렇지 않다. 분기 검증 기준은 조건문 안에 조건식이 하나만 존재할 때의 얘기다. 만약 조건식이 두 개 이상으로 구성되어 있다면, 각 조건의 조합에 따른 오류를 충분히 검출하지 못할 수 있다. 이런 상황에 대응하기 위한 기준이 바로 조건 검증 기준이다.

3 조건 검증 기준

조건 검증 기준condition coverage은 [그림 9-24]처럼 조건문 안에 조건식이 두 개 이상 존재할 때 각 조건식을 어떻게 테스트할 것인가에 대한 기준이다.

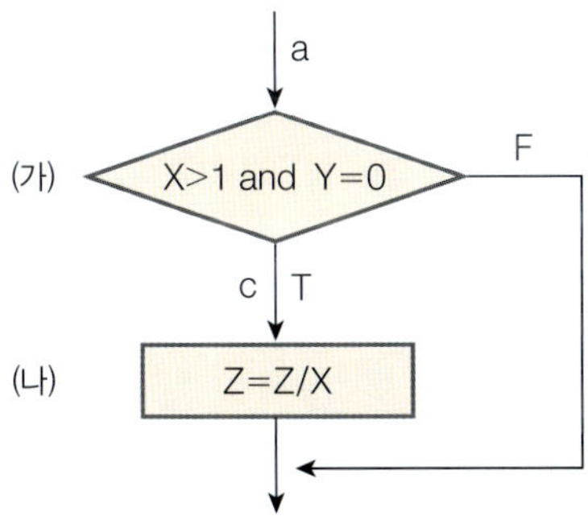

그림 9-24 개별 조건식이 2개 존재하는 조건문 1

분기 검증 기준에서는 조건문이 참(T)일 때와 거짓(F)일 때, 두 경로 모두를 테스트하였다. 이와 같은 방식으로, 조건 검증 기준은 조건문 안에 있는 각 조건식이 참인 경우와 거짓인 경우를 각각 테스트한다. [그림 9-24]에서는 조건식1(X>1)이 참(T)인 경우와 거짓(F)인 경우와 조건식2(Y=0)가 참(T)인 경우와 거짓(F)인 경우를 모두 테스트한다. 이 기준은 다음과 같은 과정으로 수행한다.

3.1 조건문 (가)에 대한 경로

조건문 (가)에서 가능한 조합의 수는 [표 9-22]처럼 4가지이다.

표 9-22 조건문 (가)의 가능한 경로

조합	조건식1(X>1)	조건식2(Y=0)
1	T	T
2	T	F
3	F	T
4	F	F

❶ 4가지 조합 중에서 조건 검증 기준을 만족하는 경로를 찾는다

[표 9-22]에서 어떤 조합도 단독으로 조건 검증 기준을 만족하는 조합은 없다.

❷ 4가지 경로를 두 개씩 묶어 조건 검증 기준을 만족하는 경로를 찾는다

가능한 두 조합의 조합은 6가지이며, 각각의 만족 여부는 [표 9-23]과 같다.

표 9-23 조건문 (가)의 가능한 조합

조합	조건식1(X>1)	조건식2(Y=0)	결과
(1, 2)	T만 2번	T, F	조건식1에 F가 없음
(1, 3)	T, F	T만 2번	조건식2에 F가 없음
(1, 4)	T, F	T, F	만족
(2, 3)	T, F	F, T	만족
(2, 4)	T, F	F만 2번	조건식2에 T가 없음
(3, 4)	F만 2번	T, F	조건식1에 T가 없음

❸ 6가지 조합에서 개별 조건식1과 개별 조건식2가 각각 한 번은 참(T), 한 번은 거짓(F)이 되는 경우를 찾는다

[표 9-23]의 결과 항목을 보면, 조건 검증 기준을 만족하는 조합은 (1, 4)와 (2, 3)뿐이다.

이제 같은 방법으로 조건문 (다)에 대해서도 조합을 만들어 보자.

3.2 조건문 (다)에 대한 경로

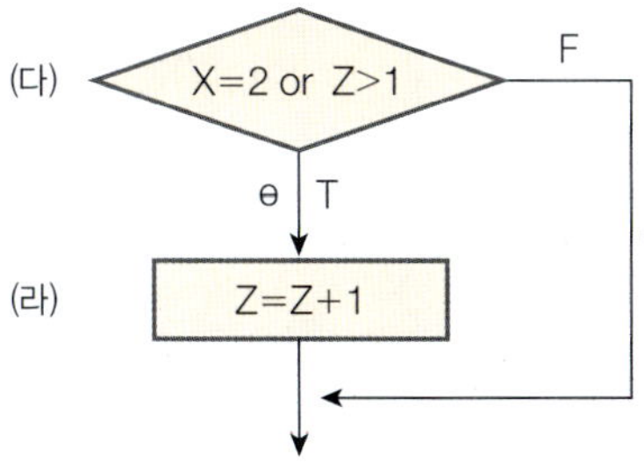

그림 9-25 개별 조건식이 2개 존재하는 조건문 2

조건문 (다)에서도 가능한 조합은 [표 9-24]와 같다.

표 9-24 조건문 (다)의 가능한 경로

조합	조건식1(X=2)	조건식2(Z>1)
5	T	T
6	T	F
7	F	T
8	F	F

❶ 4가지 조합 중에서 조건 검증 기준을 만족하는 조합을 찾는다

[표 9-24]에서는 어떤 조합도 단독으로 조건 검증 기준을 만족하지 않는다.

❷ 4가지 조합을 두 개씩 묶어 조건 검증 기준을 만족하는 조합을 찾는다

두 개씩 묶으면 [표 9-25]와 같이 총 6가지가 있다.

표 9-25 조건문 (다)의 가능한 조합

조합	조건식3(X>1)	조건식4(Y=0)	결과
(5, 6)	T만 2번	T, F	조건식3에 F가 없음
(5, 7)	T, F	T만 2번	조건식4에 F가 없음
(5, 8)	T, F	T, F	만족
(6 7)	T, F	F, T	만족
(6, 8)	T, F	F만 2번	조건식4에 T가 없음
(7, 8)	F만 2번	T, F	조건식3에 T가 없음

❸ **6가지 조합에서 개별 조건식3과 개별 조건식4가 각각 한 번은 참(T), 한 번은 거짓(F)이 되는 경우를 찾는다.**

[표 9-25]의 결과 항목을 보면, 조건 검증 기준을 만족하는 조합은 (5, 8)과 (6, 7)뿐이다.

3.3 조건문 (가)와 조건문 (다)의 조합에서 가능한 조건 검증 기준을 만족하는 조합

조건문 (가)의 {(1, 4), (2, 3)}과 조건문 (다)의 {(5, 8), (6, 7)}에서 가능한 조합은 [표 9-26]과 같다.

표 9-26 조건문 (가), (다)의 가능한 조합

조건문 (가)	조건문 (다)	전체 조합
(1, 4)	(5, 8)	{(1, 4), (5, 8)}
(1, 4)	(6, 7)	{(1, 4), (6, 7)}
(2, 3)	(5, 8)	{(2, 3), (5, 8)}
(2, 3)	(6, 7)	{(2, 3), (6, 7)}

결과적으로 조건 검증 기준을 만족하는 조합은 [표 9-26]의 전체 조합 항목처럼 4가지이다. 테스트 수행 시에는 이 중 하나를 선택하여 해당 조합에 맞는 테스트 데이터를 생성하고 실행하면 된다.

4 분기/조건 검증 기준

분기/조건 검증 기준branch/condition coverage은 조건 검증 기준을 만족하는 4가지 조합 중에서 분기 검증 기준까지 함께 만족하는 조합을 찾는 방식이다. 즉, 각 조건식의 참(T)과 거짓(F) 조합뿐만 아니라, 조건문 전체의 분기 경로까지 모두 한 번씩 테스트 되었는지를 확인해야 한다. 4가지 조합에 대해 분기 검증 기준까지 만족하는 경로를 찾아보자.

표 9-27 분기/조건 검증 기준

조건문 (가)	조건문 (다)	조합	조건문 (가)	조건문 (다)	결과
(1, 4)	(5, 8)	{(1, 4), (5, 8)}	T, F	T, F	경로(가), (다)의 경로를 모두 지나감
(1, 4)	(6, 7)	{(1, 4), (6, 7)}	T, F	T, T	경로(다)의 F 경로를 지나가지 않음
(2, 3)	(5, 8)	{(2, 3), (5, 8)}	T, F	T, T	경로(다)의 F 경로를 지나가지 않음
(2, 3)	(6, 7)	{(2, 3), (6, 7)}	T, F	T, T	경로(다)의 F 경로를 지나가지 않음

[표 9-27]에서처럼 분기 검증 기준과 조건 검증 기준을 모두 만족하는 조합은 오직 {(1, 4), (5, 8)} 하나뿐이다. 따라서 이 조합에 해당하는 데이터를 찾아 테스트를 실행하면 된다.

5 수정된 조건/분기 검증 기준

개별 조건식이 2개이면 경로의 가짓수는 (T, T), (T, F), (F, T), (F, F)와 같이 4개이다. 즉 2^2 가지 경로가 존재한다. 만일 개별 조건식이 3개라면 경로의 가짓수는 (T, T, T), (T, T, F) … 로 총 8개가 된다. 즉, 2^3가지 경로가 존재한다. 마찬가지로 개별 조건식이 4개라면 경로의 가짓수는 16(=2^4)개, 개별 조건식이 5개라면 경로의 가짓수는 32(=2^5)개 경로가 존재한다. 이처럼 개별 조건식이 하나씩 늘어날 때마다 경로의 가짓수는 2^n으로 늘어난다. 이렇게 경로의 가짓수가 많아지면 검증 기준을 100%를 달성하기엔 매우 어렵다.

이 문제를 해결하기 위해 사용하는 것이 수정된 조건/분기 검증 기준modified condition/decision coverage이다. 이는 개별 조건식이 많아졌을 때, 테스트하지 않아도 되는 경로를 식별하고 제거함으로써 테스트해야 할 경로의 수를 줄이는 데 유용한 기법이다. [그림 9-26]은 개별 조건식이 3개인 경우를 예로 들어, 수정된 조건/분기 검증 기준의 개념을 설명하는 흐름 그래프 일부를 보여준다.

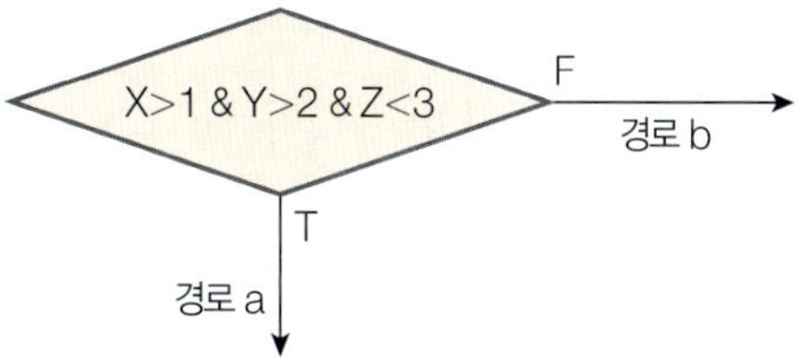

그림 9-26 개별 조건식이 3개인 경우의 흐름 그래프

[그림 9-26]에서 개별 조건식의 조합 개수는 [표 9-28]과 같다.

표 9-28 [그림 9-26]의 개별 조건식의 조합 개수

A(X>1)	B(Y>2)	C(Z<3)	결과
T	T	T	T(경로 a)
T	T	F	F(경로 b)
T	F	T	F(경로 b)
T	F	F	F(경로 b)
F	T	T	F(경로 b)
F	T	F	F(경로 b)
F	F	T	F(경로 b)
F	F	F	F(경로 b)

[표 9-28]에서 경로 a로 가는 경우는 조건식 'X>1 & Y>2 & Z<3'에서 개별 조건식 모두가 참(T)인 경우뿐이다. 그중 하나의 개별 조건식이라도 거짓(F)이면 모두 경로 b로 간다. 수정된 조건/분기 검증 기준은 개별 조건식 중 하나가 T→F 또는 F→T로 바뀌었을 때, 조건문의 결과가 바뀌는 경우를 찾아 이를 테스트 케이스로 사용한다. 그렇다면 어떻게 경로의 가짓수를 줄일 수 있는지 [표 9-29]를 통해 확인해보자.

표 9-29 조건식 X>1 & Y>2 & Z<3에 관한 결과

NO	A(X>1)	B(Y>2)	C(Z<3)	경로	A 경우	경로	B 경우	경로	C 경우	경로
1	T	T	T	a	T→F	a→b	T→F	a→b	T→F	a→b
2	T	T	F	b	T→F	b	T→F	b	F→T	b→a
3	T	F	T	b	T→F	b	F→T	b→a	T→F	b
4	T	F	F	b	T→F	b	F→T	b	F→T	b
5	F	T	T	b	F→T	b→a	T→F	b	T→F	b
6	F	T	F	b	F→T	b	T→F	b	F→T	b
7	F	F	T	b	F→T	b	F→T	b	T→F	b
8	F	F	F	b	F→T	b	F→T	b	F→T	b

[표 9-29]에서 조건문의 결과가 바뀌는 경우는 조건식 A의 경우 {1, 5}, B의 경우 {1, 3}, C의 경우 {1, 2}이다. 여기서 중복을 제외하면 {1, 2, 3, 5}가 된다. 결국 8가지 조합 중에서 조건문의 결과를 바꾸는 데 필요한 테스트 케이스는 {1, 2, 3, 5}로, 총 4가지로 줄어든다.

또 다른 예로 개별 조건식이 'A and (B or C)' 인 경우의 결과를 확인해보자.

표 9-30 개별 조건식 A and (B or C)에 관한 결과

NO	A	B	C	경로	A 경우	경로	B 경우	경로	C 경우	경로
1	T	T	T	a	T→F	a→b	T→F	a	T→F	a
2	T	T	F	a	T→F	a→b	T→F	a→b	F→T	a
3	T	F	T	a	T→F	a→b	F→T	a	T→F	a→b
4	T	F	F	b	T→F	b	F→T	b→a	F→T	b→a
5	F	T	T	b	F→T	b→a	T→F	b	T→F	b
6	F	T	F	b	F→T	b→a	T→F	b	F→T	b
7	F	F	T	b	F→T	b→a	F→T	b	T→F	b
8	F	F	F	b	F→T	b	F→T	b	F→T	b

[표 9-30]의 결과는 [표 9-29]와 같은 방법으로 수행한 결과이다. 여기서 개별 조건식의 수정이 결과에 영향을 주는, 즉 경로가 바뀌는 경우는 다음과 같다.

- **A의 경우**: {1, 5}, {2, 6}, {3, 7}
- **B의 경우**: {2, 4}
- **C의 경우**: {3, 4}

이제 어떤 테스트 케이스 조합을 선택해야 할까? 우선 B와 C는 한 가지 경우밖에 없으므로, 중복을 제외하고 {2, 3, 4}로 정리할 수 있다. 문제는 A 경우이다. A에는 3가지 집합이 존재하기 때문에 다음과 같이 하나씩 조합을 만들어 본다.

① {2, 3, 4}, {1, 5}={1, 2, 3, 4, 5}

② {2, 3, 4}, {2, 6}={2, 3, 4, 6}

③ {2, 3, 4}, {3, 7}={2, 3, 4, 7}

위 3가지의 경우에서 어떤 경우를 선택할까? ①의 경우는 총 5개로 최소 집합이 아니므로 제외된다. 결국 ② 또는 ③이 수정된 조건/분기 검증 기준을 만족하는 최소의 경로 집합이 된다.

앞서 개별 조건식 'X>1 & Y>2 & Z<3'과 'A and (B or C)'의 두 가지 예제를 살펴보았다. 이들 예제에는 공통점이 하나 있다. 바로 필요한 테스트 케이스 수가 모두 4개라는 점이다. 즉, 개별 조건식의 개수에 1을 더하면 테스트 케이스 숫자를 도출할 수 있다. 다른 경우에도 이 원칙을 적용해보기를 바란다.

6 다중 조건 검증 기준

앞에서 배운 조건 검증 기준은 각각의 개별 조건식에 대해 참(T)과 거짓(F) 경로를 찾아 수행하였다. 그 결과 {(1, 4), (5, 8)}, {(1, 4), (6, 7)}, {(2, 3), (5, 8)}, {(2, 3), (6, 7)}과 같은 4가지 경로가 도출되었고, 이 중 하나를 선택하여 테스트하면 조건 검증 기준을 만족할 수 있었다. 이 4가지를 순서도flowchart 형태로 나타내면 [그림 9-27]과 같다.

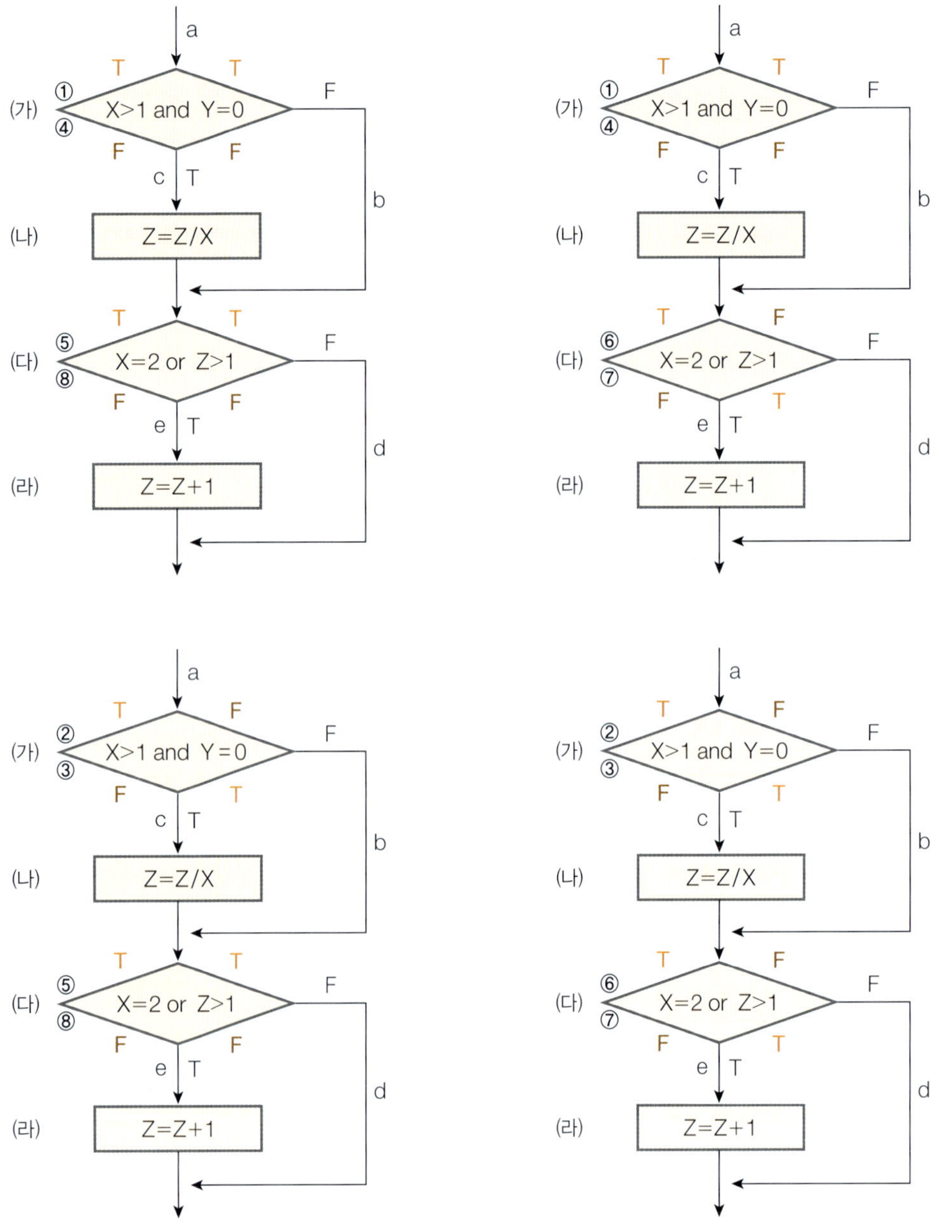

그림 9-27 조건 검증 기준

이제 소개할 다중 조건 검증 기준multiple condition coverage은, 이름에서 보이듯 기존의 조건 검증 기준에 '다중'이라는 말이 추가된 것이다. 이것은 무엇을 의미하는 것일까? 이를 설명하기 전에, 먼저 마스크mask라는 개념을 이해할 필요가 있다.

마스크란 두 개의 개별 조건식이 and 또는 or로 연결되었을 때, 이들 연산의 특성 때문에 어쩔 수 없이 나타나는 현상을 말한다. 구체적인 예는 다음과 같다.

■ and로 연결된 개별 조건식에서 나타나는 현상

두 조건이 and로 연결되어 있을 때, 개별 조건식 하나가 거짓(F)이면 다른 조건식이 참(T)이든 거짓(F)이든 상관없이 전체 조건식의 결과는 항상 거짓(F)이 된다. 문제는 개별 조건식1이 거짓(F)일 때 개별 조건식2는 평가되지 않기 때문에 오류가 발생해도 발견하기가 쉽지 않다는 것이다.

예를 들어 개별 조건식1이 거짓(F)일 때 조건식2가 X>3이어야 하는데 X<3라고 코딩 오류가 발생해도 조건문의 결과는 항상 거짓(F)이 되어 해당 코드는 실행되지 않는다. 따라서 오류를 발견하기 쉽지 않다.

■ or로 연결된 개별 조건식에서 나타나는 현상

두 조건이 or로 연결되어 있을 때, 개별 조건식 하나가 참(T)이면 다른 조건식이 참(T)이든 거짓(F)이든 상관없이 전체 조건식의 결과는 항상 참(T)이 된다. 문제는 개별 조건식1이 참(T)일 때 개별 조건식2에서 오류가 발생해도 발견하기가 쉽지 않다는 것이다.

예를 들어 조건식2가 Y>1인데 Y<2라고 코딩 오류가 발생해도 조건문의 결과는 항상 T 경로이기 때문에 오류를 발견하기 쉽지 않다.

그럼 이러한 문제를 어떻게 해결할까? 그 방법이 바로 여기서 설명할 다중 조건 검증 기준이다. [그림 9-27]에서 조건 검증 기준은 경로 4개 중 하나만을 선택하여 테스트했다. 반면 다중 조건 검증 기준은 이 4가지 경로를 모두 테스트함으로써 단일 조건 검증에서 발생할 수 있는 마스크 문제를 해결한다.

하지만 이 기법은 테스트해야 하는 경로가 1가지에서 4가지로 늘어난다는 점에서 테스트 비용이 증가한다. 더 나아가 개별 조건이 많아질수록 경로 수는 기하급수적으로 증가하게 된다. 따라서 다중 조건 검증 기준은 의료 시스템이나 항공 시스템처럼 높은 안전성과 신뢰성이 요구되는 분야에 적합한 테스트 기법이다.

7 기본 경로 테스트

기본 경로 테스트는 톰 매케이브Tom McCabe가 만들었다. 이 방법은 원시 코드의 독립적인 경로가 최소한 한 번은 실행되는 테스트 케이스를 찾아 테스트를 수행한다. 즉 원시 코드의 독립적인 경로를 모두 수행하는 것을 목적으로 한다. 기본 경로 테스트의 절차는 다음과 같다.

그림 9-28 기본 경로 테스트 수행 절차

❶ 순서도 작성

기본 경로 테스트의 첫 단계는 원시 코드를 순서도flowchart로 바꾸는 것이다. 순서도는 [그림 9-29]처럼 문장(statement), 조건문(if then else), 반복문(for)의 세 가지 기본 구조로 표현한다.

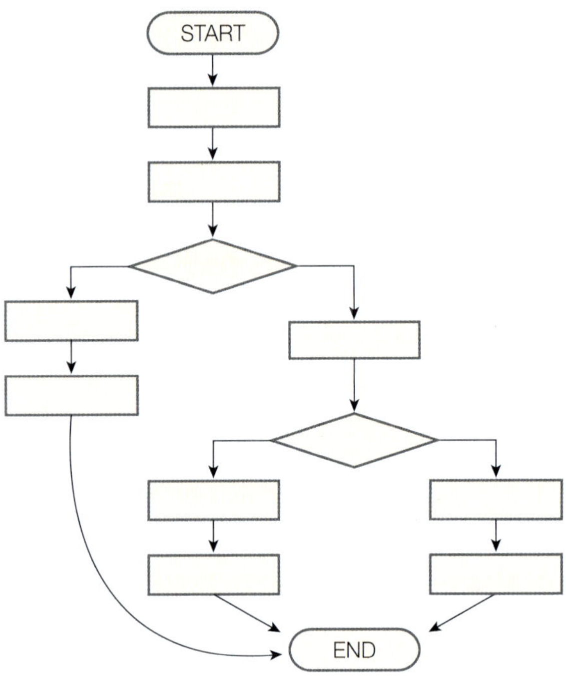

그림 9-29 순서도의 표현

❷ 흐름 그래프 작성

[그림 9-29]의 순서도를 원시 코드 흐름 그래프flow graph로 바꾸면 [그림 9-31]과 같다. 순서도가 문장, 조건문, 반복문의 구조로 표현한다면, 흐름 그래프는 [그림 9-30]에 나타낸 순서 구조, 선택 구조와 같은 표기법을 사용해 원시 코드 흐름 그래프를 표현한다.

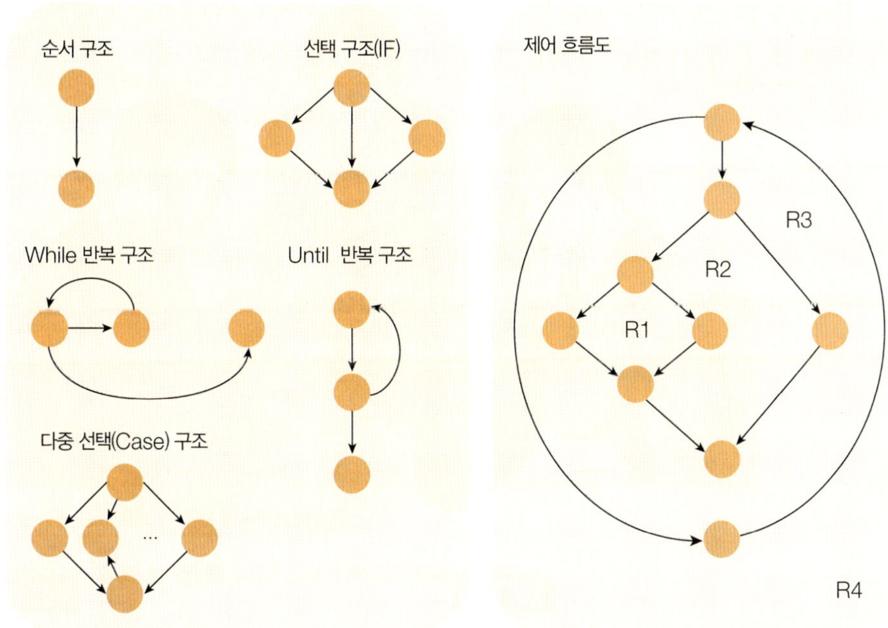

그림 9-30 흐름 그래프에서 사용되는 표기(R_{region}: 영역)

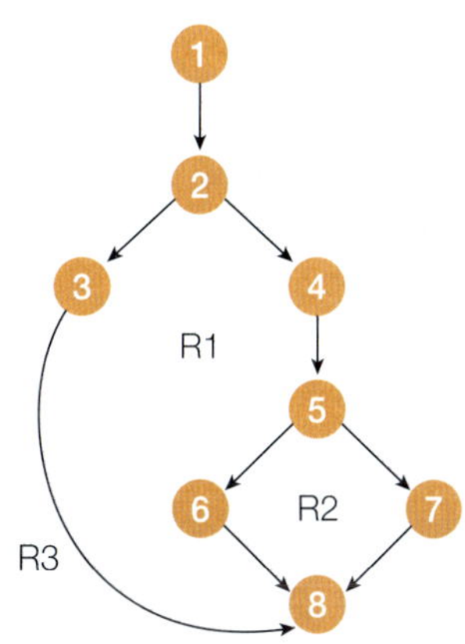

그림 9-31 흐름 그래프의 표현(R_{region}: 영역)

❸ 순환 복잡도 계산

순환 복잡도Cyclomatic Complexity, CC란 톰 매케이브가 정의한 메트릭(지표)으로 원시 코드의 복잡도를 정량적으로 평가하는 방법이다. 즉 원시 코드가 얼마나 복잡한지를 알아보기 위한 것으로, 얼마나 많은 논리적인 경로를 가졌는지 계산한 값이다. 순환 복잡도는 다음과 같이 다양한 공식으로 계산할 수 있다. 따라서 순환 복잡도를 구하면 3개의 독립적인 경로의 수가 계산된다.

• CC=R의 수 =3 • CC=E−N+2 =9−8+2=3 • CC=P+1 =2+1=3	[순환 복잡도 공식] • CC=R의 수 • CC=E−N+2 • CC=P+1 - R_{Region}: 화살표와 노드로 둘러싸인 구역, 외부 구역도 하나의 영역으로 간주함 - E_{Edge}: 화살표 수 - N_{Node}: 노드 수 - $P_{Predicate}$: 분기 노드 수

❹ 독립적인 경로 정의

순환 복잡도가 3이므로 독립적인 경로는 다음과 같이 3개이다.

- 경로1 : 1−2−3−8
- 경로2 : 1−2−4−5−6−8
- 경로3 : 1−2−4−5−7−8

❺ 테스트 케이스 작성

테스트 케이스는 3개의 경로에 해당하는 테스트 데이터를 생성하면 된다.

07 소프트웨어 개발에 따른 테스트

소프트웨어 개발 단계에 따른 테스트는 소프트웨어 개발 단계의 순서와 짝을 이루어 테스트를 진행해 나가는 방법이다. 프로젝트 초기 단계부터 테스트 계획을 세우고, 테스트 설계 과정이 함께 진행된다. [그림 9-32]처럼 요구사항 정의, 분석, 설계, 구현 단계와 테스트 과정의 단위 테스트, 통합 테스트, 시스템 테스트, 인수 테스트가 V자 형태로 연결된다고 해서 개발 단계에 따른 테스트를 V 모델이라고도 한다. V 모델 과정에 따른 테스트는 다음과 같다.

- 단위 테스트
- 통합 테스트
- 시스템 테스트
- 인수 테스트
- 회귀 테스트

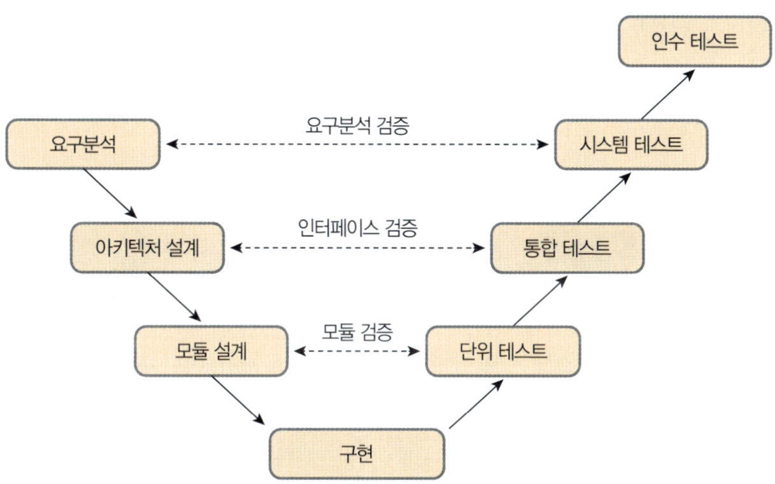

그림 9-32 V 모델

1 단위 테스트

단위 테스트unit test는 프로그램의 기본 단위인 모듈을 테스트하는 과정으로, 모듈 테스트module test라고도 한다. 구현 단계에서 각 모듈의 개발을 완료한 후 개발자가 요구분석명세서대로 정확히 구현되었는지 테스트한다. 즉 개별 모듈이 제대로 구현되어 정해진 기능을 정확히 수행하는지 검증하는 테스트이다.

이 과정에서는 화이트박스 테스트와 블랙박스 테스트를 모두 사용할 수 있지만, 일반적으로 모듈 내부의 구조를 구체적으로 살펴보는 화이트박스 테스트(구조적 테스트)가 주로 사용된다.

단위 테스트는 해당 모듈 하나만 테스트하는 것처럼 보이지만, 실제로는 시스템은 수많은 모듈이 서로 정보를 주고받으며 연결되어 있어 쉽지만은 않다. 테스트할 모듈을 호출하는 상위 모듈도 있고, 테스트할 모듈이 다른 하위 모듈을 호출할 때도 있다. 따라서 한 모듈을 테스트하려면 그 모듈과 직접 관련된 상위 모듈과 하위 모듈까지 모두 있어야 정확히 테스트할 수 있다.

문제는 실제 개발 환경에서 상위나 하위 모듈이 아직 완성되지 않은 경우가 많다는 점이다. 이런 상황에서는 상위나 하위 모듈이 개발될 때까지 기다릴 수는 없으므로 가상의 상위나 하위 모듈을 만들어 사용해야 한다.

■ **테스트 드라이버**

테스트 드라이버test driver는 상위 모듈이 아직 개발되지 않았을 때 사용하는 가상의 모듈이다. 이 드라이버는 테스트 대상 모듈을 호출하는 역할을 하며, 모듈에 필요한 데이터를 인자를 통해 전달하고, 테스트가 완료된 후 그 결과를 받는 기능을 수행한다.

■ **테스트 스텁**

테스트 스텁test stub은 하위 모듈이 아직 개발되지 않았을 때 사용하는 가상의 모듈이다. 테스트할 모듈이 하위 모듈을 호출하면, 스텁은 전달받은 인자를 사용해 작업을 수행한 후, 그 결과를 테스트할 모듈에 넘겨주는 역할을 한다.

이처럼 테스트 드라이버와 테스트 스텁은 아직 개발되지 않은 모듈을 대신해 테스트를 가능하도록 도와주는 도구이며, 테스트에 필요한 최소한의 기능만 단순하게 구현한다. [그림 9-33]은 드라이버와 스텁 모듈이 테스트 대상 모듈과 어떤 관계를 맺는지 보여준다.

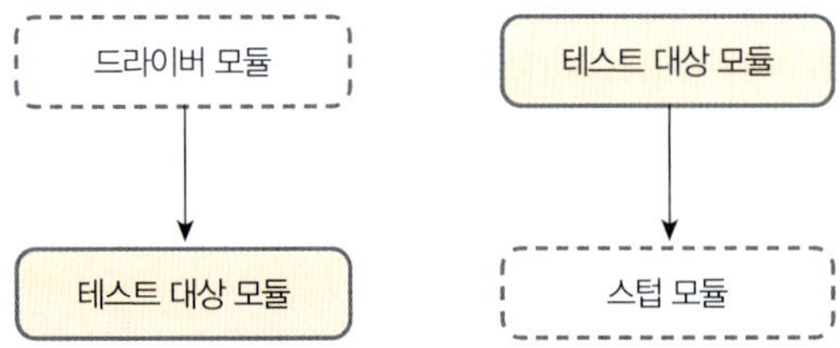

그림 9-33 드라이버/스텁 모듈과 테스트 대상 모듈의 관계

2 통합 테스트

통합 테스트integration test는 단위 테스트가 끝난 모듈을 통합하는 과정에서 발생할 수 있는 오류를 찾기 위한 테스트 기법이다. 실제 업무에서는 단위 모듈이 개별적으로 존재하는 것이 아니고, 여러 모듈이 유기적 관계를 맺고 있으므로 이러한 모듈들을 결합한 형태로 테스트를 수행해봐야 한다. 이때 주로 확인하는 것은 '모듈 간의 상호작용이 정상적으로 수행되는가'이다. 즉 '모듈 사이의 인터페이스 오류는 없는지', '모듈이 올바르게 연계되어 동작하고 있는지'를 확인한다.

개별 모듈을 테스트하는 단위 테스트에서는 오류가 발견되지 않았어도 모듈을 통합하면 상호 간의 인자나 공유 데이터 구조 등에서 오류가 발생할 수 있다. 또 단위 테스트 시 가상의 드라이버와 스텁 모듈을 만들어 테스트를 잘 수행했더라도, 상당히 제한적인 여건에서 테스트를 수행한 것이기 때문에 실제 모듈 통합 시에는 다른 결과가 나올 수도 있다. 따라서 모든 모듈이 개발 완료되고, 각 모듈의 단위 테스트가 완료되었으면 통합 테스트를 해야 한다.

통합 테스트는 모듈을 통합해놓고 한꺼번에 테스트하는 방법과 모듈을 하나씩 점진적으로 통합해가며 테스트하는 방법으로 나눌 수 있다.

2.1 빅뱅 테스트

빅뱅 테스트big-bang test는 모든 모듈을 한꺼번에 통합한 후 전체 시스템을 한 번에 테스트하는 방법이다. 이 방식은 'all-in-one 테스트'라고도 불린다.

이 방법은 언제 사용하면 좋을까? 예를 하나 들어보자. 밥과 반찬 5가지가 있다. 시간이 없어 밥을 빨리 먹어야 한다면 어떻게 해야 할까? 아마도 모든 반찬을 밥과 함께 큰 그릇에 넣고 한꺼번에 비벼서 먹는 것이 가장 빠를 것이다. 실제로 옛날에 어떤 고시생이 밥 먹는 시간을 줄이기 위해 이렇게 식사했다는 이야기도 있다. 심지어 그는 반찬을 가위로 잘게 잘라 더 빠르게 먹고 소화까지 쉽게 하려 했다고 한다.

이처럼 빅뱅 테스트는 프로젝트 마감 기한이 얼마 남지 않았거나, 규모가 작은 프로젝트에서 시간을 절약하기 위한 용도로 사용할 수 있다.

이 방법은 빠르고 쉽게 할 수 있지만, 단점도 분명히 있다. 바로 모든 모듈을 동시에 통합하고 테스트하기 때문에 오류가 발생했을 때 그 원인을 특정하기 어렵다는 것이다. 비유로 말하자면, 밥에 섞은 반찬 중 어떤 것이 맛있고, 어떤 것이 맛없는지를 구별하기 힘든 것과 같다. 결국 시간을 아끼려 했던 방법이, 오히려 오류의 원인이나 위치를 찾는 데 더 많은 시간이 드는 상황을 만들 수 있다.

그림 9-34 빅뱅 테스트의 비유(밥을 빨리 먹는 방법)

2.2 점진적 모듈 통합 테스트 방법

모듈을 점진적으로 통합하는 방식은, 모듈 통합을 한꺼번에 통합하는 방식에서 발생할 수 있는 문제를 보완하기 위한 방법이다. 이 방식에서는 완성된 모듈을 기존에 테스트가 완료된 모듈과 하나씩 통합하면서 테스트를 수행한다. 문제가 발생하면 바로 직전에 통합한 모듈에서 오류가 발생했을 가능성이 높기 때문에 오류의 원인을 쉽게 파악할 수 있다.

점진적 통합 방식은 통합의 시작점을 어디로 잡느냐에 따라 두 가지로 나뉘는데, 가장 상위 모듈부터 통합해 나가는 하향식 기법과 가장 하위 모듈부터 시작하는 상향식 기법이 있다.

■ 하향식 기법

하향식top-down 기법은 시스템을 구성하는 모듈의 계층 구조에서 가장 상위의 모듈부터 시작해 점차 하위 모듈을 통합하면서 테스트를 수행하는 방법이다.

[그림 9-35]에서 이 방식을 사용하여 위에서 아래로 내려가다 보면, 모듈 A와 모듈 B를 통합하여 테스트한 다음, 다음에 어떤 모듈을 통합할지를 선택해야 하는 시점이 온다. 이때 모듈 C와 통합할 것인지, 아니면 모듈 E와 통합할 것인지 선택의 갈림길에 서게 된다. 이와 같은 상황에서 적용할 수 있는 두 가지 접근 방식은 다음과 같다.

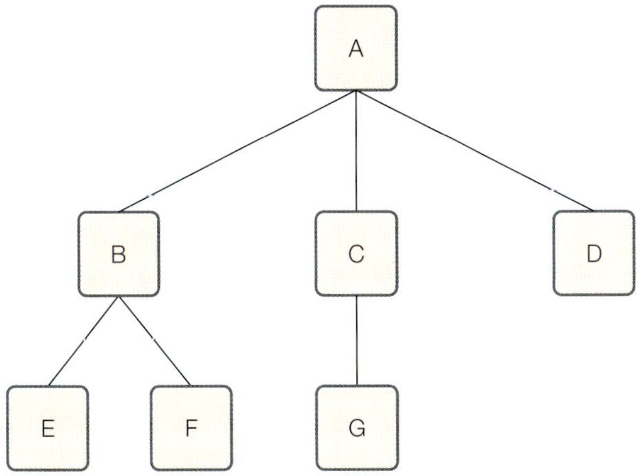

그림 9-35 점진적 모듈 통합 방법을 설명하기 위한 모듈 구성도

① 넓이 우선 방식

모듈 (A, B) 통합 테스트를 완료한 후, 다음으로 모듈 C와 통합할지, 모듈 E와 통합할지를 결정해야 한다. 넓이 우선breadth first 방식에서는 모듈 C를 먼저 선택한다. 이 방식은 같은 행에서 옆으로 가면서 선택한다. 따라서 이 방식을 사용했을 때 통합 순서는 다음과 같다.

(A, B) → (A, C) → (A, D) → (A, B, E) → (A, B, F) → (A, C, G)

② 깊이 우선 방식

넓이 우선 방식이 같은 행에서 옆으로 가며 선택했다면, 깊이 우선depth first 방식은 아래로 내려가면서 선택한다. 따라서 이 방식을 사용했을 때 통합 순서는 다음과 같다.

(A, B) → (A, B, E) → (A, B, F) → (A, C) → (A, C, G) → (A, D)

일반적으로 모듈의 종속 관계에서 상위 모듈은 시스템 전체의 흐름을 제어하고, 하위 모듈은 각 기능을 구현하는 형태로 구성되어 있다. 그러므로 하향식 기법을 이용하면 프로그램 전체에 영향을 줄 수 있는 오류를 조기에 발견할 수 있는 장점이 있다.

■ 상향식 기법

상향식bottom-up 기법은 하향식 기법과는 반대로 가장 아래에 있는 모듈부터 통합하여 테스트를 시작한다. [그림 9-35]에서 상향식 기법을 이용한 테스트 순서는 다음과 같다.

(E, B) → (F, B) → (G, C) → (E, B, A) → (F, B, A) → (G, C, A) → (D, A)

상향식 기법의 단점은 하위 모듈부터 차례로 상위 모듈까지 통합하면서 테스트를 진행했음에도 불구하고, 상위 모듈에서 오류가 발견되면 그 모듈과 연결된 하위 모듈까지 다시 테스트해야 하는 번거로움이 생길 수 있다는 점이다.

3 시스템 테스트

개별 모듈의 단위 테스트가 끝나고 모듈 간의 인터페이스에 문제가 없는지 테스트하는 통합 테스트까지 끝나면, 시스템이 정상적으로 작동하는지 확인하는 시스템 테스트system test를 해야 한다.

이 테스트의 목적은 시스템이 사용자의 요구사항을 충족하는지를 점검하는 데 있다. 즉, 사용자에게 시스템을 전달하기 전 개발자가 수행하는 마지막 테스트라 할 수 있다. 시스템 테스트는 실제 사용 환경과 유사한 테스트 환경을 구성한 후, 요구분석명세서에 명시된 기능 요구사항과 비기능 요구사항을 충족하는지 테스트한다. 특히, 부하를 주는 상황을 설정해 비기능 요구사항 중심의 테스트를 주로 수행한다.

기능 요구사항 테스트는 사용자가 요구한 기능이 모두 구현되어 있는지, 불필요한 기능이 포함되지는 않았는지 등을 검토하고, 비기능 요구사항 테스트는 시스템의 제약 조건과 성능, 보안, 신뢰성 등 품질 특성 중 우선순위가 높은 항목을 중심으로 진행된다.

4 인수 테스트

인수 테스트acceptance test는 사용자가 중심이 되어 시스템이 요구사항대로 작동하는지를 검증하는 테스트이다. 요구분석명세서에 정의된 사항들이 모두 만족되었는지를 사용자 스스로 확인함으로써, 시스템 인수 여부를 판단한다.

인수 테스트가 끝나면 사용자는 인수를 승낙한 것이다. 시스템이 사용자에게 정상적으로 인수되면 사용자는 개발사에 남은 잔금을 지급함으로써 프로젝트는 종료된다. 인수 테스트는 사용자 주도로 이루어지며, 오류를 발견하는 것보다는 제품 인수 여부를 결정하는 데 목적이 있다.

기업 간 계약 기반 개발이라면 이 테스트가 기준이 되지만, 일반 대중에게 판매되는 소프트웨어의 경우 알파 테스트와 베타 테스트가 수행된다.

4.1 알파 테스트

알파 테스트alpha test는 내부 필드 테스트라고도 한다. 개발이 완료된 소프트웨어를 베타 테스트하기 전에 회사 내의 다른 직원에게 사용자 환경에서 사용해 보도록 한 뒤, 개발자는 이 과정을 관찰하며 오류나 사용상의 문제점을 파악한다.

4.2 베타 테스트

베타 테스트beta test는 개발 완료되어 알파 테스트를 마친 소프트웨어를 시장에 출시하기 전에 사용자 피드백을 수집하기 위한 목적으로 수행하는 테스트이다. 일반적으로 특정 사용자에게 베타 버전을 미리 배포하고, 이들이 소프트웨어를 사용하면서 발견한 문제점이나 개선 사항 등을 개발자에게 전달하는 방식으로 진행된다. 개발자는 이 피드백을 바탕으로 문제점을 수정하고, 최종적으로 제품을 출시한다.

01 정형 기술 검토(FTR)에 대한 설명으로 옳지 않은 것은? 정보처리기사 변형

① 의제를 제한한다.
② 참가자의 수를 제한한다.
③ 문제 영역을 명확히 표현한다.
④ 논쟁과 반박을 제한하지 않는다.

02 코드 인스펙션과 관련한 설명으로 틀린 것은? 정보처리기사 변형

① 코드 품질 향상 기법 중 하나이다.
② 동적 테스트 시에만 활용하는 기법이다.
③ 결함과 함께 코딩 표준 준수 여부, 효율성 등의 다른 품질 이슈를 검사하기도 한다.
④ 프로그램을 수행시켜보는 것 대신에 읽어보고 눈으로 확인하는 방법으로 볼 수 있다.

03 개발한 소프트웨어가 사용자의 요구사항을 충족하는지에 중점을 두고 테스트하는 방법은? 정보처리기사 변형

① 인수 테스트 ② 단위 테스트
③ 통합 테스트 ④ 시스템 테스트

04 블랙박스 테스트 기법에 대한 설명으로 가장 옳은 것은? 2022 서울시

① 경곗값 분석: 테스트 대상의 입출력값을 특정 클래스로 분할한 후 각각의 클래스로부터 대푯값을 추출하여 테스트 케이스를 생성하고 테스트 데이터의 범주를 식별한다.
② 인과 그래프: 입력값 조합의 경우의 수를 줄이기 위해 두 입력값의 조합을 통해 테스트 케이스를 도출하는 기법으로, 모든 경우의 수를 테스트하지 않고 2개 요소의 모든 조합을 확인할 수 있도록 테스트 케이스를 생성한다.
③ 페어와이즈 조합: 입력 데이터 간 관계가 출력에 영향을 미치는 상황을 체계적으로 분석하여 테스트 케이스를 생성한다.
④ 결정 테이블: 의사 결정의 여러 조합을 정하는 행위나 결과를 식별함으로써 시스템의 예상되는 행위를 파악하여 테스트 케이스를 생성한다.

05 블랙박스 테스트를 이용하여 발견할 수 있는 오류가 아닌 것은? 정보처리기사 변형

① 경곗값을 입력할 경우 요구된 출력 결과가 나오지 않는 경우
② 비정상적인 자료를 입력해도 오류 처리를 수행하지 않는 경우
③ 반복 조건을 만족하는데도 루프 내의 문장이 수행되지 않는 경우
④ 정상적인 자료를 입력해도 요구된 기능이 제대로 수행되지 않는 경우

06 명세 기반 테스트 중 프로그램의 입력 조건에 중점을 두고, 어느 하나의 입력 조건에 대하여 타당한 값과 그렇지 못한 값을 설정하여 해당 입력 자료에 맞는 결과가 출력되는지 확인하는 테스트 기법은? 정보처리기사 변형

① Comparison Testing

② Boundary Value Analysis

③ Cause-Effect Graphing Testing

④ Equivalence Partitioning Testing

07 소프트웨어 테스트에서 오류의 80%는 전체 모듈의 20% 내에서 발견된다는 법칙은?

정보처리기사 변형

① Brooks의 법칙 ② Pareto의 법칙

③ Boehm의 법칙 ④ Jackson의 법칙

08 소프트웨어의 검증(Verification)과 확인(Validation)에 대한 설명으로 가장 올바른 것은?

2025 경찰간부후보

① 검증은 개발자 관점에서 계획서를 점검하는 작업이다.

② 확인은 사용자 관점에서 설계명세서들을 점검하는 작업이다.

③ 검증과 확인은 모두 계획 단계에서 명세서를 점검하는 작업이다.

④ 확인은 사용자 관점에서 발주자와 합의한 요구사항들을 점검하는 작업이다.

09 화이트박스 테스트에 대한 설명으로 옳지 않은 것은? 정보처리기사 변형

① 모듈 안의 작동을 직접 관찰한다.

② 프로그램 원시 코드의 논리적인 구조를 커버하도록 테스트 케이스를 설계한다.

③ 화이트박스 테스트 기법에는 기초 경로 검사, 동치 분할, 경곗값 분석 등이 있다.

④ 제품의 내부 요소들이 명세서에 따라 수행되고 충분히 실행되는가를 보장하기 위한 검사이다.

10 다음에서 설명하는 테스트 케이스 도출 기법은? 2024 국가직

> 입력값 조합의 경우의 수를 줄이기 위해 두 입력값의 조합을 통해 테스트 케이스를 도출하는 기법으로, 모든 경우의 수를 테스트하지 않고 2개 요소의 모든 조합을 확인할 수 있도록 테스트 케이스를 생성한다.

① 결정 테이블 ② 동등 분할

③ 경곗값 분석 ④ 페어와이즈 조합

11 다음 C 언어로 작성된 소스코드에서 두 개의 테스트 케이스, [Test case 1 : (x=10, y=10, z=10), Test case 2 : (x=8, y=7, z=5)]를 사용하여 테스트를 실행할 때, 이 두 개의 테스트 케이스로 달성되는 분기 커버리지와 조건 커버리지를 바르게 계산한 것은? (단, 단축 연산은 수행하지 않고, 분기 및 조건에서 true 및 false 각각을 하나의 경우의 수로 계산한다) 2024 국가직

```
if ((x > 5) || (y > 10) || (z < 8)) {
    z = x + y;
    z = z - 1;
}
if ((x > 8) && (z > 9)) {
    z = z + 1;
}
```

	분기 커버리지(%)	조건 커버리지(%)
①	50	70
②	75	80
③	75	70
④	100	80

12 아래 소스코드에 대하여 문장(Statement) 커버리지, 조건(Condition) 커버리지, 결정(Decision) 커버리지, 조건-결정(Condition-Decision) 커버리지를 평가하고자 한다. 제시된 테스트 데이터를 기준으로 평가를 수행했을 때, 적절하지 않은 것은? (단, Short-circuit evaluation은 수행하지 않는다) 2024 경찰간부후보

소스 코드	`if ( x >= -3 && y < 5)`
	`    x=x+y;`
	`else`
	`    x=x-y;`

테스트 데이터	T={-5, -2}, (1, 7)} 단, (a, b)는 (x값, y값)임

① 문장 커버리지는 66%임
② 조건 커버리지는 50%임
③ 결정 커버리지는 50%임
④ 조건-결정 커버리지는 50%임

13 소프트웨어 인수 테스트에 대한 설명으로 가장 올바르지 않은 것은? 2025 경찰간부후보

① 인수 테스트는 크게 알파 테스트와 베타 테스트로 구분한다.
② 알파 테스트는 인수자가 설치될 인수시스템 환경에서 테스트한다.
③ 베타 테스트는 인수자가 다양한 외부 컴퓨팅 환경에서 테스트한다.
④ 소프트웨어 사용자가 시험하는 매우 현실적인 테스트이다.

14 소스 코드 품질 분석 도구 중 정적 분석 도구가 아닌 것은? 정보처리기사 변형

① pmd
② cppcheck
③ OvalMeter
④ checkstyle

15 검증 검사 기법 중 개발자의 장소에서 사용자가 개발자 앞에서 행하는 기법이며, 일반적으로 통제된 환경에서 사용자와 개발자가 함께 확인하면서 수행되는 검사는? 정보처리기사 변형

① 형상 검사
② 알파 검사
③ 베타 검사
④ 동치 분할 검사

16 다음 중 소프트웨어 개발 지원 도구에 대한 설명으로 옳지 않은 것은? 정보처리기사 변형

① 외부의 플러그인을 쉽게 검색하고 적용할 수 있는 IDE를 선정해야 한다.
② 성능이나 편의성뿐만 아니라 범용성도 고려하여 개발도구를 선정해야 한다.
③ IDE는 개발자가 편리하게 컴파일 및 디버깅할 수 있도록 지원하는 도구이다.
④ 코드 품질 및 인터페이스 검사 도구는 모든 코딩을 완료한 후에 실행하는 것이 좋다.

17 제어 흐름 그래프가 다음과 같을 때 McCabe의 Cyclomatic 수는 얼마인가? 정보처리기사 변형

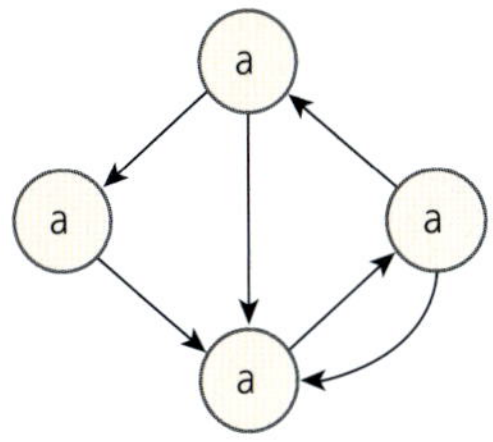

① 3 ③ 5 ② 4 ④ 6

18 다음 자바 코드의 메서드는 사용자의 나이와 회원 등급을 바탕으로 접근 권한을 판단하는 기능을 수행한다. 이 코드를 기반으로 분기 커버리지 관점에서 100% 커버리지를 만족시키기 위한 최소 테스트 케이스 집합을 작성하시오.

```
public boolean hasAccess(int age, boolean isPremiumMember) {
    if (age >= 18) {
        if (isPremiumMember) {
            return true;
        } else {
            return false;
        }
    } else {
        return false;
    }
}
```

19 다음은 자바로 작성된 사용자 로그인 권한 검증 메서드이다. 이 메서드에서 다중 조건 커버리지 100%를 만족시키기 위해 필요한 최소 테스트 케이스 집합을 작성하시오.

```
public boolean canLogin(boolean isActive, boolean isNotBanned, boolean
hasVerifiedEmail) {
    if (isActive && isNotBanned && hasVerifiedEmail) {
        return true;
    } else {
        return false;
    }
}
```

20 국내 스타트업 A사는 모바일 헬스케어 앱을 개발한 후, 정식 출시 전에 4주간 베타 테스트를 진행하였다. 이 기간 동안 실제 사용자가 앱을 사용하며 발견한 주요 이슈는 다음과 같다. 이 사례를 바탕으로, 베타 테스트가 실질적으로 기여한 점을 2가지 이상 구체적으로 설명하시오.

- 특정 기종에서 건강 데이터가 저장되지 않음
- 푸시 알림이 과도하게 발송됨
- 일부 기능은 직관적이지 않아 사용법을 묻는 문의가 많았음

Chapter

10

품질

학습목표

- 소프트웨어 품질의 개념과 중요성을 이해한다.
- 제품 품질 특성에 따른 평가 모델(ISO/IEC 25010 등)을 설명할 수 있다.
- 프로세스 품질 특성에 따른 평가 모델(CMMI 등)을 비교할 수 있다.
- 품질 보증과 품질 관리 활동의 목적과 절차를 이해한다.

01 품질의 이해

1 품질과 소프트웨어 품질

우리는 일상에서 '품질이 좋다', '품질이 나쁘다'는 말을 자주 쓴다. 어떤 제품은 만족스럽고, 어떤 제품은 불편을 주기 때문이다. 바로 품질의 차이이다.

[그림 10-1]은 좋은 품질의 제품과 그렇지 않은 제품을 보여준다. 왼쪽 학생은 제품에 만족하지만, 오른쪽 학생은 불편함을 느낀다.

그림 10-1 좋은 품질, 나쁜 품질

소비자는 좋은 품질의 제품을 선호한다. 그래서 생산자는 다양한 방법으로 품질 좋은 제품을 만들려고 노력하며, 가전제품, 자동차, 옷 등 대부분의 제품은 출시 전에 반드시 품질 검사 과정을 거친다. 또 품질 보증서나 A/S 제도를 통해 문제 발생에 대비한다.

이처럼 품질은 모든 제품에서 매우 중요한 요소이며, 소프트웨어도 예외는 아니다. 소프트웨어 품질을 이해하려면 먼저 하드웨어 품질과 어떻게 다른지 비교해볼 필요가 있다.

■ **하드웨어 품질**

하드웨어의 품질 요구와 요구분석은 소프트웨어보다 비교적 명확한 편이다. 하드웨어 품질에서 가장 먼저 떠오르는 단어는 규격서이다. 하드웨어는 사용자의 요구사항을 규격서에 비교적 정확히 기술할 수 있고, 이 규격서대로 제품을 제작하면 큰 문제가 발생하지 않는다. 또한, 완성된 제품이 규격서대로 작동하는지 테스트하는 것도 비교적 쉬운 편이다. 즉 개발된 하드웨어가 규격서대로 만들어졌다면 사용자가 만족할 수 있고, 이는 곧 품질이 좋은 하드웨어라고 할 수 있다.

■ **소프트웨어 품질**

소프트웨어에도 하드웨어의 규격서에 해당하는 문서가 있다. 바로 사용자 요구분석명세서다. 하지만 앞에서도 언급했듯이 요구분석명세서에 사용자의 요구를 명확히 서술하기는 매우 어렵다. 설령 서술했다 하더라도, 그것이 사용자가 원하는 것인지는 개발된 소프트웨어를 직접 사용해보기 전에는 알기 어렵다. 또한 사용자의 요구가 충분히 반영되지 않는 경우도 많다. 사용자가 원하는 품질 속성을 미처 생각하지 못했거나, 사용자가 요구하는 소프트웨어 품질 특성을 어떻게 표현해야 하는지 명세 방법을 몰랐기 때문일 수도 있다.

결국 하드웨어의 규격서보다 소프트웨어의 요구분석명세서를 작성하는 것이 훨씬 어렵고, 이 차이는 품질 확보에도 직접적인 영향을 미친다. 따라서 요구분석명세서를 얼마나 명확하게 작성했는지가 곧 소프트웨어 품질의 출발점이 된다.

■ **소프트웨어 품질 정의**

소프트웨어 품질에 대한 정의는 다음과 같다.

- **미국 국방성**US DoD : 소프트웨어가 사용자의 요구사항을 만족할 수 있는 능력
- **전기전자학회**IEEE : 소프트웨어가 필요한 속성을 보유하고 있는 정도 또는 사용자의 기대 수준을 만족할 수 있는 정도를 결정하는 소프트웨어의 특성

품질에 대한 정의는 다양하지만 핵심은 같다. 요구분석명세서에 기술된 기능과 성능을 충실히 만족하느냐가 곧 품질의 기준이다. 개발자 관점에서 보면, 프로그램에 결함이 없고 사용자의 요구에 맞춰 구현되었다면, 그것은 품질이 좋은 소프트웨어라고 할 수 있다.

2 품질 평가 표준 모델

소프트웨어 품질 평가는 완성된 제품을 평가하는 방식과 개발 과정을 평가하는 방식으로 나뉜다. 여기서는 두 가지 평가 방식의 개념을 간단히 살펴보고, 다음 절에서 자세히 설명한다.

■ 제품 품질 특성 평가

완성된 제품을 대상으로 품질을 평가하는 방식이다. 예를 들어 자동차는 주행 시험을 통해 엔진 소음과 성능을 측정하고, 충격 시험을 통해 안전성을 테스트한다. 이처럼 완성된 제품의 기능과 성능을 실제로 시험하는 방식이다.

소프트웨어에서도 제품 품질 평가 모델이 있으며, 대표적으로 ISO/IEC 9126, ISO/IEC 14598, ISO/IEC 12119 등이 있다. 이 책에서는 ISO/IEC 9126과 ISO/IEC 14598을 통합한 ISO/IEC 25000 시리즈를 중심으로 설명한다.

■ 프로세스 품질 특성 평가

프로세스 품질 특성 평가는 말 그대로 소프트웨어의 개발 과정을 평가하는 방식이다. 소프트웨어는 개발 조직의 역량이 품질에 큰 영향을 미치므로, 조직의 성숙도를 평가하여 등급을 부여한다. 즉 등급이 높을수록 더 신뢰할 수 있는 소프트웨어를 만들 수 있는 조직이라 판단하게 된다.

소프트웨어 프로세스 품질 특성 평가 모델 중에서는 CMMI가 대표적이며, 이 책에서도 이를 중심으로 설명한다.

02 제품 품질 특성 평가 모델

소프트웨어 제품 품질 특성 평가는 개발의 최종 산출물인 소프트웨어 제품이 사용자의 기대에 부합하는 품질을 제공하는지를 판단하는 활동이다. 이를 위해 다양한 평가 모델이 제안되었으며, 대표적인 제품 품질 특성 평가의 모델은 [그림 10-2]와 같다.

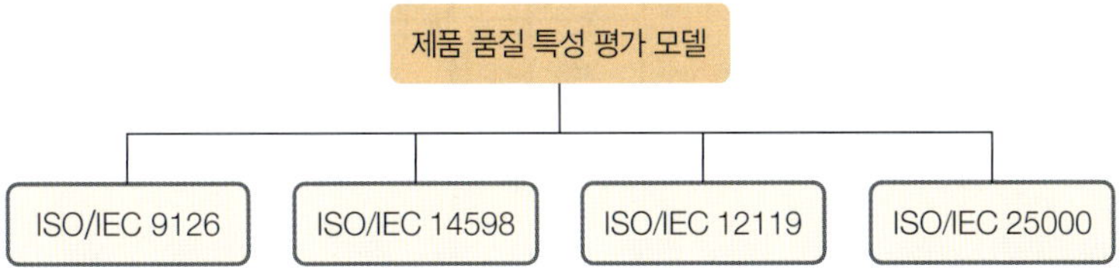

그림 10-2 제품 품질 특성 평가 모델

이들 중 ISO/IEC 9126, ISO/IEC 14598, ISO/IEC 12119은 현재 ISO/IEC 25000 시리즈로 통합되어 사용되고 있다. 따라서 본 절에서는 통합 이전의 모델을 간략히 소개하고, 이후 절에서는 ISO/IEC 25000 시리즈를 중심으로 품질 특성과 하위 특성을 자세히 설명한다.

1 ISO/IEC 25000 시리즈로 통합되기 전의 모델

ISO/IEC 25000 시리즈로 통합되기 전에는 ISO/IEC 9126을 중심으로 ISO/IEC 14598 및 ISO/IEC 12119과 같은 개별 표준이 사용되었다.

1.1 ISO/IEC 9126 모델

ISO/IEC 9126은 제품 품질 특성 모델의 근간이 되는 표준으로, ISO/IEC 14598과 함께 ISO/IEC 25000 시리즈로 통합되었다.

[그림 10-3]은 ISO/IEC 9126의 품질 특성에 대한 관계를 나타낸다.

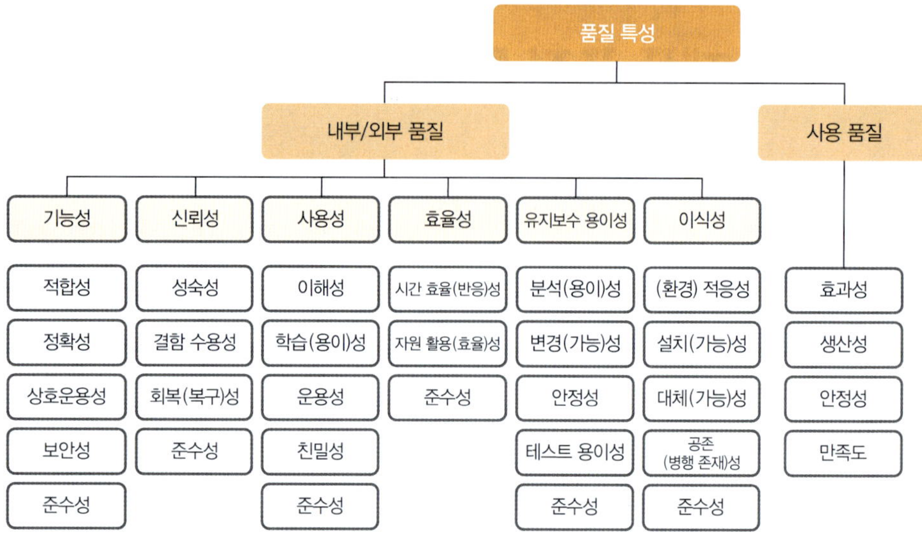

그림 10-3 ISO/IEC 9126 모델의 품질 특성

1.2 ISO/IEC 14598 모델

ISO/IEC 14598 모델은 소프트웨어의 개발 과정 또는 완성된 제품에 대해 공급자와 구매자가 객관적으로 품질을 평가할 수 있도록 절차와 방법을 정의한 국제 표준이다. [그림 10-4]는 ISO/IEC 14598의 구성도를 나타낸다.

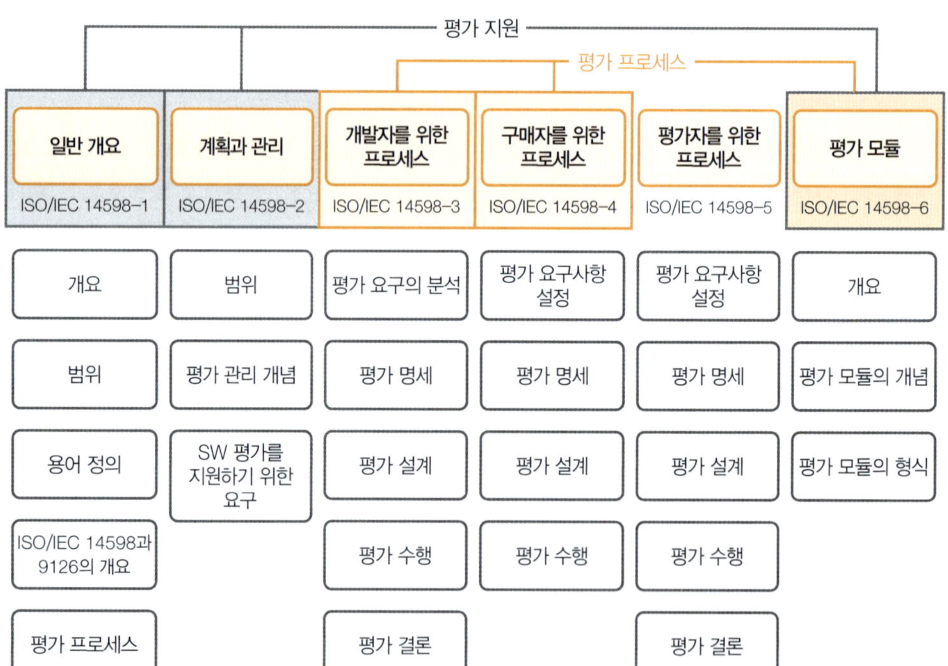

그림 10-4 ISO/IEC 14598의 전체 구성도

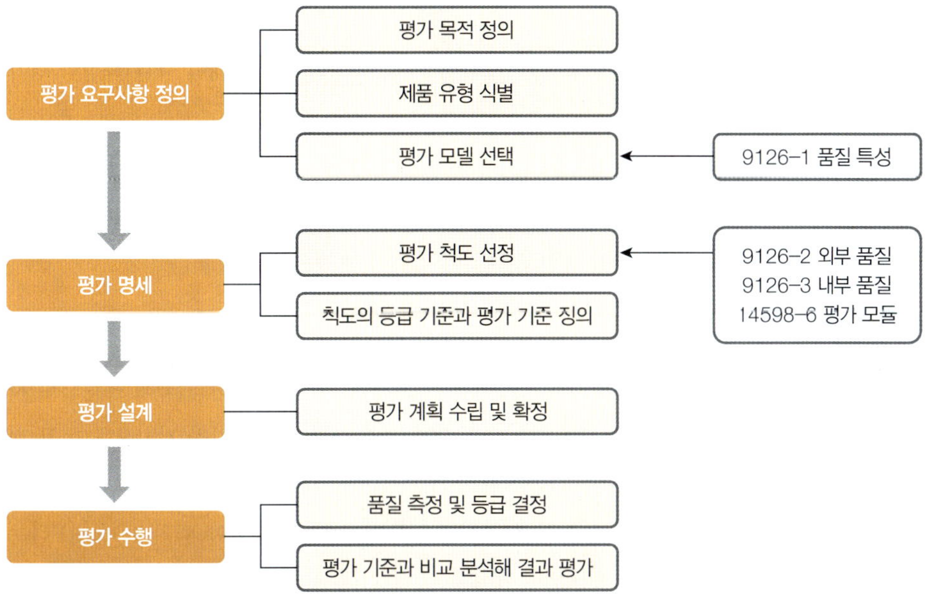

그림 10-5 ISO/IEC 14598 품질 평가 절차

1.3 ISO/IEC 12119 모델

ISO/IEC 12119는 패키지 소프트웨어 제품(상용 소프트웨어Commercial Off-The-Shelf, COTS)의 품질 요구사항과 테스트 지침을 정의한 국제 표준이다. 이 표준은 사용자에게는 소프트웨어의 기능적 적합성과 신뢰성을 확인하는 기준을 제공하고, 개발자나 공급자에게는 제품의 품질을 확보하기 위한 지침이 된다.

ISO/IEC 12119의 특징은 다음과 같다.

- 패키지 소프트웨어의 품질 요구사항을 정의한다.
- 사용자 요구사항 만족 여부를 평가한다.
- 기능성, 신뢰성, 사용자 문서화에 대한 품질 기준을 제시한다.
- 테스트 절차와 결과의 일관성을 확보하기 위한 지침을 제공한다.

2 ISO/IEC 25000 시리즈 모델

ISO/IEC 25000 시리즈는 기존의 여러 품질 관련 표준을 통합하고, 보다 일관된 품질 평가 기준을 제공하기 위해 제정된 국제 표준이다. ISO/IEC 25000 시리즈가 무엇이며, 어떤 배경에서 만들어졌고, 어떻게 구성되는지를 알아보자.

■ 정의

ISO/IEC 25000 시리즈는 국제 표준화 기구ISO에서 제정한 소프트웨어 품질 측정과 평가를 통합한 모델로, SQuaRESoftware product Quality Requirements and Evaluation라고도 한다. 이 모델은 기존의 ISO/IEC 9126 시리즈와 ISO/IEC 14598 시리즈를 통합한 프레임워크로서, 소프트웨어 개발 단계의 산출물 또는 제품이 사용자 요구를 만족하는지 검증하기 위한 품질 측정기법과 평가 방안을 제시한다.

■ 탄생 배경

ISO/IEC 9126과 ISO/IEC 14598은 오랫동안 소프트웨어 품질 관리의 국제 표준으로 사용되어왔다. 두 표준은 상호 보완적으로 쓰였지만 각기 다른 생명주기를 기반으로 하고 있어 사용자에게 혼란을 주는 경우가 많았다. 이러한 문제를 개선하고자 품질 요구 명세부터 평가까지 전 과정을 포괄하는 통합 표준 지침이 필요하게 되었고, 이에 따라 SQuaRE라는 명칭의 ISO/IEC 25000 시리즈가 만들어졌다.

■ 구성

ISO/IEC 25000 시리즈(SQuaRE)는 [그림 10-6]과 같이 5개 영역으로 구성된다.

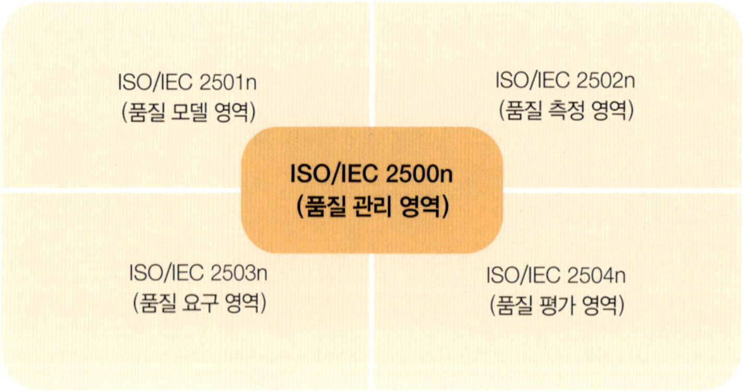

그림 10-6 SQuaRE의 구성도

2.1 ISO/IEC 2500n : 품질 관리 영역

ISO/IEC 2500n은 소프트웨어 품질을 평가하고 관리하는 국제 표준으로 '소프트웨어가 얼마나 좋은지를 어떻게 측정하고 보장할 수 있을까?'라는 질문에 답하는 것이다. 따라서 소프트웨어 품질을 정의하고, 평가하고, 보증하기 위한 기준과 방법론을 제공한다.

ISO/IEC 2500n은 SQuaRE 시리즈 전반에 사용되는 공통된 모델과 용어는 물론, 다른 표준 문서에서 참조하는 정의들도 함께 포함한다. 이 영역은 다음과 같은 문서로 구성된다.

■ **25000(SQuaRE 안내서)**

ISO/IEC 25000은 소프트웨어 품질을 제대로 다루기 위한 '큰 그림' 안내서라고 할 수 있다. 즉 SQuaRE 시리즈의 출발점이자 전체 구조를 설명하는 지침서이다. 따라서 SQuaRE 시리즈를 한눈에 정리해주는 목차를 포함한 사용설명서 같은 역할을 한다. ISO/IEC 25000은 SQuaRE 시리즈의 전체 구조를 소개하는 안내서로, 아키텍처 모델, 용어, 문서 개요, 대상 사용자, 시리즈 전체의 참조 관계 등을 포괄적으로 설명한다.

■ **25001(계획 및 관리)**

ISO/IEC 25001은 소프트웨어 품질을 평가하고 관리하려면, 무엇을 먼저 준비하고, 어떻게 계획하고 운영해야 하는지 알려주는 지침서이다. 즉 소프트웨어 품질 평가를 위한 '사전 준비 및 프로젝트 관리 매뉴얼'이라 할 수 있다.

■ **25002(품질 모델의 개요와 사용)**

ISO/IEC 25002는 소프트웨어 품질 모델이 무엇인지, 어떻게 구성되어 있는지를 설명하는 국제 표준이다. 품질 특성과 하위 특성을 어떻게 정의할 것인지에 대한 체계적인 구조를 제시하며, 이 모델을 기반으로 품질 요구사항을 정의하고, 측정하고, 평가하는 방법 간의 연관성을 설명한다. 또한, 품질 모델을 실제 프로젝트나 제품 평가에 어떻게 적용할 수 있는지에 대한 구체적인 지침과 사례도 함께 제공한다. 이를 통해 소프트웨어 개발자는 제품의 품질을 보다 체계적으로 이해하고 관리할 수 있게 된다.

2.2 ISO/IEC 2501n: 품질 모델 영역

ISO/IEC 2501n는 컴퓨터 시스템과 소프트웨어 제품의 품질을 정의하기 위한 구체적인 품질 모델을 제시하는 국제 표준이다. 이 표준은 소프트웨어 제품의 품질 특성을 체계적으로 정의하고, 이를 구조적으로 모델링하여 품질 요구사항의 명세, 측정, 평가를 가능하게 한다. 즉, 품질 요구사항을 일관되고 객관적으로 다루기 위한 핵심적인 기준 역할을 한다.

품질 모델 영역은 다음과 같은 표준으로 구성된다.

- **공통된 품질 언어 제공**: 개발자, 이해관계자, 평가자가 동일한 품질 개념과 구조를 공유할 수 있도록 정의된 품질 특성 체계를 제공한다.
- **품질 요구사항 정의의 근거 제공**: 시스템 또는 소프트웨어 제품에 필요한 품질 특성을 명확하게 식별하고 문서화할 수 있도록 도와준다.
- **객관적 품질 평가 기준 제시**: 각 품질 특성은 평가를 위한 정량적 혹은 정성적 기준으로 연결되어, 품질 검증과 인증에 활용될 수 있다.

이 영역의 구성은 다음과 같다.

■ 25010(제품 품질 모델, 2023 버전)

ISO/IEC 25010(2023 버전)은 소프트웨어 제품의 품질을 체계적으로 정의하고 평가하기 위한 국제 표준이다. 이 표준은 2011년 버전을 개정한 최신 버전으로, 다양한 이해관계자(개발자, 평가자, 발주자, 유지보수 담당자 등)가 공통된 기준을 바탕으로 소프트웨어의 품질을 논의하고 결정할 수 있도록 여러 품질 특성을 정의한다.

ISO/IEC 25010(2023 버전)은 2011 버전의 한계를 보완하고 다음과 같은 특징을 반영하였다.

- 클라우드, 인공지능AI, 사물인터넷IoT 등 신기술 환경에 적합한 품질 요소들을 새롭게 반영
- 보안Security, 개인정보 보호Privacy, 접근성Accessibility 등의 중요도 증가에 따른 품질 특성 재정비
- 평가 가능성, 정의의 일관성, 실제 개발 및 운영 과정에서의 활용성 강화

여기서 잠깐! | 2011 버전과 2023 버전 비교

개정 전(2011 버전): ISO/IEC 25010(시스템 및 소프트웨어 품질 모델)
개정 후(2023 버전): ISO/IEC 25010과 ISO/IEC 25019로 분리되었다.

- ISO/IEC 25010: 제품 품질 모델
- ISO/IEC 25019: 사용 품질 모델

이 교재에서는 최신 개정판인 2023년 버전을 기준으로 설명하며, 자세한 내용은 03절에서 다룬다.

■ 25012(데이터 품질 모델)

ISO/IEC 25012는 컴퓨터 시스템에서 사용하는 구조화된 형식의 데이터에 대한 일반적인 데이터 품질 모델을 정의한다.

이 표준은 소프트웨어가 다루는 데이터의 품질을 평가하기 위한 국제 표준으로, ISO/IEC 25010이 제품 자체의 품질을 다룬다면, ISO/IEC 25012는 그 제품이 다루는 데이터의 품질에 초점을 둔다.

이 모델은 데이터가 얼마나 좋은지, 즉 사용 목적에 얼마나 적합한지를 판단하기 위한 품질 특성을 제시한다. 예를 들어, 데이터가 현실 세계를 정확히 반영하고 있는지(정확성), 모순은 없는지(일관성), 믿을 수 있는 출처에서 왔는지(신뢰성) 등의 품질 특성을 말한다.

2.3 ISO/IEC 2502n : 품질 측정 영역

ISO/IEC 2502n은 '소프트웨어 품질을 어떻게 정량적으로 측정할 것인가'에 대해 안내하는 표준으로, 품질을 수치와 지표를 통해 객관적으로 답할 수 있도록 품질 측정 기준Quality Measurement과 절차를 제시한다. 품질 측정 프로세스의 흐름을 예를 통해 알아보자.

예 **품질 지표**: 웹 애플리케이션의 응답 시간

① **측정 대상 정의**: 사용자 요청에 대한 서버 응답 시간

② **측정 방법 결정**: 자동화된 테스트 도구를 사용해 1,000건 요청의 평균 응답 시간 측정

③ **기준값 설정**: 응답 시간 2초 이하

④ **측정 실행 및 결과 수집**

⑤ **결과 해석**: 평균 응답 시간이 2.5초라면 성능 부족으로 판단

■ 25020(측정 참조 모델과 지침)

ISO/IEC 25020은 소프트웨어 및 시스템의 품질을 효과적으로 측정하고 관리하기 위한 프레임워크를 제공하는 국제 표준이다. 이 표준은 품질을 측정할 때 무엇을, 어떻게 측정할 것인지에 대한 기준을 제시하며, 품질 측정 지표Quality Measure, QM의 설계, 선택, 구축, 실행, 결과 활용까지의 전 과정을 체계적으로 안내한다. 또한 신뢰성, 사용성, 성능 등과 같은 품질 특성을 정의하고, 이를 측정할 수 있도록 측정 기준, 방법 등을 구체적으로 설명한다. 이를 통해 측정 결과의 객관성과 비교 가능성을 높일 수 있도록 돕는다.

■ 25021(품질 측정 요소)

ISO/IEC 25021은 소프트웨어의 품질을 정량적으로 평가할 수 있도록 기준을 제공하는 국제 표준이다. 이 표준은 '소프트웨어가 얼마나 좋은지 수치로 측정하려면 무엇을 어떻게 봐야 하는가?'에 대한 답을 제공한다. 즉, 기능적합성, 신뢰성, 사용성 등과 같은 소프트웨어 품질 특성에 따라 품질을 측정할 수 있도록, 각 특성에 대응하는 측정 요소를 제공한다. 예를 들면, '신뢰성'은 에러 발생 수, 평균 고장 간격, 고장 발생률(에러 수/사용 시간), 신뢰성 점수(고장 발생률이 0.001 이하일 경우 '높음'으로 평가) 같은 객관적인 수치로 표현할 수 있다.

■ 25022(사용 품질 측정)

ISO/IEC 25022는 소프트웨어가 실제 사용되는 환경에서 사용자에게 얼마나 도움이 되는지를 평가하기 위한 기준을 제시하는 국제 표준이다. 특히 사용자 경험, 업무 목표 달성, 사용자 만족도 같은 실제 사용 관점에서 소프트웨어 품질을 측정하고자 할 때 사용된다. 즉, 제품이 잘 만들어졌는지도 중요하지만, 사용자가 실제로 사용했을 때 얼마나 유용하고 만

족스러웠는지를 평가하는 데 중점을 둔다.

■ **25023(시스템 및 소프트웨어 제품 품질 측정)**

ISO/IEC 25023은 시스템 및 소프트웨어 제품의 품질을 측정하기 위한 기준을 제시하는 국제 표준이다. 이 표준은 품질을 단순히 '좋다' 또는 '나쁘다'로 평가하는 것이 아니라, 정량적인 지표를 사용해 구체적으로 측정하고 비교할 수 있도록 한다.

또한, 소프트웨어 제품의 품질 요구사항을 명확히 정의하고, 해당 요구사항이 실제로 충족되었는지를 평가할 수 있도록 측정 항목과 측정 방법을 체계적으로 제시한다. 이를 통해 소프트웨어가 얼마나 정확하게 동작하는지, 얼마나 효율적인지, 얼마나 사용자 친화적인지 등을 객관적인 수치로 표현할 수 있도록 지원한다.

■ **25024(데이터 품질 측정)**

ISO/IEC 25024는 데이터의 품질을 체계적이고 객관적으로 측정하는 방법을 정의한 국제 표준으로, 특히 조직이 사용하는 데이터의 좋고 나쁨을 평가할 수 있도록, 평가 기준과 측정 절차를 제시한다.

현대의 조직은 데이터를 기반으로 의사결정을 내리기 때문에, 데이터가 정확하지 않거나 불완전하면 잘못된 판단으로 이어질 수 있다. 이런 문제를 줄이기 위해, 데이터가 단순히 '존재한다'가 아니라 '품질이 좋다'고 판단할 수 있도록 평가 기준을 제시한다.

ISO/IEC 25024는 데이터 품질을 측정하기 위해 무엇을(정확성, 일관성 등), 어떻게(정량적인 지표로 또는 정성적 방식으로), 언제(데이터 생성 시, 저장 시, 사용 시), 누가(조직 내부의 데이터 관리자 또는 외부 감사자 등) 측정할 것인지를 정의한다.

2.4 ISO/IEC 2503n : 품질 요구사항 영역

ISO/IEC 2503n은 소프트웨어 제품과 시스템의 품질 요구사항을 명확하게 정의하고, 이를 어떻게 작성하고 관리할 것인지에 대한 가이드를 제공하는 국제 표준이다. 소프트웨어 또는 시스템이 '좋다' 혹은 '품질이 높다'라고 평가되기 위해서는 어떤 품질 요소를 고려해야 하는지를 체계적으로 제시한다. 이 표준의 주요 목적은 다음과 같다.

- 소프트웨어 품질 요구사항을 일관성 있게 작성할 수 있는 기준 제시
- 품질 요구사항이 정확하고 명확하며 검증 가능하도록 지원
- 품질 요구사항이 개발, 테스트, 유지보수 전 과정에서 활용할 수 있도록 구조화

■ **25030(품질 요구사항)**

소프트웨어 품질 요구사항의 명세에 초점을 맞춘 국제표준으로, 소프트웨어 품질을 어떻게 요구사항으로 정의할 것인가에 대한 지침을 제공한다. 이 표준은 개발자, 기획자, 고객 등이 협력하여 소프트웨어가 어떤 '품질'을 가져야 하는지 명확히 정하는 데 도움을 준다.

2.5 ISO/IEC 2504n: 품질 평가 영역

ISO/IEC 2504n은 실제 소프트웨어와 시스템의 품질을 어떻게 객관적이고 체계적으로 평가할 수 있는지를 다루는 국제 표준이다. 이 표준의 주요 목적은 다음과 같다.

- 품질 요구사항을 충족하는지를 확인할 수 있도록 평가 기준과 절차를 제공
- 평가 결과의 일관성과 재현성을 확보할 수 있도록 평가 활동을 표준화
- 개발자, 고객, 평가자 등 다양한 이해관계자 간에, 공통된 품질 이해와 의사소통의 기반 마련

이 영역은 다음과 같은 표준으로 구성된다.

■ **25040(평가 참조 모델과 가이드)**

ISO/IEC 25040은 소프트웨어 품질 평가를 체계적으로 수행하기 위한 절차와 방법을 제시하는 국제 표준이다. 이 표준은 소프트웨어 품질이 적절한지를 평가할 때 어떤 절차를 따라야 하는지를 구체적으로 안내한다.

소프트웨어가 개발된 후에는 '이 소프트웨어가 제대로 작동하는가?', '사용자가 사용하기에 편리한가?', '오류는 없는가?'와 같은 질문을 하게 된다. 이때 사람마다 판단 기준이 다르면 일관된 평가가 어려우므로 공통된 평가 기준과 절차가 필요하다. ISO/IEC 25040은 다음과 같은 5단계 평가 절차를 제시한다.

- [1단계] **평가 준비**: 무엇을, 왜 평가할지 정하는 단계
- [2단계] **평가 요구사항 정의**: 평가할 항목과 목표 품질 수준을 구체화
- [3단계] **평가 사양 정의**: 어떻게 측정하고 판단할지를 문서화
- [4단계] **측정 실행**: 정해진 방법대로 실제로 측정과 평가 수행
- [5단계] **결과 보고 및 해석**: 결과를 정리하고, 해석하여 보고서로 작성

■ **25041(개발자, 인수자 및 독립 평가자를 위한 평가 가이드)**

ISO/IEC 25041은 소프트웨어 품질 평가를 어떻게 수행할지를 단계별로 안내하는 국제 표준이다. 소프트웨어를 개발하거나, 구매하거나, 평가하는 사람이 소프트웨어 품질을 어떻게 평가할 것인지 단계별로 안내하는 지침을 제공한다. 단계의 내용은 다음과 같다.

- **[1단계] 평가 준비 단계**: 평가의 목적을 명확히 하고, 대상 소프트웨어를 정의하는 단계
- **[2단계] 측정 항목 정의**: 평가할 품질 특성을 구체적인 품질 메트릭으로 표현

  예 **신뢰성**: 시스템 고장 빈도, 복구 시간으로 측정
  보안성: 불법 접근 시도 차단 비율로 측정
- **[3단계] 데이터 수집 및 측정 수행**: 소프트웨어를 실제로 사용하거나 도구를 활용하여 평가에 필요한 데이터를 수집하고 측정
- **[4단계] 결과 해석 및 판단**: 수집된 데이터가 기준치를 만족하는지 확인하고, 품질 요구사항 충복 여부를 판단

  예 요구 성능: 응답 시간 2초 이내 → 실제 측정값: 평균 1.8초 → 판단 결과: 합격
- **[5단계] 보고 및 피드백**: 평가 결과를 문서화하여 이해관계자에게 보고하고 필요한 경우 개선 권고 사항 제시

■ 25042(평가 모델)

ISO/IEC 25042는 소프트웨어 제품 품질을 평가할 때 사용하는 평가 모델을 어떻게 정의하고 활용할지를 설명하는 국제 표준이다. 이 표준은 품질을 체계적으로 측정하고 판단할 수 있는 평가 구조를 제시한다.

소프트웨어 제품이 '좋다'는 건 추상적인 개념이므로, 이를 누구나 이해하고 수용할 수 있도록 평가하려면, 정해진 기준과 절차가 따른 평가 모델이 필요하다. ISO/IEC 25042는 이를 위해 무엇을 측정할지(품질 특성), 어떻게 측정할지(측정 방법), 어떤 절차로 판단할지(평가 절차)를 명확히 정의한다.

■ 25045(복구성 평가 모듈)

ISO/IEC 25045는 정보 시스템이 장애 발생 후 얼마나 빠르고 효과적으로 복구되는지를 정량적으로 평가하기 위한 모델과 지침을 제시하는 국제 표준이다. 즉, 시스템의 복구 가능성을 평가할 때 참고할 수 있는 평가 항목과 절차를 제공한다. 다루는 핵심 요소는 오류 탐지, 복구 시간, 복구의 완전성 등이 있다.

2.6 ISO/IEC 25050 ~ 25099: 확장 영역

이 확장 영역은 기존 SQuaRE 시리즈에서 다루지 못한 특수한 품질 요구사항이나 평가 방법을 보완하거나 확장하는 역할을 한다. 예를 들어, 실제 현장에서는 표준화된 항목 외에도 접근성, 사용자 경험, 특정 산업에 특화된 요구사항 추가로 고려해야 할 요소들이 종종 발생한다. 확장 영역은 이러한 추가적인 품질 요구사항을 다루는 표준을 포함한다.

03 ISO/IEC 25010(2023 버전)

ISO/IEC 25010(제품 품질 모델)은 소프트웨어 제품 품질 평가를 위한 국제 표준으로, 소프트웨어와 시스템의 품질 특성을 정의하고 이에 대한 평가 기준을 제시한다. 이 표준은 시스템과 소프트웨어 품질 모델을 통해 사용자가 제품의 품질 요구사항을 정의하고, 품질을 평가할 수 있도록 한다. 이 모델은 ISO/IEC 9126을 기반으로 품질 특성을 보다 세분화하고 확장한 것이다.

2011년 제정된 ISO/IEC 25010(시스템과 소프트웨어 제품 품질 모델)은 제품 품질 모델과 사용 품질 모델을 모두 포함하고 있었으나 다른 표준과의 일관성을 위해 2023년 개정판에서는 [그림 10-7]과 같이 두 모델을 분리하였다. 즉, 제품 품질에 대한 내용은 ISO/IEC 25010에, 사용 품질에 대한 내용은 ISO/IEC 25019에 각각 정의되었다.

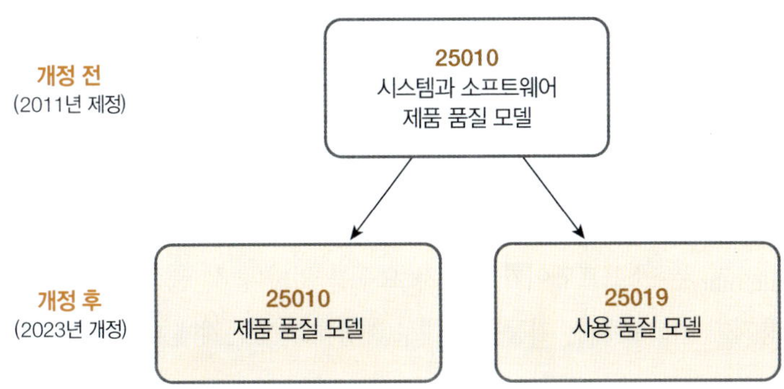

그림 10-7 ISO/IEC 25010의 개정 전·후

이 절에서는 2023년에 개정된 ISO/IEC 25010(제품 품질 모델)을 기준으로 자세히 설명한다. [그림 10-8]은 해당 개정판의 제품 품질 모델 구성도를 나타내고 있다.

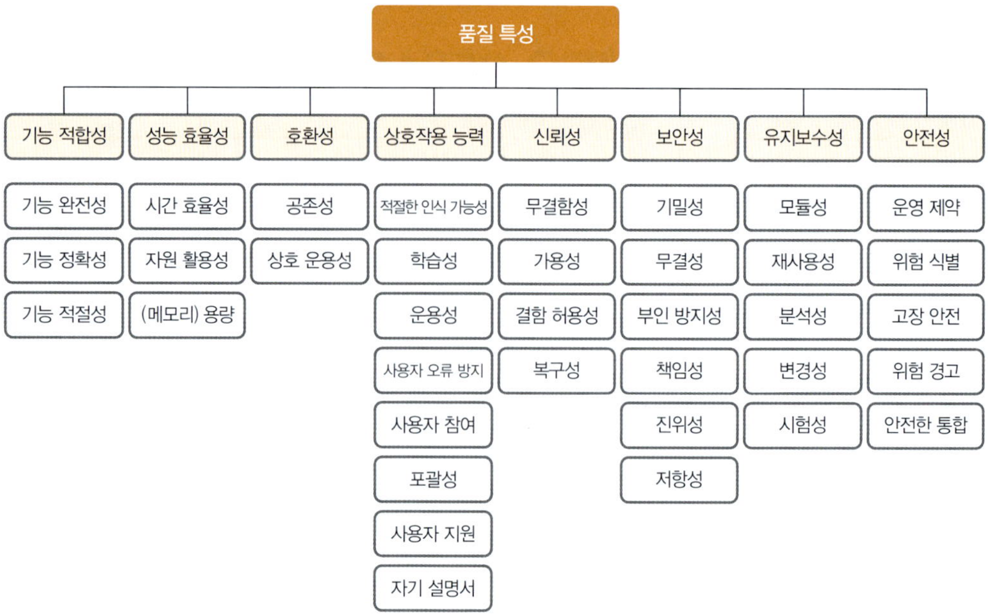

그림 10-8 제품 품질 모델(2023년 제정)

1 기능 적합성

'적합하다'의 사전적 의미는 '일이나 조건 따위에 꼭 알맞다'이다. 그렇다면 사용자 관점에서 '소프트웨어가 적합하다'라는 것은 어떤 경우일까? 그것은 사용자의 모든 요구사항을 하나도 빠짐없이, 그리고 정확히 충족할 때를 의미한다.

기능 적합성functional suitability은 소프트웨어가 사용자 요구를 얼마나 잘 충족하는지를 평가하는 특성이다. 즉, 사용자가 필요로 하는 기능을 제대로 제공하고 있는지에 대한 전반적인 적합성을 측정한다.

■ 기능 완전성

'완전하다'는 '필요한 것이 모두 갖추어져 모자람이나 흠이 없다'는 의미이다. 그렇다면 사용자 관점에서 '소프트웨어가 완전하다'라는 것은 어떤 경우일까? 그것은 사용자의 모든 요구사항이 하나도 빠짐없이 모두 구현된 경우라 할 수 있다.

따라서 기능 완전성functional completeness은 소프트웨어가 사용자 요구사항에 명시된 모든 기능을 빠짐없이 제공하는지를 평가하는 특성이다.

예 학사관리시스템이 사용자 요구사항에 포함된 모든 기능을 하나도 빠짐없이 포함하고 있는지를 평가한다.

■ 기능 정확성

'정확하다'의 사전적 의미는 '바르고 확실하다'이다. 그렇다면 사용자 관점에서 '소프트웨어가 정확하다'라는 것은 어떤 경우일까? 이는 사용자의 요구사항에 따른 결과가 사용자가 예상했던 결과와 오차 범위 내에서 정확히 제공되는 경우라 할 수 있다.

기능 정확성functional correctness은 소프트웨어가 요구사항 명세서대로 정확하게 동작하는지를 평가하는 특성이다. 즉, 시스템이 기대한 결과를 일관되게 제공하는지, 기본적인 기능이 정확히 수행되는지를 검증한다.

예 온라인 은행 계좌 이체 시 입력한 금액만큼 정확히 출금 계좌에서 차감되고, 동일한 금액이 수취 계좌로 입금되며, 이 모든 과정이 누락 없이 기록되는지를 확인한다.

■ 기능 적절성

'적절하다'는 '꼭 알맞다'는 뜻이다. 즉 너무 과하지도 부족하지도 않은 경우를 말한다. 그렇다면 사용자 관점에서 '소프트웨어가 적절하다'라는 것은 어떤 경우일까? 불필요한 기능은 없고, 필요한 기능은 제대로 제공할 때 쓸 수 있다.

기능 적절성functional appropriateness은 시스템이 특정 작업과 사용자 목표에 적합한 기능을 얼마나 잘 제공하는지 측정한다. 이 특성은 제공된 기능이 완전하고 관련성이 있으며, 의도한 목표를 달성하는 데 효과적인지 평가하는 특성이다.

예 전자상거래 플랫폼의 기능 적절성 평가

- 사용자가 제품을 효과적으로 검색할 수 있도록 플랫폼이 기능을 제공하는가?
- 제공된 기능이 실제 사용자 요구사항에 부합하는가?
- 사용자는 불필요한 절차 없이, 관련성 있는 기능만으로 원하는 구매를 마칠 수 있는가?

2 성능 효율성

일반적으로 '효율이 높다'라는 것은, 같은 입력에 대해 다른 것보다 결과가 빨리 나오거나 생산량이 많을 때 사용할 수 있다. 그럼 사용자 관점에서 '소프트웨어의 성능 효율이 높다'라는 것은 어떤 경우일까? 다른 제품보다 결과를 얻는 데 걸리는 시간이 짧거나, 같은 시간에 더 많은 결과물을 생산하면 성능 효율이 높다고 말할 수 있다.

따라서 성능 효율성performance efficiency은 얼마나 빨리 목표를 달성하는지(시간 효율성), 얼마나 자원을 효율적으로 사용하여 목표를 달성하는지(자원 활용성)를 나타낸다.

■ **시간 효율성**

시간 효율성time behaviour은 성능 효율성 중에서도 시간에 초점을 맞춘다. 소프트웨어가 어떤 결과를 도출하는 데 '얼마나 빠르게' 결과를 내는지를 의미한다. 따라서 시스템의 응답 시간과 처리 시간을 기준으로, 시스템이 운영 중 얼마나 신속하게 작업을 완료하는지를 평가하는 특성이다.

예 구글 검색엔진이 웹 애플리케이션을 검색할 때 평균 0.2초 이내에 결과를 반환하는지를 평가한다.

■ **자원 활용성**

시간 효율성이 '얼마나 빠른가'에 초점을 맞추었다면, 자원 활용성은 '적은 자원으로 얼마나 효율적으로 결과를 내는가'에 초점을 맞춘다. 따라서 자원 활용성resource utilization은 시스템이 CPU, 메모리, 네트워크 대역폭, 디스크 공간 등의 자원을 얼마나 효율적으로 사용하는지를 평가하는 특성이다. 즉, 과도한 자원을 사용하지 않고도 최적의 성능을 내는가가 핵심이다.

예 **데이터베이스 성능 최적화**: 대규모 전자상거래 시스템에서 질의query를 최적화하여 CPU와 메모리 사용을 줄이고 실행 시간을 단축하는지를 평가한다. 이때 인덱싱과 캐싱을 활용하여 반복 검색 요청 시 자원 사용을 최소화한다.

■ **(메모리) 용량**

(메모리) 용량capacity은 소프트웨어가 성능 저하 없이 수용할 수 있는 최대 사용자 수나 데이터 처리량의 한계를 의미한다. 즉, 할당된 자원(메모리, 저장 공간 등)을 효과적으로 활용하여 얼마나 안정적으로 동작할 수 있는지를 평가하는 항목이다.

예 **클라우드 기반 비디오 회의 애플리케이션**: 요구사항이 1,000명 동시 접속일 때, 응답 시간, 비디오 품질 등을 측정하여 비디오 해상도나 대기 시간이 기준을 충족하는지를 확인한다.

3 호환성

'호환互換'의 한자 의미는 '서로 바꾼다'는 뜻이다. 그런데 여기서 '호환성이 높다'라는 표현은 소프트웨어를 다른 소프트웨어로 바꾼다는 의미가 아니라, 환경이 달라져도 여전히 잘 작동할 수 있음을 뜻한다. 그렇다면 여기서 말하는 '환경'이란 무엇일까? 운영체제, 하드웨어, 웹 브라우저 등 소프트웨어가 설치되고 동작하는 주변 장치나 시스템 환경을 의미한다.

따라서 호환성compatibility이란 여러 시스템이나 소프트웨어가 같은 환경에서 자원을 공유하면서도 서로 충돌 없이 잘 작동하고, 서로 다른 제품과도 정보를 교환하며 요구된 기능을 특성없이 수행할 수 있는 능력을 말한다. 이 특성은 시스템 간의 연계성과 상호운용성을 보장하여 사용자가 문제 없이 작업을 수행할 수 있도록 한다.

예 웹 애플리케이션이 다양한 브라우저와 운영체제에서도 일관되게 작동하는지를 평가한다.

■ **공존성**

'공존'이라는 말은 '서로 도와서 함께 존재한다'는 뜻이다. 그럼 '소프트웨어가 공존한다.'라는 것은 어떤 경우일까? 바로 두 개 이상의 소프트웨어가 함께 충돌 없이 잘 돌아간다는 의미이다. 따라서 공존성co-existence은 소프트웨어가 같은 컴퓨터 환경 내에서 다른 소프트웨어와 함께 실행되더라도 성능 저하나 문제 없이 작동할 수 있는 능력을 평가하는 특성이다.

예 웹 브라우저와 워드 프로세서가 동시에 실행 중이더라도 서로 간섭하지 않고 각각의 기능을 문제없이 수행하는지를 평가한다.

■ **상호운용성**

상호운용성interoperability은 여러 시스템이나 소프트웨어가 서로 정보를 주고받고, 그 정보를 실제로 잘 사용할 수 있는지를 말한다. 이 능력은 특히 복잡하고 연결된 환경에서 중요하다. 하나의 시스템이 다른 시스템과 협력하고, 기능적으로 연동되어야 하기 때문이다.

예 결제 시스템이 재고 관리 시스템과 연동되어 주문 처리 시 재고를 자동으로 업데이트하는지를 평가한다.

4 상호작용 능력

상호작용이란 사용자와 소프트웨어 간의 관계를 기반으로 한다. 따라서 상호작용 능력interaction capability은 다양한 맥락에서 사용자와 시스템 간의 상호작용을 얼마나 잘하는지를 평가하는 특성이다. 즉, 사용자가 작업을 효과적으로 완료할 수 있도록 도와주는 능력을 말한다.

■ **적절한 인식 가능성**

TV 광고를 보면 나도 모르게 빠져드는 경우가 있다. 마치 그 상품이 나에게 꼭 필요한 것처럼 느껴진다. 물론 실제로 필요할 수도 있지만, 거꾸로 말하면 광고가 나에게 필요성을 느끼게 만든 것일 수도 있다. 그만큼 광고가 잘 만들어졌다는 뜻이다.

적절한 인식 가능성appropriateness recognizability은 잘 만들어진 TV 광고처럼 사용자가 소프트웨어를 처음부터 사용하고 싶어지게 하는 능력을 말한다. 즉 적절한 인식 가능성은 사용자가 '이 소프트웨어가 나에게 필요한지'를 초기에 빠르게 판단할 수 있도록 도와주는 특성이다. 이를 위해 제품은 데모, 튜토리얼, 문서 또는 웹사이트 등을 통해 사용자가 초기에 쉽게 판단할 수 있도록 정보를 제공해야 한다.

■ **학습성**

어떤 소프트웨어는 처음 사용해 보는데도 마치 써본 것처럼 금방 익숙해지지만 어떤 소프트웨어는 '도대체 여기서 뭘 해야 하지?'라는 생각이 들 만큼 낯설고 어렵게 느껴지기도 한다. 이처럼 소프트웨어의 사용 방법을 얼마나 쉽게 익힐 수 있는가는 상호작용 능력을 높이는 중요한 요소다.

학습성learnability 또는 학습용이성은 사용자가 소프트웨어를 얼마나 쉽게 배울 수 있는지를 의미한다. 학습성이 높은 제품은 시스템에 익숙하지 않은 사용자도 기능을 빠르게 이해하고, 원하는 작업을 어렵지 않게 수행할 수 있도록 도와준다.

■ **운용성**

운용성operability은 사용자가 소프트웨어를 쉽게 작동하고 제어할 수 있도록 하는 제품의 능력을 말한다. 즉, 사용자가 원하는 작업을 빠르게 찾고 실행하며, 필요할 때 중단하거나 되돌릴 수 있도록 지원하는 소프트웨어의 특성이다. 이는 마치 운전자가 자동차를 쉽게 조작할 수 있어야 하듯, 사용자가 시스템도 쉽게 조작할 수 있어야 한다는 개념과 유사하다.

운용성을 높이는 방법은 다음과 같다.

- **명확한 제어**: 버튼, 메뉴, 기능이 직관적으로 구성되어 있어야 한다.
- **피드백 제공**: 사용자의 행동에 대해 시스템이 즉각적이고 의미 있는 반응을 제공해야 한다.
- **오류 처리 용이성**: 잘못된 입력이나 조작이 발생했을 때, 사용자가 문제를 쉽게 복구할 수 있거나 시스템이 적절한 설명을 제공해야 한다.
- **사용자 중심 설계**: '어떻게 하면 사용자가 쉽게 조작할 수 있을까?'를 중심으로 설계되어야 한다.

■ **사용자 오류 방지**

어린아이를 키우는 집에 가보면 벽의 콘센트 구멍에 플라스틱 마개를 끼워 사용하는 모습을 볼 수 있다. 혹시라도 아이가 쇠젓가락 같은 것을 구멍에 집어넣어 감전사고가 발생하지 않도록 미리 예방하는 것이다.

그렇다면 소프트웨어에서 사용자 오류를 막을 방법은 무엇이 있을까? 콘센트 구멍을 막아두는 것처럼, 사용자가 실수로 눌러서는 안 되는 기능은 비활성화해두는 방법이 있다. 또한 잘못된 조작이 예상될 때는 안내 메시지나 경고창을 띄워 사용자가 주의를 기울일 수 있도록 하는 것도 좋은 방법이다. 이처럼 사용자 오류 방지user error protection는 사용자가 실수하지 않도록 미리 예방하고, 혹시 오류가 발생했을 경우 스스로 복구할 수 있도록 도와주는 시스템의 능력을 의미한다.

■ 사용자 참여

학생은 강의를 듣는 것이 늘 지루한 법이다. 그래서 강의 시간에 딴짓을 하거나, 빨리 끝나기만을 바라는 경우가 많다. 그렇다면 어떻게 해야 조금이라도 강의에 집중할 수 있을까? 그래서 강의자는 늘 고민한다. PPT 자료를 좀 더 세련되고 재미있게 만들어보기도 하고, 강의 중간중간에 유익한 동영상을 보여주기도 한다. 또 수업 시간에 학생이 직접 문제를 풀 수 있도록 퀴즈를 내기도 한다.

이처럼 사용자 참여user engagement는 사용자의 관심을 끌고, 동기를 부여하는 방식으로 기능과 정보를 제시해, 지속적인 상호작용을 유도하는 제품의 능력을 의미한다. 이를 위해 제품은 조화로운 색상, 직관적인 사용자 인터페이스, 친절한 음성 안내 등을 통해 사용자의 즐거움과 만족을 높이는 데 중점을 둔다.

■ 포괄성

포괄성inclusivity은 다양한 배경을 가진 사람들이 소프트웨어를 불편함 없이 사용할 수 있도록 해주는 제품의 능력을 의미한다. 여기서 다양한 배경이란 나이, 신체 능력, 문화, 민족, 언어, 성별, 경제 상황, 교육 수준, 지리적 위치, 생활 환경 등을 모두 포함한다. 즉, 포괄성은 누구나 소외되지 않고 소프트웨어를 사용할 수 있도록 설계되었는지를 평가하는 중요한 기준이다.

포괄성을 고려한 기능의 예는 다음과 같다.

- **스크린 리더 호환**: 시각 장애인을 위해 모든 버튼과 입력창에 적절한 대체 텍스트alt text를 제공한다.
- **색상 대비 조절**: 저시력 사용자나 색약 사용자도 식별할 수 있도록 충분한 색 대비를 제공하고, 색상 외에도 아이콘, 텍스트를 함께 사용한다.
- **텍스트 크기 조절**: 고령 사용자도 쉽게 읽을 수 있도록 텍스트 크기를 사용자가 조절할 수 있도록 한다.
- **키보드 기반 조작**: 마우스를 사용할 수 없는 사용자를 위해 Tab 키, 방향키 등으로 모든 메뉴에 접근할 수 있도록 한다.

■ 사용자 지원

사용자 지원user assistance은 사용자가 소프트웨어를 이해하고 문제를 해결하며 작업을 마칠 수 있도록 돕는 기능을 말한다. 즉, 사용자가 필요할 때 적절한 도움을 받아, 보다 효율적이고 효과적으로 소프트웨어를 사용할 수 있도록 지원하는 능력을 말한다.

사용자 지원을 위한 주요 기능은 다음과 같다.

- **도움말 문서, 툴팁, FAQ**: 사용자가 스스로 문제를 해결할 수 있도록 정보를 제공한다.
- **단계별 가이드wizard, 튜토리얼**: 초보 사용자가 순차적으로 기능을 익히도록 돕는다.
- **오류 메시지 안내**: 오류 발생 시 원인과 해결 방법을 명확히 제시한다.
- **자동완성 및 추천 기능**: 입력이나 선택 과정을 단축해 작업 효율을 높인다.
- **접근 가능한 사용자 가이드**: 텍스트, 음성 등 다양한 방식으로 정보를 제공해 모든 사용자가 도움을 받을 수 있도록 한다.

■ 자기 설명서

자기 설명서self-descriptiveness란 사용자가 시스템을 사용할 때, 별도의 설명서 없이도 무엇을 해야 하는지, 어떻게 사용해야 하는지를 쉽게 이해할 수 있도록 도와주는 특성을 말한다. 즉, 소프트웨어가 사용자에게 목적, 기능, 사용 방법을 직관적으로 알려주는 능력을 의미한다. 이런 자기 설명적인 시스템은 사용자가 도움말이나 매뉴얼 없이도 현재 상태를 파악하고, 사용 가능한 기능과 조작 방법을 쉽게 이해할 수 있도록 도와준다.

예 홈페이지에서 집 모양 아이콘은 '홈으로 이동', 연필 모양 아이콘은 '편집 기능'을 뜻한다.

5 신뢰성

'신뢰'의 사전적 의미는 '굳게 믿고 의지함'이다. 그럼 사용자 입장에서 '소프트웨어를 신뢰할 수 있다'는 것은 어떤 경우일까? 당연히 결함 없이 안정적으로 동작해야 믿고 쓸 수 있다. 또 24시간 무중단으로 운영되어야 하는 시스템이 중간에 자주 멈춘다면 신뢰성이 높다고 할 수 없다. 이처럼 신뢰성reliability은 시스템이 중단이나 장애 없이 일정 기간 동안 안정적으로 기능을 수행할 수 있는 능력을 말한다.

■ 무결함성

무결함성faultlessness은 결함이 없는 것을 말한다. 즉, 시스템이 정해진 기간과 특정 조건에서 성능이 저하 없이 기능을 정상적으로 수행하는 특성을 말한다.

예 인공 심장 박동기의 소프트웨어는 어떠한 오류 없이 정확한 심장 박동 모니터링과 자극

기능을 수행해야 한다. 생명을 다루는 시스템이므로, 엄격한 테스트를 통해 결함이 없음을 보장해야 한다.

■ 가용성

가용성availability은 시스템이 멈추지 않고 계속 동작하는 시간을 말한다. 예를 들어 1년 동안 단 한 번도 멈추지 않은 시스템은, 한 시간 멈춘 시스템보다 가용성이 높다고 할 수 있다. 특히 은행 시스템처럼 24시간 무중단이 요구되는 환경에서는 가용성이 매우 중요한 품질 속성이다.

예 온라인 뱅킹 시스템은 사용자가 언제든지 접속할 수 있어야 하므로, 가용성은 99.9% 이상을 요구한다. 이를 위해 무중단 유지보수가 가능해야 한다.

■ 결함 허용성

결함 허용성fault tolerance은 결함으로 인해 시스템이 정상적으로 작동하지 못하는 상황에서도 시스템이 정상적인 작동을 유지하고, 데이터 손실이나 작업 훼손 없이 의도한 기능을 수행할 수 있도록 하는 능력을 말한다. 이를 위해 일반적으로 이중화redundancy 구조를 사용한다.

예1 **클라우드 서비스**(AWS, Google Cloud 등): 한 서버가 실패하더라도 자동으로 백업 서버로 전환되어 서비스가 중단되지 않는다.

예2 **우주 탐사 시스템**(화성 로버): 바퀴나 센서에 문제가 발생하더라도, 대체 시스템(백업 센서 등)을 사용하여 작업을 계속 수행하고, 이중 통신 채널을 통해 임무 통제 센터와의 연결을 유지한다.

■ 복구성

복구성recoverability은 시스템에 장애가 발생했을 때, 데이터를 복구하고 원하는 시스템 상태로 재설정할 수 있는 제품의 능력을 말한다.

예 스마트폰 운영체제를 업데이트하는 도중 충돌이 발생하더라도, 장치는 자동으로 복구 모드로 전환되고, 미리 저장된 시스템 이미지나 클라우드 백업을 이용해 기능을 복원할 수 있다.

6 보안성

보안성security은 인증된 사람만 데이터 액세스 권한을 갖도록 하여 정보와 데이터를 보호하고, 악의적인 행위자의 공격 패턴을 방어할 수 있도록 해주는 제품의 능력을 말한다.

■ 기밀성

기밀성confidentiality은 민감한 정보를 무단 접근으로부터 보호하는 능력을 말한다. 즉, 데이터와 정보에 대한 접근이 적절히 통제되는 정도를 의미한다.

예 은행 시스템은 모든 사용자에 대해 다중 요소 인증MFA을 요구하며, 올바른 자격 증명(SMS 코드, 생체 인식 검증 등)을 갖춘 사람만 계정에 접근할 수 있도록 한다.

■ 무결성

무결성integrity은 데이터가 허가되지 않은 변경이나 삭제로부터 보호되어, 정보가 무단 수정되거나 삭제되는 것을 막아주는 제품의 능력을 말한다. 이를 위해 디지털 서명, 암호화 같은 장치가 필요하다.

예 은행 시스템은 고객이 인터넷 뱅킹으로 자금을 이체할 때, 이체 요청이 전달되는 동안 거래 금액이나 수신 계좌 정보가 바뀌지 않도록 보호한다.

■ 부인 방지성

부인 방지성non-repudiation은 행위나 사건이 발생했다는 증거를 남겨 나중에 그 사건이나 행위를 부인할 수 없도록 하는 능력을 말한다.

예1 **디지털 서명**: 사용자가 거래 요청을 하면 사용자의 장치에서 디지털 방식으로 서명되어 누가 요청했는지와 내용이 변경되지 않았는지를 확인할 수 있다.

예2 **감사 추적(로그)**: 시스템은 거래가 이루어진 시각, IP 주소, 사용자 ID 등과 같은 정보를 기록하는 로그를 남긴다. 이 로그를 통해 나중에 특정 사용자가 실제로 거래를 시작했고, 시스템이 이를 처리했는지 확인할 수 있다.

예3 **암호화 해시**: 거래 데이터에 암호화된 요약 정보(해시)를 생성해 저장하면, 이후 데이터가 조금이라도 바뀌었는지 쉽게 확인할 수 있다.

■ 책임성

책임성accountability은 시스템이 투명하고 감사 가능한 방식으로 작업의 출처(누가, 무엇을, 언제, 어떻게 했는지)를 추적할 수 있는 능력을 말한다. 이를 통해 시스템 내의 모든 작업에 대한 책임 있는 엔티티entity를 식별하고, 해당 작업에 대한 책임을 물을 수 있다.

예 **환자 기록을 위한 의료 애플리케이션**

- **접근 로그**: 병원에서 의사가 환자 기록에 접근할 때, 시스템은 사용자 ID, 시간, 작업 종류를 자동으로 기록한다. 이러한 기록은 허가받지 않은 접근이나 잘못된 편집이 발생했을 경우, 책임이 있는 사람과 그 시점을 정확히 확인하는 데 사용된다.

- **감사 추적**: 의사가 환자에게 약을 처방하면, 시스템은 의사의 ID, 처방 시간, 처방에 대한 변경 사항을 포함한 처방 기록을 남긴다. 이렇게 기록된 감사 추적은 나중에 처방이 적절한 절차에 따라 이루어졌는지 검토하는 데 사용된다.

■ 진위성

진위성authenticity 또는 신원 인증성은 사용자, 시스템, 구성 요소의 신원을 검증하여 진짜와 가짜를 구별하는 능력을 말한다. 즉, 시스템 내의 모든 상호작용이 합법적이고 승인된 엔티티와 이루어지며, 데이터 또는 거래가 신뢰할 수 있는 출처에서 시작되었는지 확인하는 특성이다.

예 온라인 전자상거래 플랫폼

- **사용자 인증**: 플랫폼은 고객이 안전한 인증 방법(사용자 이름 및 비밀번호, 2단계 인증 등)을 사용하여 로그인하도록 요구한다. 사용자가 비정상적인 위치나 장치에서 로그인을 시도하면, 시스템은 이메일이나 전화로 확인 코드를 전송하는 추가 인증 절차를 수행한다. 이러한 방식으로 사용자의 신원을 검증하며, 권한이 있는 개인만 계정에 접근하거나 구매 및 민감한 정보 열람과 같은 작업을 수행할 수 있도록 한다.
- **제품 진위성**: 플랫폼은 판매되는 제품의 진위성을 보장하기 위해 여러 조치를 구현할 수 있다. 예를 들어 판매자는 위조 방지를 위해 고가 품목(디자이너 핸드백, 전자 제품 등)에 대한 진위성 인증서를 제공해야 한다. 각 제품 목록에는 신뢰할 수 있는 공급업체 또는 공식 판매자가 등록했음을 확인할 수 있는 세부 정보나 인증 배지가 포함된다.

  고객이 제품을 구매하면, 시스템은 거래 세부 정보(결제, 배송 주소 등)를 암호화된 로그에 기록하여, 권한이 없는 사용자에 의한 변경을 방지한다. 이를 통해 거래의 진위성과 고객 데이터의 안전이 확보된다.
- **디지털 서명**: 구매자와 판매자 간에 교환되는 계약서, 송장 또는 기타 문서의 진위성을 보장하기 위해, 플랫폼은 디지털 서명을 활용할 수 있다. 이를 통해 문서가 변조되지 않았고, 신뢰할 수 있는 기관에서 발급되었음을 확인할 수 있다.

  사용자 작업과 데이터 모두에서 신뢰성을 보장함으로써, 전자상거래 플랫폼은 사기, 사칭, 데이터 조작으로부터 시스템과 사용자를 보호하고, 상호 간의 신뢰를 강화할 수 있다.

■ 저항성

저항성resistance은 오류, 스트레스, 다양한 문제 상황에도 성능이 크게 떨어지지 않고 시스템이 정상적으로 작동을 유지할 수 있는 능력을 말한다. 즉, 하드웨어 오류, 보안 침해, 예상치 못한 사용자 동작 등 불리한 조건에 저항하거나 복구하여 시스템이 예상대로 계속 작동하거나 빠르게 안정적인 상태로 복귀할 수 있도록 하는 능력이다.

예 **전자상거래 웹사이트**

- **높은 트래픽 처리(부하 저항)**: 대규모 할인 행사로 사용자 수요가 급증하더라도, 시스템은 자동 확장을 통해 충돌이나 속도 저하 없이 동적으로 서버와 자원을 추가한다.

  만약 높은 부하로 인해 일부 서버가 다운되더라도, 트래픽을 다른 서버로 전환하여 서비스 중단 없이 사용자 경험을 유지한다. 만약 높은 부하로 인해 일부 서버가 다운되더라도, 트래픽을 다른 서버로 전환하여 서비스 중단 없이 사용자 경험을 유지한다.

- **보안 저항**: 플랫폼은 DDoS 공격과 같은 일반적인 보안 위협에 대해 높은 회복력을 가진다. 공격자가 대량의 트래픽으로 사이트를 마비시키려 해도, 시스템은 악성 트래픽을 식별하고 소스를 격리하여 정상 사용자가 중단 없이 계속 탐색하고 구매할 수 있도록 한다.

  만약 보안 침해가 발생하더라도, 시스템은 영향을 받은 구성 요소를 빠르게 격리하여 나머지 플랫폼이 손상되지 않도록 보호한다.

7 유지보수성

유지보수성maintainability 또는 유지관리성은 소프트웨어가 환경 변화나 요구사항 변경에 따라 효과적이고 효율적으로 수정될 수 있는 정도를 의미한다. 이는 시스템의 수명주기 동안 발생하는 오류 수정, 기능 추가, 성능 개선 등을 신속하고 정확하게 수행할 수 있는 능력을 포함한다.

■ 모듈성

5장 설계에서 강한 응집과 느슨한 결합이 좋은 설계의 특징이라는 점을 배운 바 있다. 모듈성modularity은 시스템이 최소한의 상호 의존성을 가진 개별 구성 요소로 이루어진 정도를 나타내며, 이는 시스템의 유지보수성과 확장성을 높이는 데 중요한 역할을 한다.

예 전자상거래 플랫폼을 설계할 때 제품 카탈로그, 쇼핑 카트, 결제 게이트웨이, 사용자 관리, 주문 처리 등의 기능을 각각 독립적인 모듈로 구현하면 시스템을 확장하거나 수정할 때 다른 모듈에 미치는 영향을 최소화할 수 있어 유지관리와 보수를 더 쉽게 할 수 있다.

■ 재사용성

소프트웨어에서 어떤 구성 요소를 다른 제품이나 시스템에서 다시 사용하는 경우, 그것은 코드일 수도 있고, 설계 모듈이나 설계 패턴일 수도 있다. 이런 부품들을 재사용하려면, 설계 단계에서부터 재사용을 염두에 두고 일반화된 형태의 모듈로 만들어야 한다.

재사용성reusability은 특정 자산이 하나 이상의 시스템에서 재사용되거나 다른 자산을 구축하는 데 활용될 수 있는 정도를 의미한다.

예 **온라인 쇼핑몰의 결제 처리 모듈 설계**

- **모듈화된 설계**: 결제 모듈을 신용카드, 모바일 결제 등 다양한 결제 수단을 처리할 수 있도록 일반화하여 설계한다.
- **표준화된 인터페이스**: 각 결제 수단별로 표준 인터페이스를 정의하여, 새로운 결제 방식이 추가되더라도 기존 시스템에 최소한의 변경만으로 통합될 수 있도록 한다.
- **독립성 유지**: 결제 모듈이 다른 시스템 구성 요소와 독립적으로 동작하도록 설계함으로써, 다른 프로젝트나 시스템에서도 손쉽게 재사용할 수 있다.

■ 분석성

소프트웨어를 분석하는 작업은 언제 가장 많이 필요할까? 가장 흔한 경우는 결함으로 인해 코드를 수정해야 할 때이며, 기능을 확장할 때도 필요하다. 분석성analysability은 소프트웨어를 분석하여 문제를 식별하고, 원인을 파악하며, 시스템의 동작을 이해하는 데 얼마나 쉬운지를 나타내는 특성이다.

어떤 코드는 너무 복잡하게 얽혀 있어 수정하려 할 때 큰 어려움을 겪게 된다. 흔히 이런 코드를 '스파게티 코드'라고 부른다. 반대로 설계 원칙에 따라 잘 구조화되어 있고, 코딩 가이드를 준수하여 작성된 코드는 분석성이 매우 높다. 분석성은 효과적인 디버깅, 성능 조율tuning, 시스템 유지관리에 있어 필수적이다.

다음은 분석성이 높은 시스템에서 개발자가 문제를 신속하게 해결하는 절차의 예이다.

예 **전자상거래 플랫폼**: 고객의 주문 완료 후 결제 오류 발생

① **로그 분석**: 시스템 로그를 통해 오류 발생 시점과 관련된 정보를 빠르게 수집한다.

② **코드 검토**: 결제 모듈의 소스 코드를 분석하여 잠재적인 버그나 예외 처리 문제를 확인한다.

③ **데이터베이스 검사**: 관련 데이터베이스 테이블을 점검하여 데이터 무결성이나 제약 조건 위반 여부를 확인한다.

④ **수정 사항 식별**: 문제의 원인을 파악한 후, 수정이 필요한 코드를 정확하게 찾아낸다.

⑤ **영향 범위 평가**: 해당 수정이 다른 기능이나 모듈에 미칠 영향을 평가하여 부작용을 최소화한다.

■ 변경성

코드를 변경하려 할 때, 코딩 원칙에 따라 잘 작성된 코드는 수정하기 쉽다. 마찬가지로 설계도 설계 원리를 따르고 설계 지침에 맞게 구성되어 있다면, 설계 변경 역시 어렵지 않다.

변경성modifiability은 성능 개선, 환경 변화, 기능 개선으로 인해 코드나 설계를 수정해야 할 때, 기존 품질을 저하시키거나 결함을 유발하지 않고 얼마나 효과적이고 효율적으로 변경할 수 있는지를 나타내는 특성이다.

예 회사가 고객관리시스템에 고객 세분화 기능을 추가하고자 할 때, 기존의 판매 추적 모듈이나 보고 기능 모듈을 수정하지 않고도, 해당 기능에 관련된 모듈만 업데이트하거나 교체하여 변경을 쉽게 반영할 수 있다.

■ **시험성**

시험성testability은 소프트웨어에 대한 테스트 기준을 효과적이고 효율적으로 수립할 수 있는 정도를 의미하며, 그 기준을 효율적으로 충족하고 검증할 수 있는 능력도 포함한다. 시험성을 높이기 위한 방법을 다음 예를 통해 알아보자.

예 **온라인 쇼핑몰**: 장바구니 기능 개발

- **모듈화**: '장바구니' 기능을 상품 추가, 삭제, 수량 변경 등 독립적인 모듈로 분리하여, 각 모듈을 개별적으로 테스트할 수 있도록 설계한다.
- **표준화된 인터페이스 사용**: 각 모듈이 표준화된 입출력 방식을 사용하도록 설계하여 테스트 시 예상 결과를 명확히 확인할 수 있도록 한다.
- **로깅 및 오류 보고 기능 구현**: 시스템 내에서 발생하는 이벤트와 오류를 자동으로 기록하여 테스트 중 발생한 문제를 신속하게 파악하고 수정할 수 있도록 지원한다.
- **자동화된 테스트 스크립트 작성**: 반복적인 테스트를 자동화하여 시간과 비용을 절감하고, 일관된 테스트 결과를 확보한다.

8 안전성

안전성safety은 시스템이 사용자, 환경, 또는 다른 시스템에 해를 끼치지 않도록 설계되고 운영되는 정도를 의미한다. 이는 시스템이 잠재적인 위험을 식별하고, 장애 발생 시에도 안전한 상태를 유지하며, 위험 상황에 대한 경고를 제공하는 능력을 포함한다.

■ **운영 제약**

운영 제약operational constraint은 소프트웨어가 특정 환경이나 조건에서 안정적으로 작동하기 위해 준수해야 하는 기술적, 물리적, 환경적 또는 규제적 요구사항을 말한다.

예 **자율주행차의 운영 제약**

- **속도 제한 준수**: 자율주행 차량이 도로의 속도 제한을 인식하고, 이를 초과하지 않도록 속도를 자동으로 조절하여 과속으로 인한 사고 위험을 줄인다.

- **충돌 방지시스템**: 차량이 전방의 장애물이나 다른 차량과의 거리를 지속적으로 모니터링하고, 충돌 위험이 감지되면 자동으로 감속하거나 정지하여 사고를 예방한다.
- **차선 이탈 방지**: 차량이 주행 중 차선을 지속해서 감지하고, 의도치 않게 차선을 이탈할 경우 자동 조향 또는 경고 메시지를 통해 복귀를 유도한다.

■ 위험 식별

위험 식별risk identification은 시스템의 개발 및 운영 과정에서 발생할 수 있는 잠재적인 위험 요소를 사전에 파악하는 절차를 의미한다.

예 **자동차의 보행자 감지 시스템**: 도로를 건너는 보행자를 빠르게 인식하고, 충돌 위험이 예상되면 운전자에게 즉시 경고하거나, 필요한 경우 자동으로 브레이크가 작동하여 사고를 예방해야 한다.

■ 고장 안전

시스템은 언제든 고장이나 예외 상황이 발생할 수 있으며, 이로 인해 기능이 중단되거나 데이터가 손실될 수 있다. 고장 안전fail safe은 이런 상황에서 시스템이 보다 안전한 상태로 전환되거나, 사용자의 피해와 불편을 최소화하면서 작동을 계속할 수 있도록 설계되는 특성을 말한다.

예 원자력 발전소의 제어 시스템은 피해나 위험을 최소화하는 방식으로 고장이 발생하도록 설계되어야 한다. 이를 위해 냉각 펌프, 온도 센서, 압력 수준 등의 상태를 지속적으로 감시하고, 냉각 펌프에 이상이 감지되면 시스템은 즉시 고장 안전 메커니즘을 작동시켜 사고를 방지한다.

■ 위험 경고

위험 경고hazard warning는 시스템 사용자가 잘못된 조작, 시스템 장애, 또는 위험한 상황을 피할 수 있도록 명확하고 즉각적인 경고 메시지를 제공하는 기능을 말한다.

예 무거운 짐을 들어 옮기는 로봇팔이 센서의 오작동 등으로 인해 예기치 못한 동작을 하게 될 경우, 위험을 빠르게 감지하고 근처 작업자에게 경고를 제공하여 신속히 대피할 수 있도록 해야 한다.

■ 안전한 통합

안전한 통합safe integration은 시스템이 다른 시스템(서비스나 플랫폼 등)과 연동될 때 발생할 수 있는 오류나 장애를 사전에 방지하고, 통합된 환경에서도 안정성과 안전성을 유지할 수 있도록 보장하는 특성을 말한다.

예 자율주행 차량이 스마트 신호등이나 비상 통신망과 같은 외부 시스템과 연계될 경우, 통합된 상태에서도 안정적이고 안전하게 작동할 수 있어야 한다. 여기에는 센서 오류 시 차량이 안전 모드로 전환되는 등의 고장 안전 메커니즘과 임박한 충돌과 같은 잠재적 위험을 사용자에게 경고하는 위험 경고와 같은 기능이 포함될 수 있다.

04 ISO/IEC 25019(2023 버전)

2011에 제정한 ISO/IEC 25010(시스템과 소프트웨어 품질 모델)은 2023년에 두 개의 부분으로 분리되었다. 첫째, 기존과 동일한 이름을 사용하는 ISO/IEC 25010은 제품 품질 모델만을 설명하고, 둘째, 그동안 25010 안에 포함되어 있던 사용 품질은 별도로 분리되어 ISO/IEC 25019(사용 품질 모델)로 정의되었다. 분리된 25019(2023)의 품질 속성은 [그림 10-9]와 같다.

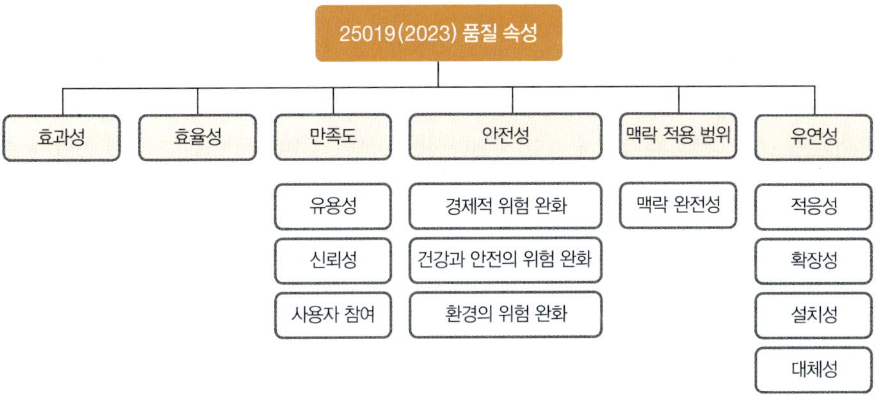

그림 10-9 25019(2023)의 품질 속성

1 효과성

어떤 사이트에 접속해 정보를 찾아보려 할 때, 검색이 잘 되지 않아 결국 회원 가입을 해야만 가능하다고 하자. 그런데 회원 가입 절차도 복잡해 중간에 다시 시작해야 하고, 오류가 발생해 처음부터 반복하는 상황이 이어지기도 한다. 시간이 한참 지나서야 겨우 성공하는 경우도 있지만, 어떤 때는 짜증이 나서 중간에 포기하고 그냥 나와 버리기도 한다. 이게 무엇을 말해주는가?

이 시스템은 사용자 관점에서 볼 때 사용 품질이 매우 떨어지는 소프트웨어라는 것이다. 이런 소프트웨어는 효과성 측면에서 매우 낮은 평가를 받게 된다.

효과성effectiveness은 유효성이라고도 하며, 특정 조건에서 사용자가 특정 목표를 얼마나 정확하고 완전하게 달성할 수 있는지를 나타낸다. 이는 사용자의 목적 달성도를 평가하며, 주로 사용자 중심의 품질 평가에서 중요한 역할을 한다.

예 전자상거래 웹사이트의 효과성 평가

- **작업 성공률**: 사용자 중 몇 %가 성공적으로 상품을 찾고 구매를 완료했는가?
- **오류 발생 빈도**: 사용자가 작업 도중 몇 번의 실수를 했는가?
- **목표 달성 시간**: 사용자가 작업을 완료하는 데 걸린 평균 시간이 얼마인가?

2 효율성

자동차의 연비를 비교할 때, 같은 양의 연료로 더 멀리 갈 수 있다면 우리는 연비가 좋다고 말한다. 이것은 연료의 효율성이 높다는 뜻이다. 그렇다면 소프트웨어에서 연료에 해당하는 것은 무엇일까?

효율성efficiency은 소프트웨어가 주어진 자원(시간, 메모리, CPU 사용량 등)을 얼마나 효율적으로(적게) 사용하면서도 사용자의 목표를 달성할 수 있는지를 측정하는 품질 특성이다.

예 온라인 동영상 스트리밍 서비스의 효율성 평가

- **응답 시간**: 사용자가 재생 버튼을 클릭하고 스트리밍이 시작되기까지 걸리는 시간이 2초 이내인가?
- **자원(CPU) 사용률**: 스트리밍 재생 시 CPU 점유율이 25% 이하로 유지되고 있는가?
- **자원(메모리) 사용량**: 애플리케이션이 500MB 이하의 메모리만 소비하는가?
- **성능 유지율**: 동영상 재생 중 버퍼링 발생 빈도가 1회 이하인가?

3 만족도

만족도satisfaction는 시스템이나 제품이 사용자의 기대와 요구를 얼마나 충족시키는지를 나타낸다. 이는 사용자가 시스템을 사용하면서 느끼는 주관적인 만족감도 포함된다. 만족도는 시스템의 효율성, 효과성, 안전성 등 여러 요인에 의해 영향을 받을 수 있다.

만족도는 시스템이 성공적으로 채택되고, 지속적으로 사용되기 위해 매우 중요한 요소다. 따라서 개발자와 평가자는 이를 면밀히 관찰하고 꾸준히 개선해 나가야 한다.

■ 유용성

어떤 제품이 쓸모 있을 때 '유용하다'라고 한다. 즉, 사용자가 필요로 하고, 실제로 사용해보니 만족스럽기까지 할 때를 말한다.

유용성usefulness은 사용자가 소프트웨어를 볼 때 얼마나 쓸모 있는가를 말한다. 즉, 사용자의 요구와 기대를 얼마나 잘 충족시키고, 사용자가 목표를 달성하는 데 실질적인 가치를 제공하는지를 평가하는 품질 속성이다.

예 헬스케어 애플리케이션의 만족도 평가

- **사용자 기대 충족도**: 사용자가 애플리케이션의 약 복용 기록 및 알림 기능이 충분히 직관적이라고 평가하는가?
- **목표 달성률**: 90%의 사용자가 약 복용 기록을 성공적으로 완료했는가?
- **사용 빈도**: 1개월 후에도 70% 이상의 사용자가 애플리케이션을 계속 사용하는가?

■ 신뢰성

ISO/IEC 25010(제품 품질 모델)에서는 신뢰성reliability이라는 품질 속성이 있다. 그럼 ISO/IEC 25019(사용 품질 모델)에서의 신뢰성trust과는 어떤 차이가 있을까? 당장 눈에 띄는 차이는 한글은 같지만 영어 단어가 다르다는 점이다. 영어 단어의 의미와 실제 사용 맥락을 살펴보면 그 차이를 쉽게 이해할 수 있다. 또 다른 구분 기준은 reliability가 제품 품질 모델에 속하는 반면, trust는 사용 품질 모델에 속한다는 점이다.

reliability는 '제품 자체가 얼마나 믿을 만한가'를 평가하는 개념으로, 시스템의 안정성과 오류 없는 동작을 중심으로 한다. 반면 trust는 사용자가 소프트웨어를 안전하고, 정직하며, 믿을 수 있다고 인식하는 정도를 평가하는 품질 속성이다. 특히 금융, 의료, 공공 서비스처럼 민감한 데이터를 다루는 응용 프로그램에서는 이 특성이 매우 중요하다.

예 온라인 뱅킹 시스템에서 신뢰성 평가

- **데이터 보호 수준**: 개인 데이터(계좌번호, 비밀번호 등)가 암호화되어 전송되는가?
- **오류 및 실패율**: 중요한 작업(송금 등) 중 오류 발생 비율이 낮은가?
- **투명성 및 피드백**: 사용자가 작업 상태(송금 진행 중, 완료됨 등)에 대한 명확한 피드백을 받는가?
- **사용자 만족도**: 사용자가 서비스에 대해 얼마나 신뢰한다고 느끼는가?

■ 사용자 참여

어떤 물건의 품질이 좋거나, 음식점의 맛이 좋다면 사람들은 어떻게 하는가? 첫째, 만족감을 느낀다. 둘째, 다음에 또 사고, 음식점도 다시 방문한다. 셋째, 다른 사람에게도 추천한다. 넷째, 사용하면서 제품에 몰입할 수 있고, 음식 먹을 때만큼은 모든 것을 잊고 맛에 취해 있다. 다섯째, 평가의 피드백에 '매우 만족'으로 평가한다.

이것은 새로운 소프트웨어를 사용할 때도 마찬가지이다. 사용자 참여user engagement는 사용자가 시스템이나 제품을 얼마나 자발적으로 사용하고 싶은지, 즐겁게 참여하는지를 나타낸다. 즉 사용자 인터페이스가 사용자에게 매력적이고 만족스러운 경험을 제공하여, 사용자가 시스템과 지속해서 상호작용하도록 유도하는 정도를 의미한다. 이는 직관적인 디자인, 즉각적인 피드백, 일관된 사용자 경험, 친절한 음성 안내 등을 통해 달성할 수 있다.

사용자 참여도는 사용자 만족도, 재사용 의도, 추천 의도, 몰입도, 피드백 제공 의지와 같은 항목으로 평가하는 특성이다.

4 안전성

안전성safety은 시스템이나 제품이 사용자의 안전을 얼마나 보장하는지를 나타낸다. 이는 시스템 사용 중 발생할 수 있는 위험이나 부정적인 결과를 최소화하고, 사용자가 안전하게 목표를 달성할 수 있도록 보장하는 것을 의미한다. 안전성은 특히 의료, 교통, 금융 등 안전이 중요한 분야에서 필수적인 요소이다.

■ 경제적 위험 완화

시스템의 품질 결함은 때로 재정적으로 큰 피해를 초래할 수 있다. 경제적 위험 완화economic risk mitigation는 이러한 결함으로 인한 경제적 손실을 최소화하기 위한 절차나 관리 프로세스가 마련되어 있는지를 평가하는 품질 속성이다. 또한 결함으로 문제가 발생했을 때 재정적 영향을 분석하고, 이를 예방하거나 완화하기 위한 조치가 준비되어 있는지를 중점적으로 다룬다.

예 금융 시스템

- **테스트 시뮬레이션**: 실제 거래와 유사한 환경에서 '100만 건의 모의 거래를 실행해 결함 발생률을 측정'함으로써 잠재적 오류를 사전에 식별한다.
- **예방적 설계 개선**: '거래 검증 알고리즘 추가'나 '실시간 모니터링 도입'처럼 오류 발생 가능성을 줄이기 위해 설계 단계에서부터 소프트웨어를 검토한다.

■ 건강과 안전의 위험 완화

'위험'이라고 하면 보통 화학 약품처럼 위험 물질을 다루는 상황을 떠올리지만, 소프트웨어가 초래할 수 있는 위험도 점점 커지고 있다. 경제적 손실을 크게 일으키는 경우도 있지만,

생명에 위협을 줄 수 있는 시스템도 많다. 그중에서 의료 시스템은 환자의 건강은 물론 생명과도 직결되기 때문에, 입력 오류 같은 문제가 발생하지 않도록 사전에 차단할 수 있는 장치가 반드시 필요하다.

건강과 안전의 위험 완화health and safety risk mitigation는 소프트웨어가 사용 중 발생할 수 있는 건강과 안전 문제를 소홀히 다루고 있지는 않은지, 그리고 이를 위한 보호 조치가 효과적으로 구현되어 있는지를 평가하는 특성이다.

예 의료 데이터 관리 시스템

- **자동 경고 시스템의 정확성**: 상호작용이 발견되면 경고 메시지가 정확하게 표시되는가?
- **사용자 인터페이스UI 설계의 명확성**: 정보 입력 화면에서 잘못된 데이터를 입력할 가능성을 줄이는 설계가 이루어졌는가?
- **피로도의 최소화를 위한 디자인**: 의료진이 작업 중 불필요한 클릭이나 복잡한 절차를 반복하지 않도록 UI가 설계되었는가?

■ 환경의 위험 완화

환경의 위험 완화environmental risk mitigation는 시스템이나 소프트웨어가 환경에 미치는 부정적인 영향을 최소화하고, 지속 가능성을 촉진하기 위해 어떻게 설계되고 운영되는지를 평가하는 품질 특성이다. 여기에는 에너지 소비, 탄소 배출량 감소, 재생 가능 자원의 활용, 환경 보호 규제 준수 등이 포함된다.

예 클라우드 데이터 센터 관리 시스템

- **에너지 최적화 알고리즘**: 서버 가동률을 실시간으로 모니터링하고, 필요하지 않은 서버가 자동으로 종료되는가?
- **냉각 시스템 관리**: 데이터 센터 온도를 효율적으로 유지하기 위해 기계 학습 기반 냉각 시스템을 활용하는가?
- **탄소 배출 모니터링**: 배출량을 계산하고, 규제 한도를 초과하지 않도록 경고를 제공하는가?

5 맥락 적용 범위

맥락 적용 범위context coverage는 소프트웨어가 설계된 모든 맥락(사용 환경)에서 기능과 성능을 얼마나 잘 유지하는지를 평가하는 품질 특성이다. 여기서 '맥락'이란 사용자 프로파일, 장치, 사용 조건, 외부 환경 등 다양한 요인을 포함한다.

■ **맥락 완전성**

맥락 완전성context completeness은 소프트웨어 시스템이 작동하는 데 필요한 모든 관련 정보와 맥락이 시스템과 사용자 간에 충분히 제공되고, 제대로 이해되는지를 평가하는 품질 속성이다. 이 속성은 사용자가 특정 작업이나 목표를 달성하는 데 필요한 환경적 요소나 정보를 시스템이 제공하는지 확인하는 데 초점이 맞춰져 있다. 즉, 사용자가 의도한 작업을 수행할 때 필요한 정보가 정확하게 제공되었는지, 그리고 그 정보들 간의 연결이 명확히 드러나는지를 평가하는 특성이다. 이 품질 속성은 사용자 혼란을 줄이고 시스템을 효과적으로 사용하는 데 매우 중요하다.

예 온라인 뱅킹 애플리케이션

- **양호한 정보 제공**: '계좌 잔액' 화면에서 사용자가 최근 입 · 출금 내역과 현재 잔액을 함께 확인할 수 있도록 충분한 정보를 제공하는가?
- **미흡한 정보 제공**: 송금 시 받는 사람의 계좌번호 형식에 대한 안내가 부족하여 사용자가 잘못된 형식으로 입력할 가능성이 있는가?
- **양호한 연결**: 송금 페이지에서 계좌 선택과 송금 금액 입력 필드가 논리적으로 연결되어 사용자가 자연스럽게 작업을 이어갈 수 있는가?
- **미흡한 연결**: 오류 발생 시, 시스템이 '계좌번호 형식이 잘못되었습니다'와 같이 구체적인 원인을 제시하지 않고 추상적인 메시지만 제공하는가?

6 유연성

유연성은 소프트웨어 제품이 다양한 환경 변화나 요구사항에 얼마나 잘 적응할 수 있는지를 나타내는 품질 특성이다.

■ **적응성**

적응성adaptability은 소프트웨어가 새로운 환경, 요구사항, 또는 조건 변화에 얼마나 잘 적응할 수 있는지를 나타내는 품질 속성이다. 이는 시스템이 외부의 변화에 대해 수정 없이도 효과적으로 대응하거나, 최소한의 수정만으로 새로운 조건에 맞출 수 있는 능력을 평가하는 특성이다.

예 1 글로벌 전자상거래 플랫폼은 사용자 인터페이스UI를 한국어, 영어, 일본어 등 다양한 언어로 쉽게 변경할 수 있으며, 통화 단위도 자동으로 바뀐다.

예 2 구글 크롬Google Chrome 웹 브라우저는 같은 소스 코드를 사용하여 여러 운영체제에서 실행될 수 있다.

예3 자율주행 자동차의 내비게이션 소프트웨어는 새로운 속도 제한, 도로 폐쇄, 자율주행 차에 대한 우선 규칙 등 변경된 교통 규정을 반영해 알고리즘을 업데이트한다.

■ 확장성

'확장'은 어떤 것을 늘려서 넓히는 것을 말한다. 예를 들어, 가정에서 사용하는 식탁 중에는 평소에는 4인 가족이 사용할 수 있을 만큼의 크기였다가 손님을 초대해 사람이 많아지면 양옆을 펼쳐 크기를 늘릴 수 있는 제품이 있다. 이런 식탁은 확장성이 높다고 할 수 있다. 시스템도 마찬가지다. 사용자 수, 처리량, 데이터 양 등 부하가 일시적으로 급증하면 기존 상태만으로는 이를 감당하지 못할 수 있다. 이럴 때 시스템이 상황에 맞게 유연하게 확장되어야 정상적인 서비스가 가능하다.

그렇다면 확장성이란 무엇일까? 확장성scalability은 작업 부하의 증감과 변동에 대응할 수 있는 제품의 능력을 말한다. 따라서 시스템은 부하 변화에 따라 자원을 적절히 조정하고 성능 저하 없이 안정적으로 운영될 수 있어야 한다. 이상적으로는 최소한의 수동 개입으로 증가한 부하나 수요를 처리할 수 있어야 한다.

예를 들어, 하루 평균 1,000명이 접속하던 전자상거래 플랫폼에 특별 할인 기간 동안 5,000명 이상이 몰리면 어떻게 될까? 준비되지 않은 시스템은 다운될 수 있다. 여기서 말하는 '준비'란 무엇일까? 바로 확장할 수 있는 능력을 말한다.

시스템의 확장은 보통 두 가지 방식으로 설명할 수 있다. 첫째, 수평적 확장horizontal scaling이다. 이 방식은 서버의 수를 늘려 문제를 해결하는 방식이다. 둘째, 수직적 확장vertical scaling이다. 이 방식은 기존 서버 한 대의 성능 자체를 높이는 방식이다. 이처럼 갑작스럽게 증가한 사용자 접속에도 시스템이 원활히 대응할 수 있어야 확장성이 좋은 시스템이라 할 수 있다.

■ 설치성

설치성installability 또는 설치 가능성은 소프트웨어가 주어진 환경에 효과적이고 효율적으로 설치되고, 필요 시 쉽게 제거될 수 있는지를 평가하는 품질 특성이다. 이를 위해 설치 과정의 단순성, 사용자 가이드의 유용성, 설치 오류 처리 능력 등을 포함한다.

예1 윈도 기반 소프트웨어는 [다음(Next)] 버튼만 몇 번 클릭하면, 기본 경로와 설정으로 간단하게 설치를 완료할 수 있다.

예2 모바일 앱은 사용자가 앱을 검색한 뒤 [설치] 버튼 하나만 누르면 다운로드와 설치가 자동으로 진행된다.

■ 대체성

대체성replaceability, 대체 가능성 또는 교체 가능성은 특정 소프트웨어 제품이 같은 목적과 환경에서 다른 지정된 소프트웨어 제품을 대체할 수 있는 정도를 의미한다. 이를 위해 표준화된 파일 형식을 사용하여 다른 소프트웨어로의 전환을 쉽게 할 수 있어야 하며, 특정 업체나 제품에 대한 종속성을 줄이는 것이 중요하다.

예 한 기업이 기존에 사용하던 문서 편집 소프트웨어 A를 새로운 소프트웨어 B로 교체하려고 할 때, 다음과 같은 조건이 충족되어야 소프트웨어 B의 대체성이 우수하다고 볼 수 있다.

- 소프트웨어 B는 소프트웨어 A에서 생성된 문서 파일을 문제없이 열고 편집할 수 있어야 한다.
- 소프트웨어 B는 기존 사용자들이 쉽게 학습하고 사용할 수 있도록 소프트웨어 A와 유사하고 직관적인 인터페이스를 제공해야 한다.
- 소프트웨어 B는 현재 사용 중인 하드웨어 및 운영체제 환경에서 원활하게 설치되고 실행될 수 있어야 한다.

05 프로세스 품질 특성 평가 모델

좋은 수돗물을 마시려면 무엇보다 수질 자체가 좋아야 한다(제품 품질). 그러나 아무리 수질이 좋아도 정수장에서 가정까지 오는 수도관이 오래되어 녹슬거나 파손되었으면 깨끗한 물을 마실 수 없다(프로세스 품질).

이처럼 프로세스 품질은 소프트웨어 제품의 최종 품질에 영향을 줄 수 있는 소프트웨어 개발 과정에 대한 품질을 말한다. 즉, 개발과 관리 프로세스가 얼마나 체계적이고 효율적으로 운영되고 있는지를 평가하는 것이다.

프로세스 품질을 평가하기 위한 대표적인 모델은 다음과 같다.

- 품질 시스템 보증을 위한 ISO 9000 모델
- 소프트웨어 생명주기 프로세스 표준을 위한 ISO/IEC 12207 모델
- 소프트웨어 프로세스 능력 평가를 위한 CMMI와 SPICE(ISO/IEC 15504) 모델

이 절에서는 대표적인 프로세스 능력 평가 모델인 CMMI에 대해 자세히 설명하고, SPICE 모델은 간략히 설명한다.

1 표준 프로세스의 필요성

CMMICapability Maturity Model Integration를 설명하기 전에, 표준 프로세스가 왜 필요한지 예를 들어 설명해보자. 요리에서 음식을 만드는 방법(순서)을 설명해 놓은 것을 레시피라고 한다. 음식 맛은 기본적으로 요리하는 사람의 실력에 달려 있다. 평소에 요리를 많이 해본 사람이라면 제대로 맛을 낼 수 있지만, 한 번도 해보지 않은 사람은 무엇을 어떻게 해야 하는지 당황스러울 것이다. 이때 필요한 것이 바로 레시피이다. 레시피대로 재료를 준비하고 그 순서에 따라 조리 시간을 지키며 음식을 만들면, 초보자라도 어느 정도는 일정한 맛을 낼 수 있을 것이다.

그림 10-10 표준 프로세스의 비유(요리 레시피)

소프트웨어 개발에서 레시피와 같은 역할을 하는 것이 바로 표준 프로세스다. 즉 표준 프로세스는 하나의 매뉴얼 또는 내비게이션과 같은 역할을 한다. 어떤 조직에서 프로세스가 표준화되어 있다면, 그 조직은 일관되게 표준을 따르게 되고, 누가 하더라도 비슷한 결과를 만들어 낼 수 있다. 결국 프로세스 표준화는 조직원들이 우왕좌왕 헤매는 시간을 줄여주고 생산성을 높인다. 무엇보다도 표준은 기준과 목표, 방향을 제시해주기 때문에 업무 처리 과정이 명확하고 계획적이며 결과를 충분히 예측할 수 있다. 따라서 프로세스를 잘 갖춘 조직은 구성원들의 만족도도 높다.

앞으로 설명할 CMMI는 조직의 프로세스 개선을 위해 개발된 모델이다. CMMI는 기업이 자신만의 표준 프로세스를 만들 수 있도록 지침을 제시하고, 그 기준이 된다. 만일 CMMI와 같은 표준이 없다면 프로젝트의 성과는 전적으로 프로젝트 리더의 역량에 의존할 수밖에 없다. 마치 레시피 없이 요리할 때, 요리하는 사람의 실력에 따라 맛이 달라지는 것과 같다. 프로젝트 리더가 유사한 경험이 많다면 좋은 결과가 나올 수도 있겠지만, 그렇지 않다면 어떤 결과가 나올지는 아무도 예측할 수 없다.

어떤 조직이 표준 프로세스를 사용하고 이를 지속적으로 개선해 나간다면, 그 조직의 업무 수행 능력은 향상될 것이고, 결과적으로 품질 또한 높아질 것이다. 또 현재 조직의 표준 프로세스 수준을 잘 파악함으로써 향후 어떤 방향으로 개선해 나가야 할지도 판단할 수 있다. 결국 표준 프로세스를 사용함으로써 프로젝트 목표 및 계획을 정량적으로 수립할 수 있고, 최종 목표 달성에 대한 예측도 가능해진다. 이는 소프트웨어 공학의 궁극적인 목표인 생산성과 품질 향상을 실현하는 길이 된다.

2 CMMI 모델

2.1 CMMI 모델의 등장 배경과 개념

1984년, 카네기멜론대학교에는 소프트웨어 공학 전문 연구소인 SEI Software Engineering Institute가 설립되었다. 이 연구소는 미 국방성DoD의 지원을 받아 미국 소프트웨어 산업 역량을 향상시키기 위해 설립된 기관이다. 당시 미 국방성은 수많은 업체로부터 소프트웨어를 납품받고 있었지만, 업체마다 개발 능력과 품질 수준의 차이가 매우 컸다. 이에 따라 국방성은 각 업체의 소프트웨어 개발 능력을 객관적으로 측정하고, 요구하는 품질 수준을 명확히 제시할 수 있는 모델을 만들어달라고 SEI에 요청하였다.

그 결과로 1991년, SW-CMM SW-Capability Maturity Model(이하 CMM)이라는 성숙도 모델이 탄생하게 되었다. 이 모델은 개발 조직의 프로세스 성숙도가 높을수록 높은 품질의 소프트웨어를 생산할 수 있다는 이론을 바탕으로 한다.

CMM은 단순히 소프트웨어 공급자의 강점과 약점을 평가하는 데 그치지 않고, 개발자가 자신의 프로세스의 능력을 스스로 평가하고, 그 결과를 바탕으로 개선 방향을 설정하는 데에도 사용되었다. 하지만 시간이 흐르면서 소프트웨어 사용 환경이 다양해졌고, 새로운 요구가 생기며 CMM과 다른 여러 모델 간의 중복 문제와 적용상의 어려움이 나타났다. 이에 따라 여러 모델을 통합하고 정비한 새로운 표준이 필요하게 되었다.

SEI는 기존의 CMM V2.0, SECM System Engineering Capability Model, 통합 제품 개발 모델integrated product development-CMM 등을 통합하고 정리하여, 국제 표준인 ISO 15504(SPICE)와도 호환 가능한 모델을 새롭게 만들었다. 이렇게 만들어진 것이 바로 2000년 8월에 발표한 CMMI V1.0이다. 이후 CMMI는 지속적인 개정을 거쳐 CMMI V1.2(2006년), CMMI V1.3(2010년), CMMI V2.0(2018년), CMMI V3.0(2023년 4월)까지 차례로 발표되었다. 특히 2024년 2분기부터 V3.0 심사가 가능해졌으며, 2024년 하반기 이후에는 대부분의 조직이 V3.0을 기준으로 심사를 받게 되었다. CMM과 CMMI의 차이는 [표 10-1]과 같다.

표 10-1 CMM과 CMMI의 성숙도 단계 비교

단계	CMM	CMMI
1	초기initial	초기initial
2	반복repeatable	관리managed
3	정의defined	정의defined
4	관리managed	정량적 관리quantitatively managed
5	최적화optimizing	최적화optimizing

CMMI Capability Maturity Model Integration는 프로세스 표준화의 기준과 방향을 제시해준다. 따라서 이를 활용하면 조직의 프로세스를 측정하고 평가하는 데 사용할 수 있으며, 평가 방식은 조직의 능력capability 또는 성숙도maturity에 따라 나뉠 수 있다. CMMI라는 이름에 담긴 각 단어의 의미는 다음과 같다.

- **C(Capability, 능력)**

  '능력이 있다'는 말은 무언가를 해낼 수 있는 힘이 있다는 뜻이다. 소프트웨어 개발에서 말하는 능력이란 주어진 기간, 정해진 비용, 그리고 요구된 품질을 달성할 수 있는 힘을 의미한다. 능력이 있는 조직은 개발 목표를 제대로 달성할 수 있지만, 능력이 부족한 조직은 개발 기간이 늘어나거나, 비용이 초과되거나, 품질이 떨어지는 결과로 이어질 수 있다. 결국 소프트웨어 개발 능력은 목표 달성 가능성의 크기라고 할 수 있다.

- **M(Maturity, 성숙도)**

  '성숙'이라는 말은 일반적으로 생물이 다 자라거나, 경험이 쌓여 어른스럽고 책임감 있게 되는 상태를 말한다. 소프트웨어 개발에서도 이 개념은 그대로 적용된다.

  성숙도가 높은 조직이란 개발 과정에서 정량적이고 객관적인 기준에 따라 프로세스를 잘 측정하고, 그 결과를 바탕으로 지속적으로 개선해 나가는 조직이다. 이런 조직은 책임감 있게 일하며, 사용자가 만족할 수 있는 고품질 소프트웨어를 안정적으로 개발할 수 있다. 반대로 성숙하지 못한 조직은 책임감이 떨어지는 서투른 조직으로, 개발 프로세스가 객관적인 근거에 의해 진행되지 않기 때문에 사용자가 만족하는 고품질의 소프트웨어를 만들 수 없다.

표 10-2 성숙도가 높은 조직과 낮은 조직의 특징

구분	특징
성숙도 높음	• 소프트웨어 개발 및 관리 프로세스가 조직 차원에서 체계적으로 수행된다. • 구성원들이 조직의 소프트웨어 프로세스를 잘 이해하고 있다. • 정해진 프로세스를 따라 업무를 수행하므로 역할과 책임이 명확하다. • 제품 품질을 중요하게 여기며, 사용자 만족도를 측정한다. • 조직 자체에서 표준 프로세스가 일관성 있게 준수된다.
성숙도 낮음	• 조직 내에 정해진 프로세스가 없어 필요할 때마다 임시방편으로 프로세스를 만든다. • 문제가 생기면 근본적인 원인 해결보다는 임시조치로 넘기려 한다. • 객관적인 비용 산정이나 일정 계획이 부족해, 개발 기간과 비용이 자주 초과된다. • 제품 품질에 대해 체계적이고 객관적인 평가가 어렵다. • 제품의 기능이나 품질보다 납기일 준수를 최우선으로 생각한다.

■ M(Model, 모델)

여기서 말하는 '모델'은 일반적으로 알고 있는 형태나 구조를 뜻하는 모델과는 조금 다르다. CMMI에서의 모델은 프로세스를 감사audit하는 기준이라는 의미에 가깝다. 즉, 어떤 조직이 정해진 기준대로 잘 수행하고 있는지 아닌지를 점검하기 위한 틀이다.

CMMI는 그 기준을 '수행 지침best practice'이라는 형태로 제시한다. 조직이 프로세스를 개선하고자 할 때, CMMI는 무엇을 해야 할지를 이 수행 지침을 통해 알려준다. 다만 구체적으로 어떻게 실행할지는 각 조직의 상황과 역량에 따라 자율적으로 결정하면 된다.

■ I(Integration, 통합)

I는 통합을 의미한다. 과거에는 개발 분야의 CMM, 소프트웨어 획득 분야의 SA-CMM, 시스템 공학 분야의 SE-CMM 등 분야별로 따로 평가 모델이 존재하였다. 하지만 이러한 모델들을 하나로 통합함으로써, 다양한 분야의 프로세스를 공통된 기준으로 평가하고 개선할 수 있도록 만든 것이 바로 CMMI이다.

2.2 CMMI V3.0

CMMI V3.0은 조직의 성과를 개선하기 위한 프레임워크로, 소프트웨어 개발, 시스템 엔지니어링, 서비스 관리 등 다양한 도메인에서 활용된다. 이 모델은 조직의 프로세스를 체계화하고, 지속적인 개선을 통해 비즈니스 목표를 달성하도록 지원한다.

CMMI V3.0은 성과performance, 역량capability, 성숙도maturity의 세 가지 핵심 개념을 기반으로 설계되었으며, 이를 바탕으로 조직의 프로세스 성숙도를 향상하고자 다양한 실천 영역을 정의하고 있다. 실천 영역은 조직의 목표와 개선 활동에 맞게 구조화되어 있어, 각 조직이 자신의 상황에 맞게 유연하게 적용할 수 있도록 설계되어 있다.

CMMI V3.0의 주요 실천 영역은 [표 10-3]과 같다.

표 10-3 CMMI V3.0의 주요 실천 영역

분류	실천 영역	설명
프로젝트 관리	프로젝트 계획	프로젝트 목표를 정의하고 일정, 자원, 비용을 계획한다.
	감시와 통제	프로젝트 진행 상황을 추적하고, 계획 대비 성과를 평가한다.
	위험 관리	위험을 식별하고 분석한 뒤, 적절한 완화 전략을 수립한다.
	애자일 프로젝트 관리	애자일 환경에 맞는 방식으로 프로젝트를 관리한다.

공학	요구사항 개발과 관리	고객 요구사항을 명확히 정의하고, 추적 가능한 방식으로 관리한다.
	제품 통합	여러 구성 요소를 통합하여, 기능적이고 일관된 제품을 제작한다.
	확인과 검증V&V	제품이 요구사항을 만족하는지 확인하고, 사용자의 기대에 부합하는지 검증한다.
	기술적 해법	기술적인 문제를 분석하고, 적절한 솔루션을 설계 및 개발한다.
서비스 관리	서비스 제공 관리	서비스 제공을 위한 계획을 수립하고, 필요한 프로세스를 관리한다.
	사건 해결과 재발 방지	서비스 문제를 해결하고, 같은 문제가 다시 발생하지 않도록 대책을 마련한다.
	서비스 연속성	서비스 중단에 대비하여, 비즈니스 연속성을 보장하는 복구 계획을 수립한다.
프로세스 관리	거버넌스	조직 차원의 정책, 목표, 프로세스를 관리하고 조정한다.
	프로세스 자산 개발	프로세스 표준, 지침, 템플릿 등을 개발하여 조직 전체에 적용한다.
	조직 교육	조직의 역량 강화를 위한 교육 프로그램을 계획하고 실행한다.
자료 관리	측정 및 분석	데이터를 수집 · 분석하여 의사결정을 지원한다.
	원인 분석과 해결	문제의 근본 원인을 분석하고, 효과적인 해결 방안을 마련한다.
	성과 관리	조직의 성과를 측정하고, 이를 기반으로 지속적인 개선을 추진한다.
공급자 관리	공급자 계약 관리	외부 공급자와의 계약을 체결하고, 그 이행을 관리한다.
	공급자 선정	적합한 공급자를 선정하기 위한 기준과 절차를 설계한다.

2.3 CMMI의 평가 방법

CMMI 평가는 단계적 표현staged representation 방법의 성숙 단계maturity level와 연속적 표현continuous representation 방법의 능력 단계capability level로 나누어진다.

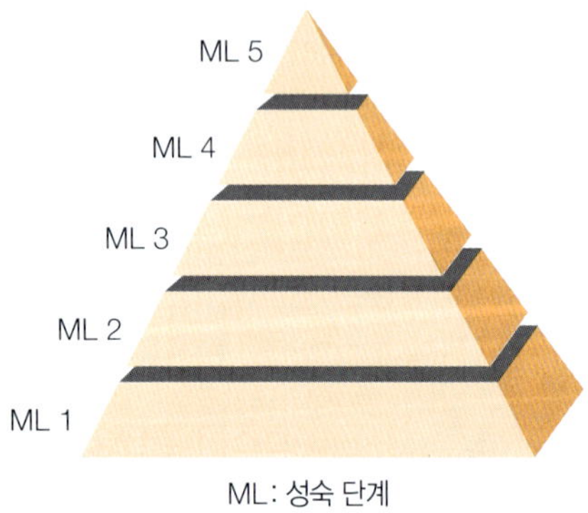

(a) 단계적 표현 방법의 성숙 단계

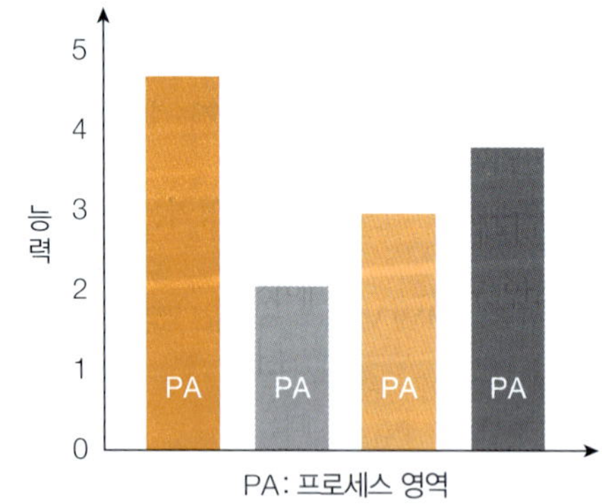

(b) 연속적 표현 방법의 능력 단계

그림 10-11 CMMI의 평가 방법(성숙 단계와 능력 단계)

■ 방법 ①: 단계적 표현 방법의 성숙 단계

성숙 단계에 대한 이해를 돕기 위해 간단한 비유를 들어보자. 예를 들어 평균 점수가

90~100점이면 A등급, 80~89점이면 B등급, 70~79점이면 C등급이라고 하자. 어떤 학생의 과목별 점수가 국어 80점, 수학 90점, 영어 70점, 과학 85점, 사회 78점이라면 평균 점수는 80.6점으로 B등급에 해당한다.

이처럼 전체 평균 점수를 기준으로 등급을 나누는 방식이 단계적 표현 방법에서 말하는 성숙 단계이다. 단, 일반적인 등급 산정과는 달리, CMMI의 성숙 단계에서는 가장 낮은 점수가 전체 등급을 결정한다. 따라서 영어 70점이 가장 낮은 점수이므로 성숙도는 C등급으로 평가된다.

점수	등급
90~100	A
80~89	B
70~79	C

	국어	수학	영어	과학	사회	평균
점수	80	90	70	85	78	80.6

그림 10-12 성숙 단계의 이해

성숙 단계는 조직이 해당 업무를 얼마나 체계적으로 수행하고 있는지를 나타내는 지표로, 1단계부터 5단계까지 총 다섯 단계로 구분된다.

CMMI 성숙 단계는 [표 10-4]에서처럼 각 성숙 단계별로 충족해야 하는 프로세스 영역이 정의되어 있으며, [그림 10-13]처럼 계단식 구조로 표현되기 때문에 이를 '단계적 표현 방법'이라고 한다.

각 단계로 올라가려면 현재 단계뿐만 아니라 그 이전 단계에 정의된 프로세스 영역까지 모두 만족해야 한다. 예를 들어 정의 단계에 도달하려면 관리 단계의 모든 프로세스 영역과 정의 단계의 프로세스 영역을 모두 충족해야 한다는 의미이다.

표 10-4 성숙도 단계별 프로세스 영역

단계	범주	프로세스 영역
1 초기 단계	프로세스 없음	
2 관리 단계	프로젝트별로 프로세스 존재	• 요구사항 관리 • 프로젝트 계획 수립 • 프로젝트 감시 및 통제 • 협력 업체 관리 • 측정 및 분석 • 프로세스/제품 품질 보증 • 형상 관리
3 정의 단계	조직 차원의 표준 프로세스 존재 (프로세스 표준화)	• 요구사항 개발 • 기술적 솔루션 • 제품 통합 • 검증, 확인 • 조직 차원의 프로세스 개선 • 조직 차원의 프로세스 정의 • 조직 차원의 교육 훈련 • 통합된 프로젝트 관리 • 위험 관리 • 의사결정 분석 및 해결
4 정량적 관리 단계	측정 가능한 정량적 프로세스 존재	• 조직 차원의 프로세스 성과 관리 • 정량적 프로젝트 관리
5 최적화 단계	프로세스를 지속적으로 개선	• 조직 차원의 혁신 활동 전개 • 근본 원인 분석 및 해결

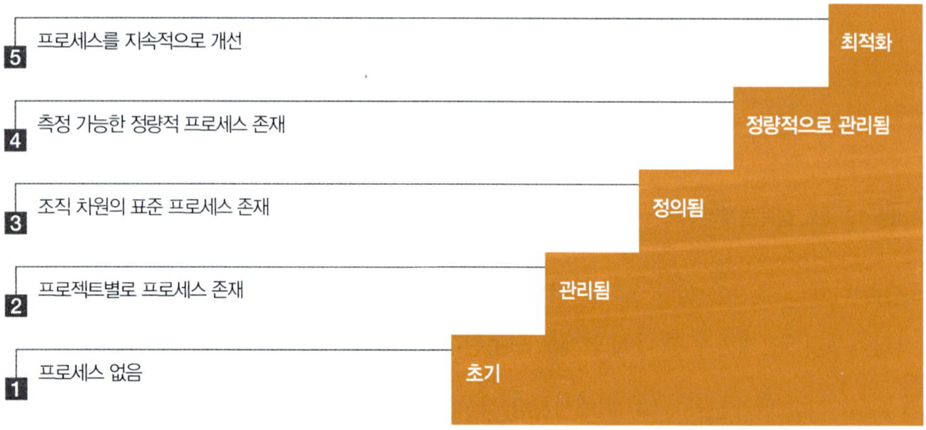

그림 10-13 CMMI 모델의 단계적 표현

성숙도 평가 모델의 각 단계를 앞에서 사용한 레시피 비유를 통해 알아보자.

1 초기 단계: 프로세스 없음

초기initial 단계는 요리 초보자가 레시피 없이 음식을 만드는 상황에 비유할 수 있다. 물론 요리 경험이 풍부하다면 레시피 없이도 맛있게 요리할 수 있을 것이다. 그러나 요리에 익숙하지 않은 사람이라면 어떤 재료가 필요한지, 조리 시간은 얼마인지, 양념은 얼마나 넣어야 할지를 몰라 허둥대다 요리를 끝내게 될 가능성이 높다. 즉, 레시피가 없다면 요리의 결과는 전적으로 요리하는 사람의 역량에 달려 있게 된다.

소프트웨어 개발에서 성숙도의 초기 단계도 이와 유사하다. 개발 프로세스가 명확히 정의되지 않은 채 주먹구구식으로 진행되는 상태이다.

그림 10-14 초기 단계의 개념 비유 예

- 프로세스가 정확히 정의되어 있지 않기 때문에, 개발자가 임의로 프로세스를 정의하고 수시로 변경하는 경우가 많다. 이로 인해 프로세스는 비공식적이며 통제가 어렵고, 결과도 예측하기 어렵다. 결국 프로젝트의 성공 여부는 리더나 소수 핵심 인력의 개인 역량에 크게 좌우된다.
- 개발 조직은 팀 간 협업이 원활하지 않고, 필요한 교육과 훈련이 적시에 제공되지 않으며, 개발과 유지보수를 위한 조직적 지원도 부족하다.
- 개발 과정은 무질서하게 진행되며, 계획과 일정이 구분되지 않고 진척 상황도 제대로 측정되지 않아 프로젝트 전체의 흐름을 추적하거나 통제하기 어렵다. 이런 상황에서는 임시방편으로 문제를 처리하게 되며, 계획된 절차를 따르기보다는 시간에 쫓겨 바로 코딩부터 시작하는 경우가 많다. 그 결과, 품질 보증 단계가 생략되거나 부실해져 사용자가 만족할 만한 고품질 소프트웨어를 만들기 어려워지고, 향후 유사 프로젝트에 재사용할 수 있는 자산도 거의 남지 않게 된다.

2 관리 단계: 프로젝트별로 프로세스 존재

초기 단계를 개인의 레시피에 비유했다면 관리managed 단계는 음식점마다 고유한 레시피를 갖고 있는 상황에 비유할 수 있다. 아직 정의 단계처럼 전사 차원(프랜차이즈)의 표준 프로세스는 없지만, 개별 프로젝트(개인 음식점)마다 자체적인 프로세스(레시피)를 보유하고 있어 이를 기반으로 작업이 진행된다.

그림 10-15 관리 단계의 개념 비유 예

- 기본적인 프로세스가 확립되어 있어 프로젝트 예산 · 일정 · 기능에 대해 추적하고 예측하는 것이 가능하다. 문제가 발생하더라도 인식이 빠르고, 일정 수준 이상의 규칙성과 숙련된 프로세스에 따라 대응이 가능하다. 또한 결과물이 사용자 요구를 만족하는지 점검하는 절차도 존재한다. 프로세스 원칙이 잘 지켜져 유사 프로젝트를 수행할 때는 개인의 경험보다는 조직 내 축적된 데이터를 활용해 성공 사례를 반복할 수 있다.
- 개발 조직은 프로젝트 관리를 위한 정책을 세우고, 실행 절차들을 운영한다.
- 개발 과정에서는 기본적인 프로젝트 관리 통제 체계가 확립되어 있다. 요구사항은 명확하게 문서화되며, 프로젝트 계획과 그 진행 상황 역시 체계적으로 추적할 수 있다.

3 정의 단계: 조직 차원의 표준 프로세스 존재

관리 단계를 개인 음식점에 비유했다면 정의defined 단계는 프랜차이즈 음식점에 비유할 수 있다. 개인 음식점은 각자의 레시피로 요리하지만, 프랜차이즈 음식점은 본사 차원에서 표준화된 레시피를 가지고 있으며, 각 지점은 이 레시피를 바탕으로 요리한다. 따라서 어느 지점에서나 같은 재료를 사용하고 비슷한 맛을 낼 수 있다.

그림 10-16 정의 단계의 개념 비유 예

정의 단계를 프랜차이즈 음식점에 비유했지만 실제 운영 방식에는 약간의 차이가 있다. 각 지점은 본사의 표준 레시피를 기반으로 하되, 지점별 특성을 살려 레시피를 약간씩 조정해 사용한다. 관리 단계에서는 프로젝트별로 프로세스가 존재하지만 조직 차원의 표준 프로세스는 없다. 반면 정의 단계에서는 전사적으로 적용 가능한 표준 프로세스가 마련되어 있으며, 각 프로젝트는 이를 기반으로 필요에 따라 수정해 사용한다.

- 조직 내에 소프트웨어 프로세스를 전담하기 위한 소프트웨어 공학 프로세스 그룹Software Engineering Process Group, SEPG이 구성되어 있으며, SEPG는 관리자를 위한 기술 교육도 실시한다.
- 개발 과정에서는 표준 프로세스를 바탕으로 개발 공정, 비용, 일정 등을 통제할 수 있다. 품질 또한 추적이 가능해 전반적인 관리 활동이 안정적으로 이루어진다. 개발 과정의 표준화와 일관성이 잘 지켜지며 프로세스의 안정화와 투명성도 전 조직에 걸쳐 정착된다.

4 정량적 관리 단계: 측정 가능한 정량적 프로세스 존재

초기 단계는 레시피 없이 요리하는 경우, 관리 단계는 음식점마다 자체 레시피를 사용하는 경우, 정의 단계는 본사 차원의 표준 레시피를 따르는 경우에 해당한다. 그렇다면 정량적 관리quantitatively managed 단계는 어떤 경우일까?

정량적 관리 단계는 감으로 맛을 맞추는 것이 아니라, 염도 측정기나 당도 측정기처럼 계량 장비를 사용해 맛을 수치로 관리하는 것에 비유할 수 있다. 프랜차이즈 본사에서는 이런 수치를 통해 각 지점이 레시피를 정확히 따르고 있는지(정량적 프로세스 관리), 본사가 의도한 맛이 제대로 구현되고 있는지(품질 관리)를 보다 정밀하게 점검할 수 있다.

이처럼 정량적 관리 단계에서는 조직의 모든 프로세스와 산출물을 수치로 측정하고 통제한다. 소프트웨어 개발에서도 마찬가지로, 프로세스의 수행 정도와 제품의 품질을 정량적으로 측정하고 분석해야 한다. 이러한 계량적 관리를 통해 개발 성과를 보다 정확하게 예측할 수 있으며, 전체 품질 수준도 일정하게 유지할 수 있다.

그림 10-17 정량적 관리 단계의 개념 비유 예

5 최적화 단계: 프로세스를 지속적으로 개선

최적화$_{\text{optimizing}}$ 단계는 프랜차이즈 본사에서 더 맛있는 요리를 만들기 위해 기존 레시피를 지속적으로 개선하는 경우에 해당한다. 예를 들어 소스를 바꾸어 새로운 맛을 내거나, 연령대별 취향에 맞는 소스를 개발해 메뉴를 다양화하거나, 건강을 고려해 천연 조미료를 사용하는 레시피를 개발하는 경우다.

최적화 단계는 조직 차원의 표준 프로세스를 지속적으로 분석하고 개선하는 단계이다. 표준 프로세스를 면밀히 검토해 부족한 점을 보완하고, 최신 기술을 반영해 개선하며, 이렇게 개선된 프로세스는 전 조직에 적용되어 품질 향상과 효율성 증진에 기여한다.

그림 10-18 최적화 단계의 개념 비유 예

■ **방법 ②: 연속적 표현 방법의 능력 단계**

능력 단계에 대한 이해를 돕기 위해 성숙 단계와 같은 예를 사용해 보자. 연속적 표현 방법의 능력 단계는 국어(80점, B등급), 수학(90점, A등급), 영어(70점, C등급), 과학(85점, B등급), 사회(78점, C등급)처럼 과목별로 점수를 매기고 그에 해당하는 등급을 부여하는 것에 비유할 수 있다. 즉, 능력 단계는 프로세스 영역별 능력 수준을 확인함으로써, 어떤 영역이 잘되고 있고 어떤 영역의 능력이 떨어지는지를 파악하여 보완할 부분을 찾는 데 도움을 준다.

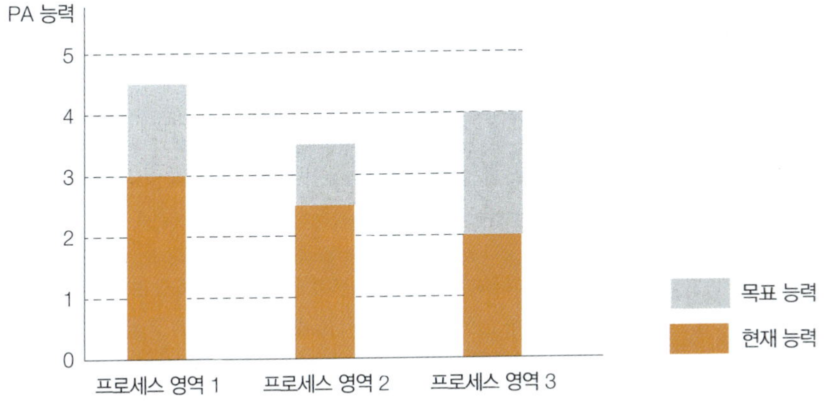

그림 10-19 연속적 표현 모델

이렇게 프로세스 영역별 능력 수준을 점검하면, 다른 영역에 비해 부족한 영역을 파악해 그 부분만 집중적으로 관리할 수 있다. 또 중요하다고 판단되는 프로세스 영역에 대해서는 그 수준을 높이기 위해 더 많은 자원을 투입함으로써 능력 수준을 개선할 수 있다. 앞에서 든 비유로 설명하면, 과학 과목이 다른 과목보다 성적이 낮다면 과학을 더 열심히 공부해 점수를 올리고, 수학이 중요하다고 생각되면 수학 과목에 더 집중해 실력을 향상시키는 것과 같다.

3 SPICE(ISO/IEC 15504) 모델

SPICE Software Process Improvement and Capability dEtermination의 표준 이름은 ISO/IEC 15504로, 소프트웨어 프로세스의 수행 수준을 평가하고, 지속적인 개선을 위한 기준을 제공하는 국제 표준이다.

SPICE는 소프트웨어 개발에서 중요한 활동들을 여러 영역으로 나누는 프로세스 영역(요구사항 관리, 설계, 테스트, 프로젝트 관리 등)과 각 프로세스가 얼마나 잘 수행되고 있는지를 0~5단계로 평가하는 수행 능력 수준으로 이루어져 있다.

또한 SPICE는 전체 프로세스를 [표 10-5]와 같이 5개의 상위 프로세스 그룹으로 분류하여 제시한다.

표 10-5 SPICE 모델의 프로세스

그룹	내용
고객 – 공급customer-supplier 프로세스	• 소프트웨어 개발에서 고객(수요자)과 공급자(개발자 또는 조직) 간의 계약, 요구사항, 전달물 관리 등 상호작용에 관련된 프로세스 • 고객이 원하는 것을 제대로 받고, 공급자는 그것을 제대로 제공하기 위해 수행하는 일련의 활동
공학engineering 프로세스	• 소프트웨어 또는 시스템을 분석, 설계, 구현, 검증, 유지보수하는 데 필요한 실질적인 개발 활동 • 소프트웨어나 시스템을 만드는 데 직접 관련된 핵심 프로세스
지원support 프로세스	• 프로젝트를 직접 수행하는 핵심 프로세스(요구사항 분석, 개발 등)는 아니지만, 이들 프로세스가 잘 작동하도록 돕는 보조 활동 • 문서 관리, 형상 관리, 품질 보증, 검토 및 감사, 교육 및 훈련 등을 포함
관리management 프로세스	• 프로젝트가 일정, 예산, 품질 목표를 만족하도록 계획하고, 조율하며 감시하는 관리 활동. 일이 잘 돌아가도록 전체 흐름을 조정하는 프로세스 • 주요 활동: 프로젝트 관리, 위험 관리, 형상 관리, 품질 관리, 측정 관리
조직organization 프로세스	• 개별 프로젝트나 팀 수준이 아니라, 조직 전체에서 공통으로 정의하고 관리하는 표준 프로세스 • 조직 전체가 공통으로 따라야 하는 기본 규칙, 절차, 도구 등을 정의 • 주요 활동: 요구사항 관리, 형상 관리, 테스트 전략, 코드 품질

SPICE 모델에서는 소프트웨어 개발이나 관리 활동이 얼마나 잘 수행되고 있는지를 판단하기 위해 수행 능력 수준capability level이라는 개념을 사용한다. 이 수준은 각 프로세스가 얼마나 체계적이고 효과적으로 수행되고 있는지를 [표 10-6]처럼 0부터 5까지 총 6단계 수준으로 구분하여 평가한다. 수행 능력 수준이 높을수록 프로세스가 잘 정의되어 있고, 반복 가능하며, 측정과 개선이 이루어지는 성숙한 상태임을 의미한다.

표 10-6 SPICE 모델의 프로세스 수행 능력 단계

단계	내용
0 불완전incomplete 단계	• 프로세스가 구현되지 않았거나 목적을 달성하지 못함 • 산출물이 없거나 비일관적으로 생산됨
1 수행performed 단계	• 프로세스가 목적을 달성함 • 기본 활동이 수행되며 산출물이 생성되지만, 체계적인 관리나 개선은 없음 • 예 팀원들이 요구사항을 구두로 전달하며, 개발은 이루어지지만 문서화나 검토는 없음
2 관리managed 단계	• 프로세스가 계획되고 모니터링되며, 산출물이 문서화됨 • 책임, 자원, 일정이 명확히 정의되고 품질 관리가 포함됨 • 예 요구사항 명세서를 작성하고, 개발 일정이 명확히 계획됨. 리뷰 및 테스트도 수행

3 정립established 단계	• 조직의 표준 프로세스에 따라 수행됨 • 프로세스가 정의되고 문서화되어 일관되게 적용됨 • 예 모든 프로젝트가 조직 표준 템플릿과 절차를 따라 일관되게 진행됨
4 예측predictable 단계	• 프로세스가 정량적으로 이해되고 통제됨 • 시간, 비용, 품질 등의 주요 변수를 계량적으로 예측하고 관리함 • 예 과거 데이터를 활용해 프로젝트 기간과 결함 수를 예측하고 이에 맞게 조정
5 최적화optimizing 단계	• 프로세스가 지속적으로 개선됨 • 정량적 피드백과 혁신적인 아이디어를 바탕으로 개선 활동이 수행됨 • 예 새로운 도구나 기술을 도입하고, 프로세스 데이터를 분석해 개선점을 반영함

06 품질 관리

품질 관리quality management, QM는 소프트웨어가 문제없이 작동하고, 사용자의 기대에 부합하는 기능을 수행하며, 오랜 기간 신뢰할 수 있도록 만드는 방법들을 계획하고 관리하는 활동이다. 즉 소프트웨어 개발 전반에 걸쳐 실수를 줄이고 좋은 품질을 유지하기 위한 노력 전체가 품질 관리라고 생각하면 된다. 품질 관리는 크게 품질 통제와 품질 보증으로 구분할 수 있다.

1 품질 통제

소프트웨어 개발의 품질 통제를 설명하기 전에 먼저 충전기 공장의 품질 통제 활동 사례를 살펴보자. 충전기가 만들어지면 출하 전에 흠집, 오염, 포장 불량 여부를 확인(외관 검사)하고, 실제로 스마트폰에 연결해 충전이 잘 되는지 테스트한다(기능 검사). 그리고 충전기를 여러 번 접었다 펴보며 케이블이 끊어지지 않는지 확인하고(내구성 테스트), 마지막으로 일정 수량마다 일부 제품을 뽑아 검사(샘플링 검사)를 한다.

이처럼 소프트웨어의 품질 통제quality control, QC는 개발된 결과물이 요구한 기능을 제대로 수행하는지 확인하고, 문제가 있을 경우 원인을 찾아내어 수정하는 활동이다.

예 날씨 앱의 품질 통제 활동

- 앱이 정상적으로 실행되는지 확인한다.
- 지역을 선택했을 때, 그 지역의 날씨 정보가 정확히 표시되는지 테스트한다.
- 앱이 갑자기 꺼지는 현상이 없는지 확인한다.
- 잘못된 입력을 넣었을 때, 적절한 오류 메시지가 나오는지 점검한다.

이러한 점검을 통해 앱의 품질을 확인하고, 문제가 있으면 수정할 수 있다.

품질 통제는 일반적으로 개발이 끝난 후에 수행되며, 테스트, 코드 리뷰, 오류 수정, 결과물 검사 같은 활동이 포함된다.

2 품질 보증

품질 보증Quality Assurance, QA은 소프트웨어가 문제가 없고, 사용자가 기대하는 수준의 품질을 갖추도록 미리 준비하고 확인하는 활동이다. 즉, 제품이 완성된 후 문제를 고치는 것이 아니라, 처음부터 문제가 발생하지 않도록 예방하는 활동이다.

품질 보증의 주요 활동은 다음과 같다.

- **표준 정의**: 개발과 테스트에 어떤 규칙과 기준을 사용할지 결정한다.
- **프로세스 점검**: 팀이 정한 절차대로 잘 개발하고 있는지 확인한다.
- **검토**review: 요구사항, 설계, 코드 등을 서로 검토하면서 오류를 미리 찾는다.
- **감사**audit: 외부나 품질 담당자가 문서나 프로세스를 점검한다.

예 모바일 앱 개발팀의 품질 보증 활동

- **코딩 표준 정하기**: 모든 개발자가 통일된 코딩 스타일로 작성하도록 가이드 제공
- **정적 분석 도구 적용**: 코드에 잠재적인 오류나 스타일 위반이 있는지 자동 검사
- **코드 리뷰 수행**: 개발자가 코드를 제출하면 동료가 검토하도록 프로세스 구성
- **개발자 테스트 교육**: 단위 테스트 작성 방법을 전 직원에게 교육

IEEE에서는 품질 보증 활동을 문서화하고 계획하기 위한 기준으로 소프트웨어 품질 보증 계획서Software Quality Assurance Plan, SQAP를 정의한다. 대표적인 표준은 IEEE Std 730이며, 2025년 10월 기준 최신 개정 버전은 IEEE 730-2014이다. 이 표준은 SQA 활동을 계획하고 문서화할 때 필요한 구성 요소를 정의한다.

[표 10-7]은 IEEE 730 표준을 기반으로 한 소프트웨어 품질 보증 계획서SQAP의 일반적인 목차 구조이다.

표 10-7 IEEE의 730 기반 품질 보증 계획서 목차

1. 서론
    - 목적
    - 문서 개요
    - 관련 문서
    - 정의 및 약어
2. 소프트웨어 품질 보증 계획 개요
    - 적용 범위 및 책임
    - 프로젝트 개요
    - 관련 조직 및 인터페이스
3. 문서 관리
    - SQA 관련 문서 목록
    - 문서 리뷰 및 승인 절차
4. 표준, 절차 및 규칙
    - 적용되는 표준(ISO, IEEE, 내부 지침 등)
    - 품질 측정 지표
    - 개발 및 테스트 절차 요약
5. SQA 활동
    - 검토 및 감사
    - 테스트 계획과 전략
    - 변경 관리 감시
    - 결함 추적 및 분석
6. 소프트웨어 품질 관리
    - 품질 목표 및 기준
    - 위험 요소 및 대응 전략
    - 검증 및 확인 계획
7. 도구, 기술, 방법론
    - 사용 예정 품질 도구(정적 분석, 테스트 자동화 등)
    - 방법론 개요(Agile, Waterfall 등)
8. 보고 및 기록SQA reporting and records
    - 품질 보고서 주기와 양식
    - 감사 기록 및 산출물 보관 정책
9. 훈련 및 자격
    - 품질 관련 교육 계획
    - 품질 담당자의 자격 기준
10. SQA 활동 일정
    - 프로젝트 일정과의 연계
    - 주요 SQA 활동 일정
11. 부록
    - 약어 목록
    - 용어 정의
    - 참조 문헌

01 소프트웨어 제품 품질 특성을 정의하고 품질 평가의 척도를 정의한 국제 표준으로 가장 적절한 것은? 2025 군무원

① ISO 9001
② ISO/IEC 12207
③ ISO/IEC 15504
④ ISO/IEC 25010

02 ISO/IEC 25019 사용자 품질 모델에 대한 특성으로 옳지 않은 것은? 2026 경찰간부후보

① 효율성(efficiency)은 유용성, 신뢰성, 쾌적성, 안정성 기반으로 설정된 목표와 제약조건에 대한 효과적인 달성 여부를 평가한다.
② ISO/IEC 25019는 소프트웨어 자체에 대한 품질평가보다 사용자가 소프트웨어를 사용하는 동안의 경험에 대한 품질 평가를 위한 것이다.
③ 맥락 포괄성(context coverage)은 다른 상황이나 환경에서 얼마나 잘 적응하고 대응하는지, 유연하게 확장이나 변경할 수 있는지에 대하여 평가한다.
④ 위험 회피성(freedom from risk)은 소프트웨어가 예측 가능한지, 소프트웨어 사용으로 인한 사용자의 건강과 안전, 경제적, 환경적 위험을 완화하는가에 대해 평가한다.

03 소프트웨어 품질 관련 국제 표준인 ISO/IEC 25000에 관한 설명으로 옳지 않은 것은? 정보처리기사 변형

① 소프트웨어 품질 평가를 위한 소프트웨어 품질 평가 통합 모델 표준이다.
② System and Software Quality Requirements and Evaluation으로 줄여서 SQuaRE라고도 한다.
③ ISO/IEC 250m에서는 소프트웨어의 내부 측정, 외부측정, 사용 품질 측정, 품질 측정 요소 등을 다룬다.
④ 기존 소프트웨어 품질 평가 모델과 소프트웨어 평가 절차 모델인 ISO/IEC 9126과 ISO/IEC 14598을 통합하였다.

04 ISO/IEC 25010의 소프트웨어 품질 특성 중 사용성(usability)에 해당하지 않는 것은? 정보처리기사 변형

① 학습성
② 설치성
③ 접근성
④ 조작성

05 시스템 내의 정보는 오직 인가된 사용자만 수정할 수 있는 보안 요소는? 정보처리기사 변형

① 기밀성
② 가용성
③ 무결성
④ 부인방지

06 소프트웨어 품질 목표 중 하나 이상의 하드웨어 환경에서 운용되기 위해 쉽게 수정될 수 있는 시스템 능력을 의미하는 것은? 정보처리기사 변형

① Usability ② Efficiency
③ Portability ④ Correctness

07 CMMI의 단계가 아닌 것은? 정보처리기사 변형

① 초기 ② 관리
③ 정의 ④ 반복

08 다음 CMMi 소프트웨어 프로세스 개선 방식 중에서 단계적(Staged) 모델의 특징으로 가장 올바른 핵심 내용들을 모두 고른 것은? 2025 경찰간부후보

가. 소프트웨어 CMM모델에 적합하며 1부터 5까지의 성숙도 수준을 할당한다.
나. 프로세스의 개선은 모델의 낮은 수준에서 높은 수준으로 이동하여 달성한다.
다. 조직간 비교를 가능하게 하는 단일 등급 체계를 제공한다.
라. 자신의 필요와 요구사항에 따라 조직을 개선하기 위한 프로세스를 선택할 수 있다.
마. 소프트웨어 SPICE 모델에 적합하며 24개의 프로세스 영역으로 분류한다.

① 가, 나, 다 ② 가, 다, 라
③ 가, 나, 다, 라 ④ 나, 다, 라, 마

09 CMMI(Capability Maturity Model Integration)는 소프트웨어 프로세스 개선 성숙도를 측정하기 위해 개발된 모델이다. 단계별 성숙도 측정 시 최적화 단계에 해당하는 프로세스 영역은? 2024 국가직

① 제품 통합(product integration)
② 형상 관리(configuration management)
③ 협력 업체 관리(supplier agreement management)
④ 근본 원인 분석 및 해결(causal analysis & resolution)

10 소프트웨어의 품질 속성에 대한 설명으로 옳지 않은 것은? 2022 국가직

① 신뢰성: 요구된 기능을 실행하여 정확하고 일관성 있는 결과를 생성하는 속성
② 효율성: 요구된 기능을 최소의 시간과 자원을 사용하여 결과를 생성하는 속성
③ 모듈성: 컴포넌트의 통합이나 조정을 쉽게 만드는 속성
④ 상호운용성: 소프트웨어가 여러 운영 환경 및 플랫폼에서 실행될 수 있도록 변형이 가능한 속성

11 CMMI 성숙도 단계 중 레벨2 관리(managed) 단계에 대한 설명으로 가장 적절하지 않은 것은?

2025 군무원

① 문서화된 프로세스와 계획이 존재한다.

② 프로젝트가 일정과 예산 내에서 수행된다.

③ 통계적 기법을 사용하여 프로세스를 관리한다.

④ 작업 산출물들에 대하여 형상 관리가 실시된다.

12 프로세스 성숙도를 평가하기 위한 CMMI와 SPICE에 대한 설명 중 가장 적절하지 않은 것은?

2026 경찰간부후보

① CMMI-DEV의 주요 프로세스 영역은 프로세스 관리, 프로젝트 관리, 엔지니어링, 지원으로 구성된다.

② SPICE 모델에서 표준으로 정의된 프로세스를 사용하여 계획하고 관리하는 단계는 관리(managed) 단계이다.

③ CMMI와 SPICE의 중요한 차이점은 성숙도 레벨과 심사영역의 구분에 있으며, 두 모델의 성숙도의 최고 수준은 모두 레벨 5이다.

④ CMMI 모델에서 표준화 프로젝트 프로세스는 존재하나 프로젝트 목표와 활동에 대한 정량적 측정이 불가능한 단계는 정의(defined) 단계이다.

13 다음 중 ISO/IEC 25019 표준에 대한 설명으로 옳은 것은?

① 소프트웨어 테스트 프로세스의 표준 절차를 정의한다.

② 소프트웨어 품질 모델에서 사용성(usability)만을 상세히 다룬다.

③ 소프트웨어 제품의 품질 요구사항을 정의하고 평가하는 방법을 다룬다.

④ 소프트웨어 제품 품질 측정에 사용되는 메트릭의 수집 절차를 정의한다.

참고 |

- ②는 ISO/IEC 29119에 더 가깝다.
- ③은 ISO/IEC 25010의 일부 내용이다.
- ④는 ISO/IEC 25023 등 측정 관련 표준에 해당된다.

14 C사는 전자상거래 웹 서비스를 운영하고 있다. 이 서비스는 하루 평균 수천 건의 거래가 발생하는 중요한 핵심 시스템이지만, 최근 블랙프라이데이 기간 동안 다음과 같은 문제가 발생했다. 이 사례를 바탕으로 다음 질문에 답하시오.

- 사용자 접속 증가로 인해 서버가 간헐적으로 다운되었고, 일부 페이지는 로딩되지 않거나, 특정 결제 기능이 동작하지 않아 고객 불만이 급증하였다.
- 복구까지 약 2시간이 소요되었고, 이로 인해 전체 매출 손실이 발생하였다.
- C사 품질팀은 해당 시스템이 ISO/IEC 25010:2023의 제품 품질 모델에서 가용성 측면에서 문제가 있다고 판단하였다.

(1) ISO/IEC 25010:2023에서 정의하는 '가용성(Availability)' 품질 특성의 의미를 설명하고, 본 사례에서 이 특성이 충족되지 않은 구체적인 이유를 서술하시오.

(2) 유사한 상황에서 가용성을 향상시키기 위한 설계 또는 운영상의 개선 방안을 2가지 이상 제시하시오.

15 B병원은 최근 온라인 예약 시스템을 도입하였다. 환자들은 웹사이트를 통해 진료과를 선택하고 예약 가능한 시간을 조회한 후 예약을 완료할 수 있다. 그러나 사용자들로부터 다음과 같은 피드백이 반복적으로 접수되었다. 이 사례를 바탕으로 다음 질문에 답하시오.

- 예약 가능한 시간처럼 보였지만, 실제로는 의사 일정과 충돌하여 병원 측에서 예약이 취소됨
- 이전 진료 이력을 기반으로 한 과목 추천 기능이 없음
- 예약 후 확인 메시지가 단순한 텍스트로만 제공되어, 어떤 정보가 중요한지 명확하지 않음

(1) ISO/IEC 25019:2023 기준에서 유용성(Usefulness)이 낮다고 평가되는 이유를 구체적으로 설명하시오.

(2) 유용성을 개선하기 위한 기능 또는 정보 설계 방안을 2가지 이상 제시하시오.

16 A사는 최근 몇 년간 여러 프로젝트를 수행하면서 일정 지연과 품질 문제를 반복적으로 겪고 있다. 프로젝트마다 개발 방식과 산출물 양식이 다르고, 경험 있는 팀장이 있는 경우에는 프로젝트가 원활히 진행되지만, 그렇지 않은 경우에는 요구사항 변경으로 인해 전체 일정이 크게 흔들리는 일이 자주 발생하였다. 현재 A사는 CMMI v3의 성숙도 수준 2(Maturity Level 2)에 해당하는 것으로 평가되었다. 이 사례를 바탕으로 다음 질문에 답하시오.

(1) A사가 CMMI 성숙도 수준 2에 해당한다고 판단할 수 있는 근거를 서술하시오.

(2) 현재 상황에서 A 사가 성숙도 수준 3(Maturity Level 3)으로 도약하기 위해 도입해야 할 주요 프로세스 개선 활동을 2가지 이상 제시하고, 그 기대 효과를 설명하시오.

Chapter

11

프로젝트 관리

학습목표

- 프로젝트 관리의 개념과 PMBOK의 주요 원칙 및 지식 체계를 이해한다.
- 형상 관리의 목적과 절차를 설명할 수 있다.
- 소프트웨어 유지보수의 유형과 관리 방법을 적용할 수 있다.

01 프로젝트의 이해

프로젝트는 일상생활에서도 흔히 사용하는 단어이다. 다이어트 프로젝트, 매달 책 2권씩 읽기 프로젝트 같은 것이 쉽게 떠오른다. 기업에서도 반복적인 일상 업무와는 달리, 한정된 기간 동안 특정 목표를 달성하기 위해 수행하는 프로젝트가 다양하게 존재한다. 미국 프로젝트 관리협회Project Management Institute, PMI는 프로젝트를 '유일한 제품이나 서비스를 만들기 위해 일정한 기간을 정해 놓고 수행하는 작업'으로 정의하고 있다. 즉, 프로젝트는 반복적인 일상 업무와는 구분되는 고유한 성격을 가진다. 그 특징은 다음과 같다.

■ **한시성**

'한시적'이라는 말은 시작과 끝이 명확하게 정해져 있음을 의미한다. 일상적인 업무는 대개 시작과 끝이 유동적인 경우가 많지만, 프로젝트는 일의 시작과 끝이 명확히 정해져 있다. 물론 실무에서는 프로젝트가 일정 내에 완전히 완료되지 않을 경우, 일정을 조정하거나 일부 작업만 우선 완료하고 나머지는 후속 작업으로 넘기는 방식으로 유연하게 대응하는 경우도 많다. 그러나 원칙적으로는 프로젝트는 명확한 기간 내에서 완료되어야 하는 임시적 활동이며, 이 같은 특성을 한시성이라 한다.

■ **유일성**

프로젝트는 기간이 종료되었을 때 인도물, 즉 결과물을 만들어낸다. 이 결과물은 다른 프로젝트에서 만든 것과는 구별되는 고유한 성격을 가지며, 바로 이 점이 프로젝트의 중요한 특징인 유일성이다. 예를 들어, 여러 대학에서 '종합정보시스템'을 구축하는 프로젝트를 수행할 수 있다. 겉보기에는 같은 시스템을 만드는 것처럼 보일 수 있지만, 각 대학의 요구사항이나 운영 방식이 다르기 때문에, 최종적으로 만들어진 시스템은 서로 다른, 유일한 결과물이 된다.

■ **참여자의 일시성**

프로젝트를 수행하려면 인력이 필요하다. 일상 업무에서는 인력을 부서에 배치하면 부서를 이동하기 전까지 그 부서에서 계속 일하면 된다. 그러나 프로젝트는 일정 기간 동안만 운영되는 임시 조직이기 때문에, 참여하는 인력도 프로젝트 시작과 함께 투입되며, 프로젝트가 종료되면 팀은 해체되고 인력은 원래 소속 부서로 돌아가거나 다른 프로젝트에 배치된다.

이처럼 프로젝트에 참여하는 인력은 일시적으로 구성되었다가 해체되는 특성을 가진다.

■ **한정된 자원**

프로젝트가 시작되면, 목표를 달성하기 위해 필요한 자원들이 한정된 범위 내에서 배정된다. 여기서 자원이란 인력뿐 아니라 사무 공간, 책상, 컴퓨터, 복사기 등 다양한 장비와 설비를 포함한다. 이러한 자원은 프로젝트 기간 동안만 사용되며, 프로젝트가 종료되면 인력과 마찬가지로 원래의 위치로 돌려보내거나 회수, 폐기, 재배치된다. 예를 들어, 프로젝트를 위해 임시 사무 공간을 새로 배정받거나 필요한 장비를 일시적으로 지원받을 수도 있다. 이처럼 프로젝트는 시간뿐 아니라 자원도 제한된 조건에서 운영되는 일시적 활동이라는 점에서 일반적인 일상 업무와 차이가 있다.

여기서 잠깐! | 프로젝트 매니저의 역할

어떤 조직이나 사업에는 반드시 전체를 총괄하는 책임자가 있다. 회사는 사장(대표이사)이 책임자이고, 가정은 가장이 책임을 지고 있다. 이처럼 프로젝트를 수행하는 데도 총괄하는 책임자가 있으며, 그 역할을 맡은 사람이 바로 프로젝트 매니저Project Manager, PM이다. 프로젝트 매니저는 프로젝트의 시작부터 종료까지 전 과정을 책임지는 핵심 인물로, 다음과 같은 역할을 수행한다.

- 프로젝트 시작 시점부터 기획과 설계를 주도한다.
- 프로젝트에 참여하는 팀원들의 장점과 능력을 잘 파악해 적재적소에 배치한다.
- 고객과 지속적으로 소통하며 의견을 조율한다.
- 일정과 업무 진행 상황을 꾸준히 점검하고 진척도를 관리한다.
- 프로젝트 중 발생하는 문제를 파악하고 해결책을 제시한다.
- 충분히 의사소통할 수 있는 팀 분위기를 조성하고, 참여자들의 중도 이탈을 예방한다.
- 기한 내에 최종 결과물을 고객에게 인도해 프로젝트를 성공적으로 마무리한다.

02 프로젝트 관리 지식 체계

1 프로젝트 관리 지식 체계의 정의와 발전

프로젝트 관리 지식 체계Project Management Body of Knowledge, PMBOK는 미국 프로젝트 관리협회에서 개발한 국제 표준 지침서로, 프로젝트 관리의 공통된 지식 체계와 기준을 정의한다. PMBOK는 프로젝트 관리자가 프로젝트를 효과적으로 계획, 실행, 모니터링, 통제, 종료할 수 있도록 지원한다. 또한 산업 환경의 변화와 관리 기법의 발전에 따라 지속적으로 개정되며 발전해왔다. [표 11-1]은 PMBOK의 주요 개정 과정을 연도별로 정리한 것이다.

표 11-1 PMBOK 발전 과정

버전	발행 연도	특징
1판	1996년	• 공식적으로 PMBOK 안내 책자로 출간됨 • 5개 프로세스 그룹(착수, 계획, 실행, 모니터링 및 통제, 종료)과 9개 지식 영역 도입
2판	2000년	• 프로젝트 관리 프로세스의 세분화 • 지식 영역의 확장
3판	2004년	• 프로젝트 생명주기와 프로세스 간 상호작용 강조 • 44개 프로세스로 확장
4판	2008년	• 용어와 프로세스를 표준화 • 효율성과 최적화 중심의 구성
5판	2013년	• '프로젝트 이해관계자 관리' 영역 추가 • 총 10개 지식 영역으로 확장
6판	2017년	• 애자일 개념 반영 • 다양한 수행 접근법 반영
7판	2021년	• 프로세스 중심에서 원칙 기반 접근principle-based으로 전환 • 애자일, 린Lean, 혼합Hybrid 방식 반영
8판	2026년(예정)	• 프로젝트 관리 원칙을 6개로 압축 • 기존 지식 영역을 통합 또는 삭제 • 프로젝트 정의 변경

여기서 잠깐! | 프로젝트관리협회Project Management Institute, PMI

PMI는 프로젝트 관리 분야의 표준을 정립하고 연구하기 위해 1969년 미국에서 설립된 비영리 단체이다. PMI는 1983년에 PMBOK 개발을 시작했고, 1987년에는 프로젝트 관리의 핵심 개념을 정립한 PMBOK 가이드 초판을 문서 형태로 발표하였다. 이후 PMBOK는 시대 변화와 산업 환경에 따라 지속적으로 개정되며 발전하고 있다.

2 PMBOK 6판(2017년)

PMBOK 6판의 내용을 본격적으로 살펴보기 전에, 5판과 6판 사이의 주요 차이를 [표 11-2]에 비교하여 정리하였다.

표 11-2 PMBOK 5판과의 차이점

구분	5판	6판
프로세스 수	47개	49개
지식 영역 변경	인적자원관리	자원 관리로 통합 · 개편
애자일 방법론	반영되지 않음	애자일 실무 가이드 추가 수록
프로젝트 관리자 역할	프로세스 중심 역할	지도력과 전략적 역할 강조

PMBOK 6판은 5개의 프로세스 그룹과 10개의 지식 영역을 중심으로 프로젝트를 관리하도록 구성되어 있다. [표 11-3]은 각 프로세스 그룹의 정의와 주요 활동을 정리한 것이다.

표 11-3 5개의 프로세스 그룹

프로세스 그룹	설명
① 착수	• 프로젝트나 프로젝트의 한 단계를 공식적으로 승인하고 시작한다. • 주요 목표: 프로젝트 목표 정의, 이해관계자 식별, 전반적인 방향 설정
② 계획	• 프로젝트 수행을 위한 전반적인 계획을 수립한다. • 주요 목표: 범위, 일정, 비용, 품질, 자원, 위험, 조달 등을 포함한 프로젝트 관리 계획 수립
③ 실행	• 계획된 내용을 바탕으로 실제 작업을 수행한다. • 주요 목표: 프로젝트 산출물 개발, 팀 관리, 이해관계자 참여
④ 감시와 통제	• 프로젝트가 계획대로 진행되고 있는지 지속해서 모니터링하고 필요할 때 변경한다. • 주요 목표: 성과 측정, 위험 관리, 변경 통제
⑤ 종료	• 프로젝트 또는 프로젝트의 한 단계를 공식적으로 종료한다. • 주요 목표: 프로젝트 산출물 인도, 이해관계자 승인, 문서화

[표 11-4]에서 설명하는 10개 지식 영역은 프로젝트 관리에서 필수적으로 고려해야 할 주요 분야를 의미한다. 각 지식 영역은 프로젝트 수행을 위해 필요한 주요 프로세스를 포함하고 있으며, 이는 5개의 프로세스 그룹(착수, 계획, 실행, 감시 및 통제, 종료) 내에서 활용된다. 성공적인 프로젝트 수행을 위해서는 이 10개 지식 영역을 균형 있게 고려해야 한다.

표 11-4 10개의 지식 영역

지식 영역	설명
① 통합 관리	• 프로젝트의 전체적인 조정을 담당하며, 다양한 요소를 조화롭게 운영하여 목표를 달성하는 역할을 한다. • 주요 프로세스: 프로젝트 헌장 개발, 프로젝트 관리 계획 수립, 프로젝트 실행 지시 및 관리, 변경 통제 등
② 범위 관리	• 프로젝트에서 수행할 작업과 수행하지 않을 작업을 명확히 정의하고 관리한다. • 주요 프로세스: 요구사항 수집, 범위 정의, 작업 분류 체계_{WBS} 작성, 범위 검토 및 통제 등
③ 일정 관리	• 프로젝트 활동을 식별하고 논리적인 순서를 정하며, 일정 계획을 수립하고 관리한다. • 주요 프로세스: 활동 정의, 활동 순서 지정, 활동 기간 추정, 일정 개발 및 통제 등
④ 원가 관리	• 프로젝트 예산을 수립하고, 예산을 적절하게 관리하여 초과하지 않도록 관리한다. • 주요 프로세스: 원가 산정, 예산 책정, 원가 통제 등
⑤ 품질 관리	• 프로젝트 결과물이 요구사항을 충족하도록 품질 기준을 설정하고, 이를 유지하기 위한 절차를 적용한다. • 주요 프로세스: 품질 관리 계획 수립, 품질 관리 및 통제 등
⑥ 자원 관리	• 프로젝트 수행에 필요한 인적, 물적 자원을 확보하고 효과적으로 활용하도록 관리한다. • 주요 프로세스: 자원 계획 수립, 팀 구성, 팀 개발 및 관리, 자원 통제 등
⑦ 의사소통 관리	• 프로젝트 내외부 이해관계자와 원활하게 의사소통하기 위한 전략 및 수행 방안을 제공한다. • 주요 프로세스: 의사소통 계획, 정보 배포, 성과 보고 등
⑧ 위험 관리	• 프로젝트 진행 중 생길 수 있는 위험을 식별하고 분석하여 대응 방안을 마련한다. • 주요 프로세스: 위험 식별, 위험 분석(정성적 및 정량적), 위험 대응 계획 및 감시 등
⑨ 조달 관리	• 프로젝트에서 필요한 외부 자원을 구매하거나 조달하고 관리한다. • 주요 프로세스: 조달 계획 수립, 공급업체 선정, 계약 관리 및 종료 등
⑩ 이해관계자 관리	• 프로젝트에 영향을 미치는 이해관계자를 식별하고, 그들의 요구를 충족시키기 위한 전략을 수립한다. • 주요 프로세스: 이해관계자 식별, 이해관계자 참여 계획, 참여 관리 및 모니터링 등

PMBOK 6판의 특징은 다음과 같다.

첫째, 기존의 전통적인(예측형) 프로젝트 관리 방식뿐 아니라 애자일Agile, 적응형Adaptive, 혼합형Hybrid 접근 방식을 반영하였다. 특히 각 지식 영역의 끝부분에는 '애자일 환경에서의 고려사항'을 별도로 제시하고, 부록과 함께 애자일 수행 안내서Agile Practice Guide를 제공하여 애자일 방법론의 실무 적용을 보완하였다.

둘째, 프로젝트 관리자가 단순히 절차만 따르는 것이 아니라, 팀을 이끄는 리더십과 전략적 의사결정 능력을 갖추는 것이 중요하다는 점을 강조하였다. 이를 통해 프로젝트 관리자의 역할을 기술적 관리자에서 전략적 리더로 확장시켰다.

셋째, 프로세스 개편을 통해 더욱 체계적이고 실질적인 프로젝트 관리가 가능해졌다.

3 PMBOK 7판(2021년)

PMBOK 7판은 기존의 프로세스 중심 관리에서 벗어나 프로젝트 성공을 위한 12가지 원칙을 기반으로 하는 접근 방식을 채택하였다. 또한 애자일, 린, 혼합 프로젝트 관리 방식이 강조되었다.

여기서 잠깐! | 린

린Lean은 낭비를 줄이고 가치를 높이는 데 초점을 맞춘 개발 방법론이다. 즉, 고객에게 진정으로 필요한 것만 빠르고 효율적으로 만들어내는 방식이다. 이 개념은 원래 도요타의 생산 방식에서 시작되었으나, 이후 소프트웨어 개발에 적용되어 효율성과 품질을 동시에 높이는 방법론으로 발전하였다.

표 11-5 PMBOK 6판과의 차이점

구분	PMBOK 6판	PMBOK 7판
접근 방법	프로세스 중심	원칙 중심
중심 개념	표준화된 절차와 도구 중심	유연성과 결과 중심의 가치 지향
구성 요소	5개 프로세스 그룹과 10개 지식 영역 그리고 49개 프로세스	12개의 프로젝트 관리 원칙과 8개 성과 도메인
주요 활동	프로세스, 도구, 기법 등을 활용해 입력물을 출력물로 변환	도구, 기법, 결과물 등을 포괄적 관점에서 성과 중심으로 활용
지식 체계	프로젝트 관리 체계 지침서(지식 영역 중심)	프로젝트 성과 영역(8개)
프로세스 중심성	폭포수 모델 기반 절차 강조	다양한 접근 방식(애자일, 하이브리드 포함)을 포괄
애자일 반영	제한적(부록에 일부 안내)	적극 반영(애자일, 린, 하이브리드 방식 통합)
도입 목적	일관된 절차 제공 및 품질 관리	다양한 환경에서의 유연한 적용과 가치 전달 중심

3.1 12가지 원칙(프로젝트 관리 표준)

다음은 프로젝트 관리의 12가지 핵심 원칙이다.

① 프로젝트 관리자의 책임감

프로젝트 관리자는 성실하고 존경할 만하며 배려심 있는 태도로 프로젝트를 운영해야 한다. 특히 조직의 자산(자금, 인력, 시간 등)을 투명하고 책임감 있게, 그리고 신중하고 윤리적으로 관리하는 것이 중요하다.

② 협력적인 프로젝트팀 구성

프로젝트팀은 신뢰와 존중을 바탕으로 협력하며, 효과적인 팀워크를 구축해야 한다. 또한, 팀원들의 역량을 강화하고, 자율성과 참여를 보장하며 협력적인 팀 환경을 조성해야 한다.

③ 이해관계자와의 적극적인 소통

이해관계자와 적극적으로 소통하여 효과적인 관계를 유지해야 한다. 이들의 요구사항을 적극적으로 반영하고 조율하며 이해관계자의 기대를 관리하는 것이 중요하다.

④ 가치 중심

프로젝트가 조직과 고객에게 가치를 창출할 수 있도록 최적화해야 한다. 프로젝트의 목표와 산출물이 비즈니스 가치를 극대화하도록 조정해야 한다.

⑤ 시스템적 사고

프로젝트는 조직 전체 시스템 내에서 상호 연결된 요소로 작용한다는 점을 이해해야 한다. 프로젝트의 영향을 고려하여 시스템적인 접근 방식을 유지하고, 시스템 상호작용을 인식하고 평가하며 이에 대응해야 한다.

⑥ 프로젝트 관리자의 지도력

프로젝트 관리자는 명령과 통제보다는 지도(코칭)과 지원을 통해 팀을 이끌어야 한다. 조직과 팀이 성장할 수 있도록 동기를 부여하는 임무를 수행해야 한다.

⑦ 변화에 유연한 대처 능력

프로젝트 환경과 요구사항에 따라 상황에 맞게 접근 방식을 유연하게 조정해야 한다. 변화하는 상황에 효과적으로 대응할 수 있도록 적응력을 갖춰야 한다.

⑧ 품질 보증

프로젝트 결과물의 품질을 보장하고, 지속적인 개선을 수행해야 한다. 고객의 기대를 충족시킬 수 있도록 품질 표준을 유지하는 것이 중요하다.

⑨ 복잡성의 효과적인 관리

프로젝트에서 발생하는 불확실성과 복잡성을 이해하고 효과적으로 관리해야 한다. 문제 해결 능력을 키우고, 복잡성을 줄이는 전략을 적용해야 한다.

⑩ 위기의 대응 전략

프로젝트의 위기를 적극적으로 식별하고 대응 전략을 수립해야 한다. 위기를 기회로 전환할 방안을 모색하는 것도 중요하다.

⑪ 적응성과 복원력

변화하는 환경과 요구사항에 민첩하게 대응할 수 있어야 한다. 프로젝트가 예상치 못한 문제에도 지속해서 운영될 수 있도록 대비해야 한다.

⑫ **변화 추진**

프로젝트는 변화를 촉진하는 도구이다. 효과적인 변화 관리를 수행해야 하며, 조직 내 변화가 원활하게 이루어질 수 있도록 이해관계자를 지원해야 한다.

3.2 8가지 프로젝트 성과 영역

다음은 프로젝트 성공에 중요한 8가지 성과 영역이다.

① **이해관계자**

이해관계자는 프로젝트와 관련된 모든 사람이나 집단을 의미하며, 그들의 요구, 기대, 영향을 효과적으로 관리하는 것이 핵심이다. 이해관계자의 참여 수준과 만족도를 높이기 위해 이들을 식별하고, 참여 계획을 수립하며, 지속적으로 소통해야 한다.

② **팀**

팀 영역은 프로젝트팀을 구성하고 효과적으로 운영하는 것을 목표로 한다. 이를 위해 협업, 리더십, 동기부여, 피드백 제공, 지속적인 개선이 필요하다. 상황에 따라 전통적인 팀 관리 방식이나 애자일 방법이 적용될 수 있다.

③ **개발 방식 및 생명주기**

개발 방식 및 생명주기 영역은 프로젝트 수행을 위한 개발 방법론(애자일, 폭포수, 혼합형 등)과 생명주기 유형(예측적, 적응형, 혼합형 등)을 선택하는 과정이다. 프로젝트의 성격과 요구사항에 맞는 최적의 접근 방식을 선택하는 것이 중요하다.

④ **계획**

계획은 프로젝트 목표 달성을 위해 필요한 세부 계획을 수립하는 과정이다. 범위, 일정, 비용, 자원, 위험 등을 포함한 포괄적인 계획이 필요하며, 계획은 일회성으로 끝나는 것이 아니라 실행 중에도 지속적으로 검토하고 조정해야 한다.

⑤ **성과**

성과는 실제 프로젝트 작업을 수행하고 가치를 창출하는 단계이다. 작업 흐름 최적화, 협업 촉진, 프로세스 개선, 위험 관리 등이 이에 해당하며, 지속적인 모니터링과 피드백을 통해 프로젝트의 전반적인 성과를 높여야 한다.

⑥ **인도**

인도는 프로젝트 산출물을 이해관계자와 고객에게 전달하는 과정으로, 이들의 기대에 부합하는지를 확인하는 것이 중요하다. 가치 기반 진달에 초점을 맞추며, 품질 보증과 지속적인 개선이 요구된다. 이는 프로젝트 목표 달성에 있어 가장 중요한 영역 중 하나이다.

⑦ 측정

측정은 프로젝트 성과를 정량적으로 평가하고, 이를 바탕으로 지속적인 개선을 추진하는 과정이다. KPIKey Performance Indicators, OKRObjectives and Key Results 등 다양한 도구를 활용하여 프로젝트의 진행 상황과 성과를 점검한다.

⑧ 불확실성

불확실성은 프로젝트에서 발생할 수 있는 예측 불가능한 상황이나 위험을 의미한다. 이를 사전에 식별하고, 적절한 대응 전략을 수립해야 하며, 변화 관리 또한 중요하다. 불확실성에 효과적으로 대비하는 것은 프로젝트 성공의 핵심 요소이다.

4 PMBOK 8판(2026년 예정)

PMBOK 8판은 2025년 공개된 초안을 기반으로 개정이 진행 중이며, 공식 출간은 2026년으로 예정되어 있다. 이번 개정은 6판과 7판에 대한 피드백을 반영하여, 최신 프로젝트 관리 환경과 실무 요구를 효과적으로 반영하고자 하였다. 다음 내용은 현재 공개된 목차 및 초안을 기준으로 한다.

4.1 프로젝트 관리 원칙의 간소화(재구성)

6판에서 사용되었던 일부 지식 영역은 8판에서 통합되거나 삭제될 예정이다. 예를 들어, 품질 관리는 범위 관리에 통합되고, 의사소통 관리는 이해관계자 관리에 포함될 것으로 보인다. 또한 7판에서 제시되었던 12개의 프로젝트 관리 원칙은 8판에서 6개로 간소화되어 보다 핵심적인 지침을 제공한다. 6개의 원칙은 다음과 같다.

① 전체론적 관점 채택

프로젝트를 조직의 전략, 문화, 외부 환경 등과 연계하여 전체적인 시각에서 관리해야 한다. 이를 통해 프로젝트의 성공 가능성을 높이고, 조직의 목표와 일치하도록 조정할 수 있다.

② 가치에 집중

프로젝트의 모든 활동이 최종적으로 조직과 이해관계자에게 가치를 제공하는지 지속해서 평가하고, 가치 창출을 가장 중요한 목표로 삼아야 한다.

③ **프로세스와 산출물에 품질 내재화**

품질은 사후에 검토하는 것이 아니라, 프로젝트의 초기 단계부터 모든 프로세스와 산출물에 자연스럽게 포함되어야 한다. 이를 통해 문제를 예방하고 더 나은 결과물을 만들 수 있다.

④ **책임감 있는 통솔력 발휘**

프로젝트 관리자는 자신의 결정과 행동에 관해 책임을 져야 하며, 팀원들에게 명확한 방향을 제시하고, 신뢰를 쌓아 프로젝트 목표 달성을 이끌어야 한다.

⑤ **모든 프로젝트 영역에 지속 가능성 통합**

프로젝트를 계획하고 실행할 때, 환경적 · 사회적 · 경제적 지속 가능성을 함께 고려하여 장기적으로 긍정적인 영향을 줄 수 있도록 해야 한다.

⑥ **권한이 부여된 문화 구축**

팀원들이 스스로 판단하고 책임질 수 있도록 권한을 부여해야 하며, 이를 통해 팀의 역량과 창의성을 최대한 발휘하도록 지원해야 한다.

4.2 성과 영역 재구성(구조 변경)

PMBOK 7판에서는 8개의 성과 영역을 통해 프로젝트 관리의 다양한 측면을 다루었으나, 8판은 이를 6판의 지식 영역과 통합하여 7개의 성과 영역과 40개의 프로세스로 구성될 예정이다. 이는 프로젝트 관리의 실무 적용성을 높이기 위한 변화이다. 8판에서 제시된 7개의 성과 영역은 다음과 같다.

① **거버넌스(이전 통합 관리)**

프로젝트 수행을 위한 의사결정 체계, 권한, 표준, 규제 준수 등의 체계를 설정하고 감독한다.

② **범위**

프로젝트가 무엇을 수행하고 무엇을 수행하지 않는지를 명확히 정의한다.

③ **일정**

프로젝트의 활동과 산출물의 순서, 기간, 시점을 관리한다.

④ **재무(원가 관리)**

프로젝트 수행에 필요한 예산을 수립하고, 자금 흐름과 비용을 통제한다.

⑤ 이해관계자

프로젝트의 영향을 받거나 영향을 줄 수 있는 모든 사람과 조직을 식별하고 관리한다.

⑥ 자원

인력, 장비, 시설 등 프로젝트 수행에 필요한 자원을 확보하고 조정한다.

⑦ 위험

프로젝트에 긍정적 또는 부정적 영향을 줄 수 있는 불확실성 요소를 식별하고 대응한다.

03 형상 관리

형상configuration은 그렇게 익숙한 단어가 아니지만 흔히 접하는 변경 관리나 버전 관리도 모두 형상 관리에 속한다. 그러므로 먼저 변경 관리와 버전 관리를 살펴본 뒤, 형상 관리를 본격적으로 설명한다.

1 변경 관리

세상의 모든 것은 시간이 지남에 따라 변한다. 자연에도 계절 변화가 있고, 사람의 얼굴과 모든 신체 기관도 세월이 지남에 따라 변하는 것을 볼 수 있다. 그중에서도 우리가 관심을 가져야 하는 것은 소프트웨어의 변화이다. 소프트웨어는 개발 초기부터 완성되어 사용하는 중에도 지속적으로 변한다. 소프트웨어에는 '변화'라는 용어보다 '변경'이라는 용어가 더 적절하므로 변경이라는 용어로 바꾸어 설명하겠다.

먼저 소프트웨어 변경에 대한 학자들의 견해를 살펴보자. 에릭 브라우디Eric J. Braude는 "프로젝트는 진행되어 가면서 새로운 산출물들이 축적되고, 축적된 산출물들은 계속해서 버전이 업그레이드된다. 이렇게 변경되는 산출물을 관리하는 것이 형상 관리다"라고 했다. 또 버소프Bersoff는 "시스템은 소프트웨어 개발 생명주기의 모든 단계에서 변경이 일어나고, 시스템을 변경하고자 하는 욕구는 개발 생명주기 동안 지속적으로 일어날 것"이라고 말했다.

이처럼 소프트웨어 변경은 특정 시점이 아니라 개발 전체 과정에서 발생하며, 그 영향 범위도 넓다. 즉, 각 개발 단계에서 문서화된 산출물뿐 아니라 데이터베이스, 코드, 테스트에도 영향을 미친다. 만약 변경되는 과정을 체계적으로 관리하지 못하면 프로젝트 전체에 혼란이 발생할 수 있다. 변경이 발생하는 주요 원인은 다음과 같이 두 가지로 나눌 수 있다.

■ **업무 환경의 변화**

고객 요구사항이 바뀌는 경우가 대표적이다. 예를 들어 새로운 기능을 추가해달라는 요청이 들어오거나, 시장 상황이 변화하거나, 예산과 일정이 조정되는 경우도 업무 환경의 변화에 해당한다.

■ 기술 환경의 변화

하드웨어 사양이 달라지거나, 사용하는 운영체제가 변경되는 경우 등 기술 기반의 변화가 있다. 이러한 기술 변화는 전체 프로젝트 계획부터 구현까지 다양한 부분에 영향을 미친다. 따라서 변경된 항목뿐 아니라 그 히스토리까지 적합한 변경 관리 도구를 사용해 철저히 관리해야 곳곳에서 발생할 수 있는 오류를 줄일 수 있고, 고품질의 소프트웨어 개발로 이어질 수 있다.

2 버전 관리

소프트웨어 버전을 이해하기 쉽게 자동차 모델을 예로 들어보자. 자동차는 시간이 지나면서 새로운 모델로 출시된다. 예를 들어 '쏘나타Ⅰ', '쏘나타Ⅱ', '쏘나타Ⅲ'처럼 이름이 바뀐다. 자동차에서는 크게 바뀌는 것을 풀 모델 체인지full model change라고 하고, 약간만 바뀌는 것을 마이너 체인지minor change라고 한다. 풀 모델 체인지는 외형도 대폭 바뀌고, 내부 인테리어뿐 아니라 엔진까지도 바뀌는 경우를 말한다. 대표적인 예가 '쏘나타Ⅲ'에서 'EF 쏘나타'로 바뀐 경우이다. 반면, 마이너 체인지는 외형과 내부 인테리어 정도가 바뀌는 것을 말한다. '쏘나타Ⅱ'에서 '쏘나타Ⅲ'로 바뀐 것이 마이너 체인지라고 할 수 있다.

이와 비슷하게, 소프트웨어의 버전도 변경 정도에 따라 표시 방법이 달라진다. 예를 들어 Ver.1.0에서 Ver.2.0으로 바뀌는 것은 큰 변화가 있는 경우로, 풀 모델 체인지와 비슷하다. 반면 Ver.1.0에서 Ver.1.1 또는 Ver.1.1.1에서 Ver.1.1.2처럼 소폭 바뀌는 경우는 마이너 체인지와 유사하다고 볼 수 있다.

이제 소프트웨어 버전에 대해 좀 더 자세히 살펴보자. 소프트웨어에서 버전이란 개발 단계 또는 순서를 번호로 표시한 것이다. 소프트웨어에서 개발이 1차 완료되면 알파 버전이나 베타 버전을 특정한 사용자들에게 먼저 배포해 기능과 오류를 검증하게 한다. 이후 기능이 확정되어 개발이 완료되면 버전 1.0(V1.0)으로 출시한다. 이후 기능이 개선될 때마다 1.1, 1.2, …, 2.0처럼 버전을 갱신하여 제품에 표시한다. 이때 버전 번호는 점으로 구분된 2개의 숫자로 구성되는데, 점 앞의 숫자를 주 번호라고 하고 뒤의 숫자를 부 번호라고 한다. 개발된 상품의 기능과 내용이 크게 변화된 경우(자동차의 비유에서 풀 모델 체인지)에는 2.0 또는 3.0과 같이 주 번호를 변경하며, 이전 제품에 있던 오류를 수정하는 정도로 기능 변화가 크지 않을 때(자동차의 비유에서 마이너 체인지)는 1.1 또는 1.2처럼 부 번호를 바꾼다. 이와 같은 방법으로 프로그램을 개발할 때에도 계속적인 변경 내용을 반영하기 위해 버전 업하며 관리를 해 나간다.

버전 관리의 필요성은 "서로 다른 버전의 원시 파일에 어떤 차이점이 있는가?"와 같은 질문에 바로 대답할 수 있도록 각 버전의 정보를 데이터베이스화해 언제라도 과거의 릴리스된 파일을 가지고 작업할 수 있도록 관리하는 데 있다. 즉 파일의 이력이나 차이점을 관리해 애플리케이션의 버전과 각 원시 파일이나 문서를 유용하게 활용하기 위함이다.

이제 필자가 문서를 작성할 때 어떻게 관리하는지 먼저 소개하고, 이어서 소프트웨어 버전 관리에 대해 설명하겠다.

문서를 작성한 후 처음 저장할 때 파일명을 '260613_형상 관리.hwp'와 같이 붙인다. 이 파일명을 보면 내용과 최종 저장한 날짜를 짐작할 수 있다. 같은 날 몇 개의 파일이 만들어질 경우에는 '260613_형상 관리_V01.hwp', '260613_형상 관리_V02.hwp'처럼 버전의 약자 V를 구분한다. 이렇게 하면 같은 날 몇 번째로 저장한 파일인지 쉽게 파악할 수 있다. 하지만 시간이 지나면 파일 수가 많아져 작업 폴더가 복잡해질 수 있다. 그래서 보통 최종 버전만 남겨두고, 이전 파일은 모두 OLD라는 폴더에 따로 보관한다. 이렇게 이전 파일들을 버리지 않고 보관하는 이유는 무엇일까? 문서 내용을 수정하다 보면 전에는 필요 없을 것 같아 삭제한 그림이나 내용을 복원해 사용할 수도 있기 때문이다.

이제 여러 명이 함께 작성한 내용을 서로 공유하며 작업한다고 가정해보자. A가 작성한 파일을 B, C, D가 받아 사용하고, C가 작성한 파일을 F가 받아 작업을 할 때, A가 변경한 내용을 B, C, D가 바로 전달받아 작업을 해야만 문제가 발생하지 않는다. 그런데 전달이 원활하지 않아 누군가는 이전 버전의 파일로 계속 작업한다면 잘못된 결과물이 나올 수밖에 없다. 그렇다면 어떻게 해야 이런 실수를 피할 수 있을까? 그 해답이 바로 버전 관리에 있다.

문서 하나를 공동 작업할 때도 이처럼 혼란이 올 수 있는데, 수십 명의 개발자가 동시에 작업하는 소프트웨어 프로젝트에서는 말할 것도 없이 더 큰 혼란이 발생할 수 있다. 예를 들어 분석 팀에서 변경한 요구사항이 정확하게 설계 팀에 전달되고, 다시 프로그램 개발자에게까지 착오 없이 전달되어야만 원하는 결과를 얻을 수 있다. 따라서 요구사항이 자주 변경되는 현실에서 버전 관리가 잘 되어야만 정확한 결과를 도출할 수 있다.

버전 관리의 중요성을 이해하기 위해 예를 하나 들어보자. [그림 11-1]은 소프트웨어 개발 과정에서 생성된 버전 트리version tree를 나타내고 있다. 요구분석 단계에서 작성된 요구분석명세서는 3개의 버전(V1.1, V1.2, V1.3)으로 진화했다. 또 설계 단계의 최종 산출물인 설계서는 4개의 버전(V1.1, V1.2, V1.3, V1.4)으로 진화했다. 마찬가지로 코딩의 결과물인 원시 코드도 5개의 버전(V1.1, V1.2, V1.3, V1.4, V1.5)으로 진화했다.

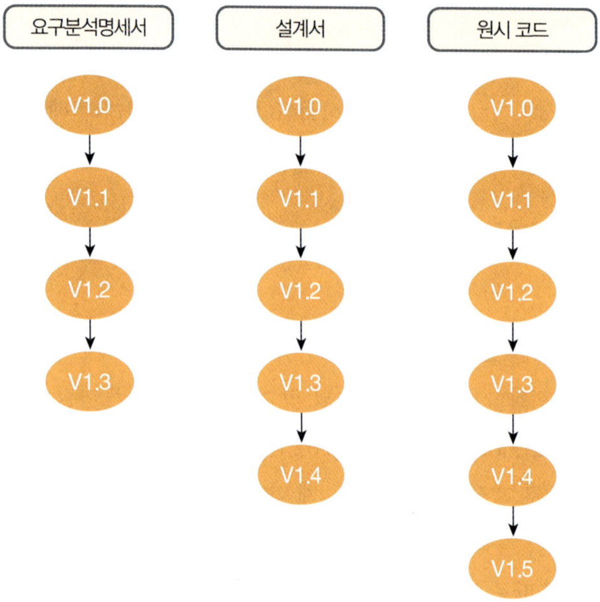

그림 11-1 버전 항목 트리

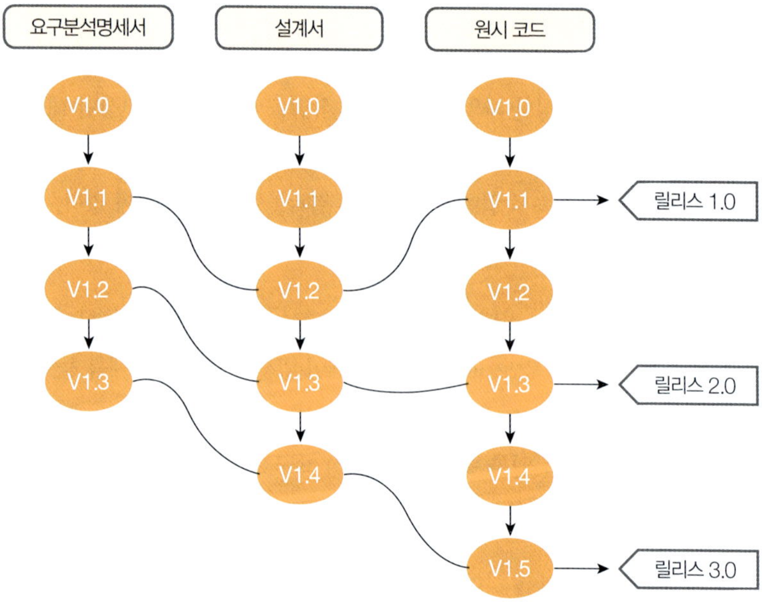

그림 11-2 릴리스된 버전 항목을 나타내는 트리

[그림 11-2]에서 보면 최종 릴리스를 구성하는 각 단계의 버전은 다음과 같음을 알 수 있다.

- 릴리스 1.0 : 요구분석명세서(V1.1) - 설계서(V1.2) - 원시 코드(V1.1)
- 릴리스 2.0 : 요구분석명세서(V1.2) - 설계서(V1.3) - 원시 코드(V1.3)
- 릴리스 3.0 : 요구분석명세서(V1.3) - 설계서(V1.4) - 원시 코드(V1.5)

처음 출시된 제품인 릴리스 1.0은 요구분석명세서 V1.1, 설계서 V1.2, 원시 코드 V1.1로 구성되어 있다. 이후 각 단계는 계속해서 버전 업이 이루어졌고, 특정 시점이 되면 변경된 버전들을 조합하여 새로운 릴리스 2.0이 출시된다. 이 릴리스는 요구분석명세서 V1.2, 설계서 V1.3, 원시 코드 V1.3으로 구성되어 있다.

3 형상 관리의 개념과 절차

변경 관리와 버전 관리의 개념을 살펴보았으므로, 이제 이를 바탕으로 형상 관리의 개념을 이해할 수 있을 것이다. 형상 관리가 무엇인지, 그리고 어떤 절차로 이루어지는지 알아보자.

원래 형상 관리라는 말은 소프트웨어보다 먼저 하드웨어 분야에서 출발한 개념이다. 예를 들어 자동차나 비행기 같은 제품은 수만 개 이상의 부품으로 구성되어 있다. 이러한 부품 하나하나를 형상 관리에서는 형상 항목configuration item이라 한다. 이런 부품들을 조립할 때 어떤 부품을 변경하거나 새로 개발된 부품으로 교체하게 되면, 기존 부품들과의 연결(인터페이스)에 문제가 없어야 시스템이 안정적으로 작동할 수 있다. 만약 어느 한 부품이 제대로 관리되지 않아 규격이 바뀌었다면 치명적인 사고로 이어질 수 있다. 형상 관리는 바로 이러한 위험을 막기 위해, 특정 항목의 변화에 대해 관리하면서 시스템의 통합과 일치를 보장하는 것이다.

이처럼 형상 관리는 하드웨어에서 시작되었지만, 소프트웨어 개발에서도 그 중요성이 매우 크다. 소프트웨어는 대부분 개발 도중에도 사용자의 요구가 바뀌고, 설계나 구현 내용이 자주 수정된다. 이런 변화가 제대로 관리되지 않으면, 개발자마다 서로 다른 버전의 파일을 사용하거나, 이전 상태로 돌아가는 일이 생겨 프로젝트에 큰 혼란이 생긴다. 그래서 하드웨어에서 시작된 형상 관리를 소프트웨어 개발에 적용하면서, 이를 구분해 소프트웨어 형상 관리Software Configuration Management, SCM라고 부르게 되었다.

소프트웨어에서 형상 관리는 개발 과정에서 발생하는 모든 산출물이 변경되면서 변해 가는 소프트웨어 형상을 체계적으로 관리하고 유지하는 기법이다. 좀 더 자세히 설명하면 형상 관리는 소프트웨어 개발 생명주기 전반에 걸쳐 생성되는 모든 산출물의 변경 과정을 종합적으로 관리하고, 이를 통해 가시성과 추적 가능성을 확보하여 제품의 품질과 안전성을 높이는 활동이다. 국제 표준인 IEEE-Std-1042에서는 형상 관리를 다음과 같이 정의하고 있다.

형상 관리 절차를 중심으로 형상 항목을 식별하고, 그 기능적 · 물리적 특성을 문서화하며, 이러한 특성의 변경을 공식적으로 통제하고, 변경 처리 상태를 기록하고 보고하며, 명시된 요구사항에 부합하는지를 확인하는 일련의 사항에 대해 기술적, 행정적인 지침과 관리적인 감독, 감시 활동을 포함한 사후 관리를 적용하는 원칙

모든 소프트웨어 프로젝트에는 공통된 목표가 있다. 사용자가 원하는 시간에 사용자가 만족할 수 있는 품질의 소프트웨어를 개발하는 것이다. 형상 관리는 이러한 프로젝트 목표를 달성하기 위한 중요한 방법 중 하나다. 형상 관리를 통해 언제든지 가장 안정적인 버전의 소프트웨어를 유지할 수 있고, 소프트웨어가 어떻게 변경되어 왔는지를 명확하게 파악할 수 있다. 또한 누가 변경했는지, 변경된 것은 무엇인지, 언제 변경되었는지, 왜 변경했는지와 같은 질문에 대답해준다.

형상 관리는 궁극적으로 프로젝트를 개발하는 동안 생산성과 안전성을 높여 좋은 품질의 소프트웨어를 생산하고 유지보수도 용이하게 해주는 데 목적이 있다. 만약 잦은 요구사항 변경과 수정된 산출물의 이력이 정확하게 관리되지 않고 관련자들 모두에게 변경 내용이 제대로 전달되지 않는다면, 이중 작업과 중복 작업이 발생할 수 있고, 그로 인해 작업에 혼란이 생겨 결국 원하는 결과를 얻을 수 없게 된다. 그러므로 형상 관리에서는 적절한 변경 관리를 통해 무절제한 변경을 사전에 예방하고, 변경에 따른 부작용을 최소화한다. 또한 형상 관리를 통해 프로젝트를 적절히 통제해 체계적이고 효율적으로 관리할 수 있으며, 가시성과 추적성을 보장함으로써 소프트웨어의 생산성과 품질을 높일 수 있다.

형상 관리는 [그림 11-3]과 같은 절차로 수행된다.

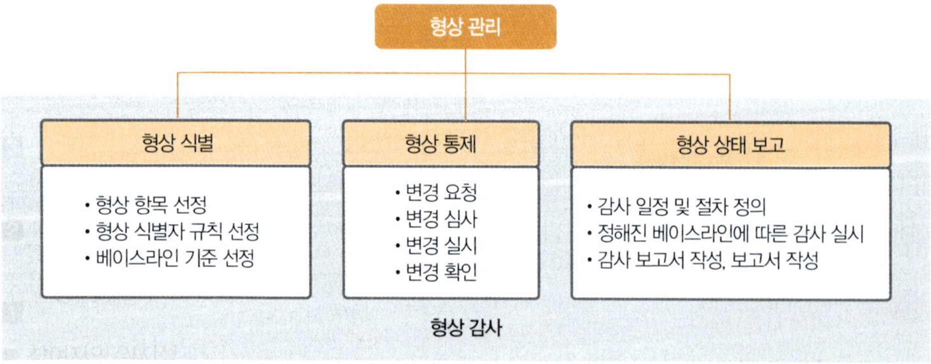

그림 11-3 형상 관리 수행 절차

3.1 형상 식별

형상 관리를 위해 어떤 산출물을 형상 관리의 대상으로 할 것인지 결정해야 한다. 형상 식별configuration identification은 형상 관리의 가장 밑바탕이 되는 활동으로, 프로젝트를 계획할 때 형상 관리 계획을 근거로 어떤 항목을 관리할 것인지를 식별하는 과정이다.

식별된 형상 항목에는 이름, 작성자, 생성 날짜, 문서 번호, 다른 형상 항목과의 관계 등의 정보를 부여해 고유하게 구분할 수 있도록 한다. 이 정보들은 관리 목록의 번호와 함께 메타 데이터베이스에 저장되어, 변경 관리의 대상이 된다. 여기서 형상 항목이란 개발 단계에서 생산되거나 사용되는 작업이나 산출물을 말한다. 실행 파일, 문서 형식의 산출물, 원시 코드, 개발 이력, 개발 도구 등이 이에 해당한다.

형상 식별은 형상 항목 선정, 형상 식별자 규칙 선정, 베이스라인 기준 선정으로 세분화할 수 있다.

- **형상 항목 선정**

  형상 관리를 하려면 가장 먼저 어떤 항목을 관리 대상으로 할 것인지 결정해야 한다. 형상 항목은 개발 프로세스마다 선정 기준이 다르고, 형상 항목의 대상을 고르는 범위도 프로젝트의 목적과 조직의 관리 범위 표준에 따라 달라진다. 따라서 제품 개발 초기 단계에 관리 방법이나 변경에 대한 통제 여부에 따라 산출물을 구분하고, 이 중 변경에 대한 통제가 필요한 산출물을 선정한다.

- **형상 식별자 규칙 선정**

  형상 식별자란 어떤 프로젝트에서 사용되는 파일인지, 어떤 내용의 문서인지, 버전이 어떻게 되는지를 같은 작업을 하는 소속 팀원들끼리 한눈에 알아볼 수 있도록 이름을 짓는 규칙을 말한다. 예를 들어 'TIS_Design_UC_V1.0'처럼 파일명을 만들었다면 이는 종합정보시스템(TIS)의 디자인 단계(Design)에서 사용하는 유스케이스 다이어그램(UC)으로, 버전은 1.0(V1.0)임을 알 수 있다.

- **베이스라인 기준 선정**

  한 회사에서 문서편집기를 개발하면서 2026년에 Ver.2026을 출시하는 것을 목표로 하고 있다고 해보자. 개발 과정은 [그림 11-4]와 같다. Ver.2026 출시 당시 각 개발 팀에서 사용된 파일은 V1.3, V1.2, V1.4, V1.3이라는 4가지 버전의 파일이었다.

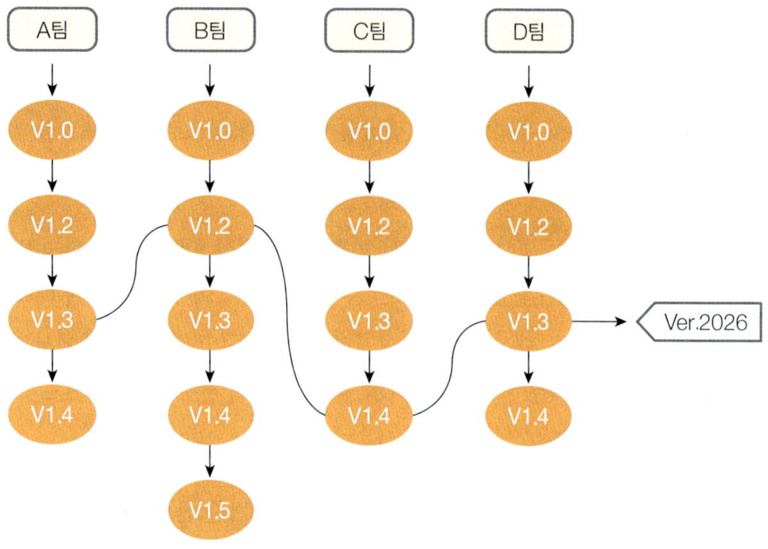

그림 11-4 파일의 버전 트리

베이스라인baseline은 소프트웨어 개발 과정 중 특정 시점에 만들어진 산출물의 집합을 말한다. 이 예에서 특정 시점은 Ver.2026 출시 시점이고, 해당 시점에 사용된 V1.3, V1.2, V1.4, V1.3 파일들이 베이스라인이 된다.

그렇다면 베이스라인이 왜 필요할까? Ver.2026이 출시되어 잘 사용되고 있고, 회사가 기능을 몇 가지 추가해 [그림 11-5]처럼 Ver.2027을 준비하고 있다고 가정해보자. 그런데 Ver.2026에 문제가 생겨서 결국 개발 팀이 Ver.2026의 패치 버전을 만들기로 했다. 이때 Ver.2026의 최종 버전에 사용된 4개 파일을 베이스라인으로 설정해 놓지 않았다면 어떤 파일이 최종적으로 사용되었는지 혼란스러울 것이다. 즉 Ver.2026에 사용된 최종 버전인 V1.3, V1.2, V1.4, V1.3 파일에 태그tag를 달아 베이스라인으로 표시해두면, 이후 쉽게 불러와 작업할 수 있다.

또한 Ver.2026의 패치 파일을 만들면서 기존 파일에 덮어쓸 경우, 나중에 수정 전후 파일을 비교하기 어렵고, 수정 전 파일이 필요한 경우에는 곤란한 상황이 생길 수 있다. 이를 해결할 수 있는 방법이 브랜치branch다. 이 방법은 [그림 11-6]처럼 Ver.2026의 파일을 가지고 패치 파일을 만들 때 새로운 버전 번호를 부여하는 것이다. V1.3의 패치 파일 번호를 V1.3.1, V1.3.2, V1.3.3처럼 붙여 나간다. 이렇게 하면 Ver.2027의 개발과는 별도로 패치 작업을 진행할 수 있다.

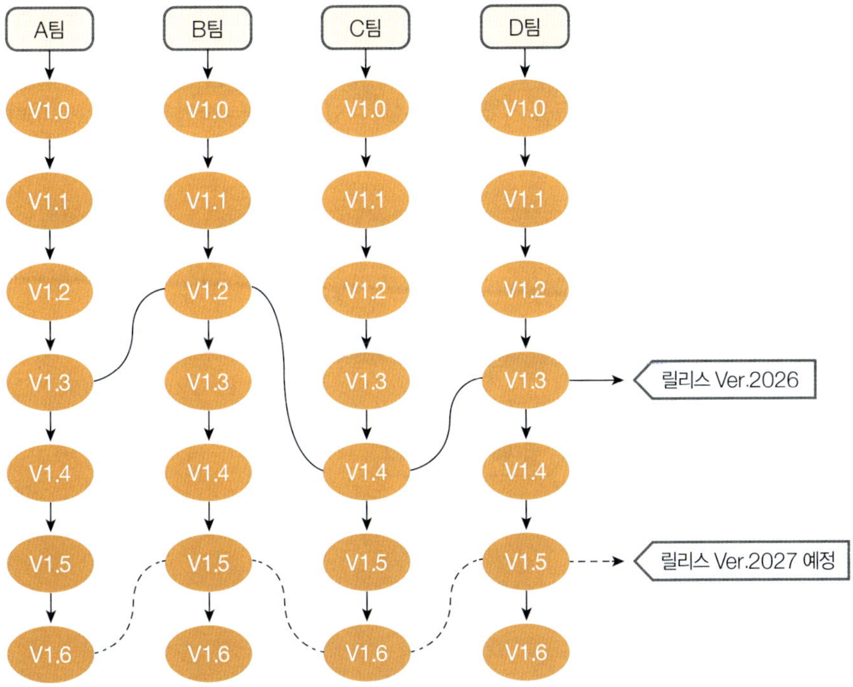

그림 11-5 출시 예정인 Ver.2027의 개발 작업

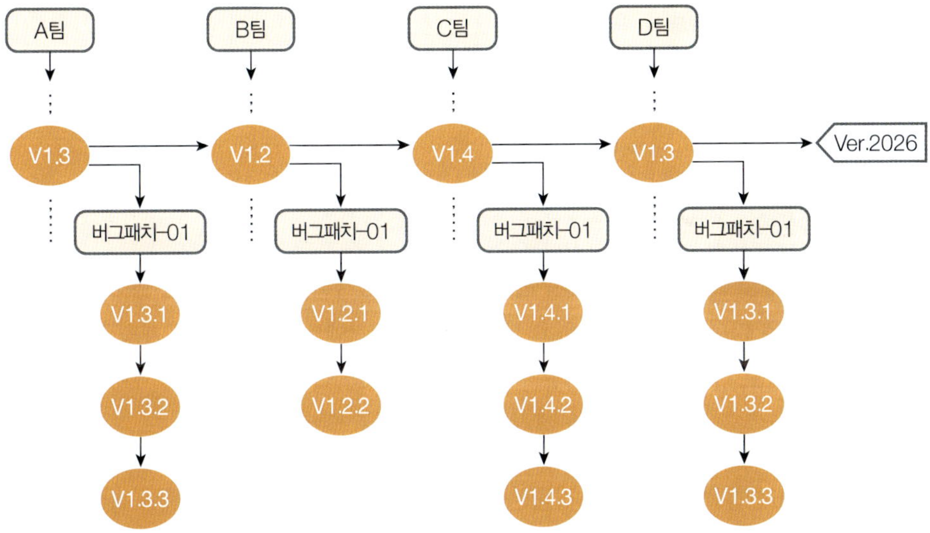

그림 11-6 브랜치를 이용한 패치 파일 작업

그런데 개발 중인 Ver.2027에는 아직 오류를 해결한 패치 결과가 반영되지 않았다. 그러므로 Ver.2026의 오류가 수정된 패치 결과를 Ver.2027에도 포함해야 한다. 이때 사용할 수 있는 방법이 병합merge이다. 병합은 서로 다른 개발 흐름에서 변경된 내용들을 하나의 개발 흐름으로 통합할 때 사용한다. [그림 11-7]에서처럼 패치 파일 V1.3.3이 V1.6에 통합

된 것을 보면, Ver.2026에서 수정한 오류가 Ver.2027에도 반영되었음을 알 수 있다. 이처럼 소프트웨어 개발 과정에서 생성되는 산출물과 다양한 버전의 파일을 안전하게 관리하고, 특정 시점에서 필요한 파일들을 정확히 사용할 수 있도록 하는 작업은 매우 중요하다.

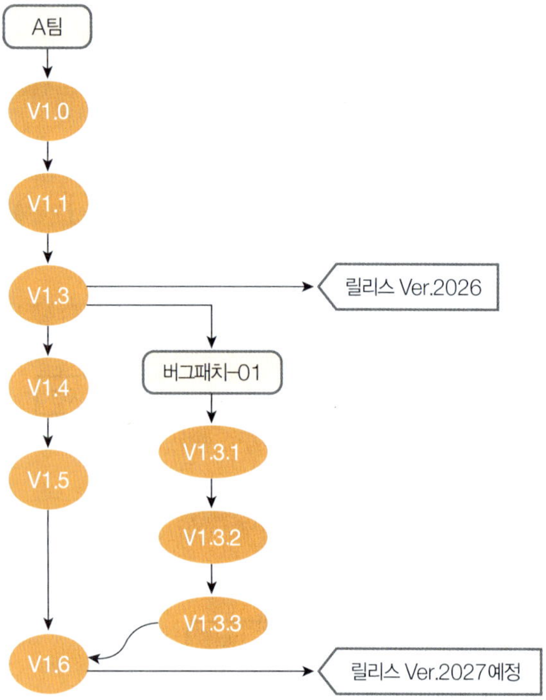

그림 11-7 병합을 이용한 파일 작업

3.2 형상 통제

소프트웨어 개발에서 가장 어려운 부분 중 하나는 사용자의 잦은 요구사항 변경이다. 사용자의 요구사항은 더는 없다고 확정하고 도장을 찍는 순간에도 일어날 만큼 계속 발생한다. 또 개발자의 수정도 빈번히 이루어진다.

변경에 대한 요구를 무조건 다 수용하다가는 소프트웨어 개발이 순조롭게 진행될 수 없을 것이다. 따라서 변경을 요청하려면 정해진 양식에 따라 변경 요청서를 작성해야 하며, 형상통제 위원회Configuration Control Board, CCB는 이를 검토하여 수용 여부를 결정하고 그 결과를 통보한다.

이처럼 형상 목록의 변경 요구를 검토하고 승인하여 현재의 소프트웨어 기준선에 반영될 수 있도록 통제하는 일련의 과정을 형상 통제configuration control라고 한다. 형상 통제는 변경 요청, 변경 심사, 변경 실시, 변경 확인의 절차로 이루어진다.

■ **변경 요청**

변경 사항이 발생했다고 해서 그때그때 다 변경할 수는 없다. 따라서 고객이나 개발자는 변경 사항이 생겼을 때 변경 요청서를 작성해 변경 관리 담당자에게 제출한다.

■ **변경 심사**

고객이나 개발자가 작성한 변경 요청서가 들어오면 형상통제위원회는 이것을 검토해 변경 요청을 받아들일지, 거절할지 결정한다. 변경이 수락으로 결정되면 변경 실시를 수행하고, 변경이 거절되었다면 자세한 이유와 함께 변경 요청자에게 통보해준다. 이런 결정을 위해 형상통제위원회가 검토할 항목은 다음과 같다.

- 변경 이유의 타당성
- 변경 범위
- 변경이 미치는 영향(기간, 예산, 인력 등)

■ **변경 실시**

변경을 수락했으면 변경 작업을 수행한다. 변경을 위해서 먼저 저장소에 보관 중인 해당 항목을 가져오는데, 이를 체크아웃checkout이라 한다. 이후 체크아웃된 형상 항목을 수정하며, 변경 결과물은 반드시 이력 관리가 되도록 해야 한다.

■ **변경 확인**

변경이 완료되면 개정 이력들과 함께 새로운 버전 번호가 부여된다. 형상통제위원회는 변경된 내역을 확인 및 승인 후 저장소에 다시 반영하는 체크인check-in을 수행한다. 이때 새로 저장된 변경 항목은 새로운 베이스라인으로 수립된다.

3.3 형상 상태 보고

형상 항목의 개발 상태를 명확히 파악하여 효율적으로 관리하려면, 베이스라인으로 설정된 형상 항목의 구조와 변경 상태를 기록하고 이를 관련된 사람들에게 보고해야 한다. 이러한 활동을 형상 상태 보고configuration status reporting라고 한다.

형상 상태 보고의 핵심 목적은 베이스라인의 모든 변경 사항을 추적하고 관리하는 데 있으며, 보고서는 형상 담당자가 작성해 상위 관리자에게 제출한다. 형상 상태 보고서에는 다음과 같은 내용이 포함된다.

- 프로젝트에서 발생한 변경 횟수
- 최근 소프트웨어 항목의 버전, 릴리스 식별자, 릴리스 횟수, 릴리스 간의 비교 내용

- 베이스라인의 상태
- 변경 제어 상태
- 형상통제위원회 활동 내역

3.4 형상 감사

일반적으로 '감사'는 어떤 업무가 문제없이 처리되었는지를 확인하는 활동이다. 마찬가지로 형상 감사configuration audit도 형상 관리 계획서대로 형상 관리가 적절히 수행되었는지, 형상 항목의 변경이 요구사항에 맞게 이루어졌는지 등을 검토하는 활동이다. 따라서 단계별 베이스라인의 적정성과 무결성을 평가하고 승인하는 역할을 한다. 형상 감사는 형상 담당자가 수행하며 감사를 시행하기 전에는 형상 관리 계획서에 형상 감사 계획이 포함되어 있어야 한다.

형상 감사는 감사 일정 및 절차의 정의, 정해진 베이스라인에 따른 감사 수행, 감사 보고서 작성의 세 단계로 나눌 수 있으며, 다음과 같은 항목을 중심으로 검증이 이루어진다.

- 승인된 변경 요청이 제대로 반영되었는지 여부
- 승인되지 않은 변경 사항이 포함되지 않았는지 여부
- 승인된 변경과 관련된 모든 항목이 최신 상태로 갱신되었는지 여부

4 형상 관리에 대한 역할과 책임

프로젝트에 참여한 모든 구성원이 형상 관리와 관련이 있지만, 그중에서도 직접적으로 관여하는 사람은 형상 관리 담당자이며, 형상통제위원회라는 소모임이 존재한다.

4.1 형상 관리 담당자

형상 관리 담당자configuration manager는 프로젝트 관리자가 정의한 형상 관리 계획서에 따라 운영 환경을 구현하고 형상 관리 활동을 수행한다. 주요 역할은 다음과 같다.

- 형상 관리 계획서 작성 참여
- 형상 관리 환경 구축 및 형상 관리 저장소repository 생성
- 형상 관리 절차 개발 및 문서화
- 베이스라인 설정
- 형상 항목 식별 및 관리
- 주기적으로 형상 상태 보고

4.2 형상통제위원회

형상통제위원회는 형상 항목의 변경을 수락하거나 거절하는 역할을 한다. 변경의 필요성, 계약, 일정, 비용, 유지보수에 미치는 영향, 변경 결과의 적절성 등을 종합적으로 판단하여 변경 여부를 결정한다. 또한 형상 항목이 통제를 거쳐 변경되도록 관리한다.

형상통제위원회는 프로젝트 관리자, 형상 담당자, 품질 담당자, 기술 담당자 및 고객 측 담당자 등 형상 항목의 변경에 영향을 받는 사람들로 구성한다. 그리고 형상 항목 결정, 베이스라인 수립 여부 결정, 승인된 변경에 대한 책임 및 보증, 베이스라인의 변경 요청이 필요한 경우 이에 대한 검토 및 승인 등의 역할을 수행한다.

형상통제위원회는 변경 내용의 중요도에 따라 1급 형상통제위원회와 2급 형상통제위원회로 구분되어 운영된다. 형상 변경 요청이 접수되면 다음과 같은 절차를 거쳐 변경 여부를 결정한다.

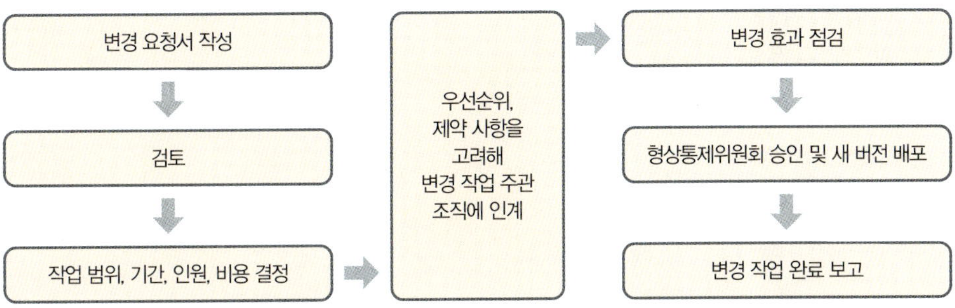

그림 11-8 형상통제위원회의 형상 변경 절차

5 형상 관리 계획서

형상 관리 계획서에는 지금까지 설명한 형상 관리 활동을 비롯해 형상 관리 활동을 수행하기 위한 절차와 일정 등이 포함되어 있다. IEEE Std 828-2012는 형상 관리 국제 표준으로, 형상 관리 프로세스뿐만 아니라, 형상 관리 계획서Configuration Management Plan, CMP의 필수 항목을 명확히 제시하고 있다.

IEEE Std 828-2012에서 정의한 형상 관리 계획서의 주요 내용은 [표 11-6]과 같다. 이 목차는 IEEE 828-2012 부록 D에 제안된 형상 관리 프로세스 템플릿을 기반으로 하며, 엄격히 강제되는 사항은 아니지만 산업 현장에서 널리 활용되는 실질적 기준으로 자리잡고 있다.

표 11-6 형상 관리 계획서

1. 소개
   - 목적, 범위, 용어 등
2. 형상 관리 조직
   - 조직 구조, 책임자, 보고 체계
3. 형상 식별
   - 형상항목$_{CI}$ 정의, 명명 규칙, 식별자 부여 방법
4. 형상 통제
   - 변경 요청 절차, CCB(변경 제어 위원회) 구성 등
5. 형상 상태 기록
   - 변경 이력 추적, 상태 리포팅
6. 형상 감사
   - 기능/물리적 감사, 릴리스 검증
7. CM 도구 및 자원
   - 사용하는 버전 관리 시스템, 도구 목록
8. CM 측정지표
   - 변경 건수, 승인률, CI 수 등 관리지표
9. 용어 정의 및 부록

04 유지보수

개인 주택을 지어서 처음 입주해 살 때는 별로 고칠 곳이 없지만, 오래 살다 보면 여기저기 손볼 곳이 생기기 마련이다. 자동차도 처음 3년 정도는 별문제 없이 탈 수 있지만, 그 이후에는 고장 나는 부분들이 하나씩 생겨 수리하고 각종 부품도 교체해야 한다. 이런 활동을 유지보수라고 하며, 소프트웨어에도 유지보수의 개념이 필요하다.

그런데 소프트웨어는 주택이나 자동차처럼 몇 년 사용한 후에 보완하는 경우도 있지만, 개발이 완료되어 사용하기 시작할 때부터 수리해야 하는 경우도 발생한다. 따라서 소프트웨어의 유지보수는 다음과 같이 분류해볼 수 있다.

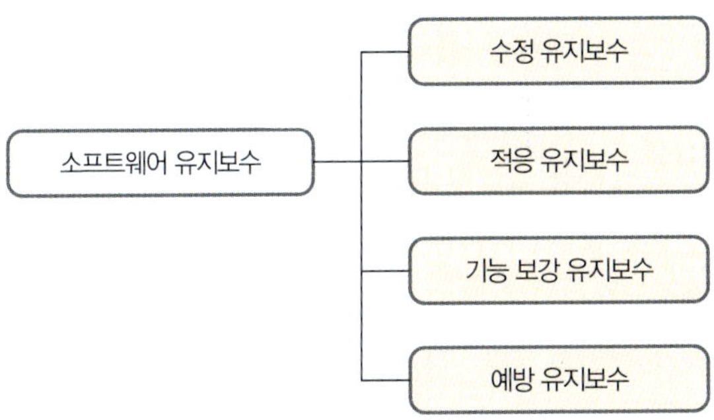

그림 11-9 소프트웨어 유지보수

■ **수정 유지보수**

수정correction은 잘못된 것을 바르게 고치는 것이다. 수정 유지보수도 개발된 소프트웨어를 사용자가 인도받아 사용하는 과정에서 발견되는 오류를 수정하는 것이다.

그런데 소프트웨어 개발 단계에서 테스트 과정을 거치는데도 왜 사용 중 오류가 발생할까? 이는 테스트의 특성을 다시 생각해보면 이해할 수 있다. 테스트의 특성상 충분히 테스트를 해도 발견되지 않는 오류가 존재할 수 있으며, 이런 오류는 실제로 사용 중에 나타나는 경우가 많다. 수정 유지보수는 이처럼 개발 과정에서 미처 발견하지 못한 오류를 유지보수 단계에서 해결하는 것을 말한다.

■ 적응 유지보수

적응adaption은 새로운 변화에 맞추는 것이다. 적응 유지보수는 개발된 소프트웨어가 처음 설치된 환경에서는 문제없이 실행되었지만, 이후 환경이 바뀌었을 때 이에 맞도록 수정·보완하는 작업이다. 환경 변화 요인에는 운영체제, 주변 장치, 네트워크 환경 등이 포함된다.

■ 기능 보강 유지보수

전자 제품은 대개 원래의 기능 그대로 사용하는 반면, 소프트웨어는 처음 개발된 그대로 사용하는 경우가 거의 없다. 시스템을 사용하면서 기능을 완전히 파악한 사용자들이 새로운 기능에 대한 아이디어를 떠올리고, 기능 추가나 개선을 계속해서 요구하기 때문이다.

즉 기존에 없던 새로운 기능을 새로 추가하거나, 기존 기능을 더 편리하게 개선하거나, 성능 향상을 요구할 수 있다. 기능 보강enhancement 유지보수는 이러한 요구에 따라 소프트웨어를 변경하는 작업이다.

■ 예방 유지보수

예방prevention 유지보수는 문제가 발생한 후가 아니라, 문제가 발생하기 전에 미리 예상되거나 예측되는 오류를 찾아 수정하는 작업이다.

01 다음 중 프로젝트의 개념과 특징에 대한 설명으로 적절하지 않은 것은?

① 프로젝트는 인력뿐 아니라 공간, 장비 등의 다양한 자원을 한정된 조건 내에서 일시적으로 사용한다.

② 프로젝트는 반복적인 일상 업무와는 구분되며, 고유한 결과물을 산출한다는 점에서 유일성을 가진다.

③ 프로젝트는 명확한 시작과 끝을 가지는 한시적인 활동이므로, 완료 시점에 결과물이 완성되지 않으면 종료하지 않는다.

④ 프로젝트에 참여하는 인력은 일시적으로 구성된 팀으로, 프로젝트 종료 후 원래 소속 부서로 복귀하거나 다른 프로젝트에 투입된다.

02 PMBOK(Project Management Body of Knowledge) 프로젝트 위험(Risk) 관리 지침에서 정성적 위험 분석 기법으로 가장 적절한 것은? 2025 군무원

① 의사 결정 나무(Decision Tree)

② 민감도 분석(Sensitivity Analysis)

③ 확률-영향 매트릭스(Probability and Impact Matrix)

④ 금전적 기댓값 분석(Expected Monetary Value Analysis)

03 소프트웨어 프로젝트 관리에 대한 설명으로 가장 옳은 것은? 정보처리기사 변형

① 개발에 따른 산출물 관리

② 소요 인력은 최대화하되 정책 결정은 신속하게 처리

③ 주어진 기간은 연장하되 최소의 비용으로 시스템을 개발

④ 주어진 기간 내에 최소의 비용으로 사용자를 만족시키는 시스템을 개발

04 소프트웨어 형상 관리에 대한 설명으로 옳지 않은 것은? 2024 국가직

① 소프트웨어 제품의 변경된 상태에 대한 정보를 제공해준다.

② 좋은 품질의 소프트웨어를 생산하고 유지보수도 용이하게 해준다.

③ 형상 식별은 변경 요청, 변경 심사, 변경 실시, 변경 확인 등으로 세분화된다.

④ 개발 중 변해 가는 소프트웨어 형상을 체계적으로 관리하고 유지하기 위한 기법이다.

05 형상 관리(SCM)에 대한 설명으로 가장 적절한 것은? 2024 군무원

① 여러 명의 개발자가 소프트웨어를 개발하는 경우 대표 개발자가 관리한다.

② 관리 항목으로는 소스 코드, 운영 및 설치지침서, 개발 비용 등이 포함된다.

③ 소프트웨어를 개발할 때 유지보수를 제외한 전체 단계에 적용되는 활동이다.

④ 소프트웨어의 개발 과정에서 소프트웨어의 변경 사항을 관리하기 위한 활동이다.

06 소프트웨어 형상 관리의 의미로 적절한 것은? 정보처리기사 변형

① 개발 인력을 관리하는 것
② 개발 과정의 변경 사항을 관리하는 것
③ 테스트 과정에서 소프트웨어를 통합하는 것
④ 비용에 관한 사항을 효율적으로 관리하는 것

07 버전 관리 항목 중 저장소에 새로운 버전의 파일로 갱신하는 것을 의미하는 용어는? 정보처리기사 변형

① 롤백 ② 체크인
③ 단위 테스트 ④ 형상 감사

08 다음 중 유지보수에 대한 서술로 가장 올바르지 않은 것은? 2025 경찰간부후보

① 수정 유지보수(Corrective maintenance): 소프트웨어 설치 후에 발견된 결함을 수정하여 바로잡기 위해서 하는 유지보수
② 적응 유지보수(Adaptive maintenance): 소프트웨어 설치 후에 이루어지는 환경 변화에 대응하기 위하여 실시하는 유지보수
③ 완전 유지보수(Perfective maintenance): 소프트웨어 설치 후에 다양한 대상 시스템에 동작성을 시험, 완전성을 확인하기 위하여 실시하는 유지보수
④ 예방 유지보수(Preventive maintenance): 시스템의 결함을 예방하며 잠재적 문제점을 보완하기 위하여 실시하는 유지보수

09 소프트웨어 유지보수에 대한 설명으로 가장 적절한 것은? 2025 군무원

① 유지보수 비용은 개발 비용에 비해 예측하기 쉽다.
② 복잡도가 높을수록 소프트웨어의 유지보수 비용이 감소한다.
③ 유지보수 작업은 코딩 중심의 작업으로 개발 단계별로 수행된다.
④ SMI(Software Maturity Index)가 1에 가까울수록 제품이 안정적이다.

참고 |

SMI(Software Maturity Index): 소프트웨어의 안정성(성숙도, 안정된 상태)에 대한 지표로, 소프트웨어의 유지보수 이력을 기반으로 제품이 얼마나 성숙(변화가 적어짐) 되었는지를 나타낸다. 보통 릴리즈가 반복될수록 변화가 줄어드는 것이 바람직하므로, SMI 값이 1에 가까울수록 더 안정적이고 성숙한 소프트웨어로 평가됩니다.

10 소프트웨어 유지보수 활동에 대한 설명으로 적절하지 않은 것은? 2024 경찰간부후보

① 소프트웨어 재공학(Reengineering)은 추상화된 정보를 얻기 위한 정공학(Forward engineering)과 새로운 요구사항에 맞춰 구현하는 역공학(Reverse engineering) 작업을 포함한다.

② 역공학은 유지보수 향상에 도움을 주는 설계에 대한 충분한 이해를 목적으로 하며, 대상 시스템의 변경이 아닌 분석에 중점을 둔다.

③ 소프트웨어 재공학은 소프트웨어 시스템의 개선 차원에서 활용되며, 소프트웨어의 유지보수와 소프트웨어 개발의 선택 시점에서 적용된다.

④ 소프트웨어의 리스트럭처링(Restructuring)은 비구조적인 코드를 구조적인 코드로 변환시키는 것으로 변경 부분, 변경 빈도, 자원 소프트웨어에 대한 의존도를 고려하여 수행한다.

참고 |

- 재공학(Reengineering): 기존 소프트웨어를 분석하고 이해한 후, 품질 향상 또는 유지보수 용이성 개선을 위해 구조를 개선하거나 재작성하는 과정이다.
- 정공학(Forward engineering): 요구사항 정의에서부터 설계, 구현, 테스트에 이르기까지 소프트웨어를 처음부터 개발하는 전통적인 방식이다.
- 역공학(Reverse engineering): 소스 코드나 실행 파일 등 기존 시스템을 분석하여, 요구사항, 설계 등 상위 수준의 정보를 역추적해내는 과정이다.
- 리스트럭처링(Restructuring): 기능은 바꾸지 않고, 코드의 구조나 스타일을 개선하여 유지보수성을 높이는 작업이다(예 리팩토링).

11 다음 설명의 괄호에 들어갈 용어를 가장 적절하게 나열한 것은? 2026 경찰간부후보

(㉠)의 주요 활동 중 수립한 (㉡)은/는 정형화한 절차로만 변경할 수 있는 명세 또는 결과물이다. 이는 소프트웨어 개발 과정에서 변경 요청을 공식적으로 검토하고 승인한 시점 이후 개발의 기초로 이용한다.

	㉠	㉡
①	유지보수	기준선
②	유지보수	변경 제어
③	형상 관리	기준선
④	형상 관리	변경 제어

12 다음 형상 관리의 구성요소로 가장 적절한 것은? 2025 군무원

- 소프트웨어 개발 과정에서 변경 사항을 체계적으로 관리하고 승인된 변경 사항만 적용되도록하는 활동
- 형상 항목에 대한 모든 변경 사항에 대하여 체계적인 방식으로 조정, 평가, 승인, 구현 및 문서화하는 것

① 형상 감사 ② 형상 통제
③ 형상 식별 ④ 형상 기록

13 PMBOK 8판에서 새롭게 제시된 프로젝트 관리 원칙에 대한 설명으로 가장 적절하지 않은 것은?

① 프로젝트는 전략, 조직 문화, 외부 환경과의 연계를 고려한 전체론적 시각에서 관리되어야 한다.
② 프로젝트는 환경적 · 사회적 · 경제적 지속 가능성을 고려하여 장기적 가치 창출을 지향해야 한다.
③ 품질은 프로젝트 수행 중에 별도로 점검하는 것이므로, 산출물 완료 후 검토 절차를 통해 보장되어야 한다.
④ 프로젝트 관리자는 명확한 방향성과 책임감을 바탕으로 팀을 이끌어야 하며, 신뢰 형성을 통해 성과를 유도해야 한다.

14 다음 중 PMBOK 8판의 성과 영역 구성에 대한 설명으로 적절하지 않은 것은?

① 재무 성과 영역은 예산 편성과 비용 통제를 포함하며, 6판의 원가 관리 영역을 계승한다.
② 거버넌스는 프로젝트 전반에 대한 의사결정 체계와 규정 준수 등 통합 관리의 기능을 포함한다.
③ 성과 관리는 8판의 새로운 성과 영역으로, 프로젝트 산출물의 품질과 목표 달성도를 정량적으로 평가한다.
④ 자원 성과 영역은 물적 자원뿐만 아니라 인적 자원까지 포함하며, 프로젝트 자원의 조달과 최적화를 다룬다.

15 다음 중 PMBOK 7판의 핵심 변화와 그에 따른 프로젝트 관리 접근 방식에 대한 설명으로 가장 적절한 것은?

① PMBOK 7판은 린과 애자일 방법론을 배제하고 전통적인 폭포수 모델을 중심으로 프로젝트를 구성한다.
② PMBOK 7판은 기존의 프로세스 기반 모델을 유지하면서 5개 프로세스 그룹과 10개 지식 영역을 보다 구체화하였다.

③ PMBOK 7판은 표준화된 절차보다는 유연성과 결과 중심의 가치를 강조하며, 12개 원칙과 8개 성과 영역으로 구성된다.

④ PMBOK 7판은 프로젝트 관리자 개인의 전문성과 통제 능력을 최우선 가치로 하여, 위계적 리더십을 강화하는 데 초점을 맞춘다.

16 '외부 개발자의 일정 지연' 위험에 대한 적용 가능한 4가지 대응 전략(회피, 전가, 완화, 수용)을 모두 설명하시오.

17 다음은 A 조직의 프로젝트에서 실제로 발생한 사례이다. 이 사례를 바탕으로 PMBOK 7판에서 제시하는 12가지 프로젝트 관리 원칙 중 최소 3가지 이상을 선택하고, 각 원칙이 사례에서 어떤 점에서 위반되었는지 설명한 뒤, 관리자가 취했어야 할 바람직한 조치를 구체적으로 서술하시오(단, 각 원칙의 명칭을 명확히 제시할 것).

> 팀원 간 의사소통 부족으로 인해 일정 지연이 발생했고, 이해관계자의 요구사항이 제때 반영되지 못했다. 또한 프로젝트 관리자는 위험 요인을 감지했음에도 불구하고 명확한 대응 전략 없이 상황을 방치하였으며, 결과적으로 프로젝트는 고객이 기대한 가치에 미치지 못한 결과물을 산출하였다.

18 다음은 디지털 전환 프로젝트에 대한 사례이다. 이 사례를 바탕으로 PMBOK 8판(2025년)에서 제시한 6가지 프로젝트 관리 원칙 중 3가지 이상을 선택하고, 각 원칙이 이 프로젝트의 어떤 측면에 어떻게 적용될 수 있는지 구체적으로 설명하시오(각 원칙의 명칭을 명시하고, 실무 적용 예시 또는 기대 효과와 연결하여 서술할 것).

> 당신은 최근 조직의 디지털 전환 프로젝트를 담당하게 되었다. 이 프로젝트는 기존 종이 기반 업무를 클라우드 시스템으로 전환하는 것이며, 외부 공급업체와 협업이 필요한 상황이다. 예산과 일정은 제한적이고, 중간 관리자들은 보안 문제를 우려하며 협조를 꺼리고 있다. 또한, 프로젝트 팀은 경험이 부족하지만 자율성과 열정은 높다.

19 다음은 프로젝트 수행 중 발생한 문제 상황이다. 이 사례를 바탕으로 형상 관리(Configuration Management)의 핵심 목적과 주요 구성 요소 3가지를 설명하고, 문제 해결을 위해 형상 관리 체계를 어떻게 적용할 수 있을지 요소별 적용 방안과 그 기대 효과를 구체적으로 서술하시오.

> A 프로젝트는 개발 도중 기능 요구사항이 자주 변경되었고, 팀원 간 산출물 버전 불일치로 인해 고객에게 잘못된 결과물이 제공되는 사고가 발생하였다. 이에 따라 프로젝트 관리자는 형상 관리 체계를 도입하기로 결정하였다.

20 다음은 소프트웨어 운영 단계에서 발생한 사례이다. 이 사례를 바탕으로 소프트웨어 유지보수의 4가지 유형(수정, 적응, 완전, 예방)을 정의하고, 각 유형 중 2가지 이상을 실제 사례에 적용하여, 조직이 유지보수 전략을 수립할 때 고려해야 할 핵심 관리 포인트를 구체적으로 서술하시오.

> 소프트웨어 프로젝트가 종료된 후, 운영 단계에서 사용자로부터 기능 개선 요청과 성능 저하에 대한 문의가 지속적으로 발생하고 있다. 이에 따라 조직은 유지보수 체계를 재정비하려 한다.

참고문헌

참고 사이트

01 https://google.github.io/styleguide/javaguide.html?utm_source=chatgpt.com

02 https://www.oracle.com/java/technologies/javase/codeconventions-programmingpractices.html?utm_source=chatgpt.com

03 https://ace.apache.org/docs/coding-standards.html?utm_source=chatgpt.com

04 https://www.browserstack.com/guide/load-testing-a-website?utm_source=chatgpt.com

05 https://www.browserstack.com/guide/stress-testing?utm_source=chatgpt.com

06 https://grafana.com/blog/2024/01/30/spike-testing/?utm_source=chatgpt.com

07 https://www.tricentis.com/learn/endurance-testing-what-it-is-and-examples?utm_source=chatgpt.com

08 https://www.browserstack.com/guide/performance-breakpoint-test-profile?utm_source=chatgpt.com

09 https://www.intruder.io/blog/web-application-security-testing-essential-guide?utm_source=chatgpt.com

10 https://www.geeksforgeeks.org/software-testing/recovery-testing-in-software-testing/

11 https://www.lambdatest.com/blog/regression-testing-what-is-and-how-to-do-it/?utm_source=chatgpt.com

참고 자료

01 ISO/IEC 25012:2008 – International Standard. International Organization for Standardization / International Electrotechnical Commission.

02 ISO/IEC 25040:2011 – International Standard. International Organization for Standardization / International Electrotechnical Commission.

03 ISO/IEC 25000:2014(E) – International Standard. International Organization for Standardization / International Electrotechnical Commission.

04 ISO/IEC 25001:2014 – International Standard. International Organization for Standardization / International Electrotechnical Commission.

05 ISO/IEC 25020:2019 – International Standard. International Organization for Standardization / International Electrotechnical Commission.

06 ISO/IEC 25030:2019 – International Standard. International Organization for Standardization / International Electrotechnical Commission.

07 ISO/IEC 25010:2023(E) – International Standard. International Organization for Standardization / International Electrotechnical Commission.

찾아보기

기호

영어

찾아보기

찾아보기

찾아보기